언어
풀어쓴 언어학 개론

〈3판〉

언어

풀어 쓴 언어학 개론

강범모

한국문화사

머리말

이 책은 대학에서 교양 과목이나 전공의 탐색 과목으로 개설하는 언어학 강의를 위한 교재로 개발한 것이다. 교양 언어학 강의는 '언어학 개론', '언어의 이해', '언어와 인간', '언어의 세계', '언어와 언어학' 등 여러 가지 이름으로 불리고 과목마다 초점이 다를 수 있지만, 공통적으로 언어의 본질에 대한 논의와 언어학의 핵심 개념과 세부 분야에 대한 소개를 포함한다. 아울러 과목의 성격에 따라 그 비중과 초점이 다소 다르게, 언어학과 다른 여러 학문과의 관련성을 밝힌다. 이 책에는 언어, 언어학, 그리고 언어학과 다른 학문과의 관련성에 관한 개괄적인 내용을 모두 담고자 하였다.

이미 좋은 국내외의 언어학 개설서가 많이 나와 있는 상황에서 내가 이 책을 내는 이유, 혹은 나의 이 언어학 개설서가 다른 책들과 다른 점을 말하자면, 언어학의 기본 개념을 가능한 한 쉽게 접근할 수 있도록 풀어 썼다는 것 외에 다음 두 가지를 내세울 수 있다.

첫째, 나는 언어학이 현실과 동떨어진 상아탑의 학문이 아니라고 생각한다. 언어는 우리 생활이며 언어를 다루는 언어학은 바로 우리 곁에서 늘 일어나는 일에 대한 관찰과 담론이다. 이 점을 반영하여 제14장은 언어 교육, 문맹, 언어 규범, 번역, 언어 치료 등 응용언어학의 주제를 설명하는 데 할애하였다. 그뿐만 아니라, 이 책의 각 장에서 언어와 관련된 핵심 개념을 소개하고 이론적 논의를 하는 과정에서 우리의 실생활에 적용할 수 있는 것들을 가능한 한 많이 찾아내고자 하였다. 예를 들어 형태론의 조어 현상을 논하면서 "무서운 사내 아이"를 한마디로 '무섭군'(君), "무서운 전쟁"을 '무서워'(war)라고 한다는 말놀이의 기제를 언급하였다.

둘째, 나의 삶에서 중요한 부분을 차지하고 있는, 나의 취미인 영화가 이 책에서 많이 언급된다. 각 장 속의 모든 절 끝에 "영화 + 언어" 난이 있다. 거기서 나는 내가 본 어떤 영화 속에서 발견한, 그 절에서 다룬 언어 문제와 관련된 것들을 논의한다. 이 부분은 내가 2003년에 낸 책인 「영화마을 언어학교」(동아시아)와 보완적인 관계에 있다. 「영화마을 언어학교」에서 나는 내가 재미있게 본 70여 편의 영화에 대하여 일반적인 감상 소감과 함께 내가 언어학자로서 보게 된 여러 가지 언어 문제를 논의하였다. 지금 내는 이 언어학 개설서의 중심은 언어이기 때문에 여기에 영화에 대한 일반적인 감상 내용은 별로 들어가 있지 않다. 또한 "영화 + 언어" 난의 목적은 본문에서 다룬 언어학 내용을 영화 속에서 찾는 것이므로 언어학적으로 새로운 내용은 없다. 따라서 강의자에 따라서는 이 부분을 읽을거리로 학생에게 맡겨도 되고, 혹은 영화를 좋아하는 강의자라면 강의 시간에 언급하거나 좀 더 보충하여 설명할 수도 있을 것이다. 이와 같이 언어학을 "풀어 쓴" 이 책은 언어 및 언어학에 관심이 있는 일반인들이 읽을 수 있는 교양서적으로의 역할을 할 수도 있다고 생각한다.

이 책은 내가 1988년 교수 생활을 시작한 이래 거의 매년 맡아온 교양 언어학 강의와 전공 기초 언어학 강의의 자료와 경험을 바탕으로 쓴 것이다. 강의 자료를 하나의 책으로 만들겠다는 생각은 그동안 계속 해 왔으나, 실제로 제1장을 쓰기 시작한 것은 2003년 11월 중순이었다. 어떤 면에서 이 일은 나의 언어학 공부의 중간 결산이므로 나는 나에게 긴장감을 줄 수 있는 이름을 이 책에 부여하고 컴퓨터 앞에 앉았다. 그 이름은 "필살의 언어학 개론"이다. 처음부터 이 강렬한 느낌의, 한편으로는 경박하게 들리는 이름이 인쇄된 출판물의 제목으로까지 이어지지는 않을 것이라는 것을 알고 있었지만 책을 쓰는 동안 "필살의 언어학 개론"이 이 책의 이름이었고, 이 이름은 나에게 긴장감과 동시에 즐거움을 주었다. 지금도 이 책은 나에게만은 "필살의 언어학 개론"이다.

내가 이 책을 쓸 수 있었던 것은 내가 다른 사람들로부터 받은 많은 도움의 덕분이다. 멀리는 1977년 이래 나에게 언어학 공부를 가르쳐 주신, 이제 정년을 맞게 되신 이정민 선생님을 비롯한 많은 선생님들이 있으시고, 가까이는 1988년 이래 나의 언어학 강의에 있었던 학부 학생들과, 자료 수집과 정리에 도움을 주었던 고려대 대학원의 내 지도학생들이 있다. 언어학 공부를 해 오면서 접촉했던 모든 국내외 언어학자들로부터도 직접 간접으로 도움을 받았다. 책을 쓰는 동안에는 여러 인터넷 사이트의 도움을 받았는데, 영화와 관련해서는 야후 영화 (http://kr.movies.yahoo.com)와 인터넷 무비 데이터베이스(IMDB, http://us.imdb.com)가 유용하였다. 내용 준비에서 많이 참고한 언어학 문헌들과 인터넷 사이트들은 본문에 일일이 명시하지 않고 각 장의 더 읽을거리 부분에 제시하였다. 책의 편집과 교정 단계에서는 한국문화사의 박미영 님, 대학원생 송경화의 수고가 있었다.

   나의 가족들은 나의 언어학 공부의 가장 큰 후원자들이다. 아내 현숙은 25년 이상 나의 언어학 공부를 뒤에서 후원하였고, 신애는 내가 외국에서 언어학 공부를 하는 동안, 그리고 현민은 내가 언어학 교수 생활을 시작하자마자 태어나(둘 다 11월 생) 나의 언어학 여정 동안 기쁨의 원천이 되었다. 이 책에서 나는 언어학의 즐거움을 가능한 한 많이 보이고자 하였다. 그것을 느끼는 독자는 어느 정도 나의 가족과 함께하는 셈이다.

2004년 11월 4일/24일
강 범 모

2판 머리말

이번 판에 부록으로 "언어와 논리: 형식의미론의 기초"를 덧붙였다. 원래 이 부분은 처음부터 책의 원고 8장으로 준비되어 있었으나 수리논리적인 내용이 초심자에게 다소 딱딱할 것 같아 초판에는 넣지 않았다. 그것을 "국어와 수리논리적 언어학"이라는 제목으로 「나라사랑」(2004)에 발표하였었는데, 이번에 수정, 보완하여 이 책에 포함하였다. 이 부분을 7장(언어의 의미) 다음에 강의하든지 혹은 14장까지 마친 후 시간이 허락하면 강의에 포함할 수도 있을 것이다. 몇 군데 초판에 있던 인쇄상의 오류를 수정하였는데, 오류를 발견하는 데 도움을 주신 여러분께 감사드린다.

2006년 8월 25일
강범모

개정 3판 머리말

이번 3판은 대대적인 수정을 하였다. 2판보다 50여 쪽 늘어날 정도로 보완된 부분도 많다. 특히 많이 추가된 부분은 6장의 통사론, 7장의 의미론, 2장의 언어의 본질 부분이다. 통사론 부분에는 흔적, 지배, 결속 등 다소 전문적인 내용을 보강하였고, 의미론 부분은 개념과 표의 작용, 퍼스의 상징, 도상, 지표 등 더욱 기초적인 내용을 보충하였다. 언어의 본질 부분에는 문어와 구어 매체, 그리고 언어의 여러 기능에 대한 설명을 보충하였다. 그 밖에도 책 전체에 걸쳐 수정하고 보완한 부분이 많이 있다. 책의 양이 늘어난 만큼, 교양 강의에서라면 한 학기에 책의 모든 내용을 다 다루지 않고 필요에 따라 내용의 일부를(특히 통사론 부분에 보강된 전문적 내용을) 생략할 수도 있을 것이다.

또 한 가지 큰 변화는 연습문제이다. 많은 독자들의 요청에 따라 매 장 끝에 7개 정도의 연습문제를 넣었다. 1장~7장의 공시적 이론언어학 부분은 본문의 내용 이해를 점검하는 문제와 학생 나름대로 생각할 기회를 제공하는 문제 등 상대적으로 많은 수의 문제가 들어갔다. 8장 이하는 문제의 수가 적으며, 주로 관찰과 조사 문제이다. 연습문제를 이용하는 방법은 다음과 같다. 첫째, 일부 문제를 학생에게 과제로 내 준다. 둘째, 일부 문제를 수업 시간에 다룬다. 셋째, 연습문제에 신경을 쓰지 않는다. 어떤 면에서 연습문제는 독자와 학생에게 귀찮은 부분이다. 따라서 (특히 교양 강의에서) 이 부분을 무시하는 세 번째 방법을 택하는 것도 괜찮을 것이며, 아마 나도 그렇게 할지도 모른다.

끝으로, 초판 이후 이 책을 사용해 주신 독자들께 감사드린다. 아울러 개정 3판을 준비하는 데 대학원생 임인빈과 김혜영의 도움이 있었음을 밝힌다. 언제나처럼, 변함없는 지지를 보내 주는 가족에게 감사한다.

2010년 2월 3일
강범모

머리말 V

제1장 언어의 연구

1. 언어, 언어학, 언어학자 ·· 1
2. 고대 그리스 시대의 언어관과 자의성 문제 ··· 3
3. 중세의 내성문법과 르네상스 이후의 유형론 ······································· 8
4. 비교언어학의 성립 ·· 11
5. 구조주의 언어학과 생성문법 ··· 12
   소쉬르와 구조주의 | 촘스키와 생성문법 | 21세기

제2장 언어의 본질

1. 언어 그리고 언어의 기능 ·· 21
2. 규칙 지배성과 창조성 ··· 26
3. 형식과 내용(의미)의 독립성 ··· 35
4. 추상성 그리고 언어의 다른 특성들 ··· 39
5. 인공언어 ·· 44
6. 언어의 여러 측면과 언어학의 하위 분야 ··· 47

제3장 언어의 소리: 음성학

1. 음성학의 하위 분야 ··· 53
   조음, 청취, 음향 | 음향음성학

CONTENTS

2. 발음기관 ·· 57
   발음기관의 모양 | 발동부: 허파, 성문, 연구개 | 발성부
3. 자음 ··· 62
   유성음과 무성음 | 조음 방법 | 조음 위치
4. 모음 ··· 68
5. 운율 ··· 73

제4장 언어의 소리 체계: 음운론

1. 음성과 음소(음운) ··· 79
   양순파열음: 영어와 한국어 | 음소(음운)의 정의
2. 음소(음운) 배열과 음절 구조 ··· 87
3. 음운 규칙 ·· 90
4. 변별적 자질 ··· 94
   음소들의 부류와 상호 관계 | 음운 규칙의 기술: 비음화
5. 외래어의 표기 ·· 100

제5장 언어의 단어 구조: 형태론

1. 형태소 ·· 107
   형태론과 형태소 | 이형태 | 자립형태소와 의존형태소
2. 파생과 굴절 ··· 114
3. 합성어와 숙어 ·· 118
   합성어 | 숙어

4. 기타 조어 방법 ·· 126
5. 생활 속의 조어 ·· 131
　'무서운' | 광고와 미디어

제6장 언어의 문장 구조: 통사론

1. 문장의 구조 ·· 139
　어순과 계층 구조 | 문법관계
2. 통사 규칙과 통사 구조 ·· 145
　수형도 (나무그림) | 구구조규칙과 하위범주화 | $\bar{X}$ 통사론: 논항과 부가어
3. 귀환규칙 ·· 154
4. 변형 ·· 160
5. 통사론의 여러 주제 ·· 169

제7장 언어의 의미: 의미론과 화용론

1. 의미적 직관과 '의미'의 의미 ···································· 177
2. 문법 모형 속의 의미론 ·· 183
　조합성의 원리 | 의미와 사전적 정의 | 의미론과 화용론
3. 지시 ·· 188
　지시와 지시체 | 고유명사 | 뜻(센스)과 지시(레퍼런스)
4. 심적 표상 ·· 197
　개념 | 의미 관계 | 언어상대주의
5. 맥락과 의미 ·· 208
　직시 | 전제 | 화행 | 대화상의 함축 | 말놀이 속의 동음성과 맥락

CONTENTS

제8장 언어와 문자: 세계의 문자와 한글

1. 문자의 발달 단계 ·· 223
   그림문자와 단어문자 | 음절문자 | 한자 유머
2. 설형문자와 상형문자 ·· 230
   설형문자 | 상형문자
3. 알파벳 ··· 234
4. 한글 ··· 238
   한글의 우수성 | 언어학자 세종대왕
5. 세계의 문자 ·· 243
   주요 문자의 출현과 사용 시기 | 「반지의 제왕」의 문자

제9장 언어와 역사: 세계의 어족과 언어

1. 언어들 사이의 친근성 ·· 251
   어족 | 음성법칙
2. 인구어족 ·· 257
3. 세계의 언어 ·· 261
4. 한국어의 기원 ··· 265
5. 언어의 변화 ·· 268

제10장 언어와 심리: 신경언어학과 심리언어학

1. 언어, 뇌, 정신 ··· 275
2. 실어증 ··· 277
   뇌 손상과 실어증 | 실어증과 기타 언어 장애

3. 뇌 연구 방법 ·· 282
　　　　실험 | 영상기기: CT, MRI, PET
　　4. 언어의 처리 ·· 286
　　5. 언어 습득과 언어 이론 ·· 291

제11장 언어와 사회: 사회언어학

　　1. 지역방언과 사회방언 ·· 299
　　　　언어 변이와 지역방언 | 사회방언과 은어 | 존대법: 힘의 역학
　　2. 한국인의 방언에 대한 태도 ·· 309
　　　　1980년대 | 2000년대
　　3. 언어와 성 ·· 317
　　　　성 차이와 언어 | 성차별적 표현
　　4. 금기어와 속어 ·· 323
　　5. 언어의 접촉: 피진어와 크리올어 ·· 327

제12장 언어와 문학: 텍스트 장르와 문체

　　1. 시의 언어 ·· 331
　　　　운율 | 대중가요의 운율
　　2. 은유 ·· 337
　　　　문학적 은유 | 일상 언어 속의 은유
　　3. 만화의 언어 ·· 343
　　4. 텍스트 장르와 언어 특성 ·· 346
　　　　레지스터, 장르, 문체 | 컴퓨터를 이용한 통계적 분석

CONTENTS

제13장 언어와 컴퓨터: 전산언어학

1. 전산언어학이란? ………………………………………………… 355
2. 자연언어처리 …………………………………………………… 357
   전산음성학/전산음운론 | 전산형태론/전산통사론/전산의미론
3. 응용 시스템 ……………………………………………………… 364
   음성인식과 음성합성 | 기계번역 | 정보검색 | 기타 응용 시스템
4. 코퍼스언어학 …………………………………………………… 372
5. 하이퍼텍스트 …………………………………………………… 375
6. 인터넷과 월드와이드웹 ………………………………………… 378
   인터넷 개요 | 월드와이드웹(WWW) | HTML

제14장 언어와 생활: 응용언어학

1. 응용언어학의 분야 ……………………………………………… 391
2. 언어 교육 ………………………………………………………… 392
3. 소수 언어와 문맹 ……………………………………………… 396
4. 우리말 어문 생활 ……………………………………………… 398
   한글 맞춤법 | 우리말의 로마자 표기 | 외래어 표기 | 통신 언어에 대하여
5. 번역 ……………………………………………………………… 408
6. 법언어학과 언어병리학 ………………………………………… 414
   법언어학 | 언어병리학

부록 언어와 논리: 형식의미론의 기초

1. 지시와 진리조건 ·· 419
2. 명제논리와 술어논리 ···································· 423
   명제논리 | 술어논리
3. 모형과 의미 해석 ·· 431
4. 내포성 ··· 436
   시제와 시점 | 양상과 가능세계
5. 양화 ·· 441
6. 단어의 의미 ··· 445

참고 문헌 ··· 451
유용한 인터넷 사이트 ····································· 457
찾아보기 ·· 459

제1장 언어의 연구

1. 언어, 언어학, 언어학자

언어는 인간에게 고유한 중요한 정신적 능력이다. 이러한 인간의 언어를 과학적으로 연구하는 학문 분야가 언어학이고, 언어를 전문적으로 연구하는 학자가 언어학자이다. 언어를 과학적으로 연구한다고 할 때의 "과학적"이란 엄밀한 자연과학적 방법을 말한다. 이 장에서는 언어를 과학적으로 연구해 온 과거의 역사를 둘러보면서 언어에 대한 관점의 변화와 언어를 연구하는 방법의 발전 과정을 살펴본다. 그 과정에서 언어학은 과학이면서 동시에 인간의 정신을 연구하는 인문학임이 드러날 것이다.

언어 연구의 역사를 살펴보기 전에, 우선 연구의 대상이 되는 언어라는 것에 대해 잠깐 생각해 보자. 단, 언어의 본질에 대한 좀 더 깊이 있는 논의는 제2장에서 이루어짐을 미리 밝혀 둔다.

우리는 언어를 사용한다. 그리고 대한민국에서 우리가 사용하는 언어는 한국어이다. 우리는 세상에 다른 많은 언어들이 있다는 것을 안다. 그 중에는 영어, 중국어 등 우리가 많은 시간을 들여서 배우는 언어도 있다. 이러한 의미에서 언어는 구체적이고 개별적이다. 그러나 추상적인 의미의 언어도 있다. 그것은 우리가 가지고 있는 언어 능력이다. 우리는 언어 능력을 가지고 있기 때문에 어떤 구체적인 언어를 사용할 수 있다. 혹은 어떤 언어를 사용하든지 인간이 가지고 있는 보편적인 속성으로서의 언어 능력을 생각할 수도 있다. 이것을 다른 말로 '언어 일반'이라고 표현할 수도 있다. 가산 명사와 비가산 명사가 문법적으로 구별되는 영어에서 이 두 가지 의미의 '언어'는 명백히 다르다. 즉, 비가산 명사로서의

'language'는 추상적인 언어 능력 혹은 언어 과정을 뜻하며, 가산 명사로서의 'a language'는 한국어, 영어 등 개별 언어 하나하나를 이른다. 우리말에서 '언어'는 두 가지 의미로 쓰일 수 있지만 복수 표지를 붙인 '언어들'은 구체적 개별 언어로서의 뜻이 명백하다. 따라서 다음과 같이 쓰는 '언어들' 혹은 'languages'는 개별 언어들을 뜻한다.

> 그는 한국어, 영어, 중국어의 세 언어들을 말할 수 있다.
> He speaks three languages – Korean, English, and Chinese.

그러면 언어학의 연구 대상이 되는 언어란 추상적인 것인가 혹은 구체적인 것인가? 그 답은 둘 다라는 것이다. 언어를 통하여 인간의 정신과 본질을 이해하고자 하는 언어학의 목적은 추상적 언어, 즉 언어 일반을 대상으로 하지만, 실제로 세상에 존재하는 것은 구체적인 개별 언어이다. 우리는 어느 한 언어의 소리를 듣고 이해하는 것이지 추상적인 언어 일반의 소리를 듣는 것이 아니다. 따라서 언어 연구는 구체적인 언어를 통하여 추상적인 언어에 접근할 수밖에 없다.

이와 관련하여, 언어를 연구하는 언어학자가 많은 언어들을 말할 줄 아는 사람인가 하는 질문이 있을 수 있다. 나와 같이 언어학(linguistics)을 대학에서 전공한 사람들이 흔히 듣는 질문 중의 하나가 바로 "몇 개의 언어를 아는가"라는 것이다. 그리고 그러한 질문을 한 사람은 대개 다섯 개 이상의 숫자를 기대하는 것 같다. 나의 관점에서 이것은 잘못된 질문과 잘못된 기대이다. 많은 언어를 말할 줄 아는 사람은 언어학자(linguist)가 아닌 폴리글롯(polyglot: 많은 언어에 능통한 사람)이다. 여러 개의 언어를 자유로이 구사할 수 있는 능력은 평범한 것이 아니다. 그리고 자폐증 등 정신적 장애를 가지고 있으면서 여러 나라 말을 유창하게 말하는 특이한 사람도 있다. 언어학자가 언어를 연구하는 이상, 그가 폴리글롯이라면 여러 언어를 통해 인간 언어의 보편성을 간파하는 일이 훨씬 용이할 것이라는 의미에서 그것은 바람직한 일이다. 하지만 언어학자는 한두 개의 언어를 깊이 연구함으로써도 언어와 인간 정신의 규명에 기여할 수 있다.

이제 고대 그리스 시대부터 현대에 이르는 언어 연구의 역사를 돌아보며, 인간

사고의 지속적 발전의 모습을 보도록 하자. 이 장에서 제시하는 언어학의 역사는 현대 언어학에 직접적인 영향을 미친 서구의 언어 연구 전통을 중심으로 제시된다. 단, 고대 인도의 파니니(Pāṇini) 문법의 전통이 현대 언어학과 직접 맥이 닿지는 않지만, 그 문법의 간결성과 섬세함이 오늘날의 기준으로 보아도 매우 뛰어났다는 것을 언급하지 않을 수 없다. 여기서 언어 연구의 역사를 살펴보는 것은 단순히 과거의 언어관을 알아보자는 것이 아니라, 현대 언어학적 관점과의 연계성을 찾고자 하는 목적을 가지고 있다. (역사적 사실은 Robins(1997)를 참조함.)

영화 ✚ 언어

영화「분닥 세인트」(The Boondock Saints, 1999)에서, 보스턴의 노동자인 두 형제가 우연히 러시아 마피아 단원을 죽이게 되고, 그 후에 세상의 악을 소탕하는 성자의 역할을 자처하면서 마피아들을 처단하는 일을 한다. 성경 구절을 인용해 가면서 총구를 머리에 들이대는 이 엉터리 성자들의 특이한 점은 이들이 프랑스어, 이탈리아어, 러시아어를 자유롭게 구사한다는 것이다. 즉, 이들은 폴리글롯이다. 정육점에서 일을 하고, 총을 휘두르는 이들이 오지에서 원주민의 말을 녹음하여 받아 적거나 연구실에서 컴퓨터 자판을 두드리면서 연구 논문을 쓰는 일을 하는 언어학자들은 분명 아니다. 언어학자가 쌍권총을 들고 악당과 대결하는 일이 어려운 만큼, 악당을 처단하는 폴리글롯인 이들이 두꺼운 문법책을 펼쳐 놓고 책상 앞에 앉아 있는 일이 어려울 것이다. 다만, 다른 영화 속에는「다빈치 코드」(The Da Vinci Code, 2006)의 주인공처럼 언어학자(기호학자)이면서 멋진 모험을 겪는 사람도 나온다.

2. 고대 그리스 시대의 언어관과 자의성 문제

고대 그리스 시대의 언어 연구는, 오늘날과 마찬가지로 두 가지의 이유에서 실행되었다. 그 하나는 지적 호기심이고 다른 하나는 실용적 목적이다. 인간은 인간 자신과 주변의 사물에 대해 알고, 세계 속의 인간의 위치와 권력을 이해하고자 하는 호기심을 가지고 살아가게끔 만들어진 존재다. 언어가 인간의 정신 활동과 생활에 매우 중요한 이상, 그것에 대해 관심을 가지고 그 본질을 규명하고자 하는 호기심이 생기는 것은 당연하다. 반면에 당시의 실용적 목적이란 모국어와 외국어 습득의 필요를 말한다. 고대로부터 서로 다른 언어를 사용하는 사람들 사이의 의사소통이 중요하였고 이를 위해서는 외국어의 교육과 습득이 필요하였다. 한 언어를 정확히 기술하는 일은 언어 교육의 첫 단추를 끼우는 일이다.

호기심과 필요는 모든 학문에 공통으로 존재하는 두 가지 목적이다. 다만 학문에 따라 어느 쪽에 좀 더 무게가 있는가가 다르다. 철학, 역사 등 전통적인 인문학은 호기심 쪽이 좀 더 중요한 동기이고, 공학은 실용적 목적이 좀 더 비중 있는 동기이다. 하지만 그러한 학문들에서도 한 쪽의 목적만이 전부는 아니다.

고대 그리스의 언어에 대한 관심은 호기심의 목적이 선행하였다. 플라톤, 아리스토텔레스, 스토아학파를 거치는 동안 그리스인들은 언어를 호기심의 대상으로 생각하였고 그들은 언어에 대한 다음과 같은 두 개의 중요한 문제에 대해 사유하였다. 첫째, 언어는 어느 정도로 자연적인가 그리고 어느 정도로 관습적인가(또는 필연적인가/자의적인가)? 둘째, 언어는 얼마나 구조적이고 규칙 지배적인가 그리고 얼마나 비규칙적인가(또는 유추적인가/변칙적인가)?

실제로 언어에는 자연적인 부분과 관습적인 부분이 모두 있으며, 또한 규칙적인 부분과 비규칙적인 부분이 있다. 후자에 대해 먼저 언급하자면, 영어의 과거형은 'walked, stayed'와 같은 규칙적이 형식이 있는가 하면 'went, caught'와 같은 비규칙적인 형식이 있다. 어느 한 쪽에 강조점을 두느냐가 문제인데, 오늘날의 언어학적 관점에서 보면 규칙성이 보다 중요하다고 볼 수 있다(2장의 규칙지배성 논의 참조). 이 문제는 다음의 제2장(언어의 본질)에서 언어의 규칙 지배적 특성을 논하면서 다시 언급할 것이다.

언어의 소리와 의미와의 관계에 관한 자연성과 관습성의 문제는, 고대 그리스 학자의 논의가 어떠했는가에 관계없이, 오늘날의 관점에서 보면 관습성에 무게가 실린다. 소리와 의미와의 관계가 자연적, 즉 필연적이라면 다음의 두 가지 현상을 설명할 수 없다. 첫째, 세계에는 수많은 언어가 있고, 같은 혹은 비슷한 사물을 부르는 이름은 언어마다 다르다. 예를 들어, 우리말에서 '개'라고 부르는 동물은 다음과 같이 각 언어에서 완전히 다른 소리로 불린다.

영어	dog [도그]
프랑스어	chien [시엥]
독일어	Hund [훈트]
일본어	犬 [이누]
스페인어	perro [뻬로]
이탈리아어	cane [까네]

우리나라에서 '개'라고 부르는 동물을 영국에 가져 간다면 영국인들은 그것을 틀림없이 'dog'이라고 부를 것이다. 다시 말하여 사물 즉 의미와 그것과 연관된 소리는 정해져 있지 않고, 따라서 의미와 소리의 관계는 자의적(arbitrary)이다.

소리와 의미의 관계가 관습적, 즉 자의적이라는 두 번째 증거는 한 언어의 시간에 따른 변화에서 찾을 수 있다. 오늘날의 '뿌리'가 500년 전에 '불휘'라고 해서 옛날 나무들의 뿌리의 모양과 오늘날 나무들의 뿌리 모양이 달랐으리라고 생각할 수는 없다. 마찬가지로, 오늘날의 '꽃'이 옛날의 '곶' 보다도 더 색깔이 화려하다거나 아름답다고 할 수도 없다. 소리와 의미의 관계가 필연적이라면 예나 지금이나 동일한 사물(의미)을 일컫는 소리가 변하지는 않을 것이다. 따라서 의미와 소리는 자의적이다.

언어의 자의성(관습성)에 관한 한 가지 예외라면 의성어를 꼽을 수 있다. 의성 어는 실제 사물의 소리를 모방한 말이므로 세상의 소리와 언어(의성어)는 비슷하 다. 예를 들어, 개의 울음소리를 '졸졸', 비가 내리는 소리를 '야옹', 북소리를 '소 복소복'이라고 표현한다고 상상하기는 힘들다. 실제 소리와의 차이가 너무 크기 때문이다. 따라서 의성어의 경우 언어의 자연성, 즉 필연성을 보여 준다고도 볼 수 있다. 그러나 좀 더 생각해 보면 의성어도 언어의 자의성에 대한 반례가 될 수 없다는 것을 알 수 있다. 그것은 우선 한 언어의 전체 어휘에서 의성어들이 차지 하는 부분이 극히 작기 때문이다. 나아가 의성어조차도 자연의 소리 그대로가 아 니라 한 언어의 소리의 체계에 맞게끔, 즉 어느 정도 관습적으로 언어에 들어온 다는 것이 중요하다. 대표적으로,. 동일한 동물의 울음소리도 언어에 따라 큰 차이를 보인다. 예를 들어, 개의 울음소리는 우리말에서 '멍멍'이지만 영어에서는 'bowwow'[바우와우]이고, 스페인어에서는 'guau guau'[구아우 구아우]이다. 프랑스 개들이 다른 나라 개들에 비하여 얼마나 더 우아한지 모르지만 프랑스어에서의 개 울음소리는 'ouah ouah'[우아 우아]이다. 각 언어에서 의성어로서의 개의 울음소리들은 서로 다르다면 상당히 다른 소리들이다. 결국, 의성어가 어느 정도 언어의 자연성 혹은 필연성을 보여주는 것이 사실이지만, 한 편으로는 언어의 필연성보다 오히려 언어의 자의성을 보여준다고 생각할 수도 있다.

음성상징(sound symbolism)도 언어의 의미와 소리가 밀접하게 연관되어 있다는 것을 보여주는 현상으로 자주 언급된다. 특정한 소리가 특정한 의미 특성을 보이는 현상을 음성상징이라고 하는데, 그 예로 영어의 'gl' 소리가 빛 혹은 시각과 관련된다는 주장이 있다. 'glitter'(반짝이다), 'glisten'(반짝이다), 'glory'(영광, 화려함) 등의 단어가 그러한 주장을 뒷받침하는 것 같이 보인다. 그렇지만 실제 영어 단어로 'glucose'(글루코스), 'global'(지구의)과 같이 빛이나 시각과는 전혀 상관없는 것들이 있음을 볼 때, 'gl' 소리와 관련된 단어들이 언어의 자의성에 대한 결정적 반례라고 할 수 없다. 다만, 음성상징은 좀 더 포괄적으로 접근한다면, 언어의 일부에 나타날 수 있는 현상이므로 단정적인 진술을 피하겠다.

언어의 필연성과 자의성의 문제 등 언어에 관한 사변적인 접근을 한 것은 고대 그리스의 철학자들이었다. 기원전 400년경의 플라톤이 「크라틸루스」(Cratylus)라는 책에서 소크라테스와의 대화 중 언어 문제를 언급하였다. 이후 아리스토텔레스는 수사학과 문헌비평의 영역 내에서 언어의 문제를 다루었는데, 문장의 기본구조를 (오늘날의 관점에서 보아) 명사구와 동사구의 두 부분 그리고 오늘날의 관점에서 보아 접속사, 관사, 대명사를 포함하는 제3의 부문으로 나누어 보았고, 이것이 단어 부류(품사) 구분의 시초라고 볼 수 있다. 기원전 300년경의 스토아학파(Stoics)의 철학자들이 철학 내에서 독립된 분야로서의 언어학을 인지하였고 언어에 관한 일반 이론을 전개하였다고 전해지나 단편적인 것을 제외하고는 문헌이 남아 있지 않아 그들의 이론이 구체적으로 어떠했는지를 정확히 알 수는 없다. 다만, 포괄적으로 보아 스토아학파는 앞에서 언급한 언어의 두 가지 문제에 대하여, 언어가 필연적이고 변칙적이라는 것을 강조하였다. 이것은 스토아학파에 앞서 아리스토텔레스가 언어를 자의적이며 규칙적(유추적)인 것으로 본 것과 대조적이다.

고대 그리스에서 언어를 실용적인 관점에서 연구한 것은 알렉산드리아학파였다. 그들에게는 그리스 밖의 사람들에게 그리스의 고전을 가르치는 것이 제일의 관심사였다. 그들은 고전 그리스 시대의 작가들이 사용하였던 표준적인 문법과 문체를 유지하려고 노력하였다. 알렉산드리아학파의 학자들 중 유명한 디오니시우스 트라스(Dionysius Thrax)가 있다. 그는 기원전 100년경 처음으로 그리스어의 음운론과 형태론 연구를 시작하였다. 그는 문법이란 "시인과 산문 작가들의 언어 사용을 경험적으로 연구하는 것"이라고 정의하면서 "문법의 가장 소중한 목적은 문학 작품을 비판적으로 살피는 것"이라고 주장하였다. 디오니시우스 트라스의 문법서 「테크네 그라마티케」는 십여 세기 동안 그리스어의 표준적인 문법 저작으로 남아있었다(이 책은 현존하는 가장 오래된 문법서이다). 어떤 학자는 영어 문법의 거의 모든 교과서가 그 책의 영향을 받았다고 말할 정도이다. 이렇듯 그리스의 알렉산드리아학파는 그리스 고전의 교육이라는 실용적 목적을 위해 언어를 연구하였다. 또한 그들이 사용했던 언어 연구 방법은 철저한 경험적 방법이었다. 즉, 실제 작품 속의 언어를 연구의 자료로 사용하였다. 이와 대조적으로 앞서 언급한 스토아학파의 언어 연구 방법은 심성적, 이성적 경향을 가졌다. 전반적으로 그리스 시대의 언어 연구는 알렉산드리아학파의 실용성을 중시한 관점이 주류를 이루었다.

고대 그리스인의 언어 연구의 최대의 업적은 중세를 거쳐 현재까지 이어지는 전통문법의 기초를 제공하였다는 것이다. '문법'(grammar)의 그리스어는 'grammatikē'인데, 이것은 문자를 가리키는 'grammata'라는 단어에서 유래한 것이다. 문법은 문자로 글을 잘 쓰는 기술로부터 시작하였던 것이다.

고대 로마 시대의 언어 연구는 그리스어에 적용된 음운, 문법 범주와 품사들을 사용하여 라틴어의 음운론과 문법을 제시하는 것을 제일의 목표로 삼았다. 당시 대부분의 라틴어 문법은 그리스어 문법의 틀 안에서 이루어졌고, 모든 문법 교육은 교양 교육의 맥락에서 이루어지는 교육적, 실용적 목적을 가졌다.

영화 ✚ 언어

동물이 주인공이 되거나 중요한 역할을 하는 영화들이 있다. 여러 차례 만들어진 「킹콩」(King Kong, 1933, 2005)에서는 인간들에 의해 문명 세계로 잡혀온 거대한 고릴라가 문명에 대한 복수를 하듯이 도시를 파괴한다. 「죠스」(Jaws, 1975)에서는 식인 상어가 해변에 나타나 수영을 즐기는 여자의 몸뚱이를 삼켜버린다. 호주 영화 「크로코다일 던디」(Crocodile Dundee, 1986)는 악어가 득실대는 호주의 오지에서 뉴욕으로 온 청년이 좌충우돌하는 코미디 영화이다(악어에 관한 영화는 아니다). 영화 「고스트 앤 다크니스」(The Ghost and the Darkness, 1996)는 19세기 말 아프리카에서 있었던 공포의 식인 사자 두 마리와 사냥꾼의 대결을 그렸다. 「괴물」(2006), 「디 워」(D-War, 2007) 같이 상상의 괴수가 주인공인 영화도 있다. 한편, 거대하고 무시무시한 동물들뿐 아니라 거위같이 친근한 동물도 영화의 주인공이 된다. 「아름다운 비행」(Fly Away Home. 1996)은 길 잃은 아기 거위들이 자기 종족에게 갈 수 있도록 애쓰는 소녀의 이야기이다. 물론, 미키 마우스와 도널드 덕 등이 나오는 고전적인 디즈니 영화들과 최근의 「마다가스카」(Madagascar, 2005, 2008) 같은 애니메이션에는 인간의 말을 하는 수많은 동물이 나온다.

고릴라, 악어, 사자, 거위는 울음소리를 낼 수 있다. 악어의 소리는 좀 불확실하지만 다른 동물들의 소리는 영화에서도 많이 나온다. 그렇지만 모든 언어가 이 소리들을 의성어로 가지고 있지는 않다. 인터넷의 세계의 동물 울음소리 사이트에 따르면(사이트는 2009년 현재 폐쇄되어 있음), 사자의 소리는 알바니아어(arr), 벵골어(gorgon), 스페인어(grgrgr), 에스페란토(ror)에 있고, 거위의 소리는 알바니아어(ga ga ga), 크로아티아어(ga-ga), 히브루어(ga ga ga), 폴란드어(ge ge), 러시아어(ga-ga-ga)에 있다. 인간에게 친근한 동물인 개와 같이, 많은 언어에 그 울음소리가 의성어로 들어있는 동물이 있는가 하면 그렇지 않은 동물들도 많다. 의성어가 소리와 의미의 필연적 관련성을 보여주는 예라면 이러한 현상은 발생하지 않을 것이고, 새로운 동물이 하나의 언어 사회에 알려지자마자 그 동물의 울음소리는 의성어로 언어의 일부가 되어야만 할 것이다.

3. 중세의 내성문법과 르네상스 이후의 유형론

고대 로마 시대의 전통을 이어받은 중세 시대의 언어 연구는 그 전 시대와 마찬가지로 라틴어 문법을 교육의 도구로서 중시하였다. 당시의 일곱 가지 교양 학문인 변증법, 수사학, 음악, 수학, 기하학, 천문학, 문법 중 문법이 가장 중요한 것으로 간주되었다. 이러한 교육적 목적의 라틴어 연구라는 실용적 관점은 후기 중세로 들어오면서 바뀌기 시작한다. 11세기에 철학의 전통이 되살아나게 되고 이러한 움직임은 라틴어 문법을 철학의 한 분야로 간주하게 만들었다. 13세기와 14세기의 내성문법(speculative grammar)은 그러한, 호기심을 바탕으로 하는 언어 연구가 적극적으로 발현된 것이다.

내성문법의 목적은 그때까지 기술된 라틴어 문법의 철학적 정당성을 발견하고 제시하는 것이었다. 설명적 타당성을 추구하기 위해 문법은 언어를 인간의 정신과 연결하는 것으로 새롭게 정의되었다. 예를 들어, 명사는 계속 존재하는 것들을 표현하고, 동사는 시간에 매인 일시적인 현상을 표현하는 것으로 정의하는 일과 같은 것들이다. 언어를 인간 정신과 관련짓는 것을 중요시하는 것은 인간의 모든 언어들에 보편적으로 존재하는 보편문법(universal grammar)과 언어 보편소(linguistic universals)에 관한 이론을 추구하게 만들었다. 즉 라틴어, 그리스어, 히브루어, 아랍어 등 상이한 언어들에 대해서, 그것들이 표면적으로는 많은 차이를 가지고 있기는 하지만, 그것들 모두가 보편적인 인간 정신을 반영하는 것이라고 그들은 믿었던 것이다.

내성문법의 가치는, 고대 그리스의 스토아학파의 경우를 제외하면, 유럽의 언어 연구를 천년 이상 지배해 왔던 문헌 기반의 문법을 거부하고, 내성적 방법을 통하여 인간 정신의 탐구라는 철학적 목적을 위한 언어 연구를 내세웠다는 것이다. 곧 언급할, 촘스키(Noam Chomsky)로부터 출발한 현대 언어학이 바로 이러한 목적의 언어 연구를 일차적으로 중요시한다. 스토아학파와 내성문법으로 이어지는 언어 연구의 전통을 현대 언어학이 이어받고 있다.

중세에서 르네상스 시대로 넘어오면서의 큰 변화들은 고전 학문의 부흥, 종교 개혁, 자연과학의 발전이다. 언어와 관련하여 말하자면, 신대륙의 발견을 포함하여 유럽이 확장되어 감에 따라 (유럽인의 관점에서) 이전까지 알려진 언어와는 판이하게 다른 새로운 수많은 언어들이 발견되었다. 동시에 유럽 내에서는 민족국가들이 성립됨에 따라 영어, 독일어, 프랑스어, 이탈리아어, 스페인어 등 그동안 라틴어의 권위에 눌려 왔던 개별 언어들의 중요성이 부각되었다. 여기에 덧붙여 인쇄술의 발전은 언어의 연구와 보급에 중요한 역할을 하게 되었다.

이와 같은 새로운 환경에서 대개의 문법은 교육을 위한 것이었다. 즉 실용적 목적을 위한 언어 연구이다. 상류사회에서의 고전 이해에 대한 필요성과 일반인들의 외국어 습득에 대한 필요성이 언어 연구의 중요한 동기가 되었다. 그러나 보편성을 추구하는 철학적 문법의 전통도 완전히 없어진 것은 아니고 그런대로 명맥을 유지하여 나갔다. 포르루아얄(Port Royal) 문법학자들의 저작들이 그러한 예이다.

르네상스 이후 세계의 여러 언어가 유럽에 알려짐에 따라 19세기에는 언어를 그 특성에 따라 분류하는 유형론(typology)이 등장하였다. 훔볼트(W. von Humboldt)를 비롯하여 슐레겔(F. Schlegel), 슐라이허(A. Schleicher) 등 독일의 언어학자들이 세계의 여러 언어를 고립어, 첨가어, 굴절어의 세 부류로 구분한 것은, 그 세부적 구분의 타당성에 대한 간헐적인 이의 제기에도 불구하고(Comrie 1989), 오늘날까지도 유효하다. 이와 같은 구분은 단어의 형태와 문법관계 혹은 문법범주의 표현의 방식에 관한 것으로서 다음과 같이 정의할 수 있다.

> 고립어: 단어의 형태가 변하지 않으면서 순전히 문장 속에서 그것의 위치에 따라 문법관계가 결정되는 언어. 대표적으로 중국어가 있다.
>
> 첨가어: 하나의 (문법적) 의미를 가진 각각의 형태소들이 결합하여 단어를 구성하는 언어. 한국어, 일본어, 터키어 등이 전형적이다. 예를 들어, 우리말의 '잡-으시-었-고'는 독립적인 뜻을 가진 네 개의 형태소가 결합하여 이루어진 단어 형식이다.
>
> 굴절어: 여러 가지 문법적 의미가 단어의 모양 변화(굴절)로 표시되는 언어. 라틴어를 비롯하여 그 후신인 프랑스어, 이탈리아어, 스페인어 등이 해당된다. 예를 들어, 라틴어에서 'amō'는 일인칭, 단수, 현재, 능동 동사형인데, 이 각각의 문법 의미는 개별적인 요소(형태소)로 실현되는 것이 아니라 전체 단어 형식으로 실현된다.

참고로, 언어학에서 '유형론'이라는 용어를 사용한 것은 20세기 이후이다.

영화 ✛ 언어

중세의 지적 활동 모습의 단편을 보여 주는 영화로 「장미의 이름」(The Name of the Rose, 1986)이 있다. 중세에 대하여 해박한 지식을 가진 기호학자 움베르토 에코(U. Eco) 원작의 소설을 영화화한 것이다. 수도원에서 벌어진 살인사건을 파헤치려는 수도사를 중심으로 중세 시대 사회상과 수도원의 학문 활동의 모습을 볼 수 있다. 절대 권위의 교회가 지적 호기심을 추구하는 인간을 억압하는 가운데, 금지된 서적은 교회의 첨탑에 아무도 볼 수 없게 보관되어 있다가 결국 불타서 없어진다. 그렇게 없어져 버린 책들 중에 언어에 대해 언급한 것들이 얼마나 있는지 궁금해진다.

4. 비교언어학의 성립

르네상스 이후 유럽의 팽창은 식민지 시대를 도래케 하였다. 18세기 말, 세계 여러 곳의 영국의 식민지 중 하나인 인도에서 관리로 일했던 영국인 윌리엄 존스는 인도의 산스크리트어와 유럽의 그리스어 및 라틴어와의 유사성에 주목하여 이들 사이의 필연적 관련성을 주장하였다. 즉, 지역적으로 떨어진 다른 언어들이지만 그 조상은 하나였고 따라서 이 언어들은 서로 친족관계에 있는 하나의 언어 가족, 즉 한 어족에 속한다는 것이다. 이후 인도와 유럽의 여러 언어들 사이의 친족관계를 밝히고, 그 언어들의 조상의 형식을 추정하여 재구(reconstruction)하고자 하는 언어 연구가 비교언어학(comparative linguistics)이라는 이름으로 성립되었다.

비교언어학 혹은 역사비교언어학은 고대 그리스 시대 이래로 철학의 울타리 안에서 연구되어 왔던 언어 연구를 독립된 학문으로 성립시켰다. 이러한 학문적 노력은 19세기 전체에 걸쳐 왕성하게 이루어졌고, 특히 19세기 말 독일의 소장문법학파(neogrammarians) 학자들에 이르러 그 절정에 달했다. 이들은 역사언어학을 사회적, 심리적 요소가 포함된 물리학적 특성을 가진 과학으로 파악하였고, 음운 대응이라는 엄밀한 언어 비교 방법을 철저하게 적용하고자 하였다.

역사비교언어학의 방법과 성과에 대하여는 제9장(언어와 역사)에서 자세히 설명할 것이다. 여기서는 역사비교언어학이 언어학을 독립된 학문으로 만들어 준

계기였다는 것, 그리고 엄밀한 과학적 방법론을 언어학의 연구 방법으로 확립시켰다는 것을 강조하고 넘어가자.

영화 ✚ 언어

영화 「패시지 투 인디아」(A Passage to India, 1984)는 인도가 영국의 식민지였던 시절 지배자인 영국인들과 피지배자인 인도인들의 모습을 보여 준다. 영국 부인이 성적 표현이 노골적인 인도의 부조 조각품들을 숲속에서 발견하고 정신적으로 충격을 받는 인상적인 장면도 있다. 역사비교언어학의 기초를 마련한 영국인 윌리엄 존스는 식민지 인도의 고급 관리였다. 아마도 「패시지 투 인디아」에 나오는 영국인들과 같은 모습으로 인도에서 살았을 것이다. 산스크리트어와 그리스어, 라틴어의 유사성에 주목한 언어학자 존스는 한편으로는 식민지 인도를 착취한 제국주의 국가 영국의 식민지 관리였던 것이다. 관리나 정치가로서 유명한 언어학자로는 형태론적 언어유형론의 초석을 놓은 훔볼트와 게르만어 계통의 언어에 특징적인 자음 변화 추이를 정리한 그림 법칙으로 유명한 야콥 그림이 있다. 직접 정치를 하지는 않지만 현대 언어학의 맹주 촘스키는 정치 평론가로 더 유명하다.

5. 구조주의 언어학과 생성문법

소쉬르와 구조주의

19세기의 언어 연구는 역사적 연구, 즉 통시적(diachronic) 연구가 중심이었다. 20세기 초 소쉬르(F. de Saussure)는 언어 연구의 중심을, 한 시대의 언어 상태를 기술하는 공시적(synchronic) 연구로 돌려놓은 근대 언어학의 태두이다. 그는 통시와 공시를 구별하고 공시적 연구의 중요성을 부각시켰을 뿐만 아니라, 언어 기술에서 구조를 중시함으로써 20세기 언어학을 구조주의(structuralism) 언어학이라고 부르게끔 만들었다.

소쉬르

구조주의의 주장은, 언어는 단순히 실체 혹은 요소의 집합으로 파악할 수 없고 전체 시스템 내의 어떤 층위에서 요소들이 다른 요소들과 관계를 맺고 상호작용을 하는 것으로 파악해야 한다는 것이다. 예를 들어 우리말의 소리의 층위에서 'ㅂ' 소리는 그것 혼자로는 어떤 가치도 없으며, 그것과 'ㅃ' 및 'ㅍ', 나아가 'ㄷ', 'ㄱ'과의 대립 관계에서 그 가치가 생긴다는 것이다. 즉, 언어는 그것을 구성하는 요소들(음성, 형태소, 단어) 사이의 상호 관계와 상호 대립이 중요한 시스템이다. 이러한 소쉬르의 구조주의적 사상은 20세기 언어학의 기본 사상이 되었으며, 언어학뿐 아니라 인류학, 문예비평 등 다른 학문에도 영향을 미쳐, 20세기 전반기에 많은 학문 분야의 근간이 되었던 구조주의 사조의 진원지가 되었다.

소쉬르가「일반언어학 강의」(Cours de linguistique Générale, 1916)를 통하여 현대 언어학에 미친 중요한 공헌 중의 하나는 언어를 랑그(langue)와 파롤(parole)의 두 가지 측면으로 구분하였다는 것이다. 언어는 하나의 시스템으로서 사회의 구성원이 공유하기 때문에 의사소통이 이루어지지만, 동시에 개인마다 다른, 각 개인이 가지고 있는 사적인 체계이기도 하다. 소쉬르는 전자를 랑그, 후자를 파롤이라고 부르고, 개인마다 다를 수 있는 파롤이 아니라 공동의 사회적 시스템으로서의 언어, 즉 랑그가 언어학의 대상이라고 주장하였다. 이러한 구분은 곧 언급할 촘스키의 언어 능력, 언어 수행의 구분과도 어느 정도 상통하는 면이 있다.

소쉬르는 또한 언어가 기호의 한 종류임을 명확히 하였다. 기호란 어떤 하나의 사물 혹은 표상이 다른 사물 혹은 표상을 대신하여 나타내는 것이다. 전자를 표현, 후자를 내용이라고 할 수 있다. 예를 들어, 신호등의 빨간색이 차나 사람의 멈춤을 의미하고, 푸른색이 차나 사람의 통과를 의미하므로 신호등은 하나의 기호 체계이다. 소쉬르는 신호등의 색깔과 같은 기호의 표현의 면을 시니피앙(signifiant), "멈춤", "통과"와 같은 기호의 내용 혹은 의미를 시니피에(signifié)라고 불렀다. 언어 기호는 신호등과 비교할 수 없는 복잡한 체계이지만 본질적으로 시니피앙과 시니피에의 분리할 수 없는 양면을 가진다는 점에서 신호등 혹은 다른 기호 체계와 다르지 않다. 기본적으로 언어 기호의 시니피앙은 소리(소쉬르의 '청각 영상')이며 시니피에는 의미(소쉬르의 '개념')이다. '기호'라는 말을 기호의 표현적 측면, 즉 시니피앙과 같은 것으로 사용하기도 한다.

소쉬르의 구조주의는 앞에서 언급한 대로 '구조'의 개념을 확립하였고 랑그와 파롤을 구별하였을 뿐만 아니라, 언어 연구에서 중요한 다음과 같은 몇 가지의 이분법을 제시하였다. 우선 앞에서 간단히 언급한 대로 소쉬르는 통시적(diachronic) 언어 연구와 공시적(synchronic) 언어 연구를 구별하였다. 언어는 오랜 시간에 걸쳐 변화해 간다. 한 시대의 언어는 하나의 체계이므로 언어 변화는 시간에 따른 언어 체계의 변화이다. 역사언어학은 언어의 역사를 탐구하는 통시적 연구를 수행할 때 체계의 변화를 염두에 두어야 하고, 공시적 연구는 여러 시대의 언어 자료를 뒤섞어 사용하면 안 된다. 물론 시간적 차이가 줄어들수록 공시와 통시의 구별은 불분명해 질 것이다. 그러나 시간적 거리를 두고 언어의 변화를 연구할 때, 개별 음소, 개별 단어의 변화뿐만 아니라 음소들의 체계, (관련된) 단어들의 체계를 고려해야 올바른 연구 결과를 얻을 수 있다.

소쉬르는 또한 실질(substance)과 형식(form)을 구별하였다. 실질은 물질과 유사한 개념이고 형식은 그 물질에 부여하는 어떤 모양이다. 언어의 실질은 소리와 의미이다. 소리와 의미가 언어체계의 대상이 되는 것은 실질에 형식이 부여되기 때문이다. 구체적으로 소리의 형식이 음소(언어체계)이고 의미의 형식이 어휘화(어휘체계)이다. 소쉬르가 언어 연구에서 형식의 중요성을 강조한 것은 언어의 구조와 체계를 중요시한 것과 일맥상통한다.

마지막으로, 소쉬르는 계열적(paradigmatic) 관계와 결합적(syntagmatic) 관계를 구별하였다. 언어 표현들은 어떤 언어적 환경에서 (계열적으로) 대치될 수도 있고 서로 결합할 수도 있다. 예를 들어, '아이가 빨간 사과를 먹었다'에서 '아이'는 '소녀', '개' 등과 대치될 수 있고, '빨간'은 '파란', '노란', '맛있는' 등과 대치될 수 있다. 한편 '사과를'은 '먹었다'와 결합할 수 있지만 '갔다', '떨어졌다' 등과는 결합할 수 없다. 계열적 관계는 품사 내지 더 하위의 단어부류와 관련이 있고, 결합적 관계는 통사적, 의미적으로 올바른 표현을 형성하는 것과 관련된다. 문법은 계열적 관계와 결합적(연결) 관계의 통합적 기술이라고 볼 수 있지만, 그 두 관계의 성격을 명확히 구분하여 이해하여야 한다. 또한 구조주의의 주요 주장인, 언어 요소가 같은 층위의 다른 요소들과의 관계 속에서 가치를 갖는다는 것은 결국 언어 요소가 계열적 관계와 결합적 관계 속에서 가치를 갖는다는 말이다.

소쉬르 이래 구조주의 언어학이 유럽에서 자리 잡았으며, 특히 스위스(제네바), 덴마크(코펜하겐), 체코(프라하)를 중심으로 발전해 나갔다. 미국에서는 유럽 지역과는 좀 다른 방식의 구조주의 언어학이 발전하였다. 그것은 유럽인들이 아메리카 대륙을 점령해 나가는 과정에서 수많은 원주민의 언어들과 만나게 되었고 이 언어들을 기술하는 것이 언어학의 중요한 과제였기 때문이다. 문자가 없는 언어의 문법을 기술하기 위해 미국의 언어학자들은 소리, 형태소, 단어, 문장으로 이어지는 여러 층위의 언어 기술의 엄밀한 방법론을 개발해야만 했다. 그것은 철두철미하게, 보이고 들리는 것, 즉 객관적으로 관찰이 가능한 언어 현상에만 기반을 둔 언어 기술 방법이었다.

블룸필드(L. Bloomfield)가 이러한 경험주의적, 관찰주의적, 형식주의적 기술을 추구하는 미국 구조주의 언어학을 대표하는 학자이다. 그의 저서 「언어」(Language, 1933)는 당시 미국 언어학의 바이블이었다. 그렇지만 오로지 객관적으로 관찰될 수 있는 말과 글의 현상만을 자료로 인정하는 언어 연구의 방법론은 한계가 있었다. 언어에는 소리의 면과 함께 의미의 면이 있다. 블룸필드의 방법론은 직접적 관찰이 불가능한, 그렇지만 언어의 중요한 측면인 의미를 다루는 의미론 및 심리언어학, 언어철학 연구에는 적합하지 않았고 이러한 분야들을 소홀히 할 수밖에 없었다.

촘스키와 생성문법

이러한 1950대의 상황에서 등장한 것이 촘스키(N. Chomsky)이다. 그는 1957년 『통사 구조』(Syntactic Structures)라는 저서를 내놓으면서, 당시의 미국 구조주의의 연구 방법을 비판하고, 내성적인 방법을 통하여 언어를 연구할 것을 주장하였다. 그는 또한 언어 연구를 인간의 정신을 이해하기 위한 하나의 방식으로 인식하여, 언어학을 인지심리학의 한 분야로 파악하기까지 하였다. 이러한 사상은 고대 그리스의 알렉산드리아학파에서부터 로마 시대와 중세 시대의 실용문법, 19세기 역사언어학을 관통하여 미국 구조주의 언어학에 나타나는 철저한 관찰주의와 경험주의적 관점을 거부하고, 스토아학파와 중세의 내성문법에 나타난 이성주의를 이어받는다고 볼 수 있다. 따라서 촘스키의 언어관에서 보편문법

촘스키

(universal grammar)의 추구가 중요하며, 촘스키는 이 보편문법의 실재를 어린아이의 언어 습득을 통하여 논증하였다. 즉, 언어가 아주 복잡한 시스템임에도 불구하고, 모든 아이가 어떤 언어든지 모국어를 쉽게 배울 수 있다는 사실이 생득적인 인간 특질로서의 보편문법을 인정하게끔 만든다는 주장이다.

아울러 촘스키는 이성적 관점에서 언어를 연구하되 엄밀한 형식적 방법을 채택하여 언어를 기술해야 한다고 주장하였다. 구체적으로 그가 수학에서 빌려온 방법은 생성(generation)이라는 개념으로, 이 때문에 촘스키의 문법 이론을 생성문법(generative grammar)이라는 말로 부른다. 생성이란 일정한 수의 규칙으로 무한한 결과를 산출하는 절차를 말하는 데, 유한한 수의 단어를 사용하여 무한한 수의 문장을 만들 수 있는 인간의 언어 능력을 기술하기 위해 사용할 수 있는 방법이다. 이와 관련하여 제6장(통사론)에서 상세히 설명할 것이다.

촘스키는 언어를 언어 능력(competence)과 언어 수행(performance)의 개념으로 구분하였다. 언어 사용자는 언어 지식을 가지고 있기 때문에 언어를 자유로이 사용할 수 있지만, 실제 언어 사용의 상황에서는 물리적, 생리적 제약으로 인하여 불완전한 발화가 생길 수도 있다. 전자, 즉 언어에 관한 지식을 언어 능력이라고 부르고 후자를 언어 수행이라고 부르면서, 촘스키는 언어 연구의 대상은 언어 수행이 아니라 언어 능력이라고 주장한다. 예를 들어, 말을 하다가 기억이 나지 않아서 끝을 맺지 못한다든지, 혹은 말을 하는 중간에 기침을 한다든지 하는 언어 사용의 문제를 언어 기술에 끌어들일 필요가 없다는 것이다. 물론 언어 수행 자체를 언어 처리와 관련하여 연구하는 심리언어학과 같은 분야가 있으나, 어떤 언어의 구조와 체계를 기술하는 이론언어학이 대상으로 삼아야 할 것은 언어 능력이다. 이러한 구분이 소쉬르의 랑그와 파롤의 구분과 정확히 일치하지는 않지만 개념적으로 관련이 되며, 언어 연구의 대상을 명확히 규정한다는 면에서 상통한다. 사실, 촘스키가 생성문법을 제창했을 때에는 언어 능력과 언어 수행의 이분법이 명확한 것처럼 보였으나, 오늘날에는 그러한 이분법에 대한 회의도 있다. 언어 능력이 발현된 것이 언어 수행이고 언어 수행의 환경 속에서 언어 능력이 형성되기 때문이다. 그러나 이러한 관점은 아직 소수 의견이고 그 견해에 대한 검증이 아직 진행 중에 있으므로, 이 책에서는 이론언어학의 대상을 언어 능력으로 상정하여 설명과 논의를 진행하자. 실제로 언어에 편재하는 변이(variation)를 중요시하여 확률적 문법 모형을 추구하는 입장과 생성문법이 양립불가능한 것은 아니다. 변이와 빈도에 관한 언어지식의 극단이 생성문법에서 말하는 언어 능력이라고 간주할 수도 있기 때문이다.

21세기

20세기의 구조주의 언어학의 전통은 촘스키에 의해 약간의 변형이 있었지만, 큰 틀에서는 구조주의적 관점을 유지하고 있다. 인간의 정신을 탐구한다는 호기심의 동기가 중요한 역할을 하는 언어 연구가 21세기에도 계속될 것이다. 동시에 고대로부터 중요한 언어 연구의 동기였던 인간 생활에서의 필요를 만족시키기 위한 언어 연구도 계속 진행될 것이다. 지금까지보다도 더욱 중요하게 다루어질 언어 연구의 주제들은 다음과 같다.

첫째, 의미 현상은 철학적, 논리적 전통과 아울러 심리학적 전통에서도 많이 다루어져 왔고 언어학에도 도입이 되어 왔으나(제7장 참조), 상대적으로 연구하기 어려운 의미의 문제는 언어의 다른 측면에 비해서는 덜 연구되었다고 볼 수 있다. 그러나 의미는 언어의 가장 중요한 요소이며 언어의 이해를 위해서 의미의 연구가 필수적이다. 따라서 언어의 의미는 앞으로의 언어 연구의 중요한 대상일 것이다.

둘째, 언어는 인간 정신 활동의 중심이다. 특히 정신 활동 중 기억이나 추론 등 인지적 정신 활동은 대부분 언어를 매개체로 한다는 면에서 언어가 중요하다. 인지적 정신 활동을 여러 가지 학문적 관점에서 학제적으로 연구하는 분야를 인지과학(cognitive science)이라고 부른다. 언어학, 심리학, 전산학, 철학, 뇌과학(신경학)이 인지과학의 축을 이룬다고 할 수 있다. 인간 정신을 탐구하는 인지과학의 한 분야로서 인지적 측면에 관한 언어 연구가 더욱 중요해 질 것이다.

셋째, 컴퓨터의 정보처리가 중요한 오늘날의 정보사회에서, 정보처리의 관점에서의 언어 연구가 필수적이다. 언어가 정보를 소통하는 가장 중요한 수단이기 때문이다. 20세기 후반부터 언어의 컴퓨터 처리를 연구하는 전산언어학(computational linguistics)이 학문으로 성립하였으며, 언어의 컴퓨터 처리에 관한 이론적, 실용적 연구는 앞으로 더 중요한 과제가 될 것이다. 음성인식이나 음성합성을 포함한 음성처리를 비롯하여 언어의 모든 측면의 컴퓨터 처리의 연구 결과는 우리의 생활에 직접적인 영향을 미치게 된다. 이와 관련하여 대용량의 전자 텍스트 자료를 기반으로 컴퓨터 처리를 통하여 언어 연구의 전통적 문제와 새롭게 제기되는 문제들을 해결하고자 하는 코퍼스언어학(corpus linguistics)도 근래 관심을 끌고 있는 연구 방법이다. 이 문제는 제13장(언어와 컴퓨터)에서 자세히 설명하고 논의할 것이다.

영화 ✚ 언어

오래 전 영화 「마라톤 맨」(Marathon Man, 1976)은 나치 전범(로렌스 올리비에)이 남미에 숨어서 살고 있다가, 뉴욕의 은행에 보관해 놓은 다이아몬드를 찾아 나설 때, 중간에 우연한 사고로 한 역사학도(더스틴 호프만)와 연루되면서 일어나는 이야기이다. 나치 전범의 하수인들인 세 남자와 한 여자가 더스핀 호프만을 납치하고 고문하자 보통의 시민인 그가 폭력에 맞서 결국 폭력을 행사하게 된다. 영화에서 로렌스 올리비에는 치과의사로서, 자신의 전문 지식을 이용하여 더스틴 호프만의 이빨에 고통을 가하며 고문을 한다. 치과 의사의 이빨 고문을 보면서, 나는 인간의 지식이 선한 목적이 아닌, 고문과 같은 비인간적인 범죄 행위에 쓰일 수 있다는 것에 대하여 생각하게 된다. 치과 의사의 전문 지식은 치통으로 고통 받는 인간을 치료하여 고통에서 그를 해방시키는 것이 그 존재 이유일 것이다. 그런데 영화의 치과의사는 그의 전문 지식을 이용하여 가장 효과적으로 고통을 줄 수 있는 방식으로 사람을 고문한다.

사실 인간에게 선한 목적을 위해 주어진 많은 것들이 실제로 쓰이는 곳이 꼭 선한 것만은 아니다. 인간이 인간을 해치기 위해 만드는 무기는 모두 인간의 과학적 전문 지식의 응용으로 발전해 왔다. 현대 물리학의 발전이 핵무기의 탄생을 가져왔고 이제 인류는 자신이 만든 파괴력에 놀라 두려운 시간을 보내고 있다.

(치과) 의학적 지식과 (물리) 과학적 지식이 선한 목적과 아울러 악한 목적을 위해 쓰이는 것과 마찬가지로 언어학적 전문 지식도 분명히 나쁜 목적으로 쓰일 수 있을 것이다. 예를 들면 다음과 같다. (다음의 내용을 언어학을 처음 접하는 독자가 지금 다 이해할 수는 없을 것이다. 이 책을 다 읽은 다음 다시 한번 읽어 보기를 권한다.)

1) 구강 구조에 대한 조음음성학적 지식을 이용하면, 치과의사 못지않은 고문을 할 수 있다. 영화 「퀼스」(Quills, 2000)의 사드 후작의 경우처럼, 말을 못하게 하기 위해 혀를 뿌리째 뽑을 수도 있다.
2) 가장 효과적인 위장발화의 방법을 이용하여 납치범들이 협박 전화를 할 수 있다.

나아가 음성의 기계적 분석을 통해 음성 파형에 의한 범인 색출을 못하도록 음성 파형을 변형시킬 수 있다.
3) 중의성을 이용하여 상대방의 의도하지 않은 쪽으로 계약서를 작성하게 하여 사기를 칠 수 있다.
4) 대화의 일반적인 패턴에 대한 이해를 바탕으로, 상대방을 교묘하게 속일 수 있다.
5) 지역방언과 사회방언을 사용하여 상대방의 환심을 산 다음 사기를 칠 수 있다.
6) 고대 언어와 문자에 대한 지식을 바탕으로 고대 유적을 도굴할 수 있다.
7) 전산언어학적 지식을 이용하여 사람의 말을 알아듣는 로봇을 만들어 세계 정복을 꿈꿀 수 있다. 예를 들어, 영화 「터미네이터 2」(Terminator 2: Judgment Day, 1991)의, 형태가 마음대로 변할 수 있는 로봇 T-1000은 목소리마저 마음대로 변한다. 음향음성학적 지식이 필요하다.
8) 사람이 실어증에 걸려 말을 할 수 없도록, 신경언어학적 지식을 이용하여 뇌의 브로카 지역(왼쪽 뇌 앞부분) 혹은 베르니케 지역(왼쪽 뇌 뒷부분)에 손상을 줄 수 있다(방법은... 몽둥이로 가격, 약물, 전기 등).
9) 이론언어학적 지식은 아니지만, 여러 개의 외국어를 잘 하는 능력을 이용하여 국제적인 테러 사건을 계획하고 수행할 수 있다. 혹은 가장 효과적인 외국어 교수법을 사용하여 외국어에 능통한 국제 테러리스트를 양산한다.
10) 독재자가 효과적인 언어 정책을 실행하여 국민의 언어 생활을 통제하고 나아가 사고방식까지 통제하려고 할 수 있다.
11) 언어학적 지식을 범죄를 수사하는 데 사용하는 분야를 '법언어학'(forensic linguistics) 이라고 한다. 법언어학의 모든 지식은 범죄를 은폐하는 데에도 사용될 수 있다.

이 장에서는 언어를 과학적으로 연구하는 언어학이 성립되어 온 과정과 사람들이 시대에 따라 관심을 가졌던 몇 가지 언어의 문제를 살펴보았다. 언어학자는 폴리글롯이 아니라 언어를 사랑하며 언어를 연구하는 사람임도 언급하였다. 그래서 영화 제목을 빌려 이 장을 마무리하자면 ... **"언어 스캔들"**(「과속스캔들」).

더 읽을거리와 유용한 사이트

김방한 (1992). 『언어학의 이해』. 서울: 민음사.

밀러 (1998). 『언어의 과학』, 강범모·김성도 역. 서울: 민음사.
소쉬르 (2006). 『일반언어학 강의』, 최승언 옮김, 원저 1916, 신장판, 서울: 민음사.
Robins, R. H. (1997) *A Short History of Linguistics*, 4th ed., London: Longman (1st ed. 1967). [로빈스(2007). 『언어학의 역사』, 강범모 옮김. 서울: 한국문화사.]

링귀스트(LINGUIST)   http://www.linguistlist.org

연습과 생각

1. 언어와 관련하여 궁금하게 생각하지만 그 이유를 모를 현상을 두 개 이상 나열해 보시오. 그리고 그 이유에 대하여 추측해 보시오.
2. 우리말의 의성어와 의태어의 예를 세 개 이상 들고, 그것들이 영어나 다른 언어에서 어떻게 표현되는지 찾아보시오(힌트: 사전 참조; 다른 언어에서 불가능한 것도 많이 있음). 아울러 우리말에 나타나지 않는, 동물의 울음소리나 자연의 소리의 예를 제시해 보시오.
3. 우리말의 의성어나 의태어에서 '졸졸' : '줄줄', '졸랑졸랑' : '쫄랑쫄랑' 등의 대립에 나타나는 의미 현상을 음성상징의 관점에서 설명하시오.
4. 모든 언어에 공통적인 특질, 즉 언어 보편소 몇 가지를 제시하시오.
5. 랑그와 파롤, 언어능력과 언어수행의 차이를 설명하고, 일상생활에서 그러한 구분이 나타나는 예를 제시하시오(힌트: 본인의 혹은 방송 진행자의 말실수).

제2장
언어의 본질

1. 언어 그리고 언어의 기능

인간의 언어에 대해 우리는 몇 가지 본질적인 질문을 해 볼 수 있다.

> 언어는 얼마나 복잡한 시스템이기에 외국어를 배우기가 그렇게 힘들까?
> 아이들은 어떻게 복잡한 언어 시스템을 쉽게 습득할 수 있을까?
> 이 세상의 언어들에 공통적인 특성은 무엇인가?
> 언어는 우리의 정신 작용과 얼마나 밀접한 관련이 있을까?
> 언어는 우리가 살아가면서 어떤 일을 하는데 유용한 도구인가?

이러한 질문들은 결국 "언어란 무엇인가?"라는 근본적인 질문으로 귀결된다. 언어가 무엇인가를 한 마디로 말하기는 힘들다. 오랜 시간 언어를 연구해 온 언어학자들에게도 언어란 어떠어떠한 측면이 있는 대상으로 파악되는 것이지, "언어란 …이다"라고 단정적인 한 마디의 문장으로 말할 수 있는 것이 아니다. 그렇다 하더라도 인간의 언어가 가지고 있는 보편적 특성들은 존재한다.

언어의 보편적 특성을 논의하기 전에, 우선 우리가 말하는 언어가 매체(medium)와 독립적인 것이라는 점에 유의하여야 한다. 추상적인 언어는 음성 혹은 문자로 구체화된다. 음성으로 구체화되는 구어와 문자로 구체화되는 문어는 기본적으로 음성 또는 문자 매체를 통해 나타난다는 점에서 구별된다. 이것은 언어가 음파, 전파, 전기 등의 신호로써 어떤 경로를 통하여 전달되는 것과는 다른 차원의 구별이다. 구어가 음파로 전달될 수도 있고, 전화나 다른 방식을 통하여 전류나 전파로써 전달될 수도 있다. 문어도 글씨가 써진 종이로써 전달될 수도 있고, 팩스 장치를 통하여 전류와 전파로써 전달될 수도 있다.

구어와 문어의 관계를 보자면, 구어가 일차적이고 문어가 이차적이다. 인류가 구어를 언제부터 사용했는지 모르지만 지금까지 발견된 인류 최초의 문자가 사용되던 기원전 3000년보다는 훨씬 이전부터일 것이다. 언어가 인간의 고유한 속성이고 모든 인간이 언어를 가지고 있다고 말할 때에도 그 '언어'는 구어이다. 오늘날에도 문자가 없는 민족들이 많이 있고, 문자를 사용하는 사회에서도 문맹률이 20%를 넘는 나라가 많이 있다. 그러나 언어학의 역사를 보면, 그리스의 언어학은 고전 문헌에 기록된 언어, 즉 문어를 기술하기 위하여 발전했고 그것은 로마시대와 중세까지 이어졌다. 19세기 역사비교언어학 단계에 와서야 언어 변화가 구어의 변화에서 출발한다는 것을 인식하고 구어 자체가 언어 연구의 대상으로 인정되었던 것이다. 이후 구조주의 이후에도 구어의 일차성은 의심받지 않고 있으나, 실제 연구의 대상이 반드시 구어일 필요는 없다. 문어도 정제된 언어지식의 발현으로서의 존재이기 때문이다. 따라서 연구 대상으로서의 언어는 구어로 실현된 것이든 문어로 실현된 것이든 그 역할이 있다. 다만 구어와 문어의 언어적 특성이 서로 다르다는 사실을 잊어서는 안 된다.

구어와 문어는 그 매체적 특성의 차이만큼 실제 언어적 특성도 다르다. 몇 가지만 언급하자면, 구어는 대화 상황에서 '나'와 '너' 등 대화 참여자를 많이 언급하게 되고, 질문을 위하여 의문형, 명령이나 요청을 위하여 명령형 서법을 많이 쓰게 된다. 반면에 문어는 상대적으로 '나'와 '너'를 적게 언급하고, 주로 단언을 위하여 평서문을 사용하게 된다. 구어는 상대적으로 짧고 축약이 많으며, 문어는 길고 축약이 적다. 무엇보다도, 구어는 비형식적이고 일상적인 표현들을 사용하고 문어는 반대로 형식적인 (격식을 갖춘) 표현들을 사용한다. 이러한 특성은 전형적 구어인 일상 대화와 전형적 문어인 학술 논문에서 극단적으로 나타나지만, 발화 상황의 다양함에 따른 여러 장르에서 구어성과 문어성은 다른 정도로 나타나게 된다. 어떤 경우에는 구어가 문어체적 특성을 띠게 되고 그 반대일 때도 있다. 예를 들어, 방송 뉴스는 실제로 목소리로 전달되지만 그것은 거의 문어체이다. 또, 과거에 많이 썼던 개인 편지(아쉽게도, 연애편지의 추억은 이미 사라졌다)

혹은 현대의 이메일은 글로 쓰지만 문체로 보면 구어적이다. 극단적으로, 휴대폰에서 날리는 문자 메시지는 과도한 축약과 생략으로 구어체의 한계를 넘어선다. 이러한 장르에 따른 언어 특성에 대해서는 12장에서 좀 더 논의할 것이다. 여기서는 단지, 우리가 이 장에서 논의할 언어의 특성은 구어와 문어의 매체적 특성과 독립적인, 인간 언어의 본질적 특성이라는 것이다.

인간의 언어는 현실 생활에서 여러 가지 기능을 가지고 있다. 우선 우리는 언어로써 외부 세계를 기술할 수 있다. 사람들이 세상을 살아가는 동안 자신이 개인적으로 습득한 체험만을 가지고 살아간다면 그것은 무척 고단한 삶이 될 것이다. 우리가 빨간 신호등에서 걸음을 멈추어야 한다는 것을 차에 치어 봐야 깨닫는다면 사람의 평균 수명이 무척 단축될 것이다. 그리고 당연하게도 인류의 문명이란 존재할 수 없다. 세상에서 일어나는 일의 원리를 발견한 사람은 그것을 다른 사람에게 전달하고 그 사람은 다시 새로운 것을 보태어 전달함으로써 학문이 성립하고, 컴퓨터 같은 발명품들이 나타난 것이다. 이렇게 생존에 직접적인 영향은 없더라도, 프랑스 남부 마을 콩브레의 물과 풀과 바람, 그리고 교회의 첨탑에 대하여 프루스트가 문자(소설)로 알려주었기 때문에(「잃어버린 시간을 찾아서」) 나는 행복감을 느끼게 되기도 한다.

언어는 외부 세계를 기술하는 기능만을 가지고 있는 것이 아니다. 언어로써 명령을 내리고, 아름다운 풍경을 노래하고, 친구와 친교를 유지할 수 있다. 즉, 언어에는 기술적(전달적) 기능뿐만 아니라 사람들 사이의 관계 자체와 밀접한 관련이 있는 여러 기능이 있다. 언어의 기능들에 관한 유명한 분류가 일찍이 야콥슨(Jakonson)이 제시한 언어의 여섯 가지 기능이다. 그것들은 지시적 기능, 감정적(표현적) 기능, 환기적 기능, 메타언어적 기능, 교감적 기능, 시적 기능이다.

지시적 기능은 앞에서 기술적 기능이라고 부른 것과 같은 것이며 나머지 다섯 개의 기능은 비기술적 기능이다. 감정적 기능은 화자의 입장에서 자신의 느낌과 상태를 말로 표현할 수 있는 것을 말한다. 파우스트가 순간을 향해 "너 정말 아름답구나!"라고 외칠 때, 그리고 우리가 파란 하늘 아래 푸른 물이 흘러가는 모습을 보고 "아! 아름답다"라고 외칠 때 그것은 다른 누구에게 강이 아름답다고 정보를 전달하는 것이 아니다. 느낌은 주관적인 것이라 시꺼먼 개천에 떠내려가는 비닐봉지를 보고도 어떤 사람은(비닐의 발명자?) "아름답다!"라고 외칠 수 있다. 어떤 사람의 말투에서 그 사람의 성품을 판단할 수도 있는데, 그러한 것도 감정적(표현적) 기능에 포함될 수 있다. 환기적 기능은 말을 듣는 상대방에게 떠나라고 명령한다든지, 밥을 달라고 부탁한다든지 할 때 나타난다(파우스트가 사람이 아닌 순간을 향해 "멈추어라"라고 명령하는 것은 특수한 경우이다). 메타언어적 기능은 우리가 언어로써 세상의 사물이 아닌 언어 자체를 가리킬 수 있는 것을 말한다. "그 남자는 미남이 아니라 꽃미남이야"라는 말은 실제로 그 사람이 미남이 아니라는 말이 아니다. 그 사람을 미남이라고 부를 것이 아니라 미남보다 더한 미남, 즉 소위 '꽃미남'이라고 불러야 마땅하다는 것을 뜻한다. 따라서 모든 꽃미남이 미남인 것이 맞지만(따라서 꽃미남이면 반드시 미남이지만) 앞의 발화는 이상하지 않은 것이다. 이 경우 부정된 것은 말 자체이며, '미남'라는 말은 세상의 미남들 혹은 그러한 속성을 가리킨다기보다는 그 단어 자체를 가리킨다. 다른 예를 들자면, 오래 전 엘튼 존이 "Sorry seems to be the hardest word"라고 절규하며 노래했을 때 그것은 메타언어적 진술을 한 것이다. 이것은 "I'm so sorry but I love you" 또는 "I'm sorry, so sorry"라는 노래 가사에서 "sorry"가 사용된 방식과 다르다.

   교감적 기능은 사람들 사이의 상호 교류와 관계가 말로 유지되는 것을 말한다. 아침에 날씨가 흐리고 비가 오고 추워도 서양 사람들은 만난 사람에게 "Good Morning!" 하고 말한다. 그러면 대개 상대방도 똑같은 말을 한다. 그 말을 듣고 오늘 아침은 날씨가 좋지 않으니 좋은 아침이 아니라고 대드는 사람은 거의 없다. 그럴 만한 사람에게는 애초에 그런 인사를 건네지 않았을 것이다. 또는 실제로 날씨가 좋을 때 "날씨가 좋네요" 혹은 비가 올 때 "비가 오네요"라고 상대방에게 말을 건넬 때, "나도 눈이 있으니까 압니다"라고 대꾸하는 사람은 인간관계에 어려움을 겪을 것이다. 이러한 사람은 언어가 단지 기술적 기능만을 위해 존재하는 것이 아니라는 것을 언어학 개론 시간에 배워야 살아가는 데 지장이 없을 것이다. 마지막으로, 언어의 시적 기능이란, 말 그대로 언어 자체의 아름다움 또는 어떤 형식적 특성을 언어가 이용하여 감흥을 주는 기능이다. 리듬, 운 등의 시적 기법은 수많은 시에서 사용되어 왔다. 시인의 시가 아니더라도, 민요 속의 "아리랑, 아리랑, 아라리요"는 유음 [ㄹ]과 모음 [ㅏ, ㅣ]와 음절 수의 반복 리듬이 주는 감흥이 있다. 일상생활에서 간단한 광고 문구도 상표 이름과 그 물건을 많이 사달라는 내용을 직설적으로 전달하는 것이 아니라 언어의 시적 기능을 최대한 이용한다. "라면이라면 ○○라면"과 같은 광고 카피를 만들기 위해 커피를 마셔 가면서 코피와 땀을 흘리며 일한 사람들이 있을 것이다.

모든 언어 발화들을 이상에서 제시한 언어의 기능들을 기준으로 남김없이, 명확하게 분류할 수 있는 것은 아니다. 위의 기능들이 명확히 구별되지 않는 경우가 많고, 나아가 하나의 발화가 여러 가지 기능을 하는 것이 더 일반적이다. 내가 '꽃미남'이라는 말을 사용할 때 누가 그 단어의 의미를 묻는다면, 그는 언어로 언어 자체에 대해 말하는(묻는) 메타언어적 기능을 사용하는 것이고, 나와의 대화를 계속하겠다는 친교적(정감적) 기능을 사용하는 것이고, 나에게 대답을 요구하는 환기적 기능을 사용하는 것이다. 여러 중첩되는 기능을 단순화하여, 기술적 기능, 표현적 기능, 사회적 기능으로 구분할 수도 있다(Lyons 1977). 상호적 기능들, 즉 표현적 기능과 사회적 기능은 말이 아닌 준언어적(paralinguistic) 현상으로도 표현된다. 예를 들어, 고개를 끄덕임(동의), 고개를 가로저음(부정), 안구운동, 제스처, 몸자세 등도 화자와 청자 사이에서 상호적인 기능을 수행한다. 중요한 것은 기술적 기능이 인간 언어의 상당히 중요한 특성이지만, 개인적 표현과 사회적 교류를 위하여 중요한, 언어의 다른 기능들도 있다는 것이다.

이제 언어 사용의 면에서 위와 같은 기능들을 가지고 있는 언어의 본질적인 특성과 특질을 논할 차례이다. 언어의 규칙지배성과 창조성, 형식과 의미의 독립성(자의성), 언어의 추상성을 중심으로 논의하고, 이후에 그 밖의 특성들을 간단히 언급하기로 한다.

영화 ✚ 언어

영화 「쥬라기 공원 3」(Jurassic Park III, 2001)에는 「쥬라기 공원」 1편과 2편에 없었던 두 가지의 새로운 설정이 있다. 그 하나는 하늘을 나는 익룡이 새로이 주인공으로 등장했다는 것이다. 언어학자에게 흥미로운 또 하나의 새로운 점은 랩터라는 공룡이 서로 의사소통을 한다는 것이다. 물론 스필버그의 상상에서 그려지는 공룡의 세계이므로 이 공룡들의 의사소통의 방식이 어떻다고 말하는 것이 실제 과거의 공룡에 대하여 말하는 것은 아니지만, 나는 그 공룡들의 의사소통에 관한 코멘트를 「영화마을 언어학교」(2003)에서 한 적이 있다. 일반적으로 동물의 의사소통 수단이 인간 언어의 무한성과 창조성을 결여했다는 사실을 바탕으로, 나는 공룡들이 다음과 같은 내용을 그들의 소통 방식으로 전달했을 리는 없었을 것이라고 말했다. 세 마리의 랩터 공룡이 한 인간을 포위하고 있는 영화의 장면을 떠올리고 다음을 읽어 보자.

> "지금 눈앞에 있는 인간은 어제 우리가 잡다가 실패한 것이니까 만일 지금 다시 놓치면 우리 공룡의 자존심에 해가 갈 것이 명백하므로 같이 합심하여 잡아서 죽인 다음 각자가 공격에서 기여한 정도에 따라 신체 부위를 적절히 나누는 것이 우리 공룡의 사회를 위해 좋은 일이고, 장차 우리 공룡 자손의 안녕과 번영을 위해서도 꼭 필요한 것이 자명함을 믿어 의심치 않고 따라서 내 말을 들어 주실 것을 바라마지 않습니다."

「영화마을 언어학교」를 읽지 않은 독자는 이 한국어 문장을 처음 접하겠지만, 이것을 이해하는 일이 어렵지는 않을 것이다. 인간에게 고유한 언어의 창조성 때문이다.

2. 규칙 지배성과 창조성

우리가 별 의식 없이 사용하는 다음과 같은 표현을 생각해 보자.

▎비만형 아프리카 남자

'비만형 남자'와 '아프리카 남자'가 모두 적절한 표현이고, 두 가지 의미를 동시에 나타내는 '비만형 아프리카 남자'도 적절한 표현이다. 하지만 다음과 같이 단어의 순서가 바뀐 표현은 이상하다(언어학의 관례에 따라 문법적으로 이상한 표현, 즉 비문법적 표현 앞에 별표 '*'를 붙인다).

▎*아프리카 비만형 남자

영어에서도 비슷한 예를 찾을 수 있다. 다음의 두 표현 중 하나는 이상하다.

> a large blue house
> *a blue large house

다른 예를 들자면, 영어에서 종속절 앞에 오는 'that'은 어떤 경우에는 생략될 수도 있으나, 그것이 허용되지 않는 경우도 있다.

> I believe that John is smart.
> I believe John is smart.
>
> That John is smart surprises me.
> *John is smart surprises me.

언어를 사용하는 사람들은 대개 비문법적인 표현을 쓰지 않고 올바른 표현만 사용하지만 이와 같은 현상이 왜 일어나는지 알지 못한다. 그렇지만 이 현상들은 언어가 어떤 규칙에 기반을 두고 있는 시스템이라는 것을 보여준다. 우리의 생각을 나타내고 전달하기 위해 그저 아무렇게나 단어들을 결합하여 언어 표현들을 만들어내는 것이 아니라 규칙에 따라 단어들을 일정한 방식으로 결합하여야 한다. 언어 사용자들은 비록 언어의 규칙들을 의식하고 있지는 않지만 이 규칙들을 뇌 속에 내재화하고 있기 때문에 언어의 규칙에 합당한 표현들을 사용한다. 이러한 의미에서 언어 사용자들은 언어의 규칙을 "알고" 있다.

언어의 체계성과 규칙성에 대한 인식은 구조주의 언어학에서, 나아가 고대 이래의 언어에 대한 숙고에서 이미 이루어졌다고 할 수 있지만, 언어의 규칙 지배성을 언어의 무한성 혹은 창조성과 관련시켜 사고의 전환을 가져오게 한 것은 촘스키였다. 그는 한 언어의 문법을 충실히 기술하는 것이 언어학의 궁극적 목적이 아니고 다음과 같은 좀 더 야심찬 질문을 던지는 것이 필요하다고 주장하였다. 즉, "가능한 인간 언어는 무엇인가?"라는 질문이다.

이와 같은 야심찬 질문에 대한 답을 찾아 가는 과정에서 인정해야 할 부분이 바로 언어의 규칙 지배성, 그리고 그것과 관련된 언어의 창조성이라는 언어의 근본적 특성이다. 여기서 말하는 창조성(creativity)이란 우리가 이제까지 말하지 않앗던 새로운 문장과 표현들을 말할 수 있고, 또한 우리가 이제까지 들어보지 못했던 새로운 문장과 표현들을 듣고 이해할 수 있다는 사실과 관련된다. 지금 이 순간 내 머리에 떠오르는 다음과 같은 표현을 전에 들어 본 독자는 별로 없을 것이다.

> 어제 나는 맥아더 동상이 하얀 치마를 입고 코딱지를 후비는 모습을 나의 애인의 남자 친구와 함께 보고 희열을 느꼈다.

나는 전에 이 문장을 사용한 적이 없지만 이것을 만드는 일이 별로 어렵지 않았다. 또 이 문장을 읽는 독자도 처음 접하는 이 문장을 이해하는 일이 별로 어렵지 않을 것이다. 언어는 열려 있는 창조적인 시스템이기 때문이다.

창조적인 인간의 언어는 이러한 면에서 다른 동물의 의사소통 수단과 구별된다. 꿀벌은 '8'자 모양의 춤을 추면서 (혹은 인간의 눈에는 춤으로 보이는, 벌에게는 괴로울지도 모르는 '8'자 모양의 운동을 하면서) 그것이 발견한 (꽃의) 꿀의 위치와 거리와 품질을 다른 벌들에게 알린다고 한다. 춤 동작 중 직선 운동의 방향과 해의 방향 사이의 각도로 꿀의 위치의 방향을 나타내고, 움직임의 속도가 느릴수록 꿀이 먼 거리에 있음

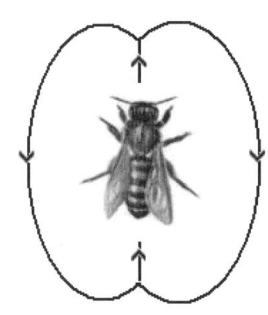

꿀벌의 춤

을 나타내고, 춤 동작이 활발할수록 좋은 품질의 꿀임을 나타낸다. 이러한 사실은 일생동안 꿀벌의 춤 동작을 관찰하여 노벨상을 탄 폰 프리쉬(K. von Frisch)라는 과학자가 밝혀낸 것이다. (벌을 관찰하는 것과 같은 사소한 일에 일생 동안 정성을 다하는 것이 나에게는 불가능한 일이지만, 그러한 일을 한 과학자에게 나는 경의를 표한다.) 무리를 지어 사는 늑대와 사슴 같은 동물들도 적의 출현에 대한 경고와 같은 제한적인 의사소통은 할 것이다. 꿀벌이나 늑대의 의사소통 수단과 인간의 언어가 다른 점은 바로 창조성과 관련된다. 동물의 의사소통 수단이 극히 제한적인데 반하여 인간의 언어는 무한한 표현으로 무한한 의미를 전달할 수 있다. 인간의 지능에 가장 많이 접근했다고 하는 침팬지를 연구하는 학자들이 침팬

지도 언어를 가질 수 있다는 것을 보이려고 많은 시도를 해 왔다. 언어학자의 관점에서 보면 침팬지가 단어를 암기하고 조합하는 일은 극히 제한적이어서, 인간의 언어와는 근본적으로 다르다고 본다. 한 마디로, 침팬지에게 무한한 언어 표현을 가르칠 수 없다.

언어가 인간에게 고유한 이유를 인간의 유전자와 동물의 유전자의 차이에서 실증적으로 찾아내기 시작한 것은 오래 전의 일이 아니다. 2001년 옥스퍼드 대학의 과학자들이 'FOXP2'라는 유전자가 언어와 관련이 있음을 발견하고, 2002년 독일 막스플랑크 연구소의 과학자들이 침팬지와 인간의 FOXP2 유전자의 차이를 찾아냄으로써, 인간만이 가진 언어의 유전학적 설명의 단초를 제공하였다.

언어의 무한성을 보여주는 아주 간단한 예는 다음과 같이 무한히 반복할 수 있는 구문이 언어에 존재한다는 것이다.

> 신애가 예쁘다.
> 철수가 신애가 예쁘다고 말했다.
> 영자가 철수가 신애가 예쁘다고 말했다고 생각했다.
> 준수가 영자가 철수가 신애가 예쁘다고 말했다고 생각했다고 전했다.

이와 같은 형식의 반복은 영어에도 있다.

> Mary is pretty.
> John believes that Mary is pretty.
> Susan thinks that John believes that Mary is pretty.

이렇게 똑같은 구문이 한 문장 내에서 반복적으로 나타나는 것을 귀환(recursion)이라고 부른다. 귀환은 위와 같은 내포문(embedded sentence)의 반복에만 나타나는 것이 아니라 다음과 같이 다른 여러 가지 형식으로 나타날 수도 있다.

> 하늘은 높고, 높고, 높고, 높고, …… 푸르렀다.

| 시골의 산속의 … 호숫가의 오두막집
| 정말, 정말, 정말, … 아까운 기회였다.

　영어에는 40개 정도의 음성이 있다. 이 소리들을 결합하여 수십만 개의 단어가 생기고, 보통 사람은 그 많은 단어들 중 많아야 수만 개를 안다. 이러한 유한한 수의 소리와 단어를 기반으로 영어 사용자는 무한한 수의 문장을 만들어 낼 수 있다. 이렇게 유한한 수의 요소를 기반으로 무한한 수의 산출물을 생성해 낼 수 있는 언어 시스템이 가능한 것은 바로 언어가 귀환성을 가지고 있기 때문이다. 좀 더 구체적으로 말하자면 언어의 문법 규칙들 중에는 귀환적 규칙(recursive rules)이 있기 때문에 무한한 수의 문장의 생성이 가능하다.

　문법 규칙이 귀환적으로 적용되기 때문에, 한 문장의 길이도 무한하게 길어질 수 있다. 일반적으로 사람들은 20어절 이내의 문장을 사용하지만, 무척 긴 문장이 소설 속에서 사용되기도 한다. 다음은 「삼미 슈퍼스타즈의 마지막 팬클럽」(박민규, 2003)의 한 한 부분에 나오는 긴 문장이다. 상황은 주인공이 어릴 때, 좋아하던 프로 야구팀 삼미 슈퍼스타즈의 춘천 원정 경기에 응원을 갔다가 (늘 그렇듯이) 슈퍼스타즈가 패한 후 인천으로 돌아오는 기차 속이다.

　"목은 쉬고, 허리는 아프고, 다른 무엇보다 원더우먼의 팬티처럼 소매에 별이 잔뜩 박힌 삼미 슈퍼스타즈의 촌스러운 잠바를 우리는 입고 있었고, 도무지 이 잠바를 입고서는 어떤 싸움을 해도 질 것 같고, 그런 생각도 들었고, 또 어딘가 모르게 서울 팀들의 유니폼은 한층 세련돼 보이기도 했고, 뭐, 쟤들은 야구를 잘하니까, 라는 생각도 들고, 돈도 우리보다 많은 것 같고, 부러웠고, 아니 부끄러웠고, 아니 부러움과 부끄러움은 다정한 오누이와 같다는 생각도 들고, 뭐 그렇다고 오빠가 반드시 있어야 누이가 존재할 수 있다는 말은 아니고, 아무튼 부끄러웠고, 머리도 아프고, 누군가 자꾸 쳐다보는 거 같고, 그런저런 생각하며 꼼지락거리다 보니 손톱이 무지 길었고, 그 손톱 밑에 때도 잔뜩 끼어 있고, 그러고 보니 역에서 표를 받던 철도원이 내 잠바를 보고 웃은 거 같기도 하고, 뭐 손톱을 보고 웃었나 하는 생각도 들고, 목은 마르고, 그래서 사이다가 마시고 싶은데 소변이 마려워서, 그럼 누구 오면 그만이지만 변소엘 가야 하고, 변소를 가려면 리틀 베어스

> 놈들 앞을 지나야 하고, .. (후략)." [총 1 문장: 1,733개 글자, 457개 어절, 원고지 8.5장]

이 책이 한 쪽에 250개 정도의 어절이 들어가니까, 하나의 문장이 거의 2쪽에 걸쳐 나오는 셈이다. '-고'를 이용한 접속이 계속하여 반복적으로 사용된 예이다.

영어 문장의 예를 들자면, 1948년에 제정된 '세계인권선언문'(Universal Declaration of Human Rights)의 전문이 하나의 긴 문장으로 되어 있다.

> Whereas recognition of the inherent dignity and of the equal and inalienable rights of all members of the human family is the foundation of freedom, justice and peace in the world, Whereas disregard and contempt for human rights have resulted in barbarous acts which have outraged the conscience of mankind, and ..., Whereas ..., Whereas ..., Whereas ..., Whereas ..., Whereas ..., Now, Therefore THE GENERAL ASSEMBLY proclaims THIS UNIVERSAL DECLARATION OF HUMAN RIGHTS as a common standard of achievement for all peoples and all nations ... ('...'은 생략된 부분) [총 1 문장: 1,991개 글자, 320개 단어, 원고지 6.4장]

> [번역] 인류의 모든 구성원의 고유한 존엄성 그리고 평등하며 양도할 수 없는 권리를 인정하는 것이 세계의 자유, 정의, 평화의 기초이므로, 인권의 무시와 경멸이 인류의 양심을 유린한 야만적인 행위와 ...의 결과를 가져왔으므로, ...므로, ...므로, ...므로, ...므로, ...므로, 따라서 이제 국제연합 총회는 모든 국민들과 모든 국가들이 준수할 공통의 기준으로 ... 이 세계인권선언을 선포한다.

영어 텍스트의 글자 수는 자모이고 관사 및 전치사가 분리되어 있으므로, 한글 텍스트의 길이와 직접적인 비교는 할 수 없다. 그렇다 하더라도 20개 이하의 단어들로 이루어진 문장들이 주로 나타나는 일반적인 영어 텍스트에서 300개 이상의 단어가 연결되는 영어 문장은 아주 긴 문장임에 틀림이 없다. 위 문장은 'whereas'(...므로)로 시작되는 종속절을 계속 반복하여 긴 문장을 만든 예이다.

이러한 귀환성은 문장 생성에서만 나타나는 것은 아니다. 담화의 차원에서 우리는 현재의 일을 말하다가 과거의 관련된 사건을 말할 수도 있고, 과거의 사건 중 어떤 사람이 그 이전 과거의 사건을 보고할 수도 있다. 이러한 과거 및 과거의 과거에 대한 이야기는 영화적으로 회상 장면으로 표현된다. 쿠로사와 아키라 감독의 고전 영화 「라쇼몽」(1950)에서 승려가 과거의 사건을 말하는 장면이 회상 장면으로 처리되고, 그 과거의 장면 속에서 살인자가 그 이전의 자신의 행적을 보고하는 내용이 또 다른 회상 장면으로 처리된다. 원칙적으로 이러한 회상 장면은 무한할 수 있다.

앞에서 꿀벌이 '8'자 춤 모양의 움직임으로 자기가 발견한 꿀의 위치에 대한 정보를 다른 꿀벌에게 전달한다는 사실을 언급하였다. 어떤 동물학자는 표상 수단을 사용하여 시간적, 공간적으로 유리된 내용을 전달한다는 면에서 꿀벌이 언어를 가지고 있다고 주장할 것이다. (실제로 한 유명한 동물학자가 강연에서 그러한 주장을 하는 것을 들은 적이 있다.) 그러나 꿀벌의 의사소통 수단은 창조성이 결여되어 있으므로 인간의 언어와는 근본적으로 다르다. 예를 들어 다음과 같은 내용을 꿀벌이 다른 꿀벌에게 춤 운동으로 전달한다고 하자.

▎"좋은 꿀이 동쪽 10Km 위치에 있다."

동물학자의 연구는 그것이 가능하다는 것을 보였다. 그러나 꿀벌이 다음과 같은 내용의, 귀환적 규칙이 적용되는 무한한 춤 동작을 만들어 전하지는 않을 것이다.

▎"좋은 꿀이 동쪽 10Km 위치에 있다."
▎"일벌 A가 좋은 꿀이 동쪽 10Km 위치에 있다고 전했다."
▎"일벌 B가 일벌 A가 좋은 꿀이 동쪽 10Km 위치에 있다고 전했다고 주장했다."
▎"일벌 C가 일벌 B가 일벌 A가 좋은 꿀이 동쪽 10Km 위치에 있다고 전했다고 주장했다고 믿었다."

혹은 다음과 같은 귀환적 내용을 춤 동작으로 표현할 수도 없을 것이다.

 32 언어 풀어쓴 언어학 개론

> "좋은 꿀이 동쪽 10Km 위치에 있다."
> "좋은 꿀이 동쪽 10Km 위치에 있는 바위 옆에 있다."
> "좋은 꿀이 동쪽 10Km 위치에 있는 바위 옆에 있는 호수 옆에 있다."
> "좋은 꿀이 동쪽 10Km 위치에 있는 바위 옆에 있는 호수 옆에 있는 풀밭에 있다."

동물학자가 나에게 이러한 내용의 표현이 꿀벌의 춤으로 가능하다는 것을 보여 줄 때에만, 나는 꿀벌도 인간의 언어와 본질적으로 같은 '언어'를 가지고 있다는 것에 동의할 수 있다.

귀환적 규칙의 구체적 형식과 문장 구조에 관하여는 제6장(통사론) 부분에서 자세히 설명할 것이다. 여기서는 문장의 요소가 되는 단어와 관련된 문제를 좀 더 논의하자.

단어란 무엇인가에 대한 직관적이고 예외 없는 정의는 쉽지 않다. '단어'(word)라는 말이 어려운 말은 아니지만 일반 사람들에게 그 정의를 물어본다면 명쾌한 답을 얻을 수는 없을 것이다. 언어학자에게도 단어의 정의는 어려운 문제이다. 단어의 정의와 관련된 논의는 단어의 구조를 다루는 제5장(형태론)으로 미루자. 여기서 언급하고자 하는 것은 우리가 말을 할 때 단어를 인식하는 것이 어렵지 않지만 그 일이 실은 대단한 일이라는 것이다.

단어를 인식하기 위해서는 하나의 문장 속에서 단어의 경계를 인식하여야 한다. 글로 쓴 문장의 경우에는 공백이 단어 경계의 역할을 하지만 말을 들을 때에 그 경계가 언제나 공백, 즉 휴지(pause)로 제공되지는 않는다. "왜 안 왔어?"라는 말을 [왜 - (휴지) - 안 - (휴지) - 왔어]로 단어 하나하나를 떼어서 말하는 일은 흔하지 않다. 대개는 [왜아나써]로 들릴 정도로 한꺼번에 말한다. 실제로 기계로 음파 분석을 해 보면 단어의 경계를 찾는 일이 쉽지 않다. 하지만 우리말 사용자는 어렵지 않게 단어 경계를 파악하고 단어들을 인식하여, 그것을 기반으로 문장의 구조와 의미를 파악한다. 무엇인가 생득적인 인간 언어의 본질적 특성이 그러한 일을 가능하게 한다고 볼 수 있다. 단어는 또한 의미를 가지고 있다. 단어의 의미를 개념(concept)이라고 볼 수도 있는데, 어떤 개념들은 매우 추상적이어서 배움을 통해 습득할 수 없고, 생득적인 부분이 있다는 것이 바로 촘스키의 주장이다.

영화 + 언어

영화 「나의 그리스식 웨딩」(My Big Fat Greek Wedding, 2002)은 미국에 이민 온 그리스 계통 집안의 이야기이다. 영화 속 가족의 아버지는 그리스 문화에 대한 자부심이 대단하다. 그는 세상 사람들이, 그리스 사람들과 그리스 사람들이 되기를 갈망하는 다른 사람들 두 부류로 나누어진다고 믿는 사람이다. 그에게 영어의 모든 단어는 그리스어에서 유래한 단어이다. 물론 영어는 다양한 언어에서 단어들을 차용하여 풍부해진 언어이므로 그리스어 어원의 단어가 많이 있다. 예를 들어, 그리스어 유래의 '-phobia'가 붙은 단어는 공포증을 나타내는 단어로 'acrophobia'(고소공포증), 'anginophobia'(대인공포증), 'genophobia'(성공포증), 'hydrophobia'(공수병), 'technophobia'(과학기술 공포증), 'claustrophobia'(폐소공포증), 'xenophobia'(외국인 혐오증), 'ailurophobia'(고양이 혐오증) 등 여러 가지가 있다. 그렇지만 고대 영어로부터 존재한 단어들, 라틴어, 프랑스어 등 다른 언어에서 차용한 단어들까지 모두 그리스어 어원으로 해석하려는 시도는 코미디일 수밖에 없다. 예를 들어, 원래 일본어에서 온 'kimono'(기모노)를, 발음이 비슷한, 겨울이라는 뜻을 가진 그리스어 단어에서 왔다고 주장한다. 겨울에 긴 옷을 입기 때문이라는 것이다.

   이 영화의 원제목 'My Big Fat Greek Wedding'에 대해서는 언어적 측면에서 두 가지 주목할 만한 것이 있다. 우선 여기서 'fat'은 'a fat year'에서와 같이, 풍성하고 풍부하다는 뜻을 가지므로, 영화 제목을 우리말로 번역하자면 '나의 성대하고 풍성한 그리스식 결혼식'이 될 것이다. 우리말 제목에서 'big'과 'fat'을 빼 낸 것은 영어보다 길어지는 표현을 간결하게 하고자 하는 시도로 이해하더라도, 굳이 '웨딩'이라는 외국어를 쓸 필요는 없었을 것 같다. 제목과 관련하여 또 언급할 만한 것은 이 제목에서 세 개의 형용사 'big, fat, Greek'가 일정한 순서로 배열되어 있다는 것이다. 이것을 다른 순서로 하면 어떨까? 즉, 'Greek big fat wedding' 혹은 'fat Greek big wedding'과 같이 형용사들의 순서가 바뀐 표현도 적당한 것인가 하는 문제이다. 그 답은 영어에서 형용사의 순서는 자유롭지 않다는 것이다. 'a red big balloon'이 아니고 'a big red balloon'이며, 'a French tall girl'이 아니고 'a tall French girl'이다. 일반적으로 색깔이나 국적을 나타내는 형용사들이 명사의 바로 앞에 붙는다. 이러한 형용사의 순서들을 영어 사용자들은 무의식적으로 규칙화하여 내재하고 있으며, 이러한 의미에서 언어는 규칙 지배적(rule-governed)이다.

3. 형식과 내용(의미)의 독립성

제1장에서 고대 그리스의 언어 연구에 대하여 설명하던 중 언어의 자의성 문제를 언급하였다. 단어의 소리와 의미의 연결이 필연적, 자연적이 아니라 관습적, 자의적이라는 것을 몇 가지의 근거를 바탕으로 제시하였다. 언어의 자의성은 형식과 내용이 상호 독립적이라는 말로 표현할 수도 있다.

사실, 언어의 형식인 소리와 언어의 내용인 의미는 아주 다른 것들이다. 소리는 물리적이며 구체적인 것으로 청각을 통하여 지각할 수 있는 세상의 현상이다. 반면에 의미는 정신적이며 추상적인 것으로 인간의 감각기관을 통하여 지각할 수 있는 현상 혹은 대상이 아니다. 소리는 시간에 따라 순차적으로 실현되는 선형적 특성을 보이지만 의미는 비선형적이다. 이렇게 판이하게 다른, 소리와 의미라는 두 가지가 결합한 시스템이 언어이다. 완전히 다른 두 가지 측면이 독립적이라는 것은 당연하다고 볼 수도 있다.

언어의 형식이 말이라는 소리로 실현될 수도 있고 글이라는 시각적 대상으로 실현될 수도 있지만, 어느 경우에든 선형적 특성을 갖는다. 단어는 음성 혹은 문자의 연속체로서의 형식을 가지며 또한 뜻하는 바, 즉 의미를 갖는다. 문장은 단어의 연속체로서의 형식을 가지며 문장 전체가 뜻하는 바의 의미를 갖는다. 문장 혹은 구 표현으로서의 단어의 연속체가 형식과 의미(내용)의 두 가지 측면을 가지고 이것들의 성격이 판이한 이상, 문장 혹은 구 층위에서의 형식과 의미의 독립성을 예측할 수 있다. 실제로 다음의 예시에서 드러나듯이 문장 단위에서의 형식과 의미는 상호 독립적이다.

어떤 언어의 하나의 올바른 문장은 그 언어의 규칙에 맞게끔 단어들이 결합한 형식이어야 한다. 그렇게 단어들이 바르게 결합한 것을 "문법적"(grammatical) 문장이라고 한다. 다음은 한국어와 영어의 문법적 문장들이다.

> 선생님이 학생에게 공부를 열심히 하는 것이 좋겠다고 말씀하셨다.
> The teacher told the student that he should study hard.

반면에, 문장 속의 단어들을 다른 순서로 결합시킨 다음의 표현들은 문법적이 아닌, 즉 비문법적(ungrammatical) 문장들이다.

> *학생에게 좋겠다고 선생님이 공부를 열심히 것이 하는 말씀하셨다.
> *Teacher the told that study hard the student he should.

한국어와 영어의 문장 형성 규칙에 맞지 않는 단어들의 배열은 형식적인 면에서 올바른 것이 아니다. 다시 말하여 비문법성이란 문장의 형식적 측면에 대한 언어 사용자의 직관을 반영한다.

이제 위의 문법적인 문장들에서 몇 개의 단어를 대치한 다음 문장들을 살펴보자.

> #접시가 행복에게 공부를 열심히 하는 것이 좋겠다고 말했다.
> #The dish told happiness that it should study hard.

이 문장들은 형식적인 면에서는 한국어와 영어의 문장으로 손색이 없어서 문법적이지만, 의미를 생각해 보면 무엇인가 이상하다. 언어학에서는 이러한 의미의 이상함을 '#'로 표시하여 비문법성을 표시하는 '*'와 구분한다. 보통 말을 하는 주체는 사람이지만 위 문장들에서는 접시라는 무생물이 주체로 문장에 나타나 있고, 공부를 하는 주체도 일반적으로 사람이지만 위 문장들에서는 행복이라는 추상적 대상이 그 자리를 차지하고 있다. 무엇인가 의미적으로 이상하다.

형식 측면에서의 비문법성과 의미 측면에서의 비정상성의 차이, 다시 말하여 형식과 의미의 독립성을 보여주기 위하여 촘스키가 제시한 예문은 다음과 같다.

> #Colorless green ideas sleep furiously.

우리말로 '무색의 초록색 사상이 맹렬하게 잔다'에 대응시킬 수 있는 이 영어 문장은 문법의 측면에서는 완벽하다. 주어와 동사의 위치가 올바르고, 주어 명사('ideas')가 복수이기 때문에 관사를 쓰지 않아도 되고, 동사의 형식도 올바르다.

그렇지만 의미 면에서는 이상하다. 무색이면서도 초록색이라는 것이 이상하고, 사상이 색깔을 가지고 있다는 것이 이상하고, 잠을 맹렬하게 잔다는 것이 이상하다. 형식적인 면에서 완전하지만 의미적인 면에서 불합리한 이러한 문장들이 언어의 형식과 의미의 독립성을 증거한다.

일반적으로 말하자면, 비문법성이 문법 규칙을 어기는 단어의 결합에서 발생하는 데 반하여, 의미적 일탈성은 선택제한(selectional restriction)이라는 언어의 제약을 어기는 데에서 발생한다. 선택제한이란 단어의 결합에서 문법적인 면이 아닌 의미적인 면에서의 제약을 말한다. 앞의 예에서 'green'은 시각을 통하여 관찰할 수 있는 대상을 나타내는 단어와 선택적으로 결합할 수 있지만('green paper, green house') 추상적인 의미를 갖는 단어와는 결합할 수 없다. 즉 'green ideas', 'green truth'는 의미적 선택제한을 어긴 표현들이다.

좀 더 많은 예들을 살펴보자.

> #망치가 걷고 있다.
> #자유가 가볍다.

> #나는 책을 마셨다.
> #그는 진리를 때렸다.

> #그 여자는 빨리 예뻤다.
> #학생이 무척 멈추었다.

'걷다'는 의미적으로 사람, 동물 등 다리가 있는 개체를 나타내는 단어를 주어로 가질 수 있다. 망치는 그러한 개체가 아니기 때문에 술어와 주어 사이의 선택제한을 어겼다. 마찬가지로 가벼울 수 있는 대상은 질량을 가지는, 3차원상의 물체이지만 자유는 분명히 그러한 대상이 아니다. (단, '참을 수 없는 존재의 가벼움'이라는 소설 제목에서도 보듯이 선택제한은 비유적 의미에서 엄격하지 않고, 그것을 위반한 표현이 오히려 참신할 수도 있다. '소리 없는 아우성'과 같은 모순적 표현도 시어로서는 훌륭하다.) 동사와 목적어의 결합에서의 선택제한도 중요

제2장 언어의 본질 37

하다. 마실 수 있는 대상은 액체이지만 책은 그러한 대상이 아니고, 때릴 수 있는 것은 구체적 대상이지만 추상적인 진리는 그러한 대상이 아니다. 술어와 부사의 결합에서도 선택제한이 작용한다. '빨리'는 동작을 나타내는 술어를 수식하는 의미를 가졌기에 동작과는 관계가 없는 '예쁘다'와 결합할 수 없다. 또 '무척'은 보통 형용사가 표상하는 상태의 심한 정도를 의미하므로 동작을 나타내는 동사인 '멈추다'와 결합한다면 선택제한을 어기게 된다. 선택제한을 어겨 의미적으로 이상한 위의 모든 문장들이 형식적으로는 완벽하다. 즉 문법적 문장들이다.

 문장의 형식적 측면을 연구하는 이론언어학의 하위 분야가 통사론(syntax)이다. 촘스키의 이론에서 통사론은 의미와 독립적이며 이것을 통사론의 독립성(autonomy of syntax)이라고 부르기도 한다. 선택제한의 예에서 보는 것처럼 형식과 의미의 구분이 있는 것은 분명한 사실이지만, 언어 이론에 따라서는 그것들이 상호 작용을 하는 것으로 파악하기도 한다. 인지언어학(cognitive linguistics)이 대표적인데, 이 이론에서는 통사 체계와 의미 체계가 분리되지 않으며, 나아가 언어 체계가 인지 체계의 일부에 통합된 것으로 파악한다. 그리고 많은 언어 현상을 언어에만 국한된 규칙 체계가 아닌 인간의 일반 인지 체계에 기반을 두어 설명하려고 시도한다. 언어학 개설서인 이 책에서 인지언어학적 설명이 필요한지 그렇지 않은지를 결정해야 할 만큼의 섬세한 언어 현상을 다루지는 않을 것이다. 다만 언어에는 형식과 의미의 측면이 구별되어 존재하고, 그것들이 상호 독립적이라고 할 만한 문법성/비문법성과 의미적 정상성/일탈성에 대한 언어 사용자의 직관이 존재함을 지적할 뿐이다. 문장 형식의 규칙을 다루는 통사론의 기초적 내용을 제6장(언어의 문장 구조)에서 논의할 것이다.

 이 절을 마감하기 전에, 언어의 형식적 측면에 대해 좀 더 생각해 보자. 모든 언어의 형식은 실제로 소리로 실현된다. 소쉬르의 용어를 빌자면, 언어 기호의 시니피앙은 소리이다. 눈짓, 손짓 등 준언어적 커뮤니케이션이 시각에 의존하는 것과 대조적으로 언어가 청각에 의존하는 것은 나름대로의 이점이 있다. 첫째, 빛이 없는 곳이나 장애물로 인하여 대화자들이 서로 볼 수 없는 상황에서도 의사소통이 가능하다. 둘째, 입을 사용하여 소리를 내고 귀로 그 소리를 들으면서 동시에 인간은 손을 사용하여 다른 일을 할 수 있다. 그러나 소리에는 단점도 있다. 그것은 대화자가 공간적, 시간적으로 떨어져 있을 수 없다는 것이다. 이러한 시간적, 공간적 제약을 극복하는 수단으로 문자가 발명되었고, 문자의 유무는 문명 발달에 지대한 영향을 미쳤다. 문자에 대해서는 제8장(언어와 문자)에서 자세히 다룬다.

영화 + 언어

「저수지의 개들」(Reservoir Dogs, 1996)은 저급문화의 재미를 화면에서 구현하는데 재능을 가진 쿠엔틴 타란티노 감독의 영화이다. (「킬빌」(Kill Bill, 2003)에서 그는 일본적인 잔혹함을 추가하여 보여준다.) 「저수지의 개들」은 일곱 명의 깡패들이 자기 일당에 잠입한 경찰을 찾기 위해 좌충우돌하는 모습을 잔혹한 영상으로 보여주며, 또한 입에 욕을 달고 사는 부랑배의 언어를 여과 없이 전달해 준다. 영화 도중에 한 깡패가 다른 깡패가 말하는 것을 가로막으며 'Are you gonna bark all day?'라고 핀잔을 주는 장면이 있다. 영어의 'bark'는 우리말의 '짖다'와 마찬가지로 보통 '개'를 주어로 요구한다. '짖다'를 사람에게 적용한 것은 선택제한을 어긴 것이다. 하지만 한편으로 생각하면, 사람이 짖는다고 할 때 그것은 사람을 개로 낮추어 비유한 것이라고 볼 수도 있다. 영화 제목의 '개들'은, 개 같은 사람들이기는 하지만, 실제로는 사람들을 가리킨다. 우리나라 영화 「똥파리」(2009)의 제목도 실제로 동물이 아니라 사람을 가리킨다.

우리말의 '짖다'는 개 이외에 까치나 까마귀에 대해서도 사용할 수 있다. 늑대에 대하여 이 말이 적당한가 생각해 보니 괜찮을 것도 같다. 또한 늑대에 대하여서는 '울부짖다'라는 말도 쓸 수 있을 것 같다(국어사전에는 '울부짖다'가 사람이 울면서 큰 소리를 것이라는 의미로만 풀이되어 있다). '울부'짖는 늑대가 영어로 'wolf/wolves'인 것이 우리말과 영어의 관련성을 보여 주는 것이 아닌가 하는 생각을 재미로 해 볼 수도 있겠다.

4. 추상성 그리고 언어의 다른 특성들

인간이 가지고 있는 언어는 인간이 가지고 있는 하나의 유용한 도구이다. 일반적으로 인간이 사용하는 많은 도구들은 그것이 쓰이는 용도가 있으며, 모든 용도에 쓰일 수 있는 만능의 도구는 없다. 예를 들어 망치는 못을 박거나 빼는데 쓰이지, 국을 국그릇에 담거나 밥을 푸는데 쓰이지 않는다. 물론 어떤 물건이 전형적인 용도 이외의 목적으로 쓰이는 경우가 전혀 없는 것은 아니다. 밥이나 국을 먹는데 쓰이는 숟가락을 마이크 대신으로 붙들고 기분을 내며 노래를 할 수도 있고, 반찬을 집는데 쓰이는 젓가락으로 노래 장단을 맞추며 상을 두드릴 수도 있다. 그러나 그것은 특수하지만 어느 정도 관습적인 경우라고 볼 수도 있다. 숟가락으로 머리를 빗거나 젓가락으로 코를 후비는 것 같은 극단적인 일은 별로 없을 것이다. ("남이야 전봇대로 이빨을 쑤시든 말든"이라는 말이 있기는 하다.)

인간이 사용하는 다른 모든 도구와 마찬가지로, 언어도 특정한 목적을 위해 사용된다. 인간 언어의 가장 큰 용도는 의사소통이다. 의사소통이란 어떤 내용의 정보를 전달하는 것인데, 언어는 모든 종류의 정보를 전달하는데 적합하지는 않다. 언어를 이용하여 사람의 얼굴을 묘사한다고 생각해 보라. 이마가 넓고, 눈썹이 짙으며, 코가 오뚝하고, 입술이 두툼하고, 등등의 설명을 듣고 공항에 나가 모르는 사람을 찾아 마중하는 것이 그리 쉬운 일이 아닐 것이다. 찾고자 하는 사람의 사진 한 장이 수십 개의 문장으로 그 얼굴을 묘사하는 것보다 훨씬 효과적이다. 다른 예를 들자면, '원추'를 수학적으로 "원의 평면 밖의 한 정점과 원주 위의 모든 점을 연결하여 생긴 면으로 둘러싸인 입체"라고 정의하고 '정사각뿔'을 "정사각형의 각 변을 밑변으로 하고 다각형의 평면 밖 한 점을 공통의 꼭짓점으로 삼는 여러 개의 삼각형으로 둘러싸인 다면체"라고 정의하는 것보다는 실제 그 모양을 보여주는 것이 훨씬 분명하다. 위와 같은 수학적 정의를 보통 사람이 말로 제시할 수 있는가 하는 것은 별개의 문제이다. 또, 길을 찾는 사람에게 몇 십 미터를 가서 오른 쪽으로 돌고 다시 몇 십 미터를 가서 왼쪽으로 돌고 하는 식으로 말해 주는 것보다는 약도를 그려 주는 것이 훨씬 효과적인 의사소통 방식이다.

언어가 사람의 얼굴을 묘사하거나 어떤 입체를 설명하거나 길을 가르쳐 주는 데에는 별로 효과적인 도구가 아닐지 모르지만, 언어는 추상적인 상황을 묘사하고 추상적인 생각을 표현하는 데 아주 유용한 도구이다. 인간이 학문을 하기 위해 사용하는 모든 추상적인 개념들뿐 아니라 일상생활에서도 익숙한 사랑, 행복, 정의 등의 추상적인 개념들을 언어 아닌 다른 수단으로 표현하는 것을 상상하기 힘들다.

언어의 부정(negation) 표현은 언어의 효용성을 특히 잘 보여 주는 예이다. '아이 옆에 호랑이가 있다'라는 표현 대신에 그림으로 그러한 상황을 보여 주는 일은 그렇게 어렵지 않을 것이다. 하지만 '아이 옆에 호랑이가 있지 않다'라는 부정 표현을 그림으로 나타내려고 해 보라. 어떤 그림을 그려야 할 지 생각이 떠오르지 않을 것이다. 부정 표현이 아니더라도 '나는 배가 아프다. 신애가 똑똑하다. 철수가 선생님을 존경하면서도 미워한다' 등 그림으로 표현하는 것이 어렵거나 불가능한 문장들이 무수히 많다.

한 마디로 말해서, 언어는 만능의 도구가 아니며, 추상적인 것을 기술하고 전달하는 데 특별히 유용한 도구이다. (이 절의 예들 중 일부는 PBS(1995)를 참조함.)

이 절에서 논의한 추상성은 언어의 자의성과 밀접한 관련이 있다. 언어가 자의성을 가졌기 때문에 추상적 내용을 전달하기가 그림보다 쉬운 것이다. 말하자면 그림은 형식과 내용(혹은 대상) 사이에 밀접한 동기적인 연관성이 있다. 예를 들어, 사과의 모양이 둥글기 때문에 종이에 그린 사과 그림도 둥그런 모양이다. 이와 같이 기호와 그것이 가리키는 대상 사이에 동기적 연관성이 있을 때(이 경우 모양의 유사성) 그러한 기호를 도상(icon)이라고 한다. 구체적 사물을 그림이나 도상적인 기호로 표시하는 것이 쉽지만 추상적인 관념과 감정을 도상적 기호로 표시하는 것에는 한계가 있을 수밖에 없다. 반면에 언어는 자의적이기 때문에 추상적인 것을 잘 표현하고 전달할 수 있다(기호의 도상성에 대해서는 8장에서 좀 더 자세히 설명한다).

지금까지 언어의 주요 본질적 특성, 즉 규칙성(창조성), 자의성(형식과 의미의 독립성), 추상성을 논의하였다. 이 절의 나머지 부분에서는 호켓(Hockett) 등 여러 학자들이 언급하였으며 라이언스(Lyons 1977)가 정리하고 논의한 언어의 본질적 특성들 중 앞의 세 가지 이외의 몇 가지를 더 언급하고자 한다.

먼저 언어는 이중성과 불연속성을 가지고 있다. 언어의 이중성은 언어에 소리와 형식의 층위가 존재한다는 것이다. 언어의 음성은 분절음(낱소리)으로 구별되지만 그것들이 언어의 형식은 아니다. 예를 들어 [ㅂ, ㅍ, ㅅ, ㅎ, ㅏ, ㅣ] 등은 소리일 뿐 언어의 형식이 아니다. 이러한 소리들이 결합하여 형식을 이루는데, 그 형식은 언어의 형태소 혹은 단어이고 나아가 문장이 된다. 보통 형식은 어떤 의미와 연관이 된다. 예를 들어, '방글'을 구성하는 소리 [ㅂ, ㅏ, ㅇ, ㄱ, ㅡ, ㄹ] 각각은 의미가 없지만 '방글'은 의미가 있는 형식(단어)이다(따라서 이 단어를 들으면 그 의미 때문에 입가에 미소를 띠게 된다). 또한 언어는 불연속적이다. 실제 우리가 말하고 듣는 소리의 음파는 연속적이지만, 우리는 그것을 분리된 소리들의 연결체로 이해하고 알고 있다. 물론 입으로 내는 소리의 연속적인 정도의 크기가 비언어적 의미의 크기와 비례하는 경우가 있다. 예를 들어 입으로 내는, 언어 자체가 아닌 소리, 즉 말소리의 크기와 빠르기가 말을 하는 사람의 기쁨의 정도 혹은 반대로 화의 정도를 비례적으로 나타낼 수 있다. 작게 야단치는 사람과 중간 정도의 크기로 야단치는 사람과 무척 큰 소리로 야단을 치는 사람의 심리 상태와 그 말을 듣는 사람의 심리 상태는 소리의 크기와 비례하여 파악된다. 그러나 언어는 그렇지 않다. 예를 들어, 언어적으로 '발'과 '팔' 둘 중 하나일 뿐이지 '발'과 '팔'의 중간은 없다. (음향적으로는 이 둘의 차이는 기(aspiration)의 정도의 차이이므로 무한한 정도 차이가 있고 중간도 있다.) 불연속성의 관점에서 꿀벌의 춤은 인간의 언어와 다르다. 꿀벌 춤의 속도와 방향은 불연속적으로 화밀(꿀)의 방향과 거리를 비례적으로 드러낸다. 소리와 형식 두 층위 각각의 불연속성(분절성)을 합하여 언어의 이중 분절이라고 부르기도 한다.

그 밖에도 다음과 같은 여러 특성들이 있다. 언어의 자시성 역시 동물의 통신 수단과 다른, 인간 언어의 특성 중 하나이다. 앞에서 언어의 기능 중 메타언어적 기능이 있음을 언급하였다. "'완소남'이 무슨 뜻입니까?"라고 묻는 사람은 '완소남'이라는 표현을 이용하여 세상 속의 완소남을 지시한 것이 아니라 '완소남'이라는 단어 자체를 지시한다. 이와 같은 언어의 자시성, 즉 메타언어적 특성이 동물의 소통 수단에서는 발견되지 않을 것이다. 언어의 전위성은 발화가 이루어지는 직접적인 주변 상황에 존재하지 않은 사물을 언어로써 가리키는 특성이다. 꿀벌의 춤은 춤을 추는 자리에 없는 꿀에 대하여 의사 전달을 하는 것이니 전위성이 있다고 할 수도 있다. 그러나 그것이 인간이 언어로써 보이지 않는 집밖의 상황, 외국의 상황, 나아가 우주의 어떤 일에 대하여 말하고, 1000년 전, 수십만 년 전, 혹은 수십 년 후의 일을 이야기하는 것과 본질적으로 같은 것이라고 보기는 힘들다. 언어의 교환성은 언어 체계를 발신하는 주체가 그 언어 체계를 수신한다는 것인데, 이것은 특별히 인간의 언어에만 있는 특성은 아니다. 커뮤니케이션 체계를 가지고 있는 대개의 동물은 발신자이자 수신자이다. 다만 매미와 같은 곤충들의 수컷만이 울음을 울어 암컷을 유혹하는 것은 일방적인 송신과 수신의 체계이다. (인간의 경우에도 '화성남', '금성녀'라는 표현들이 상징하듯이, 남자의 코드 체계와 여자의 코드 체계가 다르다고 주장할 수도 있겠지만, 이것은 매미의 경우와는 비교할 수 없을 것이다.) 그 밖에도 화자가 자기 자신의 언어 수행을 들을 수 있고 그것으로 자신의 언어 수행을 조절할 수 있다는 출력순환성, 개별 언어가 학습되는 부분이 있다는 학습가능성 등은 인간의 언어만이 가지고 있는 특성은 아닌 것으로 보인다.

영화 ✚ 언어

영화 「스카페이스」(Scarface, 1983)는 미국으로 이주한 쿠바인 범죄 조직과 그 조직원의 이야기이다. 조직 폭력과 범죄가 난무하는 영화의 분위기는 「대부」(Godfather, 1972)와 흡사하다. 「대부」에서 범죄 조직의 말을 듣지 않는 어떤 부자의 애마의 목이 그의 침대에서 피투성이로 발견되는 끔찍한 장면이 나온다. 「스카페이스」에는 칼과 총으로 사람이 죽어가는 많은 장면이 나오지만, 무엇보다도 끔찍하게 보이는 것은 전기사슬톱(chainsaw)으로 사람을 죽이는 장면이다. 사람을 톱질하는 장면이 그대로 보이지는 않지만 윙윙 돌아가는 전기톱이 사람의 머리 부분에 다가가는 장면이 벽에 피가 튀기는 장면으로 이어진다. 본래 나무를 자르는 데 쓰이는 전기사슬톱이 여기서는 살인의 도구이다.

인간이 사용하는 도구들은 모두 그것이 쓰이는 특별한 용도가 있다. 밥을 푸는 주걱으로 콧구멍을 후빌 수 없고, 전봇대로 이빨을 쑤실 수는 없다. 그런데 대부분의 도구가 사용될 수 있는 하나의 용도가 있다. 그것은 바로 사람을 해치는 일이다. 인간의 손에 쥐어질 수 있는 모든 도구는 다른 사람을 해치거나 죽이는데 이용될 수 있다. 망치로 뒤통수를 치거나 젓가락으로 눈을 찌르는 일이 가능하다. 그런 면에서 「스카페이스」에 나오는 전기사슬톱은 살인의 도구로 손색이 없다. 풀을 베는 낫이 영화 「아리랑」(1926)에서는 살인의 도구이며, 「다이얼 M을 돌려라」(Dial M for Murder, 1954)에서는 가위가 살인의 도구이다. 그 밖에도 「원초적 본능」(Basic Instinct, 1992)에서 얼음을 깨는 큰 송곳이 흉기로 쓰이며, 수많은 「드라큘라」 영화에서 흡혈귀의 가슴에 쇠못이 박힌다. 한 마디로, 다른 동물과 달리 인간은 도구를 사용하여 문명을 이루어 왔으며, 동시에 도구를 사용하여 살인을 해 왔다.

인간이 사용하는 언어도 어떤 특정한 목적에 유용한 도구이다. 사람의 얼굴을 묘사하거나 길을 가르쳐 주는 데에 언어는 그림보다 유용한 도구가 아니다. 하지만 "저기 토끼가 없다"와 같은 추상적인 명제를 제시하는 방법은 그림이 아닌 언어일 수밖에 없다. 그러면 다른 모든 도구가 그렇듯이 언어도 의사소통이라는 본연의 용도에서 벗어나 살인의 도구로도 쓰일 수 있을까?

물론 언어도 상해와 살인의 도구가 될 수 있다. 사람들은 세치 혀로써 다른 사람을 정신적으로 그리고 나아가 신체적으로 해치고 죽인다. 직접적인 비난과 폭언을 통하여 그리고 중상모략을 통하여 사람들은 다른 사람들을 상처내고 죽인다. 「양들의 침묵」(Silence of the Lams, 1991)에서 렉터 박사는 다른 사람을 말로 설득하여 죽게 만들었다. 「스카페이스」에서 토니와 여자는 서로에게 독설을 퍼부음으로써 서로에게 상처를 입힌다. 「올드보이」(2003)에서와 같이, 살인이라고까지 할 수는 없지만, 별 생각 없이 내뱉은 말이 죽음을 가져올 수도 있다.

5. 인공언어

창조성, 자의성, 추상성 등의 본질적 특징을 갖는 인간의 언어는 자연적인 것이다. 언어가 어떻게 생겨났는지에 대하여 우리는 알 수 없으나 지능을 가진 인간이 어떤 특정한 시기에 언어를 고안하여 인공적으로 만들지는 않았다. 즉, 한국어, 영어, 혹은 현재 지구상에 존재하는 수천 개의 자연언어들 중 어떤 것을 만든 사람이나 기관을 지목할 수는 없다. 진화론자들은 언어가 인간이 진화하는 과정에서 이런저런 과정을 거쳐 생겨났다고 주장하지만 그러한 주장을 뒷받침할 만한 과학적 증거는 충분하지 않다고 생각한다. 여기서 나는 인간의 언어, 즉 자연언어의 기원에 대한 논의는 피하고자 한다.

인간은 자연언어로는 할 수 없는 일들을 하기 위하여 인공 언어를 만들어 왔다. 하나의 중요한 목적은 보다 명증한 사고와 추론이고 또 하나의 중요한 목적은 사람들 사이의 원활한 의사소통이다.

명확한 추론을 위해 인간이 고안한 언어들은 여러 가지 종류의 논리 체계를 포함한다. 명제논리(propositional logic), 술어논리(predicate logic), 시제논리(tense logic), 양상논리(modal logic) 등이 그것들이다. 여러 가지 컴퓨터 프로그램 언어도 명증한 사고와 추론을 목적으로 고안된 일종의 인공언어다. 컴퓨터가 발명되어 쓰인 초기의 포트란(Fortran)을 비롯하여 오늘날의 범용 언어인 C, 파스칼(Pascal), 자바(Java), 그리고 인공지능 연구에서 선호되는 프롤로그(Prolog)와 리스프(Lisp), 언어 자료 처리에 효과적인 펄(Perl), 오크(Awk) 등 수많은 프로그램 언어들이 있다. 프로그램 언어의 도움으로 우리는 컴퓨터를 가지고 무궁무진한 일들을 할 수 있다.

인공언어의 또 다른 목적인 사람들 사이의 의사소통을 위해 고안된 대표적인 언어가 에스페란토(Esperanto)이다. 모국어만을 아는 사람들 사이에 의사소통이 되기 위해서는 어느 한 쪽이 다른 쪽의 언어를 배우는 것이 일반적이지만 하나의 외국어를 배우는 일이 쉬운 일은 아니다. 더군다나 두 언어 집단 사이의 의사소통이 확장되어 제3, 제4의 언어 집단 사이의 의사소통이 필요하다면 여러 개의 언어를 배워야 하든지, 어떤 하나의 언어를 공통의 언어로 지정해야 할 것이다. 사실 이것은 불평등한 상황이다. 지구상의 모든 언어가 사람의 생각을 잘 표현할 수 있기 때문에 언어적으로 동등하다는 것이 현대 언어학의 기본 입장인데, 동등한 자격을 가진 언어들 중 어떤 것이 특별한 대우를 받는 셈이기 때문이다. 이러한 점에서 인간의 자연언어들보다도 단순하고 효과적인 제3의 언어인 에스페란토를 만들어 모든 사람들이 그것을 배우고 그것을 통해 의사소통을 하자는 생각은 합리적이고 민주적인 것처럼 보인다.

그러나 현실을 그렇게 이상적이지 않다. 모든 언어는 평등하지만, 언어를 사용하는 모든 나라가 동일한 힘을 가지고 있지 않기 때문이다. 오늘날의 세계에서 영어를 사용하는 미국의 부와 군사력과 문화가 막강하기 때문에 영어가 국제사회에서 공용어로 대접받고 있다. 오늘날 스페인어도 매우 중요한 언어로 대접받는데, 과거 스페인이 남미를 지배하였던 식민지 시대의 역사적 사실 때문이다. 에스페란토를 비롯하여 자연언어를 극복하여 의사소통을 이루기 위하여 제안되는 인공 언어들이 나름대로 명맥을 유지하겠지만, 영어와 같은 국제어로서의 자연언어를 대치할 수는 없을 것이다. 근래 우리나라에서 일어나고 있는 영어 교육 열풍, 대학에서의 영어 강의 권장 등 영어 사용을 강제적으로라도 많이 도입하려는 사회 분위기, 나아가 영어를 공용어로 사용하자는 주장과 그에 대한 반박의 여러 가지 논의는 국제어로서의 영어의 중요성에 대한 반증이다. 오늘날 일부의 마니아를 위한 것 이외의 에스페란토 교육과 진지한 에스페란토 공용화 논의는 존재하지 않는다.

명확한 추론과 의사소통이라는 주요 목적들 이외에 사람들은 재미를 위해 인공 언어를 만들기도 한다. 톨킨(J. Tolkien)이 쓴 판타지 소설 「반지의 제왕」에는 인간, 엘프, 오크, 드워프, 호빗 등 여러 종족이 등장하고 각 종족은 각자의 언어를 가지고 있는 것으로 나온다. 그것들 중 소설 속에 실제로 등장하는 고대의 요정들의 언어인 엘프어(Elvish)는 톨킨 자신이 만든 것이다. 또한 우주를 무대로 하는 공상과학 소설과 영화에는 외계인들이 등장하는데, 외계인들이 사용하는 가상의 언어들이 만들어지기도 한다. 「스타트렉」(Star Trek)에서 외계인들은 클링온(Klingon)이라는 언어를 사용한다.

엘프어나 클링온 같은 인공언어들은 때로 소설이나 영화 속에만 남아 있지 않다. 소설과 영화에 매료된 마니아들은 언어에 단어와 문법을 보강하고 그것을 배우려고 한다. 클링온 어학원이라는 인터넷 사이트(http://www.kli.org)에서는 클링온의 철자, 소리, 구, 단어들에 대한 정보를 제공하고 이 언어의 교육을 위한 통신 강좌를 제공한다. 수많은 「반지의 제왕」 관련 사이트들 중에는 엘프어의 단어와 문법을 설명해 주는 것들도 있다.

술어논리 등 논리 체계와 컴퓨터의 프로그램 언어들은 명확한 추론을 위해 추상적인 형식을 가지게 되므로 자연언어와는 상당히 다른 모습이다. 하지만 그것들 나름대로의 형식에 대한 규칙과 의미 해석에 관한 규칙을 가지고 있다는 점에서 자연언어와 상통하는 면도 있다. 의사소통이라는 진지한 목적으로 만들어진 에스페란토와 좀 덜 진지한 목적으로 만들어진 소설과 영화의 인공언어들은 자연언어를 모방하여 만들어진 것이므로 자연언어의 특성을 그대로 이어받고 있다. 형식과 의미의 결합으로서의 언어 요소인 형태소와 단어가 있고, 문장을 형성하는 문법 규칙이 있다. 자연언어가 표상하는 모든 것을 표상하고자 하므로 언어의 자의성, 창조성(규칙성), 추상성을 모두 가지고 있다. 단, 이 인공언어들이 자연언어와 다른 중요한 점은 사람이 인공언어를 모국어로 습득하는 일은 없다는 것이다. 인공언어들이 모국어로 습득될 수 있을 정도로 자연언어와 본질적으로 같은지는 실제로 아이에게 인공언어를 습득시킬 때에 가려질 수 있는 문제이다. 그러나 사람에게 자연언어를 포기하고 인공언어를 모국어로 습득시키는 실험을 할 수는 없는 노릇이다.

영화 ✚ 언어

1977년 이래의 공상과학 영화「스타워즈」(Star Wars)에는 외계인들이 나온다. 이 시리즈의 영화들 중 네 번째인「스타워즈 에피소드 1 - 보이지 않는 위협」(Star Wars: Episode 1 - The Phantom Menace, 1999)에 나오는 외계인 중에 타투인 별에 사는 허트 종족이 있다. 이들은 타투인에서 권력을 잡고 있는 종족이므로 그들의 언어인 허티즈(Huttese)를 그 별의 다른 종족에게도 강요한다. 영화 속의 주인공인 스카이워커도 타투인에 살 때 이 언어를 사용할 경우가 있다. 허티즈 사이트(http://www.huttese.org)에 따르면, 허티즈는 잉카 언어의 하나인 카투아어를 기반으로 그 언어의 소리와 단어를 변형하여 만들었다고 한다. 그 변형의 정도가 약하다면 전형적인 인공언어라고 할 수는 없겠지만, 에스페란토가 라틴어를 모형으로 만들어진 것을 고려하면, 잉카 언어를 모형으로 했다는 사실만으로 인공언어 허티즈의 가치를 폄하할 수는 없을 것이다.

2001년에 그 첫 편이 만들어진 영화「반지의 제왕」(The Lord of Rings)은 톨킨의 판타지 소설을 영화화한 것이다. 영화 속에는 인간과 엘프(Elf), 호빗(Hobbit), 드워프(Dwarf), 오크(Orc) 종족들이 등장한다. 이들은 공용어로 인간의 언어인 웨스트론(the Westron)을 사용한다. 엘프족은 자신들의 언어인 엘프어를 유지하여 자신들끼리는 그것을 사용하기도 한다. 엘프어는 공통의 기원에서 출발한 퀘냐(Quenya)와 신다린(Sindarin)의 두 종류가 있는데, 전자가 좀 더 오래된 형태이다. 톨킨은 엘프어의 구체적 형태를 어휘와 문법으로 제시하였다. 즉 엘프어는 인공언어이다. 엘프어의 자세한 모습을 알기 위해 엘프어 사이트(http://www.elvish.org) 등 관련 인터넷 사이트들을 참조할 수 있다.

2009년의 화제작「아바타」(Avatar)에도 인공언어가 나온다. 행성 판도라에서 자연과 함께 살아가는 평화로운 나비족의 언어 나비어(Na'vi)가 그것이다. 성문음을 많이 사용하는 등 독특한 음성적 특성(3장 참조), 그리고 자동사의 주어, 타동사의 주어, 타동사의 목적어가 모두 다른 격을 가지는 (자연언어에서는 잘 나타나지 않는) 특이한 문법 구조를 가진 인공언어이다.

오래 전에 에스페란토를 사용하여 만든 영화도 있다. 1964년의「안고로이」(Angoroj)가 그러한 종류의 최초의 영화이고, 보다 유명한 것은 1965년의「인쿠부스」(Incubus)이다.

6. 언어의 여러 측면과 언어학의 하위 분야

언어는 여러 가지 측면에서 볼 수 있다. 우선 한 시점 혹은 한 시대에서 언어의 모습을 관찰하여 기술할 수도 있고, 또는 시간의 진행에 따른 언어의 변화를 연구할 수도 있다. 전자를 공시적(synchronic) 관점, 후자를 통시적(diachronic) 관점이라고 한다. 큰 시간의 폭을 고려하면서 언어의 분화와 친족관계를 밝히는 것이 19세기 이래의 역사비교언어학이고, 이와 대조하여 한 시대의 언어의 모습을 기술하는 것을 중요시한 것이 소쉬르 이래의 구조주의 언어학임을 제1장에서 이미 언급하였다.

공시적 관점에서 언어를 볼 때에, 언어는 여러 가지 다양한 측면을 가지고 있으며, 그것에 따른 독자적인 연구 방법론이 있다. 이 책의 제3장~제7장에서는 공시적 관점에서의 언어의 측면과 그것을 연구하는 방법론을 제시한다. 아래에서는 언어의 각 측면에 대해 개괄적으로 설명하면서, 각 측면을 대상으로 연구하는 언어학의 하위 분야들을 소개하고자 한다.

우선 언어가 기본적으로 소리와 의미의 결합임을 생각할 때, 언어에는 소리의 측면과 의미의 측면이 있음을 짐작할 수 있다. 소리의 측면은 두 가지 관점에서 관찰, 기술될 수 있다. 언어에 사용되는 객관적 소리 자체인 음성을 소리 내는 방법이나 음성의 음향적 성질을 연구하는 분야가 음성학(phonetics)이다. 어떤 소리는 언어 체계 내에서 다른 소리와 구별되어 의미를 전달하는 기능을 할 수가 있으며, 언어 사용자는 그 소리를 구별하여 알 수 있다. 이와 같이 언어 사용자의 지식으로서의 소리 혹은 언어 체계 내에서 기능을 갖는 소리를 음소 혹은 음운이라고 하며, 그러한 관점에서 소리를 연구하는 분야가 음운론(phonology)이다. 음성학과 음운론이 제3장과 제4장의 주제이다.

소리의 반대편에 있는 의미의 문제를 연구하는 것이 의미론(semantics)이다. 단어의 의미뿐 아니라 문장의 의미를 심리적 관점 혹은 논리적 관점에서 연구한다. 단어나 문장은 그것들이 언어 시스템에서 가지는 축자적인 뜻 외에 그것들이 특정한 맥락에서 쓰일 때 가지는 의미가 있다. 맥락에서의 언어 사용과 확장된 의미의 문제를 연구하는 것이 화용론(pragmatics)이다. 의미론과 화용론이 제7장의 주제이다.

소리와 의미의 결합인 언어 기호는 단어의 층위에서 파악할 수 있다. 예를 들어, '개'라는 단어는 소리와 의미의 관습적, 자의적인 결합체이다. 언어 기호는 다른 언어 기호와 결합하여 더 큰 언어 기호, 즉 언어 표현을 만들어 낼 수 있다. 단어와 단어의 결합을 통하여 구, 절, 문장이 만들어진다. 예를 들어 'dog'라는 단어와 'bark'라는 단어가 적절한 형식으로 결합하여 'Dogs bark'라는 문장이 만들어진다. 'Dogs barks'가 의미상으로는 문제가 없으나 형식적으로는 비문법적이고, 'Chairs bark'가 형식적으로는 문법적이지만 의미적으로 이상하다는 사실에 기반을 두어, 소리(형식)와 의미(내용)가 독립적임을 논증할 수 있음을 이 장의 3절에서 이미 밝혔었다. 문장 구성을 위한 단어와 단어 결합의 형식적 측면을 연구하는 분야가 통사론(syntax)이다. 한편, 소리와 의미의 결합인 언어 기호는 단어보다 작은 단위에서도 파악할 수 있다. 예를 들어 '잡으시었겠다'의 단어 표현에 나타나는 '으시, 었, 겠, 다'는 존대, 과거, 추정, 단언 등 문법 기능적인 의미를 가진다. 이와 같이, 의미를 가진 최소의 문법 단위를 형태소라고 하며, 단어 구성을 위한 형태소의 결합 문제를 연구하는 분야가 형태론(morphology)이다. 제5장의 주제가 형태론이고, 제6장의 주제가 통사론이다.

이상에서 설명한 언어학의 하위 분야들인 음성학, 음운론, 형태론, 통사론, 의미론, 화용론을 묶어서 이론언어학(theoretical linguistics)이라고 부른다.

한편, 언어는 인간 정신 활동의 중심이기 때문에 언어 문제는 언어 자체에만 국한되지 않고, 여러 다른 학문의 대상이기도 하다. 즉 언어 연구는 다음과 같이 여러 학문과 관련이 된다. 우선, 언어의 의미 문제는 철학, 논리학, 심리학과 직접적인 관련이 있고, 언어가 하나의 사회적인 현상이기 때문에 사회학과도 관련이 있다. 언어 자체가 역사를 가지며 또한 고대의 언어가 당시의 사회상을 반영하므로 역사학과 관련이 된다. 문학이란 언어를 통한 예술이기 때문에 당연히 언어는 문학과 관련된다. 오늘날의 정보 사회에서 정보의 컴퓨터 처리가 중요하고, 정보의 형식 중 가장 중요한 것이 언어 정보이기 때문에 언어는 컴퓨터 혹은 정보처리와 직접 관련된다. 마지막으로, 외국어 등 언어 교육의 문제가 언어학과 직접적인 관련성을 가지는 것이 당연하다. 이 책의 제8장 이후는 언어 및 언어학과 다른 학문 분야의 관련성이 주제이다. 인문학의 여러 분야와 언어학의 관계, 그리고 언어의 컴퓨터 처리와 언어 교육 등 응용언어학(applied linguistics)의 여러 문제를 논의할 것이다.

영화 ✚ 언어

문학 작품의 영화화는 흔한 일이다. 잉글리드 버그만이 열연하였던 「누구를 위하여 종은 울리나」(For Whom the Bell Tolls, 1943) 그리고 제니퍼 존스가 나왔던 「무기여 잘있거라」(A Farewell to Arms, 1957)는 헤밍웨이 원작의 소설을 영화화한 것들로서, 내가 중학생 시절에 본 기억에 남는 영화들이다. 「바람과 함께 사라지다」(Gone with the Wind, 1939) 같은, 명작 소설을 바탕으로 만들어진 오래 전 영화뿐 아니라, 근래의 「오만과 편견」(Pride and Prejudice, 2006), 「해리 포터」(Harry Potter, 2001~) 시리즈 영화나, 셰익스피어의 고전을 재해석하여 만든 「로미오 + 줄리엣」(Rome + Juliet, 1996), 디킨스의 소설을 현대적으로 각색한, 화려한 색감의 영상이 시각적 즐거움을 주는 「위대한 유산」(Great Expectations, 1998) 같은 영화들도 있다. 최근의 영화로는 「노인을 위한 나라는 없다」(No Country for Old Man, 2007), 「눈먼자들의 도시」(Blindness, 2008)가 인상적인 내러티브를 효과적으로 표현하였다. 우리나라 영화의 경우에도 십여 차례 제작된 「춘향전」 및 「장화, 홍련」(2003) 같이 고전 소설을 그대로, 혹은 현대화하여 영화로 만든 것과, 「자유부인」(1956), 「오발탄」(1961), 「별들의 고향」(1974), 「겨울여자」(1977), 「겨울나그네」(1986), 「서편제」(1993), 「결혼은 미친짓이다」(2002), 「아내가 결혼했다」(2008) 등 현대 소설(대중 소설 포함)을 영화로 만든 것들이 많이 있다.

문학 작품이 대화와 산문 형식의 언어를 통하여 상황과 사건의 전개를 전달하는 데 반하여 영화는 영상을 위주로 하며 언어는 대화의 형식에 제한되는 것이 일반적이다. 「도그빌」(Dogville, 2003)과 같이 전지적 관점의 해설자가 등장하는 영화가 있기는 하지만 그리 많지는 않다. 여기서 우리는 영상을 위주로 하는 영화와 언어 중심의 문학 작품이 동일한 메시지를 전달하는 방법의 차이에 대해 주목하게 된다. 우선, 인물의 모습과 움직임 그리고 그것의 배경이 되는 주변 환경의 표상에서 영화의 영상은 문학 작품의 언어에 비해 월등히 뛰어나다. "남자가 총을 들어 여자의 머리 뒤에 총구를 대었을 때 남자의 눈에는 핏발이 섰고, 여자의 얼굴이 일그러졌다. 순간 여자는 몸을 돌려, 왼쪽 발로 남자의 급소를 걷어찼고, 남자는 비명을 지르면 총을 허공에 발사하고 총을 떨어뜨렸다" 같은 언어 묘사는 영화의 한 장면으로 표현하는 것이 훨씬 효과적이다. 말로 아무리 자세히 상황과 사건 전개를 기술한다고 하더라도 미처 명시적으로 언급하지 못하는 부분이 생긴다. 영상의 경우 모든 것이 시각적으로 주어진다.

반면에, 주인공의 생각과 심리 상태라든지 사건 전개의 이유 같은 것들은 언어로 쉽게 전달할 수 있지만, 영상으로 전달하기 힘들다. 아주 깊고 섬세하게 의식의 흐름을 따르고, 아주 세밀하게 자연의 풍광을 묘사한 프루스트의 소설 「잃어버린 시간을 찾아서」가 영화화된 것들을 내가 보지는 못했지만, 그러한 영화는 아마도 소설이 주는 만큼의 섬세한 감흥과 영감과 경외심을 주지는 못할 것이다.

따라서 문학 작품의 영화화는 언어가 명시하지 않은 외양의 세계를 나름대로 구축할 자유를 가지는 동시에, 언어로만 효과적으로 전달할 수 있는 주관적 세계를 전달하는 데 제약을 받을 수밖에 없다. 이러한 자유와 제약을 적절히 활용하고 극복하는 것이 문학 작품을 바탕으로 좋은 영화를 만드는 일의 열쇠이다.

이 장에서는 인간 언어의 근본적 특성인 창조성, 추상성, 형식과 의미(내용)의 독립성 등을 살펴보았다. 이러한 특성을 가진 인간 언어에서 가장 주목할 것은 모든 사람이 지능의 높고 낮음에 상관없이 매우 복잡한 시스템인 언어를 어렵지 않게 배워서 사용한다는 것이다. 그래서 영화 제목을 빌려 이 장을 마무리하자면 … "누구에게나 언어는 있다"(「누구에게나 비밀은 있다」).

더 읽을거리와 유용한 사이트

남기심, 이정민, 이홍배 (1988). 『언어학 개론』, 개정판(초판 1977년), 서울: 탑출판사.
밀러 (1998). 『언어의 과학』, 강범모·김성도 역. 서울: 민음사.
Fromkin, V., R. Rodman, and N. M. Hyams (2007). *An Introduction to Language*, 8th edition, Boston: Tomson. Higher Education.
PBS (1995). "The Human Language Series", Vol. 1 (video).

세계 에스페란토 협회 (UEA : Universala Esperanto-Asocio) http://www.uea.org/
에스페란토 문화원 (Seula Esperanto-Kulturcentro)   www.esperanto.co.kr/
엘프어 (Elvish)   http://www.elvish.org
클링온 어학원 (The Klingon Language Institute)   http://www.kli.org

연습과 생각

1. 지금까지 들어보거나 말해본 적이 없는, 25개 이상의 어절로 구성된 문장을 만들어 보시오.

2. 영어의 관계절이 2개 이상 연결되는 문장을 만들어 보시오.
3. 다음 현상에서 나타나는 귀환성을 설명하시오(힌트: 반복되는 방식).
    (1) 마주 보고 있는 두 개의 거울 사이에 있는 촛불
    (2) 꿈속에서 꾸는 꿈
    (3) 영화 속의 회상 장면
4. 다음 비문법적인 문장들이 올바른 것이 되도록 최소한의 수정을 하여 고치시오.
    (1) 철수는 어머니에게 만나서 지난 일을 이야기하였다.
    (2) 나는 그의 합격을 기뻤다.
    (3) The boy helped each other.
    (4) I will miss for you.
5. 본문에서 그림 또는 시각 기호가 언어보다 효과적인 전달수단인 경우와 그 반대의 경우가 제시되어 있다. 본문에 언급된 것 이외의 예들은 무엇이 있는가?
6. 본문에 언급된 것들 이외의 인공언어들을 조사해 보시오(힌트: 인터넷에서 'artificial language' 또는 'constructed language' 검색).
7. 이론언어학의 각 층위(분야)와 그것이 하는 일을 간략히 요약해 보시오.

제3장
언어의 소리: 음성학

1. 음성학의 하위 분야

조음, 청취, 음향

음성학(phonetics)은 음성(phone, speech sound), 즉 언어의 소리를 다루는 이론 언어학의 하위 분야이다. 언어를 통한 의사소통의 상황에서 화자는 자신의 생각을 소리로 만들어 청자에게 전달하고, 청자는 소리를 듣고 화자의 생각 즉 의미를 파악하게 된다. 화자가 소리를 내고 청자가 소리를 듣는 중간에 소리가 공기를 통하여 전달되는 과정이 있다. 이러한 세 가지의 과정 중 어느 곳에 초점을 맞추는가에 따라 음성의 연구는 조음음성학, 청취음성학, 음향음성학으로 세분된다.

조음음성학(articulatory phonetics)은 음성이 만들어지는 과정을 연구한다. 음성을 그것이 발음될 때의 발음기관(speech organs)의 모양에 따라 분류하고 그 과정을 기술하는 방법을 취한다. 이것은 고대로부터 언어의 소리를 연구하기 위해 사용하였던 전통적인 방법이다. 이 장의 2절 이후의 내용은 모두가 조음음성학적 관점에서의 설명이다.

청취음성학(auditory phonetics)은 청자가 귀로 소리를 듣고 그것을 음성으로 파악하는 과정을 연구한다. 귀의 해부학적 구조와 신경 전달에 관한 지식이 필요한 이 분야는 언어학자들보다는 신경학자나 의학자들이 관심을 가지는 분야이다. 근래에는 언어 치료를 목적으로 하는 언어병리학의 주요 부분으로 간주된다.

음향음성학(acoustic phonetics)은 공기를 통해 전달되는 소리 자체의 물리적 특성을 연구한다. 음성이란 주파수와 파장을 갖는 일종의 파동(wave)이므로, 음향음성학 연구는 파동의 일반적 특성을 연구하는 물리학의 연구와 일치하는 부분이 있다. 음향음성학은 비교적 최근에 발달한 분야이다. 음성의 물리적 성질을 연구하기 위해서는 여러 가지 기계가 필요하기 때문이다. 음성을 녹음하는 일은 녹음기가 발명된 이후에 가능하게 되었고, 음성을 기계적으로 분석하는 일은 스펙트로그래프(spectrograph) 등 음향 분석 기기의 발달을 기다려야 했다. 20세기 후반의 컴퓨터 기술의 발전이 음성의 음향적 분석을 획기적으로 용이하게 함으로써, 근래에는 음향음성학적 연구에 물리학자나 공학자뿐 아니라 언어학자들도 활발하게 참여할 수 있게 되었다.

음성의 음향적 연구가 활발하게 진행되고 있고 그것이 중요하지만, 그것은 조음적 관점에서의 음성 연구를 기반으로 하고 있다. 따라서 개론 성격의 이 책에서는 다음의 2절부터 주로 조음적 관점에서 음성을 설명하는 것으로 만족하고자 한다. 단, 다음 절을 시작하기 전에, 근래 음성 연구의 중요한 방법으로 자리잡은 음향적 연구의 단면을 보이기 위해 음성의 음향적 특성을 분석하는 기초적인 방법에 대하여 간략히 언급한다.

음향음성학

음성은 일종의 파동이므로, 파동의 일반적 요소인 주파수, 파장, 진폭을 가지고 있다. 단, 음성은 일정한 주파수, 파장, 진폭을 갖는 단순 파동이 아니라 여러 개의 단순 파동이 합쳐진 복합 파동이며, 시간에 따라 변하는 매우 복잡한 파동이다. 사람의 말은 성대의 모양에 따라 그 기본 진동수, 즉 주파수(frequency)가 다르다. 남자와 여자의 목소리의 높이가 다른 것은 성대의 모양의 차이로 인하여 그 떨림의 주기가 차이가 나고 따라서 음성의 기본 진동수가 다르기 때문이다. 한 사람이 말을 할 때에도 성대의 떨림을 조절하여 음성의 높낮이가 조절된다. "누나가 갔어"라는 표현을 질문과 단언으로 구분할 수 있는 것은 이 말을 할 때 끝 부분의 소리가 올라가는지 그렇지 않은지로 구별된다. 소리가 올라간다는 것은 기본 주파수가 높아진다는 것을 의미한다. 사람의 귀로도 주파수 변화의 차이는 어느 정도 지각할 수 있지만, 미세한 주파수 변화는 기계를 통해서만 정확히 파악할 수 있다.

다음은 20대 여자가 "너 언제 적부터 이렇게 알뜰해졌냐"라는 말을 할 때의 소리의 파형(아래)과 기본 주파수의 변화(중간)와 스펙트로그램 분석(위)을 시각적으로 표상한 것이다.

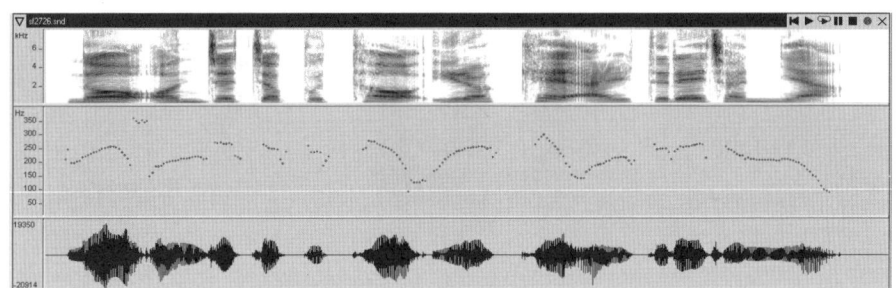

말소리의 스펙트로그램, 기본 주파수, 파형

중간 그림에서, 음의 높이가 올라가고 내려가는 것이 기본 주파수의 변화로 나타나 있다. 맨 위의 스펙트로그램은 공명 주파수의 에너지를 표시한 것인데 모음의 음향적 특성을 잘 나타낸다. 이에 대한 설명은 다음과 같다.

우리가 [i], [a], [u] 등 여러 가지의 모음을 발음하는 것은 입을 벌리고 닫는 등 발음기관의 모양을 다르게 함으로써 가능하다. 듣는 사람의 관점에서 보면, 모음의 구별은 소리의 음향적 특성이 다르기 때문에 가능하다. 구별되는 모음의 음향적 특성은 그것을 소리낼 때의 발음기관의 모양 때문에 발생한다. 기본적으로 인간의 발음기관은 성대로부터 입으로 연결되는 긴 관(튜브)이라고 볼 수 있다. 관악기에서 보는 것처럼 공기가 관을 통과할 때에는 그 길이와 모양에 따라 공명하는 주파수가 달라진다. 사람이 모음을 발음할 때 이 발음기관의 관의 모양이 변함에 따라 공명하는 주파수가 달라진다. 단, 발음기관의 관은 단순한 관이 아니므로 공명하는 주파수가 여럿이고, 이들 공명 주파수의 상대적 차이가 모음을 구별해 주는 가장 중요한 음향적 특성이다.

다음은 20대 여자가 모음 [i], [a], [u]를 발음할 때 시간의 진행(가로축)에 따라 에너지가 존재하는 공명 주파수(세로축)를 표시한 스펙트로그램이다. 그림에 가로로 걸쳐 있는 검은 띠가 에너지가 몰려 있는 공명 주파수를 표시하는데, 이것을 포먼트(formant)라고 부른다. 밑에서부터, 즉 낮은 주파수부터 제1 포먼트, 제2 포먼트, 제3 포먼트 등으로 부르며, 주로 제1 포먼트와 제2 포먼트의 상대적 차이가 모음을 구별시키는 음향적 특성이다.

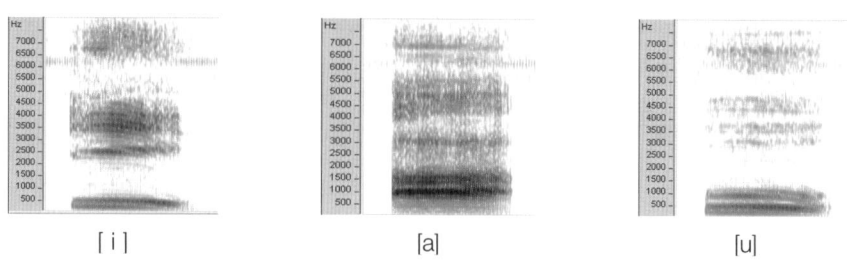

[i] [a] [u]

음성의 음향적 특성의 이해는 조음적 관점에서의 음성 이해를 전제한다. 다음 절부터는 조음적 관점에서 음성을 살펴보기로 하자. 음향음성학에 관심이 많은 독자는 보든 외(2000), Ladefoged(2005) 등 여러 음성학 전문 서적을 참조할 수 있다.

영화 ✚ 언어

영화 「마이 페어 레이디」(My Fair Lady, 1964)는 언어학자가 주인공으로 나오는, 언어학이 영화의 주제가 되는 흔치 않은 영화 중 하나이다. 음성학자 헨리 히긴스 교수가 런던의 꽃 파는 아가씨 일라이자의 언어를 6개월에 걸쳐 교정하여, 그녀를 숙녀로 변모시킨다는 이야기이다. 하층민의 영어 발음을 교정하여 영국 영어의 표준 발음인 RP(received pronunciation)를 익히도록 하는 과정에서 음성학적 훈련의 모습이 재미있게 그려진다. 오늘날의 컴퓨터 분석기와 같은 기기는 아니더라도 간단한 음성 분석 기기가 화면에 등장한다.

영화에 나타난, 일라이자의 런던 하층어 코크니(Cockney) 발음 특징 중 몇 가지를 들면 다음과 같다.

1) 'rain, made' 등 단어의 모음 [ei]가 [ai]로 발음된다. 히긴스 교수는 [ei] 모음이 많이 들어간 "The rain in Spain stays mainly in the plain"을 일라이자에게 연습하게 한다. 일라이자가 코크니 발음으로 "Good day today"를 말한다면 "Good die to die"로 들릴 터이니 선의의 이 말은 표준 영어만 아는 사람들에게는 공포감을 선사할 것이다.

2) 'nice'의 [ai]는 [oi]에 가까운 소리로 발음된다.
3) 어두 자음 [h]를 발음하지 않는다. 영화의 주인공 언어학자 Henry Higgins 교수를 일라이자는 "엔리 이긴스"라고 부른다.
4) 'lovely'에서 나타나는 [v]와 [l] 자음의 연속체 [vl]을 제대로 못하고 그 사이에 모음이 끼어든다. 따라서 일라이자에게 이 단어는 'loverly'와 같은 발음이 된다.

일라이자가 히긴스 교수의 혹독한 언어 훈련 과정을 거쳐 완벽한 표준 영어를 구사하는 숙녀로 다시 태어나는 과정은, 그것이 비록 허구이고 비현실적인 부분이 있지만, 언어학자가 실생활에 기여할 수 있는 단면을 보여준다는 점에서 언어학자에게 자긍심을 준다.

2. 발음기관

발음기관의 모양

음성의 조음적 특성을 이해하기 위해서 우선 발음기관의 모양과 기능에 관해서 알아야 한다. 다음은 신지영·차재은(2003)에서 빌어온 발음기관의 모습 그림이다. 그림에 표시된 발음기관 중 중요한 부위는 순우리말, 한자어, 영어 명칭을 병기하여 제시한다.

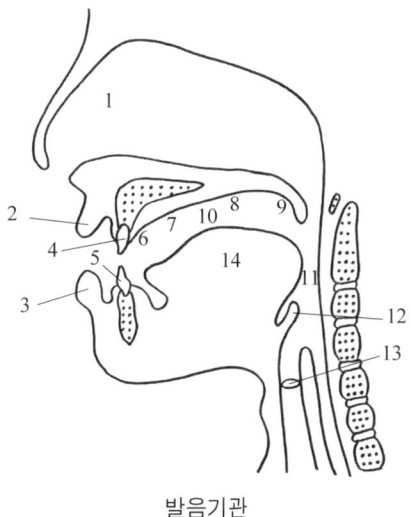

1 비강(nasal cavity), 2 윗입술, 3 아랫입술, 4 윗니, 5 아랫니, 6 치경(잇몸, alveolar), 7 경구개(센입천장, hard palate), 8 연구개(여린입천장, soft palate/ velum), 9 목젖(구개수, uvula), 10 구강(oral cavity), 11 인두(pharynx), 12 후두개(epiglottis), 13 성대(vocal cords), 14 혀

발음기관

위의 그림에서 혀는 자세히 구분되어 있지 않다. 혀의 맨 앞 끝인 혀끝(설단, tip), 혀끝 약간 뒷부분인 혓날(blade), 혀의 대부분을 차지하는 혀몸(body), 그리고 그 뒤의 혀뿌리(root) 부분이 있다.

사람이 말소리(음성)를 내는 것은 공기가 발음기관을 지나면서 발음기관의 모양에 따라 장애를 받거나 공명이 일어나면서 가능한 것이다. 따라서 음성이 발음되기 위해서는 우선 공기의 움직임이 있어야 하고 이때 공기의 움직임을 일으키는 신체의 부분을 발동부라고 한다. 그리고 공기의 움직임에 장애를 일으켜 여러 가지 소리를 내게 만드는 부분을 조음부라고 한다. 후두(larynx)에 있는 성대는 한 쌍의 근육으로서, 붙었다 떨어졌다 하는 운동을 반복함으로써 일정한 주파수를 가지는 소리인 성(voice)을 만들어 낸다. 이 부분을 발성부라고 한다.

이 절의 나머지 부분에서 발동부와 발성부에 대하여 설명하고, 다음 절부터 조음부와 관련하여 자음과 모음에 대하여 설명한다.

발동부: 허파, 성문, 연구개

공기의 움직임을 일으키는 가장 중요한 기관은 허파이다. 허파의 용적이 늘어나면서 공기가 코나 입을 거쳐 허파로 들어오고, 허파의 용적이 줄어들면서 공기가 몸 밖으로 나가게 된다. 발음기관의 그림에서 성대 아랫부분의 관이 기도(trachea)이며 이것이 허파로 통한다. 기도 뒤에는 위로 통하는 식도가 있다. 대부분의 음성은 허파에서 공기가 기도와 발음기관을 통하여 몸 밖으로 나가는 과정에서 생기는 소리이다. 그러나 공기가 허파로 들어오는 과정에서 소리를 내는 것이 불가능한 것은 아니다. 갑자기 놀라게 될 때, 혹은 놀랄만한 일임을 표시할 때, 숨을 짧게 들이쉬면서 소리가 날 수 있다. 보통 숨을 내쉬면서 내는 소리들을 일부러 숨을 들이쉬면서 낼 수도 있다. 익숙하지 않은 이러한 방식의 발음이 아주 쉽지는 않지만, "나는 간다"라는 짧은 문장을 숨을 들이쉬면서 발음해 보라. 몇 번 연습하면 할 수 있을 것이다. 단, 이런 식으로 발음된 소리가 듣기 좋을 것이라는 기대는 하지 않는 것이 좋다.

공기를 움직이게 할 수 있는 부분은 허파 이외에도 성문과 연구개가 있다. 보통 숨을 쉴 때에는 성대가 떨어져 있어 성문이 열린 상태인데, 성대를 붙여서 성문을 닫으면 공기가 통하지 않는다. 이때 입안의 한 부분도 열려 있지 않은 상태에서, 성문(glottis) 부분이 순간적으로 조금 올라오거나 조금 내려가면 미세한 날숨과 미세한 들숨의 현상이 일어난다. 성문 날숨소리는 우리말에는 없지만 스와힐리 같은 아프리카 언어에 있고, 영어에서도 [p, t, k, tʃ] 소리가 단어 끝에 올 때 수의적으로 나타날 수 있다. 성문 들숨소리에는 내파음(implosive)이 있다. 닫힌 성문이 내려갈 때 순간적으로 공기가 입 안으로 들어오면서 생기는 이 소리는 우리말이나 영어 등 익숙한 외국어에는 없지만 세계 언어의 약 10%에서 나타난다고 한다. 우리말 소리에 없기 때문에 우리가 내파음을 제대로 소리내기는 쉽지 않고, 혼자서 배우기가 거의 불가능하다. 음성학자의 도움이 필요하다.

마지막으로, 입의 앞부분(양 입술, 혀와 잇몸)을 막고 연구개와 혀의 뒷부분이 붙은 상태에서 혀의 미세한 움직임으로 공기를 입 밖으로 혹은 입 안으로 끌어들일 수 있다. 사실 이러한 방식으로 구강의 압력을 낮추는 일을 우리는 수시로 하고 있다. 주스나 콜라를 빨대로 마실 때 이러한 일이 일어난다. 연구개를 혀의 뒷부분으로 막은 상태에서 혀의 중앙부를 내리면(이때 연구개와 접촉한 혀의 정점은 약간 뒤로 이동한다), 구강 내의 용적이 증가하고 따라서 압력이 낮아지면서 컵의 물 표면에 가해지는 기압의 힘으로 물이 빨대를 통해 입 안으로 들어온다. 그 다음 빠는 일을 멈추고 입안의 물을 삼키게 되는데, 이것은 후두개로 허파로 가는 기도를 막으면서 물이 식도 쪽으로만 흘러가게 하는 과정이다. 혀의 움직임이 아닌 허파의 팽창을 통하여 입안의 기압을 낮춤으로써 물이 빨대를 통하여 들어오게 하는 것도 물론 가능하다. 그러나 실제로 그렇게 하면 어떤 일이 일어날 것인가? 물이 기도를 통하여 허파로 들어감으로써 익사 사고가 발생할 것이다. 따라서 연구개와 관련된 혀의 미세한 운동은 생존을 위해 사람들 모두가 잘 터득하고 있는 기술이다. 꼭 생존은 아니더라도, 좀 더 행복한 인생을 위해서도 이 기술은 필요하다. 연인과 키스를 나눌 때 이 기술을 사용해야 하기 때문이다.

연구개 들숨소리를 흡착음이라고 한다. 뽀뽀 소리를 흉내 낼 때 쓰이는 양순 흡착음, 동정을 표현하면서 혀를 차는 소리인 치경 흡착음이 흔히 쓰이는데, 우리말에서 언어적 기능을 하지는 않는다. 하지만 흡착음을 언어적으로 사용하는 세계의 언어들이, 남아프리카의 여러 언어들을 비롯하여 많이 있다. 연구개 날숨소리를 내는 일이 어렵지 않음에도 불구하고, 이 소리를 사용하는 언어는 없다.

이상 발동부와 관련된 논의에서, 세계의 언어들이 사용하는 소리들은 허파 날숨소리, 성문 날숨소리, 성문 들숨소리, 연구개 들숨소리의 종류가 있음을 알 수 있다.

발성부

발성부는 성(voice)을 만들어 내는 기관이다. 한 쌍의 근육인 성대가 열려 있을 때 공기가 성문을 통해 자유로이 드나든다. 숨을 쉬고 있을 때가 이 상태이니, 하루의 대부분 동안 발성부는 이러한 모양이다. 성문이 열려 있고 입 안의 발음기관이 접촉하거나 근접하지 않은 상태에서 공기를 강하게 내 쉬면 소리가 난다. [h] 소리가 바로 이 상태에서 나는 소리이다. 입 안의 발음기관이 접촉하거나 근접하여 기류에 장애를 일으킬 경우에는 [p, t, s] 같은 무성 자음이 발음된다.

성대를 꽉 밀착시켜 성문을 닫은 상태에서는 숨을 쉴 수 없고, (성문이나 연구개가 발동부로 작용하는 경우를 논외로 한다면) 공기도 움직일 수 없다. 따라서 발음을 할 수 없다. 그런데 성대의 밀착을 적절한 강도로 했을 경우에는 허파에서 올라오는 공기의 압력으로 성문이 열렸다가, 성문이 열리는 순간 압력이 떨어져 성문이 닫히고, 다시 압력이 높아져 성문이 열리고 하는 과정이 반복될 수 있다. 일초에 수백 번 이러한 과정이 반복하여 일어날 수 있는데, 이때 성(voice)이 발생하는 것이다. 사람들은 성대의 모양과 긴장 상태를 조절하여 성문이 열리고 닫히는 빈도를 변화시켜 기본 주파수가 다른 소리, 즉 음의 높낮이가 다른 성을 만들어 낸다. 다음은 기본 주파수가 120Hz, 200Hz 소리를 낼 때의 성대의 모양이다(UCLA Phonetics Lab Archive, 2003 자료임). 성대가 더 팽팽하게 길게 잡아당겨진 상태에서 더 높은 소리가 남을 알 수 있다. 기타 줄을 팽팽하게 할수록 높은 음이 나는 것과 같은 이치이다.

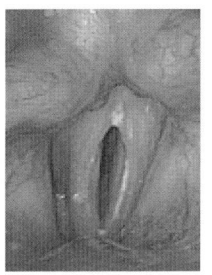 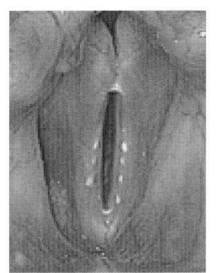

성대(120Hz)   성대(200Hz)

영화 ✚ 언어

영화 「슬리피 할로우」(Sleepy Hollow, 1999)는 18세기 말 미국의 한 시골 마을에 머리가 없는 기사가 밤마다 말을 타고 나타나 사람들의 목을 잘라 가는 무시무시한 이야기이다. 하지만 감독 팀 버튼은 이 엽기적 소재를 음산하면서도 신비스러운 화면에 담아 관객에게 전달한다. 나는 영화를 보면서 언어학자로서 다소 엉뚱한 (어떤 사람에게는 매우 엉뚱한) 생각을 하게 된다. 머리 없는 기사가 수 없이 자르는 목은 어떻게 생겼을까 하는 생각이다. 물론 우리가 평소에 늘 보는 목의 겉면이 아니라 칼로 자른 목의 단면을 말한다. 결론부터 말하자면 칼로 자른 목의 단면에는 하나의 구멍이 있을 수도 있고 두 개의 구멍이 있을 수도 있다. 그것은 사람의 입에서부터 목으로 연결되는 관은 공기와 음식이 모두 통과하는 하나의 관이지만, 중간에 성문을 거쳐 허파로 연결되는 기도와 그 뒤쪽의 음식물이 들어가는 식도의 두 개의 관으로 분리되기 때문이다. 즉, 성문보다 위를 칼로 내리치면 단면에 하나의 구멍이 생기고, 그 아래를 칼로 치면 두 개의 구멍이 생긴다. 앞에서 제시한 발음기관의 그림을 놓고 보면, 목의 상당히 윗부분을 잘라야 구멍이 하나 생기기 때문에 실제로 머리 없는 기사에게 당한 사람들 중 많은 사람들이 두 개의 구멍을 세상에 보이고 죽었을 것이다.

   사람의 목을 칼로 치는 것은 「슬리피 할로우」의 머리 없는 기사뿐이 아니다. 「하이랜더」(Highlander, 1986)에 나오는, 세월이 지나도 죽지 않는 무사들은 단칼에 목을 잘리었을 경우에만 죽을 수 있다. 이들은 세상에서 공존할 수 없는 운명을 타고 났기 때문에 서로와 싸워야만 하며, 따라서 서로의 목을 노릴 수밖에 없다. 하나 혹은 두 개의 구멍이 생길 상대편의 목의 단면을 보기 위하여.

3. 자음

음성의 종류를 크게 나누면 자음(consonant)과 모음(vowel)으로 구분된다. 어느 언어이든지 이 두 종류의 음성이 존재한다. 공기가 허파로부터 나와 발음기관을 거쳐 입 밖으로 나갈 때, 그 과정에서 공기의 흐름이 막히거나 방해받을 때 나는 소리가 자음이다. 반면에 모음은 그러한 장애가 없이 공기가 흘러나간다. 발음기관이 하나의 긴 관으로서 모양이 변형될 수 있으므로 그 관의 모양에 따라 공명하는 주파수가 달라지며, 이 달라지는 공명 주파수가 여러 모음을 구별하게 한다. 따라서 자음과 모음의 발음의 메커니즘은 근본적인 차이가 있으며, 개별 자음과 개별 모음 각각의 분류와 기술 방법도 자음과 모음에 따라 차이가 난다.

자음은 공기의 흐름이 장애를 받을 때 생기는 소리이므로, 그 장애가 조음부의 어느 곳에서 일어나는지, 그리고 어떤 방식으로 일어나는지에 따라 구별할 수 있다. 전자를 자음의 조음 위치(place of articulation), 후자를 조음 방법(manner of articulation)이라고 한다. 모든 언어에 나타나는 자음을 조음 위치와 조음 방법으로 구분하여 표시한 국제음성기구(IPA: International Phonetic Association)의 국제음성기호(IPA: International Phonetic Alphabet)를 제시하면 다음과 같다(IPA 홈페이지의 자료). 이 표는 허파 날숨소리 자음들만을 표시한 것이다. 이 표에는 영어 용어들이 나오는데, 이후의 설명에서 영어 용어에 해당하는 우리말 용어가 제시

CONSONANTS (PULMONIC)

	Bilabial	Labiodental	Dental	Alveolar	Postalveolar	Retroflex	Palatal	Velar	Uvular	Pharyngeal	Glottal
Plosive	p b			t d		ʈ ɖ	c ɟ	k ɡ	q ɢ		ʔ
Nasal	m	ɱ		n		ɳ	ɲ	ŋ	ɴ		
Trill	ʙ			r					ʀ		
Tap or Flap		ⱱ		ɾ		ɽ					
Fricative	ɸ β	f v	θ ð	s z	ʃ ʒ	ʂ ʐ	ç ʝ	x ɣ	χ ʁ	ħ ʕ	h ɦ
Lateral fricative				ɬ ɮ							
Approximant		ʋ		ɹ		ɻ	j	ɰ			
Lateral approximant				l		ɭ	ʎ	ʟ			

국제음성기호(IPA) 자음

될 것이다. IPA 표에서 음영 표시된 부분은 불가능한 조음을 표시한다.

유성음과 무성음

IPA 표의 가로축은 가장 왼쪽의 입술에서부터 오른쪽으로 입 안으로 들어가면서 조음이 일어나는 위치를 표시하고, 세로축은 공기의 길에 장애를 일으키는 방법을 표시한다. 그리고 같은 칸에 두 기호가 있을 때(예를 들어 [p b]), 왼쪽 기호가 무성음을, 오른쪽 기호가 유성음을 나타낸다. 어둡게 표시된 칸들은 발음이 불가능하다고 판단되는 것들이다. 자음 발음의 위치와 방법을 자세히 보기 전에 우선 유성음과 무성음에 대하여 살펴보자.

유성음은 성(voice)이 있는 소리이며, 이것은 성대가 적당한 강도로 붙어서 붙고 떨어짐을 반복할 때 나는 소리라는 것을 앞 절에서 설명하였다. 모음의 경우 속삭인다든지 하는 특수한 경우가 아니면 모두가 유성음으로 발음된다. 자음들 중 마찰음(fricative)은 공기가 지속적으로 움직이면서 마찰을 일으키므로 마찰로 자음이 발음되는 동안 성대가 진동하느냐 하지 않느냐에 따라 유성음과 무성음이 구별된다. 예를 들어 [s]와 [z] 소리를 낼 때 후자의 경우에만 성대가 계속 진동한다.

[b]와 같은 정지음(stop)은 공기의 흐름을 완전히 막았다가 갑자기 터뜨릴 때 나는 자음이다. 이것을 파열음(plosive)이라고도 부른다. 마찰음의 경우와 같이 자음 발음을 하는 동안의 지속적인 성대의 진동은 있을 수 없다. 실제로 자음은 홀로 쓰이기 힘들고 모음과 결합하여 쓰이므로, 자음과 모음이 결합한 [ba]라는 음성 연속체를 놓고 설명을 해 보자.

이 소리를 발음하기 위해서는 우선 두 입술을 붙여서 공기의 흐름을 완전히 막아야 한다. 이때 성대는 진동할 수 없다. 다음 두 입술을 열어서 공기를 터뜨리며 동시에 모음 [a]를 발음하기 위해 성대가 진동하기 시작한다. 사실 무성음 [p]의 경우에도 두 입술로 공기의 흐름을 막았다가 공기를 터뜨리는 것, 그리고 터뜨린 후에야 성대가 진동하는 것은 유성음 [b]의 경우와 마찬가지이다. 그 차이는 파열의 순간과 성대 진동의 순간 사이의 상대적 거리의 미세한 차이이다. [ba]의 경우 입술이 떨어지는 파열의 순간보다 약간 앞에서부터 성대의 진동이 일어난다. (입을 닫은 상태에서 목을 울릴 수 있다는 것을 연습으로 증명해 보라.) 입을 연 후에도 성대의 진동은 계속된다. 반면에 [pa]의 경우에는 입술이 떨어지기 전에는 성대의 진동이 없다. 입술이 떨어진 직후부터 성대가 울리는 소리로서의 [pa]는 우리말의 '바' 소리이다. 영어 단어 'pie'에 나타나는 소리는 [pʰa]로 표시한다. 이것은 입술이 떨어진 후 얼마간의 시간이 흐른 후 성대의 진동이 시작할 때 나는 소리이다. (입술 등의) 파열 이후 성대의 진동이 시작될 때까지의 시간을 성대진동 개시시간(voice onset time: VOT)이라고 한다. 성대의 진동이 시작되기까지는 그냥 숨, 즉 공기가 입 밖으로 나온다. 이것을 기(aspiration) 혹은 기식이라고 부른다. [pʰ]는 기음(aspirated sound)이다. 우리말의 'ㅍ' 소리도 기가 상대적으로 많이 나오는 음이다. 이상의 설명을 바탕으로 [ba], [pa], [pʰa]를 발음할 때의, 시간에 따른 양 입술의 상태와 각 소리를 낼 때의 성대 진동 시작의 위치를 그림으로 표시하자면 다음과 같다.

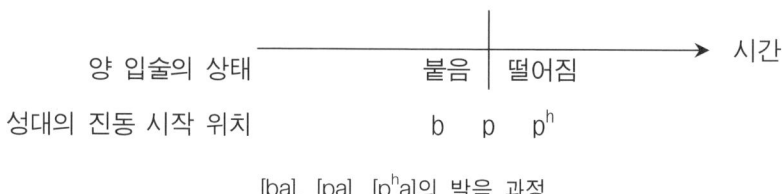

[ba], [pa], [pʰa]의 발음 과정

이제부터는 조음 방법과 조음 위치에 따른 자음의 종류에 대하여 알아보자.

조음 방법

조음기관이 공기의 흐름에 장애를 일으키는 방법은 다음과 같이 여러 가지이다. IPA 차트에서 세로축과 관련된다.

1) 파열음(plosive): 조음기관끼리 닿아서 공기의 흐름이 완전히 차단되었다가 갑자기 터질 때 나는 소리들이다. 양 입술, 혓날과 치경, 혀몸과 연구개 등 조음기관이 닿는 위치가 다양하다. [p, b, t, d, k, g] 등이 소리가 있다. 공기의 흐름이 완

전히 멈춘다는 의미에서 정지음(stop)이라고도 한다.

2) 비음(nasal): 파열음과 같이 구강에서 공기의 길을 차단하였다가 파열시키지만, 파열음과 달리 입천장을 내려서 그것이 뒤의 인두벽과 닿지 않음으로써, 코 즉 비강으로 통하는 공기길을 열어 놓을 때 나는 소리이다. 한글의 'ㅁ', 'ㄴ', 받침 'ㅇ'로 표기되는 [m, n, ŋ] 등의 소리들이다. 다음 그림은 비음 [m]과 구강파열음 [p]를 소리 낼 때의 발음기관의 모습이다.

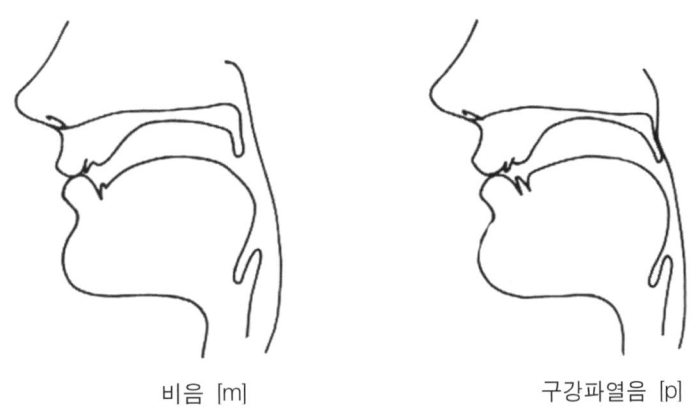

비음 [m]   구강파열음 [p]

3) 전동음(trill): 조음기관이 떨면서 나는 소리이다. 두 입술을 진동시키거나 ([B]) 혓날을 치경에 대고 떨거나([r]), 목젖을 혀의 뒷부분에 대고 떠는 소리([R])가 있다.

4) 탄설음(tap, flap): 혀를 치경 부분에 한 번 탁 부딪쳐 내는 소리이다. 우리말의 음절 초에 있는 'ㄹ' 소리가 치경 탄설음 [ɾ]에 해당하고, 영국 영어의 어두의 'r' 소리가 탄설음으로 발음된다. 스페인어에서는 전동음 [r]과 탄설음 [ɾ]이 명확히 구별되어 쓰인다.

5) 마찰음(fricative): 조음기관들이 접근하여 공기가 그 사이를 통과하면서 마찰을 일으킬 때 나는 소리이다. 모든 조음 위치에서 마찰음이 가능하다. [f, v, θ, ð, s, z, ʃ, ʒ] 등 영어를 포함한 서양 언어에 흔한 소리들이다. 하지만 우리말에는 이 중에서 /ㅅ, ㅆ, ㅎ/ [s, s', h] 세 개의 마찰음만이 쓰여서, 마찰음이 상대적으로

적다.

6) 설측음(lateral): 공기가 혀의 옆으로 빠져 나오면서 나는 소리로 알파벳으로 'l'로 쓰는 소리이다. 보통의 근접음(approximant) 설측음 [l]과, 마찰을 동반한 설측음이 있다. 전동음, 탄설음, 설측음은 알파벳의 'r'과 'l'로 적는 소리들인데, 이 소리들은 비슷한 음운적 특성을 보이며, 우리말 같이 하나의 철자('ㄹ')로 표현하는 언어도 많이 있다. 따라서 이 소리들을 묶어서 유음(liquid)이라고 부른다.

7) 근접음(approximant): 조음기관의 접근이 마찰의 경우만큼 심하지는 않고 좀 간격을 두고 접근할 때 나는 소리이다. 미국 영어의 음절 초의 'r'이 근접음 [ɹ]로 발음되는 경우가 많다.

8) 파찰음(affricate): 파열음과 마찰음의 연속으로 간주되어 IPA 단자음 차트에는 나와 있지 않지만, 파열과 그 직후의 마찰이 일어나는 파찰음도 중요한 소리이다. [tʃ, dʒ]가 그 소리들인데 영어의 'church', 'judge' 등의 단어의 첫 소리이고 우리말의 'ㅈ'으로 표시되는 소리들이다.

조음 위치

조음 위치에 따라 자음은 다음과 같이 분류된다. 앞에서 제시한 IPA 차트의 왼쪽에서 오른쪽으로 설명을 진행한다. 2절에 제시된 발음기관의 모습을 보면서 설명을 이해하는 것이 좋을 것이다.

1) 양순음(bilabial): 위아래 입술이 작용하여 나는 소리이다. 파열음 [p, b], 비음 [m], 마찰음 [ɸ, β] 등이 있다.

2) 순치음(labiodental): 윗니와 아랫입술이 근접하여 나는 소리이다. 마찰음 [f, v]와 비음 [ɱ] 등이 있다. [ɱ]은 영어의 'symphony'를 발음할 때 원래의 양순음 [m]이 다음의 [f]('ph')의 영향을 받아서 나는 소리이다.

3) 치음(dental): 혀끝이 이 사이에 끼어서 나는 소리로 마찰음 [θ, ð]가 있다. 영어의 'think'의 첫 소리가 [θ], 'this'의 첫 소리가 [ð]이다.

4) 치경음(alveolar): 혓날이 치경에 닿거나 접근하여 나는 소리로 [t, d, n, s, z, r, l] 등, 파열음, 비음, 마찰음, 유음이 있다.

5) 치경경구개음(postalveolar): 치경과 경구개 사이에서 나는 소리로 [ʃ, ʒ]가 있다. 전자는 영어의 'shoes' 등 'sh'가 발음되는 소리이고, 후자는 영어의 'vision'의 'sion' 부분의 처음 소리이다. [ʒ]는 프랑스어에서 일인칭 대명사 'je' 등 많은 단어에 나타나는, 프랑스어의 특징적인 소리이다.

6) 권설음(retroflex): 혀를 말아서 혀의 아랫부분이 치경과 경구개 사이에 닿거나 근접하여 나는 소리이다. [t, d, n, s, z] 등의 치경음과 대응하는 권설음들이 있는데, 국제음성기호로는 오른 쪽 아래에 꼬리를 붙여[ṭ, ḍ, ṇ, ṣ, ẓ] 등으로 표시한다. 우리말이나 영어에는 없는 소리이고, 중국어에 특징적으로 나타난다.

7) 경구개음(palatal): 혓몸이 경구개에 닿거나 접근하여 나는 소리로서 파열음 [c, ɟ], 비음 [ɲ], 설측음 [ʎ], 마찰음 [ç] 등이 있다. 경구개 비음은 우리말에서 /ㅣ/ 모음 앞의 'ㄴ'이 갖는 음가와 유사하다('갑니까'의 '니'). 경구개 마찰음은 독일어에서 'ich' 등에서와 같이 [i] 모음 뒤에서 쓰이는 'ch'의 소리이다.

8) 연구개음(velar): 혀의 뒷부분이 연구개에 닿거나 접근하여 나는 소리로서 파열음 [k, g], 비음 [ŋ], 마찰음 [X] 등이 있다. 연구개 마찰음은 독일어의 'Bach' 등에서와 같이 [a] 또는 [u] 뒤에 쓰이는 'ch'의 소리이다.

9) 구개수음(uvular): 목젖과 혀의 뒷부분이 관여하는 소리이다. 파열음 [q, G], 비자음 [N], 전동음 [R] 등이 있다.

10) 인두음(pharyngeal): 인두강이 좁아져 마찰이 일어나는 인두 마찰 [ħ, ʕ]이 있는데, 아랍어에 특징적으로 쓰인다.

11) 성문음(glottal): 성문이 조음에 관여하여 나는 소리로서, 성문을 닫았다가 갑자기 터뜨려 내는 성문 파열음 [ʔ]과 무성, 유성의 마찰음 [h, ɦ]이 있다. 성문파열음이 음소적 기능을 하는 언어는 많지 않지만, 모든 언어에서 힘을 주어 박력있게 말할 때 자주 사용된다.

이상에서 제시한 자음 기호에 부가 기호를 붙임으로써 좀 더 세밀한 음성의 차이를 표시할 수 있다. 우리말과 관련하여 중요한 것은 기음과 경음의 표기이다. 우리말의 자음은 여러 언어에 나타나는 [b] 대 [p]와 같은 유성과 무성의 대립이 기능적으로 존재하지 않고 대신에 /ㅂ, ㅍ, ㅃ/의 삼중대립을 보인다. 이것들 모두는 무성음으로서 무기음, 기음, 경음이며 발음기호로는 [p, pʰ, p']로 표시한다.

이상의 설명을 바탕으로 국제음성기호를 다시 보면 조음 위치와 조음 방법에 따른 자음의 분류를 더 많이 이해할 수 있을 것이다.

영화 + 언어

「마이 페어 레이디」(My Fair Lady, 1964)에서 음성학자 히긴스 교수는 다른 사람의 발음을 정확히 표기하기 위하여 '보이는 음성'(Visible Speech)이라는 기호를 사용한다. 영화의 대사로 나오는 "Bell's Visible Speech"가 "종소리로 나타내고"라고 자막에 번역되어 있었는데, 이것은 잘못된 것이다. 멜빌 벨(M. Bell)이 고안한 'visible speech'를 뜻한다. 벨이 1867년에 발표한 이 기호의 모양은 발음기관의 모양을 모방하여 곡선이 많고, 보통 사람이 구별하기가 쉽지 않다. 국제음성기구에서 만든 국제음성기호(IPA)는 알파벳에 기초하여 만든 음성기호로서 알파벳을 아는 사람은 배우기가 훨씬 쉽지만 그 모양이 자의적이다. 우리의 한글의 자음은 발음기관의 모양을 모방하면서도 그 모양이 기하학적으로 구별하기 쉽게 되어 있어 위의 두 가지 음성기호의 장점만을 취한, 발음기호로 사용되기에 가장 적절한 표기체계이다.

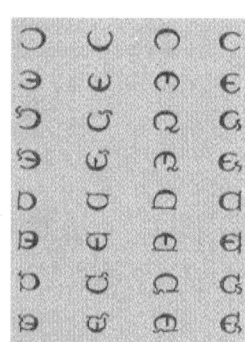

보이는 음성
(Visible Speech)

4. 모음

모음은 공기의 흐름이 장애를 받지 않을 때 나는 소리이므로, 자음과 같이 조음기관이 닿거나 근접하는 위치를 기준으로 분류할 수 없다. 모음은 전체적인 공기 길의 모양이 바뀌면서 다양한 소리로 분화되는데, 공기 길의 모양을 바꾸는 데에는 혀의 위치와 입술의 모양이 중요하다.

우선, 혀의 위치를 살펴보면, [i]와 [u]를 발음할 때에는 혀가 올라가고 따라서 입이 닫히며(폐모음), [a]의 경우 반대로 혀가 내려가고 따라서 입이 열린다(개모음). 혀가 올라갈 경우에도 [i]는 혀의 가장 높은 정점이 상대적으로 입안의 앞쪽에 있고(전설모음), [u]는 혀의 정점이 뒤쪽에 있다(후설모음).
　폐모음(고모음)과 개모음(저모음), 전설모음과 후설모음을 발음할 때의 발음기관의 모양은 다음과 같다.
　음영 부분이 소리가 공명할 수 있는 구강을 표시한다.

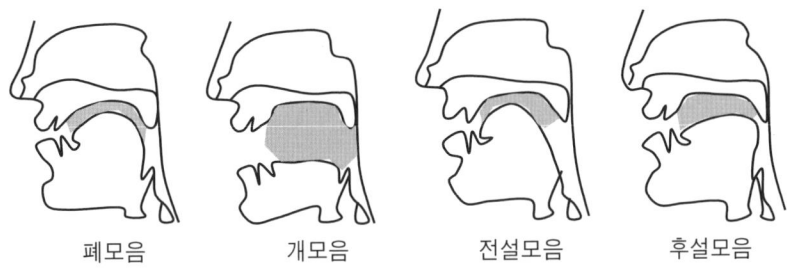

폐모음　　개모음　　전설모음　　후설모음

　[i]와 [u]는, 전자는 혀의 정점이 입의 앞쪽인 전설모음이고 후자는 혀의 정점이 입의 뒤쪽인 후설모음이라는 차이 이외에 또 하나의 차이가 있다. 즉, [i]는 발음할 때에 입술이 평평한 평순모음이고, [u]는 발음할 때 입술이 둥그렇고 약간 앞으로 나오게 되는 원순모음(rounded vowel)이다. 평순모임인 [i]의 혀의 위치에서도 입술을 둥그렇게 할 수 있는데, 이 때 나는 소리가 [y]이다. 이 소리는 우리말의 일부 단어에서 'ㅟ'가 발음되는 소리이며, 독일어의 'über'의 'ü', 프랑스어의 'une'의 모음 소리이다.
　혀의 정점의 앞뒤와 높고 낮음의 극단적 위치를 연결하여 사각형으로 표시하고, 사각형 내에 어떤 모음을 발음할 때의 혀의 정점의 위치를 표시한 것을 모음사각도라고 한다. 국제음성기구에서 사용하는 모음 기호를 모음사각도 상에 제시하면 다음과 같다.
　이 그림에서 하나의 위치에 두 개의 기호가 있으면 오른쪽 것이 원순모음, 왼쪽 것이 평순모음을 나타낸다. 모음사각도에서 보는 바와 같이, 전설모음과 후설모음 사이에 중설모음이 있으며, 폐모음과 개모음 사이에 반폐모음과 반개모음이 있다.

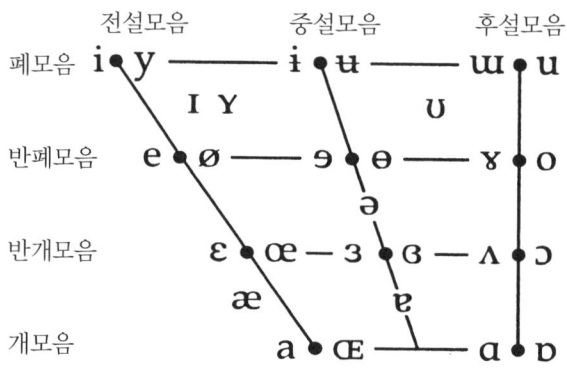

국제음성기호(IPA) 모음 (모음사각도)

한 개별 언어에서는 이 모음들 중 일부를 사용한다. 영어의 경우 12개의 단모음이 있다. 각 모음을 그것이 나타나는 단어와 함께 제시하면 다음과 같다. 아래의 모음은 미국 영어를 기준으로 한다.

[i]	heed	[ɪ]	hit	[e]	cake
[ɛ]	bed	[æ]	apple	[u]	food
[ʊ]	foot	[o]	boat	[ɔ]	tall
[ə]	bird	[ʌ]	bus	[ɑ]	hot

이 중에서 [e]와 [o] 모음이 있는 단어들은 이중모음 [eɪ]와 [oʊ]으로 발음되기도 한다.

한 가지 언급할 것은 마지막의 두 모음 [ʌ], [ɑ]에 관한 것이다. 'bus'와 'hot'에 나타나는 이 모음들의 음가 [ʌ]와 [ɑ]는 미국 영어에서 나오는 소리이다. 미국 영어에서 'hot'의 모음은 평순음 [ɑ]이지만 영국 영어에서는 원순음 [ɒ]이다. 'not, possible, god' 등의 단어에서도 마찬가지이다. 'bus'의 모음의 미국 영어 발음 [ʌ]에 비하여, 이에 해당하는 영국 영어의 발음은 좀 더 앞의 위치에서 발음된다. 즉 영국 영어의 'bus'의 모음은 IPA 기호 [ʌ]와 [ə]의 중간 위치이다. 단, 편의상 영국 영어 발음을 표기할 때에도 같은 기호 [ʌ]를 사용한다. 미국 영어와 영국 영어 모음의 차이를 한 가지 더 언급하자면, 미국 영어에서 [æ] 모음이 나타나는 단어들 중 일부가 영국 영어에서는 [ɑ]로 발음된다. 예를 들어 'ask, dance' 등의 단어가 그렇다. (그렇지만 이러한 차이를 과장하여 영국 영어처럼 들리게 하기 위해 'apple'을 [아플]이라고 발음하지 않도록 조심하라.)

영국 영어와 미국 영어의 발음 차이는 자음에서도 나타난다. 가장 중요한 차이는 강세가 없는 음절에서의 [t]의 발음이 영국 영어에서 유지되는 반면, 미국 영어에서는 약화된다는 것이다. 비슷한 발음의 한글로 표시해서 설명하자면, 영국 사람이 물을 달라고 할 때에는 [워터]라고 말하지만 미국 사람은 [워러]에 가까운 발음을 한다. 20세 여성에게 몇 살이냐고 물어보면, 영국 여성은 [퇜티]라고 대답하지만 미국 여성은 [퇘니]라고 할 것이다(단, 숙녀의 나이를 물어본 것에 대한 비난은 감수해야 한다). 자음 발음의 또 한 가지 차이는 어말의 유음 'r'이 영국 영어에서는 생략되는 경우가 많다는 것이다. 'car'의 단어 끝의 유음은 미국 영어에서 유지되어 혀 꼬부라지는 소리가 되지만 영국 영어에서는 들리지 않는다. 마찬가지로, 미국 사람의 'heart' 발음에 있는 'r' 소리가 영국 영어에는 없다.

우리말의 단모음은 /ㅣ, ㅔ, ㅐ, ㅏ, ㅓ, ㅗ, ㅜ, ㅡ, ㅚ, ㅟ/의 열 개가 있다. 이 중에서 /ㅔ/와 /ㅐ/의 구별은 점차 약화되어 가는 추세이다. 즉 '게'와 '개'의 발음 차이를 구별하지 못하는 사람들이 많다. 그리고 /ㅟ/와 /ㅚ/도 전설 원순모음 [y]와 [ø]로 발음하지 않고 이중모음으로 발음하는 경향이 있다. /ㅟ/와 /ㅚ/를 이중모음, 즉 [wi]와 [we]에 가깝게 발음하는 것은 표준적 발음으로 인정되나, 그것들을 원순성이 없는 단모음 [ㅣ]와 [ㅔ]로 발음하는 것은 부정확한, 성의 없는 발음이다. '가위'를 [가이], '참외'를 [차메] 또는 [차매]로 발음하는 식이다. 이렇게 되면 /ㅔ/와 /ㅚ/가 혼동되어 껌을 고양이 뇌로 만드는 줄 알게 될 것이다(노래가사: "껌은 고양이 뇌로, 뇌로 (검은 고양이 네로 네로) ...").

이중모음(diphthong)은 상승이중모음과 하강이중모음이 있다. 전자는 반모음(반자음) [w](짧은 ㅜ) 혹은 [j](짧은 ㅣ)와 모음이 결합할 때 나는 소리이다. 영어의 'wit, wet, wag, yes, yacht' 등의 단어들과 우리말의 '왕, 웬, 야, 영' 등의 단어들의 모음에서 나타난다. 하강이중모음은 처음에 힘이 주어지고 점차 약해지는 소리로 영어의 'eye, house, year, poor' 등에서 나타난다. 우리말에는 하강이중모음이 없다. 우리말의 '아이'는 이중모임이 아니라 두 개의 독립된 음절의 결합이다. 영어에는 'our'에서 나타나는 삼중모음 [auə]도 있다.

이 절을 끝내기 전에 발음기호를 혼동하지 않기 위하여 언급할 것이 있다. 어떤 소리들은 IPA 기호와 함께 다른 기호가 통용되기도 하는데, 중요한 것들은 다음과 같다.

IPA 기호	다른 통용 기호
[y]	[ü]
[ø]	[ö]
[j]	[y]
[ʃ]	[š]
[ʒ]	[ž]
[ʧ]	[č]
[ʤ]	[ǰ]
[ɲ]	[ñ]

영화 ✛ 언어

「해리 포터」(Harry Potter) 시리즈와 같은 영국 영화를 보면 미국 영어와 다르게 들리는 영국 영어를 접하게 된다. 헐리우드의 미국 영화에 익숙해진 귀에는 처음에 좀 이상하게 들릴 수도 있다. 그러나 영화에 빠져들다 보면 곧 영국 영어 발음에 익숙해져 미국 영어와 차이가 난다는 사실을 잊어버리게 된다. 또 어떤 영화에는 미국 배우와 영국 배우가 함께 나타남으로써 관객이 그 발음상의 차이를 계속 인식할 수 있게 된다. 「돈 세이 워드」(Don't Say a Word, 2001)가 그러한 영화이다. 마이클 더글러스를 비롯한 대부분의 출연진이 미국 영어를 구사하는 데 반하여, 영화에서 테러리스트로 나오는 영국 배우 숀 빈은 전형적인 영국 영어를 구사한다. 따라서 영화에는 미국 영어와 영국 영어가 대조적으로 나오게 되고, 관객은 두 종류의 영어의 차이를 더욱 잘 인식하게 된다. 이와 관련하여 우리나라 영화에 대한 언급할 만한 것이 있다. 영화 「황산벌」(2003)은 고대 삼국시대의 백제인들이 호남 방언을, 신라인들이 영남 방언을 사용하는 것으로 연출되었다. 한 영화에서 두 개의 방언을 구별하여 들려 줌으로써 관객으로 하여금 그 차이를 명확히 인식하게 만드는 교육적 가치가 있는 영화이다.

5. 운율

자음과 모음은 독립하여 낼 수 있는 하나의 낱소리 즉 분절음(segment)이다. 이와 대조적으로, 독립하여 발음될 수 없고 반드시 분절음에 실려 실현되는 음성적 특성들이 있다. 이것들을 운율(prosody)이라고 한다.

모든 음성은 파동이므로 파동의 일반적 성질인 진폭과 파장을 가지고 있다. 진폭이 크면 큰 소리이고 진폭이 작으면 작은 소리이다. 분절음을 발음할 때 크게 혹은 작게 소리를 낼 수가 있고, 이러한 특성은 다음에 설명할 음높이와 함께 강세(stress) 현상을 드러낸다. 우리말에서는 강세가 큰 의미를 갖지 않지만 영어에서 모든 단어는 강세를 가지고 있다. 그리고 동일한 분절음의 연속이 강세의 차이로 인하여 다른 단어가 되기도 한다. 'perfect'는 강세가 앞에 올 경우 완전하다는 뜻의 형용사이지만 강세가 뒤에 올 때에는 완전하게 만든다는 뜻의 동사이다. 'convict'의 경우에도 강세가 앞에 오는 명사와 강세가 뒤에 오는 동사로 구별된다.

음성 파동의 파장은 주파수와 반비례한다. 주파수가 높으면, 즉 파장이 짧으면 높은 소리이고, 주파수가 낮으면 낮은 소리이다. 말을 할 때 음성의 기본 주파수는 오르내림을 반복하게 된다. 특히 문장의 끝 부분에서의 소리 높이 변화는 단언, 질문, 명령 등을 구별시켜 주는 중요한 운율적 특성이다. 이와 같이 구, 절, 문장 등 소리의 연속체 전체와 관련된 음높이의 변화를 억양(intonation)이라고 하는데 이것은 모든 언어에서 나타나는 현상이다. 이에 반하여 어떤 언어에서는 하나의 분절음 모음에서 음의 높이의 차이와 변화가 중요한 역할을 하는데, 이러한 현상을 성조(tone)라고 한다. 우리말의 경우 중세어에는 성조가 있어서 방점으로 그것을 표시했었으나 오늘날은 경상 방언을 제외하고는 성조를 상실하였다. 성조가 있는 경상 방언으로 "가가 가가"로 "그 애가 그 애냐"라는 뜻을 표현할 수 있지만 성조가 없는 서울말에서 그것은 불가능하다.

성조가 있는 대표적인 언어가 중국어이다. 표준 중국어(Mandarin)에는 평음(high level), 상승(rising), 하강상승(falling-rising), 하강(falling)의 네 가지 성조가 있다. 똑같은 분절음 [ma]에 대하여 이 네 가지의 성조는, '어머니', '대마', '말',

'꾸짖다'의 의미를 가진 네 개의 단어들을 구분시킨다. 광둥어(Cantonese)에는 중국어보다도 많은 여섯 가지의 성조가 사용된다.

마찰 자음이나 모음은 길게 혹은 짧게 소리 낼 수 있다. 음의 길이도 분절음에 실려 나타나는 운율적 요소이다. 우리말의 경우 길이가 중요한 역할을 하는 단어의 쌍들이 있다. '눈', '밤', '발' 등의 일음절어 단어들이 대표적이다. 긴 모음을 ':'로 표시하자면, '눈:을 맞으며 눈을 감았다'고 할 수 있지만 그 반대로 '눈을 맞으며 눈:을 감았다'라고 하면 이상할 것이다. 또한 '밤:에 밤을 먹었다고'라고 하면 이상할 것이고 '발을 치고 손과 발:을 씻었다'라고 한다면 이해하기 힘들 것이다. 이렇게 길이가 중요한 역할을 하는 단어가 일부 있기는 하지만 우리말 대부분의 단어에서 길이는 큰 역할을 하지 못한다. '사랑'한다고 고백하든 '사:랑'한다고 고백하든 큰 차이가 없을 것이다. 단, 다음과 같은 경우에는 길이가 중요한 역할을 한다. 여자가 남자에게 "절 좋아하세요"라고 물을 때, 남자가 "산에는 가지만 절에는 가지 않아요"라고 대답할 수 있다. 여자는 "절"을 좀 길게 "절:"로 발음해야 사랑의 고백을 대답으로 받을 수 있다.

음성을 발음하는 중간에 소리가 없는 시간인 휴지(pause)도 중요한 역할을 할 수 있다. 실제로 휴지가 있고 없음이 뜻의 차이를 가져올 수 있음을 보이는 농담이 있다. 2002년 한국 월드컵 대회에서 활약했던 안정환 선수는 수려한 외모 특히 장발의 파마머리로 인기가 높았다. 그 파마머리는 아줌마들이 흔히 하는 파마 스타일로 웬만한 사람들에게는 어울리지 않았을 것이고 마스크가 받쳐주는 안정환에게나 그런대로 어울렸다. 안정환이 이러한 아줌마 파마를 하게 된 동기는 이렇다고 한다. 안정환이 미장원에 가서 아줌마 미용사를 부르며 "아줌마 파마해 주세요"라고 할 때 '아줌마' 다음에 휴지를 넣지 않고 '아줌마 파마'를 한꺼번에 발음했기 때문에 아줌마 미용사가 안정환의 머리에 아줌마 파마를 했다는 것이다. 안정환이 휴지의 중요성을 알았더라면 "아줌마"라고 부른 다음 잠깐 쉰 후 "파마해 주세요"라고 했을 것이고 그 결과 좀 더 멋진 파마머리로 그라운드를 누볐을지도 모른다.

영화 ✚ 언어

영화 「패왕별희」(覇王別姬, 1993)에는 어린 시절 경극단에 맡겨져 그곳에서 길러진 후 경극 "패왕별희"에서 우희의 역할을 하는 남자(장국영)와 그가 혹독한 훈련을 받을 때 그를 보살펴 준, '패왕별희'에서 초패왕 항우의 역할을 하게 되는 다른 남자가 나온다. 이들의 애증 관계가 근대사의 격동기를 배경으로 수십 년간 지속된다. 그들은 중일전쟁 후에는 일본군 앞에서, 이차대전이 끝난 후에는 장개석 정부의 군인들 앞에서 그리고 모택동의 공산당이 승리한 후에는 공산군들 앞에서 패왕과 우희의 역할을 한다. 시대가 변함에 따라 그들의 운명이 부침을 거듭하고 문화혁명기에는 심한 박해를 받기도 한다. 이들의 모습은 역사 속의 나약한 인간의 모습이다.

이 영화를 이끌어가는 독특한 음색의 노래를 사용하는 경극은 중국의 전통 연극이다. 쇳소리가 쟁쟁한 타악기의 반주에 맞추어 부르는 경극 노래의 독특한 고음과 함께 그 대사에 나타나는 중국어의 고유한 음성적 특성이 중국어를 모르는 사람들에게도 특이하게 느껴질 것이다. 중국어에는 현대 우리말에 없는 성조가 있다. 똑같은 모음도 높게, 낮게, 올라가게, 혹은 내려가게 음높이를 발음하면 다른 표현이 된다. 성조가 들어있는 중국어를 들으면 음높이의 변화무쌍함을 느낄 수 있다. 아울러 중국어에 있는 특별한 자음인 권설음도 우리의 귀를 자극한다. 권설음은 혀를 말아서 혀의 아랫부분이 치경과 경구개 사이의 부분에 닿거나 접근하여 나는 소리이다. 중국어와 힌디어에 있는 이 소리들은 우리말이나 영어 등 다른 많은 언어에는 나타나지 않는다. 성조와 권설음 같은 특이한 중국어의 음성적 특징이 경극의 노래를 우리 귀에 더욱 독특하게 들리게 만든다.

이 장에서는 인간이 발음기관을 이용하여 여러 가지 자음과 모음의 음성을 만들어 내는 방법과 그 종류에 대하여 살펴보았다. 영화 「마이 페어 레이디」에서 보는 것처럼 같은 말이라도 어떤 발음을 사용하는가에 따라 사회적 지위의 변동을 가져오기도 한다. 그래서 영화 제목을 빌려 이 장을 마무리하자면 ... **"음성학의 힘"**(「강원도의 힘」) 또는 **"음성학은 나의 힘"**(「질투는 나의 힘」).

더 읽을거리와 유용한 사이트

밀러 (1998). 『언어의 과학』. 강범모, 김성도 역. 서울: 민음사. [5장]

보든, 해리스, 라파엘 (2000).『음성과학』, 김기호, 양병곤, 고도흥, 구희산 역. 서울: 한국문화사.
이현복 (1988).『우리말의 표준발음』. 서울: 탐구당.
신지영, 차재은 (2003).『우리말 소리의 체계: 국어음운론 연구의 기초를 위하여』. 서울: 한국문화사. [2~3장]
Ladefoged, Peter (2005). *A Course in Phonetics*, 5th Ed. Boston: Thomson Learning.

국제음성기구(IPA) http://www.langsci.ucl.ac.uk/ipa/

연습과 생각

1. 우리말과 영어의 다음 표현들의 발음을 IPA 기호로 표시하고, 그 발음을 하는 동안의 음성기관의 운동 방식과 모양 변화를 자세히 기술하시오.
   (1) 잡았니
   (2) cookie
2. 성대에서 성(voice)이 만들어지는 과정을 기술하고 그 과정이 음성의 주파수와 가지는 관계가 무엇인지 설명하시오(힌트: 한 쌍의 성대의 붙음과 떨어짐).
3. 다음 기술에 해당하는 자음을 IPA 기호로 표기하고, 각 자음에 모음 [a]를 붙여서 발음을 해 보시오(힌트: 파열음 = 정지음; IPA 자음 차트 참조).
   (1) 유성 양순 파열음   (2) 무성 권설 파열음
   (3) 무성 연구개 정지음   (4) 유성 구개수 정지음
   (5) 유성 순치 마찰음   (6) 경구개 비음
   (7) 무성 경구개 마찰음
4. [da], [ta], [tʰa] 음성들을 발음하는 동안 성대 및 음성기관의 움직임을 비교하시오(힌트: 혀끝/잇몸의 분리와 성대 진동 개시 시간).
5. IPA 차트에 있는 모든 마찰음을 입술소리부터 목젖소리까지 차례로 발음해 보시오. 자음만 발음해도 좋고 모음 [a]를 붙여서 발음해도 좋음.

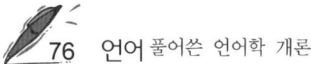

6. 다음 모음들을 음성기호로 표기한 후 발음해 보고, 영어나 우리말에 있는 모음의 경우 그 모음이 들어간 단어를 제시하시오(힌트: IPA 모음사각도 참조).
   (1) 전설 원순 폐모음　　　　　(2) 후설 평순 반개모음
   (3) 후설 원순 개모음　　　　　(4) 중설 평순 폐모음
   (5) 전설 원순 반폐모음

7. 우리말에서 '밤:'과 '밤'처럼 장음과 단음이 대립하는 예들을 찾아보시오(힌트: 이음절 단어에서도 찾아봄). 그리고 장단음의 차이가 실제 우리말 언어생활에서 중요한지 생각해 보시오.

제4장
언어의 소리 체계: 음운론

1. 음성과 음소(음운)

양순파열음: 영어와 한국어

언어의 음성은 그 소리 자체로 조음적 관점과 음향적 관점에서 관찰하고 연구할 수 있는 동시에, 언어 사용자의 지식으로서의 소리라는 관점에서 연구할 수도 있다. 전자의 관점을 채택하는 연구 분야가 음성학이고, 후자의 관점에서 연구를 하는 분야가 음운론이다. 언어의 소리 자체를 음성(speech sound, phone)이라고 부르고, 지식으로서의 언어음을 음소(phoneme) 혹은 음운이라고 부른다. 음운을 음소와 운소를 아우르는 개념으로 파악하여 음운과 음소를 구별하는 수도 있는데, 이때 음소는 분절음을, 운소는 초분절적 요소 즉 운율 요소를 의미한다. 그렇지만 오늘날 '음소'와 '음운'은 모두 영어 용어 'phoneme'의 번역으로서 같은 개념으로 사용하기도 한다.

지식으로서의 말소리인 음소를 좀 다른 각도에서 보면, 음소는 언어의 소리 체계 내에서 다른 소리와 구별되어 대립적 기능을 하기 때문에 언어 사용자가 인식하는 소리라고 볼 수 있다. 이러한 의미에서 음운론은 언어의 소리 체계에 대한 연구이다.

음성과 음소의 차이는 실제 예를 가지고 설명하는 것이 이해하기 쉽다. 영어 자음 중에는 무성음과 유성음이 있다. 예를 들어 [p]와 [b] 소리는 같은 위치(양순음), 같은 방법(파열음)으로 발음되면서 단지 성대의 진동이 없고 있음의 차이가 있는 소리들이다. 이 소리들은 'pie'와 'bye'와 같은 단어들의 처음에 나타나면서 두 단어를 구분해 준다. 영어를 사용하는 사람들은 이 두 소리가 다르다는 것을 "알기" 때문에 두 단어를 구별할 수 있다. 다시 말하여 영어 사용자가 아는 이 두 소리들은 각각이 영어의 음소이다. [t, d], [k, g], [s, z] 등도 무성과 유성의 차이로 구별되는 소리들이며, 이것들도 모두 영어의 음소들이다. 앞의 'pie', 'bye'와 같이 하나의 소리만이 다르고 다른 분절음이 모두 같은 단어들의 쌍을 최소대립쌍(minimal pair)이라고 부른다. 최소대립쌍을 성립하게 하는 두 개의 소리는 각각 다른 음소들이다. 그리고 이 소리들은 영어의 소리 체계 내에 대립하며 독립적인 위치를 차지하고 있다.

사실 앞에서 언급한 단어 'pie'의 세밀한 발음 표시는 [pai]가 아니라 [pʰai]이다. 즉 이 단어의 첫 자음은 단순 무성 파열음이 아니라 기(aspiration)를 동반한 무성 파열음이다. 기가 없는 무성 파열음은 'spy'와 같이 어두에 's'가 나오는 단어의 발음에 나타난다([spai]). 그렇다면 영어에는 [p, pʰ, b]의 세 가지 양순파열음이 있는 셈이다. 영어 사용자들은 이 세 가지 소리를 구별하는가? 실제로 그들은 [p]와 [pʰ] 구별하지 않고 같은 소리로 듣는다. 즉, 영어 사용자는 이 두 소리를 하나로 알고 있으며 따라서 이 두 소리는 하나의 음소이다. 언어학에서는 음소를 '/ /' 기호를 사용하여 표시하므로 이 표기를 사용하여 말하자면, 영어에서 하나의 음소 /p/가 두 개의 음성 [p]와 [pʰ]로 실현된다. 이때, 이 두 음성을 음소 /p/의 변이음(이음, allophone)이라고 부른다. 유성음 음소 /b/는 한 가지 음성 [b]로 실현된다.

우리말에서 양순파열음의 경우는 어떠한가? 우리말에도 무성음 [p]와 유성음 [b]가 있는가? 음성적인 관점에서 그 대답은 "그렇다"이다. 예를 들어 '봄'의 'ㅂ'은 [p]로 소리 나고, '가방'의 둘째 음절의 'ㅂ'은 [b] 소리이다. 한 단어 '바보'에서 첫 음절의 자음은 무성음 [p], 둘째 음절의 자음은 유성음 [b]로 발음된다. 즉 '바보'를 정상적으로 소리 내면 [pabo]이다. 그렇다면 음소적 관점에서도 이 두 소리는 구별되는가? 그 대답은 "아니다"이다. 한국어를 사용하는 사람들은 이 두 소리를 구별하지 않는다. 그래서 세종대왕이 한글을 만들 때에도 '바보'의 두 양순파열음을 같은 글자 'ㅂ'으로 쓰도록 했다. 다시 말하여 우리말에서 [p]와 [b]는 'ㅂ'으로 표기하는 하나의 음소 /p/의 이음들이다. 하나의 음소의 이음들은 최소대립쌍을 형성하지 않는다. 즉, 같은 환경에 나타나지 않으며, 우리말의 소리 체계 내에서 독립적인 위치를 차지하고 있지 않다. 'ㅂ'의 경우 모음 등 유성음 사이에는 유성음 [b]로 발음되지만(유성음화), 그 밖의 환경에는 무성음 [p]로 발음된다. '바보'의 발음은 [pabo]이고 그래야만 하며, 이것을 [babo], [bapo], 혹은 [papo]로 발음한다면 이것은 자연스러운 우리말 발음이 아니다. 그것들은 한국어를 배우는 외국인의 발음에서나 들을 수 있는 소리들이다.

우리말에서 유성음 사이에만 나타나는 [b]와 그 밖의 환경에서만 나타나는 [p]와 같이, 같은 환경에 나타나지 못하는 언어 요소들이 있을 때 이것들이 상보적 분포(complementary distribution)를 이룬다고 한다. 상보적 분포를 이루는 두 개의 음성은 언어의 소리 체계 내에서 독립적으로 존재하지 않는, 하나의 음소의 변이음이라고 할 수 있다. 비유하여 말하자면, 동시에 한 장소에 나타날 수 없는 지킬 박사와 하이드 씨가 상보적 분포를 이룬다고 할 수 있고, 이 때 이들은 별개의 두 인물이 아니라 하나의 인물이다. 보통 크기의 한 과학자와 커다란 초록색 거인 헐크도 상보적 분포를 이루는, 하나의 인물의 변이형들이다. 영화「드레스투 킬」(Dressed to Kill)에서 심리상담사 남자와 사람을 죽이기 위해 섹시한 차림으로 밤거리를 거니는 그녀도 하나의 인물이다. 일상에서의 예를 찾자면, 짙은 화장을 하고 노래를 부르는 여자 가수와 화장기 없는 맨얼굴에 졸린 눈을 하고 잠옷 바람으로 집안을 돌아다니는 여자도 같은 인물의 변이형들이다.

상보적 분포의 조건에 덧붙여, 두 소리가 하나의 음소의 다른 이음들이기 위해서 그 소리들이 음성적으로 어느 정도 유사해야 한다는 부대조건이 있다. 예를 들어, 우리말에서 [h]('ㅎ')와 [ŋ](받침 'ㅇ')은 상보적 분포를 한다. 전자는 음절 초에만 나타나며 음절 말에는 나타날 수 없고, 후자는 음절 초에는 나타나지 못하고 음절 말에만 나타난다. 이렇게 두 음성이 상보적 분포를 이루더라도 이 두 소리는 워낙 다른 소리들이므로 하나의 음소라고 보지 않는다.

다시 우리말의 양순파열음의 문제로 돌아와, 우리말 무성음 중에는 보통의 무성음 [p] 이외에도 기음 [pʰ]와 경음 [p']가 있다. 한국 사람들은 이 음성들을 구별하여 '발, 팔, 빨(다)'의 차이를 분명히 인식한다. 세종대왕도 이 세 소리를 구분하여 'ㅂ, ㅍ, ㅃ'을 만들었다. 이러한 삼중 대립은 양순음 이외에도 치경음(/ㄷ, ㅌ, ㄸ/), 연구개음(/ㄱ, ㅋ, ㄲ/), 경구개파찰음(/ㅈ, ㅊ, ㅉ/)에서도 나타난다. 이들 소리에 대응하는 유성음 [d]('아들'), [g]('아기'), [ʤ]('아주')이 음성적으로 존재하지만 음소적 관점에서는 우리말에 유성음이 없다.

이상의 논의를 정리하여 우리말과 영어의 양순파열음의 음소들과 이것들이 음성적으로 실현되는 양상을 제시하면 다음과 같다(/ /: 음소 표시, [ ]: 음성 표시).

우리말
/ㅂ/ ┬ [p] ('발')
     └ [b] ('가발')
/ㅍ/ - [pʰ] ('팔')
/ㅃ/ - [p'] ('빨래')

영어
/p/ ┬ [p] ('spy')
    └ [pʰ] ('pie')
/b/ - [b] ('bye')

우리말의 경음을 제외하면 우리말과 영어는 동일한 양순파열음 [b, p, pʰ]를 가지고 있지만, 음운론적 관점에서 보면 영어에는 기음이 따로 존재하지 않고, 우리말에서는 유성음이 따로 존재하지 않는다. 이것들은 모두 특수한 환경에서 나타나는 이음들일 뿐이다.

음소(음운)의 정의

여기서 음소의 개념에 대하여 정리를 하고 넘어가자. 음소는 다음과 같이 세 가지 관점에서 정의할 수 있다.

첫째, 심리적 정의. 음소는 언어 사용자가 인식하는 혹은 아는 소리이다. 한국 사람이 [p]와 [pʰ]를 구별하여 인식하기 때문에 이 두 소리는 각각 독립된 음소이고, [b]는 따로 인식하지 못하기 때문에 독립적인 음소가 아니다.

둘째, 기능적 정의. 음소는 의미 분화의 기능을 한다. 우리말에서 [p]와 [pʰ]는 '발'과 '팔'의 예에서 보는 것처럼 최소대립쌍에서 의미를 구분해 준다. 그러므로 이 두 소리는 음소이다. 그러나 [b]가 의미를 구분해 주는 단어는 없고 따라서 이것은 음소가 아니다.

셋째, 분포적 정의. 비상보적 분포를 이루는 소리들은 각각 음소이다. 반대로 상보적 분포를 이루는 소리들은 독립된 음소들이 아니라 하나의 음소의 이음들이다. 우리말에서 유성음 [b]와 무성음 [p]는 상보적 분포를 이루며 이것들은 하나의 음소 /ㅂ/의 이음들이다.

요약하여 말하자면, 음소는 지식으로서의 말소리이고, 한 언어의 소리 체계 내에서 독자적 위치를 차지하고 있는 소리이다. 위의 정의들은 이러한 음소의 어떤 한 측면을 강조한 것이다.

우리말과 영어를 비교하는 한 가지의 예를 더 들어보자. 유음 [r]과 [l]은 우리말이나 영어에 모두 있다. 영어의 'rice'[rais](쌀)와 'lice'[lais](이)는 엄연히 다른 뜻의 단어이다. 우리말에는 이 두 종류의 유음이 음성적으로 존재하나 음운적으로는 구별되지 않는다. 우리말의 'ㄹ'은 '노래'와 같이 음절 초에서는 [r]로 발음되나, '발'에서와 같이 음절 말(종성)의 'ㄹ'이나, '날라'와 같이 종성 'ㄹ' 직후의 초성 'ㄹ'은 [l]로 발음된다. 즉 이 두 소리는 상보적

이('louse', 복수형 'lice')

분포를 이루며, 한국 사람들은 이 두 소리를 구별하지 않는다. 나아가 [r]과 [l]이 의미 분화의 기능을 하는 단어의 쌍도 우리말에 없다. [r]과 [l]을 구별하지 않는 우리나라 사람이 미국 식당에서 "라이스"를 주문할 때 잘못하면 식탁에는 밥(steamed rice, boiled rice)이 아닌 이찜(steamed lice)이 올라올지도 모른다.

음소는 언어의 소리에 대한 지식이다. 한 언어에 대한 지식은 그 언어에는 없는 다른 언어의 소리에 대한 정확한 인식을 방해한다. 즉 다른 언어의 소리를 자기 언어의 음소의 소리로 변형하여 인식하는 경향이 있다. 반대로 외국어를 발음할 때에도 자기 언어에 없는 외국어의 소리는 발음하기가 어렵다. 실제로 외국어의 단어를 우리말로 차용할 때 이러한 문제가 일어난다. 예를 들어 영어와 우리말에 모두 있는 소리로만 구성된 영어 단어 'pen'을 차용하여 '펜'이라고 할 때 그 발음의 차이는 크지 않다. 그러나 우리말의 음소로 존재하지 않는, 즉 한국인

의 언어지식에 없는 소리인 유성음을 가진 단어의 경우는 다르다. 영어의 'bus'를 우리말로 받아들일 때에 유성음 [b]를 그대로 흉내 내어 발음하지는 않는다. 보통 '버스'라고 쓰고 [버스]([pʌs]) 혹은 [뻐스]([p'ʌs])와 같이 발음하게 되는데, 두 경우에 모두 첫 자음은 무성음이다. 우리말을 하면서 이것을 굳이 [bʌs]라고 유성음으로 발음하게 되면 이상하게 들린다. 어문 규정으로는 외국어의 어두 유성음을 'ㅂ, ㄷ, ㄱ' 등으로 적고, 글자로 보자면 그렇게 평음으로 발음하는 것이 맞지만 실제 언중들은 유성음을 경음으로 받아들이는 경향이 강하다. 그래서 보통 [뻐스](bus), [땐스](dance), [꼴](goal)이라고 발음한다. 댄스 교습소를 선전하는, 과거의 신문 광고란에 많이 있었던 커다란 '땐' 글자가 그러한 경향을 대변한다. '껌'(gum)은 아예 표기에서부터 '검'이 아니라 '껌'이다.

영어를 비롯한 유럽 언어에는 흔한 소리지만 우리말에 없는 소리 중에 순치마찰음 [f]가 있다. 영어의 'coffee'를 우리가 말할 때 어떻게 발음하는가를 가만히 생각해 보자. 혹은 찻집에서 이 음료를 종업원에게 주문한다고 생각하고 소리를 내어 보자. 대개 '커피' 즉 [kʰʌpʰi]라고 발음할 것이다. 우리말에 없는 소리인 [f]는 그와 비슷한 /ㅍ/ 소리로 인식되고 그렇게 우리말의 소리체계 속에 들어오게 된다. 무리하게 [f] 소리를 낸다면 그 말은 더 이상 우리말이 아니라 외국어 단어인 'coffee'이다. [f]가 우리말에 없기 때문에 이 소리가 있는 외국어를 발음할 때 /ㅍ/의 간섭을 받아 정확한 발음을 못하는 사람들이 있다. 예를 들어, 'I work from four to five'라는 문장의 발음에서 모든 [f] 소리를 우리말의 /ㅍ/에 해당하는 양순파열음으로 발음하는 경우이다. 아주 이상한 영어가 된다. '아이 워크 프롬 포 투 파이브'라고 한국식으로 발음하는 것이 영어일 수는 없다.

사실 마찰음 [f]와 파열음 [pʰ]는 큰 음성적 차이가 있다. 따라서 [f] 소리를 /ㅍ/에 대응시키는 것에 어느 정도의 부담이 있고, 사람에 따라서는, 어문 규정에는 어긋나지만, [f]를 /ㅎ/과 짧은 /ㅜ/ 반모음의 연속에 대응시키기도 한다. 즉, 'file'을 '화일'이라고 하는 식이다. 규정에 따르면 'file'은 '파일'이지만, '화일'이라는 말을 사용하는 컴퓨터 관련 서적이 무척 많다. 이와 관련하여 재미있는 예가 있다.

내가 집게손가락을 높이 곧추 들고 질문한다. (주의: 가운뎃손가락을 곧추 들면 욕이 될 수 있으므로 그렇게 하면 안 된다.) "이것이 영어로 무엇입니까?" 정답은 '핑거'이다. (여기까지는 별로 새롭거나 재미의 요소가 없다.) 다음, 내가 집게손가락을 꼬부리고 묻는다. "이것이 영어로 무엇입니까?" 정답은 '휭거'이다. '핑거'와 '휭거'는 '핀거'와 '휜거'의 자연스러운 발음이며, 그것들은 핀 손가락과 휜 손가락을 가리킨다. 이 문답이 재미있는 이유는 영어의 'finger'를 외래어로서 표기할 때 실제로 '핑거'와 '휭거'로 쓸 수 있기 때문이다.

[f]와 관련된 하나의 예를 더 들어보자. 신문에서 가을의 놀이공원 광고를 본 적이 있다. 그 광고에는 노랗게 물든 은행나무를 배경으로 다음과 같은 광고 카피가 있었다.

> "가을엔 즐거움이 폴폴(fall fall) ~"
> "너만의 스타일대로 즐겨라! 머리끝까지 전율을 느껴라!"
> "○○월드로 떠나는 도심 속 가을여행"

이 광고는 우리말 부사 '폴폴'을 쓰면서 발음상 유사한, 영어의 가을을 뜻하는 'fall'과 연결시킨다. 국어사전에 '폴폴'은 1) 눈이나 먼지, 연기 따위가 흩날리는 모양('먼지가 폴폴 날린다'), 2) 날쌔고 기운차게 자꾸 뛰거나 나는 모양('새들이 이 나무 저 나무로 폴폴 날아다닌다'), 3) 적은 물이 자꾸 끓어오르는 모양('폴폴 끓는 물') 등의 의미로 정의되어 있다. 광고 카피의 '즐거움이 폴폴'에는 이 세 가지 의미를 다 적용할 수 있다. 그리고 이것이 참신한 광고인 것은 영어 단어 'fall'과의 연관성 때문이다. 앞의 '파일', '화일'의 예와 관련하여 생각해 보면, 'fall fall'은 '훨훨'도 될 수 있으니, "가을엔 즐거움이 훨훨(fall fall)"로 할 만도 하다.

외래어 표기법이 필요한 이유는 음소 체계가 같지 않은 외국어의 단어를 우리말로 받아들일 때 혼란을 줄이기 위해서이다. 'coffee'를 '커피', '카피', '코피' 등으로 마음대로 쓴다면 혼란스러울 것이다. 커피를 마시며 광고 카피를 만들기 위해 코피를 쏟아가며 일하는 직장인의 모습을 그리는 영화의 제목 '커피, 카피, 코피'의 의미도 불명확하게 된다. 외래어 표기 문제는 이 장의 5절에서 좀 더 자세히 논의한다.

다음 절로 넘어가기 전에 외국어 음운의 인식과 발음의 어려움에 대한 예를 하나 더 들어보자. 성경 구약의 사사기 12장에 다음과 같이 기록되어 있다.

> 길르앗 사람들은 에브라임 지역으로 들어가는 길목인 요단강 나루터를 지켰다. 그러다가 강을 건너 도망치려는 에브라임 사람이 있으면 에브라임 사람이냐고 물어 보아 아니라고 대답하면 "십볼렛!" 하고 발음해 보라고 하였다. 에브라임 사람들이 이 소리를 제대로 내지 못하고 "씹볼렛!"이라고 발음하기 때문이다. 그래서 십볼렛을 씹볼렛이라고 소리 내는 사람은 무조건 잡아서 그 강나루터에서 쳐죽였다. 이때 죽은 에브라임 사람은 4만 2천 명이나 되었다. (사사기 12:5-6, 현대어 성경)

외국어의 발음을 정확히 할 수 없을 때 죽음을 당하기까지 하는 경우이다. 위의 예에서 언급된 '십볼렛'의 첫 자음은 경구개음 [ʃ]이며, 에브라임 사람들의 언어에는 [ʃ] 발음이 없어 그것을 치경음 [s]로 발음했던 것이다. 이 단어는 고대 히브리어에서 오늘날의 영어 단어 'shibboleth'로 차용되었다. 영어 단어 'shibboleth'는 계급이나 계층을 구별하는 언어, 복장, 습관 등을 뜻하는 확장된 의미로 사용되고 있다.

영화 + 언어

영화 「나의 그리스식 웨딩」(My Big Fat Greek Wedding, 2002)에는 딸을 가진 그리스 계통 집안의 부모와 아들을 가진 북유럽계 집안의 부모가 파티에서 만나게 되는 장면이 있다. 여기서 한 언어를 사용하는 사람의 다른 언어의 소리에 대한 반응이 재미있게 묘사되어 있다. 결혼할 남자의 엄마가 여자의 엄마에게 어떤 종류의 케이크를 주면서 그것의 이름이 'bundt'라고 말해줄 때(실제 발음은 [tʰ]가 과장된 [bʌnt]이다), 상대방은 모음과 마지막의 자음을 알아듣지 못한다. 몇 번이나 정확한 소리를 가르쳐 주기 위해 노력하지만 상대방은 [봉크] 등 자꾸 다른 소리를 내면서 맞는지 반문하는 모습이 코믹하다. 일반적으로 어떤 외국어의 소리가 모국어의 소리 중에 없을 때 사람들은 그 소리를 잘 알아듣지도 못하고 발음도 잘 하지 못한다. 사용하는 언어의 소리에 대한 지식이 간섭을 일으키기 때문이다. 참고로, 그리스어는 /a, e, i, o, u/의 다섯 개 모음만을 가지고 있고, 그리스어의 /p, t, k/는 기(aspiration)가 없다.

2. 음소(음운) 배열과 음절 구조

언어의 소리에 대한 지식은 그 언어에 있는 소리 목록, 즉 음소에 대한 지식뿐 아니라 이 음소들이 어떻게 결합하여 음절 구조를 이루는 것이 올바른 것인지에 대한 지식을 포함한다. 어떤 언어든지 자음만 계속 발음하거나 모음만 계속 발음하여 말을 이어가지는 않는다. 일반적으로 자음과 모음을 결합하여 말을 하게 되는데, 한 번에 자연스럽게 낼 수 있는 소리 단위인 음절(syllable)은 하나의 모음을 중심으로 앞뒤에 자음(들)이 결합하여 이루어진다. 이때 언어에 따라 모음의 앞뒤에 허용하는 자음의 수가 한정되어 있다.

가장 기본적인 음절의 형태는 모음 하나만이 하나의 음절을 구성하는 경우이다. 모든 언어에서 하나의 모음이 하나의 음절을 구성할 수 있지만, 모든 음절을 모음만으로 구성하는 언어는 없다. 즉 모든 언어가 모음(vowel) 앞에 하나의 자음(consonant)이 결합한 음절 구조, 즉 CV의 음절 구조를 허용한다. V 혹은 CV의 음절 구조만을 허용하는 언어들 중에 일본어가 있다. 일본어는 /a, e, i, o, u/의 다섯 개의 단모음만으로 이루어진 단순한 모음체계를 가지고 있고 또한 하나의 음절은, /ん/([ŋ]) 등의 특수한 경우를 제외하면, 모음 홀로 혹은 하나의 자음과 모음으로 구성된다. 허용되는 가장 복잡한 음절 구조로 언어를 나타내자면 일본어는 CV 언어이다.

한국어는 일본어보다는 복잡한 음절 구조를 허용한다. 모음의 앞뒤로 한 개의 자음이 올 수 있다. 즉 받침소리 혹은 종성이 가능하다. 예를 들어 '강', '속' 등 CVC 구성의 음절이 가능하다. 일본어와 한국어에 비하여 영어는 훨씬 더 복잡한 음절 구조를 허용한다. 음절 초 자음이 세 개까지 올 수 있고 음절 말 자음은 네 개까지 허용한다. 전자의 예가 'strike'(/straik/)이며 후자의 예가 'glimpsed'(/glimpst/)이다. 단, 음절말에 네 개의 자음이 나오는 예는 많지 않으며, 'bumped'/bʌmpt/ 같이 세 개의 자음이 나오는 예는 많이 있다.

그런데, 영어의 음절 구조가 한 음절 내에 여러 개의 자음이 나오는 것을 허용한다고 하더라도 어떤 자음이든지 어떤 순서로 오든지 괜찮은 것은 아니다. 세 개의 자음이 음절 초에 올 경우 첫 자음은 /s/이고 그 다음은 /p, t, k/ 중의 하나이며, 또 그 다음은 /r, l/ 중의 하나이어야 한다. 자음 둘이 음절 초에 올 경우에 만일 첫 소리가 /b/라면 두 번째 자음은 유음 즉 /r/ 혹은 /l/이어야 한다. 예를 들어 'brick'(/brik/), 'blind'(/blaind/)와 같은 단어들이 이러한 자음의 연속체를 가지고 있다. /blik/과 같이 음절 구조로 보아 허용되지만 실제로는 존재하지 않는 형태가 있다. 이것은 음절 구조에서 아예 허용하지 않는 /bnik/ 혹은 /bdik/과 구별되어야 한다. 어떤 신상품을 영어에서 /blik/으로 부를 수 있지만, /bnik/이라고는 할 수 없다.

모음의 앞과 뒤에 하나의 자음이 허용된다고 하더라도 언어에 따라 자음의 종류에 제약이 있을 수 있다. 우리말의 음절 초에 올 수 있는 소리에는 제약이 거의 없어서 모든 자음이 올 수 있으나 하나의 예외가 있다. 즉, 연구개 비음인 [ŋ](받침 'ㅇ' 소리)이다. 이 소리가 음절 초에 올 수 없는 것은 영어에서도 마찬가지이다. 그러나 음절 초의 [ŋ] 발음이 생리적으로 불가능하거나, 모든 언어에 이러한 제약이 있는 것은 아니다. 베트남어를 비롯한 많은 언어에서 이 소리가 음절 초에 쓰인다. 한편 우리말의 음절 구조에서 음절 끝에 오는 자음에는 상당한 제약이 있다. 초성에는 십여 가지의 자음들이 올 수 있지만, /ㄱ, ㄴ, ㄷ, ㄹ, ㅁ, ㅂ, ㅇ/의 일곱 종류의 자음만이 음절의 끝에 올 수 있다.

언어의 음절 구조에 대한 제약은 그 언어를 사용하는 사람들이 다른 언어를 접할 때에 영향을 미친다. 대체로 복잡한 음절 구조를 허용하는 언어의 단어가 그것보다 단순한 음절 구조만을 허용하는 언어에 차용될 때 모음 삽입 등을 통하여 음절 구조가 단순화된다. 예를 들어 음절 말 자음을 허용하는 우리말의 '김치'가 일본어에서는 [기무치]와 유사하게 발음된다. /김/이라는 CVC 구조를 허용하지 않는 일본어 사용자가 모음을 삽입하여 CVCV의 두 음절로 재구조화하기 때문이다. 복잡한 음절 구조의 영어 단어가 우리말로 들어올 때에도 모음 삽입 현상이 일어난다. 영어의 'blue'(/blu/)는 두 개의 자음이 음절의 처음에 옴으로써 우리말의 음절 구조에 맞지 않는다. 한국인을 이것을 두 개의 음절로 인식하고 두 개의 음절로 발음한다(/블루/). 영어의 'crossed'는 하나의 음절이지만 우리말에서는 /크로스트/의 네 음절이 된다.

우리말의 철자법은 형태소를 밝혀 적는 방법을 취하기 때문에 받침 글자로 자음 글자가 두 개 올 수 있다. '닭'의 받침 'ㄹ'과 'ㄱ'은 '닭은', '닭이'와 같은 형식에서는 모두 발음될 수 있기 때문에([달근, 달기]) 두 자음을 표시해 준다. 이 경우 'ㄹ'이 앞 음절의 음절 말 자음으로 발음되고 'ㄱ'이 뒤 음절의 음절 초 자음으로 발음되므로 우리말의 음절 구조에 어긋나지 않는다. '닭'을 단독으로 발음하거나 '닭도'와 같이 음절 초 자음이 있는 형태소와 결합할 경우에는 'ㄹ'과 'ㄱ'이 모두 발음될 수 없다. 철자에 있는 대로 'ㄹ'과 'ㄱ'을 모두 발음한다면 이상하게 들릴 것이다. 한때 인터넷에서 유행한, 짜증난다는 뜻의 '뷁'이 대중가요의 가사 "왜 날 break"에서 나왔다고 하니, '뷁'은 'ㄹ'과 'ㄱ'을 모두 발음해야 할 것 같다. 그래서 나는 독자에게 'ㄹ'과 'ㄱ' 모두 발음하여 '뷁'을 발음해 보라고 권해 본다. 여러 번 해도 잘 안되는 독자들은 "뷁!"이라고 외치고 싶겠지만, 우리말 음절 구조가 우리의 언어 지식으로 굳어져 있어 그런 것이니 신경질을 낼 필요는 없다. 인터넷에서 한때 떠돌던 또다른 유행어 '아햏햏'의 발음에 대해서도 마찬가지로 말할 수 있다. 우리말에서 /ㅎ/은 음절 말 자음으로 올 수 없기 때문에 이 말을 어떻게 발음해야 할지 난감하다.

언어 화자는 모국어의 음소와 음소 배열에 대한 지식을 가지고 있는 동시에, 자기가 어느 정도 알거나 접해 본 외국어의 (모국어와 다른) 음소와 음소 배열에 대한 막연한 의식을 가질 수 있다. 즉, 어떤 소리와 소리 배열이 어떤 외국어 소리와 유사한지를 안다. 예를 들어, 불확실한 상황에 대하여 프랑스인은 '알쏭달쏭', 독일인은 '애매모흐', 중국인은 '갸우뚱', 콩고인은 '깅가밍가', 일본인은 '아리까리'라고 말한다는 우스갯소리는 뜻과 소리가 적절히 연결된 말놀이이다.

영화 ✚ 언어

일본어의 음절 구조는 기본적으로 모음 앞에 하나의 자음을 허용하고 음절 말 자음을 허용하지 않는다. 반면에 우리말에서는 받침 소리, 즉 음절 말 자음이 가능하다. 그래서 우리의 '김치'는 일본어에서 '기무치'가 되고 '갈비'는 '가루비'가 되며, 영어의 'truck'은 '도라쿠'가 된다. 일본 영화 「데스 노트」(Death Note, 2006)의 주인공 이름 '키라'와 '에루'는 'killer'와 'L'의 일본식 발음이다. 또한 「청춘극장」(1959)과 같이 일제 강점기를 배경으로 하는 옛날 우리나라 영화에 등장하는 일본인들은 이런 식으로 일본식 한국어를 사용한다. 실제로는 일본인이 일본말을 사용하는 상황에서도, 한국 관객이 말을 알아듣도록 (한국 배우의) 한국어가 나오되 그것이 사실은 일본어임을 드러내기 위해 '기무치' 식의 한국어가 영화 속에서 사용되기도 한다. 근래의 영화 「동갑내기 과외하기 2」(2007) 속에서도 한국어를 배우는 한국 배우가 연기하면서, 일본인의 한국어 발음을 흉내낸다.

오늘날에는 영화 속의 일본인이 실제로 일본어를 말하는 상황이면 일본어를 그대로 두고 자막으로 한국어 해석을 내보내는 방법이 일반적이다. 한국인과 일본인이 나오는 영화 「2009 로스트 메모리스」(2001), 「좋은 놈, 나쁜 놈, 이상한 놈」(2008)에서 일본어가 자연스럽게 사용된다.

3. 음운 규칙

앞에서 언어의 소리에 대한 지식으로 소리 목록(음소)에 대한 지식과 소리의 연결(음절 구조)에 대한 지식을 제시하였다. 또 하나의 언어음에 대한 지식은 음소와 음소가 차례로 결합할 때 실제 발음을 결정하는 음운 규칙(phonological rule)에 대한 지식이다. 여기서는 우리말의 음운 규칙들 중 몇 가지를 설명하고자 한다. 이것들 중 많은 것은 우리말뿐만 아니라 다른 언어에도 있는 규칙이고, 또 어떤 것들은 우리말에만 있는 것들이다.

구개음화(palatalization)는 자음과 모음이 결합할 때 모음이 경구개에 가까운 /i/ 모음일 경우 자음이 원래의 위치보다 경구개 쪽으로 접근하여 발음되는 현상이다. 이것은 /코/와 /키/의 발음에서 보이는 미세한 음성적 차이를 말하기도 하고, '같이'가 원래의 [ㄱ ㅏ ㅌ ㅣ]의 발음이 아니라 [ㄱ ㅏ ㅊ ㅣ]로 발음되는 음운 층위에서의 변화를 말하기도 한다. /코/와 /키/의 경우, /키/의 /ㅋ/이 원래의 연구개 위치보다 앞으로 이동하여 경구개에 가까운 위치에서 발음되는데, 이것은 발음 구조의 생리적 현상이므로 모든 언어에서 일어난다고 볼 수 있다. 예를 들어 영어의 'key'에서도 동일한 현상이 일어나는데, 이 단어의 첫 자음 [k]는 'cool'의 첫 자음 [k]보다 더 앞에서 발음된다. 음운론적으로 좀 더 큰 소리의 변화는 '같이'의 경우에 일어나는 소리의 큰 변동이다. /ㅌ/ 소리가 /ㅊ/ 소리로 변하는 것은 두 개의 다른 음소 사이의 변화이다. 치경음 /ㅌ/이 원래의 위치보다 뒤의 경구개에서 발음되어 새로운 소리 [ㅊ]으로 발음되는 이 현상은 우리말에서 의무적이다. '밭이', '솥이' 등의 발음도 마찬가지이다. /기름/이 [지름]으로 잘못 발음되는 것도 구개음화 현상이다.

비음화(nasalization)는 구강음이 주변의 비음의 영향을 받아서 비음이 되는 현상이다. 발음기관의 메커니즘은 비음을 발음하기 위해 연구개를 인두벽에서 내리면서 공기가 비강 쪽으로 흐르는 것인데, 이러한 발음기관의 운동은 비음이 시작되기 전부터 시작되고 비음이 끝난 후에도 연구개와 인두벽이 떨어진 상태가 어느 정도 지속된다. 비음 앞 소리의 끝 부분과 비음 다음 소리의 첫 부분은 약간의 비음성이 있을 수밖에 없다. [ba]와 [ma]의 발음을 비교해 보면 [ba]의 모음 [a]는 처음부터 계속 구강음이지만, [ma]의 [a]는 [m]을 소리 낼 때에 떨어진 연구개와 인두벽이 미처 붙기 전부터 소리가 나기 시작하므로 앞의 일정 부분은 비모음으로 소리 나게 된다. [ab]와 [am]의 발음을 비교해 보면 역시 후자의 경우에만 [a]의 끝 부분이 비모음으로 발음된다.

이러한 미세한 음성적 현상 이외에, 한국어에는 비자음 주변에서 구강 자음이 비자음으로 음소 층위의 변화가 일어나는 현상이 있다. 예를 들어 '국물', '국난'은 비자음 /ㅁ/과 /ㄴ/의 영향으로 그 앞의 /ㄱ/이 [ŋ] 소리로 변화한다([궁물, 궁난]). 같은 환경에서 /ㄷ/은 비음 [n]으로('걷는'[건는]), /ㅂ/은 비음 [m]으로 변화한다('밥물'[밤물]). 이러한 비음화 현상은 영어에는 없지만, 비음화 규칙을 언어 지식으로 가지고 있는 한국 사람들은 그 규칙의 영향으로 영어를 잘못 발음하는 경향이 있다. 즉 'top model'을 [탐모델]로, 'Good morning'을 [군모닝]으로, 'bookmark'를 [붕마크]로, 'make me(happy)'를 [메잉미]로 잘못 발음하는 사람들이 많다.

우리말의 특수한 음운 규칙 가운데에는 /ㄴ/과 /ㄹ/이 연결될 때 앞의 /ㄴ/을 [ㄹ]로 바꾸어 [ㄹㄹ]로 발음하거나 뒤의 /ㄹ/을 [ㄴ]으로 바꾸어 [ㄴㄴ]으로 발음하는 규칙이 있다. 전자를 설측음화라는 이름으로도 부른다. 크게 보아, 앞의 비음화와 마찬가지로 자음의 동화현상이다. 예를 들어, '신라'가 [실라], '곤란'이 [골란]으로 발음되고 '음운론'은 [음운논]으로 발음된다. 단어에 따라 [ㄴㄴ] 혹은 [ㄹㄹ]로 발음되는 것이 결정되는데, 어떤 단어들은 사람마다 발음법이 다르다. 예를 들어, '우편료금'을 [우편뇨금]으로 발음하는 사람도 있고 [우펼료금]으로 발음하는 사람도 있다. 영어에는 이러한 종류의 동화현상이 없기 때문에 'Henry'는 [henri], 'only'는 [onli]로, 즉 [n]과 [r], [n]과 [l]을 정확히 다른 소리로 발음해 주어야 한다. 많은 한국인들은 우리말의 자음동화를 언어지식으로 내재화하고 있기 때문에 그 영향을 받아서 영어 발음에도 무의식중에 그 규칙을 적용해서 [헨니] 혹은 [헬리], 그리고 [온니] 혹은 [올리]로 발음한다. 물론 영어로는 잘못된 발음이다.

음운적 층위의 구개음화, 비음화, 자음동화(설측음화)는 환경이 주어지면 예외 없이 적용되어야 하는 규칙들이다. 이것들 이외에 한국어에 있는 유성음화 규칙과 경음화 규칙은 음운적 변동의 규칙은 아니지만 한국어다운 발음을 하기 위해서 한국인이 내재화해서 예외 없이 적용해야 할 규칙이다. 앞서 설명한 대로 '바보'의 음운 표상인 /papo/의 두 번째 자음이 유성음으로 변하여 [pabo]로 소리가 나도록 하는 것이 유성음화 규칙이다. 즉 /ㅂ, ㄷ, ㄱ, ㅈ/ 소리는 유성음 사이에서 유성음으로 변한다. 경음화는 어떤 소리 뒤에서 무성 평음 파열음이 무성 경음으로 변하는 현상이다. '국적'의 경우와 같이 앞 음절이 무성 파열음으로 끝나면 다음에 오는 무성 파열음은 경음화된다. '갈 사람'의 경우와 같이 미래 혹은 추정을 나타내는 형태소 'ㄹ'은 그 뒤에 오는 무성 자음을 경음화하는 현상도 있다. 합성어의 경우 '안방'[안빵]과 같이 경음화 현상이 일어나는 일이 많지만 '건넌방' 같이 경음화가 일어나지 않는 경우도 있어서, 개별 단어에 따른 어휘적 특성이 강하다. 개인적인 혹은 세대에 따른 언어 차이도 있어서 '김밥'이 나에게는 [김밥]이지만 우리집 아이들에게는 [김빱]이다.

소리의 변화가 있어도 좋고 없어도 좋은 규칙들도 있다. '신문'이 [심문]으로 발음되는 양순음화, '손가락'이 [송까락]으로 발음되는 연구개음화가 그것들이다. 'ㄴ'이 근처의 양순음 혹은 연구개음의 영향을 받아 그 소리를 닮아가는 동화현상이다. 빨리 발음을 할 때 이러한 현상들은 자연스러운 것이지만, 원래의 발음을 정확히 하여 [신문], [손까락]으로 발음한다고 해도 어색한 발음은 아니다.

앞에서 언급하지 않은 규칙들 중에 평음 앞이나 뒤에 /ㅎ/이 올 때 일어나는 격음화 규칙이 있다. 예를 들어, /ㄱ/ + /ㅎ/ → /ㅋ/ ('각하'[가카]), /ㅎ/ + /ㄱ/ → /ㅋ/ ('좋고'[조코]) 같은 규칙이다. 이것은 의무적인 규칙인데, 사람에 따라 /ㅎ/이 뒤에 오는 경우 이 규칙을 적용하지 않는 경우가 있다. 예를 들어, '약하디 약하다'를 [야가디 야가다] 같이 발음하는 것이다. 이것은 명백히 잘못된 발음이므로, 이렇게 발음하는 사람은 (표준) 한국어의 음운규칙을 내재화하지 못한 사람이다.

사실 자연언어의 소리를 단순히 분절음의 연속으로만 파악한다면 무수한 중의성이 발생한다. 그것은 단어 자체의 동음이의성(homonymy) 때문에 발생하기도 하고 단어와 단어가 결합하는 과정에서 음운 규칙의 적용을 받아 형태적, 음운적으로 달랐던 소리들이 음성적으로 같은 소리로 실현될 경우에 발생하기도 한다. 우리말의 분절음 연속체 [반마리요]([panmarijo])를 예로 들어 보자. 이것은 적어도 다음과 같은 여러 가지의 의미들로 해석할 수 있다.

> (왜) 반말이요?
> (닭) 반 마리요.
> (쌀) 반 말이요.
> (학년 말고) 반 말이요.
> (논 말고) 밭 말이요.

동일한 분절음들의 연속체인 이 소리들의 운율적 특성은 물론 차이가 있을 수 있다. 운율적 차이가 중의성 해결에 일조한다.

영화 ✚ 언어

외국 영화가 우리나라에 들어올 때 「라이언 일병 구하기」(Saving Private Ryan, 1998)와 같이 원래의 제목이 우리말로 번역되는 일은 근래 흔치 않은 일이다. 외국어 제목을 그대로 발음대로 적어 놓는 바람직하지 않은 경우가 더 많은 것이다. 그런데 외국어의 소리가 우리말의 소리 체계와 일치하지 않으므로 그것을 제대로 표시하는 일이 간단한 것은 아니다. '온니유'라고 제목이 붙은 영화 포스터를 본 적이 있다. 이 영화의 원제는 'Only You'이다. 영어에서 허용되는 /n/과 /l/의 연속이 우리말에서 허용되지 않음에 따라 우리나라 사람들이 'only'를 [온니] 혹은 [올리]라고 잘못 발음하는 것을 충실히 반영한 셈이지만, 무엇인가 이상하게 느껴진다. 이와 반대로 매우 불친절한 영화 제목을 가진 영화가 「인랑」이다.

일본 영화 「인랑」(人狼, 1999)은 섬세하고 사실적인 그림이 인상적인 애니메이션 영화이다. 내용으로 보아도, 비밀 조직 세계의 비정함을 섬뜩하리만큼 절실하게 묘사한 성숙한 이야기를 구조를 가지고 있는 좋은 작품이다. 다만 그 제목 '인랑'은 우리에게 혼란을 준다는 문제를 가지고 있다. 한자로 보면 사람 인 자에 이리 랑 자를 썼으니 "사람 이리"라는 뜻일 것이다. 그러나 분명히 '인랑'이라는 우리말 단어는 없으니 '인랑'이라는 제목을 듣고 그 뜻을 제대로 이해하는 사람은 별로 없을 것이다. '인랑'이 주는 또 하나의 혼란은 그 발음이다. 우리말에서 /ㄴ/ + /ㄹ/의 결합이 단어에 따라 [ㄴㄴ]('음운론') 혹은 [ㄹㄹ]('신라')로 발음되니 '인랑'은 [인낭] 혹은 [일랑]으로 읽어야 할 터인데 어느 쪽인지는 알 수가 없다. '인랑'이 우리말 단어가 아니기 때문이다.

목성의 한 위성의 광산에서 노동자들을 부려먹기 위해 마약을 투여하는 회사의 비리와 싸우는 우주의 보안관 숀 코네리의 모습이 인상적인 공상과학 영화 「아웃랜드」(Outland, 1981)의 제목도 당혹감을 주기는 마찬가지이다. 'outland'는 '변방'을 뜻한다. 영화 제목을 '변방'이라고 하지 않은 이상 '아웃랜드'로 그 제목을 표기해야 한다. '인랑'의 경우와 마찬가지로 좀 곤혹스럽다. [아울랜드]라고 읽어야 할까 혹은 [아운낸드]라고 읽어야 할까?

4. 변별적 자질

음소들의 부류와 상호 관계

지금까지 언어의 소리에 대하여 논의할 때, 실제로 발음되는 낱소리인 분절음(segment)을 최소 단위로 언급하였다. 자음과 모음들은 모두 분절음들이다. 그런데 이 분절음은 소리 분석의 최소단위가 아니다. 우리는 어떤 분절음을 그것을 구성하는 음성적 특징들로 분해하여 파악할 수 있다. 예를 들어 [p]와 [b] 소리는 모두가 양순, 파열이라는 음성적 특징을 가지고 있다. 다만 전자가 무성이라는 음성적 특징을 가지는데 반하여 후자는 유성이라는 음성적 특징을 가진다. 이러한 음성적 특징을 음운론에서 '자질'(feature) 혹은 '특질'이라는 용어로 부른다. 앞의 예에서 유성이라는 자질이, 다른 특성에 있어서는 모두 같은 두 개의 분절음 [p], [b]를 구별해 준다. 이렇게 자질이 소리와 소리를 구별해 주기 때문에 '변별적 자질'(distinctive feature)이라는 용어를 사용하기도 한다. [b]는 변별적 자질 [양순, 파열, 유성]의 묶음으로, [p]는 변별적 자질 [양순, 파열, 무성]의 묶음으로 파악할 수 있다.

변별적 자질을 음운론에 도입하는 이유로, 하나하나의 소리의 음성적 특징을 명확히 보이기 위한 목적 이외에도 중요한 것들이 있다. 우선, 변별적 자질로써 음성들 혹은 음소들의 상호 관계를 명확히 드러낼 수 있다. 앞에서 [b]와 [p]의 차이가 단지 성(voice)의 변별적 자질의 차이임을 말했다. [g]와 [k], 그리고 [d]와 [t]의 관계도 동일한 종류의 차이, 즉 성이라는 변별적 자질의 유무의 차이이다.

다음, 적은 수의 변별적 자질로 여러 가지의 분절음을 구별해 줄 수 있는 언어 기술의 경제성이 있다. 우리말의 평음, 격음, 경음 자음들에 대하여 살펴보자. [ㄱ], [ㅋ], [ㄲ]의 세 분절음은 다음과 같이 두 개의 변별적 자질 [기식성](aspirated)과 [긴장성](tense)이라는 두 개의 변별적 자질로 구분이 가능하다(음성 표시와 마찬가지로 변별적 자질을 '[ ]'로 표시한다).

	[ㄱ]	[ㅋ]	[ㄲ]
[기식성]	−	+	−
[긴장성]	−	−	+

여기서 +는 해당 자질이 있다는 것을, −는 그 자질이 없다는 것을 뜻한다. 두 자질 [기식성]과 [긴장성]은 [ㅂ, ㅍ, ㅃ], [ㄷ, ㅌ, ㄸ], [ㅈ, ㅊ, ㅉ], [ㅅ, ㅆ] 자음들의 구분에서도 같은 역할을 한다.

변별적 자질은 소리들의 공통점과 차이점을 명확히 드러냄으로써 어떤 하나의 관점에서 어떤 소리들이 묶이고, 다른 관점에서 어떤 소리들이 묶이는지 잘 보여 준다. [기식성]의 관점에서 보면 /ㅋ, ㅌ, ㅍ, ㅊ/ 소리들이 하나의 부류이지만, 다른 관점, 예를 들어 조음 위치의 관점에서 보면 이것들은 하나의 부류가 아니다.

음운 규칙의 기술: 비음화

변별적 자질은 또한 음운 규칙의 기술을 간결하게 하면서, 음운 규칙의 동기를 명확히 보여 줄 수 있다는 장점을 가진다. 예를 들어, 우리말의 비음화 현상을 다시 살펴보자. 이 현상은 다음과 같이 비음 앞의 파열음이 비음화하는 현상이다.

먹는	[멍는]	ㄱㄴ → ㅇㄴ
걷는	[건는]	ㄷㄴ → ㄴㄴ
잡는	[잠는]	ㅂㄴ → ㅁㄴ
국만	[궁만]	ㄱㅁ → ㅇㅁ
맏며느리	[만며느리]	ㄷㅁ → ㄴㅁ
밥만	[밤만]	ㅂㅁ → ㅁㅁ

/ㄴ/ 앞의 /ㄱ, ㄷ, ㅂ/이 [ㅇ, ㄴ, ㅁ]으로 변하고, /ㅁ/ 앞에서도 마찬가지이다. 이 현상을 음운 규칙으로 표현한다고 생각해 보자. 우선 음운 규칙을 표현할 때 많이 쓰는 다음과 같은 형식을 채택한다.

A → B / C __ D

이것은 A 소리가 C 소리와 D 소리 사이의 환경에서 B 소리로 변한다는 것을 간략히 표현한 것이다. C와 D가 명시되지 않는다면 그것은 ∅(영)의 환경, 즉 특별한 제약이 없음을 의미한다.

위의 비음화의 예들을 이러한 방식으로 표시하자면 다음과 같은 여섯 개의 음운 규칙이 필요할 것이다.

ㄱ → ㅇ / __ ㄴ
ㄷ → ㄴ / __ ㄴ
ㅂ → ㅁ / __ ㄴ
ㄱ → ㅇ / __ ㅁ
ㄷ → ㄴ / __ ㅁ
ㅂ → ㅁ / __ ㅁ

이렇게 여섯 가지의 규칙을 상정하는 것은 이것들 모두가 비음화 현상이라는 한 가지의 현상임을 포착하지 못한다는 단점이 있다. [비음성](nasal)이라는 변별적 자질을 이용하면 이 규칙들은 우선 다음과 같이 통합될 수 있다.

ㄱ → [+비음성] / __ [+비음성]
ㄷ → [+비음성] / __ [+비음성]
ㅂ → [+비음성] / __ [+비음성]

나아가 /ㄱ, ㄷ, ㅂ/은 파열음으로서 [지속성](continuant)의 변별적 자질을 결여하는 소리들이므로, 다음과 같이 하나의 규칙으로 통합할 수 있다.

[-지속성] → [+비음성] / __ [+비음성]   (비음화 규칙)

이 규칙의 해석은 하나의 가정을 바탕으로 하고 있다. 즉, 음운 규칙에서 명시하지 않은 자질은 규칙의 적용 과정에서 변하지 않는다는 것이다. 이 점을 좀 더 자세히 설명해 보자.

/ㄱ, ㄷ, ㅂ/은 각 소리들을 발음할 때 혀끝이 관여하는가와 관련된 [설정성](coronal) 자질과 경구개보다 앞에서 발음되는가와 관련된 [전방성](anterior) 자질을 이용하여 다음과 같은 자질 표시가 가능하다.

	양순음 [ㅂ]	치경음 [ㄷ]	연구개음 [ㄱ]
[설정성]	−	+	−
[전방성]	+	+	−

위의 비음화 규칙([-지속성] → [+비음성] / __ [+비음성])이 양순음에 적용될 때 실은 다음과 같은 규칙과 같다고 볼 수 있다.

[-지속성, -설정성, +전방성]
  → [+비음성, -지속성, -설정성, +전방성] / __ [+비음성]

[설정성]과 [전방성]의 값이 변한다면, 예를 들어 [ㅂ]이 [ㄴ]으로 변한다면 그것은 비음화 규칙에 합당한 현상이 아니다.

우리말 자음의 비음화 현상과는 좀 다른 모음의 비음화 현상이 프랑스어에 있다. 모음과 비자음(nasal consonant)이 어말에서 결합할 때, 어말의 비자음은 탈락하고 대신 모음이 비모음이 되는 현상이다. 예를 들어 'maison'의 마지막 음절은 음운 층위에서 /ɔn/이지만(연음 현상 등 비자음이 있다고 가정해야 할 이유가 있다) 이것이 실제로 발음될 때에는 [ɔ̃]로 나타난다('~'가 비모음(naval vowel)을 표시하는 첨자 기호이다). 다른 모음의 경우도 마찬가지이다. 이것을 [nasal]이라는 변별적 자질을 사용하여 표시하자면 다음과 같은 두 개의 규칙으로 표현할 수 있다. 모음과 자음은 자음성을 의미하는 [cons]라는 자질로 구분한다고 가정하자. '#'는 단어 경계를 표시한다.

[−cons] → [+nasal] / __ [+cons, +nasal] #   (비모음화)
[+cons, +nasal] → ø / [−cons, +nasal] __ #   (비자음 탈락)

이 규칙은 비모음화가 모든 종류의 모음에 적용되며 그 동기가 그 다음에 나오는 자음의 비모음성 때문이라는 것을 명시적으로, 간략하게 표현한다.

이상에서 분절음 이하의 단위인 변별적 자질의 효용성에 대하여 몇 가지 간단한 예를 들어 설명하였다. 한국어 혹은 영어 등 개별 언어의 음소와 음성을 기술하기 위해 구체적으로 어떤 변별적 자질들이 상정되어야 하는지의 문제는 중요한 것이지만 여기서는 논의하지 않겠다. 이러한 문제에 대한 관심을 가진 독자에게는 이 장 말미에 제시된 음운론 문헌들을 읽을 것을 권고한다.

지금까지 언어의 소리에 대한 지식 혹은 소리 체계를 음소 목록, 음소 및 변별적 자질의 배열에 대한 제약(예: 영어에서 어두의 /bl-/이 가능하나 /bn-/은 불가능하다), 음운 규칙(예: 비음화 규칙 등)으로 나누어 살펴보았다. 생성음운론은 언어의 소리에 대한 지식을 분리하여 제약과 규칙 두 가지 기제를 사용하였는데, 그러한 기술 방법은 몇 가지 문제를 야기하였다. 우선, 어떤 경우에 음운 규칙의 동기를 음소 배열의 제약에서 찾을 수 있는 등 중복적 기술의 문제가 있다. 또한 언어마다 수많은 음운 규칙을 설정하고 그 규칙들 사이의 순서를 설정해야 하는 복잡성의 문제가 있다. 예를 들어, 앞에서 기술한 프랑스어의 비모음화와 비자음 탈락의 규칙들은 반드시 그 순서로 적용되어야 한다. 이러한 문제들을 해결하고자 1990년대 이후 등장한 것이 소위 최적성 이론(Optimality Theory)이다. 최적성 이론에서는 모든 음운 현상들을 제약들로 환원하여 단순화한다(음운 규칙이란 없다). 제약들은 상충적일 수 있는데, 기저의 음운 표상들에 적용되는 여러 제약에 대한 위반 중 가장 덜 중요한 제약을 위반한 형식이 (혹은 제약 위반이 없는 형식이 있다면 그것이) 표면으로 나타난다. 이 이론에서 제약들은 모든 언어에 공통적이라는 입장을 취하는데, 언어마다 다른 점은 그 제약들 사이의 상대적 중요도의 차이라는 것이다(어떤 언어에 전혀 적용되지 않는 제약도 있다). 이러한 점에서 이 이론은 인간 언어의 보편성과 유형론을 좀 더 많이 추구한다고 할 수 있다. 물론 여기에서 최근의 음운론에서 주요 이론적 경향인 최적성 이론을 자세히 설명하고 논의할 수는 없다. 다만 인간 언어의 본질을 찾고자 하는 노력이 다양하게 경주되고 있다는 사실을 다시 한 번 환기할 뿐이다.

영화 ✚ 언어

영화 「물랑루즈」(Moulin Rouge, 2001)는 역동적이고 화려한 화면과 아름답고 서정적인 노래가 어우러진 뮤지컬이다. 사교 클럽의 가수 사틴(니콜 키드만)과 젊은 시인 청년(이완 맥그리거)의 애절한 사랑과 사별을 환상적으로 그린다. 이 영화의 무대는 파리의 사교클럽 Moulin Rouge이다. 영화 제목에 등장하는 이 프랑스 말을 우리말 제목으로 '물랑루즈'라고 붙였다.

실제로 프랑스어의 발음은 우리말과 상당히 다른 것들이 많다. 'moulin rouge'를 보면 우리말과 비슷한 부분은 'ㅁ'으로 표현할 수 있는, 맨 처음의 양순비음([m])뿐이다. 'lin'의 발음의 모음은 'ㅔ'에 가까운 [ɛ] 모음의 비모음으로 그 뒤에 자음이 따라오지 않는다. 'rouge'의 'r'은 혀끝에서 나는 우리말의 'ㄹ'과 달리 목젖이 혀의 뒷부분과 작용하여 나는 소리 [R]이고, 끝소리는 우리말의 파찰음 'ㅈ' 소리가 아니라 경구개에서 나는 마찰음 [ʒ]이다. 따라서 '물랑루즈'를 우리말 발음으로 읽는 것과 프랑스어의 'moulin rouge'의 발음은 현격한 차이가 있다. 외래어 표기법을 따라 프랑스어 발음을 표기하자면 '물렝 루주'가 될 것이나, 이것도 실제 프랑스어 발음과는 거리가 있다.

프랑스어와 같이 비모음이 있는 언어는 많지 않다. 그래서 프랑스어를 외래어로 받아들이는 언어에서는 프랑스어의 비모음을 비모음이 아닌 모음과 비자음의 연속으로 받아들이게 된다. 우리말에서는 모음과 연구개 비자음 [ŋ]으로 받아들이기 때문에 'moulin'을 '물렝', 'cancan'을 '캉캉'(춤)으로 쓰고 발음하게 된다. 이와 대조적으로 영어에서는 비모음을 모음과 치경 비자음 [n]으로 받아들인다. 그래서 'cancan' 춤의 'can'은 영어의 보조동사 'can'("Yes, I can")과 똑같은 발음으로 나타나고 'moulin'의 마지막 자음도 [ŋ] 소리가 아닌 [n] 소리이다. 영화의 노래에 나오듯이, '우리는 캉캉춤을 출 수 있다'를 영어로 표현하면 "We can cancan"([위 캔캔캔])이다.

5. 외래어의 표기

앞에서 1절에서도 언급했듯이, 서로 다른 소리체계의 두 언어 사이에서 언어의 교류가 있을 때 한 언어의 소리는 다른 언어를 사용하는 화자에게 정확히 인식되기 힘들다. 언어 사용자의 모국어 소리에 대한 지식이 간섭을 일으키기 때문이다. 또한 한 언어가 다른 언어의 단어를 차용할 때 그 외래어는 원래 언어에서의 소리를 유지할 수 없고 새로운 소리의 체계 속에 자리를 잡아야 한다. 일반적으로 외국어 혹은 외래어를 한글로 쓰는 과정은 바로 외국어의 소리를 우리의 소리 체계에 편입시키는 과정이다. 그 대원칙은 물론 가장 비슷한 소리를 대응시키는 것이다.

영어를 한글로 표기할 때, /m/, /n/ 등 두 언어에 모두 있는 음소는 문제가 없다. 영어의 'mama'[mama]를 '마마'로, 'no'[no]를 '노'(혹은 '노우'−모음의 문제는 일단 논외로 하자)로 쓰지 않고 달리 적는 사람은 없을 것이다. 그러나 음운적 층위에서 유성 자음과 무성 자음이 있고 많은 종류의 마찰음을 가지고 있는 영어와, 유무성 자음의 구별이 없는 대신 평음, 기음, 경음의 구별이 있으며 마찰음은 /ㅅ, ㅆ/밖에 없는 우리말의 소리 체계는 영어와 한국어의 소리의 대응을 어렵게 만든다. 예를 들어 영어의 'something'을 한글로 표기해 보라. '섬싱, 썸싱, 섬씽, 썸씽' 중의 하나인가 혹은 영화 제목 "텔미 썸딩"에 있는 '썸딩'인가? 외국 사람의 이름을 표기할 때에, 같은 사람을 여러 가지 방식으로 적는다면 중대한 혼란이 올 수도 있다. 이러한 혼란을 방지하기 위한 어문 규정이 "외래어 표기법"이다. 외래어 표기법은 외국어 혹은 외래어를 한글로 적는 방법에 대한 규정이지만, 한글이 우

리의 음소를 반영하고 있으므로 이것은 외국어의 소리를 우리말의 소리 체계로 받아들이는 원칙에 대한 규정이라고 볼 수 있다.

외래어 표기법의 기본 원칙은 다음과 같다.

> 제1항 외래어는 국어의 현용 24 자모만으로 적는다.
> 제2항 외래어의 1 음운은 원칙적으로 1 기호로 적는다.
> 제3항 받침에는 'ㄱ, ㄴ, ㄹ, ㅁ, ㅂ, ㅅ, ㅇ'만을 쓴다.
> 제4항 파열음 표기에는 된소리를 쓰지 않는 것을 원칙으로 한다.
> 제5항 이미 굳어진 외래어는 관용을 존중하되, 그 범위와 용례는 따로 정한다.

위의 기본 원칙만으로는 실제 언어의 다양한 소리를 어떻게 적어야 할지 불확실하기 때문에 외래어 표기법은 국제음성기호와 한글 대조표를 포함하고, 영어의 표기법에 대한 세칙, 그리고 다른 여러 언어의 표기 세칙을 규정하고 있다. 그 언어들은 에스파냐어, 이탈리아어, 일본어, 중국어, 폴란드어, 체코어, 세르보크로아트어, 루마니아어, 헝가리어, 스웨덴어, 노르웨이어, 덴마크어, 말레이인도네시아어, 타이어, 베트남어, 포르투갈어, 네덜란드어, 러시아어 등이다. 여기서는 영어의 자음 표기에 대해 몇 가지만 간략히 살펴보자.

어말의 무성 파열음([p, t, k])의 경우 짧은 모음 뒤에서는 받침으로 적지만('gap'-'갭', 'cat'-'캣', 'back'-'백'), 그 이외의 경우에는 '으'를 붙여 적는다('gate'-'게이트', 'bike'-'바이크'). 어말의 유성 파열음([b, d, g])에는 '으'를 붙여 적는다('dog'-'도그', 'iPod'-'아이포드'('아이팟'은 잘못)). 이 규정의 문제는 실제로 유성음의 경우에도 받침으로 쓰는 것이 자연스러운 경우가 많다는 것이다. 아침 인사를 '구드 모닝'이라고 쓰는 것보다는 '굿모닝'이라고 쓰는 것이 일반적이다. 이러한 경우는 제5항의 관용을 존중하는 것에 기댈 수도 있겠다.

's, z, f, v, th, sh'로 표현되는 마찰음 중 앞의 다섯 가지는 'ㅅ, ㅈ, ㅍ, ㅂ, ㅅ'로 적고 'sh'는 경우에 따라 다르게 적는다. 여기서 문제가 되는 것은 'f'와 'th'와 'sh'이다. 먼저 [f] 소리를 'ㅍ'으로 적는 것으로 규정하지만('file'-'파일') 사람에 따라서는 규정과는 다르게 'ㅎ+짧은 반모음 ㅜ'로 표기하도 한다('file'-'화일'). [f]와 [ph]의 음성적 차이가 크기 때문에 혼란이 있기는 하지만, 이것은 'ㅍ'으로 통일하여 써야 할 것이다. '후랑스'(France), '커휘'(coffee)라고 쓰는 일이 없는 이상 'file'도 '파일'로 쓰는 것이 일관적이다.

유성음 'th'([ð], 'this')는 'ㄷ'으로 무성음 'th'([θ], 'thing')는 'ㅅ'으로 표기한다. 무성음의 경우 's'([s])의 표기와 구별이 안 되어 'sing'과 'thing'이 모두 '싱'으로 표기된다는 문제가 있다. 나는 개인적으로 가능한 한 된소리를 사용하지 않는다는 외래어 표기법의 기본 원칙을 포기하고 [θ]을 'ㅆ'으로 하는 것이 더 발음에 가깝다고 생각한다. 그러면 'something'은 '섬씽'이 될 것이고, 'thank'는 '쌩크'가 될 것이다(현행 표기법: '섬싱', '생큐'). 유성음의 경우 'th'와 'd'가 모두 'ㄷ'으로 표기되는 문제가 있지만 달리 해결할 방도는 없다.

'sh'([ʃ])는 위치에 따라 표기법이 다르다. 어말에서는 '시'('flash'-'플래시'), 자음 앞에서는 '슈'('shrub'-'슈러브'), 모음 앞에서는 모음에 따라 '샤, 섀, 셔, 쇼, 슈, 시'로 적는다('shine'-'샤인', 'shall'-'섈', 'shut'-'셧', 'show'-'쇼', 'shoes'-'슈즈', 'she'-'시'). 'church, judge' 등에 나타나는 파찰음은 'ㅊ, ㅈ'으로 표기하므로 'picture'는 '픽처'가 아니라 '픽처'로 적으면 된다.

외래어 표기가 가장 필요한 것은 고유명사이다. 기본적으로 인명, 지명은 원지음을 따르는 것을 원칙으로 하지만, 원지음이 아닌 제3국의 발음으로 통용되고 있는 것은 관용을 따른다('Hague'-'헤이그', 'Caesar'-'시저' 등). 또한, 고유명사의 번역명이 통용되는 경우 관용을 따른다('Pacific Ocean'-'태평양', 'Black Sea'-'흑해' 등). 그런데 일본과 중국의 인명과 지명의 경우에는 우리말의 한자음이라는 또 다른 문제가 개입한다. 이와 관련하여, 원지음을 따를 경우와 한자의 우리말 발음을 따를 경우가 규정되어 있다. 이 문제는 음운론과 직접적 관련성은 없으므로 여기에서 논의하지 않고, 이 책의 제14장(언어와 생활) 4절에서 논의한다.

영화 ✛ 언어

많은 외국 영화가 우리나라에 들어올 때 제목을 우리말로 번역하지 않고 외국어 제목을 그대로 우리말 발음으로 표기하여 사용한다. 그 중의 많은 경우에 외래어 표기법이 지켜지지 않는다. 영화 「후라이드 그린 토마토」(Fried Green Tomatoes, 1991)의 제목도 '후라이드' 대신 '프라이드'를 써야 표기법에 맞는다. 그러나 관용적으로 음식의 조리법을 나타내는 'fry'는 '프라이'보다는 '후라이'를 많이 쓰니 잘못된 표기를 마냥 탓할 수도 없다.

미국 영화가 아니라도 영어 제목을 붙이는 경우가 있는데, 여기서도 문제가 발생한다. 중년 남자의 방황을 댄스라는 소재로 재미있게 풀어간 일본 영화「쉘위 댄스」(1996)는 조개(쉘/셸 'shell') 위에서 추는 춤을 의미하는 것이 아닌 이상 '섈위 댄스'라고 제목을 달았어야 했다. 우리나라 영화에도 수많은 영어 제목이 등장하는데('올드 보이', '해피 엔드', '오버 더 레인보우', '비트', '마이 파더', '플라이 대디', '새드무비', '클래식', '아나키스트', '마더' 등), 그 중에 눈에 띄는 것이「텔미 썸딩」(1999)과「인디안 썸머」(2001)이다. 여자의 연쇄살인이라는 섬뜩한 주제를 강렬하게 표현했던 영화「텔미 썸딩」은 미스터리 형식으로 관객에게 궁금증을 선사하지만 나에게는 제목의 '썸딩'이라는 말이 무엇일까 하는 궁금증도 아울러 주는 영화이다 ('초딩', '중딩', '대딩'과 관련된 무엇일까?). 사형수와 변호사의 사랑, 마치 긴 겨울 전의 짧은 여름과 같은 아쉬움의 시간을 표현한 영화「인디안 썸머」의 제목은 내용상 적절하지만 올바른 표기는 '인디언 서머'이다. 사실 'summer'를 '서머'로 표기하는 것이 좀 어색하게 느껴지기는 한다. 영화「썸머타임 킬러」(Summertime Killer, 1973)의 제목을 '서머타임 킬러'로 해서는 너무 약한 것 같다.

문득 나는 영화「인디안 썸머」에 대해 다시 생각해 본다. 긴 겨울 앞의 짧은 여름, 긴 죽음 앞의 짧은 생명, 긴 절망 앞의 짧은 희망, 긴 어두움 앞의 짧은 빛, 긴 흐느낌 앞의 짧은 미소, 긴 회한 앞의 짧은 희열, 긴 직선 앞의 짧은 곡선 … 그리고 남은 것은 침묵뿐 ("The rest is silence…" -「햄릿」).

이 장에서는 언어의 물리적인 소리인 음성의 구체적 층위 위에 존재하는 언어 지식으로서의 소리인 추상적인 음소(음운)의 체계에 대하여 살펴보았다. 두 가지의 다른 음성이 어떤 언어에서는 구별되어 두 개의 음소로 인식되는가 하면 또 어떤 언어에서는 하나의 음소로 인식되기도 한다. 그래서 영화 제목을 빌려 이 장을 마무리하자면 … **"음성이 음소를 만났을 때"**(「해리가 샐리를 만났을 때」).

더 읽을거리와 유용한 사이트

신지영, 차재은 (2003).『우리말 소리의 체계: 국어음운론 연구의 기초를 위하여』.
　　　서울: 한국문화사.
허웅 (1965).『국어음운학』. 서울: 정음사.
Katamba, Francis (1989). *An Introduction to phonology*, London: Longman.

국립국어원　http://www.korean.go.kr

연습과 생각

1. 다음 우리말 단어의 실제 발음에서 각 자음이 유성음인지 혹은 무성음인지 구별하시오.
    (1) 보자기　　　　　　　(2) 갑작스럽게
    (3) 자장면　　　　　　　(4) 감정적
    (5) 사슴뿔
2. 음소와 음성의 구별을, 영어와 한국어와 스페인어 유음을 예로 들어 설명하시오. (힌트: 스페인어의 유음은 앞 장의 자음 설명 부분을 참조.)
3. 외국어의 [f] 발음이 들어가는 5개의 단어를 우리말을 하는 중간에 발음할 때 자신이 어떻게 발음하는지를 기술하시오(힌트: 'France', 'file' 등).
4. 영어의 가능한 모든 음절구조를 제시하고, 각 음절구조에 대하여 그러한 음절구조를 가진 영어 단어를 (가능한 한) 한 개씩 제시하시오(힌트: V, CV, VC, CCV, CVC, VCC 등 자음의 수를 하나씩 늘려 보시오).
5. 다음 영어 표현들을 올바른 영어 발음으로 발음해 보고, 그것들을 우리말 발음 습관(음운 규칙)에 따라 발음하고 한글로 적어 보시오. 자신은 영어를 말할 때 어떻게 발음하는가?
    (1) manly　　　　　　　(2) inroad

    (3) batman   (4) good moon

    (5) top net   (6) sickness

6. 한국어에서 '좋다'가 [조타]로, '좋군'이 [조쿤]으로 발음되는 현상을 A → B / C ___ D 형식의 규칙(들)으로 표현하시오(힌트: 우선 음소로 표시하고, 그 다음 가능하면 변별적 자질을 이용하여 다시 표시해 보시오).

7. 외래어 표기법에 따라 다음 영어 단어를 한글로 표기하시오(힌트: 교과서 본문, 국립국어원 사이트 참조; 특히 자음에 유의).

    (1) bag   (2) bat

    (3) pack   (4) English

    (5) shrimp   (6) shell

    (7) cough   (8) part

    (9) lobster   (10) church

제5장
언어의 단어 구조: 형태론

1. 형태소

형태론과 형태소

언어는 소리와 의미의 결합체의 체계이다. 소리와 의미를 가지고 있는 언어의 단위 중 우리에게 익숙한 것이 단어(낱말, word)이다. 우리는 외국어를 배울 때 모르는 단어를 사전에서 찾고, 단어를 많이 아는 것이 외국어를 잘 하는데 아주 중요하다는 말을 한다. 영어의 단어 'word'는 단어의 단위 이상을 가리키기도 한다. "May I have a word with you?"라고 할 때 한 단어만 말해도 되냐는 뜻은 아니다. 우리말의 '단어' 혹은 '낱말'은 영어의 'word'와 같이 확장된 뜻으로 쓰이는 일은 없고 오히려 일반적으로 언어를 의미하는 '말'이 단어, 구, 절, 문장의 뜻으로도 쓰인다. 나폴레옹의 명언, "내 사전에 불가능이라는 말은 없다"에서 '말'은 단어를 말한다.

이론언어학의 형태론(morphology)은 바로 단어의 구조를 연구하는 분야이다. 단어에 구조가 있다는 말은 단어를 구성하는 요소들이 있어서 이것들이 규칙적인 배열을 이룬다는 말이다. 즉, 단어보다 더 작은 소리와 의미의 결합체 단위가 있다. 이것이 바로 "의미를 가진 최소의 문법 단위"로 정의되는 형태소(morpheme)이다.

> 형태소: 의미를 가진 최소의 문법 단위

단어가 우리에게 더 친숙한 말이기는 하지만 실제로 단어를 정의하기는 쉽지 않다. 간단하게, 띄어 쓰는 단위인 어절을 단어로 정의한다면 띄어쓰기를 하지 않았던 중세 국어와 지금도 띄어쓰기를 하지 않는 일본어에는 단어가 없다고 하는 이상한 결론에 도달할 것이다. 발음의 면에서 홀로 쓰일 수 있는 것만을 단어로 정의한다면, 반드시 그 뒤의 명사와 같이 쓰여야 하는 영어의 관사('a/an', 'the')는 단어의 자격이 없을 것이다. 단어에 비하면 형태소는 위의 정의에서 보는 것처럼 비교적 명확한 개념이다. (단어의 정의에 대해서는 잠시 후 다시 논의함.)

하나의 간단한 예를 들어 보자면, 우리말의 '잡으시었습니까'는 다음과 같이 개별적 의미를 가진 여러 개의 형태소로 이루어진 하나의 어절이다.

잡	손으로 하는 동작
으시	주어에 대한 화자의 존대
었	사건이 과거에 일어났음
습니까	청자에 대한 화자의 존대(의문문)

형태소는 언어의 불연속적(discrete) 특성 혹은 분절성을 보여준다. 이것은 소리의 면에서도 성립하는데, 후자에 대해 먼저 살펴보자.

인간의 발음기관에서 낼 수 있는 아주 섬세한 차이를 가진 무한히 많은 소리를 언어는 몇 개로 나누어 사용한다. 이것이 분절음(segment)이다. [t]를 발음하는 위치(치경)와 [k]를 발음하는 위치(연구개) 사이에 무수히 많은 조음 위치가 있지만, 미세한 조음 위치의 차이에 따라 수십 가지의 파열음을 이용하는 언어는 없다. 적절한 범위 내의 소리들은 모두 하나의 소리로 인식하고 발음한다. 또한 언어음의 연속이 실제로는 그 경계가 불분명한 연속체이지만 우리가 그것을 단절된 소리가 차례로 연결된 것이라고 인식한다는 점에서 언어는 불연속적이고 분절적이다. '감자'라는 단어를 발음할 때, 발생하는 연속적인 음파를 우리는 [ㄱ, ㅏ, ㅁ, ㅈ, ㅏ]의 다섯 개의 분절된 음성으로 인식한다.

마찬가지로 의미의 층위도 불연속적이다. 이 세상의 사물은 무한히 구별할 수 있다. 색채의 경우를 예로 들어 보자. 우리가 보는 색의 스펙트럼은 본질적으로 빛의 파장에 따른 연속체이다. 언어는 이러한 연속체를 몇 개의 색채어로써 나누어 구분한다. 색의 스펙트럼을 나누는 방법은 언어마다 다르다. 어떤 언어에서는 두 개의 색채어를 사용하고 어떤 언어는 세 개, 또 어떤 언어는 다섯 개 혹은 그 이상의 색채어를 사용한다. 어떤 언어가 여러 개의 색채어를 가지고 있다고 하더라도 결국 무한한 색의 스펙트럼을 유한한 숫자로 분할하여 제한하고 있는 셈이다. 의미의 세계가 언어에 의해 비연속적으로 분할되어 있다고 말할 수 있다. 의미의 최소 단위인 형태소는 바로 의미의 비연속적 분할을 구현하고 있는 최소의 단위이다. 인간이 발화하는 문장이 의미를 가진 단어와 형태소의 연속체로 분석될 수 있다는 의미에서도 언어는 분절적이다. 예를 들어, '영수가 감자를 먹었다'라는 문장은 '영수, 가, 감자, 를, 먹, 었, 다'라는 형태소들이 결합한 것이다. 앞에서 언급한 소리 층위의 분절성과 형태소 (혹은 단어) 층위의 분절성을 합하여 인간 언어의 이중 분절이라고 부른다. 혹은 하나의 형태소가 하나의 (문법적, 내용적) 의미를 가지는 교착어가 아닌 굴절어에까지 확장하여 말하자면, 언어의 이중 분절은 소리와 형식 두 층위의 분절이다. 라틴어와 같은 굴절어에서는 하나의 형식이 여러 가지의 문법적 의미와 연결된다.

이형태

형태소는 소리와 의미의 결합체인데, 소리의 면은 어느 정도의 변이가 있다. 다음의 예를 보자

> 사람-이 : 남자-가
> 사람-을 : 남자-를
> 집-으로 : 바다-로
> 잡-아 : 먹-어
> 잡-으면 : 가면
> 잡-았-다 : 먹-었-다 : 가-ㅆ-다

문장의 주어를 표시하는 주격 조사는 '-이'와 '-가'로 나타나는데, 그것이 붙는 명사의 끝소리가 자음인지 혹은 모음인지에 따라 형식이 결정된다. 이때 '-이'와 '-가'는 동일한 형태소인 주격 조사의 상이한 형태(morph)이다. 형태소를 '{ }'로

표시하자면, /이/와 /가/는 주격 조사 {이}의 이형태들이다. 이것은 우리말의 음소 (phoneme) /ㄱ/이 음성적 환경에 따라 무성음 [k]와 유성음 [g]의 변이음 (allophone)으로 실현되는 것과 유사하다. 위의 다른 예들은 목적격 조사 {을}의 이형태 /을/과 /를/, 부사격 조사 {으로}의 이형태 /으로/와 /로/, 어미 {아}의 이형태 /아/와 /어/, 어미 {으면}의 이형태 /으면/과 /면/, 과거를 나타내는 형태소 {았}의 이형태 /았/, /었/, /ㅆ/을 보인다.

영어의 경우에도 형태소와 그것의 음운적 환경에 따른 이형태를 볼 수 있다.

> cats /s/ : dogs /z/ : cases /ɪz/
> cuts /s/ : tells /z/ : catches /ɪz/
> kicked /t/ : played /d/ : wanted /ɪd/

복수 명사를 나타내는 형태소 {s}는 /s/, /z/, /ɪz/의 이형태를 가진다. 이것들은 음운적 환경에 따른 소리의 변화이다. 이와 같은 음운적 환경과 상관없이 복수 형태소는 다른 여러 이형태로 실현될 수 있다. /n/('ox'-'oxen'), 모음의 변화 ('corpus'-'corpora', 'alumnus'-'alumni'), 그리고 영형태('sheep'-'sheep')도 있다. 동사의 주어가 삼인칭 단수임을 나타내는 형태소 {s}는 그것 앞의 소리의 무성, 유성의 차이에 따라 /s/와 /z/의 이형태를 가지고, [s, z, ʃ, tʃ] 등의 소리 뒤에서는 /ɪz/가 그 이형태이다. 과거를 의미하는 형태소 {d}는 앞 소리의 무성, 유성의 차이 그리고 [d, t]인가에 따라 /t/, /d/, /ɪd/의 이형태를 가진다. 소위 불규칙 동사들은 이러한 음운적 환경에 따른 이형태가 아닌 다른 형식의 이형태를 갖는다. 모음이 변화하기도 하고('catch'-'caught', 'speak'-'spoke'), 영형태로 실현되기도 한다('hit'-'hit'). 완전히 다른 형태소로 치환되는 수도 있는데('go'-'went') 이 경우는 이형태라기보다는 보충법이라는 이름으로 부른다. 흔치 않은 현상이다.

자립형태소와 의존형태소

형태소들 중에는 홀로 쓰일 수 있는 것들과 그렇지 않은 것들이 있다. 영어의 'water'는 단독으로 발화될 수 있다. 예를 들어 다음과 같은 대화가 가능하다.

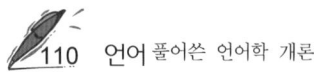

> A: What do you want?
> B: Water.

일반적으로 명사들은 이와 같이 홀로 쓰일 수 있는 자립형태소이다. 반면에 복수를 나타내는 {s}나 동사의 과거형을 나타내는 {d}는 절대로 혼자 쓰일 수 없고 반드시 다른 형태소에 기대서 나타난다. 이것들을 의존형태소라고 부른다.

우리말에서도 자립형태소와 의존형태소가 구별된다. 보통명사는 자립형태소인 반면, 조사나 어미는 의존형태소이다. 명사가 홀로 쓰인 자연스러운 예와, 어미가 홀로 쓰인 비문법적인 예를 보이면 다음과 같다.

> A: 무엇을 원하니?
> B: 자동차.

> A: 경찰이 도둑을 잡았니? 혹은 잡을 것이니?
> B: *았.

형태소가 "의미를 가진 최소의 문법 단위"임을 앞에서 언급하였다. 이제 자립성의 개념을 도입하면 단어를 "최소의 자립형태소" 혹은 "최소의 자립 형식"로 정의할 수 있다.

> 단어: 최소의 자립 형식(형태소)

'boys'의 'boy'와 '-s'가 모두 형태소이지만, 홀로 쓰일 수 있는 'boy'만이 단어이다. 바로 논의할 우리말 동사의 경우처럼 최소의 자립 형식으로 단어를 정의하는 것에 대해 문제가 전혀 없는 것은 아니나, 그나마 가장 유용한 단어의 정의하고 할 수 있다.

우리말에서 하나의 어절은 대개 한 개의 자립형태소와 한 개 이상의 의존형태소가 결합하여 이루어진다. 이때 의미적 중심이 되는 자립형태소를 어근(root), 어근에 붙는, 주로 문법적 의미를 가지는 의존형태소를 접사(affix)라고 부른다. 단,

어근으로 자립형태소만이 허용되는 것은 아니다. 우리말의 동사 어절의 어근은 실질적 의미가 있는 부분으로 단어 형성의 중심이 되지만, 동사 어근은 자립적이지 않다. 예를 들어, 접사 없이 실현되는 '먹-', '잡-' 등의 동사 표현은 있을 수 없다. 다음과 같은 어색한 대화를 보라.

> A: 사과를 너 어쨌니?
> B: *먹. [먹었다는 뜻으로]

> A: 도둑이 어떻게 되었니?
> B: *잡. [잡았다는 뜻으로, 혹은 잡혔다는 뜻으로]

어근과 접사의 문제는 다음 절에서 좀 더 자세히 논의하기로 하고 이제 일반적인 형태소와 구별되는 유일형태소에 대하여 알아보자.

최소의 의미 단위인 형태소는 여러 단어에 나타난다. 예를 들어 우리말에서 특정 명사에 붙어 그것과 관련된 일을 하는 사람을 뜻하는 명사를 만들어 주는 역할을 하는 접사 '-장이'는 '간판장이, 땜장이, 양복장이' 등의 여러 단어에 나타난다. 영어에서 형용사에 붙어 명사를 만드는 접사 '-ness'가 나타나는 명사는 아주 많다. 'tallness, happiness, kindness' 등이 있다. 이와 대조적으로 다음의 영어 단어들의 밑줄 친 부분들은 영어의 한두 단어에만 나타난다.

> <u>cran</u>berry   (크랜베리, 덩굴월귤)
> <u>ruth</u>less   (무자비한)
> <u>luke</u>warm   (미지근한)

영어에서 'berry'는 'cranberry', 'strawberry', 'huckleberry' 등의 단어에 나타나는 형태소이다. 하지만 'cranberry'에서 'berry' 부분을 뺀 'cran'은 다른 단어의 일부로 쓰이는 일이 없다. 이렇게 한두 단어에서만 형태소로 분석할 여지가 있는 요소를 전형적인 형태소와 구분하여 크랜베리 형태소(cranberry morpheme) 혹은 유일형태소(unique morpheme)라고 부른다.

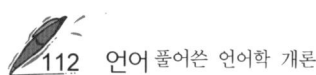

'ruthless'가 무자비하다는 뜻이고, '-less'는 'merciless, homeless, harmless' 등에 쓰여 "~이 없는"의 뜻을 나타내므로, 'ruth'를 하나의 형태소로 기대해 볼 수 있다. '-less'의 의미를 고려하면 이 'ruth'가 자비를 의미하는 명사라고 예측할 수 있으나 실제로 현대영어에 'ruth'라는 단어는 없으며, 다른 단어의 일부로도 쓰이지 않는다. 또한 단어 'lukewarm'은 미지근하다는 뜻으로 따뜻하다는 뜻의 형태소 'warm'을 그 일부로 가지고 있다. 문제는 'warm'을 뺀 'luke'를 다른 단어에서 발견할 수 있는가 하는 것이다. 'lukewarm'에만 나타나는 'luke'도 유일형태소이다.

우리말에도 다음과 같은 것들은 유일형태소라고 할 수 있다.

| 감쪽같이
| 새삼스럽다

'같이'가 '쏜살같이', '얼음장같이', '눈같이', '소같이' 등에서 쓰이는, "앞의 말이 보이는 전형적인 어떤 특징처럼"의 뜻을 나타내는 표현이라고 본다면 '감쪽같이'도 '감쪽'과 '같이'로 분해할 수 있을 것이다. 이때 '감쪽'은 그 의미가 불확실하고 '감쪽같다'라는 단어 이외에 쓰이는 일도 없다. 혹시 '감쪽'이 감의 조각을 의미한다면 '감쪽같이'의 의미와의 연관성이 의문이고, '밤쪽같이', '배쪽같이', '사과쪽같이', '귤쪽같이', '수박쪽같이'라는 말이 쓰이지 않는 것이 이상하다. '새삼스럽다'의 '-스럽-'은 일부 명사에 붙어 그러한 성질이 있음을 의미하는 형용사를 만든다. '걱정스럽다, 복스럽다' 등이 그 예이다. 그렇다면 '새삼스럽다'의 '새삼'도 하나의 명사일 것이라고 기대하지만 실제로는 독립된 명사로 쓰이지 않는다. (단, 어떤 식물의 종류를 나타내는 이름으로 사전에 올라 있지만, '-스럽-'과 결합하는 추상적 뜻의 명사는 아니다.) '걱정스럽다'의 '걱정'이 '걱정이 많다, 걱정을 하다'와 같이 완전한 명사로 쓰이기도 하고 '걱정하다'와 같이 단어의 일부로 쓰이기도 하는 것에 비하여 '새삼이, 새삼을, 새삼하다' 등의 표현은 모두 비문법적이다. '새삼'은 그저 '새삼스럽다'에만 쓰이는 유일형태소인 것이다. ('감쪽같이'와 '새삼스럽다'는 김진우(2004)에 나온 예이다.)

영화 ✚ 언어

영화 「돈 세이 워드」(Don't Say a Word, 2001)의 제목에는 형태론의 주제인 단어, 즉 'word'가 나타난다. 언어학적 단위로서의 단어라는 뜻보다는 확장된 뜻으로 쓰인 것이다. 우리말로 '단어를 말하지 말라'는 아니고 '말을 하지 말라'라는 뜻이다. 본문에서 단어가 무엇인지에 대하여 생각해 보면서 자립성, 즉 홀로 쓰일 수 있는 단위일 가능성을 언급하였다. 그런데 이것을 절대적인 기준으로 할 경우 영어의 관사('a/an, the')에 대하여 문제가 생긴다. 영어의 관사는 분명 단어이지만 홀로 쓰이지는 않는다. 그리고 우리말에는 관사가 없기 때문에 영화 제목을 발음으로 표기할 때에도 관사를 생략하는 일이 많다. '돈 세이 어 워드'가 아니라 '돈 세이 워드'로 표기하였으며, 'A Beutiful Mind'(2001)도 '뷰티풀 마인드'로 표기되었다. 그러나 'The Hours'(2002)와 'The Others'(2001) 같은 것들은 '디 아워스', '디 아더스'로 표기되었다. 부정관사와 정관사의 차이를 의심해 볼 수 있으나, 'The Hunted'(1995, 2003), 'The Beach'(2000)의 한국 제목이 '헌티드'와 '비치'이니, 영화 제목에 나오는 관사의 발음 표기 여부는 자의적이라고밖에 할 수 없다.

2. 파생과 굴절

앞에서 하나의 단어 혹은 어절이, 실질적 의미를 가지는 중심 부분인 하나의 어근과 문법적 의미를 가진 하나 이상의 접사가 결합한 것임을 보였다. '사랑스럽다'의 '-스럽-'과 같이 어근의 뒤에 붙는 접사를 접미사(suffix), '치솟다, 치받다'의 '치-'와 같이 어근의 앞에 붙는 접사를 접두사(prefix)라고 한다. 언어에 따라서는 어근의 중간을 파고드는 접요사(infix)가 있으나 한국어에는 존재하지 않는다. 영어에도 접요사가 없으나, 속어적 표현인 'fucking'을 단어 사이에 끼워 넣어 느낌을 강하게 전달하는 경우 접요사적 특성을 갖는다고 볼 수 있다. 예를 들어 'fantastic'의 뜻을 강렬하게 하기 위해 'fan-fucking-tastic'과 같이 말하는 식이다. 단, 이것은 속어적 표현이므로 한국 사람이 잘 배워 써 볼 생각은 하지 않는 것이 좋다.

접사는 크게 보아 두 가지 종류가 있다. 파생접사와 굴절접사가 그것들이다. 파생(derivation)은 하나의 단어나 어근에 기반을 두어 새로운 단어를 만들어가는 과정이고, 굴절(inflection)은 어떤 단어가 문장 내에서 사용될 때 적절한 형식을 취하는 과정이다. 먼저 파생에 대하여 살펴보자.

우리말의 '장난꾼, 운동가, 양복장이'는 '장난', '운동', '양복'이라는 명사 어근에 '-꾼', '-가', '-장이'의 접미사가 붙어 그러한 일을 하는 사람 혹은 그것과 관련이 있는 일을 하는 사람이라는 새로운 단어가 된 것이다. '걱정스럽다, 남자답다, 향기롭다'의 '-스럽-', '-답-', '-롭-' 접미사들은 명사 어근에 붙어서 형용사를 만들어 낸다. 파생접사에는 접미사만 있는 것이 아니다. '치솟다, 치받다'의 '치-', '들볶다, 들쑤시다'의 '들-'은 동사 어근 앞에 붙어서 새로운 단어를 만들어 내는 접두사이다.

영어에도 파생접미사와 파생접두사들이 많이 있다. 'boyish'의 '-ish', 'formal'의 '-al'은 명사에 붙어 형용사를 만드는 접미사이고, 'happiness'의 '-ness', 'subtlety'의 '-ty'는 형용사에 붙어 명사를 만드는 접미사이다. 형용사를 동사로 만드는 '-ize'('modernize')와 '-en'('redden'), 동사를 명사로 만드는 '-ment'('movement')와 '-ation'('modernization')도 있다. 접두사로서는 'happy' 등 형용사 어근의 앞에 붙는 부정의 뜻의 접두사 'un-'('unhappy'), 'interact, interplay' 등에 나타나는 'inter-', 그리고 그 외에도 'pre-, post-, ante-', 'anti-' 등 여러 가지가 있다.

다양한 파생접사는 한정된 자원으로 수많은 의미를 어휘적으로 개념화하기 위한 중요한 수단이다. 새로운 개념의 단어를 모두 새로운 형식으로 만든다면 언어 사용자의 기억의 부담이 그것을 감당하지 못할 것이다. 관련되는 의미들을 접사를 통해 연결시킴으로써 이미 아는 단어에 기반을 두어 새로운 단어를 만들어 사용하는 것이 합리적이다.

파생과 대립되는 형태적 과정이 굴절이다. 굴절은 어떤 단어가 실제 문장에서 쓰일 때의 적절한 형식으로의 변화이다. 하나의 문장은 시제(현재, 과거)와 상(진행, 완료), 양상(추정, 필연), 서법(평서, 의문, 명령) 등 문법적 범주를 표현할 수 있는데 그것들은 대개 동사의 형식에 반영된다. 우리말의 '잡으시었겠습니까'라는 어형을 생각해 보자. 이것은 다음과 같이 여러 형태소로 이루어진 형식이다.

▎잡-으시-었-겠-습니까

제5장 언어의 단어 구조: 형태론

여기서 '잡-'은 어근이며 나머지 형태소들은 문장 속의 문법적 의미들을 나타내는 굴절접사들이다. 주체(주어) 존대의 '-으시-', 과거 시제의 '-었-', 추정의 '-겠-', 상대(청자) 존대 의문의 '-습니까'가 차례로 결합하였다. 굴절형태소가 없이 어근 '잡-'만이 문장에 사용될 수는 없다. 그리고 문장에서 표현하고자 하는 문법적 의미에 맞는 굴절형태소가 어근과 결합하여야만 적절한 형식이 되어 문장 속에 쓰일 수 있다. 동사나 형용사의 굴절에 대하여 말할 때 어근을 어간(stem), 접미사를 어미(ending)라고도 부른다.

영어의 동사 활용도 굴절접사가 나타나는 굴절 현상이다. 'walks'는 문장의 주어가 3인칭 단수일 때의 현재형으로 굴절접사 '-s'가 쓰이고, 'walked'에는 과거를 의미하는 굴절접사 '-ed'가 쓰인다. 라틴어와 같은 전형적 굴절어에서는 단어의 형식이 복합적인 문법 범주에 따라 변한다. 라틴어의 'amō'는 이 형식 전체가 일인칭 단수 현재 능동을 나타내며 하나의 문법 범주가 하나의 접사에 대응하지는 않는다. 이러한 언어에서 굴절은 한국어와 같이 형태소(접사)로 실현되는 것이 아니라 하나의 형태적 과정이라고 볼 수 있다.

파생이 새로운 단어가 생겨나는 과정이고, 굴절이 단어의 문장 내에서의 쓰임에 따른 형식의 변화라는 개념적 차이에 기반을 두고 그것들의 차이를 정리해 보자.

첫째, 파생과 달리 굴절은 새로운 단어가 생기는 과정이 아니므로 품사가 변할 수 없다. 현재형이나 과거형이거나 간에 모두 동사이다. 반면에 새로운 단어가 생기는 파생의 결과는 다른 품사의 단어인 경우가 많다. '걱정'은 명사이고 '걱정스럽다'는 형용사이다. 'modern'은 형용사이고 'modernize'는 동사이다. 그러나 파생을 통한 생겨난 새로운 단어의 품사가 반드시 바뀌는 것은 아니다. 명사 '양복'으로부터 명사 '양복장이'가 파생되고, 형용사 'happy'의 파생형 'unhappy'도 형용사이다.

둘째, 파생과 굴절은 생산성(productivity)에 차이가 있다. 굴절은 단어가 문장에서 쓰일 때의 형식의 변화이므로 거의 모든 단어에 적용된다. 우리말의 과거형 '-었-'('-았-', '-ㅆ-')은 거의 모든 동사와 형용사에 붙을 수 있다. 단, '동생을 데리고 왔다'의 '데리다'와 같은 불구동사는 특정한 형식으로만 쓰이므로 '-었-'이 붙을 수 없다. 굴절접사가 매우 생산적인데 반하여 파생접사는 상대적으로 비생산적이고 파생접사들 사이의 생산성도 큰 차이가 난다. '-스럽-'이 명사에 붙어 형용사를 만든다고 하지만 모든 명사에 붙는 것은 아니다(*책상스럽다, *진리스럽다'). 그렇다 하더라도 '-스럽-'은 비슷한 성격의 파생접사 '-롭-'에 비해서는 상대적으로 생산적이다. 예를 들어 '자유스럽다'와 '자유롭다'가 모두 가능하지만, '걱정스럽다'가 가능한 반면 '*걱정롭다'는 불가능하다. 그 이외에도 몇 가지를 생각해 보자. 아래의 '남세스럽다'의 예는 그 생산성의 차이가, 받침이 있고 없음의 음운적 조건에만 기인하지 않는다는 것을 보여준다.

영화스럽다	영화롭다
신비스럽다	신비롭다
행복스럽다	*행복롭다
영광스럽다	*영광롭다
남세스럽다	*남세롭다

셋째, 어근에 접사가 붙는 순서를 보면 굴절접사보다 파생접사가 먼저 어근과 결합하여야 한다. 그것은 파생을 통하여 새로운 단어가 만들어진 후 이 새로운 단어가 문장에 쓰일 때의 형식이 결정되어야 하기 때문이다. 영어의 'modernizes'는 어근 'modern'에 파생접사 '-ize'가 붙어 동사가 만들어진 후에 삼인칭 단수를 나타내는 굴절접사 '-s'가 붙은 것이다. 파생접사나 굴절접사가 두 개 이상 쓰일 수도 있는데, 이 경우에도 파생접사들이 모두 결합한 후 굴절접사들이 결합할 수 있다. 영어의 'formalizes'와 우리말의 '걱정스럽겠지만'은 다음과 같이 분석된다.

| form(어근) + al(파생접사) + ize(파생접사) + s(굴절접사)
| 걱정(어근) + 스럽(파생접사) + 겠(굴절접사) + 지만(굴절접사)

영화 + 언어

영화 「포제션」(Possession, 2002)은 현대의 남녀 영문학자들이 과거의 어떤 영국 시인의 사랑의 행적을 추적해 가는 내용을 미스터리 형식으로 구성하여 보여준다. 그들은 시인과 그의 정부의 비극적 로맨스의 퍼즐을 맞추게 되는 과정에서 과거의 연인들과 같은 역동적인 심리 변화를 겪게 되고 사랑에 빠지게 된다. 영화 제목 'possession'은 영혼이나 감정의 사로잡힘을 뜻하는 단어로 현대의 영문학자와 과거의 시인의 영혼의 교감을 의미한다. 이것은 'possess'라는 동사에서 파생된 명사이다. 동사 'possess'에는 물건을 소유한다는 기본적이 뜻과 아울러 영혼이나 육체에 대한 소유의 뜻도 있다. 명사형 'possession'에도 소유나 소유물의 뜻이 있고, 이 영화의 제목으로 쓰인 영혼의 사로잡힘이라는 뜻도 있다. 관련된 다른 파생형인 'possessed'는 후자의 뜻만을 가지고 있어 귀신에 홀렸다는 뜻이다. 파생의 경우 어근의 모든 의미가 새로운 단어로 연결되지 않음을 보여주는 예이다. 우리말에서 '먹이다'가 사람에게나 동물에게 모두 쓰일 수 있지만 '먹다'로부터 파생된 '먹이'가 사람의 음식에는 쓸 수 없는 것도 같은 맥락에서 이해할 수 있다. 아내가 남편에게 "아이들 들어오면 먹이 좀 주세요"라고 말한다고 상상해 보라.

　　다시 영화 「포제션」의 내용으로 돌아와, 현대의 두 영문학자가 추구하는 과거 시대의 시인의 행적 탐구에 한 가지 의문을 던질 수 있다. "과거의 시인이 무슨 일을 했건 지금 무슨 상관인가?" 이러한 질문은 인문학적 연구 전반에 대하여 제기할 수도 있다. 물론, 인문학적 탐구의 결과는 인간의 일차적인 생존에 큰 영향을 미치지는 않는다. 그럼에도 불구하고 인간은 일차적 생존에만 만족하고 살 수 없도록 창조된 존재이다. 사람들은 물질이 아닌 정신적 만족을 위해 시를 읽고, 시를 쓴 과거 시인의 행적에 관심을 가질 수 있다. 그러나 영화 「포제션」은 그러한 인문학적 질문이 단지 지적인 만족이 아닌, 인간의 실존에 직접적인 관련이 있을 수도 있다는 것을 보여준다. 두 영문학자는 그들의 마치 홀린 듯 빠져 든 지적 추적을 통하여, 그 중 한 사람(귀네스 팰트로)이 바로 그들의 추적 대상인 시인과 연인의 후손임을 알게 된다. 그리고는 현대의 두 영문학자는 과거의 시인과 연인처럼 사랑에 빠진다. 현실의 사랑은 삶과 죽음을 가를 수도 있는, 우리의 존재에 직접적으로 중요한 문제이다(사랑 때문에 살인을 하기도 하고, 스스로 목숨을 끊기도 한다). 결국, 이 영화는 모든 인문학적 질문과 탐구가, 인간의 생존 조건과 거리가 먼 고답적인 지적 만족을 주는 것 이상으로 인간의 삶에 직접적인 관련성을 가질 수도 있다는 것을 암시한다.

3. 합성어와 숙어

합성어

　　파생이 하나의 어근에 하나 이상의 접사가 결합하여 새로운 단어를 만드는 조어(word-formation) 방법인데 반하여, 합성(compunding)은 두 개 이상의 어근이 결합하여 새로운 단어가 만들어지는 조어 방법이다. 다음과 같은 예들이 있다.

> (ㄱ) 창문, 주식회사, 바지저고리
> (ㄴ) 쥘손, 빨간약
> (ㄷ) 오가다, 나들다, 여닫다
> (ㄹ) 잡아먹다, 찾아보다
> (ㅁ) penman, bookshelf, light bulb
> (ㅂ) blackboard, greenhouse, rocking chair
> (ㅅ) hitchhike

(ㄱ)과 (ㅁ)은 가장 흔한 합성어의 구성 방식인 명사와 명사의 결합이다. (ㄴ)과 (ㅂ)과 같이 수식어와 명사가 결합하여 합성명사가 되는 일도 많이 있다. (ㄷ), (ㄹ), (ㅅ)은 합성동사의 예들이다. 여기서 (ㄴ)과 (ㅂ)에 나타나는 수식어와 명사의 결합 구조는 일반적인 통사적 구조와 다르지 않다. '하얀 손수건, 떠날 사람, red pencil' 등은 합성어가 아닌 통사적 구이며(수식어 + 명사), 구조적으로 (ㄴ)과 (ㅂ)의 합성어들은 통사적 구와 구별되지 않는다(잠시 후 언급할 합성어로서의 특성이 따로 있다). 이와 같이 그 구성상 통사적 구와 구별되지 않는 합성어를 통사적 합성어라고 한다. 명사와 명사의 결합은 전형적인 통사 구조는 아니지만 명사 앞의 명사가 수식어로 전환되어 쓰이는 것이 일반적이므로 (ㄱ)과 (ㅁ)을 통사적 합성어라고 해야 할지 혹은 비통사적 합성어라고 해야 할지 불확실하다. 통사적 합성어와 비통사적 합성어의 차이는 (ㄷ)과 (ㄹ)의 차이에서 확연히 드러난다. 우리말의 문장에서 통사적으로 동사나 형용사 어간이 어미 없이 쓰이는 경우는 없다. 동사와 동사가 연속하여 쓰일 때에는 앞의 동사에 연결어미가 쓰인다. 예를 들어 '(책을) 집어 들다'와 같은 구가 가능하다. (ㄹ)의 '잡아먹다, 찾아보다'는 이러한, 동사가 연속한 구와 그 구성에서 다름이 없다. 반면에 (ㄷ)의 합성어들은 동사 어간이 직접 다음 동사와 결합한 구성으로서 통사적 구성이 아니다. 즉, (ㄹ)은 통사적 합성어인 반면 (ㄷ)은 비통사적 합성어이다. 영어에서 동사와 동사가 결합한 (ㅅ)의 'hitchhike' 같은 합성어들도 비통사적 구성이다.

'여닫다, hitchhike'와 같은 비통사적 구성의 합성어는 그 비통사적 구성 자체

때문에 구와 구별되는 단어 층위의 단위임을 쉽게 파악할 수 있다. 그러나 통사적 합성어들은 그에 상응하는 통사적 구성과 구조의 면에서 구별되지 않는다. 그것들을 합성어라고 부를 수 있는 것은 다음과 같은 합성어의 일반적 특성 때문이다.

첫째, 전형적인 합성어는 그것을 구성하는 어근들의 의미로부터 그 의미가 자동적으로 도출되지 않는다. 예를 들어 합성어 '바지저고리'의 촌스러운 사람이라는 뜻은 '바지'와 '저고리'의 뜻으로부터 자동적으로 도출되지 않고, '빨간약'이 머큐로크롬이라는 특정한 바르는 물약을 뜻함이 '빨갛다'와 '약'의 의미로부터 도출될 수 없다(빨간 색의 약은 여러 가지이다). 통사적 구인 '노란 풍선'의 의미가 '노랗다'와 '풍선'의 의미로부터 자동적으로 나오는 것과 대조적이다. 영어의 통사적 구인 'black board'의 의미가 'black'과 'board'의 의미로부터 자동적으로 도출되어 까만 나무판을 의미할 수 있는데 반하여, 합성어 'blackboard'는 그렇지 않다. 칠판을 뜻하는 이 단어는 실제로 검은 색이 아닌 어두운 초록색의 칠판에도 적용할 수 있다. 합성어 'greenhouse'도 겉이 하얗거나 파랗거나 간에 온실을 의미하는 하나의 단어이다. 이러한 합성어의 특성을 의미의 비조합성(non-compositionality)이라고 할 수 있다.

둘째, 영어의 경우 강세라는 형식적 특성이 수식 구성의 합성어와 통사적 구를 구별하는 경우가 많이 있다. 일반적으로, 통사적 구성에서 앞의 수식어와 뒤의 피수식어 중 후자에 강세가 온다. 그러나 합성어의 경우에는 대개 강세가 앞쪽 어근에 온다. 예를 들어 온실을 뜻하는 합성어 'greenhouse'의 제1 강세는 첫 번째 음절인 'green'의 모음에 오지만, 초록색 집을 뜻하는 통사 구성 'green house'는 'house'의 모음에 제1 강세가 온다. 그러나 합성어에서 강세가 앞 쪽에 오는 경향은 많은 예외가 있어 이 기준을 일률적으로 적용할 수는 없다.

셋째, 의미적으로 조합적이고, 강세 등 형식적인 면에서도 통사적 구성과 구별되지 않지만, 워낙 자주 사용되다 보니 하나의 단어로 인식되는 많은 합성어들이 있다. '대학교수'는 '대학'이라는 단어와 '교수'라는 단어의 의미로부터 전체 의미를 충분히 예측할 수 있지만 이렇게 결합된 형식으로 아주 빈번히 쓰이므로 하나의 합성어 단어로 인식된다. '위기관리'도 마찬가지이다.

한국어나 영어의 합성어는 뒤에 오는 어근이 핵심이 된다. '단팥빵'은 특정한 종류의 팥을 가리키는 것이 아니라 어떤 빵의 종류를 가리키며, '늑대인간'은 인간의 특성을 가진 늑대라기보다는 늑대의 특성을 가진 인간이다. 보름달 아래에서 울부짖고 광야를 뛰어다니던 늑대도 총을 맞고 죽으면 사람으로 돌아오기 때문이다(「나자리노」(Nazareno, 1974) 등 대부분의 늑대인간 영화에 그렇게 나온다).

영어의 'dog' 합성어와 'cat' 합성어를 예로 들어 합성이 어휘를 풍부하게 만드는 중요한 기제임을 살펴보자. 원래 동물을 가리키는 말이 사람을 가리키는 데 쓰이는 경우가 있다. 우리말에서, '개'로 행실이 나쁜 사람이나('그는 술을 먹으면 개가 된다'), 남의 앞잡이('그는 일제의 개였다')를 낮추어 부르는 식이다. 영어의 'dog'도 비겁한 사내나 밀고자 혹은 추녀를 가리킬 수 있다. 영어의 경우 '~dog' 형식의 합성어가 많이 있어 이것들이 주로 좋지 않은 뜻의 남자를 가리킨다. 여자를 따라다니는 남자를 경멸적으로 이르는 'gay dog'(방탕아), 'hound dog'(색광), 'sad dog'(난봉꾼), 'dirty dog'(호색한) 등이 있다. 'hangdog'(비열한 사내), 'running dog'(주구), 'yellow dog'(겁쟁이), 'Derby dog'(귀찮은 방해자) 등도 모두 부정적인 뜻의 단어들이다. 이 단어들만큼 부정적인 뜻을 갖지는 않지만 'big dog'(거물), 'sea dog'(노련한 선원), 'hot dog'(묘기를 부리는 운동선수), 'bulldog'(완강한 사람), 'devil dog'(해병대)도 호의적인 뜻의 단어들은 아니다. 좀 더 중립적인 뜻을 가진 'top dog'(승자), 'overdog'(지배 계급), 'underdog'(패배자) 등의 단어도 있다. 우리말의 경우 '~개' 합성어가 실제 개가 아닌 사람을 가리키는 것들은 별로 없다. 다만 우리말에서 '개'는 접두화되어 '개떡', '개꿈', '개수작', '개고생', '개죽음' '개망나니', '개잡놈' 등에서 쓰이는데, 이때 '개-'의 뜻은 명사 '개'와 연관되어 있다. 근래에는 '개힘들다', '개어렵다' 같이 유행어로 사용되기도 한다(사전에 없는 단어들임).

영어에서 'cat'도 동물을 가리키는 원래의 뜻 외에도 심술궂은 여자라는 뜻과 여자를 쫓아다니는 사내라는 뜻도 있다. 따라서 합성어의 일부로 'cat'이 쓰이는 단어들 중 여자를 가리키는 'alley cat'(매춘부), 'hellcat'(악녀), 'scratchcat'(짓궂은 여자) 같은 것들이 있고, 남자를 가리키는 'musk cat'(멋 부리는 남자), 'gaycat'(난

봉꾼), 'tomcat'(여자를 쫓아다니는 사내), 'tough cat'(여자에게 인기 있는 남자), 'Cheshire cat'(늘 능글맞게 웃는 사람) 같은 것들이 있다. 재즈와 관련된 'cool cat'(열렬한 재즈 팬), 'hepcat'(재즈 음악의 명수) 같은 단어들이나 'bearcat'(억센 사람), 'wildcat'(난폭한 사람) 같은 단어들도 남자와 관련이 된다. 남녀의 차이 없이 쓰이는 단어들로는 'copycat'(흉내쟁이), 'fat cat'(특권을 누리는 부자), 'fraidy/fraid cat'(겁쟁이), 'scaredy-cat'(겁쟁이) 등이 있다.
이상의 '~cat' 단어들은 모두가 부정적인 뜻인데 반하여 'pussycat'(호인), 'tame cat'(호인)과 같이 긍정적인 뜻의 단어가 예외적으로 존재한다. 한국어에서 '~고양이' 합성어가 사람을 나타내는 경우는 별로 없다. 'dog'과 '개', 'cat'과 '고양이'의 예만을 놓고 보면, 영어의 합성어 형성이 훨씬 활발한 것처럼 보인다.

합성은 새로운 단어를 만들어 내는 아주 유용하고 강력하며 광범위하게 사용되는 기제이다. 말놀이 중에도 합성과 관련된 것들이 많이 있다. 몇 가지를 제시하면 다음과 같다.

> '너는 시골에 살고 있다'를 세 자로 줄이면 − '유인촌' (you + in + 村)
> '개가 사람을 가르친다'를 네 자로 줄이면 − '개인교수' (개 + 人 + 敎授)
> '개가 사람을 기다린다'를 세 자로 줄이면 − '개인기' (개 + 人 + 기(다리))

숙어

숙어(idiom)는 형식적으로 여러 개의 단어가 결합하여 통사적 구를 이루지만, 일반적인 통사적 구성과 달리 전체 의미를 단어들의 의미들로부터 예측할 수 없는 표현이다. 즉, 조합성(compositionality)의 원리를 준수하지 않는다.

> 조합성의 원리: 전체(표현)의 의미는 부분들의 의미와, 부분들이 결합하는 방식, 즉 문법 구조에 의존한다.

조합성의 원리로 인하여 언어의 무수한 문장들의 의미를 우리가 이해할 수 있다. 유한한 수의 단어들의 의미와 유한한 수의 구조의 종류를 이해함으로써 무한한 수의 문장의 의미를 이해하는 것이다. 조합성의 원리가 없다면 우리는 모든 문장의 의미를 일일이 알고 있어야 하는데 무한한 수의 문장에 대응하는 무한한 수의 의미를 기억할 수는 없다. 숙어는 조합성의 원리를 위반하는 표현이기 때문에 그 전체 의미를 기억 속에 간직하고 있어야만 한다.

속담도 일종의 숙어라고 볼 수 있는데, 속담을 비롯하여 몇 가지의 우리말 숙어를 제시하면 다음과 같다.

> 미역국을 먹다
> 발이 넓다
> 손이 크다
> 비행기를 태우다
> 아니 땐 굴뚝에 연기 나랴? (속담)

이 표현들은 형식적으로 모두가 정상적인 통사적 구성이므로 문자 그대로의 일차적인 뜻을 가지고 있다. 거기에 덧붙여 이 표현들은 숙어로서 그 구성 단어들의 뜻만으로는 예측할 수 없는 의미를 가진다. 떡국을 먹고 시험을 친 후 떨어졌어도 '미역국을 먹었다'라고 할 수 있고, 발이 작은 사람도 사교의 범위가 넓으면 '발이 넓다'라고 할 수 있으며, 작고 귀여운 손을 가진 소녀가 자기가 가진 물건을 넉넉하게 나누어주는 후한 마음씨를 가졌을 때에 그녀는 '손이 큰' 아이이다.

다음의 영어 숙어들도 마찬가지로, 그 구성 단어의 뜻으로부터는 예측하기 힘든 의미를 표현한다.

> kick the bucket   죽다
> bite the dust   죽다
> bite the bullet   이를 악물고 견디다
> dressed to kill   잘 차려 입은
> When the cat's away, the mice will [do] play.
>   (속담) 호랑이 없는 골에는 토끼가 스승이다.

대개 사용 빈도가 높은 단어들이 숙어 표현 속에 많이 나타난다. 따라서 고빈도 단어들을 제대로 사용하려면 수많은 숙어 표현을 암기해야만 한다. 보통 상위 1000 단어가 언어 사용의 75% 정도를 차지하는 것으로 조사되어 있는데(김흥규, 강범모 2000), 1000 단어를 알면 75%의 말을 이해하는 것으로 해석하는 것은 잘못이다. 고빈도 단어일수록 다양한 뜻을 가지고 있고 많은 숙어적 표현의 일부이기 때문에, 고빈도 단어 한 개를 제대로 안다는 것이 간단한 일이 아니기 때문이다.

숙어는 의미적인 면에서 비조합성의 특징이 있는 동시에, 형식적인 면에서는 여러 가지의 통사적 제약이 있다. 숙어는 많은 경우에 그 내부 요소를 수식할 수 없고, 있는 그대로의 형식으로 써야 한다. 앞에서 언급한 우리말 숙어의 예에 수식어를 첨가한 다음 표현들은 더 이상 숙어가 아니다.

> 뜨거운 미역국을 먹다
> 왼쪽 발이 넓다
> 오른쪽 손이 크다
> 대한한공의 비행기를 태우다
> 장작을 아니 땐 굴뚝에 매캐한 연기 나랴?

수식어를 사용하지 않는 경우에도, 다음 예들에서 보는 바와 같이, 시제나 서법이나 태의 변환이 완전히 자유롭지는 않다. 아래의 '*'와 '?' 표시는 숙어적 의미로서의 표현의 문법성에 관한 판단이다.

> 철수가 미역국을 먹었다. (과거)
> 철수가 미역국을 먹었니? (의문)
> *미역국이 철수에게 먹혔다. (피동)
> *그는 철수에게 미역국을 먹였다. (사동)

> 그는 발이 넓었다. (과거)
> ?그는 발이 넓어졌다. (기동)
> ?그는 미국에 가서 발을 넓혔다. (사동)

| *그는 발이 투박하고 넓었다. (접속)

　숙어가 의미의 조합성을 준수하지 않는 양상은 언어마다 다르다. 두 언어에서 비슷한 의미의 단어들이 동일한 통사 구조를 이루고 있다고 하더라도 한 언어에서는 숙어로 기능하고 다른 언어에서는 그렇지 않을 수 있다. 이와 관련하여, 미국에서 운전을 하다가 교통 법규를 위반하여 경찰에게 잡힌 한국인에 관한 믿거나말거나 류의 이야기가 있다. 그는 좀 봐 달라는 뜻으로 "Please look at me."라고 했다. 그러자 이렇게 말하는 한국 사람들을 많이 겪었던 미국 경찰관은 "No soup!"라고 단호하게 대답했다. 국물도 없다는 뜻이다. 원래 '국물도 없다'는 돌아오는 이득이 전혀 없다는 뜻이니까 상황에 아주 적절한 것은 아니지만 절대로 안 된다는 뜻으로 사용했다고 볼 수 있다. 한 언어에서의 숙어 표현을 단어 대 단어로 다른 언어로 옮길 경우 대개는 숙어적 의미가 사라지는 것을 풍자한 이야기이다. 'He bit the bullet'을 '그는 총탄을 물었다'라고 번역한다면 그가 어려운 상황을 이를 악물고 견디었다는 뜻은 사라질 것이다.

영화 ✚ 언어

　영화 「도그빌」(Dogville, 2003)과 「카피캣」(Copycat, 1995)은 제목이 'dog' 혹은 'cat'을 포함하는 합성어이지만 실제 동물 개와 고양이의 이야기는 아니다. 「도그빌」에는 약점을 가진 여자를 학대하는 개만도 못한 인간들이 나오며, 「카피캣」에는 연쇄살인을 모방하는 흉내쟁이 살인자가 나온다. 또한 「슬럼독 밀리어네어」(Slumdog Millionaire, 2008)에는 빈민가 사람들이 개처럼 어렵게 사는 모습이 나온다.
　개 같은, 혹은 개만도 못한 인간들이 나오는 영화 「도그빌」의 무대가 되는 마을 이름 '도그빌'(Dogville)은 의도된 단어이다. 개는 인간보다 못한 동물의 대명사이며, 이 영화는 그 개보다 못한 인간들을 보여준다. 우리말에서도 '개'는 분류학적 의미(학명: canis familaris) 이외에 사람을 부정적으로 일컫는 말로도 쓰인다. 국어사전을 찾아보면, 개를 부정적으로 묘사하는 다음과 같은 표현들이 있다. '개가 개를 낳지', '개가 똥을 마다할까[마다한다]', '개 눈에는 똥만 보인다', '개 새끼는 나는 족족 짖는다', '개 새끼치고 물지 않는 종자 없다', '개 새끼는 짖고 고양이 새끼는 할퀸다', '개하고 똥 다투랴', '개 발싸개 같다' 등이다. '개 잡듯[패듯] 하다' 같이 개를 폭행의 마땅한 대상으로 묘사하는 표현도 있다. 역설적으로, '개 팔자가 상팔자', '개같이 벌어서 정승같이 산다[먹는다]' 같이 개 같은 형편없는 동물이 누리는 긍정적 삶을 표현할 수도 있다. 마지막으로, 인간이 개보다도 못하다는 뜻을 표현하는 말들도 있다. '개도 닷새가 되면 주인을 안다', '개도 제 주인을 보면 꼬리 친다', '개도 주인을 알아본다', '개 새끼도 주인을 보면 꼬리를 친다' 등이다. 이것이 바로 영화 '도그빌'의 메시지이다.

합성어로 된 다른 영화 제목을 생각해 보자면 한 경찰관의, 동료와 가족에 대한 책임과 인정이 묘하게 얽혀있는, 일본 영화 「하나비」(1997)가 있다. '하나비'는 불꽃놀이의 '불꽃'을 뜻한다. 폭력을 화려하지만 순간적인 불꽃으로 상징한 것으로 보인다. 그런데 이 '하나비'라는 일본어의 한자는 '花火'(화화), 즉 '꽃-불'이다. 우리말의 '불-꽃'과 반대의 순서를 가진 셈이다. 우리말에도 '꽃-불'이 있으나 이것은 타오르는 불을 가리킨다. 우리말의 '불-꽃', 일본어의 '꽃-불(하나비)', 영어의 'fire works'를 놓고 볼 때 재미있는 사실이 발견된다. 한국어와 일본어는 모두 '불'과 '꽃'의 개념이 관련되는 반면 영어의 경우에는 '불'의 개념만이 있으며 '장치' 혹은 '인공물'의 개념이 추가된다. 중국어의 '煙花'(煙: 연기 연)에는 '불'의 개념이 있기는 하지만 '火'로 표현하지는 않는다. 한국어와 일본어처럼 '꽃'의 개념도 있다. 그리고 순서는 한국어와 마찬가지로 '불-꽃'이다. 프랑스어의 'feu d'artifice'에도 '불'의 개념이 들어가지만, 영어에서와 마찬가지로 '꽃'의 개념은 없고 '인공물'의 개념이 있다. 한국어, 중국어, 일본어, 영어, 프랑스어 들을 놓고 볼 때, 불꽃을 꽃과 관련시켜 보는 한국어, 일본어, 중국어가 낭만적이고, 불과 인공 장치의 개념이 중심이 되는 영어와 프랑스어는 무미건조하다고 할 수도 있겠다.

4. 기타 조어 방법

파생과 합성이 새로운 단어를 만들어 내는 조어(word formation)의 주요한 방법이지만 그 밖에도 다양한 방법으로 새 단어들이 만들어진다.

중복(reduplication)은 형태소의 중복을 통해 대개 강조적 의미를 가진 단어가 만들어지는 과정이다. '물렁물렁, 쫄랑쫄랑'과 같이 동일한 형식의 반복이나, '울긋불긋, 울퉁불퉁'과 같이 약간의 음성 변화를 포함할 수 있다. 영어에서도 'zigzag, willy-nilly' 등의 형식이 있다. 하와이어에서 "빨리빨리"를 의미하는 'wikiwiki'는 인터넷 집단지성의 산물인 위키피디아(Wikipedia) 백과사전의 이름에 사용되었다. 코끼리가 여럿 모여 있는 모양을 일컫는 말을 '끼리끼리'라고 한다는 말놀이에 등장하는 '끼리끼리'도 중복을 통한 조어의 결과이다.

융합(blend)은 두 단어가 합성될 때 가운데 부분이 빠지는 현상이다. 다음과 같은 예들이 있다.

> motel: motorist + hotel
> smog: smoke + fog
> Komerican: Korean + American
> Kosian: Korean + Asian
> telematics: telecommunications + informatics
> infodemics: information + epidemics
> webcieity: web + society

두자어(acronym)는 단어의 첫 글자 혹은 첫 음절을 결합하는 경우이다.

> UCB: University of California, Berkeley
> MIT: Massachusetts Institute of Technology
> UNESCO: United Nations Educational Scientific Cultural Organization
>   (국제연합 교육 과학 문화 기구)
> OPEC: Organization of Petroleum Exporting Countries (석유 수출국 기구)
> FTA: Free Trade Agreement

우리말의 경우 자음이 음절 첫 부분에 하나밖에 올 수 없기 때문에 첫 글자(자음)만을 결합하여 새로운 단어를 만드는 일은 없으나 첫 음절들을 결합하는 일은 흔하다.

> 고대: 고려대학교
> 노찾사: 노래를 찾는 사람들
> 책따세: 책으로 따뜻한 세상 (만드는 교사들)
> 일만나: 일자리 만들고 나누기
> 아나바다: 아껴 쓰고, 나눠 쓰고, 바꿔 쓰고, 다시 쓰기
> 겸따마다: 겸손하고 따뜻하게 마음으로 다가가기

근래에 영화, 노래, 드라마의 긴 제목을 줄여서 부를 때에도 이러한 방식을 사

용한다.

> 뻐둥새: 뻐꾸기 둥지 위로 날아간 새
> 여친소: 내 여자 친구를 소개합니다
> 우생순: 우리 생애 최고의 순간
> 꽃남: 꽃보다 남자
> 슈스케: 슈퍼스타 K
> 별그대: 별에서 온 그대

이들 예에서 보는 것처럼 보통 한자어들에서 자유롭게 일어나는 이러한 현상이 근래에는 고유어나 외래어에도 많이 적용된다.

역성(back formation)은 일반적인 파생의 순서와 반대로 단어가 생겨나는 현상이다. 하나의 예는 영어의 명사 'typewirter'로부터 동사 'typewrite'가 생겨난 것이다. 일반적으로는 동사가 먼저 존재하고 여기에 접사 '-er' 혹은 '-or'가 붙어서 그러한 일을 하는 사람 혹은 도구의 뜻을 갖는 새로운 단어가 파생된다. 다음과 같은 예들이 있다.

> drive + er → driver
> hunt + er → hunter
> act + or → actor
> boil + er → boiler

'typewirte'와 'typewriter'의 경우에는 타이프라이터 기계가 먼저 발명된 후 그 기계를 이용하여 글을 쓰는 행위를 동사로 표현하게 되었으므로 'typewirter' → 'typewrite'라는 반대 방향의 조어가 발생하였다. 비슷한 예로, 편집자라는 뜻을 가진 'editor'가 라틴어에서 영어에 들어온 후 나중에 'edit'라는 동사가 생겨났다. 영어에는 'author, tailor, butcher' 등 동사 형태가 없으면서 "~하는 사람"의 뜻을 가진 명사들이 많이 있다. 언젠가는 이것들로부터 'auth, tail, butch' 등 동사가 만들어져 사용될 수도 있다. 단, 'coauthor'(공저자)와 관련된 동사로 'coauth'가 아닌, 영변화에 의한 'coauthor'(공동집필하다)가 있는 것으로 보아 앞으로 어떻게 될지 확실히 예단할 수는 없다. 고대의 그리스 철학자들이 간파했듯이, 언어는 규칙적이면서도 부분적으로 예측 불가능하다.

민간어원(folk etymology)은 언중이 단어를 잘못 분석하고 그것에 기반을 두어 새로운 단어들을 만들어 내는 현상이다. 대표적인 예로서 'hamburger'가 있다. 원래 이 단어는 독일의 함부르크 지방에서 먹던 음식을 가리키던 단어였다. 즉 'Hamburg + er'로 분석될 수 있는 것이었다. 그런데 이 음식이 돼지고기(ham)를 빵 사이에 끼워 먹는 음식이었으므로 언중들은 어느 단계에서 이 단어를 'ham + burger'로 분석하게 되었다. 그리고는 'burger'를 생산적으로 사용하여 'cheeseburger, chickenburger, fishburger, doubleburger' 등의 단어가 등장하게 되었다.

새로운 단어는 사람의 이름 등 고유명사로부터 유래하기도 한다. 나폴레옹 당시의 프랑스인 사드(Sad) 후작의 이름으로부터 가학성 변태 성욕을 의미하는 'sadism'이 나왔다고 한다. 'sadist, sadistic'과 같은 단어들도 있다. 'sadism'의 반대편에 있는 피학대 음란증을 의미하는 'masochism'도 사람 이름을 딴 것이라고 한다. 'sandwich'도 영국의 어떤 사람의 이름으로부터 연유한 단어이다. 카드놀이를 너무 좋아했던 샌드위치 백작이 음식을 먹으면서 카드놀이를 하기 위해 빵 사이에 고기 같은 것을 끼워 넣고 먹었는데, 그러한 방식의 음식에 샌드위치 백작의 이름을 붙였다는 것이다. 오늘날에는 상품명에서부터 그것과 관련된 일을 하는 동사를 만들어내기도 한다. 'Xerox'라는 상품명에서 복사한다는 뜻의 'xerox'라는 동사가 발생한 것이 그 예이다.

신조어(neologism)도 있다. 다른 대부분의 조어 과정이 기존의 어떤 형식을 바탕으로 접사를 붙이거나 변형을 가하여 새로운 단어를 만들어내는 과정임에 반하여, 완전히 새로운 단어가 생기는 현상이다. 사실 이것은 단어를 만드는 입장에서나 이해하는 입장에서 상당한 부담이 되므로 실제로 언어에 많이 나타나지는 않는다. 신조어의 예로서 자주 언급되는 것이 체코 작가 차펙이 1920년 그의 희곡에 나오는 기계인을 지칭하기 위해 사용했던 'robot'라는 말이다. 그러나 이 말은 완전히 무에서 나온 것은 아니고 체코어에서 강제 노동을 의미하는 'robota' 혹은 일을 한다는 뜻의 체코 고어 'robit'와 관련되어 있다. 다른 슬라브어들에서도 관련되는 단어들도 있다(배일한 2003: 22).

단어	언어	의미
robota	체코어	법정 노동
robit	체코어	일하다
robiti	슬로바키아어	일하다
robic	폴란드어	일하다
robotnic	폴란드어	남자 노동자
robotnica	폴란드어	여자 노동자

결국, 'robot'라는 신조어는 일과 관련된 기존 단어를 기반으로 만들어졌으며, 형식적으로 완전히 새롭게 만들어진 것은 아님을 알 수 있다. 오늘날 끊임없이 (소위 네이밍의 과정을 통하여) 만들어지는 새로운 상품명도 고어든 방언이든 외국어든 어떤 언어의 끈을 붙잡고 만들어지는 일이 많다. 예를 들어 과자 이름 '고소미'가 형용사 '고소하다'와 관련이 있음이 명백하며, '참존'이라는 화장품 이름도 '좋다'와 관련이 있다. 또한 '누비라'라는 자동차 이름은 우리말 '누비다'와 관련이 있고, '누네띠너'(과자), '이브자리'(침구), '푸르지오'(아파트), '다나한'(화장품) 등도 어떻게 만들어진 상품명인지 쉽게 짐작할 수 있다. 때로는 '에스페로, 아반테'처럼 외국어를 차용하여 자동차 이름을 만들기도 하는데, '에스페로'가 스페인어로 "나는 희망한다", '아반테'가 "앞으로"의 뜻을 가지고 있고, '에쿠스'가 라틴어로 "말"이라는 것을 아는 사람은 많지 않을 것이다. 차 이름 중에는 '르망, 투산, 산타페, 투스카니' 등 외국의 지명을 딴 것들도 있다. 가게 이름을 지을 때에도 가게의 성격을 잘 드러내면서도 기발하고 신선한 새 이름을 만드는 일에 사람들은 고심한다. 로마자로 쓰는 화장품 상점의 이름 'ARITAUM'은 우리말이지만 표기로 신선함을 주려고 시도한 것이다.

영화 ✚ 언어

영화 「시카고」(Chicago, 2003)는 20세기 초 미국 시카고의 난잡한 사회상을 그린다. 이 영화의 내용은 꽤 복잡하고 치밀한 이야기거리이지만, 사건의 전개는 단지 재즈 음악과 춤을 보조하기 위한 수단일 뿐이다. 따라서 이 영화의 감상 포인트는 그저 재즈 음악과 춤이다. 나는 재즈 음악에 그렇게 큰 흥미를 가지고 있지 않기 때문에(나에게 재즈 음악은 너무 느끼하다), 아카데미상의 찬사에도 불구하고 나는 이 영화를 그렇게 재미있게 보지는 않았다. 음악으로 치자면 「물랑루즈」가 나에게는 훨씬 나은 영화이다.

"All that Jazz"(이 표현은 관용적 의미가 있다) 등 영화의 전편을 가로지르는 재즈 음악은 일종의 대중 음악이다. 대중 음악에는 '재즈', '팝뮤직', '록뮤직', '디스코' 등 다양한 종류가 있는데, 그 중 재즈는 미국 흑인의 민속 음악과 유럽 백인의 클래식 음악이 결합하여 미국에서 생겨난 음악이다. 재즈라는 명칭은 1910년대 이후부터 쓰이기 시작했다. 재즈의 음악적 특징은 오프 비트와 즉흥 연주이다.

재즈는 적당히 음란하고 통속적이다. 그래서 'jazz'의 어원조차 "야비하고 외설스럽다"는 뜻의 영어의 고어 'jazz'에서 비롯되었다는 설까지 있다. 그 외에도 19세기부터 미국 남부의 흑인들이 사용한, 성행위를 의미하는 단어에서 왔다든지, 열광이라든가 빠른 템포나 리듬을 뜻하는 속어에서 비롯된 것이라는 설, 드럼 연주자 찰스의 이름이 Charles → chas → Jass → Jazz로 전환된 것이라는 설 등이 있다(야후 백과사전). 현대영어의 'jazz'도 음악 종류로서의 의미 이외에도 구어로서 소란, 흥분이라는 의미, 속어로서 허풍이나 흔해빠진 이야기라는 의미가 있고, 비어로서는 성과 관련된 의미도 있다. 영화 「시카고」에 나오는 야비하고 외설스러운 내용과 잘 어우러지는 어원과 의미이다.

'jazz'의 어원을 「옥스포드 영어 사전」에서 찾아보니 그 어원이 밝혀지지 않은 것으로 나와 있다. 앞에서 언급한 그럴듯한 '설'은 모두 민간어원에 해당한다. 그렇다면 나도 하나의 민간어원을 보탤 수 있다. 영어의 'jazz'의 발음은 원래 '째즈'이고 이것은 우리말의 '째지다'에서 온 것이라고, 즉 '째즈'는 '째지게' 신나는 음악이라는 데서 나온 말이라고 말이다.

5. 생활 속의 조어

'무서운'

우리 주변의 사물과 사상은 무한하다. 이 무한한 것들 중 인간에게 중요한 일부의 것들을 개념화하여 언어로 포착한 것이 단어이다. 인간에게 중요한 사물과 사상은 생겨나고 없어지고 변화한다. 따라서 단어는 없어지기도 하고 필요에 따라 생겨나기도 한다. 때로 우리는 생활 속에서 언어의 유희를 위하여 새로운 단어를 만드는 실험을 하기도 한다. 이와 같은 말놀이의 목적이 새로운 단어를 실제로 언어의 일부로 만들려는 노력은 아닐지라도 창조적인 인간의 조어 능력을 보여준다는 의미에서 살펴볼 만하다.

'무섭다'라는 형용사를 사용하여, 무서운 사람, 무서운 동물 등을 일컫는 말을 만들어 내는, 한때 유행했던 말놀이가 있다. 예를 들어 "무서운 가족은 - 무섭네", "무서운 남자 아이는 - 무섭군" 같은 것들이다. 이것은 '무섭다'의 굴절형 어미가 다른 형태소나 단어와 소리가 같은 것을 이용하는 말놀이이다. 무서운 사람, 동물, 사물과 관련하여, 다음과 같은 예들이 더 있다.

> 무서운 아주머니는? — 무섭네
> 무서운 군대는? — 무섭군
> 무서운 소는? — 무섭소
> 무서운 옆으로 걷는 동물은? — 무섭게
> 무서운 소귀는? — 무서우이(牛耳)

> 무서운 연못은? — 무섭지(池)
> 무서운 북은? — 무섭고
> 무서운 빗자루는? — 무섭지비
> 무서운 거리는? — 무섭당께로 / 무서우므로 / 무서운가
> 무서운 시골 동네는? — 무섭지도 무섭군 무서우면 무서우리

이러한 말놀이에서 친근한 외국어 표현까지도 이용할 수 있다. 다음 예들에서 영어의 'girl, war, sir, day, gun, long' 등의 우리말식 발음 '걸, 워, 서, 데이, 건, 롱' 등이 사용되었다.

> 무서운 여자아이는? — 무서운걸(girl)
> 무서운 전쟁은? — 무서워(war)
> 무서운 전쟁입니다, 각하 — 무서워서(sir)
> 무서운 날은? — 무섭데이(day)
> 무서운 총은? — 무서운건(gun)
> 길게 무서운 것은? — 무섭지롱(long)
> 무서운 술집은? — 무섭나바(bar)

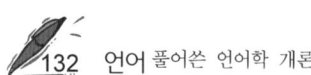

평음, 경음, 격음 자음의 차이를 적절히 이용한 예도 있다.

> 냄새나게 무서운 것은? (무섭게 냄새나는 것은?) — 무섭구려
> 더 심한 냄새가 나는 것은? — 무섭꾸려
> 더욱 더 심한 …? — 무섭쿠려

광고와 미디어

이와 같이 어느 정도 넌센스인 말놀이에서의 조어뿐 아니라 광고에서도 기발한 조어 혹은 단어의 재치있는 사용이 많이 있다. 특히 한자와 영어까지 동원된 광고 카피가 요사이 많이 나와 있다. 다음과 같은 것들이다.

> [통신 회사 광고] 제 한(制限) 좀 풀어주세요.
> [타이어 광고] 설설설(雪雪雪)~
> [돈까스점 광고] 돈(豚) 되는 장사
> [농협 광고] 러브 미(米) 캠페인, 미인(米人)
> [과자 광고] 미인블랙(美 in Black)
> [신문 섹션] 藝感

휴대 전화 통신 회사의 광고의 배경에는 비가 내리고 있다. 이때 "비가 내린다"는 그 배경을 말로 설명하는 것이지만 광고의 내용은 통신 비용이 싸졌다는 것을 전한다. 타이어 광고는 겨울에 눈이 내려서 차들이 설설 기어간다는 의미와 그것이 바로 눈 때문이라는 것을 말하면서 눈길에 필요한 스노타이어를 선전한다. 돈까스점 광고는 돼지고기를 팔아 돈을 벌 수 있음을 전달한다. 이상의 광고들이 우리말 고유어와 한자의 동음성을 바탕으로 이중의 의미를 전달하는 데 반하여, 농협 광고와 과자 광고에는 영어까지 등장한다. "Love me"의 '미'는 쌀 미 자와 대응되어 우리 쌀을 사랑하자는 메시지를 전달하고, '미인'도 그냥 아름다운 것이 아니라 쌀을 먹어서 아름다운 여인을 의미한다. '미인블랙'도 검은 색의 과자와 아름다운 여자를 병치 시킨다. 신문 섹션의 제목 '藝感'(예감)은 예술 섹션의 의미를 살리면서 감성적인 면을 강조하여 본능적으로 미리 느낀다는 의미의

제5장 언어의 단어 구조: 형태론

'豫感'(예감)의 '豫'를 '藝術'(예술)의 '藝'로 바꾼 것이다.

영어와 우리말의 발음을 기반으로 한 가지 내가 생각한 유머가 있다. 다른 사람이 먼저 말했는지는 모르겠지만, 적어도 내가 다른 사람으로부터 들은 말은 아니다. 어떤 코미디 프로그램에서 "천상천하 유아독존"을 외치며 같이 출연한 코미디언들을 무시함으로써 관객의 웃음을 자아내는 부분이 있다. 나는 '유아독존'을 매우 심한 욕이라고 생각한다. 왜냐하면 다음과 같이 "너는 개 사는 데에서 살아라"라는 뜻의 영어 표현으로 보기 때문이다. 그러니 관객은 마냥 웃고 있을 일은 아니다.

▎유아독존   "You are dog zone!"

동음이의성을 이용한 생활 속의 조어는 단어의 경계를 넘어서 적용되기도 한다. 다음은 한 방송 프로그램의 이름과 한 신문의 섹션 이름이다.

▎[방송 프로그램] 夜! 한밤에
▎[신문 섹션] 오! 樂

방송 프로그램의 제목은 한자로 표기한 밤 야(夜) 자이므로, 밤을 뜻할 수도 있고, "야!" 하고 사람을 부르는 소리일 수도 있다. 또 하나 의도하는 바는 뒤의 '한밤에'의 '한'과 결합하여 '야한 밤에'로 읽히는 것이다. 야한, 즉 점잖지 못하고 천한 가십거리를 중심으로 진행될 것이라는 예상을 하게 된다. 신문 섹션 제목의 '오!'는 느낌표와 함께 감탄의 외침이며 '락(樂)'은 즐겁다는 뜻이니 '오락'(娛樂) 섹션이라는 것을 전달하면서도 강렬한 느낌을 준다.

오래 전에 한 방송 프로그램에서 동음이의성을 재치 있게 이용하여 단어를 만든 하나의 예를 본 적이 있다. 두 명의 출연자가 나와서 한 사람이 혼자만 어떤 단어를 보고, 그것을 말로 설명하면 다른 사람이 단어를 맞추는 게임이다. 문제에 '해커'가 나왔다. 해커(hacker)는 남의 컴퓨터에 불법으로 침입하여 자료를 빼가거나 손상시키는 사람을 말한다. 이러한 사전적인 의미를 말로 표현할 시간이 없던 출연자가 설명한 말은 "달커 반대 ..."였고, 다른 출연자는 그 말을 듣자마자 '해커'를 맞추었다. '해커'의 '해'는 하늘에서 빛나는 태양과는 아무런 관계가 없으나 출연자들은 '달커'의 '달'의 반대말 '해'를 연상하고 '해커'라는 답을 맞힐 수 있었다. 인간의 조어 능력의 승리이다.

우리의 조어 능력은 새로운 단어가 계속 등장하는 매스컴에서 두드러지게 나타난다. 신문에서 다음과 같은 표현이 쓰이고 있다.

| [신문 스포츠면] 줄버디
| [신문 정치면] 줄소환

'줄버디'는 골프에서 선수가 계속하여 버디를 기록했다는 내용의 기사에 나타나고, '줄소환'은 정치권에 검은돈을 건넨 사업가들과 돈을 받은 관리들과 정치인들이 검찰에 계속하여 불려 나오는 상황을 보도한 기사에 나타난다. 이 경우의 '줄'은 "계속 이어진"의 뜻을 더하는 접두사로서 다음과 같은 예들이 있다.

| 줄글, 줄담배, 줄도망, 줄초상

미처 사전에 오르지 못한 '줄버디'와 '줄소환'이 신문에 사용되고 우리가 어려움 없이 그것들을 이해할 수 있는 것은 조어의 생산력을 보여 준다.

유명인을 쫓아다니며 몰래 곤란한 상황의 사진을 찍어 돈을 벌려는 사람을 일컫는 '파파라치'는 이탈리아어 'paparazzi'에서 온 말이다. 우리나라에서 한때 자동차의 교통 법규를 위반하는 모습을 촬영하여 신고하면 포상금을 주던 때가 있었다. 법규 위반 자동차를 몰래 찍는 사람들을 '카파라치'라고 부르는 것은 영어의 단어 'car'를 이용한 것이다. 이러한 조어법이 확장되어 쓰레기를 무단 투기하는 사람들을 사진 찍어서 신고하여 포상금을 타는 사람을 '쓰파라치', 성매매를 금지하는 법을 어기는 사람들을 사진 찍어 포상금을 노리는 사람을 '성파라치', 라고 부르기도 한다. 이상의 'X-파라치'는 사진을 찍는다는 파파라치의 원래 뜻을 유지한다. 그러나 슈퍼마켓을 돌며 유통기한이 지난 식품을 찾아 신고하는 '슈파라치' 선거 기간 중 선거 범죄를 신고하는 '표파라치', 주식시장에서의 불공정 주식 거래를 신고하는 '주파라치', 불법 학원 교습이나 과외를 신고하는 '학파라치' 등은 사진보다는 포상금을 노린다는 뜻이 위주가 된다. 조어의 확장 과정에서 그 의미가 다소 변질될 수 있음을 보이는 예이다(일종의 민간어원이다).

우리말은 아니지만 일본인들이 만들어 사용했다는 '욘플루엔자'와 '욘겔계수' 같은 말들도 이해하기 어렵지 않다. 이것들은 2004년 일본에서 드라마 「겨울연가」가 방영된 후 인기가 높아진 주인공 배우(배용준)를 부르는 말인 '욘사마'를 '인플루엔자', '엥겔계수'와 결합한 말들이다. 독감처럼 번져나가는 욘사마의 인기와 전체 가계 지출 중 욘사마 관련 상품 구입 비용이 차지하는 비율을 의미한다. 일본인들은 또한 영어를 일본식으로 발음하면서 그 일부를 축약하여 새로운 말을 만들기도 한다. '코스프레'는 'costume'과 'play'를 결합한 말로, 만화나 게임의 주인공처럼 옷을 입고 행동을 모방하는 놀이를 가리키는 일본식 조어이다. '리모컨'('remote' + 'control')도 그러한 종류의 말로서 우리말에도 들어와 널리 사용되고 있다.

영화 + 언어

광고에서는 효과적인 메시지 전달을 위하여 새로운 단어, 새로운 표현들을 사용한다. 광고 일을 맡은 사람들은 어떤 면에서 언어를 창조적으로 만들고 사용하는 사람들이다. 영화 「네온 속으로 노을지다」(1995)는 광고회사에 취직하여 카피라이터 일을 하는 한 여자를 중심으로 이야기가 전개된다. 그녀는 "광고는 정직해야 한다"는 소박한 생각을 가지고 광고 일을 시작하지만, 정직한 사실보다는 꾸며진 감성이 중요하고 결국에 가서는 "이 상품을 사세요"라는 메시지일뿐이라는 광고의 속성을 힘든 과정을 거쳐 깨달아 간다. 동시에 그녀는 직장에서의 여성 차별에 맞서는 법을 배우게 된다. 내용적으로 여성의 독립과 자아실현이라는 페미니즘의 메시지가 강하게 드러나는 작품이지만, 나는 그 내용적 특성보다는 「그대 안의 블루」(1992)와 「시월애」(2000)에서 드러나는 이현승 감독 특유의 감각적 색채와 분위기에 더 끌린다. 「네온 속으로 노을지다」는, 「그대 안의 블루」와 같이 냉혹하고 삭막한 현실의 푸른 색조가 영화의 전체를 물들이지만 간혹 노을의 붉은 색이 화면을 채운다. 「그대 안의 블루」의 노란색이 인생의 밝음과 따뜻함을 직설적으로 표현한 것에 비하면, 노을의 붉은 색조는 밝으면서도 어두움을 내포한다. 붉게 타는 노을은 아름답다. 하지만 붉게 물들은 서편 하늘은 이내 캄캄한 암흑이 된다. 그리고는 깊고 푸른 밤. 그 도시의 어두운 밤에는 현란한 네온이 거짓의 밝음을 아무 의미 없이 방출할 뿐이다.

영화 「네온 속으로 노을지다」의 배경인 광고 회사에서는 카피라이터들이 좋은 광고 카피를 만들기 위해 머리를 짜낸다. (커피를 마셔가면서, 코피를 쏟아가면서, 광고 카피를 만드는 사람들의 모습을 그린 「커피 카피 코피」라는 영화도 있다.) 시인이 시로써 감성을 표현하는 것보다도 더 집약적으로 메시지를 전달해야 하는 광고 카피는 언어의 응축성과 잠재성을 최고로 발휘해야 하며, 새로 단어를 만들어야 할 경우도 있다. 영화에서, 삼각관계를 모티브로 잡은 광고의 카피로 제시되는 표현은 다음과 같다. "그 남자에게 여자가 생겼다. 그래서 난 이제 자유다." 평범하지만 기억되는 문구이다. 영화 속에서는 광고 카피라이터를 좌절한 시인에 비유하였지만, 광고 카피는 어떤 의미에서 대중의 시라고 할 수도 있을 것이다. 대중 음악이 클래식과는 다른 의미에서 훌륭한 음악이듯이, 광고의 언어도 시의 언어와는 다른, 그러면서도 같은 점이 있는 훌륭한 언어이다.

이 장에서는 의미를 가진 언어의 최소 단위인 형태소에 대하여, 그리고 형태소들이 결합하여 단어를 구성하는 다양한 방법인 파생, 굴절, 합성, 숙어 등에 대하여 살펴보았다. 무한한 수의 문장을 사람이 사용할 수 있는 것은 유한한 수의 단어를 사람이 알고 그것들을 적절히 결합할 수 있기 때문이다. 그래서 영화 제목을 빌려 이 장을 마무리하자면 … **"언어의 중심에서 단어를 외치다"**(「세상의 중심에서 사랑을 외치다」).

더 읽을거리와 유용한 사이트

고영근, 구본관 (2008). 『우리말 문법론』. 서울: 집문당.
김진우 (2004). 『언어』, 개정판(초판 1985). 서울: 탑출판사.
최현배 (1971). 『우리말본』, 4판(초판 1937). 서울: 정음사.
허웅 (1995). 『20세기 우리말 형태론』, 서울: 샘문화사.
Matthews, P.H. (1991). *Morphology*, 2nd ed., Cambridge: Cambridge University Press.

온라인 사전 웹사이트(A Web of On-line Dictionaries)   http://www.yourdictionary.com

연습과 생각

1. 다음 단어형을 형태소로 분석하고, 각 형태소의 뜻을 말하시오.
   (1) 생날선생   (2) 추우셨겠다
   (3) inequality   (4) distrusted
2. 단어 형성 과정의 파생과 굴절의 차이를 요약하고, 본문에 언급되지 않은 예들을 찾아보시오.
3. 형태소로서 영어의 복수 접사 '-s'와 한국어 복수 접사 '-들'의 차이점은 무엇인가(힌트: 의무적 혹은 수의적)?
4. 우리말 합성어와 속담(또는 숙어) 중 '소'와 '말'이 들어간 것을 찾아 뜻과 함께 제시하시오. 아울러 영어의 'cow'와 'horse'에 대해서도 같은 조사를 하시오(힌트: 사전 이용 가능).
5. 한국어의 숙어나 속담과 영어의 숙어나 속담이 그 구성 단어와 뜻에서 대체로 일치하는 것들을 찾아보시오. 예: '-에게 등을 돌리다'와 'turn one's back on', '일석이조'와 'killing two birds with one stone'.
6. 우리말을 적절히 변형하고 이용하여 나온 상품명을 조사하시오. 아울러 그러한 방식으로 어떤 종류의 적절한 이름을 만들어 보시오. 이미 사용되고 있는 것은 제외하시오.
7. 근래 사용하는 일상어 혹은 유행어 중에서 '강추'처럼 어두음절의 연속으로 줄여서 부르는 것들을 조사해 보시오(본문에 예시한 것 제외).
8. 인상적인 광고 카피를 몇 개 언급하고, 그것들이 인상적인 이유를 설명하시오.

제6장
언어의 문장 구조: 통사론

1. 문장의 구조

어순과 계층 구조

우리의 생각을 언어로 표현하는 기본 단위는 문장이다. 문장은 단어들의 결합체로 일정한 형식을 갖추어야 하고, 문장의 형식이 문장의 의미와 독립적인 중요성을 갖는다는 것을 앞의 제2장(언어의 본질)에서 논의하였다. 다시 말하여, 모국어 사용자는 의미에 상관없이 문법성(grammaticality), 즉 문장의 형식이 올바른 것인지 그렇지 않은지에 대한 직관이 있다. 그리고 대개 비문법적인 표현을 어떻게 교정해야 문법적 표현이 되는지 알고 있다. 촘스키(Chomsky)가 언급하여 유명하게 된 다음 문장은 의미적으로는 이상하나 형식적으로는 올바른 문법적인 문장이다.

> Colorless green ideas sleep furiously.

동사 'sleep'에 형태소 's'가 붙은 문장, 혹은 어순이 위 문장과 다른 다음 문장들은 형식적으로 바르지 못한 비문법적인 문장이다.

> *Colorless green ideas sleeps furiously.
> *Ideas colorless green furiously seep.

또한 다음 두 문장은 모두 이상한데, 하나는 문법적이면서 의미적으로 이상하고 다른 하나는 비문법적이라는 것도 직관적으로 인식된다.

> Sincerity admires the boy.
> *Sincere admire the boy.

문법적인 문장은 올바른 구조를 가지고 있다. 이론언어학에서 문장의 구조를 연구하는 분야가 통사론(syntax)이다.
   문장의 구조란 어순(word order)과 계층 구조(hierarchical structure)를 말한다. 영어의 다음 두 문장을 살펴보자.

> The boy likes the girl.
> The girl likes the boy.

이것들은 단어들의 순서가 다른 문장들이며 따라서 구조가 다르고, 그 의미가 완전히 다르다. 이와 같이 어순이 문장 구조의 차이를 겉으로 드러내 주는 중요한 요소이지만, 그것만이 문장 구조의 전부가 아니다. 문장은 단어의 평면적 나열이 아니며 계층적 구조를 가지고 있다. 위 예문들은 다섯 개의 단어들로 이루어졌는데, 이 다섯 단어가 모두 동일한 정도로 주변의 단어와 가까운 것이 아니다. 'the boy likes the girl'에서 'boy'는 오른쪽의 'likes'보다는 왼쪽의 'the'와 더 가깝다. 'likes'와 'girl' 사이의 'the'는 'girl'에 더 가깝다. 이러한 직관을 다음과 같이 표시할 수 있다.

> [The boy] likes [the girl]

그 다음, 가운데의 'likes'는 왼쪽의 구 'the boy'보다는 오른쪽의 구 'the girl'에 더 가깝다고 볼 수 있다.

> [The boy] [likes [the girl]]

위에서 '[ ]'는 문장 내의 하나의 성분(구성성분, constituent)을 표시한다. 문장 내의 단어들이 작은 성분을 구성하고 이 성분들이 다시 더 큰 성분들을 구성한다. 이러한 방식으로 문장은 성분들의 계층 구조를 가지게 되는 것이다.

위의 (구성) 성분 구조는 직관을 바탕으로 한 것이지만, 이동, 생략, 대치와 같은 통사적 과정을 통해서도 성분 구조가 정당화된다. 예를 들어, 다음과 같이 'likes the girl'은 'do so'로 대치될 수 있지만, 'John likes'는 'do so'로 대치될 수 없다.

> John <u>likes the girl</u>. So does Tom [= Tom likes the girl].
> <u>John likes</u> the girl. *So does the boy [= John likes the boy].

어순은 표면적으로 나타나지만, 계층 구조의 차이는 귀나 눈으로 확인할 수 없다. 그렇지만 계층 구조에 대한 직관이 있고, 또 계층 구조의 차이를 인정해야만 설명할 수 있는 언어 현상들이 있다. 다음의 중의적 표현이 그러한 것들 중 하나이다.

> old men and women

이 표현은 두 가지 의미가 있다. 즉, 늙은 남자들과 (나이에 상관없이) 여자들을 의미하는 경우, 그리고 남자들과 여자들이 모두 나이가 많은 경우이다. 이 두 가지 의미는 다음과 같이 두 가지의 계층 구조에 대응시킬 수 있다.

> [[old men] and [women]]
> [old [men and women]]

영어에서 한 가지 예를 더 들어 보자면, 한국 현대 가족의 해체를 주제로 한 영화 「바람난 가족」(2003)의 영어 제목 "a good lawyer's wife"는 다음과 같이 두 가지 구조로 분석할 수 있다. 하나는 변호사가 착하다는 뜻이고 다른 하나는 변호사의 부인이 착하다는 뜻이다. (나는 후자가 영화의 내용과 더 일치하는 것이라고 생각하지만, 이견이 있을 수도 있다.)

[[a good lawyer]'s [wife]]
[a [good [lawyer's wife]]]

우리말에서도 계층 구조의 차이로 생기는 구조적 중의성의 예가 많이 있다.

젊은 군인과 여자
　구조 1: [[젊은 군인]과 [여자]]
　구조 2: [젊은 [군인과 여자]]

작은 방의 창문
　구조 1: [[작은 방의] 창문]
　구조 2: [작은 [방의 창문]]

구조적 차이가 군인만이 젊은지 혹은 군인과 여자 모두가 젊은지를 구별해 주고, 방이 작은지 혹은 창문이 작은지를 구별해 준다.

물론 실제로 이 표현들을 소리 내어 말할 때 휴지(쉼)나 억양을 통하여 구별해 줄 수 있는 방법이 있다. 예를 들어, "작은-방의-(휴지)-창문" 혹은 "작은-(휴지)-방의-창문"으로 발음하는 것이다. 말하자면 통사적 구조를 음성적으로 실현하는 것이라고 할 수 있다.

위와 같은 구조적 중의성, 더 나아가 단어와 형태소의 경계까지 무시할 때 생기는 중의성을 이용한 말놀이가 있다(이 경우 어휘적 중의성과 구조적 중의성이 동시에 작용한다). 다음과 같은 휴대 전화 메시지를 받을 경우를 생각해 보라(원전 알 수 없음).

다시 만나줘 .... 미역은 너 줄게
보낼 수 없어 .... 그럼 주먹 내
사랑 .... 5랑 더하면 9지?
사실 나 널 .... 튀기 선수야.

> 실은 정말 사랑했어 .... 바늘을
> 넌 죽을 준비해 .... 난 밥을 준비할 테니
> 넌 더 이상 날 생각하지마. .... 날개도 없는 주제에
> 네가 정말 원한다면 .... 나는 네모 할게
> 너 보구 시퍼 .... 렇게 질렸어
> 나의사랑 .... 놀테니까 넌 간호사랑 놀아

'다시 만나 줘'와 '다시만 나 줘'는 분절음의 연속체로는 동일하지만, 구조적으로는 완전히 다르다. '보낼 수 없어'와 '보 낼 수 없어'도 마찬가지이다.

문법관계

문장의 구조가 표시하는 가장 중요한 문법 정보는 문장 성분의 문법관계(grammatical relation) 또는 문법기능(grammatical function)이다. 문법관계(문법기능)란 주어와 목적어 등 문장의 올바른 해석을 위해 꼭 필요한, 문장 성분이 문장 속에서 가지는 문법적 역할이다. 'John likes Bill'과 'Bill likes John'의 의미가 다른 것은 문장의 주어와 목적어가 서로 다르기 때문이다.

모든 언어의 문장에 주어, 목적어, 술어 등의 기능을 하는 문장 성분이 있고 그것들을 표시해 주는 문법적 방법이 있다. 세계의 언어들이 아주 다양하지만 문법관계를 표시해 주는 방법은 크게 두 가지로 나눌 수 있다. 하나는 어순을 이용한 통사적 방법이고 다른 하나는 굴절을 이용한 형태적 방법이다. 앞의 예에서 보는 것처럼 영어에서는 어순의 역할이 절대적이다. 'likes'의 앞과 뒤에 어떤 명사(구)가 오는가에 따라 주어와 목적어가 결정된다. 중국어와 같은 고립어의 경우에도 어순이 문법관계를 결정한다. 반면에 많은 언어들에서 어순은 문법관계를 결정하는 결정적 요인이 아니다. 다음의 우리말 문장들을 비교해 보라.

> 신애가 현민을 좋아한다.
> 현민을 신애가 좋아한다.

이 두 문장의 어순은 다르지만 그 의미는 같다. 두 문장에서 주어와 목적어가

동일하기 때문이다. 우리말의 경우 문법관계는 명사에 붙는 주격조사 '이/가', 목적격 조사 '을/를' 등 격조사가 주로 결정한다. 따라서 어순이 다르더라도 격조사가 붙은 양상이 같으면 동일한 문법관계의 문장, 즉 동일한 의미의 문장이 된다. 반대로, 다음과 같이 어순이 같더라도 격조사가 달리 실현되면 다른 문법관계의 문장, 즉 의미가 다른 문장들이다.

> 신애가 현민을 좋아한다.
> 신애를 현민이 좋아한다.

우리말의 경우 주어, 목적어 등 명사구의 어순이 자유롭지만 술어는 문장 끝에 와야 한다는 어순의 제약이 있다. 명사의 굴절로써 문법관계를 표시하는 라틴어는 어순에 관한 제약이 전혀 없다. 따라서 주어(S), 목적어(O), 술어(V)가 나오는 문장의 가능한 어순은 논리적으로 가능한 다음 여섯 가지이다.

> SOV, SVO, OSV, OVS, VSO, VOS

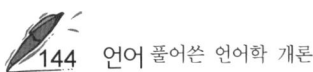

영화 「시월애」(2000)는 1998년에 살고 있는 남자와 2000년에 살고 있는 여자가 호젓한 바닷가 집의 편지함을 매개로 편지와 물건을 주고받으며 전개되는 이야기이다. 환상적이고 아름다운 영상과 사랑 이야기의 중심에 바닷가 안개와 물 위에 떠 있는 작은 나무 집이 있다. 이 집의 이름은 IL MARE이다. 이탈리아어로 바다를 뜻하는 'mare'는 관사 'il'이 붙은 남성 명사이다. 그래서 그런지 영화 속의 바다는 남자같이 푸근하다.

문장 속의 문법관계를 단어의 형태적 변화로 나타내는 굴절어 중에는 문법적 성(gender)을 가진 언어들이 많이 있다. 명사의 성에 따라 굴절의 방식이 달라진다. 그런데 이 문법적 성이란 실제 남녀를 말하는 자연성과는 다르며 어느 정도 자의적이다. 바다를 뜻하는 이탈리아어의 'mare'가 남성 명사이지만, 다른 언어들에서 바다를 의미하는 단어는 여성이나 중성일 수도 있다. 바다를 뜻하는 단어들과 그 성을 언어별로 정리해 보면 다음과 같다([m]: 남성, [f]: 여성, [n]: 중성).

이탈리아어   mare [m], oceano [m]

라틴어	mare [n], Oceanus [m]	
프랑스어	mer [f], ocean [m]	
스페인어	mar [m & f], oceano [m]	
포르투갈어	mar [m], oceano [m]	
루마니아어	mare [f], ocean [n]	
독일어	Meer [n], See [f], Ozean [m]	

바다와 관련된 '배'와 '항구'에 해당하는 말들의 성도 가지가지이다.

	배	항구
이탈리아어	nave [f]	asilo [m], porto [n]
프랑스어	bateau [m]	havre [m], port [m]
스페인어	barco [m]	bahia [f], puerto [m]
독일어	Schiff [n]	Hafen [m]

스페인어의 경우에는 "남자는 배, 여자는 항구"가 맞는 말이지만, 이탈리아어에서는 "남자는 항구, 여자는 배"가 더 맞는 말이다.

참고로, 「시월애」를 리메이크한 미국 영화 「레이크 하우스」(The Lake House, 2006)는 바닷가 집이 아닌 호숫가의 집이 무대이다. 당연하게도, 호숫가의 집이 'IL MARE'가 될 수는 없고, 그 대신 몇 년 후 그들이 만나야 할 레스토랑 이름이 'IL MARE'이다.

2. 통사 규칙과 통사 구조

수형도 (나무그림)

앞 절에서 문장의 구조는 어순과 계층 구조임을 진술하였다. 어순과 계층 구조를 표상하는 방법은 앞에서처럼 '[ ]'를 사용해서 나타낼 수도 있고 수형도(나무그림, tree diagram)라는 이차원적 그림으로도 나타낼 수 있다. 'the boy likes the girl'의 구조를 '[ ]'를 사용하여 나타낸 것과 같은 구조를 수형도로 나타낸 것을 제시하면 다음과 같다.

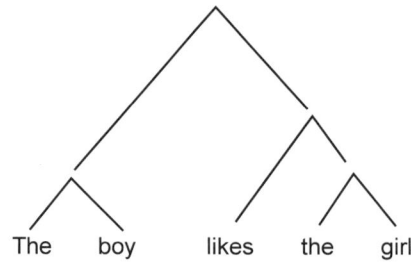

[[The boy] [likes [the girl]]]

이러한 표상을 수형도 혹은 나무그림이라고 하는 이유는 실제로 그 모양이 나무처럼 생겼기 때문이다. 나무의 위아래를 뒤집어 놓고 생각해보면 수형도와 나무의 모습과의 유사함이 더 잘 보일 것이다. 수형도의 각 부분에 대한 명칭도 나무의 부분에 적용되는 명칭과 같다. 수형도의 맨 윗부분을 뿌리(root)라고 하며 뿌리에서 갈려져 나오는 선들을 가지(branch), 가지와 가지가 갈리는 부분을 마디(node)라고 한다. 그리고 맨 밑의 'the', 'boy' 등은 나무의 끝에 있는 잎들과 같은 모양이라서 잎(leaf)이라고 부른다. 수형도 상에서 각 마디가 하나의 (구성) 성분(constituent)을 나타내며 맨 위의 마디인 뿌리가 전체 문장을 나타낸다. 위 수형도는 [[The boy] [likes [the girl]]]로 표시되는 성분 구조를 그대로 나타낸다.

수형도는 문장의 어순과 계층 구조를 문장 성분들 사이의 선후 관계(precedence)와 지배 관계(dominance)로써 표상한다. 그림에서 좌우의 관계가 선후 관계이고 위아래 관계가 지배 관계이다. 하나의 문장 성분은 하나의 마디에 의해 지배되는 모든 단어들인 셈이다. 따라서 'boy likes', 'likes the', 'the boy likes', 'boy likes the' 등이 성분이 아닌 것이 수형도에서 명시적으로 드러난다.

우리의 문장 구조에 대한 직관은 수형도에 표상되는, 성분들 사이의 순서와 지배 관계 이상을 포함한다. 그것은 성분들 사이의 유사성에 대한 것이다. 영어를 아는 사람들은 'the boy'와 'the girl'이 같은 종류의 성

나무

분, 즉 명사구(NP)임을 알고 있다. 이것들은 'likes the girl'의 성분의 종류, 즉 동사구(VP)와 다르다. 이러한 언어 요소의 부류에 대한 인식은 사실 단어 층위에서부터 시작된다. 'boy'와 'girl'은 같은 종류의 단어 부류, 즉 명사이다. 전통적으로 단어들은 품사(part of speech)라는 이름으로 분류되어 왔다. 이러한 품사 표시와 성분(구)의 종류(명사구, 동사구 등)를 수형도의 마디에 표시한 다음과 같은 표상이 문장 구조를 좀 더 풍부하게 나타낸다(D: 한정사).

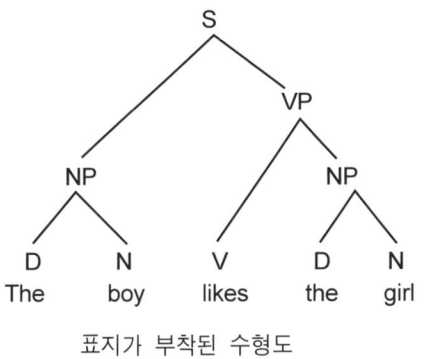

표지가 부착된 수형도

통사론에서는 주로 이렇게 수형도의 마디에 단어의 품사 표지와 구(성분)의 이름을 붙인 구조를 사용하는데, 이것을 구표지(phrase marker)라고 구별하여 부르기도 하지만 보통 그냥 수형도(나무그림)라고도 부른다.

구구조규칙과 하위범주화

수형도는 문장의 구조에 대한 언어 사용자의 지식을 표상하는데, 다른 각도에서 생각하면, 이러한 구조를 만들고 이해하기 위한 규칙을 언어 사용자가 알고 있다고 할 수 있다. 수형도를 생성해 내는 규칙의 형식은 구구조규칙(phrase structure rule)이다. 그 형식은 다음과 같다.

▎A → B C

A 표지를 가진 마디가 B 표지를 가진 마디와 C 표지를 가진 마디로 확장될 수 있다는 의미이다. 다른 말로 하자면, 이 규칙은 A(로 표시된) 마디가 B 마디와 C 마디를 지배하고(dominate), B가 C에 앞서는 다음과 같은 구조를 허용한다.

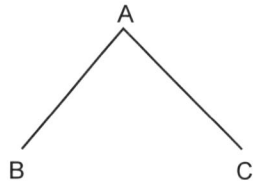

앞의 'the boy likes the girl'의 통사 구조를 나타내는 수형도는 다음 규칙들이 생성한다.

[R1] S → NP VP
[R2] NP → D N
[R3] VP → V NP

이 규칙들이 다음과 같은 수형도를 생성한다([R2]는 두 번 적용되었다).

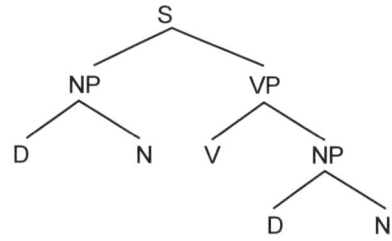

D 마디 밑에는 'the, a, this, that' 등 관사 혹은 지시관형사가 올 수 있고, N 마디 밑에는 'boy, girl, dog, cat' 등 명사가 올 수 있고, V 마디 밑에는 'like, hate, hit' 등의 동사가 올 수 있다. 그러나 이 자리에 모든 동사가 올 수 있는 것은 아

니다. 'talk' 같은 자동사, 'give' 같이 목적어를 두 개 취하는 동사, 'put'과 같이 목적어와 장소 성분(부사구, 전치사구)을 요구하는 동사, 'say'와 같이 보문이 필요한 동사들은 이 자리에 올 수 없다. 이것들은 VP의 내부 구성이 [R3]와 관련된 구조와 다른 구조들에 나타날 수 있으며, 이 각각의 구조는 다음과 같은 VP 확장 구구조규칙으로 생성된다(PP: 전치사구).

[R4] VP → V ('talk')
[R5] VP → V NP NP ('give Mary a book')
[R6] VP → V NP PP ('put a book on the desk')
[R7] VP → V S ('say that John is smart')

각각의 동사는 정확히 관련되는 V 위치에 와야 올바른 문장이 되므로, 각 동사에는 그러한 구조에만 들어갈 수 있다는 정보가 포함되어 있다. 이 정보는 어떤 동사가 [R3] ~ [R7] 규칙들 중 어떤 것과 관련되는가를 명시하는 것이다. 이러한 정보를 엄밀하위범주화(strict subcategorization)라고 한다. 전통적으로 단어들을 범주화하여 동사라는 품사 범주를 인정하고, 다시 동사 중에서 자동사와 타동사를 구분하는 하위범주화를 하는데, 실제로 통사 구조를 밝히기 위해서는 그것보다도 더 자세하고 엄밀한 하위범주화가 필요한 것이다.

통사론 이론의 발전에 따라 어휘부에 있는 동사의 엄밀하위범주 정보와 동사구 확장의 구구조규칙이 동일한 정보를 이중으로 표상하는 것으로 판명됨에 따라, 현대 통사론에서는 보통 어휘부(사전)에만 그 정보를 표상하고 대부분의 구구조규칙 자체는 문법에 명시하지 않는다. 대신에 어휘부에 표시된 각 항목의 통사 정보가 모순이 없이 실현되도록 문장 구조가 이루어져야 한다는 일반적인 원리를 문법에서 채택하여 올바른 수형도를 생성한다. 영어 동사구 내에서 동사가 맨 앞에 온다는 정보도 영어가 어떤 구의 핵(머리어, head)이 맨 앞에 오는 핵선행(head-initial) 언어임을 문법에 지정함으로써 동사마다 그러한 정보를 명시할 필요가 없게 된다. 명사구에서는 명사가 핵이므로 역시 수식어인 관계절보다 피수식어인 명사가 앞에 온다. (단, 영어의 형용사가 명사 앞에 오는 것은 예외적인 현상이다.) 우리말과 같이 동사가 끝에 오는 언어는 핵말(head-final) 언어이며, 명사구의 경우에도 핵인 명사가 수식어보다 뒤에 나온다. 이 장의 나머지 부분에서는 편의상 계속 구구조규칙을 사용하면서 문장 구조에 대해 논의할 것이나, 이론적으로 어떤 종류의 구구조규칙은 잉여적임이 전제되어 있다.

하나의 동사에는 여러 가지 다른 엄밀하위범주화가 허용될 수 있고, 그에 따라 관련된 다른 의미를 전달한다. 다음 문장에서 보는 것처럼 우리말 동사 '먹다'의 사역형 '먹이다'가 목적어 하나만을 취하는 구문에 나타날 경우와, 두 개의 목적어 구문에 나타날 경우 그 의미가 다르다.

> 어머니가 아이에게 우유를 먹였다.
> 아버지가 소를 먹이신다.

단순 타동사로서의 '먹이다'는 동물을 사육한다는 뜻으로서 사람에게 쓸 수 없다.

> *어머니가 아기를 먹였다.

이와 관련하여 영어의 동사 'serve'에 얽힌 이야기가 있다. 영국 할머니 둘이서 어떤 고풍스러운 식당에 들어갔다. 할머니들이 자리에 앉자 웨이터가 다가와서 다음과 같은 대화가 이루어진다.

> 웨이터: Sorry, we only serve men.
> 할머니: Oh good! Please bring two.

'serve'는 다음과 같이 두 가지 구문에서 쓰인다.

> serve (1): They serve the customers with kindness.
> serve (2): They serve fast food and drink in the shop.

즉, 'serve'의 목적어로 사람이 오면서, 그 사람을 시중든다는 뜻으로 쓰이기도 하고, 또 목적어로 보통 음식이나 물건이 오면서, 그것을 사람들에게 제공한다는 뜻으로도 쓰인다. 할머니들이 들어간 식당에서 웨이터가 한 말은 첫 번째 경우, 즉 'serve (1)'을 사용한 것이다. 그 식당에서는 남자 손님들만을 받는다는 말을 했으니, 달리 말하자면 할머니들에게 나가 달라는 요청을 한 것이다. 그런데 할머니들의 반응은 어떤가? 이 식당의 성차별적 행태에 대하여 화를 내는 대신, 할머니들은 아주 좋아하며 둘을 보내라고 주문하였다. 할머니들은 웨이터의 말을 'serve (2)'로 해석하였다. 즉, 이 식당에서는 음식을 제공하는 것이 아니라 남자를 제공한다는 말로 해석하고 할머니 둘이 왔으니 두 명의 남자를 보내라고 한 것이다(남자의 용도가 무엇일까?). 실제 식당에서 이러한 오해가 일어나는 일은 별로 없겠지만, 이 이야기는 하나의 동사가 여러 가지의 (엄밀)하위범주를 가질 수 있다는 것을 잘 보여 준다.

X 통사론: 논항과 부가어

전통적으로 통사론에서 사용되고 수형도에 나타나는 범주는 N, V 같은 어휘범주와 NP, VP 같은 구범주뿐이었다. 후기의 생성문법에서 발견한 하나의 통사적 사실은 자연언어에 어휘범주와 구범주 이외에 그 중간적인 성격의 범주가 있다는 것이다. 다음의 영어 예를 살펴보자(Radford(1988)의 유사한 예 및 그 설명을 빌려옴).

> the king of Spain
> the king with blue eyes

이 두 표현은 일견 동일한 구조를 가진 것으로 보인다. 전치사구(PP) 'of Spain' 과 'with blue eyes'가 모두 명사(N) 'king'을 수식하여 전체적으로 명사구를 이루는 것 같다. 그러나 이 두 표현을 통사적으로 자세히 살펴보면, 이것들이 서로 다른 구조를 이룬다는 것을 알 수 있다. 우선 직관적으로 'of Spain'은 'king'과 직접적으로 관련되어 있고(왕은 반드시 어떤 나라의 왕이다), 'with blue eyes'는

'king'에 부가적인 요소임을 간파할 수 있다. 다른 말로 하자면, 전자는 명사 'king'의 필수적 요소인 논항(argument)이고 후자는 수의적 요소인 부가어(adjunct)이다. 이런 점에서 후자는 부가어(수식어) 역할을 하는 형용사와 동일한 기능을 수행한다. 이러한 직관을 반영하여, 명사 N에 논항 표현이 먼저 결합하여 어떤 중간 범주가 되고 이 중간 범주에 부가어 표현이 결합하고 한정사가 추가되어 명사구 NP가 되는 통사 구조를 생성문법은 제안한다. 이 경우 어휘 범주 N과 구 범주 NP 사이에 있는 중간 범주를 N̄ 범주라고 부른다.

이상의 논의를 바탕으로 위 표현에 대한 수형도를 그려 보자(한정사 'the' 제외).

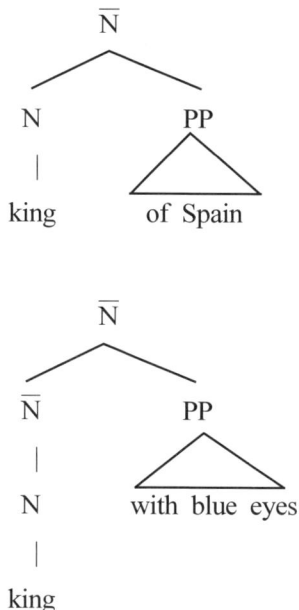

이러한 통사적 분석은 다음과 같은 사실들을 잘 포착한다. 첫째, 부가어는 N̄에 결합하여 N̄가 되는 귀환적 구조이므로(다음 절 참조), 하나 이상의 부가어가 반복될 수 있다. 반면에 논항은 반복될 수 없다.

> the king with blue eyes with long hair (파란 눈의, 긴 머리의 왕)
> *the king of Spain of England (스페인의 왕이자 영국의 왕)

둘째, 영어 명사구에서 논항과 부가어가 모두 있는 경우 반드시 명사 − 논항 − 부가어 순으로 나타난다. N과 부가어가 결합한 $\overline{\text{N}}$에는 N과 결합해야 하는 논항이 붙을 수 없기 때문이다.

> the king of Spain with blue eyes
> *the king with blue eyes of Spain

마지막으로 영어에서 $\overline{\text{N}}$의 또 다른 증거는 그것을 대치하는 대용표현 'one'의 존재이다.

> The king with blue eyes is tall but the one with green eyes is short.
> *The king of Spain is tall but the one of England is short.

대개의 언어들에서 보통의 대명사들('he', 'she', '그', '그녀' 등)이 명사구(NP)를 선행사로 가지는 데 비하여, 영어의 'one'은 특이하다. 위 예에서 'one'이 N으로서의 'king'을 대치하지 못하지만 $\overline{\text{N}}$로서의 'king'을 대치할 수 있다.

중간적 범주는 명사에만 있는 것이 아니라 동사, 형용사, 전치사에도 있기 때문에 $\overline{\text{V}}$, $\overline{\text{A}}$, $\overline{\text{P}}$ 등을 상정하고 이러한 이론을 $\overline{\text{X}}$ 통사론 혹은 $\overline{\text{X}}$ 이론이라고 한다. 오늘날 $\overline{\text{X}}$ 이론은 명사 등의 어휘적 범주에만 적용되는 것이 아니라 필요에 따라 시제, 상, 부정 등 기능적 범주(functional category)에도 적용된다. 다만 영어에 필수적인 이러한 중간적 범주가 한국어 등 다른 언어에도 필요한지는 경험적으로 결정해야 할 문제이다.

나아가, 이러한 이론의 관점에서 보면 앞에서 우리가 문장 범주를 S로 표시한 것도 일종의 구 범주로 파악된다. 즉 통사론자들은 문장을, 그 문장이 가지고 있는 굴절적 요소의(시제, 상, 영어의 양상 조동사 등) 확장으로 간주하여, 'S'를 굴절(inflection) 요소의 구, 즉 'IP'로 표시한다. 그러나 이 장의 나머지 부분에서 우리는 전통적인 방식으로 문장을 계속 'S'로 표시할 것이다. 한편, 앞에서 우리가 표현 'the king of Spain'의 중심이 명사라고 보아 그 구를 NP로 표시했지만, 현대 통사론에서 이러한 구의 보다 더 중심적인 요소가 한정사(determiner) 'the'라고 보고 이 구를 DP, 즉 한정사구로 간주하기도 한다. 이 경우 'the'를 제외한 'king of Spain'이 NP이다. 그러나 우리는 역시 전통적인 방식으로 앞으로도 계속 DP 대신에 NP를 'the king of Spain'의 범주로 사용할 것이다.

영화 ✚ 언어

프랑스 누벨바그 영화의 기수 프랑수아 트뤼포가 만든, 언어를 모르는 야생 소년의 실화를 바탕으로 한 영화 「와일드 차일드」(L'Enfant Sauvage, 1970)의 원제 'l'enfant sauvage'는 프랑스어 어순을 보여준다. 관사를 제외하면, 소년을 의미하는 명사 'enfant'과 야생이라는 뜻의 형용사 'sauvage'의 결합이다. 명사와 그 수식어가 "명사+수식어"의 순서로 연결되어 있는 것은 'mont blanc'('mont': 산, 'blanc': 하얀)의 경우와 같이 프랑스어의 어순에 따른 것이다. 반면에 우리말의 경우에는, '붉은 풍차', '하얀 산' 등의 예에서 보는 것처럼 수식어가 앞에 온다. 수식어는 형용사가 아닐 수도 있다. 예를 들어 '어제 내가 공원에서 만난 아이'에서와 같은 관계절이 형용사의 경우처럼 명사 앞에 온다. 프랑스어의 관계절은 형용사와 마찬가지로 명사 뒤에 온다.
  이러한 수식어와 피수식어의 위치는 문장의 주어, 목적어, 술어의 위치와 관련이 있다. 우리말과 같이 동사가 목적어 뒤에 오는 언어들은 수식어가 피수식어 앞에 오는 경향이 있으며, 프랑스어와 같이 동사가 목적어 앞에 오는 언어들은 수식어가 피수식어 다음에 오는 경향이 있다. 그것은 어떤 구에서 중요한 요소인 핵(head)이 구의 끝에 오는가 앞에 오는가가 언어에 정해져 있기 때문이다. 동사구의 핵은 동사이고 수식 구성의 핵은 피수식어이다. 우리말은 핵(동사, 피수식어)이 뒤에 오는 언어이고, 프랑스에서는 핵이 앞에 오는 언어이다.

3. 귀환규칙

  제2장(언어의 본질)에서 우리는 언어의 본질을 논의하면서 인간의 언어가 무한하며 창조적임을 지적하였다. 그리고 그 창조성의 바탕에는 같은 구조가 반복하여 나타날 수 있는 귀환적(recursive) 구문이 언어에 있기 때문이라는 것도 언급하

였다. 여기서는 귀환적 구문이 통사 구조로서 어떻게 표상되며 그 구조를 생성하는 귀환적 규칙에 어떤 것들이 있는지 살펴보기로 한다.

접속(coordination)은 같은 범주의 표현이 반복하여 나타나는 현상으로 다음과 같은 예들이 있다.

> 철수와 영수와 영희와 경희와 ....
> John and Bill and Sue and Liz and ...
> 그는 걷고 걷고 걷고 걷고 ...
> He walked, walked, walked, walked, ...

첫 번째 예를 다음과 같은 구조로 표상할 수 있다.

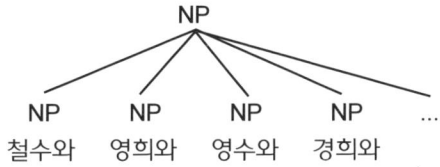

이것은 접속 구조를 같은 구문이 무한이 반복될 수 있는 평면적 구조로 표상한 것이다. 귀환적 규칙의 다른 전형적인 예들은 이제 제시할 보문, 관계절, 전치사구/후치사구의 구문과 관련된다.

한 문장의 안에 다른 문장, 즉 보문이 들어갈 수 있다. 소위 보문 동사라고 부르는 '말하다, 생각하다, say, think' 등이 그러한 구문을 이끈다.

> 철수가 영수가 영희가 예쁘다고 생각한다고 말했다.
> John said that Bill believed that Kim was pretty.

이 예문들은 보문 동사가 두 개 나오는 문장들이지만 원칙적으로 보문 동사는 무한이 반복될 수 있다. 문장의 구조를 수형도로 보이면 다음과 같다.

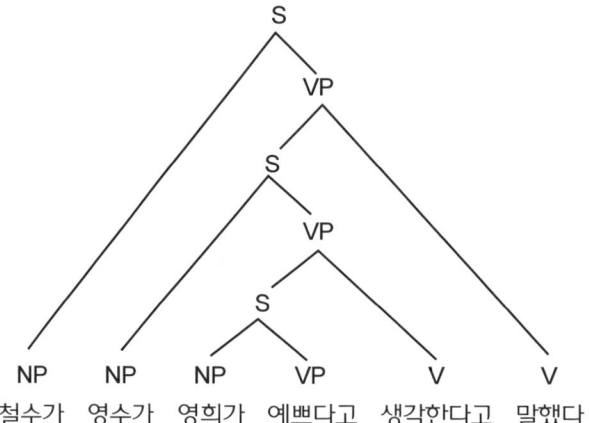
철수가 영수가 영희가 예쁘다고 생각한다고 말했다

이러한 문장을 생성하기 위한 규칙들은 다음과 같은 것들이다.

```
S → NP VP
VP → S V
```

한 문장이 명사구와 동사구로 확장되는데, 동사구가 다시 문장과 동사로 확장됨으로써 하위 문장은 다시 명사구와 동사구로 확장되고 하는 식으로 무한이 반복될 수 있다. 영어의 보문 구조도 비슷한 방식인데 동사구 내부의 문장과 동사의 순서가 다를 뿐이다. 그리고 보문소 'that'과 문장의 결합을 'S̄'라는 다른 범주 표지를 붙인다면 다음과 같이 나타낼 수 있다. 'that'는 없어도 되므로 괄호 속에 표기한다. (이 경우 S̄는 X̄ 통사론의 중간 범주가 아니라 일종의 최대 범주이기 때문에, 'that'과 같은 보문소(complementizer)의 구, 즉 'CP'로 표기하기도 한다.)

```
S → NP VP
VP → V S̄
S̄ → (that) S
```

보문 구조와 관련된 위의 구구조규칙들을 보면 첫 번째 규칙에서 다시쓰기 기호(→)의 왼쪽에 있는 기호 'S'가 세 번째 규칙에서는 '→'의 오른쪽에도 나타난다. 즉 어떤 기호(범주)를 확장해 나가다가 다시 같은 기호가 나오게 되어 귀환적이 되는 것이다.

관계절도 보문과 마찬가지로 내포 문장이 반복되는 경우이다.

| 내가 어제 만난 여자가 때린 남자가 좋아하는 꽃
| the flower which the man who the woman who I met hit likes

우리말 관계절의 구조를 그리면 다음과 같다.

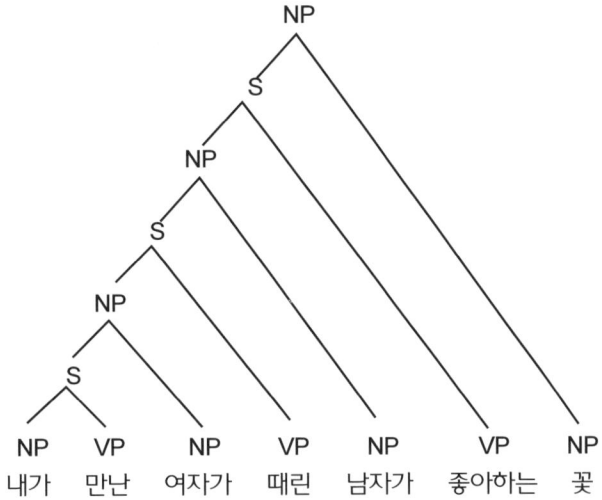

이 관계절 구조는 다음과 같은 규칙으로 생성할 수 있다.

| NP → S NP
| S → NP VP

좀더 자세한 구조를 보이기 위해서는 VP가 NP와 V로 확장되는 규칙(VP →

NP V)이 필요하다. 관계절의 특성 상 위의 예에서 VP 내부의 NP(목적어)는 선행사와 연결되어 있는 영형태이다. 예를 들어 '좋아하는'의 구조는 다음과 같다.

| [[Ø]$_{NP}$ [좋아하는]$_V$]$_{VP}$

위의 NP 확장의 규칙에는 확장 기호의 왼쪽과 오른쪽에 NP가 나옴으로써 이 규칙 하나만으로도 귀환성을 갖는다. 그러한 방식으로 귀환성이 나타난 예는 다음과 같다.

| [내가 만난 [철수가 좋아하는 [영수가 사귀던 [여자]$_{NP}$]$_{NP}$]$_{NP}$]$_{NP}$

명사를 확장하는 전치사구(영어) 혹은 후치사구(한국어)도 귀환성을 보인다. 예를 들어, 다음의 한국어와 영어 표현들을 생성하는 규칙은 NP가 귀환적으로 반복된다.

| 산속의 호숫가의 집
| a house near the lake in the mountain near the city

| 한국어
| NP → PP NP   (PP: 후치사구)
| PP → NP P   (P: 후치사)

| 영어
| NP → NP PP   (PP: 전치사구)
| PP → P NP   (P: 전치사)

위 규칙들에서는 한정사가 명사와 먼저 결합하여 명사구가 되고 그 명사구에 수식어인 전치사구가 붙는다. 앞의 $\overline{X}$ 통사 구조에서 본 것처럼, 한정사는 나중에 $\overline{N}$에 붙는 것으로 표상할 수도 있지만, 여기서는 간편하게 하기 위하여 그렇게 하지 않았다. 앞의 관계절 수식어구의 경우도 마찬가지이다.

위의 영어 표현의 구조를 보이면 다음과 같다.

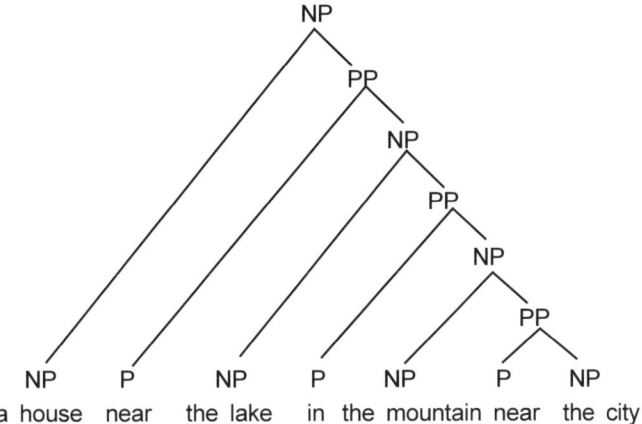

영화 ✚ 언어

TV 드라마 「여름향기」(2003)는 아름다운 이야기이다. 동시에 언어학을 공부하는 사람에게는 언어의 귀환성을 다시 한번 일깨워 주는 드라마다.

심장이 약한 혜원(손예진)은 은혜로부터 심장을 기증받아 이식했다. 은혜는 민우(송승헌)의 약혼녀로 결혼식 날 교통사고로 죽은 여자이다. 시간이 흐른 어느 날 민우가 혜원을 스쳐 지나갈 때 혜원의 심장의 박동이 갑자기 커지고 빨라진다. 은혜의 심장이 과거의 애인을 알아보는 것일까? 은혜와 민우의 우연한 만남은 초록빛 여름 속에서 이어지고 서로에게 이끌린 그들은 여름의 풀내음 속에서 사랑을 고백하게 된다. 문제는 그 사랑이 민우와 혜원의 사랑인가 혹은 민우와 심장의 원래 주인인 은혜의 사랑인가 하는 것이다.

그들이 심장이식에 대한 사실을 모르는 상태에서 그것을 알아가는 과정이 이 미니시리즈 드라마 후반부의 느린 템포를 이끌고 간다. 이 과정에서 시청자들에게 던지는 이슈는 다음과 같은 사실을 기반으로 한다.

(1) 혜원이 은혜의 심장을 이식받았다.

혜원과 그 주변 인물들에게 알려지지 않았던 (1)의 사실이 그들에게 알려지면서 일어나는 일이 드라마에 긴장감을 준다. 시청자에게 던지는 이슈는 우선 다음과 같다.

이슈 1: 다른 사람들이 (1)을 알게 된다.

즉, 혜원 주변의 다른 사람들이 이 사실을 알게 되면서 겪는 심리적 방황이다. 시청자의 입장에서는 다른 사람들이 심장이식 사실을 알까봐 가슴 졸이거나, 혹은 빨리 알게 되기를 바라는 안타까운 심정이다.
　다음은 혜원 자신이 심장이식의 사실을 알게 되는 일이다.
　　이슈 2: 혜원이 (1)을 알게 된다.
이때, 혜원이 큰 심적 갈등을 겪는다. 자신의 사랑이 혹시 은혜의 사랑이 아닌가, 혹은 민우가 좋아하는 것은 자신이 아닌 은혜가 아닌가?
　이제 초점을 이슈 1에만 맞추면, 혜원이 다른 사람들도 이 사실을 안다는 것을 깨닫는 과정이 필요하다.
　　이슈 3: 혜원이 다른 사람들이 (1)을 아는 것을 알게 된다.
　그 다음 시청자에게 궁금증을 주는 이슈는 무한이 진행될 수 있다.
　　이슈 4: 다른 사람들이 혜원이 다른 사람들이 (1)을 아는 것을 아는 것을 알게 된다.
　　……
'여름향기'가 20회에서 멈추었지만, 자연언어의 귀환성과 평행하여 나타나는 이 이슈들을 무한히 끌어간다면 이 드라마는 무한히 진행될 수도 있었다.
　아름다운 녹색 차밭과 흰 카라꽃과 노란 장미를 배경으로 잔잔하게 진행되던 이 드라마가 혜원의 죽음이라는 비극적 결말이 아닌, 새로운 심장의 박동과 계속되는 사랑의 암시라는 행복한 결말로 끝난 것이 다행이다. 세종문화회관 계단에서 민우와 혜원이 지나칠 때 혜원의 심장이 다시 크게 뛰게 되고, 그때 서로를 돌아보는 민우와 혜원의 모습이 나타나는 마지막 장면이 나의 기억에 남아 있다.

4. 변형

　앞에서 문장의 구조를 수형도로 나타내고, 수형도를 생성하는 구구조규칙들을 상정하였다. 촘스키가 생성문법을 내 놓을 때 그는 구구조규칙들로는 언어 사용자의 통사적 지식을 충분히 드러낼 수 없다고 하면서 변형(tranfromation)이라는 기제가 문법에 필요하다고 주장하였다. 다시 말하여, 구구조규칙을 바탕으로 어떤 문장의 표면 형식을 수형도로 분석하여 제시하는 것으로는 만족스러운 문장의 구조 기술이 불가능하다는 것이다. 다음의 예들을 살펴보자.

> The boy ate the apple.
> The apple was eaten by the boy.

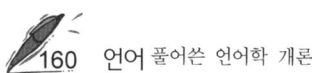

이 두 문장은 능동문과 수동문으로 표면적인 형식은 완전히 다르지만, 그 의미는 유사하다. 더군다나 능동문에서 'eat'의 목적어로 올 수 있는 명사는 'apple, food, fish' 등이고 'stone, freedom, age' 등은 올 수 없는데, 이러한 제약이 바로 수동문 'be eaten'의 주어에 똑같이 적용된다. 다른 용어를 사용하자면, 'eat'의 목적어와 'be eaten'의 주어는 동일한 선택제한(selectional restriction)을 갖는다.

능동과 수동의 의미적 유사성 그리고 능동문의 목적어와 수동문의 주어에 적용되는 동일한 선택제한 현상은 수동문을 능동문으로부터 도출하는 변형(transformation)의 절차가 필요하다는 주장의 근거가 되었다. 수동문은 기저의 능동형 문장이 수동 변형규칙을 적용받아서 도출된다는 것이다. 이것을 도식적으로 표시하면 다음과 같다.

```
구구조규칙 + 어휘부
      ↓
 [(능동) 심층구조]
      ↓
    변형규칙
      ↓
 [(수동) 표면구조]
```

수동문과 능동문이 모두 동일한 심층구조(deep structure)를 가지지만, 심층구조에 수동 변형이 적용되면 표면구조(surface structure)에서 수동문이 된다. 능동문과 수동문의 의미가 유사하다고 할 때, 이것은 심층구조가 의미를 결정하고 변형은 의미를 보존하면서 형식의 변화만을 가져온다는 변형문법 이론의 기본 가정을 준수한다.

위의 수동 변형 설명은 완전한 능동문으로부터 수동 변형에 의해 수동문이 도출되는 것으로 간략히 제시되어 있다. 근래의 통사 이론은 수동 변형 같은 개별 변형에 의존하지 않고, 좀 더 근본적인 통사적 원리들에 의존한다. 수동문 'The apple was eaten'은 대략 다음과 같은 기저구조로부터, 몇 가지 원리에 의해 도출된다고 본다. (이후 내용은 다소 전문적이므로 다음 절로 넘어가도 좋다.)

> [e] was eaten [the apple]

여기서, '[e]'는 주어 자리를 차지하고 있는 영형 형식을 표상한다. '[the apple]'은 기저구조에서 목적어 자리에 있지만, 궁극적으로 주어의 자리로 이동한다.

보이거나 들리지 않는 추상적인 심층구조를 인정해야 할 만한 통사적 논거 중에 영어의 'persuade'와 'believe'가 나타나는 다음과 같은 예가 있다.

> John believes Mary to be happy.
> John persuades Mary to study hard.

이 두 문장은 표면적으로 동일한 구조를 가진 것으로 보인다. 두 문장에 나타나는 단어 'Mary'는 'believe'와 'persuade'의 목적어 위치에 있으며 의미적으로 'to be happy' 및 'to study'의 주어처럼 이해된다. 그러나 자세히 살펴보면 'believe' 다음의 'Mary'와 달리, 'persuade' 다음의 'Mary'는 의미적으로 'to study'의 주체로 이해되는 동시에 'persuade'의 목적어로서의 역할도 수행한다. 우선, 다음과 같이 'believe' 구문에서는 능동형 부정사와 수동형 부정사가 동일한 의미인데 반하여 'persuade' 구문에서는 그렇지 않다.

> John believes the teacher to test Bill.
> = John believes Bill to be tested by the teacher.
> John persuaded the teacher to test Bill.
> ≠ John persuaded Bill to be tested by the teacher.

이것은 표면상의 동일성에도 불구하고, 'believe' 다음의 명사구는 'believe'의 목적어가 아니라 내포문(부정사)의 일부(주어)일 뿐이지만, 'persuade' 다음의 명사구는 'persuade'의 목적어로 볼 근거를 제공한다. 초기 변형문법에서 이러한 사실을 반영하여 다음과 같은 심층구조를 제시하였다.

> John believes [Mary to be happy]

> John persuades Mary [Mary to study hard]

　전자는 인상(raising)이라는 변형규칙을 통하여 'Mary'가 'believe'의 목적어 자리로 올라가서 표면구조로 실현되고, 후자는 동일한 형식의 명사구 두 개 중에서 뒤의 것이 생략되는 동일명사구삭제(equi-NP deletion)가 적용되어 표면구조로 도출된다는 것이다. 후기의 변형문법에서는 동일한 명사구가 반복되는 위와 같은 구조보다는 일종의 보이지 않는 대명사인 'PRO'를 사용하여 다음과 같은 구조를 상정한다. 이것은 'believe'가 문장만을 논항으로 요구하는 반면, 'persuade'는 목적어 명사구 및 문장을 논항으로 요구하는 것으로 분석한다는 면에서 앞의 분석과 기본적으로 유사하다.

> John believes [Mary to be happy]
> John persuades Mary [PRO to study hard]

　앞에서 부정사 내포문의 능동형과 수동형으로써 'believe'와 'persuade'의 추상적 통사 구조를 다르게 설정하는 근거로 삼았다. 다른 통사적 근거를 하나 더 살펴보자. 날씨의 'it'는 영어에서 특별한 의미가 없는 허사인데 다음과 같이 그러한 'it'는 이것들은 'believe'와 함께 쓰일 수 있지만 'persuade'와 같이 쓰일 수 없다.

> John believes it to be sunny.
> *John persuades it to be sunny.

　이것은 'persuade'가 허사 'it'를 목적어로 취할 수 없기 때문이다. 'believe'의 경우에는, 그것이 단지 내포절을 논항으로 취하고 허사 'it'는 내포절 내에 있는 것이므로 문제가 되지 않는다. 결국 'believe'와 'persuade'의 차이는 표면의 통사 구조로 파악할 수 없는 통사적 차이를 표상하기 위한 추상적 통사 구조의 필요성을 드러낸다고 할 수 있다.
　변형의 필요성이 드러나는 다른 종류의 구문을 더 살펴보자. 그것은 영어의

Wh 의문문이다.

| Whom do you like?

이 문장에서 'whom'의 기능은 무엇인가? 그것은 의미적으로 'like'의 목적어 기능을 하고 있다. 형식적으로 'whom'이 대격(목적격)을 가지고 있는 것도 'like'의 목적어이기 때문이다(단, 'who'가 이 자리에 올 수도 있다). 이러한 통사적 직관을 반영하기 위해서 이 문장의 심층구조를 다음과 같이 상정한다.

| you like who(m)

여기에 Wh-이동(Wh-movement)이라는 변형이 적용되어 'who(m)'은 문장의 맨 앞으로 움직여 나간다(영어에서 Wh-단어는 문장 앞에 와야 한다).

| who(m) do you like [t]

여기서 't'는 원래 'whom'이 있던 자리를 표시하는 흔적(trace)이며 소리로 들리지는 않지만 통사적으로 어떤 역할을 한다. 이런 식으로, 'whom'이 의미적, 통사적으로 'like'의 목적어라는 사실을 심층구조와 표면구조, 그리고 그것들을 이어주는 Wh-이동이라는 변형으로써 포착한다.

흔적 't'는 실제로는 눈으로 보이거나 귀로 들리는 것이 아니지만, 통사론에서 흔적의 존재를 설정하는 것에 대한 근거가 있다. 그 중 한 가지를 언급하면 다음과 같다. 우선, 영어에서 'want' 다음에 부정사가 올 때 'want'와 'to'가 축약하여 'wanna'와 같이 발음되는 현상이 있다('wannabe'라는 단어도 있다).

| I want to be a rich man.
| ⇒ I wanna be a rich man.

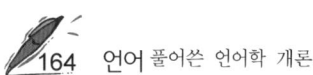

이러한 축약 현상은 다음과 같은 경우에 적용되지 않는다.

> Who do you want to go there?
> ⇒ *Who do you wanna go there?

이 의문문의 심층구조는 대략 다음과 같다.

> you want who to go there?
> (참고: Mary wants John to go there.)

"너는 누가 거기에 가기를 원하는가"라는 뜻의 이 문장에서 'whom'이 문장의 앞으로 이동하면서 흔적을 남긴 표면구조가 다음과 같다.

> who do you want [t] to go there?

이와 같은 구조에서 나타나는 'want [t] to'는 'want to'와 다른 구조이고 따라서 'wanna'로 축약될 수 없다(*Who do you wanna go there?). 이와 대조적으로 'who'가 심층구조에서 다른 위치에 나타나는 다음과 같은 문장의 경우에는 'wanna' 축약이 일어난다.

> you want to go there with who? (심층구조)
> ⇒ who do you want to go there with [t]? (표면구조)
> ⇒ who do you wanna go there with [t]? ('wanna' 축약)

이동 변형이 완전히 자유로울 수는 없다. 이동에서의 섬제약(island constraint)은 이동 변형에 대한 중요한 제약이다. 영어의 의문사, 즉 wh-단어가 기저의 위치에서 문장의 맨 앞으로 이동할 때 어떤 종류의 환경에서는 그 이동이 불가능하다. 다음과 같은 예를 보자(이동하기 전의 원래 위치를 흔적 [t]로 표시한다). (다음 문장들은 난해하여 잘 따져 보아야 의도된 뜻을 파악할 수 있다. 계속 보아도 잘 이해가 안 되면, 이러한 특이한 문장들을 좋아하는 통사론자에게 맡기고 다음 절로 넘어가는 것이 낫다. 혹은 아예 다음 장으로 건너뛰어도 좋다.)

> Who did John think that Mary liked [t]?
> (의미: 존은 매리가 누구를 좋아한다고 생각했느냐?)
> *Who did John heard a rumor that Mary liked [t]?
> (의미: 존은 매리가 누구를 좋아한다는 소문을 들었느냐?)
> *Who did John meet the singer that liked [t]?
> (의미: 존은 누구를 좋아하는 가수를 만났느냐?)

영어에 비하여 한국어 번역은 이상하지 않은데 여기서는 영어에 집중하자.
위의 두 번째, 세 번째 문장들이 첫 번째 문장과 다른 점은 이동 전의 wh-단어의 위치('[t]'로 표시됨)가 '[NP S]' 형식의 복합적 명사구 내에 있다는 것이다. 전자는 보문명사 구조이고 후자는 관계절 구조로서 그 심층구조는 다음과 같다.

> [[a rumor]NP [that Mary liked who]S]NP
> [[the singer]NP [that liked who]S]NP

이렇게 의문사가 이동하여 나올 수 없는 위치는 마치 바닷물에 둘러싸여 빠져 나올 수 없는 섬과 같기 때문에, 이러한 이동의 제약을 섬제약(island constraint)라고 부른다. 특별히 위와 같이 복합적 명사구로부터 의문사가 이동할 수 없는 현상을 복합명사구제약이라고 한다.

이동을 제약하는 환경인 섬의 종류에는 Wh-섬(Wh-island)도 있다. 다음과 같은 경우다(역시 해석이 난해하다).

> Who did John say that Mary kissed [t].
> (의미: 존이 매리가 누구에게 키스했다고 말했느냐?)
> *Who does John know when Mary kissed [t].
> (의미: 존은 언제 매리가 누군가에게 키스했는지를 한다. 그 사람이 누구냐?)

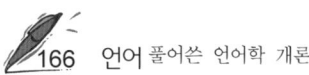

'say' 다음에 나오는 절이 'when' 등에 이끌리는 Wh-절, 즉 의문절일 때 그 안에 있는 다른 요소는 밖으로 이동하여 나올 수 없다. 이것을 Wh-섬제약이라고 한다. 후기의 변형문법에서는 복합명사구제약, Wh-섬제약 등 이동에 관한 여러 가지 제약을 통합하여 하나의 원리로 설명하고자 시도하고 있다.

초기 변형문법은 많은 변형규칙을 사용하여 여러 가지 구문을 설명하고자 시도하였는데, 이것을 어휘의 층위까지 적용하기도 하였다. 즉, 생성의미론(Generative Semantics) 학파의 학자들은 (그리고 그 이전에 의미의 성분분석을 시도한 구조주의 의미론자들은) 마치 음운론의 변별적 자질처럼 단어의 의미의 요소를 분할하여 의미 원소를 상정하고, 이것들이 결합하여 실제 단어가 된다고 주장하였다. 이것을 어휘해체(lexical decomposition)라고 부른다. 하나의 예는 생성의미론자들이 영어의 'kill'을 다음과 같이 분해한 것이다.

> kill = CAUSE TO BECOME NOT ALIVE

'CAUSE'(사역) 부분이 빠진 'BECOME NOT ALIVE'는 'die'로 어휘화되고, 거기에서 'BECOME'이 빠진 'NOT ALIVE'는 'dead'로 어휘화된다는 주장이다. 그런데 'CAUSE' 등과 같은 의미 원소를 실제 영어의 단어 'cause' 등에 대응시킨다면 영어의 'kill'과 'cause to become not alive'가 같은 뜻이어야 하는데 실제로 이 두 표현은 완전히 동의적이지는 않다는 문제가 있다. 생성의미론 이론이 그대로 오늘날까지 이어지지는 않지만, 어휘해체의 방법은 생성어휘부이론(Generative Lexicon Theory) 등 현대의 여러 이론에 채택되어 사용되고 있다.

다른 한편으로는 초기의 방만한 변형이 자연언어를 기술하는데 불필요할 정도의 너무 강력한 힘을 가진 기제라는 것을 인식하고, 변형을 제약하고자 하였다. 앞에서 언급한 섬제약 같은 것들이 그 예이다. 변형을 어떤 통사적 요소의 이동에 국한시키고, 그 이동도 특별한 제약을 준수하면서 일어나는 것으로 통사 이론을 전개하여 왔는데, 이러한 방향의 연구가 현대 통사론의 주류를 형성한다. 최소의 원리와 장치로 여러 가지의 통사 현상, 나아가 인간의 언어 지식을 기술하고 설명하고자 하는 것이다. 이 절에서 예시한 몇 가지 영어의 통사적 변형과 관련된 용어와 설명은 최소주의(Minimalism) 같은 최근의 통사론에서 사용하는 것들과 다를 수 있다. 그러나 어떤 통사 이론이라도 기술하고 설명해야 할 기초 자료로서의 통사적 사실들은 그대로 존재한다.

한편, 변형문법이 당연시하는 여러 층위의 문장 구조와 변형 자체를 인정하지 않고, 문장의 표면구조만을 정확히 기술하면서 언어 사용자의 통사 지식을 표상하는 것이 가능하다고 주장하는 것이 여러 가지 종류의 비변형문법들이다. 범주문법(CG: Categorial Grammar), 핵어 중심 구구조문법(HPSG: Head-Driven Phrase Structure Grammar), 어휘기능문법(LFG: Lexical Functional Grammar) 등이 있다. 아울러, 이 장에서는 주로 구조와 형식을 중요시하는 형식 문법(formal grammar)의 관점에서의 통사론을 해설하였으나, 표현이나 구문의 형식보다는 기능을 중시하는 문법 이론들도 있다. 넓게 보아 기능 문법(functional grammar)이라고 부를 수 있는 여러 가지 문법 이론들 중에는 관계문법(Relational Grammar), 인지문법(Cognitive Grammar)이 포함된다. 이러한 문법 이론에서 말하는 기능(function)은 주어, 목적어 같은 문법 기능뿐 아니라 언어가 커뮤니케이션과 인지 과정에서 수행하는 기능(역할) 모두를 의미한다.

영화 ✚ 언어

많은 영화 속에서 사람을 죽이는 일이 일어난다. 그리고 사람을 죽게 하는 일도 일어난다. 「글래디에이터」(Gladiator, 2000), 「트로이」(Troy, 2004), 「라이언 일병 구하기」(Saving Private Ryan, 1998), 「300」(2006), 「태극기 휘날리며」(2003)와 같이 고대와 현대의 전쟁터를 그리는 영화 속에서, 그리고 「대부」(Godfather, 1972), 「스카페이스」(Scarface, 1983), 「킬빌」(Kill Bill, 2003-4), 「달콤한 인생」(2005)와 같은 현대의 갱들의 세계를 그리는 영화에서 집단적인 살인이 일어난다. 그리고 연쇄살인을 소재로 하는 영화도 많이 있다. 「텔미 썸딩」(1999), 「살인의 추억」(2003), 「추격자」(2008) 같은 우리나라 영화와 「세븐」(Seven, 1995), 「카피캣」(Copycat, 1995), 「양들의 침묵」(Silence of the Lambs, 1991), 「원초적 본능」(Basic Instinct, 1992) 같은 외국 영화들이 있다. 아울러 영화의 발명 이래 수없이 나왔던 뱀파이어 영화들(우리나라의 「박쥐」(2009) 포함) 속에서도 사람은 죽는다(피도 빨린다).

이들 대부분의 영화에서 어떤 인간이 다른 인간을 죽인다. 대개 칼이나 총을 가지고 죽이고 어떤 경우에는 전기톱으로(「스카페이스」), 얼음 깨는 송곳으로(「원초적 본능」),

또는 가위로(「다이얼 M을 돌려라」(1954), 「눈먼 자들의 도시」(Blindness, 2008), 「백야행」(2009)) 사람을 죽인다(때로는 정당한 이유로).

'죽이다'와 '죽게 하다'는 모두가 사역형으로 어떤 일이 일어나게 한다는 의미를 갖고, 그것이 모두 타인의 죽음을 가져온다는 의미에서 비슷하지만, '죽이다'는 좀더 직접적인데 반하여 '죽게 하다'는 간접적일 수 있다. 영화 「폴링다운」(Falling Down, 1993)에서, 자기가 다니던 직장에서 해고당한 남자가 좌충우돌하면서 골프장에서 어떤 노인을 놀라게 하고, 노인의 심장병 약이 든 병을 언덕으로 굴러 떨어뜨려, 노인이 심장마비로 죽었다. 이 경우 남자는 노인을 '죽게 했다'. 그는 또한 나치 추종자를 총으로 쏘아서, 총에 맞은 그가 죽었다. 이 경우 남자는 나치 추종자를 '죽였다'. 영화 「인디안 썸머」(2001)에서 여자는 자신을 학대하던 남편을 방에 가두어 그가 스스로 자살을 하게끔 했다. 이 경우 '죽게 했다'는 무리 없이 쓸 수 있는데, '죽였다'라고까지 하기는 힘들 것 같다. 「양들의 침묵」(1991)의 렉터 박사는 옆방의 사람을 설득하여 그가 자살하게끔 만들었다. 이 경우에는 '죽였다'가 적당한 말이다. 이때 살인의 도구는 언어이다.

결론적으로 '죽이다'를 '죽게 하다' 혹은 '살이 있지 않게 되게 만들다'(cause to become not alive)와 완전히 동일시할 수는 없다.

5. 통사론의 여러 주제

생성문법(generative grammar)에서는 통사론이 이론언어학의 중심적 역할을 한다. 20세기 중반 생성문법이 나타난 이후, 많은 새로운 연구의 주제가 생기기도 하고, 이전까지의 연구 대상을 새로운 관점에서 바라보게 되기도 하였다. 여기서는 현대 통사론에서 중요하게 다루어지는 주제 몇 가지를 언급하고자 한다. 앞에서 이미 통사론이 무엇인지 충분히 알았다고 생각하거나, 지금 단계에서 통사론에 깊이 들어갈 필요가 없는 독자라면 이 절을 건너뛸 수 있다.

조응어와 재귀사(reflexive)의 연구는 생성문법의 초기부터 매우 중요한 주제로 연구의 대상이 되었다. 다음의 예를 보자.

> John thinks that Bill likes himself.
> John thinks that Bill likes him.

영어의 재귀사는 단문 내의 선행사를 가져야만 하고 따라서 'himself'의 선행사는 'Bill'이 될 수밖에 없다. 반면에 대명사 'him'은 단문 내에서 선행사를 가지면 안 된다. 따라서 'him'의 선행사가 'Bill'이 될 수는 없고, 그것은 'John' 혹은 맥락에서 주어지는 다른 사람이어야 한다. 다양한 재귀사와 대명사의 결속 관계는 촘스키의 후기 이론의 중요한 부분인 결속 이론(binding theory)의 주제이다. 우리말 문법에서도 '자기', '자신', '자기자신' 등 재귀사와 '그' 등 대명사의 결속 현상에 대한 연구가 많이 있다.

구체적으로, 지배결속이론에서 이러한 재귀사 혹은 대명사에 관한 결속 이론(binding theory)은 다음과 같은 매우 일반적인 형식으로 제시된다.

> 결속 이론
> (A) 조응어(anaphor)는 그 지배 범주 내에서 결속되어야 한다.
> (B) 대명어(pronominal)는 그 지배 범주 내에서 자유로워야 한다.
> (C) 지시 표현은 어디서나 자유로워야 한다.

여기서 지배 범주(governing category)는 성분지배(c-command) 등 여기서는 설명하지 않을 전문적인 개념을 동원하여 정의되는, 통사적 구조에서 어떤 가까운 영역이다. 영어에서는 이것이 단문 내라고 이해하자. 그리고 결속된다는 것은 단순화하여 선행사를 가진다는 뜻으로 이해하자.

조응어의 전형적 예는 'himself', '자기' 같은 재귀사와 'each other' 같은 상호사들이다. 앞에서 본 것처럼 이것들은 좁은 영역 내에서(한 문장 내에서) 선행사를 가져야 한다. (단, 영어의 'himself'와 우리말의 '자기'에 대한 "좁은 영역"은 다소 다르다.) 대명어의 전형적 예는 'he', '그' 같은 대명사들로, 그것들은 좁은 영역 내에서(한 문장 내에서) 선행사를 가지면 안 된다. 지시 표현은 'the present king' 같은 일반적인 명사구인데, 이것은 어디에서도 다른 선행사를 대치하는 표현으로 사용될 수 없다.

> *He thinks that the present King is handsome. ('he'와 'the present King'이 동일한 인물을 지시한다고 가정)

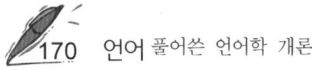

지배결속이론에서는 결속 이론을 재귀사, 대명사, 일반 명사구 등에 적용할 뿐 아니라 영형 명사구에도 적용한다. 그리고 적용 받는 결속 원리의 종류에 따라 영형 명사구도 그 종류가 구분된다. 예를 들어, 앞에서 언급한 흔적(trace)은 일종의 조응어(anaphor)이고, 스페인어 같은 언어에 나타나는 영형 대명사 'pro'는 대명형(pronomianal)이다. 그 밖에 어느 결속 이론의 적용도 받지 않는 'PRO'도 있다. 이와 같은 다양한 종류의 영형 명사구의 특성을 자세히 논의할 필요는 없다. 다만, 현대 통사론은 다양한 종류의 보이지 않은(들리지 않는) 영형 명사구를 설정할 정도로 상당히 추상화되었다는 것에 주목할 필요가 있다. 아주 최근의 최소주의(Minimalism)는 언어 기술을 위하여 다른 모든 요소(인지적 요소 등)를 모두 배제하고 언어 자체의 원리만을 찾아가려는 시도 속에서 더욱 추상화되었다.

그 밖에 몇 가지 통사적 구문을 살펴보면, 우선 사역(causation)은 상당히 보편적인 언어 현상이다. 특히 'kill' 같은 어휘적 사동사의 의미 분석과 'cause to become not alive'와 같은 통사적 사역 구문의 공통점과 차이점에 대한 연구가 많이 있다. 우리말에서도 '죽이다'와 '죽게 하다' 같은 어휘적 사동과 통사적 사동 구문에 대한 연구가 많이 있다.

피동(수동, passive)은 변형문법 초기부터 이론 전개의 중요한 동기가 된 구문이다. 우리말에서도 '먹히다' 등 어휘적 피동과 '던져 지다' 등 통사적 피동이 있는데, 다른 외국어의 경우와 달리 통사적 피동이 그리 생산적인 구문이 아니다.

시제(tense)와 상(aspect)은 통사론뿐만 아니라 의미론의 관점에서도 중요한 주제이다. 우리말의 경우 '었' 형태소가 과거 시제를 나타내는지 혹은 완료상을 나타내는지에 대한 논쟁이 있었다.

부정(negation)은 언어가 추상적임을 잘 드러내는 구문이다. 부정문을 그림으로 표현하기가 어렵다는 것은 제2장에서 이미 언급하였다. 우리말에는 '안 먹었다'와 같은 단형 부정, '먹지 않았다'와 같은 장형 부정이 있어 이 두 가지 표현들 사이의 관계와 차이에 대한 연구가 있었다. 부정은 양화사(quantifier)와의 영향권 중의성을 일으키기 때문에 의미론에서도 중요한 주제이다. 예를 들어 다음 문장은 두 가지 의미로 해석된다.

> 모든 사람들이 사과를 먹지 않았다.

접속과 내포문(보문과 관계절)은 언어의 무한성, 창조성을 가능하게 하는 귀환적 구문의 대표적인 것들이다. 구와 문장의 접속을 변형을 통해 기술하기도 하고, 변형을 배제하고 기술하기도 한다. 초기에는 구접속이 없이 모든 접속 현상을 문장 층위에서 일어나는 것으로 가정하였으나, 의미적으로 잘못된 것임이 드러났다. 예를 들어, 다음의 (ㄱ)과 (ㄴ)은 같은 의미이므로 (ㄱ)을 (ㄴ)으로부터 변형으로 도출하려는 시도가 있었다. 그러나 (ㄷ)과 (ㄹ)의 경우에는 실제 두 문장의 의미가 다르기 때문에 이러한 시도는 잘못된 것이다.

> (ㄱ) 영희가 노래를 부르거나 춤추고 있다.
> (ㄴ) 영희가 노래를 부르거나 영희가 춤추고 있다.
> (ㄷ) 모든 아이들이 노래를 부르거나 춤추고 있다.
> (ㄹ) 모든 아이들이 노래를 부르거나 모든 아이들이 춤추고 있다.

예를 들어 100명의 아이들 중 50명이 노래를 부르고 있고, 다른 50명이 춤을 추고 있다면, 위의 (ㄷ)은 참이지만 (ㄹ)은 거짓이다. 영어의 경우에도 마찬가지이다.

> Every child is singing or dancing.
> Every child is singing or every child is dancing.

보문 구문은 전제와도 관련이 있다. 어떤 동사들의 보문의 내용은 사실로 전제되는데 반하여 어떤 동사들은 그렇지 않다.

> 그 여자는 남편을 때린 것을 후회하였다. (전제 성립함)
> 그 여자는 남편을 때렸다고 말했다. (전제 성립하지 않음)
> Mary regrets that she hit her husband. (전제 성립함)
> Mary said that she hit her husband. (전제 성립하지 않음)

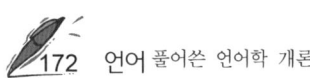
172 언어 풀어쓴 언어학 개론

전제는 의미, 화용적 현상이므로, 전제와 관련된 보문의 연구는 통사론과 의미론, 화용론의 관점을 모두 포함한다. 이것은 다음 장에서 다룰 주제이다.

조동사는 문장에서 특별한 위치를 차지한다. 영어에서 'can, could, may' 등 조동사는 굴절에 있어 다른 일반 동사와 구별되고 문장에서 본동사 앞에 나온다는 통사적 특징이 있다. 의미적으로는 양상(modality)을 표현하는 경우가 많다. 'must' 대신 'have to'를 쓸 수 있고, 'need not' 대신 'do not have to'를 쓸 수 있는 등, 조동사 대용 표현도 있다. 우리말의 조동사는 '먹어 보았다'의 '보다'와 같이 본동사 바로 뒤에 와야 한다. 전형적인 조동사들이 있는가 하면 본동사와의 구별이 어려운 중간적 성격의 것들도 있다.

앞에서 논의한 시제와 상, 부정, 접속, 전제, 양상 등은 모두 의미론(화용론 포함)의 주제들이기도 하다.

영화 ✚ 언어

오래 전 영화 「러브스토리」(Love Story, 1970)가 나에게 다시 감동을 주는 이유는 …

첫째, 부호의 아들인 하버드 대학 남학생과 가난한 과자점 딸인 래드클리프 대학 여학생의 애틋한 사랑, 그리고 25살의 나이로 죽어간 여자에 대한 아쉬움이 주는 사랑의 의미이다.

둘째, 영화 전편에 흐르는 "눈장난(Snow Frolic)", "Where do I Begin" 같은 프랜시스 레이의 때로는 경쾌한 또 때로는 애절하면서도 감미로운 음악이다. "Where do I Begin"의 가사는 음악만큼이나 애절하다. 25살에 죽은 여자와의 사연을 어디서부터 시작해서 말해야 하는가 하는 남자의 혼잣말이다.

셋째, 영화의 배경이 되는 하버드 대학 교정과 켐브리지와 보스턴의 모습, 그리고 로드아일런드 크랜스턴의 허름하지만 정겨운 모습이다. 내가 1998년부터 1999년까지 일 년 간 지냈던 하버드의 모습은 영화 속의 30년 전에도 같았다. 그리고 1984년부터 4년 동안 프로비던스의 브라운 대학에서 공부하던 시절의 로드아일런드 풍경도 생각이 난다.

이 영화를 보고 새롭게 깨달은 것은 이 영화에 나오는 유명한 사랑의 정의에 대한 새로운 인식이다. 나는 이제까지 그 정의를 "사랑은 미안하다고 말하지 않는 것이다"로 알고 있었다. 실제 영화에서 나오는 대사는 "Love is never having to say you're sorry"이다. 이 말은 올리버 아버지 문제로 올리버와 다툰 제니가 밖으로 뛰쳐나간 후 올리버가 추위에 떨고 있는 그녀를 찾았을 때 올리버가 무어라고 말하려고 하자, 그것을 막으며 제니가 올리버에게 한 말이다. 또 영화의 마지막 부분에 제니가 죽은 후 무언가 말을 건네려는 올리버 아버지에게 올리버가 그녀를 생각하며 한 말이다. 그런데 이것을 "사랑은 미안하다고 말하지 않는 것이다"라는 우리말로 표현하는 것은 부적절하다. 사랑하는 사이에 미안한 일이 생기지 않아서 미안하다고 말하지 않는다는 의미를 풍긴다. 그러나 영화에서 올리버는 제니에게 무척 미안할 수밖에 없는 상황이다. 실제로 사랑하는 사람들 사이에서 미안한 일은 일어날 수밖에 없다. 단지 사랑하는 사이에서는 미안하다는 말을 입에 올리지 않더라도 그 감정은 저절로 전달될 뿐이다. 그래서 영어 표현도 "Love is never saying you're sorry"가 아니라 "Love is never having to say you're sorry"이다. 그렇다면 우리말도 'not(never) have to'의 의미를 살려서 '~ㄹ 필요가 없다'를 넣어야 한다. 따라서 사랑의 정의는 "사랑은 미안하다고 말할 필요가 없는 것이다"라고 하는 것이 더 맞는다. 혹은 좀더 부드럽게 "사랑은 미안하다고 말하지 않아도 되는 것이다."

    이 장에서는 단어들이 결합하여 문장의 구조를 이루는 통사규칙과 수형도(나무그림)를 통하여 문장 구조를 표상하는 방법에 대하여 살펴보았다. 문장은 단어의 평면적 나열이 아니라 계층적인 구조를 가지며, 인간 언어의 본질과 관련된 중요한 통사적 원리들을 따라 구성된다. 그래서 영화 제목을 빌려 이 장을 마무리하자면 … "문장의 재구성"(「범죄의 재구성」).

더 읽을거리와 유용한 사이트

강명윤 외 (1999). 『최소주의 이론의 이해』. 서울: 아르케.
권재일 (1992). 『한국어 통사론』. 서울: 민음사.
남기심, 고영근 (1987). 『표준 국어문법론』. 서울: 탑출판사.
서정수 (1996). 『국어 문법』. 서울: 한양대 출판부.
송경안, 이기갑 외 (2008). 『언어유형론』 1~3. 서울: 월인.
최기용 (2009). 『한국어 격과 조사의 생성통사론』. 서울: 한국문화사.

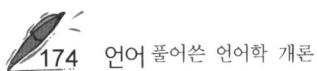
언어 풀어쓴 언어학 개론

최현배 (1971). 『우리말본』, 4판 (초판: 1937). 서울: 정음사.
Borsley, Robert D. (1999). *Syntactic Theory: A Unified Approach*, 2nd ed., Arnold.
Radford, Adrew (1988). *Transformational Grammar*. Cambridge: Cambridge University Press.
Radford, Andrew (2009). *Analysing English Sentences: A Minimalist Approach*, Cambridge: Cambride University Press.

연습과 생각

1. 다음 표현이 자연스럽게 해석될 때 그 구조를 '[ ]'를 사용하여 표시해 보시오(힌트: 중의적인 것과 그렇지 않은 것이 있음).
    (1) pretty girls and boys
    (2) 사랑스러운 여인의 목걸이
    (3) 날쌘 소년의 안경
    (4) 두꺼운 아이의 책
2. 다음 한국어 문장의 어순을 바꾸어서 가능한 모든 문장들을 만들어 보시오(힌트: 내포문의 단어가 모문의 단어와 섞이기 힘듦).
    (1) 영수가 철수가 학교에 일찍 갔다고 말했다.
3. 다음과 같은 나무구조에서, 각 항목에 해당하는 마디들을 언급하시오.

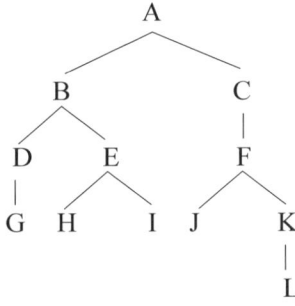

    (1) B가 지배하는 모든 마디

(2) E가 지배하는 모든 마디

　　(3) K를 지배하는 모든 마디

　　(4) H보다 뒤에 오는 모든 마디

　　(5) J보다 뒤에 오는 모든 마디

　　(6) E보다 앞에 오는 모든 마디

　　(7) J보다 앞에 오는 모든 마디

4. 다음 문장의 구조를 표지 붙인 나무그림 또는 괄호로 분석하시오(힌트: 'with kindness'는 부가어이고 'with food'는 논항임).

　　(1) The waiters in the restaurant serve customers with kindness.

　　(2) They provided the refugees with food.

5. 다음 표현들 중 문법적인 것과 비문법적인 것을 구별하여 표시하고, 문법적인 것들에 대하여 $\overline{X}$ 통사 구조를 표상하시오(힌트: 논항과 부가어의 구별).

　　(1) the father of a boy

　　(2) the father of a boy with long hair

　　(3) the father with long hair of a boy

　　(4) the father of a boy of a girl

　　(5) the farther with green eyes with long hair

6. 다음 표현을 대략적인 나무그림으로 표상하시오.

　　(1) 내가 만난 학생이 좋아하는 남자

　　(2) John said that the girl believed that Kim liked the boy.

7. 다음 두 표현의 차이를 통사적으로 설명하시오(본문의 'believe'와 'persuade' 논의 참조).

　　(1) Sam expected Bill to escort Carol.

　　(2) Sam ordered Bill to escort Carol.

8. 영어의 Wh-의문문과 한국어의 Wh-의문문의 통사적인 차이점은 무엇인가(힌트: Wh-단어의 위치)?

제 7 장
언어의 의미: 의미론과 화용론

1. 의미적 직관과 '의미'의 의미

의미론(semantics)은 언어를 통해 전달되는 의미(meaning)를 다루는 분야이다. 예전부터 의미의 문제는 철학, 심리학, 논리학, 문학 등 다양한 학문 분야에서 중요한 문제로 인식되어 왔다. 따라서 언어학에서의 의미론은 이러한 여러 인문학 분야와 직접적으로 관련되어 있다.

의미란 무엇인가에 대한 근본적 질문에 대한 답은 쉽지 않지만, 우리가 문장의 문법성에 대한 직관을 가지고 있듯이 의미에 관한 직관을 가진 것은 확실하다. 우리가 가진 가장 중요한 의미적 직관은 문장의 진리치(truth value)에 관한 것이다.

다음 문장들을 살펴보자.

> (ㄱ) 강도가 경관을 살해했다.
> (ㄴ) 경관이 죽었다.
> (ㄷ) 강도가 잡혔다.
> (ㄹ) 경관이 살아 있다.

한국어를 아는 사람이라면, (ㄱ)이 참(true)이면 (ㄴ)도 반드시 참이라는 것을 직관적으로 알고 있다. 즉, (ㄱ)이 (ㄴ)을 함의한다는 의미적 관계에 대한 직관이 있는 것이다. 이것과 비교하여 (ㄱ)이 (ㄷ)을 함의하지는 않는다. 강도가 경관을 살해했을 경우 강도가 잡힐 수도 있고 그렇지 않을 수도 있다. 우리는 이렇게 함의의 의미적 관계가 성립하지 않는 것을 직관적으로 안다. 함의(entailment) 관계의 다른 면은 모순(contradiction)이다. (ㄱ)과 (ㄹ)은 모순 관계에 있는데, 그것은 (ㄱ)이 참이면 (ㄹ)은 반드시 거짓이라는 것, 다시 말해 (ㄱ)과 (ㄹ)이 동시에 참일 수는 없다는 것이다. 한국어를 아는 사람이라면 이러한 모순적 관계에 대한 의미적 직관을 가지고 있다.

우리는 또한 어떤 문장, 혹은 표현들이 같은 의미인지 다른 의미인지에 대한 직관을 가지고 있다. 예를 들어, 다음 두 문장의 의미는 같다.

> 군인이 포로를 잡았다.
> 포로가 군인에게 잡혔다.
> The policeman caught the thief
> The thief was caught by the policeman.

하지만 동의성은 때로 불확실한 직관이다. 예를 들어, 다음 두 문장이 완전히 동의인지 아닌지에 대해서는 의견이 갈릴 수 있다.

> 강도가 행인을 죽였다.
> 강도가 행인을 죽게 했다.
> The robber killed the passenger.
> The robber caused the passenger to die.

결과적으로 강도로 인해 행인이 죽은 것은 분명하지만, 직접적으로 죽인 것과(예: 총을 쏜다) 간접적으로 죽게 한 것이(예: 설득하여 자살시킨다, 실수로 넘어뜨려 죽게 한다) 다를 수 있다.

동의성의 이면에는 중의성(ambiguity)이 있다. 어떤 표현의 두 가지 이상의 의미에 대한 직관도 어떤 경우에는 명백하게, 어떤 경우에는 다소 불확실하게 존재한다.

> John went to the bank.

▎학생 세 명이 사과 하나를 먹었다.

　첫째 문장에서, 존이 은행에 갔다는 뜻과 존이 강둑에 갔다는 두 개의 뜻이 있음이 명백하다. 둘째 문장에서, 학생 세 명이 사과 한 개를 나누어 먹었다는 뜻과 학생 세 명이 각각 사과 하나씩을 먹었다는 뜻 두 가지의 의미가 있다. 이 경우 두 번째 의미에 대해서는 좀 불확실하다고 느끼는 사람도 있을 것이다.
　한편, 다음 문장에서 보는 것처럼 어떤 문장이 전제하는 의미에 대한 직관도 있다.

▎현재 프랑스의 왕은 대머리이다.
▎The present king of France is bald.

　이 문장이 현재 프랑스에 왕이 있다는 것을 전제한다는(presuppose) 것, 그리고 현재 대통령제의 프랑스에서 그 전제가 성립하지 않기 때문에 이 문장이 참인지 거짓인지 말하기가 곤란하다는 것을 한국어 사용자는 알고 있다.
　이와 같이 함의, 모순, 동의, 중의, 전제 등 의미에 대한 직관이 있음은 의심할 여지가 없고, 언어학의 의미론은 이러한 의미적 직관을 바탕으로 언어 표현의 의미를 탐구한다.
　여기서, 자연언어에서 '의미'('의미하다') 혹은 'meaning'('mean')이라는 말의 몇 가지 다른 쓰임을 살펴보자. 다음과 같은 예들이다(Lyons 1977 참조).

▎(1)　'시나브로'의 의미가 무엇입니까?
▎(2)　What is the meaning of 'jubilant'?
▎(3)　돈과 명예는 진정한 탐구자에게 의미가 없다.
▎(4)　The meaning of life is not money.
▎(5)　내가 그녀를 바라보았을 때 특별한 의미가 없었다.
▎(6)　He did not mean to hurt the lady.
▎(7)　그 사람이 말하는 것은 그가 진정 의미하는 것이 아니다.
▎(8)　He does not mean what he says.

(1)과 (2)의 '의미'('meaning')는 어떤 단어나 표현의 기술적 의미를 말하는 것이다. (3)과 (4)의 '의미'는 가치 혹은 의의를 말하며, '의미 있는 삶', '의미 있는 만남' 등의 표현에서도 나타난다. (5)와 (6)의 '의미'는 의도를 말하는데 우리말에서는 이러한 용법으로 '의미'보다는 '뜻'이 많이 쓰인다('나는 그럴 뜻은 없었다'). (7)과 (8)의 '의미'는 말하는 것과 의미하는 것이 다를 수 있음을 보여준다. 이것은 화용론의 주제이며 이 장의 뒷부분에서 다루게 되는 사용적 의미와 관련된다. 의미론의 대상이 되는 의미는 원칙적으로 (1), (2)와 같은, 표현의 기술적 의미이다.

다시, '의미'(meaning) 혹은 '의미하다'(to mean)라는 것을, 언어의 문제를 넘어서 좀 더 일반적인 시각에서 생각해 보자. 다음과 같이 '의미하다'가 쓰이는 경우가 있다.

> 까마귀는 죽은 동물이 있다는 것을 의미한다.
> 붉은 신호등은 가지 말라는 것을 의미한다.
> The red flag means that it is dangerous to swim.
> Smoke means fire.

위의 예들에서 쓰인 '의미하다' 혹은 'mean'은 "총각은 결혼하지 않은 성년 남자를 의미한다"라고 말할 때 쓰인, '총각'이라는 언어 표현의 의미를 말하는 '의미하다'와 구별할 수 있다. 이 문장들에 쓰인 '까마귀' 등은 까마귀라는 동물, 거리의 붉은 신호등, 붉은 깃발, 연기 등 실재 세계에서의 사물을 말하는 것이지 언어 표현을 말하는 것은 아니다. 즉, 위의 진술들은 언어 표현이 아닌 사물들이 무엇인가를 의미한다는 것이다. 그러나 사물의 의미와 언어 표현의 의미에는 공통점이 있다. 그것은 어떤 하나의 사물 혹은 언어 표현이 다른 사물을 표상한다(represent) 혹은 대신한다는(stand for) 것이다. 까마귀가 죽은 동물의 존재를 대신하듯이 '총각'이라는 표현은 결혼하지 않은 성년 남자를 대신하는 것이다.

이렇게 어떤 사물이 다른 사물을 대신할 때 전자를 기호(sign)라고 부른다. 기호를 연구하는 기호학(semiotics)은 온갖 종류의 기호와 기호 작용에 대한 학문이다. 의미론은 언어 표현의 의미에 초점을 맞추는 특별한 종류의 기호학이라고도 할 수 있다. 단, 소쉬르가 언어를 기호라고 했을 때, 그가 말하는 '기호'는 기표와 기의의 결합이다. 지금 우리의 논의에서는 기표만을 '기호'라고 부른 셈이다.

여기서 퍼스(Peirce)가 제안하였던 세 가지 기호의 종류에 대하여 언급하자. 그것들은 상징(symbol), 도상(icon), 지표(index)이다. 상징은 기호와 그것이 가리키는 대상의 관계가 자의적인 것이다. 의성어나 음성상징을 제외한, 대부분의 언어 기호가 자의적인 것임은 1장과 2장에서 이미 자세히 논의하였다. 따라서 언어 속의 대부분의 단어는 상징이다. 다른 예를 보면, 신호등도 일종의 상징이다. 붉은 신호등과 가지 말라는 것, 푸른 신호등과 가도 된다는 것은 필연적인 관계가 아니다. 인간이 커뮤니케이션을 위해 사용하는 모르스 부호, 깃발, 봉화 등도 모두 상징이다. 상징에서 중요한 것은 대상 자체보다 기호와 대상 사이의 연결을 이해하는 해석자이다.

도상은 기호와 대상 사이가 비자의적인 것, 즉 어떤 종류의 유사성 혹은 동기가 있는 것이다. 지도는 전형적인 도상이다. 지도의 등고선은 실제 자연 지형의 높이와 대응한다. 지도의 채색, 즉 갈색의 진하기 정도, 푸른색의 진하기 정도는 산과 바다의 높이와 깊이를 그 정도에 따라 표시한다. 올림픽 경기를 안내하기 위하여 각종 스포츠의 종류를 간략화한 그림으로 나타내는 것도 도상이다. 무엇인가를 던지는 모양이 수영을 가리킬 수 없고(실제로 그것은 창던지기 혹은 투포환 경기를 가리킨다), 두 사람이 서로 붙잡고 서 있는 모습이 양궁을 가리킬 수 없다(그것은 실제로 레슬링을 가리킨다). 자연언어에서는 의성어와 음성상징이 도상적이다. 예를 들어, 어떤 올빼밋과의 새의 울음소리를 '부엉'이라는 의성어로 표현할 때 그것은 도상적이며, 또 그 우는 소리 '부엉'과 관련된 보통명사 '부엉이'가 그 새를 지시할 때에도 그것은 도상적이다. 의성어 '소쩍'과 명사 '소쩍새'의 경우도 마찬가지이다.

마지막으로, 지표는 기호가 그 대상의 존재를 전제로 하고, 대개 그 관계가 인과적인 경우이다. 지표적 관계에서 그 관계를 인식하는 해석자가 없더라도 그 대상은 존재한다. 앞에서 언급한 까마귀와 죽은 동물의 관계가 지표적이다. 죽은 동물이 있을 때 항상 까마귀가 근처에 있고, 그 사실을 해석자가 인식함으로써 "까마귀는 죽은 동물이 있다는 것을 의미한다"라고 말할 수 있지만, 해석자가 없더라도 까마귀와 죽은 동물은 존재한다. 다른 예로, 연기는 불의 지표이고, 총탄 자국은 총이 발사되었다는 것의 지표이고, 노크 소리는 문 밖에 사람이 있다는 것의 지표이다. 언어에서 지표적 표현은 표현과 그 대상이 직접적으로 연결되고, 그 대상의 존재를 전제로 하는 지시대명사 같은 것들이 있다.

영화 ✚ 언어

영화 「오! 수정」(2000)은 모호한 기억과 사실에 관한 이야기이다. 수정과 남자가 만나고 친해져 가는 과정에 대해 둘은 서로 다른 기억을 가지고 있다. 처음 키스를 하는 순간 테이블에서 떨어진 것이 포크였는지 혹은 나이프였는지에 대한 기억 같은 것은 사소한 차이일 것이다. 그러나 수정이 남자에게 "키스가 처음이에요"라고 말했는지 혹은 "이런 키스가 처음이에요"라고 말했는지에 대한 기억의 차이는 매우 중요한 차이이다. 수정은 거짓말하기를 원치 않기 때문에 "이런 키스가 처음이에요"라고 말했지만, 앞부분을 약하게 말했을 수도 있고, 혹은 남자가 자신의 기대에 스스로 도취하여 '이런'이라는 말을 지각하지 못하거나 무의식적으로 기억에서 지웠을 수도 있다.

설사 남자와 여자의 기억 속에 모두 '이런 키스'가 있다고 할지라도 그 의미가 각각에게 다를 수도 있다. 그것은 언어에 편만한 모호성 때문이다. '이런 키스'의 '이런'은 무슨 의미인가? 입술에 하는 키스인지, 오래 하는 키스인지, 프렌치 키스처럼 정열적으로 하는 키스인지, 혹은 진정으로 사랑하는 마음을 느끼면서 하는 키스인지 등등 모호하다. 수정과 남자는 이 모호성을 이용하여 자기에게 편한 대로 해석하고 기억으로 간직하고 있을 수 있다.

자연언어의 모호성 혹은 의미적 직관의 모호성은 예외적이라기보다는 일반적인 현상이다. '뚱뚱하다'는 것은 몸무게가 얼마나 되는 사람에게 적용할 수 있는 말인가? 뚱뚱한 아저씨는 몸무게가 100 킬로그램은 되어야 할 것 같지만 젊은 아가씨에 대해서는 그보다 적은 몸무게에 대해서도 '뚱뚱하다'라는 말을 쓸 수 있다. 그리고 뚱뚱한 사람이 날씬한 사람보다 몸무게가 많이 나가는 것이 당연하지만, 뚱뚱한 유치원생이 날씬한 씨름선수보다 몸무게가 더 많이 나가지는 않을 것이다. 우리에게 의미적 직관이 있는 것은 확실하지만, 의미의 세계가 항상 분명한 것은 아니다. 따라서 의미론은 단순한 학문이 아니다.

2. 문법 모형 속의 의미론

조합성의 원리

모든 올바른 언어 표현은 의미를 갖는다. 따라서 언어 표현의 의미를 기술하는 의미론은 언어 구조를 총체적으로 기술하는 문법 모형 속에서 어떤 자리를 차지한다. 그리고 문법 속에서 언어 표현의 의미 기술은 적어도 다음과 같은 기본 원리를 바탕으로 한다.

어떤 구, 절, 혹은 문장의 의미를 기술할 때 우리는 그것의 의미가 그것을 구성하는 단어들의 의미가 결합한 것으로 이해한다. 이러한 생각을 좀 더 형식화하여 표현한 것이 조합성(compositionality)의 원리이다(앞의 제5장 3절에서 언급한 것을 반복함).

> **조합성의 원리**: 언어 표현 전체의 의미는 그것을 구성하는 부분들의 의미와 부분들의 결합 방식에 의해 결정된다.

예를 들어 한 문장의 의미는 그것을 구성하는 단어들의 의미와 그 단어들의 결합 방식 즉 통사적 구조에 의존한다. 따라서 다음의 (ㄱ)과 (ㄴ)은 문장을 구성하는 단어들(부분)이 다르기 때문에 다른 의미이며, (ㄱ)과 (ㄷ)은 문장을 구성하는 단어들은 같지만 통사 구조가 다르기 때문에 다른 의미이다.

> (ㄱ) John likes Bill.
> (ㄴ) John hates Bill.
> (ㄷ) Bill likes John.

언어에는 무한한 수의 문장이 있음을 상기할 때, 그 무한한 문장에 대응하는 무한한 의미를 기억에 의존할 수 없는 이상, 문장의 의미를 파악할 수 있는 방법은 조합성의 원리에 의한 의미의 계산 밖에 없을 것이다. 그렇다면 궁극적으로 문장 의미의 기술은 단어 의미의 기술과 통사 구조에 따른 의미 합성의 두 가지 문제로 귀결된다.

의미와 사전적 정의

단어의 의미의 문제에 있어, 그 의미를 사전의 정의(뜻풀이, definition)와 동일시하는 소박한 시도가 있을 수 있다. 예를 들어, '얼굴'이라는 단어의 의미는 국어사전(「표준국어대사전」)에 있는 다음과 같은 정의 자체라는 것이다.

▎얼굴 몡 눈, 코, 입이 있는 머리의 앞면.

이와 같이 의미와 사전적 정의를 동일시하는 관점은 적어도 다음 두 가지 면에서 문제를 안고 있다.

우선, 모든 언어 사전의 정의는 순환적이다. 즉, 어떤 모르는 단어의 의미를 이해하기 위해서는 그 정의에 나온 단어들의 의미를 이해해야 하는데, 그 단어들의 정의를 찾아가고, 다시 그 정의에 나오는 단어들의 정의를 찾아가다 보면, 결국에는 원래 모르는 단어가 다른 단어의 정의 속에 나타난다. 앞의 '얼굴'의 정의 중에 '머리'라는 단어가 나온다. 따라서 '얼굴'의 의미를 알기 위해서는 다시 다음과 같은 '머리'의 정의를 찾아가야 한다.

▎머리 몡 사람이나 동물의 목 위의 부분. 눈, 코, 입 따위가 있는 얼굴을 포함하며 머리털이 있는 부분을 이른다.

'머리'의 정의 속에 '얼굴'이 나타난다. 즉 '얼굴'의 의미를 알기 위해서는 '머리'의 의미를 알아야 하는데, '머리'의 의미를 알기 위해서는 다시 '얼굴'의 의미를 알아야 한다. 결국 '얼굴'의 의미를 알기 위해서 '얼굴'의 의미를 알아야 한다는 해결할 수 없는 문제에 봉착하게 된다.

의미를 정의와 동일시하는 것의 또 하나의 문제점은, 이러한 방법이 맥락(context)이 의미 해석에 미치는 영향을 무시한다는 것이다. 예를 들어 다음 문장을, 야외코트에서 테니스를 치려고 계획을 세운 휴일 아침에 비가 주룩주룩 오는

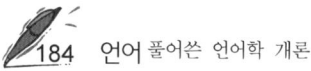

상황에서 누가 말했다고 하자.

▌날씨 정말 좋군!

사전적 정의만을 가지고 볼 때 이 문장은 상황과 맞지 않지만, 우리는 문제의 상황에서 이 표현이 가지는 의미를 잘 파악할 수 있다. 이러한 문제를 해결하기 위한 방안은 다음과 같다.

첫째, 어떤 언어의 단어의 의미를 그 언어로 기술하는 것이 아니라, 메타언어(metalanguage)를 도입하여 기술한다. 메타언어는 자연언어일 수도 있지만, 의미론에서 메타언어로 기호논리를 도입할 수도 있다. 후자의 방식을 형식의미론(formal semantics)에서 채택한다.

둘째, 관습적인 축자적(literal) 의미 즉 글자 그대로의 의미와, 언어의 사용과 상황에 따른 맥락적 의미를 구별한다. 전자를 의미론에서 다루고, 후자를 화용론(pragmatics)에서 다룬다. 이 장의 뒷부분에서 화용론의 여러 주제를 논의할 것이다.

의미론과 화용론

이와 같은 방법으로 본격적으로 의미의 문제를 다루기에 앞서 몇 가지 확실히 해 두어야 할 기본 개념들이 있다. 우선 문장의 의미를 다루는데 있어서 발화(utterance), 문장(sentence), 명제(proposition)를 구별할 필요가 있다. 발화는 실제 입으로 말해진 말의 일부이다. 혹은 손으로 쓴 글일 수도 있다. 문장은 추상적인 문법상의 요소로서 해당 언어의 문법 체계에 맞는 단어의 연속체이다. 대강 말하자면, 문장은 (하나의 완결된 생각을 말하는) 발화에서 음성을(혹은 문자를) 제거한 것이라고 할 수 있다. 명제는 세상의 상황에 대한 기술로서 참과 거짓이 결정되는 층위이다.

예를 들어, 두 사람 A와 B가 다음과 같이 말했다고 하자.

▌A: 그 아이가 머리가 좋다.

▎B: 그 아이가 머리가 좋다.

이것은 두 개의 다른 발화이며 같은 문장이다. 그리고 두 발화의 '그 아이가' 같은 사람을 가리킨다면 같은 명제, 그렇지 않고 다른 사람을 가리킨다면 두 개의 다른 명제이다. 의미론은 문장과 명제를 연결하고 명제가 진리치를 가지는 조건을 기술하는 것을 목적으로 한다. 발화와 명제의 관련성은 화용론에서 다룬다.

의미론과 화용론의 구별을 모리스(C. Morris)는 다음과 같이 접근하였다. 그는 기호, 기호가 가리키는 사물, 기호를 사용하는 사람의 상호 관계를 고려하여 다음과 같이 통사론, 의미론, 화용론을 정의하였다.

▎통사론 – 기호들 사이의 형식적 관계
▎의미론 – 기호와 대상 사물 사이의 관계
▎화용론 – 기호와 그것의 사용자와의 관계

이러한 정의는 현대 언어 이론의 관점에서도 어느 정도 유효하나, 오늘날 화용론은 기호의 사용자를 포함한 기호의 사용 맥락 전체를 고려한다. 그리고 어떤 맥락에서의 적절한 대화의 방법이 어떤 것인가에 관한 성찰을 포함한다(이 장의 5절 참조).

기본적인 방향에서 오늘날의 언어 이론에서의 의미론과 화용론은, 적어도 대체적으로는, 모리스 같은 기호학자들이 제시한 모형과 관련된 면이 있지만, 세밀하게 들어가면 행동주의자였던 모리스의 이론과 현대의 의미 이론이 정확히 일치하지는 않는다.

현대의 의미 이론은 모리스가 말한 의미론, 즉 언어 표현의 의미를 그것이 지시하는 세상의 사물로 파악하는 입장과, 언어 표현의 의미를 심상적 표상으로 파악하는 입장으로 대별된다. 전자를 지시적(referential) 관점, 후자를 표상적(representational) 관점이라고 할 수 있다. 지시적 관점에서 보면, 우리가 세상을 기술하기 위해 언어를 사용하는 것이 가능한 것은 바로 언어 표현이 세상의 사물과 직접 연결되어 있기 때문이며, 이때 언어 표현이 사물을 지시한다(refer)라고 말한다. 이것은 전통적으로 철학적, 논리적 관점이다. 반면에, 표상적 관점에서는 언어 사용자마다 세상의 상황을 다르게 파악하고 표상할 수 있으며, 언어는 심적 표상과 연관되어 있어 세상과는 간접적인 관계를 가지고 있다고 말한다. 이것은 전통적으로 심리학적인 관점이다.

이제 이 두 가지 관점에서 의미를 연구할 때의 여러 가지 주제와 문제에 대하여 알아보자.

영화 ✚ 언어

영화 「뷰티풀 마인드」(A Beautiful Mind, 2001)는 수학자 존 내시에 관한 실화를 바탕으로 한 영화이다. 수학 천재인 존 내시는 젊은 날 프린스턴 대학에 다니면서, 지난 150년간의 경제 이론을 반박하는 새로운 균형이론을 내세움으로써 그 천재성을 인정받는다. 하지만 그는 정신분열증의 고통을 받는 약한 인간이기도 하였다. 아내의 사랑으로 정신병을 극복하면서 살아간 그의 생애는 1994년 노벨 경제학상으로 아름답고 보람 있는 생애로 인정받기에 이른다.

천재성과 정신병이라는 축복과 저주를 동시에 받고 태어난 존 내시는 주어진 여건을 담담히 받아들이고 아내와 함께 어려움을 극복하고 살아가는 아름다운 마음의 소유자이다. 그러나 아름다운 마음은 존 내시만이 아니다. 그의 아내는 남편에게 닥쳐온 불행을 피하고 싶은 인간적 욕망이 있었지만 그것을 사랑으로 극복하는 아름다운 마음을 가진 여자이다. 영화 속에서, 내시와 그의 아내뿐 아니라, 프린스턴의 동료들도 모두 내시를 이해하고 도와주려는 아름다운 마음의 소유자들이다.

내시와 같은 천재가 아니라도 모든 사람에게 불행과 고통은 찾아온다. 다만 모든 사람이 그것을 슬기롭게 받아들이고 극복하지는 못한다. 역사적으로, 사도 바울은 그의 높은 지성과 예수 그리스도의 사도임을 자처하는 당당함에도 불구하고 "육체의 가시"로 인해 고통을 받아야만 했지만, 그것을 자신에게 주어진 것으로 받아들였다. 어떻게 보면 하나님으로부터 더 많은 것을 받은 자가 그에 상응하는 큰 고통을 받는 것이 공평한 지도 모른다. 고통의 의미에 대하여 더 깊은 대답을 원한다면 C.S. 루이스의 저서 「고통의 문제」(The Problem of Pain, 1940)를 읽거나, 그가 고통받는 모습을 그린 영화 「섀도우랜드」(Shadowlands, 1993)를 보라. 지금 느끼는 고통의 일부는 지난날 내가 느꼈던 기쁨에 대한 값이고, 다른 일부는 내가 미래에 향유할 행복에 대하여 미리 지불하는 값임을 알게 될 것이다.

영화 속에서 내시의 화법은 보통 사람과 다른 면이 있다. 바에서 매력 있는 여자와의 첫 대면에서 내시가 여자에게 같이 섹스를 하는 것이 어떻겠냐는 질문을 하고 뺨을 맞는 장면이 있다. 이러한 화법은 맥락에서의 적절한 언어 사용의 원리, 즉 화용론적 원리에 분명 어긋나는 것이다. 무엇인가 원하는 것을 이루고자 할 때에는 이리저리 둘러말하고 완곡하게 표현하는 것이 일반적인 화법이다. 특히 성은 모든 언어 문화권에서 직접적인 언급을 회피하는 주제이다. 내시는 나중에 화용론적 원리를 상당히 준수하면서 말을 하게 됨으로써 그의 부인과 결혼할 수 있게 된다. 천재의 영감과 표현 그리고 고통의 이해는 개인적인 것이지만 언어의 사용은 상호적이므로 화용론적 원리를 포함한 사회적 규범에 적합해야 그 효과를 발휘할 수 있다.

3. 지시

지시와 지시체

의미에 관한 이론 중 중요한 하나의 입장은 언어 표현의 의미를 그것이 지시하는 세상의 사물, 즉 지시체(referent)와 동일시하는 관점이다. 의미의 문제를 지시(referring)의 문제로 환원하는 이유는 우리가 세상을 기술하고 묘사하며 그 내용을 전달하기 위하여 언어를 사용하는 것이 가능하고, 나아가 그것이 언어의 가장 중요한 기능이기 때문이다. 다음의 문장들은 실제로 세상에서 일어나는 일을 언어로 기술한다.

> 어제 최민식이 공항에 나타났다.
> 그가 뉴욕으로 떠났다.

이 문장 속의 '최민식'은 세상에서 살아가는 어떤 영화배우를 지칭하고, '뉴욕'은 지구상의 어떤 도시를 지칭한다. '나타났다'와 '떠났다'도 실제 세상에서 일어나는 어떤 사건을 지시한다고 볼 수 있다. 영어로 'refer'라는 말로 표현되는 '지시'라는 것은 말로써 세상의 사물을 골라내는 것 혹은 확인하는 것이라고 말할 수 있다. 언어 표현의 지시체를 영어로는 'referent' 혹은 'denotation'이라고 한다('denotation'은, 암시적 의미인 'connotation'과 대립적인 표시적 의미라는 뜻으로 사용되기도 한다). 이러한 관점에서 언어 표현의 의미는 지시체 자체이다.

'최민식' 같은 고유명사가 세상의 어떤 개체를 지시한다는 것은 명백하다. '그

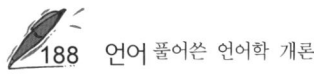

분', '그 사람'과 같은 것들도 지시적 표현이다. 그러나 언어의 모든 표현이 일상적 의미에서의 지시적 표현은 아니다. 다음과 같은 표현들은 비지시적(non-referring) 표현들이다.

> 그런데, 많은, 아주, -에서, -어요,
> and, many, very, in, -ing

지시적 의미 이론의 과제는 이러한 비지시적 표현의 의미를 어떻게 지시체를 기반으로 기술하고 설명할 것인가 하는 것이다. 형식의미론(formal semantics)은 지시를 바탕으로 하는 논리적 방법으로 이 문제를 해결하고자 하는 이론이다.

지시적 표현들로는 다음과 같은 것들이 있다. 우선, 고유명사는 사용 맥락에 상관없이 하나의 대상만을 지시한다.

> 이명박, 세종대왕, 김연아, 태백산, 한강, 서울, 남대문
> Barack Obama, Cleopatra, Berkeley, Mt. Everest, the Pacific Ocean

다음과 같은 직시적 표현들은 어떠한가?

> 나, 너, 그의 책, 어제, 오늘, 여기, 저기
> I, you, his book, yesterday, today, here, there

이 표현들은 이것들이 쓰이는 맥락에 따라 그 가리키는 대상이 달라진다. 지시를 논하는데 있어 맥락이 필요함을 보이는 이러한 표현들에 대하여 5절에서 자세히 논의할 것이다.

고유명사

고유명사는 가장 전형적인 지시 표현이다. 사람, 장소, 기관 등의 이름은 그것이 지시하는 세상의 지시체와 연결되어 있고, 고유명사의 사용은 그 지시체를 확인하여 골라내는 일을 한다. 단 여기서 말하는 지시체는 이 세상의 물리적 실체

만을 가리키지는 않는다. 샐린저의 소설 「호밀밭의 파수꾼」(Catcher in the Rye)의 주인공 콜필드, 무라카미 하루키의 소설 「상실의 시대」의 미도리 같은, 문학 작품 속의 가상 인물을 가리킬 수도 있다. 영화 「올드 보이」의 오대수와 같은 가상 인물에 대해서도 마찬가지이다. 또한 콜리지의 시에 처음 나왔다고 하는, (나는 올리비아 뉴튼 존의 노래를 통해 알게 된) 재나두(Xanadu) 같은 상상 속의 지상 낙원 등 좀 더 비현실적인 지시체도 인정해야 한다. 단, 영화 「러브레터」(Love Letter, 1995)에 나오는 후지이 이츠키처럼 같은 이름을 가진 사람들이 많이 있다는 사실은 존재한다. 그러나 고유명사가 실제로 특정 맥락에서 사용된 경우 하나의 개체만을 지시한다.

 이러한 고유명사와 지시체의 연결이 어떻게 가능한가 하는 근본적 문제에 대한 철학적 논쟁이 있다. 한 가지 견해는 러셀(B. Russell), 프레게(G. Frege), 설(J. Searle) 등이 주장하는 기술 이론(description theory)이다. 이 이론에 따르면, 이름(고유명사)은 지시체에 대한 지식 혹은 그것에 대한 기술을 간략히 표시하기 위한 표지(꼬리표)라는 것이다. 예를 들어 '이순신'이라는 이름은 다음 언어 표현들이 모두 참으로 적용될 수 있는 대상을 간단히 부르는 표지이다.

> 임진왜란 때의 조선의 해군 장군이다.
> 문무를 겸비하였다.
> 거북선을 만들었다.

 다시 말하자면, '이순신'은 위 기술(description)을 줄여서 사용하는 표현이라는 것이다.

 이러한 이론의 문제점은 어떤 인물에 대한 일정 수의 기술이 실제로는 의도하지 않은 다른 사람을 가리킬 수도 있다는 것이다. 위의 '이순신'에 대한 세 가지 기술이 우연히 이순신이 아닌 다른 사람에게도 적용될 여지가 있다. 또, 언어 사용자의 입장에서 보면, 그 사람이 위의 사실 중 어떤 것을 모르더라도 '이순신'이라는 이름으로 이순신을 가리킬 수 있다. 예를 들어, 이순신이 문무를 겸비했다는 사실을 모르고 단지 그가 거북선을 만든 임진왜란 때의 장군이라는 사실만을 아는 사람도 이순신을 '이순신'으로 지칭할 수 있다.

기술 이론의 이러한 문제점을 지적하고 대안을 내세운 것이 크립키(S. Kripke), 도넬런(K. Donnellan) 등의 인과 이론(causal theory)이다. 이 이론에 따르면, 이름은 어떤 시점에 세상의 사물과 연결되어 그 연결이 사회적으로 통용되고 계승된다. 그리고 이름과 사물을 연결시키는 일은 그것을 할 수 있는 자격을 가진 사람이 한다. 예를 들어, 이름 '이순신'과 사람 이순신을 연결시킨 것은 그의 부모가 이순신이 태어날 당시에 행한 일이고, 당시의 다른 사람들과 후세 사람들은 그 연결을 그대로 받아들였다. 이 이론은 일반적인 고유명사뿐 아니라 물질명과 같은 종(kind)의 이름과 그 의미 즉 지시체의 관계에 대해서도 적절한 설명을 준다. 예를 들어, 금이라는 물질을 생각해 보자. 보통 사람들은 노란색의 반짝이는 금속을 보고 '금'이라고 부르지만 겉으로 보기에 노랗고 반짝인다고 해서 다 금은 아니다 ("All is not gold that glitters"). 어떤 금속 물질을 실제로 '금'이라고 부르는 것이 맞는지에 대한 최종 판단은 금속 전문가가 한다. 즉 물질의 이름 '금'과 실제 금을 연결시키는 권한은 전문가가 가지고 있고, 그 연결을 일반 사람들은 존중한다. 동식물명의 경우도 마찬가지이다. '늑대'라고 부르는 동물과 '이리'라고 부르는 동물이 같은 것인지 다른 것인지, 구체적으로 어떤 동물을 가리키는 것인지는 동물학자가 판단할 몫이고, 일반 언어 사용자는 전문가의 판단을 따를 뿐이다.

고유명사, 즉 이름과 관련하여 한 가지 중요한 사실은 이름과 지시체의 연결이 아주 견고하다는 것이다. 이름을 이름이 아닌 '미스 코리아'와 같은 표현과 비교해 보자. '미스 코리아'는 작년에는 어떤 사람 A를 지칭하고 그 전해에는 다른 사람 B를 지칭한다. 그러나 사람의 이름 '최민식'은 올해나 10년 전이나 같은 사람을 지칭한다. (「올드 보이」, 「취화선」, 「쉬리」 영화의 타이틀 화면의 최민식은 모두 '최민식'이라는 이름으로 불리는 같은 사람이다.) 현실 세계에서 시간이 다르더라도 이름은 ('미스 코리아' 같은 표현과는 달리) 언제나 같은 개체를 지칭한다. 나아가 우리가 상상하는 가능세계(possible world)에서도 마찬가지이다. 올해의 미스 코리아가 대학생이라고 가정하자. 그러면 '미스 코리아는 대학생이다'라는 문장은 참이다. 우리는 '미스 코리아가 재수생일 수도 있었다'라는 말을 할 수도 있다. 현실 세계에서 '미스 코리아'는 대학생 C를 가리키지만 심사 결과가 다르게 나온 하나의 가능세계에서 '미스 코리아'는 재수생 D를 가리키는 것이다. 혹은 좀 더 명확하게 '올해 미스 코리아가 다른 사람이었을 수 있다'라는 말을 할 수도 있다. 즉 '미스 코리아'는 현실 세계를 포함한 여러 가능세계에서 다른 개체를 가리킬 수 있다.

그러나 고유명사인 이름은 모든 가능세계에서 동일한 개체를 가리킨다. '최민식은 가수가 될 수도 있었다'라는 문장은 참이다. 즉 현실 세계에서 최민식은 「올드 보이」, 「취화선」, 「쉬리」에 등장한 영화배우이지만 어떤 가능세계에서 최민식은 배우가 아니라 가수이다. 이때 '최민식'은 그 가능세계에서도 여전히 동일한 인물인 현실세계에서의 최민식을 가리킨다.

'오바마가 미국 대선에서 떨어질 수도 있었다'도 마찬가지이다. 오바마가 미국 대통령이라는 속성은 현실 세계에 관한 것이지만, 미국 대선의 결과가 다르게 나온 어떤 가상의 세계에서 그는 대통령이 아니다. 이 경우에도 그 가상의 세계의 부시는 현실 세계의 오바마이다.

'미스 코리아' 혹은 '아이'와 같은 표현들이 시간과 세계에 따라 다른 지시체를 갖는 데 비하여 이름을 포함한 고유명사들이 늘 동일한 개체를 지시한다는 것을 논증한 크립키(Kripke)는 '고정지시어'(rigid designator)라는 용어를 사용한다. 고유명사는 고정지시어이다.

고유명사뿐 아니라 일반명사의 명사구(noun phrase) 중에도 전형적인 지시적 표현이 있다. 그러나 모든 명사구가 지시적 표현은 아니다. 다음과 같은 예들이 있다.

> 지시적 명사구:
> 그 사람, 저 물건, 그 일
> the man, this book, the godfather
> 비지시적 명사구:
> 대부분의 사람들, 약간의 사람들
> no country (for old men), few flowers

예를 들어 'no country'라는 표현을 사용하여 어떤 대상들을 골라낼 수는 없다.

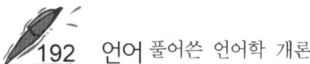

명사구들은 한정적, 비한정적 명사구와 특정적, 비특정적 명사구로 구별될 수 있다. 먼저 한정성(definiteness)에 대하여 살펴보자

> 한정적 명사구: 그 소년, the boy
> 비한정적 명사구: 어떤 소년, a boy

한정적(definite) 명사구는 화자가 이것을 발화할 때 청자도 화자가 의도하는 지시체를 식별할 수 있다고 생각하고 사용하는 명사구이다. 즉 내가 '그 소년'이라고 말할 때에, 나는 내 말을 듣는 상대방이 '그 소년'이 가리키는 대상이 누구인지 알 것이라고 가정한다. 만일 이러한 가정이 실제 사실로 성립하지 않으면 의사소통이 되지 않을 것이다. 한정적 명사구의 전형적인 형식이 대명사이다. 맥락을 공유하는 사람들 사이에서만 '그녀', '거시기'와 같은 대명사의 사용이 가능하다.

한정성이 화자의 청자에 대한 고려를 바탕으로 하는 지시적 특성임에 반하여, 특정성(specificity)은 화자만의 문제이다. 화자는 어떤 명사구를 사용할 때, 그것을 어떤 특정한 지시체를 염두에 두고 말할 수도 있고, 그렇지 않을 수도 있다. 다음의 예문을 살펴보자.

> 나는 어제 재미있는 영화를 보았어.
> 나는 영화를 보면 늘 기분이 좋아져.

첫 번째 문장은 어떤 특정한 영화를 어제 보았다는 의미이므로 화자는 그 영화가 구체적으로 무엇인지를 염두에 두고 있다. 화자는 청자가 그 영화가 무엇인지를 알 것이라고 가정하지는 않는다. 이때 '영화'는 특정적(specific)이다. 두 번째 문장의 '영화'는 어느 하나의 특정 영화를 가리키지 않는다. 화자가 염두에 두고 있는 특정 영화가 없다. 그저 아무 영화든지 영화를 보면 기분이 좋아진다는 뜻이다. 이 경우의 '영화'는 비특정적(non-specific)이다.

지시적 의미론의 과제는 다양한 종류의 지시 표현과 비지시적 표현을 지시라는 기본 개념을 바탕으로 기술하고 설명하는 일이다. 여기서 통사 범주(품사)와 세계 속의 지시체의 종류와의 대응성에 대하여 생각해 보자. 명사(구)의 경우 그

것은 세상의 물체 혹은 물질을 지시하는 것이 보통이다. 지시의 관점에서 보면, '노래한다', '도망갔다', 'was raining', 'ran' 같은 동사(구)는 보통 세상에서 일어나는 행위 혹은 사건을 지시한다고 볼 수 있다. 그러나 통사 범주와 지시체의 종류가 늘 이와 같이 대응하지는 않는다. '연구', '달리기', 'guidance', 'movement' 같이 명사(구)로도 행위와 사건을 지시할 수 있기 때문이다.

뜻(센스)과 지시(레퍼런스)

지시적 의미론을 수행할 때 한 가지 중요한 의미 구분이 있다. 그것은 언어 표현이 가리키는, 실제 세상의 지시체를 말하는 지시(레퍼런스, reference)와 지시체 이상의 언어 의미인 뜻(센스, sense)의 구분이다. 다음의 문장들을 살펴보자.

> 1979년 박정희가 암살당했다.
> 1979년 한국 대통령이 암살당했다.
> 1979년 한국의 독재자가 암살당했다.

이 세 문장은 모두 참이다. 모두 같은 사건을 기술하고 있기 때문이다. 그리고 각 문장에 나온 '박정희', '한국 대통령', '한국의 독재자'는 모두 같은 인물을 가리킨다. 즉, 이 세 표현의 지시가 같다. 그렇다면 이 세 표현의 의미가 모두 같은가? 이 질문에 대한 답은 부정적이다. 우리는 직관적으로 이 세 표현의 의미가 다르고 따라서 세 문장의 의미가 다르다고 생각한다. 결국 우리는 언어 표현의 의미가 지시만은 아니고 그 이상이 있다고 생각하는데, 이 지시 이상의 의미가 센스이다. 말하자면, 지시적 의미론은 지시와 지시체를 기반으로 하지만, 언어 표현의 의미를 지시 혹은 지시체와 동일시하지는 않는다. 의미는 그 이상이다.

의미가 지시 이상이라는 것은 일찍이 프레게(Frege)가 예시한 다음과 같은 구문(소위 심적 태도 구문)에서 더욱 확실히 드러난다.

> Ancient people did not know that the morning star is the evening star.
> Ancient people did not know that the morning star is the morning star.

고대인은 새벽에 반짝이는 샛별(계명성, the morning star)과 저녁 무렵 서쪽 하늘에 보이는 개밥바라기(태백성, the evening star)가 다른 별들이라고 생각했었다. 하지만 실제로 이것들은 하나의 별 금성(Venus)이다. 이 때, 첫 번째 문장은 참이지만, 동일한 지시체를 가리키는 두 표현을 대치한 두 번째 문장은 거짓이다.

일반적으로 어떤 표현 A를 포함하는 구문에서, A와 같은 지시체를 가리키는 표현 B가 A를 대치하여 진리값이 유지될 수 있다(소위 라이프니츠의 원리). 예를 들어, 다음 두 문장은 진리값이 같다.

> The morning star is far from the earth. (샛별이 지구로부터 멀다)
> The evening star is far from the earth. (개밥바라기가 지구로부터 멀다)

그러나 어떤 환경에서는 그러한 대치가 자유롭지 않다. 다음의 예를 보자.

> John thinks that Mary likes the morning star.
> John thinks that Mary likes the evening star.

위 두 문장은 진리값이 반드시 같지 않다. 이것은 궁극적으로 지시 이상의 무엇(의미)이 필요하다는 것을 시사한다. 다음의 문장들도 마찬가지이다.

> 영수는 샛별이 샛별이라고 생각한다.
> 영수는 샛별이 개밥바라기라고 생각한다.

우리는 위 두 문장이 진리값이 같거나 같은 의미라고 생각하지 않는다. 첫 번째 문장은 영수가 이성적인 인간이라는 가정 하에 참이라고 예상할 수 있지만, 두 번째 문장이 참인지 거짓인지는 예상할 수 없다. 의미는 지시 이상이기 때문에 '샛별'과 '개밥바라기'는 지시체가 같더라도 의미가 다른 표현이고, 따라서 위와 같은 언어 맥락에서 (진리값을 유지하면서) 대치가 불가능하다.

프레게가 사용하였던 원래의 독일어 용어를 빌려 말하자면 의미는 'Bedeutung' (지시, 레퍼런스)이 아니고 'Sinn'(뜻, 센스)이다. 문제는 지시를 기반으로 뜻

(센스)를 찾아가는 일이다. 논리적 방법의 의미론은 가능세계(possible world)를 도입하여 외연(extension)과 내포(intension)를 정의함으로써 이러한 문제를 해결하고자 하지만, 문제가 완전히 해결되지는 않았다. 논리적 의미론의 자세한 내용은 여기서 더 이상 깊이 논의하지는 않지만, 관심이 있는 독자는 부록에 제공된 형식의미론의 기초적 설명을 읽어보기를 권한다.

영화 + 언어

영화 「연애소설」(2002)은 경희, 수인, 지환 세 젊은이들의 슬픈 이야기이다. 그들은 우연히 만나 함께 친구로서 즐거운 시간을 보낸다. 경희와 수인은 여학교 때부터 같이 다니는 단짝 친구이다. 그들은 남들에게 드러나지 않는 병으로 고생하며, 결국 한 여자(손예진)가 먼저 세상을 떠나고 나머지 여자(이은주)는 지환(차태현)에게 그 사실을 알리지 않고 떠나간다. 5년 뒤 지환은 그 사실을 알게 되고, 이제 나머지 한 여자도 죽음을 곧 맞이할 시간이 된다. 왕성한 생의 활력을 느껴야 할 젊은이들이 죽음으로 향하는 육신의 고통을 받아야 한다는 것은 너무 안타까운 일이다. 그러한 슬픈 일이 왜 세상에 일어나야 하는지 알 수 없지만, 우리의 주변에는 고통을 받는 사람들이 많이 있다. '삶', '죽음', '마음'이 어우러져 있는 「8월의 크리스마스」(1998)의 젊은 사진관 주인(한석규)의 안타까운 죽음도 있다. 그저 세상은 그런 것. 「눈물이 주룩주룩」(2006)의 할머니가 들려주듯이, 이유는 모르지만 긴 인생도 있고 짧은 인생도 있다.

한 가지 주의를 끄는 「연애소설」의 설정은, 경희와 수인 두 여자가 실제로는 이름을 바꾸어 부르고 있었다는 사실이다. (영화를 보지 않은 사람들로부터의 스포일러라는 비난을 감수한다.) 즉 영화의 전반부에서 경희는 '수인'으로 불리고 수인은 '경희'라고 불린다. 그들이 그렇게 이름을 바꾸어 부르는 이유는 상대방을 늘 가까이 느끼고 싶기 때문이다. 경희에게 '수인아'라고 부른다면 경희는 수인을 바로 곁에 느낄 수 있을 것이다. 그럼에도 불구하고 경희는 수인이 될 수 없고, 수인이 경희가 될 수는 없다. 영화의 후반부를 본 다음에 나는 손예진(영화 전반부의 '수인', 실제 이름 '경희')을 '경희'라고 부르고 이은주를 '수인'이라고 지칭할 수밖에 없다.

영화 초반에 경희와 수인은 서로 이름을 바꾸어 불렀고 주변 사람들도 그렇게 했지만, 언중은 '경희'와 '수인'이라는 이름들이 세상의 어떤 개체와 연관되는가를 (영화 속에서) 원래 부모들이 붙여준 이름으로 결정한다. 경희(손예진)는 부모가 '경희'라는 이름을 붙여주었고, 주민등록에 그 이름이 올라 있고, 고등학교 앨범에도 그렇게 올라 있다. 수인과 합의하에 자신을 '수인'이라고 부른다고 해서 그의 이름이 수인이 되는 것은 아니다. 그저 별명에 불과할 뿐이다. 그래서 우리는 손예진(영화에서 먼저 죽은 여자; 주민등록상의 이름 '경희')에 대해서 다음 (ㄱ)을 말할 수 있으나, (ㄴ)과 같이 말할 수는 없다. (ㄴ)은 이은주(주민등록 상 이름 '수인')에 대해 할 수 있는 말이다.

(ㄱ) 사람들이 경희를 수인이라고 불렀다.
(ㄴ) 사람들이 수인을 경희라고 불렀다.

4. 심적 표상

개념

언어의 의미를 보는 관점 중 다른 하나는 심적 표상(mental representation)을 중시하는 입장이다. 언어 사용자가 세상에 대하여 말할 수 있는 것은 언어 표현이 직접 사물을 지시하기 때문이 아니라 화자가 가지는 세상에 대한 심적 모형을 통한 간접적 연결 때문이라는 것이다. 하나의 상황을 화자는 다른 관점에서 바라볼 수도 있고, 이것은 다른 언어 표현으로 기술된다. 예를 들어 다음의 문장의 쌍들은 같은 상황을 기술한다.

> 인호는 동우가 좋았다.
> 인호는 동우를 좋아했다.

> Mary is sleeping.
> Mary is asleep.

같은 상황을 기술하지만 표현 양식이 다른 것은 심적 표상이 다르기 때문이라는 것이 표상적 의미론을 지지하는 사람들의 주장이다. 표상적 관점에 따르자면 다른 방식의 개념화가 세계의 상황 기술에 영향을 미친다.

하나의 철학적 견해는 심적 표상을 시각적 이미지와 동일시한다. 즉 '개'라는 말에 대한 심적 표상은 바로 우리 머릿속에 떠오르는 개의 모습이라는 주장이다. 이러한 견해의 문제점은 시각적 이미지를 떠올릴 수 없는 많은 단어들이 언어에 있다는 것이다. '자유', '정의', '진리' 같은 추상적인 의미를 갖는 단어들의 시각적 이미지가 무엇인지 알 수 없다. 더욱이 시각적 이미지가 쉽게 떠오르는 단어들의 경우에도 사람마다 그 떠오르는 이미지가 다를 수 있는데, 그렇다면 단어의 의미가 사람마다 다르다고 해야 한다. 사람들 사이의 언어를 통한 의사소통이 가능한 것을 설명할 수 없다.

이러한 문제를 극복하는 방법은 심적 표상을 시각적 이미지가 아닌 개념(concept)으로 파악하는 것이다. 물론 개념이란 무엇인가 하는 근본적 질문이 도사리고 있고, 심리학 및 철학에서 개념의 문제는 어렵고도 중요한 문제이다.

의미에 관한 논의에서 개념의 중요성은 20세기 전반에 오그든(Odgen)과 리차즈(Richards)의 기호의 표의작용에 관한 논의에서 적극적으로 주장되었다. 기호(sign)가 어떤 사물을(즉, 세상의 지시체를) 표의하는(signify) 것은 인간의 정신 속의 개념을 통해서이다. 이러한 기호의 표의작용에서 기호와 개념의 관계, 개념과 지시체의 관계는 기본적이며 직접적이고, 기호와 지시체의 관계는 간접적이다. 이 사실이 표의작용의 삼각형 그림에 실선과 점선의 차이로 나타난다.

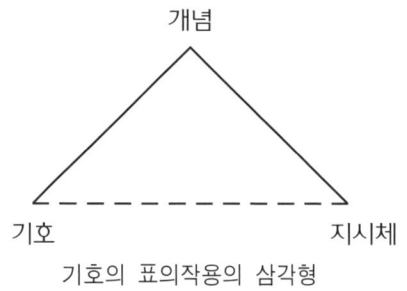

기호의 표의작용의 삼각형

오그든과 리차즈는 표의작용을 행동주의적으로 기술한다. 즉, 외부 세계의 어떤 사물(지시체)이 화자의 마음에 생각(개념)을 불러일으키고, 그것이 그에게서 기호를 이끌어낸다. 청자가 기호를 들으면 머릿속에 생각이 일어나고 그것이 그로 하여금 사물에 주목하게 만든다. 이후의 다른 학자들은 소쉬르와 같이 좀 더 심성적으로 표의작용을 설명한다. (단, 소쉬르가 형식과 개념의 결합체로 간주한 기호는 형식으로서의 기호 이상이다.) 그들은 기호조차도 심적인 것이고 기호와 개념은 정신(마음) 속에서 연결되거나 상호작용을 한다고 한 것이다. 나아가 언어의 의미를 논할 때 지시체는 고려의 대상이 되지 않는다고까지 주장한다. 반대로 중간에 있는 개념의 필요성에 의문을 제기하면서, 의미의 일차적인 고려에서 개념을 배제하고 기호와 지시체의 관계에 집중하는 것이 앞 절에서 논의한, 지시를 기초로 한 논리적 의미론이다.

극단적인 심성주의를 받아들이지는 않는다고 하더라도, 중요한 점은 표의작용의 삼각형 모형이 언어의 의미에 관한 논의에서 심적 표상 즉 개념이 중요함을 적절하게 보여준다는 것이다.

심적 표상으로서의 개념이 중요한 것은 어린아이의 언어 습득 단계에서 잘 드러난다. 아이들이 어떤 단어를 배울 때 그 단어를 원래 그 의미보다도 축소하여 적용하기도 하고, 그 반대로 의미를 확장하여 적용하기도 하는 단계가 있다. 예를 들어 어린아이가 '개'라는 단어를 집에서 기르는 작은 개에만 적용하여, 불도그나 도베르만 종의 개는 그렇게 부르지 않을 수 있다. 반대로 개, 고양이 등 집에서 기르는 동물에 모두 이 단어를 적용할 수도 있다. 어린아이인 언어 학습자에게 '개'의 의미는 고정되어 있지 않고 개념화의 과정을 거쳐 조정되면서 그는 궁극적으로 어른들이 가지고 있는 개념을 습득하게 된다.

이 개념이라는 것에 대해 다른 방식으로 생각해 보자. 하나의 관점은 어떤 단어의 개념을 그 단어를 사물에 적용할 수 있는 필요충분조건이라고 보는 것이다. 예를 들어 '처녀'라는 단어의 개념을 다음과 같이 정의할 수 있다.

> x는 다음이 성립하면 그리고 그 때에만 (if and only if) 처녀이다.
> 1) x는 사람이다
> 2) x는 어른이다
> 3) x는 여자이다
> 4) x는 미혼이다

여기서 제시한 네 가지 조건이 만족될 경우에 그리고 그 때에만 '처녀'라는 말을 쓸 수 있고, 이 네 가지 조건이 바로 '처녀'의 심적 표상인 개념이라고 보는 것이다.

그러나 이렇게 필요충분조건을 통한 개념 정의는 문제가 있다. 우선 조건들에 대한 견해가 일치하지 않는다. '처녀'의 경우 위의 조건들에 대한 이견이 별로 없겠지만, 위의 조건을 만족하면서 나이가 80세인 할머니에게 '처녀'라는 말을 쓸 수 없을 것 같고, 40대 내지 50대 여자의 경우는 불확실하다. 혹은 성전환을 통하여 여자가 된 사람을 처녀라고 할 수 있는지도 불확실하다. 다른 예를 들자면 '얼룩말'을 필요충분조건으로 정의할 때 '다리가 네 개이다'라는 조건이 들어갈 수 있지만, 불의의 사고로 다리 하나를 잃어 그 조건을 만족하지 않는 얼룩말도 '얼룩말'이라고 부를 수 있을 것이다. 이러한 개개 조건의 불확실성의 문제 이외에도 화자들은 자신들이 그 필요충분조건을 잘 모르는 사물에 대해서도 그것을 지시하기 위해 단어를 사용한다는 문제가 있다. 그들은 사물에 대한 자세한 지식에 의존하여 단어를 사용하는 것이 아니라 전문가에 의존한다.

일찍이 심리학에서 이러한 문제점들을 인식하고, 개념을 원형(prototype)으로 환원하여 이해하는 이론을 내놓은 것이 로시(E. Rosch)이다. 원형은 어떤 범주의 가장 중심적이고 전형적인 원소(구성원)를 말한다. 그것은 범주 이름이 주어졌을 때 가장 먼저 머리에 떠오르는 심적 표상이다. 예를 들어 우리나라 사람들에게 새라는 범주에 속하는 것들 중에서 가장 전형적인 것은 참새이다. 달리 말하면 '새'라는 단어의 심적 표상은 '참새'의 심적 표상이고, '참새'의 심적 표상은 아주 전형적인 한 마리의 참새(혹은 참새의 이미지)이다. 그것은 날개가 있으며 하늘을 날 수 있고, 적당한 크기이다. 날지 못하는 펭귄이나 타조, 또는 펼친 날개가 2미터가 넘는 거대한 알바트로스가 새의 전형은 아닐 것이다.

이렇게 원형을 인정할 때, 필요충분조건이라는 엄격한 제약 때문에 생기는 문제는 없어진다. '처녀'의 원형은 이삼십 대의 여자이며, 80대 할머니도 처녀일 수 있지만 처녀의 원형에서 한참 멀어져 있다. 따라서 '처녀'라는 말을 붙일 수 있을지 불확실하다. 다리 하나가 없는 얼룩말도 다리 네 개가 있는 전형적인 얼룩말은 아니지만 분명히 얼룩말임도 쉽게 이해된다. 한 가지 예를 더 들어 보자. 우리말의 '총각', 영어의 'bachelor'는 결혼하지 않은 성년 남자를 의미한다. 가톨릭교회의 신부를 총각이라고 할 수 있는지를 자문해 보면 고개가 갸우뚱해 진다. 분명히 결혼하지 않은 성년 남자이니 총각이라고 해도 될 것 같지만 좀 이상하다. 그것은 신부가 총각의 전형적인 예 즉 원형이 아니기 때문이다. 총각의 원형은 결혼에 아무런 제약이 없는 (이삼십대의) 성인 남자이다. 물론 원형은 시대에 따라 변할 수 있다. 결혼이 빨랐던 과거에는 삼십대 남자가 총각의 원형이 아니었을 수도 있다. '가족'도 마찬가지이다. 전형적인 가족은 과거에 대가족이었지만 현대에 소가족, 핵가족으로 변화하였다. 그래도 혈연관계는 가족의 중심적인 요건으로 간주된다. 하지만 영화 「가족의 탄생」(2006)은 피 한 방울 섞이지 않은 사람들도(누나 + 남동생의 여자 + 그 여자가 낳은 다른 남자의 딸) 보통의 다른 가족보다 더 가족다운 가족이 될 수 있음을 보여준다.

의미 관계

개념을 원형으로 파악하든 다른 방식으로 파악하든, 개념들 사이에는 여러 가지 관계가 성립한다. 그것은 개념들이 독자적으로 존재하는 것이 아니라 의미의 망(network)을 형성한다는 것을 의미한다. 여기서 말하는 개념은 어휘화된 개념을 말한다.

우선 개념들 사이에는 상하관계가 성립한다. 하나의 개념이 다른 개념을 포함할 때 전자가 후자보다 상위에 있다. 상위의 개념을 가지는 단어를 상의어(hypernym), 하위의 개념을 가지는 단어를 하의어(hyponym)라고 한다. 이 관계는 이행적(transitive)이라서 전체적으로 하나의 계층 구조를 이룬다. (관계 R에 대하여 aRb이고 bRc이면 반드시 aRc일 때, R은 이행적 관계이다.) 상하관계를 보이는 것들 중 다음과 같은 예들이 있다.

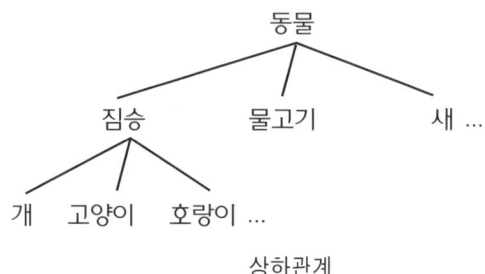

상하관계

'동물'의 하의어로 '짐승', '물고기', '새' 등이 있고, '짐승'의 하의어로 '개', '고양이', '호랑이' 등이 있다. '개'의 밑에는 '진돗개', '불도그' 등이 있다. A가 B의 하의어임은 'A는 B이다'('A is B') 혹은 'A는 B의 일종이다'('A is a kind of

B')라는 말이 성립하는지로 판단할 수 있다. 예를 들어

> 호랑이는 짐승이다 / 호랑이는 짐승의 일종이다.
> 짐승은 동물이다 / 짐승은 동물의 일종이다.

앞에서 밝힌 대로 상하관계는 이행적이므로 위의 진술들이 성립하는 이상 아래의 말도 성립한다.

> 호랑이는 동물이다 / 호랑이는 동물의 일종이다.

상하관계가 중요한 것은 상하관계가 이루는 계층 구조가 특성의 계승(inheritance)을 가능하게 만들기 때문이다. 하위 개념은 상위 개념이 가지는 특성을 모두 이어받는다. 예를 들어 짐승은 털이 있고 따라서 개, 고양이, 호랑이 등도 모두 털이 있다. 털이 있다는 정보가 상위 개념 한 군데에만 명시되면 된다는 경제성이 드러난다. 우리의 머릿속 사전(mental lexicon)은 개념의 계층 구조로 인하여 경제적으로 정보가 저장되어 있다고 볼 수 있다.

개념들 사이에는 부분관계가 성립할 수 있다. 하나의 개념이 다른 개념의 부분일 때 그 개념을 나타내는 단어들은 'A가 B의 일부이다/부분이다'('A is a part of B')라는 말을 할 수 있다. 예를 들어, 눈동자는 눈의 일부이며, 눈은 얼굴의 일부이고, 얼굴은 머리의 일부이다.

> 눈동자 < 눈 < 얼굴 < 머리

부분관계는 이와 같은 물리적 부분들 사이에서 성립하기도 하지만 구성원과 집단(선수-팀), 재료와 물체(금-반지), 장소-지역(안암동-성북구) 등 다양한 세부 종류가 있다. 이러한 세부적 관계가 혼동되면 "금은 반지의 일부이고 반지는 결혼식의 일부이다. 따라서 금은 결혼식의 일부이다" 같은 이상한 추론을 하게 된다.

상하관계와 부분관계가 개념 즉 의미들 사이의 관계임에 반하여, 동의관계와 반의관계는 단어들 사이의 관계이다. 동의관계는 같은 의미를 가진 단어들 사이에 성립하고 이것들을 동의어(synonym)라고 한다. '사마귀'와 '버마재비'가 같은 동물을 일컫는 것 같이 완전한 동의어는 별로 많지 않다. 형태가 다른 이상 어느 정도의 의미와 쓰임의 차이가 있다. 그래서 동의어보다는 유의어(비슷한 말)라는 용어가 더 적절하다. 하나의 예로 '친구'라는 말의 유의어를 유의어 사전에서 찾아본 결과는 다음과 같다.

> 벗, 동무, 우(友), 교우(交友), 붕우(朋友), 아우(雅友), 동붕(同朋), 친우(親友), 동료(同僚), 등제, 양우(良友), 친고(親故), 친붕(親朋), 소친(所親), 가붕(佳朋), 방배(傍輩), 고교(故交), 고구(故舊), 고인(故人), 노우(老友), 우배(友輩), 현형(賢兄), 맹형(盟兄)

위 단어들 중 내가 인식할 만한 것들은 '벗, 동무, 우, 붕우, 친우, 동료, 맹형' 정도인데, 나머지 말들을 모두 한국어라고 할 수 있을까 하는 의심이 든다. 유의어들이 모두 동일한 뜻이나 쓰임을 가지지 않는 것은 유치원생이 "이 애가 내 붕우예요"라고 말하는 것이 이상하다는 것에서도 알 수 있다.

뜻이 반대인 말들 사이의 관계인 반의관계도 개념적인 관계가 아니라 단어들 사이의 관계이다. 그것은 개념적으로는 반대인 단어들이 반의관계를 가지지 않을 수도 있기 때문이다. 예를 들어 친족관계에서 다음과 같은 반의관계가 성립한다.

> 아빠 - 엄마
> 아버지 - 어머니
> 부친 - 모친

의미적으로 보면 '아버지'-'모친', '부친'-'어머니', '아빠'-'어머니' 등도 반의관계가 성립할 것 같지만 실제로는 그렇지 않다. 반의어는 반대의 의미를 기반으로 하지만 짝을 이루는 단어들 사이의 관계이기 때문이다. 영어에서도 'dry, arid, parched, sere' 등이 모두 비슷한 뜻이고 'wet, watery, moist, humid' 등이 모두 비숱한 뜻이지만 이 중에서 'dry'의 (직접적) 반의어는 'wet' 하나이다.

반의관계도 자세히 보면 다양한 종류가 있다. '완전하다'-'불완전하다'와 같이 이분적인 관계가 있는가 하면 '춥다'-'덥다'와 같이 정도를 나타내면서 양 극단을 나타내는 반의어들도 있다. 완전하지 않으면 불완전한 것이며 더 완전하거나 덜 완전하거나 할 수 없는데 반하여, 춥지도 않고 덥지도 않은 중간 상태가 있을 수 있고, 더 춥거나 덜 추운 정도의 표시가 가능하다. '왼쪽'-'오른쪽'과 같이 상대적인 관점에서의 반대도 있고, '묶다'-'풀다'처럼 하나가 다른 하나를 전제로 하는 반대도 있다.

이상의 의미 관계를 기반으로 영어의 단어들을 망으로 연결해 놓은 컴퓨터 어휘 데이터베이스가 밀러(G. Miller)의 워드넷(WordNet)이다. 워드넷은 언어의 이론적 연구 뿐 아니라 언어의 전산 처리를 연구하는 전산언어학에서도 유용한 자료로 이용되고 있다. 영어 이외에 다른 언어에도 같은 방식의 망을 구축하고자 하는 시도가 유로워드넷(EuroWordNet)이다.

언어상대주의

언어의 의미를 심적 표상으로 보는 견해의 극단이 언어상대주의(linguistic relativism)이다. 사람들은 그들이 사용하는 언어를 통해서만 세상을 볼 수 있기 때문에, 언어가 사고를 지배한다는 주장이다. 19세기에 훔볼트(Humboldt)가 그러한 생각을 하였다. 특히 20세기 초 미국의 사피어(E. Sapir)와 훠프(B. Whorf)가 이러한 주장을 강하게 내세웠기 때문에 사피어-훠프 가설이라고도 부른다. 그들의 생각은 다음과 같이 요약될 수 있다. 인간의 사고는 그가 사용하는 언어에서 제공되는 범주에 의해 결정된다. 혹은 인간이 세계에 대하여 생각하는 방식은 문화적, 언어적 배경에 의해 결정된다. 따라서 다른 언어를 사용하는 사람들은 세계를 보고 인식하는 방식이 다르다. 한 마디로 "언어가 사고를 주조한다".

언어상대주의에 대한 논쟁은 지금까지고 계속되고 있다. 언어를 통한 개념화가 분명 언어 사용자의 인식에 영향을 미치는 부분이 있지만 이것을 모든 사고의 영역에까지 확장시킬 수 있는가 하는 것이 문제이다. 보통 언어상대주의 주장과 함께 많이 언급하는 예가 에스키모어의, 눈을 가리키는 단어들과, 세계 여러 나라의 색채어이다. 눈, 비 등 세상에서 일어나는 기상 현상은 지구의 여러 곳에서 많이 다르지 않지만, 다른 언어에서와 달리 에스키모어에서 눈을 나타내는 단어들은 여러 가지가 있다. 눈을 나타내는 단어가 여러 가지가 있다는 것은 눈에 대한 개념화가 세분되어 있다는 것을 말하며, 언어상대주의의 관점에서 보면 에스키모인의 눈에 대한 인식이 한국인 및 미국인과 다르다고 할 수 있다. 그러나 그 인식이 어떻게 다른지에 대한 증거를 제시하기는 힘들다. 그리고 실제로 에스키모어의 눈을 나타내는 단어가 수십 수백 개라는 주장도 있지만, 어근으로는 공기 중에 있는 눈 'qanik'과 땅위에 싸인 눈 'aput' 둘 밖에 없다는 주장도 있음을 상기할 필요도 있다.

색채어는 현실 세계에서 경계가 없는 빛의 스펙트럼을 언어로써 경계를 지어 개념화한다는 면에서 중요한 연구 대상이다. 그리고 세계의 여러 언어를 볼 때, 단지 두 개의 단어로 색을 표현하는 언어가 있는가 하면, 수십 가지의 색채어를 가진 언어도 있다는 재미있는 현상을 보인다. 우리말은 고유어를 놓고 볼 때 다음의 다섯 가지 색이 있다.

▎하양, 검정, 빨강, 노랑, 파랑

물론 '초록', '분홍' 등 한자어가 차용되어 다양한 색을 표현하기도 하지만 기본 색채어는 아니다. 색채어가 몇 개 안된다고 해서 현실 세계의 여러 가지 색을 표현하지 못하는 것이 아니다. '파랗다'가 영어의 'blue'와 'green'에 모두 사용되지만 '가을 하늘 같은 푸른 색'과 '소나무 잎 같은 푸른 색'에서의 '푸른 색'이 구체적으로 어떤 색인지는 명백하다.

한편, 세계의 여러 언어가 빛의 스펙트럼을 몇 개로 구분하는가가 다양하지만, 여기에도 언어의 보편적 특성이 반영된다. 베를린과 케이(Berlin and Kay 1969)의 연구에 의하면, 어떤 언어가 두 개의 색채어를 사용한다면 그것들은 하양과 검정을 나타내는 단어이고, 세 개를 사용한다면 여기에 빨강이 추가되며, 다섯 개라면 이 세 가지 색에 노랑과 파랑이 추가된다. 이것을 정리하면 다음과 같이 나타낼 수 있다.

```
| 하양              노랑
|       >  빨강 >
| 검정              파랑
```

    이것은 색채어가 빛의 스펙트럼을 구분하는 가짓수가 다르더라도 그것은 완전히 자의적인 것이 아니라는 것을 보여준다. 더욱이 그동안의 여러 심리학적 실험에서 어떤 색채어가 적용되는 가장 중심적인 색의 부분은 여러 언어에서 일치한다는 사실이 밝혀졌다. 즉, 하양, 검정, 빨강이 있는 언어에서의 빨강의 가장 전형적인 색은 다섯 개의 색채어가 있는 언어에서 빨강이 적용되는 가장 전형적인 색과 일치한다는 것이다. 그렇다면 언어상대주의의 대표적인 예로 언급되는 색채어가 오히려 언어와 관계없이 보편적인 인간의 지각을 보여주는 면이 있다고 볼 수 있다.

    근래 미국 UCSD 대학의 최순자 교수의 연구는 언어상대주의의 입장을 지지해 준다. 최 교수는 한국어에서 '물건을 상자에 넣다'와 '책을 커버에 끼다'와 같이, 접촉이 없는 것과 접촉이 있는 것으로 구별되는 공간 이동이 영어에서는 모두 'put in'으로 표현되어 구별되지 않는 것에 주목하여 각 언어를 사용하는 사람들의 공간 이동 인지를 관찰하였다. 한국 유아들과 미국 유아들이 언어를 습득하기 전인 14개월 이전에는 모두 '넣다'와 '끼다'의 경우를 구별하였으나, 언어를 습득한 후인 생후 30개월에는 한국 유아들만이 그 차이를 구별하였다. 나아가 미국 성인들도 두 경우를 구별하지 못했다. 이것은 언어가 지각과 인지에 차이를 가져온다는 주장에 대한 하나의 증거가 될 수 있다. 물론, 언어와 사고의 관계에 대한 확실한 답을 위해서는 좀 더 광범위한 소재를 바탕으로 더 많은 증거가 필요할 것이다.

    또한, 인간의 정신 활동은 음악과 미술 등 비언어적인 면도 있으므로 언어가 사고를 지배한다는 언어상대주의의 주장은 언어적 사고로 한정하여야 하는데, 그렇다면 그만큼 언어와 사고의 밀접한 관련성에 대한 주장의 폭이 좁아질 수밖에 없다.

    결론적으로 언어의 개념화가 인간의 사물에 대한 인식에 어느 정도 영향을 미친다고 볼 수 있는 증거가 일부 제시되고 있으나, 그것이 어느 정도인지 그리고 특정 언어에 의존하지 않는 보편적 사고가 불가능하다고까지 말할 수 있는지 등에 대한 논쟁은 아직 끝나지 않았다.

영화 ✚ 언어

2004년 베를린영화제와 베니스영화제에서 감독상을 수상한 김기덕 감독의 초기작 「파란대문」(1998)의 무대는 바닷가에 있는 파란 대문의 새장 여인숙이다. 그곳에는 몸을 파는 젊은 여자가 고용되어 있다. 그 집에는 같은 또래의 여대생이 있고 고등학교 남학생도 있다. 이들은 아가씨를 찾는 손님을 안내하는 역할을 가끔 하기도 한다. 여자를 찾아서 돈을 뜯어가는 건달도 있다. 이런 모든 것들은 끔찍하고 비참한 상황이다. 마치 탈출구 없는 새장에 갇혀 있는 것과 같은 포주와 창녀, 그리고 주변의 떳떳하지 못한 삶을 살아가는 인간의 군상. 그렇지만 이 영화는 이러한 어두운 인간의 실존 상황을 따뜻하고 애정 어린 시선으로 그린다. 여기에 등장하는 인물들 중에 지독한 악당은 없다. 오히려 몸 파는 여자와 여대생의 화해의 과정을 보는 가운데, 그리고 주변 인물들이 서로의 아픔을 이해하는 과정을 보는 가운데, 관객은 인간에 대한 애정을 느끼게 된다.

영화의 무대는 "파란" 대문의 여인숙 집이다. 파랑은 이중적인 색깔이다. '파랑새'에서 나타나는 행복과 희망, 혹은 '파란 하늘, 파란 새싹'이 주는 맑음과 산뜻함이 있는가 하면, 영어의 'blue'가 주는 어두움과 우울함이 있다. 영화 「그대 안의 블루」(1992)의 푸른 색조는 분명 차가움과 우울함을 나타내며, 폴모리아 악단의 경음악 연주로 더 유명한 "Love is Blue"의 노래 가사의 'blue'도 맑고 산뜻함과는 거리가 있다.

영화나 음악에서 표현하는 파랑의 우울함이 있음에도 불구하고 실제 보통 우리가 파랑에서 느끼는 이미지는 아주 긍정적인 것들이다. 한국, 일본, 중국, 영국, 독일, 이탈리아, 미국의 지역별 색상 인지 및 이미지 형용사와 관계를 비교한 "국제 비교분석을 통한 감성디자인 요소의 지역적 특성 추출 및 응용" 연구(국민대 환경디자인 연구소 1998)에 따르면, Blue(파랑)는 어느 나라에서건 명랑함, 산뜻함, 맑음 등의 이미지를 주고, 사람들이 첫 번째로 혹은 두 번째로 좋아하는 색깔이다.

한국인의 색상의 선호도는 다음과 같다.

Blue > White > Yellow > Green > Black > Red > Violet

다음과 같은 일본인과 미국인의 색상 선호도도 사람들이 파랑을 얼마나 좋아하는지 보여준다.

일본: Blue > White > Red > Green > Yellow > Black > Violet

미국: Green > Blue > White > Yellow > Violet > Red > Black

모든 나라 사람들이 파랑을 좋아하지만, 다른 색상과의 선호도 비교를 통해 파랑을 좋아하는 정도를 비교하자면 다음과 같은 순서가 된다.

영국 > 이탈리아 > 한국, 일본 > 독일 > 미국 > 대만

「파란 대문」을 본 후 나에게 그 대문의 파랑은 원래 이 색깔이 가지고 있는 여러 이미지와 더불어 따뜻함을 가진 색으로 다가온다.

5. 맥락과 의미

직시

언어 표현의 궁극적 의미는 실제로 언어를 사용하는 상황에서 결정된다. 화용론(pragmatics)은 실제 언어의 사용과 관련하여 의미의 문제에 접근한다. 즉, 화용론은 축자적 의미 이상의, 언어 사용 상황에서 전달되는 의미의 발생과 전달 메커니즘을 파악하고자 하는 연구 분야이다. 여기서는 화용론의 중요 주제인 직시, 전제, 화행, 대화상의 함축 문제를 간략히 언급하고자 한다.

직시(deixis)는 의미 해석을 위해 언어 사용의 맥락(context)의 고려가 필수적인 현상을 말한다. 대표적으로 지시사 및 지시관형사가 있다.

> 저것 좀 봐.
> 난 그 사람 좋아해.
> I miss her.

'저것'과 '그 사람', 'her'가 어떤 것 혹은 누구를 가리키는 것인가는 화자와 청자가 처한 맥락을 고려하지 않으면 알 수 없다. 이렇게 그 해석을 위해 맥락이 절대적으로 필요한 표현들을 직시적(deictic) 표현이라고 부른다. 어느 언어에나 있는 직시적 표현들은 다음과 같이 다양한 것들이 있다.

첫째, '이, 그, 저'와 같은 지시관형사 표현, 혹은 '이것, 그것, 저것'과 같은 지시대명사 표현들이다. A와 B가 멀리 떨어져서 대화할 때, A가 '이것'이라고 말하면서 지시하는 대상은 B가 '이것'이라고 말하면서 가리키는 대상과 같을 수 없다.

둘째, '나, 우리, 너, 그, 그녀, 그들'과 같은 일인칭, 이인칭, 삼인칭 대명사 표현들이다. 어떤 화자가 말하는 '나'와 '너'는 대화의 상대방이 말하는 '나'와 '너'와 같을 수 없다. '그'라는 삼인칭 표현을 제대로 이해하기 위해서는 대화 맥락과 화자의 의도를 이해해야 한다.

셋째, '여기, 저기, 거기' 등 직시적 장소 표현들이다. 아침에 집에서 말한 '여기'와 오후에 직장에서 말한 '여기'가 같은 장소를 가리킬 수 없다.

넷째, '지금', '어제', '오늘', '내일'과 같은 시간 표현들이다. 내가 어제 말한 '지금'은 오늘 아침에 말한 '지금'과 같은 시간을 가리킬 수 없다.

다섯째, '앞, 뒤, 오른쪽, 왼쪽'과 같은 상대적 표현들이다. 내가 다른 사람과 마주서서 "앞을 보세요"라고 말한다면, 이것은 두 가지 의미로 해석될 수 있다. "왼쪽으로 가세요"도 마찬가지이다.

여섯째, '가다, 오다, 들어가다, 들어오다'와 같이 움직임의 방향을 화자의 입장에서 나타내는 표현들이다. "나에게 오세요"라는 표현은 괜찮지만 "나에게 가세요"는 이상하다. 때에 따라서 어떤 입장에서 말하는지가 불확실한 경우가 있다. 축구 경기에서 호나우도 선수가 들어가고 박지성 선수가 나왔다면 어떤 상황인가? 호나우도가 운동장으로 들어갔는지, 혹은 벤치로 들어갔는지 불확실하다.

'가다', '오다'와 같이 직시적 표현이 발화자의 위치와 밀접하게 관련되어 해석된다는 것을 화용론의 학문적 지식이 없더라도 언어 사용자는 암묵적으로 잘 알고 있기 때문에 대화에는 문제가 없게 된다.

전제

다음과 같은 대화를 생각해 보자

A: 준모가 영희가 외국으로 유학간 것을 영 못마땅해 해.

> B: 아니야 실제로 준모는 그걸 못마땅해 하지 않아. 그런데 종수는 영희가 외국에 가지 않은 걸 다행이라고 생각해.

이러한 대화는 이상하다. A의 말은 영희가 외국으로 간 것을 전제하고(presuppose), B의 첫 번째 문장은 그러한 전제를 받아들이지만, B의 두 번째 문장은 영희가 외국으로 가지 않을 것을 전제한다. 모순된 내용을 전제하는 B의 발화는 이상하다. 이와 같이, 어떤 진술을 하기 위해 당연한 것으로 여기는 의미 부분을 전제(presupposition)라고 한다. 위의 A의 발화에서 영희가 외국으로 유학갔다는 것이 전제이고 준모가 그 사실을 못마땅해 한다는 것이 단언(assertion) 부분이다. 전제된 것은 화자가 이미 참인 것으로 가정한 부분이기 때문에 우리는 전제의 참 거짓을 논하지 않는다. 참 거짓을 논할 수 있는 것은 단언 부분에 대해서이다. 그래서 B의 대답은 A의 단언에 대한 부정이지만, 그렇게 하면서도 A가 한 발화의 전제 부분은 수용한다. 만일 어떤 발화된 문장의 전제 부분이 참이라는 가정이 의심받게 되거나 거짓이면, 전체 문장은 참과 거짓을 논할 수 있는 단언이 되지 못한다. 즉 참이라고 하기도 힘들고 거짓이라고 하기도 힘들다. 다른 예를 들어 보자.

> 현재 프랑스의 왕은 대머리이다.

이 문장의 전제는 현재 프랑스에 왕이 있다는 것이고, 그 왕이 대머리라는 것이 단언된 내용이다. 오늘날 프랑스는 대통령제이므로 왕이 없고 따라서 이 전제는 거짓이다. 그러므로 이 문장이 참인지 거짓인지 판단하기 어렵다.

이렇게 그 전제가 실제로 거짓인 문장의 진리값이 없다는 입장은 스트로슨(P. Strawson)의 주장이다. 원래 'The present king of France is bald'라는 문장을 가지고 논의했던 러셀(Russell)은 이 문장이 현재 프랑스에 왕이 있다는 것을 진술의 일부로 가지고 있다고 분석하고, 그 진술이 틀리기 때문에 전체 문장도 거짓이라고 주장했었다. 우리의 소박한 직관으로는 러셀의 분석보다는 전제를 설정한 스트로슨의 방식이 더 맞는다고 느껴지지만, 러셀의 분석을 무시하지 못할 의미현상들도 있어서 논쟁이 결말이 난 것은 아니다.

전제는 다음과 같이 여러 구문에서 발생한다.

첫째, '내가 어제 만난 학생', 'the present king of France' 와 같은 한정기술(definite description)은 그 기술이 적용되는 대상이 존재함을 전제한다. '내가 어제 만난 학생이 똑똑하다'라는 말에 대하여 '아니다'라고 한다면 전제인 내가 어제 만난 학생이 있다는 것을 부정하는 것이 아니라, 오히려 그 전제를 받아들인 후, 그 학생이 똑똑하다는 단언을 부정하는 것이다.

러셀

둘째, 다음과 같이 동사의 종류에 따라 그 보문이 전제가 될 수 있다.

(ㄱ) 영수는 동우가 시험을 잘 본 것을 좋아했다.
(ㄴ) 영수는 동우가 시험을 잘 보았다고 말했다.

(ㄱ)은 그 보문의 내용인 동우가 시험을 잘 보았다는 것을 전제로 가지고 있는 반면, (ㄴ)에서 보문의 내용은 전제가 아니다. (ㄱ)을 다음과 같이 부정문으로 바꾸어도 전제는 유지된다.

(ㄱ') 영수는 동우가 시험을 잘 본 것을 좋아하지 않았다.

셋째, '~은 후에, ~을 때에' 등 일부 시간 관계를 나타내는 종속절의 내용이 의미적으로 전제되어 있다.

(ㄷ) 비가 온 후에 동우는 외출을 했다.
(ㄹ) 비가 오고 있을 때 동우가 노래를 불렀다.

구문적으로 전제가 포함된 문장을 사용할 때 화자는 대개 그 전제를 청자가 이미 알고 있으리라는 가정을 하고 말한다. 하지만 실제 상황이 늘 그런 것은 아니다. 청자가 아직 동우가 시험을 잘 보았다는 것을 알지 못하는 상황에서 화자가 (ㄱ)을 말한다면, 청자에게 전제가 참이 아니기 때문에 청자가 이 문장을 받아들일 수 없을 수도 있다. 하지만, 많은 경우에 청자는 화자의 전제를 받아들여 자신이 참으로 알고 있는 사실들 속에 전제된 내용을 집어넣고 전체 문장을 이해하기에 이른다. 이렇게 청자가 화자와 공유하는 맥락을 수정하여 전제된 부분을 맥락의 일부로 만드는 과정을 조정(accommodation)이라고 부른다. 실제 대화에서는 수많은 조정의 과정이 일어나는데, 대화를 잘 이끌어 가기 위해 조정을 잘 하는 것이 필수적이다.

화행

인간은 살아가면서 많은 행동을 한다. 밥을 먹고 잠을 자고 테니스를 치고, 살인도 한다. 또 생각하고, 추론하고, 판단하는 인지적 활동을 하기도 한다. 인간은 또한 말로도 많은 행위를 한다. 그것이 바로 화행(speech act)이다. 화행은 말로 하는 행위이며, 언어가 없으면 할 수 없는 행위이다. 단언, 선언, 진술, 질문, 응답, 명령, 요청, 약속, 제안 등은 모두 언어로 하는 행위이다. 그리고 남녀를 맺어서 부부로 만드는 것도 언어로 행해지며, 새로 건조한 배에 이름을 붙이는 행위도 언어가 필요하다.

언어로 이루어지는 행위는 적절한 자격을 가진 사람이 적절한 맥락에서 적절한 말을 함으로써만 이루어진다. 길 가던 유치원생들을 세워 놓고 막대사탕을 쥐어준 다음 "이 두 사람을 부부로 선언하노라"라고 말하게 한다고 해서 그 아이들이 부부로 맺어질 수는 없다. 배를 만드는 용접공이 아무리 "이 배의 이름을 장보고호라고 이름을 붙이노라"라고 해 보아야 그 배의 이름이 장보고가 될 수 없다. 서양에서는 왕이 기사의 작위를 수여할 때 칼을 그 사람의 어깨에 가볍게 대고 "그대에게 기사의 작위를 주노라"(I dub thee ...)라고 말한다. 이렇게 함으로써 새로운 기사가 탄생하는 것이다. 궁중 요리사가 식사용 나이프를 들고 이런 말을 한다면 새로운 기사가 탄생될 수 없다.

이렇게 어떤 화행이 이루어지기 위해서 충족되어야 할 조건들을 적정조건(felicity condition)이라고 부른다. 적정 조건은 진리조건(truth condition)과 대비하여 이해해야 하는 개념이다. 보통의 단언문들은 세상의 모습에 비추어 참과 거짓을 말할 수 있다. 다음과 같은 단언문들은 참 혹은 거짓이다.

> 올해 미스 코리아는 재수생이다.
> 영수는 대학생이다.

따라서 이 문장들은 어떤 경우에 참이 되는가 하는 진리조건을 제시함으로써 그 의미를 기술할 수 있다. 그러면 다음과 같이 화행을 이루는 문장들은 어떠한가?

> 나는 너에게 백만 원을 줄 것을 약속한다. (약속)
> 나는 너에게 집으로 돌아갈 것을 명령한다. (명령)
> 나는 이 배를 장보고호라고 명명한다. (명명)

이 문장들은 참과 거짓을 논할 수 없고, 다만 적절히 사용이 되었는지만을 논할 수 있다. 따라서 진리조건을 기술할 수 없고, 언어 표현이 적절히 사용되기 위한 조건, 즉 적정조건만을 기술할 수 있다.

한 가지 주의할 것은 '약속하다, 명령하다, 명명하다'와 같은 수행동사(performative verb)가 약속, 명령, 명명의 화행문에 쓰이기 위해서는 일인칭 주어의 현재형으로 쓰여야 한다는 것이다. 다음과 같이 그러한 조건을 위반한 문장들은 화행문이 아니라, 세상에 비추어 참 혹은 거짓이 판명되는 단언문이다.

> 영수가 동우에게 돈을 줄 것을 약속했다.
> 장교가 졸병에게 진격할 것을 명령했다.
> 그는 배를 장보고호라고 명명했다.

대화상의 함축

우리는 대화를 할 때 기본적으로 서로 협력한다는 마음가짐을 가지고 있다. 그래서 원칙적으로 (혹은 대부분의 시간에) 거짓말을 하지 않고, 상대방의 말을 경청한다. 그라이스(Grice)는 대화에서 이러한 협동의 원리가 준수되고 있다는 것을 지적하였고 이것을 좀 더 구체적으로 다음과 같은 대화의 격률로 제시하였다.

> 대화의 격률(maxims of conversation)
>
> 1. 질(quality)
>   (i) 거짓이라고 믿는 것은 말하지 말라
>   (ii) 충분히 근거가 있지 않은 것은 말하지 말라
> 2. 양(quantity)
>   (i) 대화에서 요구되는 것만큼 충분히 정보를 제공하라
>   (ii) 대화에서 요구되는 것 이상의 정보를 제공하지 말라
> 3. 관련성(relevance)
>   관련된 말을 하라
> 4. 양태(manner)
>   (i) 모호함을 피하라
>   (ii) 중의성을 피하라
>   (iii) 간결하게 말하라
>   (iv) 순서적으로 말하라

이러한 대화의 격률을 준수하면서 대화를 한다고 할 때, 우리는 대화에 사용되는 표현들이 그 표현의 축자적 의미 이상인 함축된 의미를 전달하는 것을 잘 설명할 수 있다. 이 함축된 의미를 대화상의 함축(conversational implicature)이라고 한다. 한 가지의 예만 들어 보자.

> 그 여자는 사과 두 개를 먹었다.

실제로 사과 세 개 혹은 네 개를 먹었을 경우에도 이 말을 쓸 수 있지만, 우리는 보통 이 말을 그 여자가 정확히 사과 두 개를 먹었다는 것으로 이해한다. 즉 '사과 두 개'의 축자적 의미인 "적어도 두 개"가 아닌 "정확히 두 개"라는 함축이 발생한다. 이 현상은 대화의 격률 중 양에 관한 격률에 기반을 두어 설명할 수 있다. 격률이 지시하는 바는 "충분한 정보를 주라"는 것이다. 만일 여자가 사과 세

개 혹은 네 개를 먹었다면 그것을 밝혀야 충분한 정보를 주는 셈이다. 그렇게 하지 않았다는 것은 세 개 혹은 그 이상은 아니기 때문이다.

　대화상의 격률을 의도적으로 위반하여 함축 의미를 전달하는 경우도 있다. 다음과 같은 대화를 살펴보자

> A: 뉴욕이 미국의 수도이다.
> B: 그러면, 진주가 한국의 수도이다.

　한국 사람이라면 2004년 현재 서울이 한국의 수도임을 모를 리 없다. 따라서 B의 말은, 거짓이라고 믿는 것을 말하지 말라는 질의 격률을 위반한 것처럼 보인다. 그러나 어떤 이유가 없이 이러한 명백한 위반을 할 리가 없다는 것을 아는 청자는 이 말이 다른 의도로 발화되었다고 생각하게 되고, 결국 A는 A의 말이 틀린 말이기 때문에 B가 이런 말을 한 것을 깨닫게 된다. 즉 A가 틀렸다는 함축이 전달된다.

　영국 사람의 식탁에서의 다음과 같은 말도 같은 원리로 설명된다.

> Can you pass me the salt?

　존이 리자에게 식사 중 이 의문문을 발화했다고 하자. 이 문장의 축자적 의미는 리자가 소금통을 집어서 전해 줄 능력이 있는가 하고 묻는 것이다. 우리는 특별한 장애가 없는 사람이 소금통을 집어서 옮길 힘이 있다는 것을 알고 있다. 존도 틀림없이 그것을 알고 있을 터인데 이 말을 했다면 이것은 불필요한 정보를 요구하는 셈이고 이것은 양의 두 번째 격률의 변형인 "필요한 정보만을 요구하라"를 위반한다. 리자는 존이 특별한 이유 없이 대화상의 격률을 위반하지는 않을 것이라고 생각하고, 존의 발화는 리자의 능력에 대한 질문이 아니라 소금을 전달해 달라는 요청임을 추론한다. 만일 이러한 추론을 하지 못하고 리자가 "Yes, I can."이라고 대답하고 가만히 있다면 식탁에는 한동안 어색한 정적이 감돌 것이다.

　위의 상황에서 화자는 의문문을 사용하여 요청이라는 화행을 수행하였다. 의문

문이 보통 질문이라는 화행을 직접 수행하기 위해 사용하는 문장의 형식임을 고려하여, 이러한 경우를 간접 화행(indirect speech act)라고 한다.

그라이스의 대화상의 함축 이론은 평범한 일상의 대화에서 일어나는 복잡한 추론 양상을 간단한 원리로서 명쾌하게 밝혔다는 의의를 가지고 있다. 이후 레빈슨(Levinson), 혼(Horn) 등이 격률을 단순화 시켜 여러 가지 대화상의 함축 현상을 설명하고자 시도하였고, 모든 격률을 관련성(relevance)라는 하나의 개념을 통해 설명하려는 이론도 제시되었다.

말놀이 속의 동음성과 맥락

말놀이 중에는 단어 혹은 표현의 동음이의성(중의성)을 이용한 것들이 있다. 일반적으로 하나의 단어 혹은 표현은 그것을 맥락과 분리시키면 두 개 이상의 의미로 사용될 수 있지만, 실제로 맥락이 주어지면 그 중 한 가지 의미로만 사용될 수 있는 경우가 많다. 예를 들어 '사고'는 생각하고 궁리한다는 뜻의 단어(思考)와 뜻밖의 불행한 일이라는 뜻의 단어(事故)가 있다. (「표준국어대사전」에는 이 이외에도 16가지의 다른 동음어가 올라 있다.) 두 가지의 '사고'가 실제 문맥에 나타날 때에는 혼동의 여지가 없을 때가 많다. 다음 두 문장에서 두 가지의 '사고'를 혼동할 사람은 없을 것이다.

> 근시안적 사고는 나라 발전에 도움이 되지 않는다.
> 건설 현장에서 대형 사고가 일어났다.

한자어의 동음성을 이용한 말놀이의 예로 인터넷에 떠도는 다음과 같은 지하철 역 이름들의 해석이 있다(작자 미상).

> 가장 싸게 지은 역 - 일원역
> 불장난하다 사고친 역 - 방화역
> 스포츠 경기 때마다 바빠지는 역 - 중계역
> 길 잃어버린 아이들이 모여 있는 역 - 미아역
> 학교 가기 싫어하는 애들이 가장 좋아하는 역 - 방학역

> 이산가족의 꿈을 이룬 역 - 상봉역
> 젖먹이 아기들이 가장 좋아하는 역 - 수유역
> 영화감독들이 초조하게 기다리는 역 - 개봉역
> 맹자, 공자, 노자 등 성인들이 사는 역 - 군자역
> 타고 있으면 다리가 저린 역 - 오금역
> 죽은 이들을 기리기 위해 지은 역 - 사당역

이제 방송의 코미디 프로에 나온, 동음성을 이용한 다음의 말을 살펴보자

> 내 개그는 0.0000000001이야. 영~ 아니지.
> (주머니에서 배를 꺼내서 "배야" 하고 부른 다음) 우리의 개그는 배부른 개그.

이러한 코미디는 다음과 같은 방법을 사용한다. 어떤 표현이 두 가지 의미 A와 B를 가지고 있다고 하자. 전반부의 말은 이후에 나타나는 이 표현이 A라는 의미로 해석될 맥락을 제공한다. 그런데 실제로 이 표현이 쓰이는 다음 환경에서는 B로 해석되는 것이 좀 더 자연스럽다. 결국 이 표현은 의미 B와 A를 동시에 가진다. 위의 첫 번째 예에서, '영'은 숫자 0, 그리고 부정적인 뜻의 말과 함께 쓰여 '전혀'의 뜻으로 쓰이는 말('영 가망이 없다')의 두 가지로 중의적이다. "내 개그는 0.0000000001이야"하고 말할 때('0'의 개수는 중요하지 않다), 청중은 '영'을 숫자 0으로 해석하게끔 유도된다. 그러나 실제로 '영 아니지'라는 말 속에 '영'은 부사로 해석된다. 그러면서도 '0'의 의미로서의 해석도 앞의 맥락 때문에 말이 된다. 두 번째 개그도 마찬가지이다. 먹는 배를 보고 "배야"라고 부르는 것으로부터 '배부른'이라는 말의 해석(배를 부르다)이 유도되지만 '배부른'이란 일반적으로 '배가 부르다'는 뜻이다.

다음과 같은 것들도 비슷한 유형이다.

> 내 개그는 체육고등학교야. 체고지(최고지).
> 내 개그는 민들레야. 꽃이지(꽃히지).

이것들은 동음성을 발음의 유사성에까지 확장한 경우이다. '체고'와 '최고'는 발음의 유사하고, '꽃이지'와 '꽂히지'는 형태적으로는 다르지만 발음은 같다. '백 곱하고'도 빨리 발음하면 '배꼽 파고'와 발음이 유사하다. 다음은 동음이어 '말'을 소재로 한 것인데, 앞부분부터 계속 나오는 동물 '말'은 짧은 모음을 가지고 있고, 맨 마지막에 나오는, 언어를 뜻하는 '말'은 긴 모음을 가지고 있다는 미세한 차이가 있기는 하지만 그것이 웃음을 유발하는 동음성의 효과를 없애지는 못한다.

> 옛날 어떤 노인이 있었어. 노인은 말을 가지고 있었는데, 그 아끼던 말이 어느 날 죽었던 거야. 그 말을 묻었더니 무덤에서 풀이 나고 꽃이 피었어. 다시 꽃이 지고 씨만 남았어. 이 옛날이야기가 주는 교훈은? ...... "말이 씨가 된다"

영화 + 언어

영화 「영화는 영화다」(2008) 속에는 많은 아이러니가 있다. 영화배우는 깡패와 같이 실제로 주먹을 쓰고, 깡패는 배우가 되고 싶어 한다. 이 둘이 영화 촬영장의 두 인물일 때, 그리고 그들이 영화 촬영의 상황에서 하는 일이 연기가 아니라 실제로 치고받는 일일 때, 그 둘의 역할은 혼동되거나 혹은 같다. 즉 그 둘은 모두 배우이자 깡패다. 혹은 배우가 깡패가 되고 깡패가 배우가 된다. 그러나 영화는 영화다. 영화 촬영이 끝났을 때, 배우와 깡패는 원래의 모습으로 돌아간다. 몇 시간 전의 영화 촬영의 막바지에 배우가 되었던 자는 촬영이 끝나자마자 바로 이전의 깡패로 돌아가 다른 사람을 죽도록 팬다. 영화 속의 다른 아이러니는 영화 속의 배우 역할을 하는 배우(강지환)보다 깡패 역할을 하는 배우(소지섭)가 좀 더 알려진 배우라는 것이다(적어도 나에게는 그렇다). 깡패 역할 배우가 좀 더 잘 생긴 것 같이 보이기도 한다. 그렇지만 사실 깡패도 이전에 「초록물고기」(1997)에 깡패 역으로 출연한 경험이 있다(현실에서, 그리고 영화 속의 장면에서). 그렇다면 그는 깡패이기 이전에 배우였다. 그리고 깡패 생활을 하면서도 배우 시절을 동경하는, 배우가 되고 싶은 남자이다.

아무튼 영화는 영화다. 이런 복잡한 상황과 사건 전개와 아이러니는 그저 영화 속에서 일어나는 일일 뿐 현실이 아니다. 영화 속의 사건 전개가 "영화는 영화다"라는 명제를 표현하고 있으며, 관객인 내가 새삼 깨닫게 되는 것도 "영화는 영화다"라는 명제이다. 그러나 '영화는 영화다'는 논리적으로는 아무 뜻도 없다. 언제나 참이기 때문이다. 그것은 '의자는 의자다', '컴퓨터는 컴퓨터다'와 다르지 않다. 그러면 내가 영화를 보고 "영화는 영화다"라고 말한다면 그것은 아무 뜻도 없고 전달하는 정보도 없는가? 물론 그렇지 않다. 언어 표현은 문자적인 뜻 이외에 사용상의 뜻을 가질 수 있기 때문이다. '영화는 영화다'는 '컴퓨터는 컴퓨터다'와 같이 언제나 참이라는 논리적 의미 이외에 "영화는 현실이 아니라 하나의 구성물(픽션, 비실화)일 뿐이다"라는, 명시적으로 표현되지 않는 사용상의 의미를 가지고 있다. 그러한 의미는 어떻게 생겨나는가? 그것은 우리가 언제나 참인 말, 즉 정보량이 없고 하나마나 한 말을 커뮤니케이션 과정에서 별로 하지 않는 것이 일반적이라는 원리에서 출발한다. 만일 '영화는 영화다'가 글자 그대로의 뜻이라면 그것은 항상 참이고 그것을 말하거나 듣는 것은 정보전달의 관점에서 아무런 효용이 없다. 따라서 누가(혹은 감독이) 실제로 "영화는 영화다"라고 말한다면 듣는 사람은 그것이 어떤 정보를 가져야 한다고 생각한다. 그리고 '영화는 영화다'를 축자적인 뜻이 아닌 다른, 좀 더 정보적인 뜻으로 해석하려고 노력한다. 그렇게 함으로써 대화는 어느 정도 정보적이라는 원리를 위반하지 않게 되는 셈이다.

'영화는 영화다'를 내가 말하는 것과, 영화가 그러한 제목을 달고 영화 속에서 그러한 내용이 표현되는 것, 나아가 영화감독이 말하고 싶은 것이 '영화는 영화다'라고 할 때 그 함축적 의미가 달라질 수 있다. 영화를 관람해 온 내 입장에서 나는 영화 속에 빠져들기도 하지만 그것이 현실이 아니라는 것을 이미 알고 있기 때문에 '영화는 영화다'가 함축하는 의미는, 전혀 없지는 않지만, 많지 않다. 그러나 영화를 만들고, 관객들로 하여금 자기 영화 속에 빠져들게 만들어야 하는, 나아가 영화가 자기 삶의 거의 대부분인 감독의 입에서(즉 영화 제목에서) '영화는 영화다'라는 말이 나온다면 그것은 좀 더 많은 뜻이 있을 것이다. 영화 속에 빠져 사는, 적어도 촬영 현장에서는 영화가 현실이어야 하는 감독 그리고 배우에게도 현실과 영화의 구분은 존재하며, 혼동되어서는 안 된다는 메시지가 있다. 역으로, 완전히 영화 속으로 들어가서, 그 속에서 살지 못하는 영화인의 안타까움을 표현하는 것인지도 모르겠다.

이 장에서는 언어 표현이 가지는 의미의 문제를 지시체인 세상의 사물 혹은 심적 표상인 개념과 관련하여 살펴보았다. 언어 표현이 실제 맥락에서 사용될 때에는 여러 가지 함축적 의미가 발생함도 보았다. 언어를 사용하는 인간은 의미로부터 자유로울 수 없고, 언어 연구자에게 의미는 매력적이다. 그래서 영화 제목을 빌려 이 장을 마무리하자면 … "오! 의미"(「오! 수정」).

더 읽을거리와 유용한 사이트

강범모, 남승호 외 (1999). 『형식의미론과 한국어 기술』. 서울: 한신문화사.
심재기, 이기용, 이정민 (1984). 『의미론 서설』. 서울: 집문당.
장석진 (1987). 『화용론 연구』. 서울: 탑출판사
Chierchia, Gennaro and Sally McConnel-Ginet (2000). *Meaning and Grammar*, 2nd edition, Cambridge: The MIT Press.
Huang, Yan (2007). *Pragmatics*, Oxford: Oxford University Press.
Kearns, Kate (2011). *Semantics*, 2nd ed., New York: Palgrave MacMillan.
Lyons, John (1977). *Semantics* 1, 2, Cambridge: Cambridge University Press.
Saeed, John I. (1997). *Semantics*, Oxford: Blackwell Publishers Ltd.

세계의 색채어 (The World Color Survey) http://www.icsi.berkeley.edu/wcs
워드넷 http://www.cogsci.princeton.edu/~wn

연습과 생각

1. 본문에 언급되지 않은 도상, 지표, 상징의 예를 더 찾아보시오.
2. 메타언어에 반대되는 개념이 대상언어(object language)이다. 대상언어와 메타언어가 동일한 자연언어일 때 메타언어적 기술의 문장을 제시하시오. 단, 음성, 형태, 통사, 의미의 관점에서 모두 제시하시오(예: '모차르트'는 네 음절이다).
3 다음 문장들을 이용하여 뜻(센스)과 지시(레퍼런스)의 차이를 설명하시오(힌트: '반드시'가 수식하는 문장 속의 명사구는 뜻이 중요함).
    (1) 반드시 한국인 최초의 피겨 세계 챔피언은 김연아이다.
    (2) 반드시 김연아는 김연아이다.
    비교 (힌트: 다음 문장들에서는 지시를 고려하는 것으로 충분함)
    (3) 철수는 어제 한국인 최초의 피겨 세계 챔피언을 만났다.
    (4) 철수는 어제 김연아를 만났다.

4. 다음 문장들 속의 밑줄 친 명사구가 한정적 명사구인지 혹은 비한정적 명사구인지 구별하시오.

   (1) I know that boy in the corner.

   (2) Soliders are brave.

   (3) They wanted a secretary.

   (4) 이 연필을 주겠습니다.

   (5) 한 소년이 찾아왔다. 소년은 숨이 차 힘들어했다.

   (6) 간호사는 환자를 잘 돌보아야 한다.

5. 다음 단어들 사이의 의미관계를 말하시오.

   (1) 학교 − 학생   (2) 매미 − 곤충

   (3) 아리아 − 오페라   (4) 현악기 − 바이얼린

6. 다음이 예시하는 세 가지 종류의 반의어의 성격을 규정하고, 각 종류에 속하는 다른 예들을 한국어와 영어에서 제시하시오.

   (1) tall − short   (2) dead − alive

   (3) front − back

7. 코미디와 일상생활에서, 동음성을 이용한 말놀이의 예를 찾아보시오.

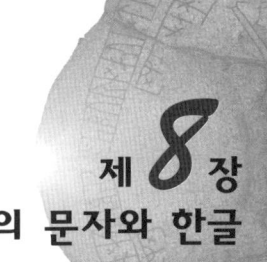

제8장
언어와 문자: 세계의 문자와 한글

1. 문자의 발달 단계

인류가 문화를 보존하고 전승하는데 결정적인 역할을 한 것이 문자이다. 문자가 없던 시대의 인류의 삶의 모습을 건축물이나 유물 혹은 구전으로 일부 짐작할 수 있으나 고대인의 사상과 생활양식의 구체적인 내용은 기록을 통하여 비로소 정확히 전달될 수 있었다. 그래서 우리의 역사시대와 선사시대에 대한 이해는 큰 차이가 있다.

문자를 인류가 사용하기 시작한 것은 인류의 긴 역사에서 비교적 최근의 일이다. 또한 아주 최근까지도 문자를 가지지 않았던 사회가 많이 있었다. 이 장에서는 인류가 언어의 시간적, 공간적 제약을 뛰어 넘게 만든 문자의 발달에 대하여 알아보자.

문자의 발달은 다음과 같은 여섯 단계로 나누어 볼 수 있다.

> 제1단계: 그림문자
> 제2단계: 단어문자/표의문자
> 제3단계: 설형문자와 상형문자
> 제4단계: 음절문자
> 제5단계: 자음 음소문자
> 제6단계: 완전한 음소문자

이것은 의미를 표상하는 문자에서 소리를 표상하는 문자로의 발달 단계를 보여준다. 언어의 특성에 따라 이 단계들 중 중간의 어느 단계의 특성을 가진 문자 체계가 오늘날까지 사용되고 있다. 동아시아 지역에서, 중국어 문자인 한자는 표의문자, 일본어 문자인 가나는 음절문자, 한국어 문자인 한글은 완전한 음소문자이다.

그림문자와 단어문자

문자는 그림으로부터 시작하였다. 즉, 어떤 사물을 그림을 그려 표상하는 것이 문자의 시초이다. 문자 발달의 제1단계인 그림문자(pictogram)는 어떤 생각을 관련된 사물을 그려서 표현하는 것인데, 아직 문자라고 부를 수도 없는 단계이다. 다음은 13세기에서 16세기에 중앙아메리카에 있었던 미스텍(Mixtec) 부족의 그림으로, 전사들이 다른 부족을 점령하는 모습을 그린 것이다. 이 그림 속에는 부분부분 추상적인 의미를 가진 그림들이 있다. 예를 들어 해골 모양은 죽음을 의미한다. (고대 문자 자료는 세계의 고대 문자 사이트에서 빌려옴.)

미스텍(Mixtec)의 그림문자

문자 발달의 제2단계인 단어문자(logogram) 혹은 표의문자(ideogram)는 사물을 나타내는 그림이 지속적으로 추상화, 단순화되어 사물과의 유사성이 많이 약화되어 생긴 것이다. 대표적인 표의문자가 한자이다. 한자의 자형은 처음에 그림에 가까웠으나 지속적으로 추상화되어 오늘날의 한자 모양이 되었다. 글자가 표상하는 대상 또한 사람과 해 같은 구체적 사물에서 추상적인 관념으로 확장되었다. 몇 가지 글자의 모양 변화를 보이면 다음의 표와 같다. 가장 오른쪽이 현대의 한자 모양이다.

그림이 단순화되면서 한자와 같이 표의문자로 굳어지기도 하지만, 더 나아가 단순화된 자형이 소리를 나타내는 문자 즉 음성문자로 발전하게 되기도 한다. 문자 발달의 제3단계인 설형문자(cuneiform)와 상형문자(hyeroglyph)는 표의문자에서 음성문자로 가는 중간 단계이다. 이것들에 관해서는 다음의 2절에서 자세히 논의한다.

사람	?	?	ᄀ	人
여자				女
귀				耳
물고기				魚
해	⊖	⊖	⊖	日
달	D	D	P	月
비			雨	雨

한자의 모양 변화

음절문자

음성문자의 첫 단계, 즉 문자발달의 제4단계는 음절문자(syllabary)이다. 음절문자는 언어의 자음과 모음이 결합한 하나의 음절을 하나의 글자로 표상한다. 오늘날 일본어의 문자인 히라가나와 가타카나가 대표적인 음절문자이다. 일본어의 문자가 음절글자인 것에는 이유가 있다. 일본어는 기본적으로 자음 한 개와 모음 한 개로 이루어진 단순한 음절 구조를 가진 언어이다. 더군다나 모음도 [a, e, i, o, u] 다섯 개밖에 없다. 자음도 많지 않아 50개 정도의 음절만이 존재하고, 이것들을 문자로 표기할 수 있다.

あ	か	さ	た	な	は	ま	や	ら	わ	ん
い	き	し	ち	に	ひ	み		り		
う	く	す	つ	ぬ	ふ	む	ゆ	る		
え	け	せ	て	ね	へ	め		れ		
お	こ	そ	と	の	ほ	も	よ	ろ	を	

일본어 문자 (히라가나)

그러나 음절 구조가 복잡한 언어의 경우 음절의 종류가 많아지고 그 많은 음절들 각각에 대하여 다른 문자를 사용한다면 기억의 부담이 커질 것이다. 예를 들어 우리말 같이 CVC의 음절 구조를 가지며, 초성의 자음이 약 20가지, 중성의 모음이 약 20가지, 종성의 자음 8가지가 올 수 있는 언어에는 3200가지의 음절이 존재한다. 3200개의 기호를 암기하여 음절을 표기한다는 것은 매우 힘든 일이다. 따라서 이런 언어에서 음절문자의 효용성은 별로 없다.

음절문자의 다른 예는 고대 그리스 시대에 그리스 문자가 사용되기 이전에 사용되었던 직선형 A(Linear A) 문자와 직선형 B(Linear B) 문자들이다. 직선형 B는 많은 사람들의 노력으로 대부분 해독이 되었고, 직선형 A는 아직 해독이 안 되었으나 90개 정도의 글자 수를 놓고 볼 때 음절문자임을 짐작할 수 있다.

문자 발달의 다음 단계는 음절의 자음과 모음이 분리되어 자음과 모음 각각의 분절음을 표시하는 음소문자(phonemic writing system)의 출현이다. 제5단계의 자음 음소문자는 분절음 즉 음소를 문자로 표상하되 자음만을 표시하고 모음은 기록하지 않는 방법이다. 아랍어와 히브루어와 같은 셈어들은 형태적 특성상 모음이 예측 가능하고 따라서 모음을 명시적으로 표시할 필요가 없기 때문에 이러한 방법을 사용한다.

문자발달의 최종단계라고 할 수 있는 제6단계의 완전한 음소문자는 자음뿐 아니라 모음도 문자로 표시하는 체계이다. 현재 전 세계적으로 가장 많이 사용되고 있는 알파벳(alphabet) 그리고 우리의 자랑스러운 문자 한글이 이에 해당한다. 이 문자들에 대해서는 3절과 4절에서 자세히 설명한다.

한자 유머

다음 절로 넘어가기 전에 표의문자인 한자와 관련된 글자 놀이와 말놀이에 대하여 언급하고자 한다. 한자는 기원적으로 사물의 모양을 본뜬 그림에서 출발하였지만, 일단 만들어진 기본 글자들이 합쳐져서 복합적인 의미를 가진 새로운 글자가 만들어지기도 한다. 예를 들어 밝을 '명'자인 한자 '明'은 해를 표상하는 '日'과 달을 표상하는 '月'이 합쳐진 글자이다. 이런 특성을 사용하여 한자의 자형을 변형한 글자에 대한 농담이 가능하다. 몇 가지 예를 제시하면 다음과 같다.

囚 가둘 수   ㈝ 탈옥할 탈
己 몸 기   ⸜ 절할 절
家 집 가   家 다세대주택 가

한자 유머

이것은 인터넷 사이트(네이버 카페 유머게릴라)에서 찾은 것이다.

한자를 이용한 말놀이로 "어머님께"라는 대중가요의 가사를 그럴듯한, 그렇지만 실제로는 맞지 않는 한문으로 만들어 놓은 것이 있다. 이것 역시 수많은 인터넷 사이트에 올라와 있는데 작자 미상이다.

"어머님께" 한문 버전

어려서부터 우리집은 가난했었고 남들 다하는 외식 몇번 한적이 없었고
幼年期 以來 本人家庭 經濟狀況 劣惡 / 外食 經驗 極少數
유년기 이래 본인가정 경제상황 열악 / 외식 경험 극소수

일터에 나가신 어머니 집에 없으면 언제나 혼자서 끓여먹었던 라면
勤勞現場 出他 母親 不在時 / 獨守空房 羅麵 調理
근로현장 출타 모친 부재시 / 독수공방 라면 조리

그러다 라면이 너무 지겨워서 맛있는것 좀 먹자고 대들었었어
羅麵 攝取 意慾 喪失 / 山海珍味 攝取 要求
라면 섭취 의욕 상실 / 산해진미 섭취 요구

그러자 어머님이 마지못해 꺼내신 숨겨두신 비상금으로 시켜주신
結局 母親 躊躇躊躇 / 隱匿資金 引出 電話注文
결국 모친 주저주저 / 은닉자금 인출 전화주문

자장면 하나에 너무나 행복했었어 하지만 어머님은 왠지드시질 않았어
黑色麵 一人分 極度 幸福感 造成 / 母親 攝取 拒否
흑색면 일인분 극도 행복감 조성 / 모친 섭취 거부

어머님은 자장면이 싫다고 하셨어 어머님은 자장면이 싫다고 하셨어
母親 告白 "黑色麵 嫌惡" / 母親 告白 "黑色麵 嫌惡"
모친 고백 "흑색면 혐오" / 모친 고백 "흑색면 혐오"

야이야~ 그렇게 살아가고 그렇게 후회하고 눈물도 흘리고
夜而夜~ 繼續 生命維持 / 後悔莫甚 / 眼球液 放流
야이야~ 계속 생명유지 / 후회막심 / 안구액 방류

(후략)

그럴듯한 한문인 것처럼 보이지만 자세히 보면 엉터리이다. 정상적으로 언어 표현을 사용한다면, 라면을 끓일 때 혼자인 것을 '독수공방', 어머님이 숨겨두신 비상금을 '은닉자금', 자장면을 '흑색면', 눈물을 '안구액'이라고 할 수는 없다. 그렇지만 이것들이 전혀 말이 안 되는 것이 아닌 것은 한자가 어떤 의미를 가지고 있고 그 의미와 우리말 표현이 연결될 수 있기 때문이다. '夜而夜(야이야)'는 한자의 음만을 차용하는 용법을 보여주기도 한다.

영화 ✚ 언어

일본 영화 「굿' 바이」(Departures, 2008)에서, 첼로 주자로서 한계를 느낀 남자는 악단이 해체되자 아내와 함께 고향으로 돌아간다. 직업을 찾던 중 우연히 시체를 수습하는 일을 시작한다. 힘든 일이고, 사람들이 꺼리는 일이지만, 죽은 자를 단장시키고 산 자와 따뜻한 이별의 기회를 마련하는 그 직업을 그는 자신의 보람으로 받아들인다. 죽음은 슬프고 안타까운 일이며, 두려운 일이다. 하지만 영화 속의 시체를 수습하는 남자는 가족에게 이 모든 일을 따뜻한 기억으로 남게 도와준다. 시신의 몸을 닦고, 시신의 손을 따뜻하게 두 손으로 감싸 온기를 불어넣은 후 다소곳이 모아 시신의 배에 얹는다. 얼굴은 깨끗이 닦은 후 온화한 표정을 짓게 하고 단정하게 화장을 시킨다. 평소에는 느껴보지 못한 온화한 모습의 고인을 대하는 가족은 후회와 미안함과 고통보다는 감사의 인사를 드리게 된다. "수고하셨습니다." 고인에게 전하는 이 말은 힘든 세월을 꿋꿋하게 살아낸 고인에 대한 헌정이다.

남들이 꺼리는 일 속에서도 보람을 찾을 수 있는 사람은, 첼로의 우아한 선율을 직업으로 지켜보겠다는 결심을 포기해야 하는 인간에게도 희망을 가지게 한다. 그 남자는 쓰라린 과거를 가지고 있다 -- 아버지가 어릴 때 집을 나갔다. 어릴 때 아버지가 그에게 준 조약돌은 투박하지만 크고 강직하다. 영화 속의 대사에서, 옛날 문자가 없던 시절 상대방에게 자신의 심정을 전하는 수단은, 자신의 심정을 가장 잘 반영하는 돌을 전해주는 것이었다고 한다. 하얗고 매끈매끈한 돌은 상대를 향한 부드러운 마음을 보이며, 삐죽삐죽하고 거친 돌은 상대방에 대한 거친 감정을 그대로 전해준다. 아들은 아버지에게 작은 하얗고 부드러운 돌을 건네고, 아버지는 아들에게 큼지막하고 어느 정도 투박하지만 정겨운 돌을 건넸다. 큰 뜻을 품고 훈훈한 마음으로 세상을 살라는 부탁이었을 것이다.

인간은 주변의 사물에 의미를 부여한다. 모든 사물은 일종의 기호이다. 그 물건 혹은 표상의 의미가 개인적인 것이라면, 그것은 개인에게만 가치를 가지는 기호이다. 사회적으로 좀 더 효용성이 있는 기호는 여러 사람이 그 의미를 이해하는 기호이다. 주관적인 감정을 다른 사람에게 전달하는 수단으로서의 기호가 개인을 넘어서는 인간의 존재를 가능하게 해 준다. 그렇기에 하얗고 작은 조약돌은 아이의 사랑의 감정을 아버지에게 전했고, 아버지는 수십 년 후 죽는 순간에도 그 조약돌을 손에 쥐고 있었던 것이다. 개인 사이의 다소 주관적인 의사 전달 수단인 조약돌은 문자가 아니지만, 약속된 기호로서 조약돌과 문자는 본질적으로 유사하다.

2. 설형문자와 상형문자

설형문자

문자가 사물을 시각적으로 표상하는 그림에서 출발하여 소리를 표상하는 기호로 가는 중간 단계에 설형문자와 상형문자가 있다. 설형문자는 그 모양이 쐐기와 비슷하기 때문에 쐐기를 나타내는 '설'(楔) 자를 이용하여 붙인 이름이다. 우리말로 '쐐기문자'라고도 한다. 예를 보이자면 다음과 같은 모양인데, 사용 시기에 따라 모양에 차이가 있다.

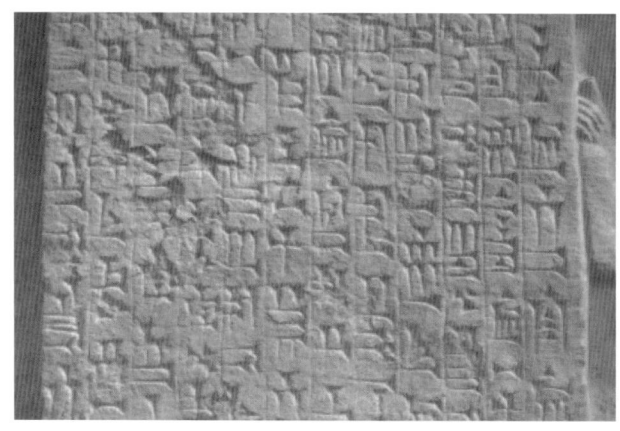

설형문자 비문 (대영박물관 소장)

설형문자는 메소포타미아 지역에서 기원전 3300년경부터 3000년 이상 오랫동안 사용되던 문자이다. 최초로 설형문자를 사용하던 사람들은 수메르인들이었다. 그들은 상거래 등 생활의 편의를 위해 점토판에 그림을 새겨 사물을 나타내다가 그 그림이 점차 추상화되면서 쐐기 모양의 설형문자가 되었다. 따라서 수메르인들이 최초로 사용하던 문자는 일종의 표의문자라고 할 수 있다. 고대 수메르인들의 문자 연구에서 하나의 중요한 사건은 쿠심(Kushim) 점토판의 발견이었다. 이것은 기원전 2600년경의 유물인데, 거기에 있는 문자는 그 이전까지 발견되던 것들과 달리 어떤 사물을 직접 그림으로 표상하는 것이 아니었다. 그것은 '쿠'와 '심'에 해당하는 글자들이 합쳐진 것이었는데, '쿠'와 '심'이 각각 어떤 사물을 가리키지만 '쿠심'은 그 사물들과는 완전히 별개의 어떤 다른 사물을 가리켰다. 즉, '쿠심'의 '쿠'는 뜻을 가지고 있지 않은 소리만을 표상하는 글자이고, 마찬가지로 '심'도 소리만을 표상할 뿐이다.

쿠심 점토판에 나타난 소리글자의 원리를, 다른 가상의 예를 들어 설명해 보자 (EBS(2002) 다큐멘터리 「문자」의 예임). 우리말에서 동물 사자를 쿠심 점토판의 원리에 의해 나타낸다고 할 때, '사'로 읽히는 아라비아 숫자 '4'와 물건의 길이를 잴 때 사용하는 자의 그림을 나란히 놓고 '사자'라고 읽을 수 있다.

발음: [사]+[자] = [사자]

숫자 '4'와 자 그림을 나란히 놓고 '사자'라고 읽을 경우, 그것은 동물의 이름이며 4(넷) 혹은 자와는 전혀 관련이 없다. 이것은 표의문자인 한자의 음만을 빌려서 외래어를 표기하는 것과 같은 이치이다. 숫자 '2'와 사람의 발 그림과 소 그림을 연속하여 표기하여 그것을 [이발소]라고 읽고 그것이 머리를 깎아주는 장소인 '이발소'를 의미한다면, 그것도 같은 예이다.

"파병 반대"

한 가지 예를 더 들어 보자. 다음 그림과 비슷한 것을 신문에서 본 적이 있다. 파와 병이 있는 이 그림은 이라크에 파병하는 것을 반대한다는 뜻을 전달한다. '파'와 '병'의 소리만을 이용하여 '파병'이라는 단어를 표상한 방법이 쿠심 점토판의 방법과 유사하다.

쿠심 점토판은 수메르인의 설형문자가 표의문자가 아닌 음성문자로 쓰이기 시작했음을 보여주는 중요한 유물이다. 그 이후 수메르인의 설형문자는 음성문자로서 굳어지게 된다. 실제로 수메르는 기원전 2000년 경 아카드인들에게 멸망되지만, 수메르인의 설형문자는 아카드와 그 이후의 앗시리아, 바빌론에서 2000년 이상 계속 사용되었다. 사실 설형문자의 해독은 수메르 문자의 해독에 앞서 페르시아 설형문자의 해독의 성공에서 시작되었다. 19세기, 이란의 비시툰 산의 암벽에 조각되어있는 페르시아 다르우스 와의 비문에 있는 페르시아어, 엘람어, 아카드어의 각기 다른 설형문자가 50여 년 간에 걸쳐 해독되었다.

상형문자

이집트의 상형문자는 메소포타미아 지역에서 설형문자가 사용되던 시기와 비슷한 시기에 이집트 지역에서 사용되었다. 다양하고 아름다운 모양의 상형문자를 해독하는 일은 로제타스톤(Rosetta Stone)의 발견으로 가능하게 되었다. 로제타스톤은 1799년 나폴레옹의 이집트 원정군 장교가 알렉산드리아시 근처의 로제타 마을에서 발굴한, 약 1.2미터 높이의 비석이다. 그 표면은 3단으로 되어 있는데, 상단에는 14행의 상형문자, 중단에는 32행의 디모틱 문자(고대 이집트의 민중문자), 하단에는 54행의 그리스 문자가 새겨져 있다. 1822년 샹폴리옹(J. Champollion)은 상형문자 부분과 그리스어 부분을 비교하여 프톨레마이오스와 클레오파트라의 이름을 실마리로 하여 상형문자를 해독하는 데 성공하였다.

로제타스톤

이집트의 상형문자는 표의문자와 음성문자가 혼합되어 있는데, 음성문자는 자음 한 개를 표상하는 것들이 많고, 두 개의 자음과 세 개의 자음을 표상하는 것들이 몇 개 있다. 한 개의 자음을 표상하는 문자들과 그 음가를 로마자로 보이면 다음과 같다.

이집트 상형문자

다음은 실제로 상형문자가 새겨진 석판의 모양이다.

상형 문자 석판 (대영박물관 소장)

영화 ✚ 언어

「스타게이트」(Stargate, 1994)는 고대 이집트 문명을 소재로 한 영화이다. 어느 날 이집트의 사막에서 거대한 구조물이 발견된다. 그것은 커다란 원형의 문 모양이고 주변에는 이상한 문자들이 새겨져 있다. 그 문은 외계의 어떤 문명세계와 통하는 문으로 군인들이 그 문을 통하여 외계로 나아가 외계인들과 싸움을 벌인다.

스타게이트를 통해 갈 수 있는 외계인의 세계는 이집트 문명의 세계와 흡사하다. 이 것은 이집트의 문명이 외계인들이 지구에 와서 이룩한 문명이라는 것을 암시한다. 사실 거대한 피라미드와 고도의 정신활동을 가능하게 한 상형문자 같은 것은 하나의 불가사의이다. 그래서 예전부터 이집트 문명을 이룬 지배 계층은 인류가 아니라 외계에서 온 외계인일지도 모른다는 생각이 있었다. 이집트인이 외계인이었다는 상상, 그리고 모차르트와 같이 보통의 사람이라면 상상할 수도 없는 탁월한 재능을 가진 천재들도 사실은 외계인이었을지도 모른다는 상상은 TV에서 SF 드라마 「X-파일」을 열심히 본 사람이라면 한 번쯤 진지하게 가져볼 만한 생각이다.

3. 알파벳

설형문자와 상형문자가 어느 정도 소리글자의 특성을 보이지만, 전반적인 문자 체계에서 의미와 음성이 완전히 구별된 것은 음절문자이다. 나아가 문자가 분절음을 표시하게 된 것은 페니키아(Phenician) 문자에서부터였다. 지중해 지역의 무역에 종사하던 페니키아인들은 그 이전부터 중동의 지중해 지역에서 사용되던 원시가나안(Proto-Canaanite) 문자를 이어받아 그 형태를 단순화하여 사용하였다. 원시가나안 문자는 최초의 자음 음소문자인데, 그 형태를 이집트 상형문자로부터 물려받은 것으로 추정되나 확실한 것은 아니다. 페니키아 문자는 기원전 1100년 경부터 1000년 이상 사용되었는데, 기원전 800년 경 그리스인들이 이 문자를 전수함으로써 그것이 서양 알파벳의 모태가 되었다. 페니카인들의 공로는 문자를 새로이 발명한 것이 아니라 활발한 교류를 통하여 셈어의 음소문자를 서양 세계에 전달하여 장차 세계에서 가장 많이 쓰이게 되는 알파벳(alphabet)의 시초를 제공했다는 것이다.

원시가나안 문자, 초기 페니키아 문자, 그리스 문자의 모양을 보면 다음과 같다.

	Proto-Canaanite	Early Phoenician	Greek		Proto-Canaanite	Early Phoenician	Greek
ʾ			A	l			Λ
b			B	m			M
g			Γ	n			N
d			Δ	s			Ξ
h			E	ʿ			O
w			Y	p			Π
z			Z	ṣ			M*
ḥ			H	q			ϙ**
ṭ			Θ	r			P
y			I	š			Σ
k			K	t			T

원시가나안 문자, 초기 페니키아 문자, 그리스 문자

페니키아 문자는 자음만을 표시하였다. 셈어의 특성상 모음은 예측가능하기 때문에 굳이 표시할 필요가 없었고 따라서 모음을 위한 글자는 따로 없었다. 그러나 그리스인들이 페니키아 문자를 차용할 때 그리스어를 위해서는 모음을 반드시 표기할 필요가 있었다. 그리스인들은 현명하게도, 셈어에는 있지만 그리스어에는 없는 자음을 표시하는 문자를 그리스어 모음을 표기하기 위해 사용하였다. 예를 들어, 원시가나안 알파벳의 맨 첫 글자는, 그 모양이 소의 머리와 비슷하다는 사실에서 짐작할 수 있듯이, 소를 뜻하는 셈어의 단어 "alef"의 첫 자음을 표시하는 글자였다. 이 자음은 셈어에 흔한 후두음인데, 그리스어에 이 후두 자음은 없었으므로, 그리스인들은 이 문자를 모음 [a]를 표기하기 위해 사용하였다. 이런 과정을 거쳐 그리스 문자의 알파가 모음 음가를 가지게 된 것이다. 그리스 문자의 다른 모음 문자들도 원래 셈어에서는 자음을 나타내는 문자였지만 비슷한 방식으로 모음 음가를 가지게 되었다.

그리스 문자는 후에 로마로 계승되어 로마 문자(Roman alphabet)가 된다. 라틴 알파벳(Latin alphabet)이라고도 불리는 로마 문자(로마자)는 오늘날 영어를 비롯한 유럽 언어를 표기하는 데 쓰이는, 세계에서 가장 많이 쓰이는 문자이다. 그리스 문자는 그리스어를 표기하기 위해 현대까지 쓰이고 있다. 한편, 그리스 문자는 9세기에 선교사 키릴로스가 동구 유럽으로 포교를 하면서 슬라브어에 도입되어 모양이 변형된 키릴 알파벳(Cyrillic alphabet)이 되었고 이것이 오늘날 러시아어를 표기하는 데 사용된다.

페니키아 문자는 중동 지역에서 계속 사용되면서 아람(Aramaic) 문자로 쓰이다가 기원전 5세기 경부터 히브루(Hebrew) 문자로 발전하고, 기원전 1세기 경부터 이란 문자로, 그리고 5세기 경부터 아랍(Arabic) 문자로 변형되어 사용된다. 그리고 그 관련성이 좀 불확실하지만 브라만(Brahmi) 문자도 5세기 경 아람 문자로부터 갈려져 나온 것으로 보인다. 브라만 문자는 오늘날 인도와 부근 지역의 여러 문자들로 변형되었다(그것들을 데바나가리문자라고도 한다).

이상에서 언급한 알파벳의 계보를 대략적으로 표시하면 다음과 같다(브라만 문자는 표시되어 있지 않다).

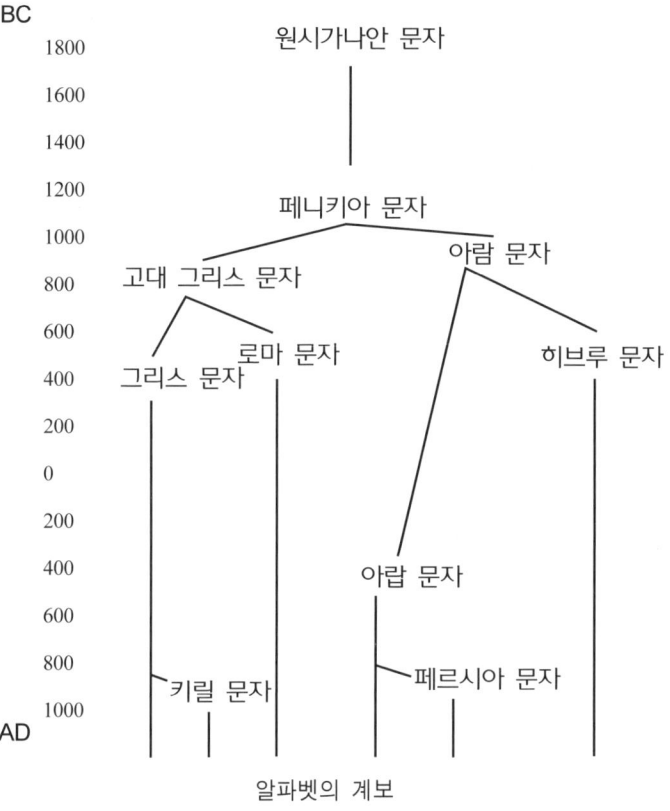

알파벳의 계보

영화 ✚ 언어

「코렐리의 만돌린」(Captain Corelli's Mandolin, 2001)은 전쟁 중의 평화로움과 전쟁 후의 혼돈과 살육이라는 아이러니를 그린 영화이다. 지중해의 그리스 섬 케팔로니아에는 평화로운 삶이 있었다. 1940년 이탈리아가 알바니아를 침공하고, 그리스가 이탈리아와 독일군에 패하여 이탈리아 군인들이 섬에 진주한 후에도 그 평화로운 삶은 어느 정도 지속된다. 섬 밖의 전쟁의 와중에도 이탈리아 군인들은 아름다운 지중해의 섬에서 노래를 부르며 전쟁을 애써 잊으려고 하면서 생활한다. 그즈음 이탈리아 대위 코렐리와 그리스 섬의 여자 펠라기아는 서로가 적이라는 신분에도 불구하고 서로에게 이끌린다. 전쟁의 와중에서의 조금은 불안스러운 평화는 이탈리아가 연합군에 항복한 후 갑자기 혼돈과 살육으로 치닫는다. 섬에 함께 진주한 독일군이 이탈리아군의 무기를 강제로 접수하는 과정에서 충격과 살육이 일어난 것이다. 전쟁 중의 평화가 전쟁이 끝난 후 살육의 상황으로 변하는 인간사의 아이러니이다.

이 영화에서 그리스인들과 이탈리아인들은 독일인들을 배척하는 모습을 보여 준다. 유럽의 최근세사에서 1, 2차 대전을 통하여 사람들을 전쟁으로 몰아간 것이 독일인임을 생각할 때 어느 정도 이해가 가는 설정이다. 「글루미 선데이」(Gloomy Sunday, 1999) 에서도 악인은 독일인이고, 「말레나」(Malena, 2000)에서 말레나를 불행하게 만든 것도 독일인이다. 언어적으로는 인구어족의 언어들 중, 그리스어가 그리스어파, 이탈리아어가 로망스어파, 독일어가 게르만어파 등 각각 다른 어파에 속하므로 제각각인 것 같지만, 게르만어가 그림 법칙이라는 특수한 음운 규칙으로 유럽의 다른 어파와 구분됨을 생각하면, 이탈리아어와 그리스어가 더 가깝다고도 할 수 있다. 하지만 오늘날 사용하는 문자로 볼 때에는 그리스어만이 로마자(라틴 알파벳)를 사용하지 않음으로써 다른 두 언어와 구별된다. 문자를 보자면, 오늘날의 그리스 알파벳, 로마 알파벳, 그리고 러시아어의 키릴(Cyrillic) 알파벳 등, 근원은 같지만 다른 모양의 글자들이, 비슷하면서도 다른 그리고 다르면서도 같은 인간의 모습과 생활과 감정을 그리는 「코렐리의 만돌린」의 상황과 상통한다.

4. 한글

한글의 우수성

한글이 우수한 문자라는 것을 우리는 잘 알고 있다. 그러면 한글이 알파벳보다 더 우수한가? 한글이 문자의 가장 발달한 단계인 자모음 분절음을 표상하는 완전한 음소문자로서 우수한 것은 알파벳과 마찬가지이다. 그러나 페니키아 문자로부터 오랜 시간을 거쳐 변형되어 온 알파벳보다 한글이 더 훌륭한 이유가 있다. 그 이유는 다음과 같은 것들이다.

> (1) 한글 창제는 민주 정신이 바탕이 되었다.
> (2) 자모음의 자형이 과학적, 철학적이다.
> (3) 자음의 자형이 현대언어학의 변별적 자질 이론을 반영한다.

한글의 우수성의 이유로 첫 번째 꼽을 수 있는 것은, 한글의 창제가 민주 정신을 바탕으로 하였다는 것이다. 세종대왕이 한글을 만든 목적은 1446년에 간행된 훈민정음 서문에 분명하게 나와 있다.

> 나랏말ᄊᆞ미 中듕國귁에 달아, 文문字ᄍᆞ와로 서르 ᄉᆞᄆᆞᆺ디 아니홀ᄊᆡ, 이런 젼ᄎᆞ로 어린 百빅姓셩이 니르고져 홇 배 이셔도, ᄆᆞᄎᆞᆷ내 제 ᄠᅳ들 시러 펴디 몯홇 노미 하니라. 내 이를 爲윙ᄒᆞ야 어엿비 너겨, 새로 스믈 여듧 字ᄍᆞ를 맹ᄀᆞ노니, 사ᄅᆞᆷ마다 ᄒᆡ여 수ᄫᅵ 너겨 날로 ᄡᅮ메 便뼌安한킈 ᄒᆞ고져 홇 ᄯᆞᄅᆞ미니라.

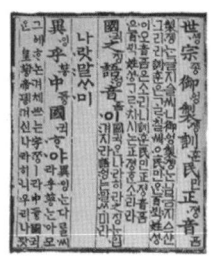

대부분의 독자에게 이미 중등교육을 통해 익숙한 것이겠지만, 이것을 해석하면 대략 다음과 같은 뜻이다.

> 우리나라의 말이 중국과 달라서 한자와는 서로 통하지 않는다. 이런 이유로 어리석은 백성이 말하고자 하는 바가 있어도 자기 뜻을 제대로 펴지 못하는 사람이 많다. 내가 이를 불쌍히 여겨 새로 스물여덟 자를 만드니, 사람들로 하여금 쉽게 익혀 날마다 쓰는데 편리하게 하고자 함이니라.

즉, 한글은 문자를 더 이상 소수 지식층의 전유물이 아닌, 보통 사람들도 쉽게 배워 사용할 수 있는 것으로 만들기 위해 태어난 것이다. 언어 생활과 관련하여 모든 사람의 권리를 동등하게 본 민주적인 사상의 발현이다.

한글이 알파벳보다 우수한 두 번째 이유는 자음과 모음의 모양이다. 한글의 모음은 천(天), 지(地), 인(人), 즉 하늘, 땅, 사람이라는 세계의 가장 중요한 요소들을 표상하는 기본 글자인 'ㆍ, ㅡ, ㅣ' 세 자형을 기반으로 만들어졌다. 기본 자형이 여러 가지 방식으로 결합하여 여러 가지 모음의 모양이 생긴다. 모음 글자 모양의 철학적 이유가 분명하다. 자음의 경우 한글의 과학성이 확연히 드러난다. 알파벳의 'm, n, s, k' 등의 자형과 그것이 나타내는 소리 사이에는 아무런 관련이 없다. 반면에 한글의 'ㅁ, ㄴ, ㅅ, ㄱ'의 모양은 그것이 나타내는 소리와 밀접한 관련이 있다. 즉 각 자음은 자음을 발음할 때의 발음기관의 모양을 모방하여 만들었다. 예를 들어 'ㅁ'은 양순음을 나타내는데 이 소리를 낼 때 입술이 모여 있는 모양을 모방한 것이고, 'ㄴ'은 치경음을 표상하는데 이 소리를 낼 때 혀끝이 치경에 닿는 모양을 모방하였다. 'ㅅ'은 치음을 나타내며 이 소리를 낼 때 중요한 역할을 하는 이빨의 모양을 모방한 것이고, 'ㄱ'은 연구개음을 표상하며 이 소리를 낼 때 혀의 뒷부분이 연구개에 닿는 모양을 모방한 것이다. 발음기관의 구조와 조음 과정에 대한 과학적 이해가 바탕이 되어 자음의 모양이 결정된 것이다.

서양에서는, 발음기관의 모양을 형상화한 것으로 1867년 멜빌 벨(Bell)이 창안한 '보이는 음성'(Visible Speech)이 있다. 한글과 유사한 원리의 이 부호체계는 한글이 나온지 400여년 후에야 나타났다.

한글이 알파벳보다 우수한 세 번째 이유는 자음의 모양이 현대 언어학에서 인식하는 변별적 자질을 형상화했다는 것이다. 로마 알파벳에서 유성과 무성이 구별되는 파열음의 쌍들은 다음과 같은 글자들로 나타낸다.

> p : b
> t : d
> k : g

각 쌍을 이루는 두 소리 사이의 유사성이 글자의 모양에 반영되어 있지 않을 뿐 아니라, 무성음과 유성음을 구별하는 모양의 특성이 없다. 즉, 변별적 자질인 [유성]은 글자의 모양과는 무관하다. 반면에 다음과 같은 한글의 자음들을 살펴보자.

> ㅂ : ㅍ : ㅃ
> ㄷ : ㅌ : ㄸ
> ㄱ : ㅋ : ㄲ

우선, 동일한 위치(입술, 치경, 연구개)에서 나는 세 소리들을 나타내는 글자들이 비슷한 모양으로 되어 있어 소리의 유사성이 글자 모양에 반영되어 있다. 뿐만 아니라, 각 위치에서 나는 세 소리들의 변별적 자질인 [격음성](거친 소리)과

[경음성](센 소리)이 모양에 반영되어 있다. [격음성]은 획을 더하는 방법으로 구현되어 있고, [경음성]은 같은 글자를 나란히 쓰는 병서로 구현된다. 세종대왕은 근대 서양의 구조주의 음운론에서 발견한 음소의 변별적 자질을 이미 500년 전에 파악하고 그것을 글자 모양에 반영했던 것이다. 다음 절에서 언급할, 「반지의 제왕」에 나오는 톨킨이 만든 엘프어 문자 체계도 자질이 글자 모양에 반영되었다. 한글 창제 후 500년이 지난, 1900년대 중반에야 만들어진 것이다.

한글 자형의 형성 원리는 오늘날 휴대폰의 자판을 효과적으로 사용할 수 있게 해 준다. 'ㄱ, ㄴ, ㅁ, ㅅ' 등의 기본 자형만을 배열하고 "획 추가"와 "쌍자음" 버튼을 추가하여 수많은 자음을 간단하게 입력할 수 있게 해 준다. 그 밖에도 한글의 모아쓰기 가능성을 장점으로 볼 수도 있다. 알파벳은 자모음을 수평적으로 연결하여 씀으로써 음절의 경계가 불분명하지만, 한글은 자모음을 합하여 하나의 음절을 명확히 구분하여 표기한다. 이것은 시각적으로 읽기에 편한 면이 있다. 그러나 타자기와 금속활자 시대에 수많은 음절로 모아쓰기가 오히려 부담이 되는 측면이 있었다. 오늘날의 컴퓨터 시대에는 사용자의 입장에서 그러한 부담은 해소되었다.

이상의 한글의 장점에 대한 설명은 초등교육과 중등교육을 충실히 받은 대학생들에게는 이미 익숙할 것이다. 나는 여기서 오늘의 국제화 시대를 살아가는 젊은 독자들에게 요구한다. 여기서 언급한 한글의 장점을 외국인에게 설명해 줄 수 있도록 영어로 말해 보라고.

한편, 2009년에는 훈민정음학회가 노력하여 인도네시아의 문자가 없는 찌아찌아족이 한글을 공식 문자로 채택하는 일이 일어났다. 문자가 없는 민족에게 한글을 보급하려는 노력이 이렇게 결실을 맺은 것은 한글이 배우기 쉽고 사용하기 쉬운 우수한 문자라는 것을 증명한다.

언어학자 세종대왕

그런데 이렇게 우수한, 꿈의 문자인 한글의 창제 과정에서 세종대왕의 역할은 얼마나 컸을까? 우리는 세종대왕이 한글을 만들었다고 말하면서도, 실제로는 세종대왕이 집현전 학자들을 시켜서 만들었다고 생각한다. 혹은 교과서에 있는 것처럼 세종과 집현전 학자들이 공동으로 만든 것이라고 생각한다. 그것은 왕이란 정치를 하는 인물이고 정치가가 직접 언어학적 지식을 가지고 문자를 만드는 학구적인 일을 하지는 않았을 것이라는 상식적인 생각에 기인한다.

이러한 상식을 바로잡고자 시도한 TV 프로그램이 있다. 1999년 10월 9일 방영된 KBS의 역사스페셜의 프로그램의 제목은 "한글은 집현전 학자들이 만들지 않았다"이다. 이 프로그램은 다음과 같은 사실과 주장을 제시한

세종대왕

다. 나는 그 견해에 동의하기 때문에, 그 내용을 인용이 아니라 직접적인 주장의 형식으로 아래에 소개한다.

실제 역사적 기록을 보면 집현전 학자들이 한글 창제에 참여했다는 증거는 없고 오히려 당시 집현전의 제2인자인 최만리가 한글 창제에 반대한 상소문이 남아 있다. 집현전의 원로학자들은 중국의 문자인 한자를 사용함으로써 지배 계급의 문화가 불편이 없는 상황에서, 일반 백성이 쉽게 쓸 수 있는 글자를 만드는 것에 분명한 반대를 했던 것이다. 그리고 성삼문, 신숙주 등 한글의 보급에 힘쓴 소장학자들은 훈민정음이 창제된 후 뒤늦게 훈민정음 보급 사업에 합류하였으니, 집현전 내의 소장학자가 한글 창제에 어떤 역할을 했던 것도 아니다. 그리고 문헌에는 세종대왕이 훈민정음을 만들었다는 것이 명시적으로 언급되어 있다. 이러한 기록과 정황으로 볼 때 한글은 세종대왕이 학자들을 시켜서, 혹은 세종대왕과 학자들이 공동으로 만든 것이 아니라, 세종대왕 자신이 손수 만들었다는 결론에 다다를 수밖에 없다. 다만, 아무리 세종대왕이 뛰어났다고 하더라도 혼자 모든 것을 할 수는 없었을 것인데, 일부 역사적 기록에서 추론하면 왕자와 공주 등 왕의 가족들이 한글 창제에 참여했을 것이다. 그것은 집현전의 학자들이 반대하는 일을 추진하기 위해서는 믿을만한 측근과 함께 비밀스럽게 한글 만드는 일을 추진해야만 했기 때문이다. 즉, 한글 창제는 세종대왕이 가족들과 진행시킨 비밀 프로젝트였던 것이다. 이상이 "한글은 집현전 학자들이 만들지 않았다" 프로그램의 내용이다.

결론적으로, 세종대왕은 과학적인 한글을 손수 만든 위대한 언어학자이다. 그가 왕이라는 정치가가 아니었다면 그는 파니니, 소쉬르, 촘스키와 같은 불세출의 세계적인 언어학자로 그 이름이 남았을 것이다. 그러나 그가 권력을 가진 왕이었기 때문에, 즉 다른 사람을 시켜서 무엇을 할 수 있는 위치에 있는 인물이었기 때문에, 한글 창제를 직접 수행한 언어학자로 인식되기 힘든 것이다. 그러나 이제 세종대왕은 위대한 언어학자로도 평가받아야 마땅하다. 세계 곳곳에서 문맹 퇴치에 공을 세우거나 성공적인 활동을 펼친 단체에 수여하는 유네스코 세종대왕상(The King Sejong Literacy Prize)은 1989년 한국정부에서 재원을 제공하여 제정되었다. 우리와 세계가 언어학자로서의 세종대왕을 기억하기 위한 한 걸음이다.

영화 ✚ 언어

영화 「접속」(1997)과 「유브 갓 메일」(You've Got Mail, 1998)에서 직접 만난 적이 없는 남자와 여자가 컴퓨터 통신을 매개로 서로의 생각과 감정을 주고받는다. 컴퓨터를 통하여 이메일이나 채팅을 하거나, 휴대전화를 통하여 문자를 주고받는 오늘날의 우리 생활은 편리한 우리 글자 한글 때문에 가능하다. 물론 컴퓨터 환경에서 한자의 사용이 불가능한 것은 아니지만, 자음과 모음을 분리한 음소문자인 한글만큼 편리할 수 없다. 언어학 강의 시간에 담당 교수의 시선을 피해, 엄지손가락을 재빨리 움직여 문자를 날려 보내는 순간에도 그 학생은 세종대왕께 감사하는 마음을 가져야 마땅하다.

5. 세계의 문자

주요 문자의 출현과 사용 시기

앞에서 문자의 발달 단계에 따라 여러 가지 문자에 대하여 살펴보았다. 이미 언급한 문자들을 포함하여 세계의 중요한 문자들의 출현과 사용 시기를 표로 보이면 다음과 같다. (세계의 고대 문자 사이트의 자료에 근거함.)

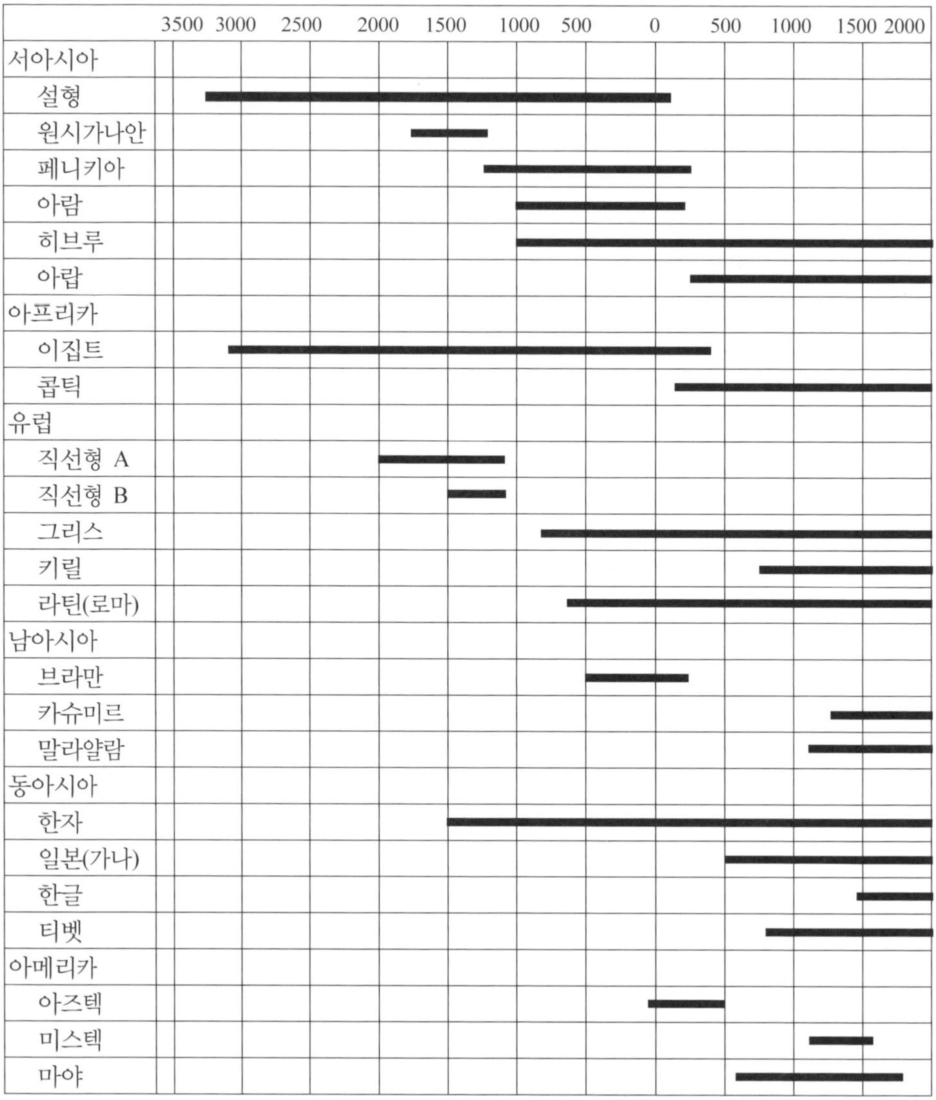

	3500	3000	2500	2000	1500	1000	500	0	500	1000	1500	2000
서아시아												
설형		████	████	████	████	████	███					
원시가나안					██							
페니키아					██	████	████	██				
아람						███	████	██				
히브루						████	████	████	████	████	████	████
아랍									██	████	████	████
아프리카												
이집트		████	████	████	████	████	████	█				
콥틱									██	████	████	████
유럽												
직선형 A				███	██							
직선형 B					█							
그리스						██	████	████	████	████	████	████
키릴										██	████	████
라틴(로마)						█	████	████	████	████	████	████
남아시아												
브라만						█	███					
카슈미르										█	██	
말라얄람										█	██	
동아시아												
한자					███	████	████	████	████	████	████	████
일본(가나)										███	████	████
한글											██	██
티벳										██	██	
아메리카												
아즈텍								█	██			
미스텍										█	██	
마야									██	███		

주요 문자의 출현과 사용 시기

「반지의 제왕」의 문자

세계의 문자에 대한 장을 마감하기 전에 톨킨(J. Tolkien)의 판타지 소설 「반지의 제왕」(The Lord of the Rings)에 나온 문자에 대하여 알아보자. 이 소설은 1954

년과 1955년에 발표한 3부작 소설로, 판타지 소설의 바이블로 평가받고 있으며, 2002년에 제1부가, 2003년에 나머지 2, 3부가 영화로 제작되었다.

이 소설(영화)에는 고대의 중간계에서 살아가는 여러 종족이 있다. 인간, 엘프(Elf), 호빗(Hobbit), 드워프(Dwarf), 오크(Orc) 종족들이 나오는데, 독특한 엘프의 언어와 문자는 톨킨이 새로이 만든 것이다.

이제, 소설과 영화 속의 중간계에서 종족을 넘어 널리 사용되었던 엘프의 문자에 대하여 자세히 알아보자. (엘프 문자에 대한 설명은 나의 책 「영화마을 언어학교」(2003)에 있는 영화 「반지의 제왕」에 관한 글의 일부에 바탕을 두었으며, 엘프어 사이트 http://www.elvish.org/ 및 거기에 연결된 사이트들의 자료를 이용하였다.)

엘프의 문자는 좀 더 오래된 것인 텡과르(Tengwar)와 후기에 발달한 키르스(Cirth) 두 종류가 있다. 텡과르 문자는 문제의 유일 반지에 새겨진 문자로서 상대적으로 부드러운 곡선이 많은 문자이다. 톨킨이 책에서 제시하고 있는 문자 표를 음가와 같이 제시하면 다음과 같다.

문자는 'telcor'라고 부르는 줄기(stem) 부분과 'luvar'라고 부르는 활(bow) 부분으로 구성된다. 줄기는 긴 것과 짧은 것이 있는데, 그 중에 긴 것은 위로 붙은 것과 아래로 붙은 것이 있다. 그리고 활은 열려 있거나 닫혀 있는 두 가지가 있으며 두 개가 반복될 수 있는 가능성이 있다. 보통 활이 쌍으로 나오는 경우 이것은 유성음을 표시한다. 그리고 줄기와 활의 조합이 네 가지 계열을 이루게 되는데(활이 줄기의 왼쪽 혹은 오른쪽; 열린 활 혹은 닫힌 활) 이것이 기본 자

텡과르 문자와 음가

음의 종류(p, t, k)를 구분한다. 그림에서 보는 것처럼 줄기의 모양에 따라 줄기가 아래로 붙은 파열음([p]), 줄기가 위로 붙은 마찰음([f]), 줄기가 짧은 비음([m])이 구별된다. 모음은, 기본 자형 위에 구별 표시를 함으로써 구분된다.

텡과르 문자의 모음 표시

키르스 문자는 텡과르 문자와 대조적으로 곡선이 별로 없이 주로 직선으로 이루어진 문자이다. 돌이나 금속에 문자를 새길 때의 편의를 위해 고안되었다. 텡과르와 키르스 표기 예를 제시하면 다음과 같다.

텡과르 문자

키르스 문자

키르스 문자의 모양은 3세기부터 17세기까지 북유럽 지역에서 게르만족이 사용하던 룬 문자(Runic alphabet)와 유사한 모양이다.

룬 문자 비석

톨킨이 제시하는 키르스 문자들 중 일부 자음 문자와 일부 모음 문자의 모양과 그 음가는 다음과 같다.

ᛈ	p	ᛚ	t	ᛉ	k	ᚺ	e
ᚱ	b	ᚠ	d	ᛉ	g	ᚢ	a
ᛋ	f	ᚵ	θ	ᛉ	x	ᚠ	o
ᛉ	v	ᚵ	ð	ᛉ	ɣ	ᛁ	i
ᛒ	m	ᛏ	n	ᛉ	ŋ	ᛯ	u

키르스의 문자(일부)와 음가

이 문자 체계에서도 p, t, k 등의 계열이 줄기와 그 옆의 활 부분의 모양의 차이로 구별된다. p 계열은 활이 삼각형이고, t 계열은 활이 아래 쪽으로 내려간 가지이며, k 계열은 활이 위로 향한 가지이다. 활이 줄기의 왼쪽 혹은 오른쪽에 있는가에 따라 파열음([p]), 마찰음([f])이 구별되며, 유성음은 활(가지)이 하나 더해짐으로써 표시된다. 모음이 독립적으로 표시됨으로써, 오늘날 영어 알파벳과 같은 방식으로 표시된다. 앞에서 설명한 텡과르의 모음 표시 방법은 자음의 위에 덧붙여 써지는 구별기호를 사용함으로써, 자음을 기본으로 표시하고 모음을 표기기호로 구별하는 오늘날의 아랍 문자 표기법과 비슷한 방식이다.

여기서 한 가지 눈여겨 볼 것은 톨킨의 문자가 한글과 같이 음소문자이면서 음성적 특성(자질)을 고려한 과학적인 문자라는 것이다. 어떤 조음 위치(예를 들어 입술)에서 무성 파열음을 기본 자형으로 하여, 여기에 유성, 마찰, 비음 등 음성적 특성을 동일한 방식으로 반영한 것은 텡과르나 키르스의 경우 모두 마찬가지이다. 이러한 과학적 원리는 앞 절에서 언급한 훈민정음의 창제 원리와 동일하다. 예를 들어 잇몸소리는 비음(ㄴ)이 기본형이고, 평음, 격음은 획을 차례로 더하여 표시하고(ㄷ, ㅌ), 경음은 병서로 표시하는데(ㄸ), 이 방식이 입술소리, 치음, 여린입천장소리에도 모두 적용된다. 언어의 천재 톨킨이 고대 문자를 발명해 내기 이전 500년 전에 이미 과학적 원리의 한글을 만들어 낸 우리의 조상의 업적을 새삼 생각하게 된다. 여기에 덧붙여, 한글에는 있지만 톨킨의 문자에는 없는 과학적 특성이 있다. 즉, 기본 자형조차도 한글은 소리를 낼 때의 발음기관의 모양을 모방하였다는 과학성이, 톨킨의 문자에는 없는 것이다.

영화 + 언어

일본 영화「올빼미의 성」(2000)은 숨어서 살아가는 닌자들의 이야기이다. 임진왜란을 일으킨 도요토미 히데요시의 시대를 배경으로 한, 일본 닌자(올빼미)들의 무협과 사랑 이야기는 다소 진부하고 지루하다. 하지만 영화에서 보여 주는 16세기 일본의 문물과 오사카성, 교토성의 모습은 웅장하고 사실적이다. 한 가지 재미있는 것은 닌자들의 통신 수단으로 일반적인 문자가 아닌 **48개의 암호**를 사용했다는 사실이다. 숨어서 살아가는 그들이 다른 사람들이 알아볼 수 없는 그들만의 약속된 부호체계를 가지고 있었다는 것은 이상한 일은 아니다.

암호, 또는 약속된 부호 체계를 코드(code)라고 한다. 컴퓨터에서 사용하는 문자의 부호체계를 말하는, 근래에 많이 쓰이는 '컴퓨터 문자 코드'라는 말이 이 단어와 관계가 있다. 이것은 어떤 문자를 컴퓨터 내의 비트(bit)키의 0과 1의 조합과 연결시키는 체계를 말한다. 한편, 문화와 정치 담론에서 많이 언급되는 '코드'도 있다(예: '코드가 맞는다'). '코드'의 사용 예를 21세기 세종계획에서 구축한 1000만 어절의 코퍼스(corpus, 텍스트 자료 뭉치)에서 찾아보면 120개의 '코드' 용례가 나온다. 이중에는 완전히 다른 단어인 '줄'(cord) 혹은 '화음'(chord)에 해당하는 것들도 있다. 다음 몇 개의 '코드'(code) 예들을 살펴보자.

(1)
에서 러브 [코드를] 빼는 대신 '가상 역사'를 첨가했다"는
영화와 음악이라는 서로 다른 [코드의] 간극을 많이 좁혔다고 생각
라라가 죽고 나의 내부의 모든 [코드와] 회로에 일대 혼란이 일어났
역설적이게도 바로 그런 명령적 언어 [코드] 및 계급의 위계 질서를
(2)
물론 프로그램 [코드를] 작성하는 것은 그 나름의 의의가 있는
(3)
비록 서로 같은 [코드에] 있다 할지라도 문자세트가 다르면 다른 글
한글 과학화 어디까지 왔나 [코드] 표준화와 OS 한글화의 과제
한글을 자모로 분리해 전송하고, 채움 [코드를] 다시 보내면 전송된

(1)의 예들이 문화와 정치 담론 상황에서 쓰이는 '코드'의 예들이다. (2)의 '코드'는 컴퓨터 프로그램을 말하고, (3)의 '코드'는 컴퓨터 문자 부호 체계를 나타내는 것으로

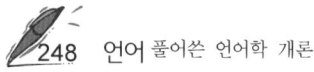

가장 많은 용례가 나온다. 이 세 가지 의미는 모두가 일종의 부호(체계)를 의미하므로 상통한다. 문자도 넓은 의미에서 일종의 코드이다. (1)과 같은 문화와 정치 담론 맥락에서 나오는 '코드'는, 일반적인 부호체계, 혹은 그 중에서도 '암호'라는 뜻과 관련되어 있다. 'code'의 다른 뜻인 '법전' 혹은 '컴퓨터 프로그램'을 가리키지는 않을 것이다. '줄'(cord) 혹은 '화음'(chord)도 아닐 것이다. 하지만 '코드'라는 말을 자주 접하면서, 그 의미가 정확히 전달되는지에 대해서는 회의적이다. 그저 '코드'라는 말이 유행하니까 그냥 쓰는 사람이 많지는 않을까? '코드가 맞는다' 또는 '코드가 같다'가 서로 감정과 생각이 통하고 일치한다는 뜻으로 쓰이는 것은, '코드'라는 말이 서로 공유해야 해독이 가능한, 부호(암호) 체계라는 의미에서 출발한 것이다.

이 장에서는 인간이 시간적, 공간적 제약을 극복하여 찬란한 문명을 이룩하게 한 인류의 자산인 문자의 발달에 대하여 살펴보았다. 그림에서부터 출발한 문자는 상형문자와 설형문자와 같은 중간적 단계를 거치면서 점차 소리글자로 발전하게 되어, 궁극적으로 자음과 모음이 표시되는 음소문자인 알파벳이 나타났다. 그리고 마침내 15세기에는 그 글자의 모양까지도 과학적으로 만들어진 위대한 문자 한글이 탄생하게 되었다. 그래서 영화 제목을 빌려 이 장을 마무리하자면 … "1446 문자 오디세이"(「2001 스페이스 오디세이」).

더 읽을거리와 유용한 사이트

강옥미 (2009). 『언어여행』. 서울: 태학사.
김진우 (2004). 『언어: 그 이론과 응용』, 개정판(초판 1985). 서울: 탑출판사.
밀러 (1998). 『언어의 과학』. 강범모·김성도 역. 서울: 민음사. [3장]
홍종선 외 (2008). 『세계 속의 한글』. 서울: 박이정.
EBS (2002). <문자>. 다큐멘터리 프로그램.

세계의 고대 문자(Ancient Scripts of the World) http://www.ancientscripts.com
엘프어(Elvish) http://www.elvish.org

한글학회 http://www.hangeul.or.kr
21세기 세종계획 http://www.sejong.or.kr

연습과 생각

1. 영어를 음소문자인 알파벳이 아니라 음절문자로 표기했을 가능성이 있는지 논의하시오(힌트: 영어의 음절 수).
2. 가상적으로, 한국어와 영어 단어를 숫자, 기호, 그림을 이용하여 쿠심 점토판의 원리로 표상해 보시오.
3. 설형문자와 상형문자에 대하여 인터넷 등을 통하여 좀 더 조사해 보시오(힌트: 세계의 고대 문자 사이트 참조).
4. 영어 알파벳과 한글의 공통점과 차이점을 기술하고 평가하시오.
5. 영어 알파벳과 한글의 자형들을(이탤릭체 등) 조사해 보고 (미적 혹은 감정적 관점에서) 평가를 해 보시오(힌트: 흔글 등 워드프로세서의 자형).
6. 본문에서 '음소문자'라는 용어를 사용하였는데, 어째서 '음성문자'라는 용어를 사용하지 않았는가? (힌트: '음성'은 소리 자체, '음소'는 인식하는 것으로서의 소리임.)
7. 한글로 영어의 자음 음소를 표시하려고 할 때 한글 글자를 변형하여 추가될 글자를 만들어 보시오(힌트: [f] 등).

제9장
언어와 역사: 세계의 어족과 언어

1. 언어들 사이의 친근성

어족

18세기 말 인도 벵골의 법관 윌리엄 존스(William Jones)는 그리스어(Greek)와 라틴어(Latin) 그리고 인도의 산스크리트어(Sanskrit)를 알고 있었던, 언어에도 관심이 많은 관리였다. 그는 유럽과 인도라는 지역적 차이에도 불구하고 세 언어가 매우 유사함에 주목하여, 1786년 이 세 언어의 공통 기원의 가능성을 발표하였다. 그 이후 언어들을 비교하여 그 유사성의 정도에 기반을 두고 언어들 사이의 공통 조상을 찾고 동시에 언어들 사이의 친족관계를 밝히는 역사비교언어학

윌리엄 존스

의 학문 활동이 시작되었다. 언어학사의 관점에서 보면, 역사비교언어학은 언어학이 독립된 학문으로 정착된 계기였다.

존스가 주목했던 세 언어 사이의 유사성을, 다음의 예를 가지고 살펴보자.

그리스어	라틴어	산스크리트어	(영어)
phrater	frater	bhrata	brother
pater	pater	pita	father
treis	tres	trayas	three

자세히 살펴보지 않더라도 세 언어 사이의 유사성이 확연하다. 같은 의미의 단어들이 같은 소리이거나 매우 비슷한 소리이기 때문이다. 이러한 유사성은 이 단어들이 동일한 형식에서 출발하여 오랜 시간을 지나는 동안 소리가 변했다는 것을 암시하며, 이 단어들을 가진 언어들 모두가 하나의 언어에서 출발하였다는 것을 짐작케 한다. 마치 한 부모에서 난 자식들이 비슷한 외모를 가지고 있듯이 한 언어에서 출발한 언어들이 비슷한 모양을 가졌다고 볼 수 있고, 이러한 의미에서 언어들의 부모어(parent language) 혹은 공통 조어(祖語, 조상 언어)라는 개념이 생긴다. 조어에서 갈려 나온 언어들은 마치 인간이 가계를 이루듯이 언어들의 가족, 즉 어족(language family)을 이룬다. 그리스어, 라틴어, 산스크리트어는 하나의 조상인 원시인구어(proto Indo-European)에서 갈려나온 언어들의 집단인 인구어족(Indo-European language family)에 속한다. 여러 언어들을 비교하여 조상 언어의 모습을 추정하는 과정을 재구(reconstruction)라고 한다. 원시인구어는 재구된 언어이다.

사실 언어들 사이의 유사성은 한국어와 영어 사이에서도 발견할 수 있다. 우선 다음과 같은 단어들이 있다.

버스	bus
부츠	boots
커피	coffee

영어에서 들어온 이러한 외래어들의 우리말 발음은 당연히 원래 영어의 발음과 비슷할 수밖에 없다. 일반적으로 단어를 차용한 것이 언어 사이의 계통적 친근성을 말해주지는 않는다. 한편, 외래어가 아니더라도 다음과 같이 그 의미와 음성의 유사성이 드러나는 단어들이 있다.

푸르	blue
많이	many
보리	barley
둘	two
불	fire

그렇다면, 이러한 단어의 유사성을 가진 한국어와 영어는 공통의 조상에서 갈려 나온, 하나의 어족에 속하는 언어들일까? 이에 대한 답은 부정적이다. 첫째, 한국어와 영어에는 앞에서 본 것과 같은, 유사한 형식의 공통 단어들이 많지 않다. 둘째, 같은 조상을 이루는 언어들 사이에서 공유하는 단어들은 일상생활에서 가장 많이 쓰이는 기본적인 단어들이다. 대표적으로 수사, 신체 부분어, 친족어, 천체어, 기본 동작어 등이 그것들이다. 예를 들어 한국어와 영어의 수사는 위에 언급한 '둘'과 'two' 이외에는 비슷한 것이 없다. 이와 비교하여 영어와 독일어의 수사를 살펴보자

	영어	독일어
1	one	eins
2	two	zwei
3	three	drei
4	four	vier
5	five	fünf
6	six	sechs
7	seven	sieben
8	eight	acht
9	nine	neun
10	ten	zehn

이렇게 수사 전반에 걸쳐 소리가 일치하는 영어와 독일어는 한 조상에서 갈려 나온 언어들임이 확실하다. 영어와 독일어는 수사뿐 아니라 신체어, 친족어, 천체어, 기본 동작어 등 많은 기본 어휘가 비슷하다.

영어	독일어
foot	Fuss
brother	Bruder
book	Buch
eat	essen

제9장 언어와 역사: 세계의 어족과 언어   253

영어와 독일어 사이의 유사성은 그냥 유사한 것이 아니라 체계적으로 유사하다. 바로 위의 예를 보면 영어의 'foot'가 독일어의 'Fuss'에 대응하고 영어의 'eat'가 독일어의 'essen'에 대응한다. 즉 영어의 파열음 [t]가 독일어에서 마찰음 [s]와 대응하는 것이다.

다음으로 넘어가기 전에, 차용어나 우연한 유사성과는 다른 종류의, 그러나 언어의 친족관계와 관련이 없는 소리의 유사성을 언급하자.

그것은 우리말의 '아버지', '어머니'와 영어의 'father', 'mother' 사이의 유사성이다. 아버지를 의미하는 단어에 구강입술소리([p, f])가 쓰이고 어머니를 의미하는 단어에 양순비음([m])이 쓰이는 것은 한국어와 영어에 국한되지 않는다. 프랑스어의 'père'와 'mère', 스페인어의 'padre'와 'madre', 중국어의 '父(fu)'와 '母(mu)'도 마찬가지이다.

'엄.마.아.빠'로 시작하는 사행의 짧은 글을 만들라는 시험문제에 다음과 같이 답한 초등학생은 이와 같은 언어의 보편적 성질을 이미 파악하고 있다고 하겠다.

엄	엄마는
마	마덜
아	아빠는
빠	빠덜

이같은 언어음의 보편적 유사성은 언어들 사이의 친근성을 보이는 규칙적 음운 대응과는 다른 것이다.

음성법칙

음운 대응의 규칙성은 인구어에 속하는 라틴어, 독일어, 영어의 비교에서 더욱 잘 드러난다.

라틴어	독일어	영어
pater	Vater	father
frāter	Bruder	brother
labium	Lipp	lip

양순음에 주의를 기울여 살펴보면, 라틴어의 무성파열음 [p]는 독일어와 영어의 무성마찰음 [f]에 대응하고(독일어 'vater'의 'v'는 [f]로 발음된다), 라틴어의 무성마찰음 [f]는 독일어와 영어의 유성파열음 [b]에, 그리고 라틴어의 유성파열음 [b]는 독일어와 영어의 무성파열음 [p]에 대응한다.

이러한 자음의 대응 관계는 양순음뿐 아니라 치경음과 연구개음에서도 동일하게 나타난다. 라틴어와 영어의 예를 보면 다음과 같다.

라틴어		영어		
canis	[k]	hound	[h]	
veh-o	[h]	wagon	[g]	
ager	[g]	acre	[k]	
tres	[t]	three	[θ]	
fēci		do	[d]	(cf. Skt. dha)
duo	[d]	two	[t]	

이와 같은 음운 대응의 관계를 확인하여 널리 알린 것이 그림(J. Grimm)이기 때문에 이 대응 관계를 그림 법칙(Grimm's Law)라고 부른다. 즉, 그림 법칙은 인구어에서 게르만어파(영어, 독일어 등)의 언어들과 다른 언어들 사이의 다음과 같은 자음 대응 관계이다. 여기서 P는 무성파열음 [p, t, k], F는 무성마찰음 [f, θ, h/x], B는 유성파열음 [b, d, g]을 표상한다.

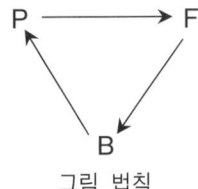

그림 법칙

그림 법칙은 음운 대응의 규칙성을 잘 보여주지만, 몇 가지 예외로 보이는 것들이 있다. 예를 들어, 라틴어의 'frater'와 독일어의 'Bruder'를 비교해 보면 라틴어 단어의 어두의 [f]가 독일어 단어의 어두 [b]에 대응하는 것은 그림 법칙에 맞지만, 중간의 [t]는 그림 법칙에 따르면 무성마찰음 [θ]에 대응해야 하나 실제로는 유성음 [d]에 대응함으로써 그림 법칙에 위배된다. 이러한 그림 법칙의 예외들을 고대 인구어의 강세와 관련하여 설명한 것이 베르너(K. Verner)이다. 그는 자음 앞의 모음이 강세가 없을 때에는 게르만어의 무성마찰음 [f, θ, x(h)]가 유성파열음 [b, d, g]로 변한다는 것을 발견하였다. 이것을 베르너의 법칙이라고 하는데, 이것이 그림 법칙을 보완함으로써 음성법칙의 엄밀성을 보여준 셈이다. 이에 따라 19세기 말 비교언어학의 발전에 기여하였던 독일의 소장문법학파(neogrammarians)는 "음성법칙에는 예외가 없다"라는 주장을 신봉하며 설파하게 되었다.

여기서 그림 법칙과 관련하여 언급한 영어의 'brother'라는 단어에 대하여 좀 더 생각해 보자. 영어에는 이 단어의 뜻과 비슷한 뜻의 단어들로 명사 'frater', 형용사 'fraternal'이 있고, 남학생 사교 클럽을 의미하는 'fraternity'가 있다. 이렇게 영어에 비슷한 뜻의 단어인 'brother'와 'frater'가 존재하는 것은 원래부터 영어에 있다가 그림 법칙에 따라 변화한 'brother'와 함께, 나중에 라틴어에서 고대 프랑스어를 거쳐 중세 영어로 차용된 같은 뜻의 단어가 있기 때문이다. 결국 'brother'와 'frater'는 원시인구어의 하나의 단어에서 출발하여 다른 경로로 영어의 일부가 된 단어들이다. 'father', 'fatherly'와 함께 'paternal'이라는 형용사가 존재하는 것도 마찬가지 이유에서이다.

영화 ✚ 언어

예수 그리스도의 수난을 생생하게 보여 주는 영화 「패션 오브 크라이스」(The Passion of the Christ, 2004)에는 두 가지 언어가 사용된다. 당시 예수를 포함한 유대인이 사용하던 아람어와 로마인들이 사용하던 라틴어이다. 아람어는 셈어에 속하고 라틴어는 인구어에 속한다. 영화 속의 라틴어는 물론 마르쿠스 아우렐리우스 안토니우스의 '명상록'에 쓰인 고전 문어 라틴어가 아닌, 보통 사람들이 일상적으로 사용하는 구어체 라틴어이다. 문어 라틴어는 고정되어 변하지 않았지만, 로마 병사에 의해 각 지역으로 퍼진 구어체 라틴어는 후에 서로 다른 언어들로 발전하게 되었다. 프랑스어, 스페인어, 포르투갈어, 루마니아어가 그것들이다. 영화 속에서 예수 그리스도를 채찍질하며 라틴어로 하나, 둘, 셋을 세는, 사탄에 사로잡힌 로마인 병사의 모습이 쉽게 사라지지 않는다.

2. 인구어족

19세기 비교언어학의 연구는 유럽과 인도 지역의 여러 언어들 사이의 친족관계를 세세하게 밝혀 놓았다. 원시인구어라는 공통의 조상에서 출발한 이들 언어들은 인구어족(Indo-European language family)을 이루며, 이것은 몇 개의 어파로 구분된다. 중요한 어파와 그것에 속하는 언어들 중 일부를 열거하면 다음과 같다.

> 게르만어파(Germanic):
>   서-영어, 네덜란드어, 독일어
>   북-덴마크어, 스웨덴어, 노르웨이어, 아이슬란드어
> 이탈리아어파(Italic, 혹은 로망스어파 Romance): 라틴어, 프랑스어,
>   이탈리아어, 스페인어, 포르투갈어, 루마니아어
> 그리스어파(Greek): 그리스어
> 켈트어파(Celtic): 골어, 웨일스어, 아일랜드어
> 슬라브어파(Slavic): 러시아어, 폴란드어, 체코어, 세르보크로아티아어,
>   불가리아어
> 발트어파(Baltic): 라트비아어, 리투아니아어
> 이란어파(Iranian): 이란어(페르시아어)
> 인도아리아어파(Indo-Aryan): 산스크리트어, 힌디어, 벵갈어, 펀자브어,
>   우르두어

이 중에서 게르만어파, 이탈리아어파, 그리스어파, 켈트어파의 언어들을 켄툼(centum) 언어라고 하고, 나머지 어파의 언어들을 사템(satem) 언어라고 한다. 백을 뜻하는 단어가 켄툼 언어에 속하는 한 언어에서 'centum'이고, 사템 언어에 속하는 한 언어에서 'satem'인 것에서 출발한 명칭인데, 자음 [k]와 [s]의 차이를 반영한다. 켄툼 언어들에서 백을 뜻하는 단어들의 첫 자음은 [k]이고 사템 언어들에

서는 [s]이다. 나아가 많은 다른 단어에서도 유사한 음운 대응이 일어난다. 켄툼 언어와 사템 언어의 구분은 지역적으로 유럽의 서쪽과 동쪽의 구분이다.

켄툼 언어인 켈트어파의 언어들은 과거 유럽 지역에서 많이 사용하던 언어였다. 브리튼 섬에도 켈트어가 사용되고 있었으나 대륙의 앵글로색슨족이 잉글랜드를 침공하여 점령한 후, 영어가 켈트어를 변방으로 몰아내었다. 켈트어는 오늘날의 브리튼 섬의 서쪽(웨일스)과 북쪽 변방(스코틀랜드)과 아일랜드 섬에서 일부 명맥을 유지하고 있을 뿐이다.

단, 아일랜드와 영국의 웨일스 지방에서는 원주민 언어인 켈트어(아일랜어드어, 웨일스어)를 보존하고자 켈트어 방송이 있고, 공공 표지 등에 켈트어를 영어와 병기하여 사용하고 있다. 내가 웨일스 여행 중 신기해하면서 찍은 다음 사진은 카디프의 거리에 있는, 영어와 웨일스어가 병기된 도로 표지판이다. 언뜻 보아도 영어의 어순과 웨일스어의 어순이 많이 다른 것을 볼 수 있다.

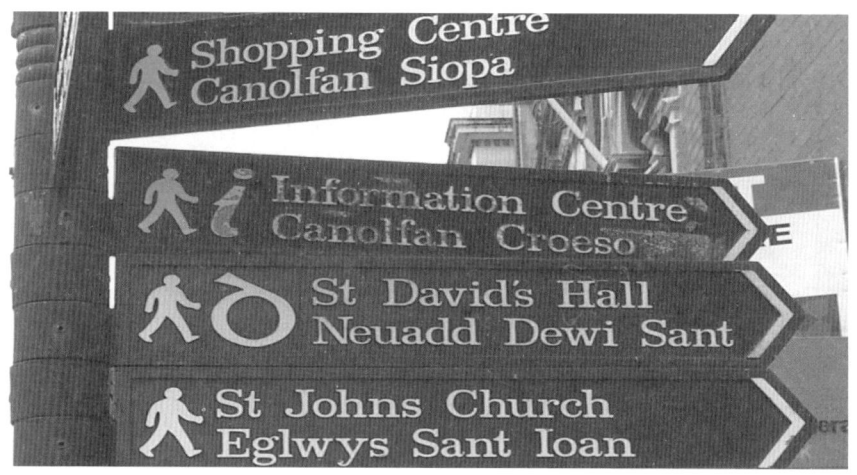

카디프 거리의 도로 표지판

현재 유럽 지역에서는 이탈리아어파(로망스어파), 게르만어파, 슬라브어파의 언어들이 많이 사용되고 있다. 유럽 지역의 각 어파의 언어 사용 지역을 지도상에 제시하면 그림과 같다.

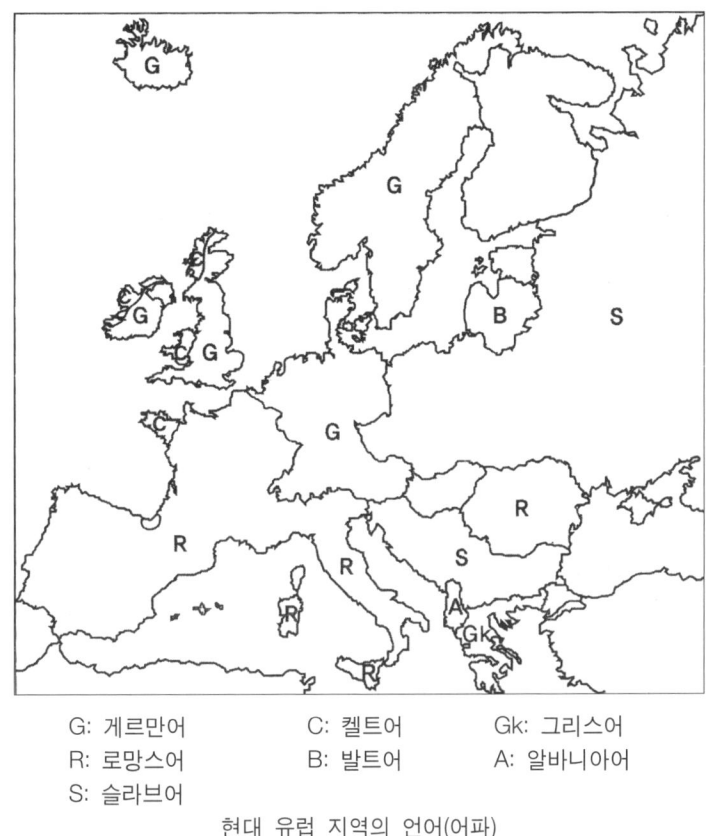

G: 게르만어   C: 켈트어   Gk: 그리스어
R: 로망스어   B: 발트어   A: 알바니아어
S: 슬라브어

현대 유럽 지역의 언어(어파)

지도에서 보는 것처럼, 유럽 대륙 내에서도 인구어가 아닌 언어들이 사용되는 지역이 있다. 그것들은 핀란드와 헝가리, 그리고 이베리아반도(스페인) 입구의 피레네 산맥 근처이다. 그 지역들의 언어인 핀란드어, 헝가리어, 바스크어는 인구어가 아니다.

인구어의 뿌리가 되는 인구조어가 사용되던 시기, 그리고 그 이후의 인구어들의 분파 시기에 대해서는 역사적 기록이 없는 한 정확히 알 수 없다. 그러나 근래 켐브리지 대학의 한 유전학자와 취리히 대학의 한 언어학자가 공동으로 DNA 분석의 계통발생 분석 기법을 이용하여 그 시기를 추정했다고 한다. 그들은 유럽 지역의 14개 언어를 컴퓨터로 분석해 유사한 단어를 찾아내는 방법으로 유사성을 따졌는데, 이것은 생물학자들이 DNA 염기서열 분석으로 동물들이 얼마나 유사한가를 알아내는 것과 비슷한 방법이다. 이들은 인구조어가 기원 전 8천년 처음 출현했고, 인구어 중 켈트어를 사용하던 켈트족은 6천년 전쯤 중앙 유럽에서 브리튼 섬으로 이주해 온 것으로 결론을 내렸다. 아주 최근의 분석 방법이고, 기존의 추정 시기와 상당한 차이가 나는 만큼 좀 더 검증을 거쳐야 할 것이다.

영화 ✛ 언어

유럽의 영화들을 통해 인구어에 속하는 언어들을 들어볼 수 있다. 이탈리아어, 스웨덴어, 그리스어 같이 익숙하지 않은 언어를 영화에서 들을 때 그 생소한 소리들은 영화의 내용과 관계없이 새로운 느낌을 준다.

이탈리아 영화 「말레나」(Malena, 2000)는 이차 대전 중 이탈리아의 한 시골 마을에서 일어나는 이야기를 성에 눈떠가는 사춘기 소년의 눈으로 그린다. 그에게는 동경하는 여성이 있다. 긴 머리의 관능적인 아름다움을 가진, 마을의 젊은 부인 말레나가 그 대상이다. 전쟁 상황에서 아름다운 한 여자에게 일어나는 불행한 일들이 담담하게 전개되는 이 영화에서 들리는 이탈리아어는 상당히 수다스럽고 경쾌하다. 물론 「대부」(Godfather, 1972)에서와 같이 살인 지령을 내리는 심각한 말을 그렇게 하지는 않지만, 일상적인 이탈리아어 대화에는 그런 경쾌함이 있다. 「인생은 아름다워」(La Vita e Bella, 1997), 「시네마천국」(Cinema Paradiso, 1988)과 같은 최근의 이탈리아 영화에서도 마찬가지이다. 사실, 이탈리아어의 경쾌성은 내가 어렸을 때(약 30년 전) 본 영화 「구월이 오면」(Come September, 1961)에서 이미 느꼈었다. 그 영화의 마지막에서 록 허드슨과 지나 롤로브리지다가 식탁에서 마주보고 서로에게 윙크하던 장면이 지금도 생생하게 떠오른다.

스웨덴어를 들어볼 수 있는 영화 「산딸기」(Wild Strawberries, 1957)는 베르히만 감독의 영화이다. 80세의 노교수가 명예 학위를 받기 위해 자동차 여행을 하는 도중에 꿈과, 환상과, 사람들과, 추억을 통해 죽음 앞에 선 자신의 모습을 다시 돌아본다. 그의 모습은 완고하고, 독선적이고, 이기적인, 그리고 용서할 줄 모르는, 외로운 인간의 모습이다. 노교수가 젊은 시절을 보냈던 시골 집의 풀밭에 있는 산딸기가 그의 젊은 시절의 연인을 기억하게 하게 한다. 젊음은 찬란하지만 오래지 않아 곧 지나가는 것인데, 그나마 그 짧은 젊음의 시절조차 아쉽고 허망하게 보내고 마는 것이 인간의 모습일 것이다. 이 영화를 만든 잉마르 베르히만 감독은 「제7의 봉인」(The Seventh Seal, 1957) 등 철학적 깊이가 있는 영화를 많이 만든 것으로 유명하다. 「산딸기」도 심각한 주제를 다룬다. 그래서 더욱 그런지 모르지만 영화에 나오는 스웨덴어는 무겁고 어둡게 들린다. 이탈리아어와는 아주 대조적인 느낌이다.

한편, 「나의 그리스식 웨딩」(My Big Fat Greek Wedding, 2002)에서 그리스어를 말

하는 그리스 이민자들은 수다스럽고 부산하다. 이탈리아어의 경쾌함이 그리스 문화와 언어에도 있다. 유럽 지역에서 남쪽의 따뜻한 곳의 문화가 그런 것 같다. 언어의 계통으로 보면 이탈리아어와 그리스어는 인구어 내의 서로 다른 어파에 속하지만 지중해의 눈부신 햇살을 받는 곳의 언어라는 공통점이 있다. 심각하고 어두운 스웨덴 영화 속의 스웨덴어의 분위기와는 완전히 다르다. 우리나라에서도 남쪽 지방의 방언이 다소 그러한 발랄함과 소란스러움이 있는 것 같다. 삶의 환경이 안온할 때 밝은 생각과 유쾌함이 발현되는 것이 당연하다고 할 수 있다. 그러나 인간은 때로 존재의 가벼움을 참지 못하고 조용히 자신을 돌아보고 싶어지기도 한다. 적당한 밝음과 어두움, 적당한 열정과 냉정의 균형을 유지하는 일이 쉽지 않다.

3. 세계의 언어

6000개 이상의 수많은 지구상의 언어들의 친족관계가 모두 인구어족의 언어들처럼 확실하게 알려져 있지는 않다. 인구어만큼 많은 오래된 문자 기록이 남아있지 않기 때문이다. 어떤 언어들은 최근까지도 문자가 없이 사용되어 왔다. 그래도 세계 언어들의 대략적인 어족의 구성은 비교언어학 연구의 결과로 밝혀져 있다. 인구어족 이외의 주요 어족과 그것에 속하는 언어들을 제시하면 다음과 같다.

함셈어족(Hamito-Semitic) / 아프리카-아시아어족(Afro-Asiatic):
    고대 이집트어, 아랍어, 히브루어
중국티벳어족(Sino-Tibetan): 중국어, 티벳어, 베트남어
우랄어족(Uralic) / 핀우랄어족(Finno-Ugric): 헝가리어, 핀란드어
말레이폴리네시아어족(Malayo-Polynesian): 인도네시아어, 타갈로그어
오스트로아시아어족(Austro-Asiatic): 디르벌
드라비다어족(Dravidian): 타밀어, 텔루구어
나이제르콩고어족(Niger-Congo): 스와힐리어, 줄루어
아메리카인디언어족(American-Indian): 에스키모어(이누이트어), 나바호어
알타이어족(Altaic): 몽고어, 만주어, 터키어 (한국어, 일본어)

한국어가 알타이어족에 속한다는 것은 아직 충분히 증명되지 않은 일종의 가설이다. 한국어, 일본어, 몽고어, 만주어, 터키어가 모두 하나의 어족에 속한다는 주

장에 대한 반론도 있다. 한국어의 기원에 관한 논의는 다음 절로 미루도록 하자.

이상에서 제시한 언어 분류는 언어의 친족관계에 따른 역사적, 계통적 분류이다. 이와 대조하여 언어들 사이의 친족관계를 고려하지 않고 단지 언어의 구조적 유사성에 기초하여 언어를 분류하는 것이 유형론적(typological) 언어 분류이다. 이는 단어 구성의 방식을 고려하여 중국어와 같은 고립어, 한국어와 같은 첨가어, 라틴어와 같은 굴절어 유형으로 언어들을 분류한 것에서부터 출발하였다. 오늘날은 형태적 특성뿐 아니라 음운, 통사, 의미, 어휘적 특성에 따른 유형론을 시도하기도 한다. 그 중 가장 많이 알려진 것이 주어(S), 목적어(O), 동사(V)의 어순에 따른 유형론이다. 각 언어에서 이 세 가지 요소는 일정한 순서로 나타난다. 예를 들어 영어에서는 SVO의 순서가 지켜져야 올바른 문장이 된다. 논리적으로 이 세 가지 요소가 취할 수 있는 방법은 여섯 가지이나, 세계의 언어들은 대부분 다음과 같은 세 가지 유형 중 하나에 속한다.

> SOV : 한국어, 일본어 등
> SVO : 영어, 중국어 등
> VSO : 웨일스어 등

주어, 목적어, 동사의 어순은 수식어, 피수식어 등 다른 문장 요소들 사이의 순서와도 상관이 있다. 일반적으로 목적어가 동사의 앞에 오는 언어에서는 수식어가 피수식어에 앞서고, 반대로 동사가 목적어 앞에 나오는 언어에서는 피수식어가 수식어에 앞선다. (영화 「친절한 금자씨」(2005)에서, 한국에 사는 엄마 금자씨와 호주로 입양된 딸의 대화가 한국어와 영어의 다른 어순으로 번역되는 과정이 코믹하게 나타난다.)

수천 가지의 언어들 중에 수억 명의 사람들이 사용하는 언어가 있는가 하면, 어떤 언어들은 수백 명 혹은 수십 명의 사람들만이 사용하여 사라져 가는 언어들이다. (소수 언어 문제는 제14장 3절에서 좀 더 논의한다.)

다음은 SIL(http://www.sil.org)에서 2014년의 통계로 발표한, 모국어 화자 수가 많은 100개 언어들의 목록 중 일부이다. 그 전에 발표한 통계와 달리 중국어 방언을 구분하지 않았다.

순위	언어명	사용 국가 수	사용자 수 (백만)
1.	중국어	33	1197
2.	스페인어	31	414
3.	영어	99	335
4.	힌디어	4	260
5.	아랍어	60	237
6.	포르투갈어	12	203
6.	벵골어	4	193
8.	러시아어	16	167
9.	일본어	3	122
10.	자바어	3	84.3
11.	란다어	6	82.6
12.	독일어	18	78.2
13.	한국어	5	77.2
14.	프랑스어	51	75.0
15.	텔루구어	2	74.0
16.	마라티어	1	71.8
17.	터키어	8	70.8
18.	타밀어	6	68.8
19.	베트남어	3	67.8
20.	우르두어	6	63.9

　벵골어는 인도 공화국의 벵골 주와 방글라데시의 공용어이고 힌디어는 인도 헌법으로 규정된 인도의 15개 공용어 중 하나이다. 자바어는 인도네시아의 언어이다. 북경 방언 중국어는 중국의 표준어로서 국제적으로 'Mandarin'이라는 이름으로 불린다. 중국어 속에 포함되는 수많은 방언들 중 북경 방언(관화 방언이라고도 함) 다음으로 가장 많이 사용되는 것이 우 방언이다. 그 밖에도 민 방언, 유에 방언, 객가 방언, 샹 방언들이 있다. 중국 남방의 광둥어(Cantonese)는 중국표준어의 방언이 아니라 별개의 언어이다.

스페인어와 포르투갈어가 이 목록에 있는 것은 과거 식민지 시대의 유산으로 남미 지역에서 이 언어들이 사용되기 때문이다. 한국어도 프랑스와 비슷한 정도로 많은 사람들이 사용하는 국제적인 언어이다. 우리나라에서는 한국어 한 언어가 사용되는데, 우리나라처럼 한 국가에서 한 언어를 사용하지 않는 나라들도 많이 있다. 대표적인 예로, 인도가 있다.

인도인들이 공용어로 사용하는 언어는 아삼어, 벵골어, 구자라트어, 힌디어, 칸나다어, 카슈미르어, 말라얄람어, 마라타어, 오리야어, 펀자브어, 산스크리트어, 신드어, 타밀어, 텔루구어, 우르두어 등 15개 주요지방어이다. 실제로는 세분하면 1,600여 종에 달하는 언어가 있는 것으로 알려져 있다. 인도의 언어는 크게 4개의 어족으로 나눌 수 있다. 대다수 주민이 사용하는 언어들은 드라비다어족과 인도이란어족이며 그밖에 소수 어족으로 오스트로아시아어족과 중국티벳어족이 있다. 드라비다어족의 언어로 타밀어, 텔루구어, 말라얄람 등이 있고, 인도이란어족의 언어로는 산스크리트어와 그것으로부터 파생된 힌디어, 우르두어 등이 있다. 오스트로아시아어는 중부와 동부 인도의 고산지역 및 산림지역에서 주로 하층민에 의해 사용되고 중국티벳어족의 언어는 타이어와 중국어에서 파생된 것으로 북동부 변경의 소수 부족들에 의해 사용된다. 오랜 기간 동안 이들 어족 사이에 상호 차용이 많이 있었지만 각 어족의 개별적인 특성은 여전히 남아 있다. 영어는 15개 주요 언어 중 하나로 분류되지는 않지만 인도 주민의 언어 생활에서 매우 중요한 위치를 차지하고 있다. 18, 19세기 영국의 인도 정복과 함께 도입된 영어는 남쪽의 드라비다어권, 북쪽의 힌디어권 전부에서 쓰이는 유일한 공통어이다.

우리나라의 언어 상황이 인도와 같이 복잡하지 않고, 서로 의사소통이 가능한 방언 차이만이 있는 것이 다행이다.

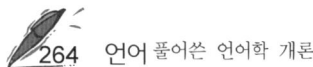

영화 ✚ 언어

과거의 중국 대륙을 무대로 하는 많은 영화들의 인물들은 중국어를 사용하지만, 수많은 방언이 있는 중국어의 과거의 실제 모습은 물론 아니다. 2000년 전 중국의 통일을 꿈꾸던 진시황을 살해하고자 하는 검객들의 전설적인 이야기를 화려한 화면에 담은 장예모 감독의 「영웅」(2002)에 나오는 언어도 그 옛날의 말은 아니다. 사실 이 영화는 말이 중요한 영화는 아니다. 쏟아지는 화살을 칼로 막아내고, 화려한 단풍을 가르며 꽃의 폭풍을 일으키며 하늘을 나는 장만옥과 장쯔이를 보면서 감탄하기 위해 그들 사이의 말을 이해할 필요는 없다.

중국 대륙에는 중국어를 사용하는 한족뿐 아니라 다른 언어를 사용하는 다른 민족도 살아 왔다. 장쯔이가 중국 공주로 나온 「무사」(2001)는 원나라 말기가 배경이며, 「비천무」(2000)도 중국 원나라 시대를 배경으로 한다. 「비천무」에는 고려인 검객 진하와 몽고인 설리의 이루어 질 수 없는 사랑이 그려져 있다. 원나라는 몽고족의 나라이며 그들의 언어는 중국어가 아닌 몽고어이다. 우리나라 사람들은 흔히 중국 한족에 비하여 몽고족이나 여진족을 상대적으로 비하시켜 왔지만, 기원적으로 따지면 우리나라 민족은 중국 한족이 아니라 몽고족이나 여진족에 가깝다. 역사비교언어학에서 밝혀 놓은 어족으로 보더라도 중국어는 티벳어, 베트남어 등과 같은 중국-티벳어족이며, 한국어는 몽고어, 만주어(여진어), 터키어 등과 함께 알타이어족에 속할 가능성이 많다. 성조(중국어는 성조가 있고, 한국어에는 성조가 없다), 어순(중국어는 주어-동사-목적어, 한국어는 주어-목적어-동사 순) 등 여러 가지 면에서 중국어와 한국어는 큰 차이를 나타낸다. 따라서 우리는 중국 한족의 시각에서 몽고족이나 만주족(여진족)을 오랑캐로 볼 것이 아니라, 중국을 지배했던 우리 사촌으로 생각해야 할 것이다(몽고족-원나라; 만주족-청나라).

중국어와 많은 접촉을 가진 다른 언어로 티벳어가 있다. 영화 「티벳에서의 7년」(Seven Years in Tibet, 1999)은 한 오스트리아 산악인이 2차 대전 당시 티벳에서 7년 간을 보내는 이야기가 서사적으로 전개되는 영화이다. 티벳의 라사에서 달라이 라마와의 우정을 키우던 그가 중국이 티벳을 침략한 후 그곳을 떠나가는 것이 영화의 끝 부분이다. 이 영화는 히말라야의 비경과 존 윌리암즈의 서정적이면서도 웅장한 음악을 배경으로 한 백인 산악인과 티벳인들 사이의 우정을 잔잔하게 그리고 있다. 그리고 평화로운 종교인들을 짓밟는 중국을 비판적으로 그린다. 티벳어는 중국어, 미얀마어 등과 함께 중국-티벳어족(Sino-Tibetan language family)에 속하므로, 언어적으로 중국과 티벳은 가까운 친척이다. 티벳의 중국 속국화 과정에서 백만 명 이상이 죽었다고 하니, 친척 사이라고 해서 살육이 없으라는 법은 없는가 보다.

4. 한국어의 기원

한반도에 사는 한민족의 기원과 한민족이 사용하는 한국어의 기원은 우리의 호기심을 불러일으키는 중요한 문제이다. 한국어의 기원에 관해서는 모든 사람이 수긍하는 하나의 이론은 없다. 과거의 기록이 별로 없는 상황에서 고대 언어의 모습을 자세히 알 수 없기 때문에, 단지 단편적인 역사 기록에 기초한 몇 가지 가설적 이론이 있을 뿐이다.

한국어의 기원에 관한 지금까지의 주류 이론은 한국어가 알타이어족에 속한다는 주장이다. 즉 아시아의 서쪽부터 동쪽에 이르는 지역에서 사용되는 투르크계 언어(터키어 등), 몽골계 언어(몽고어 등), 퉁구스계 언어(만주어 등)가 이루는 하나의 어족인 알타이 어족에 한국어가 속한다는 것이다. 이기문 교수의 「국어사개설」(1961) 이래 중요한 학설로 자리 잡은 우리말의 기원에 대한 추정은 다음과 같은 그림으로 요약할 수 있다.

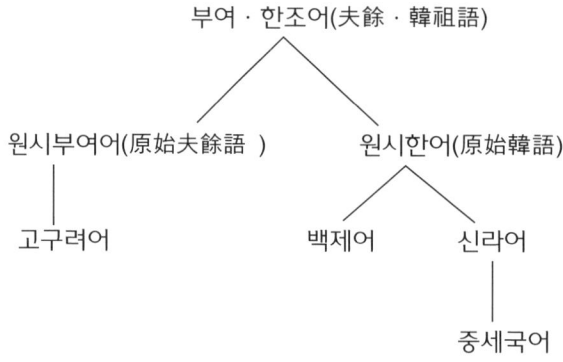

즉, 한반도와 주변지역의 언어들 중 고구려어는 알타이어 중 부여어 계통의 언어였고, 백제어와 신라어는 한어 계통의 언어였다. 삼국통일 후 신라어가 한반도의 언어로 정착되었고, 후에 고려 시대에는 중부지역에서 쓰이던 신라어의 지역방언이 중심 언어로서 지위를 획득하고 조선시대까지 이어져 중세국어를 형성하였다. 오늘날의 한국어가 중세국어의 연장선상에 있으니, 결국 현대 한국어는 신라어에 뿌리를 두고 있는 셈이다. 백제어와 신라어 혹은 이들 언어와 고구려어의 차이가 의사소통이 불가능한 언어적 차이였는지 혹은 의사소통이 가능한 방언적 차이였는지에 대한 학자들의 견해는 일치하지 않는다. 다만, 적어도 백제어와 신라어가 상대적으로 더 유사하였고 고구려어가 좀 더 달랐을 것이라는 추정에는 대개 동의한다. 또 한 가지 한반도의 고대 언어 상황을 복잡하게 한 것은 백제의 지배 계층이 고구려에서 온 사람들이라는 것이다. 그렇다면 백제 초기에 지배층은 고구려어를 사용하고 피지배층은 백제어를 사용했을 터인데, 이러한 상황이 백제가 멸망할 때까지 지속되었는지 불확실하다. 아울러 660년 신라가 백제를 무너뜨린 후 과거의 백제 지역의 상층어는 신라어, 기층어는 백제어인 상황에서 각 언어가 다른 언어에 미친 영향이 어느 정도였는지 알 수 없다.

고구려어를 신라어와 다른 계통으로 보는 것 자체를 배척하는 주장도 오늘날 북한의 학계를 중심으로 논의의 대상이 되고 있다. 즉, 한반도의 언어는 고대에서부터 계통적 차이가 있을 만큼 다르지 않았다는 것이다.

한편, 한국어의 기원을 알타이어가 아닌 다른 곳에서 찾으려는 시도도 지속적으로 이어져 왔다. 이것은 우리 민족의 남방기원설과도 관련이 있는데, 우리 민족의 일부가 북방의 대륙이 아닌 남쪽에서 왔다는 설이다. 쌀 재배의 문화 그리고 난생 설화는 남방 문화와 일치하는 부분이다. 단군이 곰에서 태어났다는 설화는 동물을 숭배하는 북방 문화의 단면을 보이지만, 김알지, 박혁거세, 김수로 왕이 알에서 태어났다는 설화는 남방 문화의 한 단면이다. 언어적으로도, 우리말과 폴리네시아어에서 몇 가지 유사한 단어가 발견되기도 한다. 그렇지만 이러한 단편적인 사실들이 우리말을 남방계 어족에 소속시킬 만큼 강력한 증거는 되지 못한다. 고대의 신화나 현대인의 유전적 형질을 고려할 때 고대 한반도에는 북방계 민족과 남방계 민족이 공존했을 가능성이 많고, 한국어의 형성에도 두 계통의 언어가 상호작용을 했을 것이라는 추측은 할 수 있다.

어떤 이론을 뒷받침할 만한 충분한 자료가 없는 상황에서 우리말의 기원에 관해서 확정적인 단언을 할 수는 없다. 현재 많은 계통론 학자들은 한국어가 알타이어라는 주장을, 다른 가설보다는 사실에 가까울 가능성이 더 많은, 하나의 가설로서만 인정하는 상황이다. 어느날 갑자기, 사해 서안의 쿰란동굴에서 한 소년이 성경의 사해사본(Dead Sea Scrolls)을 발견한 것처럼, 어떤 새로운 발견이 이루어지지 않는 이상, 아마도 한국어 기원에 관한, 누구도 이의를 제기하지 않는 확실한 답은 나오기 힘들 것이다.

영화 + 언어

영화 「황산벌」(2003)은 660년 백제와 신라의 결전을 화면에 전개하면서, 백제인들의 말로는 호남방언을, 신라인들의 말로는 영남방언을 들려준다. 백제인들의 호남방언 사용과 신라인들의 영남방언 사용이라는 아이디어는 고대의 백제와 신라의 언어가 달랐다는 사실에 기반을 두고 있다. 단, 오해가 없어야 할 것은, 언어는 변하게 마련이고, 과거의 언어는 오늘날의 언어와 다르다는 점이다. 1300년 이상을 거슬러 올라가지 않더라도 불과 500여 년 전인 15세기의 훈민정음 서문에 있는 '이런 젼ᄎᆞ로 어린 빅셩이 니르고져 훓 배 이셔도 …'라는 표현을 보면 과거의 언어와 현대의 언어가 많은 차이가 있다는 것을 알 수 있다. 따라서 삼국시대의 언어는 오늘날의 영호남 방언과 아주 달랐을 것이다. 또한 역사적으로 백제의 지배계급이 고구려 출신이므로 조정의 언어와 백제 군사의 언어가 달랐을 가능성도 있다. 이러한 불확실한 고대의 언어 상황을 영화에서 세밀하게 나타낼 수는 없을 것이다. 그래도 이 영화는 한반도의 고대의 언어와 우리말의 기원에 대하여 생각하게 해 준다는 점에서 가치가 있다.

5. 언어의 변화

　비교언어학이 주로 음성의 대응에 초점을 맞추어 언어의 음성 변화를 기술하는데 힘을 기울이지만 언어의 변화는 음성에서만 일어나는 것은 아니다. 시간이 지남에 따라 언어에서는 형태, 통사적인 변화, 어휘와 의미의 변화도 일어난다.
　앞에서 언급한 그림 법칙은 원시인구어로부터 게르만어들이 분화하여 가는 과정에서의 체계적인 음성 변화에 대한 기술이다. 음성 변화의 또 다른 유명한 예는 영어의 대모음 추이(The Great Vowel Shift)이다. 이것은 1400년부터 1600년 사이에, 중세영어의 장모음이 다음과 같은 변화를 겪어 현대영어가 성립된 과정을 말한다.

중세영어		현대영어	단어 예
[iː]	→	[aj]	mice
[eː]	→	[iː]	feet
[ɛː]	→	[eː]	break
[uː]	→	[aw]	mouse

[oː]	→	[uː]	food
[ɔː]	→	[oː]	broke
[aː]	→	[eː]	name

이러한 모음 추이를 다음과 같이 모음사각도 위에 표시하면 체계적인 음성의 변화 패턴을 명확히 볼 수 있다(장모음 표시 ':'를 생략하였다).

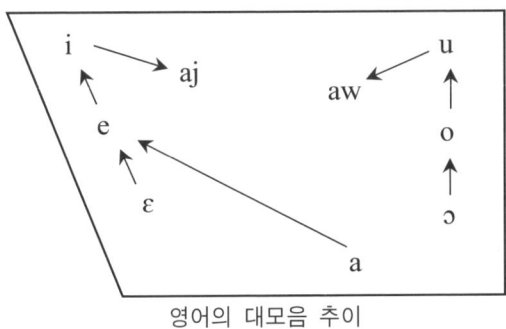

영어의 대모음 추이

현대영어의 철자법은 대모음 추이 이전에 정해진 것으로 대모음 추이 이전의 중세영어의 발음을 반영한다. 같은 모음의 반복이 장모음을 나타낸다는 일반적인 원리를 적용하여 중세영어는 [eː]를 'ee'로, [oː]를 'oo'로 적었다. 따라서 'feet'의 발음은 [feːt]이고, 'food'의 발음은 [foːd]였다. 그러나 대모음 추이 후 모음 후 소리가 변하였으나 철자는 유지되었기 때문에 'feet'의 발음이 [fiːt], 'food'의 발음이 [fuːd]가 된 것이다. 대모음 추이가 영어의 철자와 발음의 괴리 현상에 일조를 한 셈이다.

우리말에서도 고려시대의 전기중세국어에서 조선 초의 후기중세국어로 넘어오는 과정에서 모음 체계에 변동이 있었다고 한다. 또 한 가지 현대 국어의 관점에서 큰 변화는 중세국어까지 있던 성조의 소멸이다.

형태 변화는 굴절, 활용, 접사 등의 변화이다. 형태 변화는 통사변화에 영향을 미칠 수 있다. 고대영어는 현대의 다른 인구어들처럼 격, 수에 따라 관사, 형용사, 명사가 변화하는 전형적인 굴절어였다. 명사에 격이 표시되어 있어서 명사의 문법적 기능이 드러나므로 어순은 비교적 자유로웠다. 그러나 현대영어로 오면서 점차 굴절이 약화되어 지금은 명사의 격의 형태는 소유격만이 구별된다. (대명사의 경우는 'he, his, him'처럼 주격, 소유격, 목적격이 구별된다.) 명사의 형태만으로 문법적 기능이 드러나지 않으므로 현대영어에서는 어순이 엄격해졌다. 일반적으로 이러한 방식의 통사변화는 다른 종류의 변화에 비해서는 상대적으로 느리게 진행된다.

어휘와 의미변화도 시간이 지남에 따라 언어에서 자주 일어나는 현상이다. 훈민정음의 일부를 다시 살펴보자

> 이런 젼ᄎᆞ로 어린 百빅姓셩이 니르고져 홇 배 이셔도, ᄆᆞᄎᆞᆷ내 제 ᄠᅳ들 시러 펴디 몯홇 노미 하니라.

여기서 '젼ᄎᆞ'(이유, 까닭), '하다'(많다)는 오늘날 쓰이지 않는 단어들이고 '어린'(어리석은)은 오늘날 뜻이 변하였다. 단어의 뜻의 변화는 좋은 의미로의 변화와 나쁜 의미로의 변화가 있다. 영어의 'nice'는 원래 어원적으로 'ne'(not)과 'sci'(know)의 결합으로 무식하다는 뜻을 가지고 있었으나 오늘날은 좋은 의미를 가지게 되었다. 반대로 'silly'는 행복하다는 뜻을 가지고 있었으나  오늘날은 어리석다는 부정적인 뜻을 가지게 되었다. 뜻이 확장되거나 좁아지기도 하는데 'holiday'는 성스러운 날이라는 뜻에서 휴일이라는 뜻으로 확장되었고, 'meat'는 원래 음식물 일반을 뜻하는 단어였으나 오늘날은 의미가 축소되어 고기를 뜻하게 되었다.

단어에 어떤 좋은 혹은 나쁜 정서적 의미가 부가될 수도 있는데, 이것은 사회상을 반영한다. 요사이 '아줌마'라는 말은 "결혼한 여자를 예사롭게 부르는 말"인 '아주머니'의 낮춤말이라는 사전적 정의 이상으로 상당히 부정적인 이미지를 가지고 있다. "대한민국 아줌마는 ..."라고 말하는 것을 들을 때에는 외모부터 행동까지 온갖 부정적인 특성을 떠올리게 된다. 이러한 의미의 변화는 각박하고 변화무쌍한 현대 사회에서 생존하기 위해 씩씩하게 살아가는 여자들의 모습을 반영

한다.

영화 ✚ 언어

과거 시대를 다루는 많은 영화들에서 배우들이 사용하는 언어는 현대어이다. 혹은 약간 고풍스러운 표현을 사용한다. 예를 들어 우리나라의 사극에서 "전하, 통촉하시옵소서"라는 말을 들을 수 있는데, 이것은 오늘날 사용하는 표현이 아니다. 하지만 영화에 나타나는 현대어 혹은 약간의 고풍스러운 표현이 그 영화가 그리는 몇 백 년 이상을 거슬러 올라간 시대의 언어는 결코 아니다. 그 시대의 언어를 사용한다면 관객은 외국어와 마찬가지인 고대 언어를 전혀 이해하지 못할 것이다. 사실 고대의 언어의 모습에 대해서 알려진 것이 없는 상황에서 그렇게 할 수도 없다. 영화 「영웅」(2002) 속의 진시황이 현대 중국어를 말하지만, 관객은 당시의 말을 현대어로 번역한 것으로 알아듣고 영화를 본다. 「반지의 제왕」(The Lord of the Rings, 2001) 속의 인물들이 영어를 사용하지만, 실제 그들이 중간계 시대에 사용한 것은 현대영어가 아닌 웨스트론이었다.

한편, 한 영화에서 여러 개의 언어가 사용될 수 있다. 영화 「무사」(2001)에서 고려인들은 현대 한국어(즉, 실제 고려어가 아니다)를 사용하지만 중국인들은 현대 중국어(역시 당시 중국어가 아니다)를 사용한다. 당시의 고려어와 중국어가 다른 것을 현실감 있게 나타내기 위해서이다. 이런 문제와 관련하여 영화 「미이라 2」(The Mummy Returns, 2001)의 언어를 관찰해 보면 재미있는 사실이 발견된다.

이 영화에는 현대의 고고학자들, 기원전 18세기에서 환생한 이모텝과 아낙수나문, 그리고 기원전 30세기에서 환생한 스콜피온 킹이 나온다. 영화 속의 고고학자들은 영어를 사용한다. 그리고 무대가 이집트인만큼 현대 이집트인들이 나오는데 그들은 영어가 아닌 그들의 언어를 사용한다. 영화 중간에 이모텝, 스콜피온 킹, 현대의 이집트인들이 서로 말을 하는 장면이 나온다. 이들은 어떤 언어를 가지고 의사소통을 했을까?

기원전 50세기경부터 나일강 하류에서 생기기 시작한 이집트어의 계보는 다음과 같다.

고대 이집트어 (BC 3000–BC 2200)
중기 이집트어 (BC 2200–BC 1550)
후기 이집트어 (BC 1550–700)
데모틱 문자 시대 (BC 700–AD 400)
콥트어 (AD 2–17세기)–고대 이집트어의 계통을 따른 언어로서 그리스도교 콥트 교회 교도들이 16세기경까지 일상어로 사용하던 언어

17세기부터 현재까지 이집트에서는 아랍어가 사용되었다. 기원전 30세기의 스콜피

온 킹은 고대 이집트어를 사용했을 것이고, 기원전 18세기의 이모텝과 아낙수나문은 중기 이집트어를 사용했을 것이며, 현대 이집트인은 아랍어를 사용한다. 함어에 속하는 이집트어와 셈어에 속하는 아랍어는 완전히 다른 언어이고, 고대 이집트어와 중기 이집트어는 서로 의사소통이 불가능할 정도로 다를 것이다. 우리가 오백 년 전의 중세 국어를 제대로 이해하기 힘든 것과 마찬가지이다. 현대 이집트인과 이모텝과 스콜피온 킹의 언어는 상호 소통 불가능의 언어들임에도 불구하고 그들이 서로 말을 주고받는 것은 언어학자의 관점에서 보면 문제가 있는 상황 설정이다. 하지만 나는 영화 관람객으로서 화려한 화면을 보면서 굳이 이러한 문제의식을 가져야 할 의무감은 느끼지 않는다. 그저 언어는 변한다는 평범한 진리를 확인하고 넘어갈 뿐이다.

이 장에서는 여러 언어들이 하나의 조상 언어에서 갈려져 나오는 과정과 음성의 대응을 통한 친근관계의 확인 절차에 대하여 살펴보았다. 역사비교언어학을 성립하게 한 인구어족 및 세계의 여러 어족의 언어들을 알아보았고 아직 확실히 밝혀지지 않은 한국어의 기원에 관해서도 생각해 보았다. 그래서 영화 제목을 빌려 이 장을 마무리하자면 ... **"언어의 추억"**(「살인의 추억」).

더 읽을거리와 유용한 사이트

권재일 (2013). 『세계 언어의 이모저모』. 서울: 박이정.
김방한 (1998). 『언어와 역사』. 서울: 서울대 출판부.
김주원, 권재일, 고동호, 김윤신, 전순환 (2008). 『사라져 가는 알타이언어를 찾아서』, 개정판. 서울: 태학사.
이기문 (1972). 『개정 국어사개설』, (초판 1961). 서울: 탑출판사.
Comrie, Bernard (1989). *Language Universals and Linguistic Typology*, 2nd ed., Chicago: University of Chicago Press.
Fromkin, Victoria, Robert Rodman, and Nina M. Hyams (2007). *An Introduction to Language*, 8th edition, Boston: Tomson. [11장]

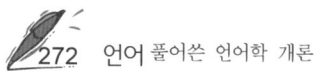

세계의 고대 문자(Ancient Scripts of the World) http://www.ancientscripts.com/
에스아이엘(SIL) http://www.sil.org

연습과 생각

1. 한국어와 영어가 음운적으로 대응하는지를 확인하기 위해, 수사, 신체어, 천체어를 비교해 보시오.
2. 유럽 지역의 언어들이 사용되는 국가의 위치를 지도상에서 확인하시오.
3. 인구어 이외의 어족들은 무엇인가? 그것들에 속하는 주요 언어가 사용되는 지역을 지도상에서 확인하시오.
4. 한국어와 영어를 대조하여 다른 점들을 몇 가지만 제시하시오.
5. 세계어로서의 한국어 위상에 대하여 생각해 보시오.
6. 에스아이엘(SIL) 사이트를 방문하고 간단하게 방문기를 작성하시오.

제10장
언어와 심리: 신경언어학과 심리언어학

1. 언어, 뇌, 정신

인간의 뇌가 언어 및 인지 능력과 관련이 있다는 사실은 고대로부터 인식되어 왔다. 3000년 전의 앗시리아와 바빌론의 설형문자 문서에도 사람의 뇌에 불이 들어가면 정신에 문제가 생긴다는 내용이 있다고 한다. 고대인들도 정신의 문제는 뇌에 그 원인이 있다는 것을 알았던 것이다. 꿈이나 환상과 같은 정신활동도 뇌(머리)와 관련된다는 것이 기원전 6세기에 씌어진 구약성경 다니엘 7장에 있는 다음과 같은 표현들에 나타나 있다.

> 나 다니엘이 중심에 근심하며 내 뇌 속에 이상이 나로 번민케 한지라 (개역 한글성경, 1961)
> I Daniel was grieved in my spirit in the midst of my body, and the visions of my head troubled me. (King James Version, 1611)

인간 정신 활동의 중심인 언어의 처리가 뇌에서 일어나므로, 뇌를 직접 관찰하고 연구함으로써 언어 처리의 메커니즘을 밝히려고 하는 분야가 신경언어학(neurolinguistics)이다. 반면에 뇌와 신경을 직접 관찰 대상으로 삼지 않고, 언어 처리의 메커니즘을 행동과 기능적 측면에서 연구하는 것이 심리언어학(psycholinguistics)이다. 심리언어학을 인간의 언어 처리에 관한 모든 것을 연구하는 분야로 넓게 규정한다면, 신경언어학을 심리언어학의 일부로 간주할 수도 있다.

인간의 언어 활동의 기반이 뇌이므로 뇌에 관한 기본 사실을 먼저 대략적으로 파악한 다음 논의를 진행하자. 뇌는 100억 개의 신경세포(뉴론, neuron)와 그것들을 연결하는 수십억 개의 섬유세포(fiber)로 이루어진 기관이다. 뇌의 표면은 회색이고 여기에 신경세포가 있다. 뇌의 표면 밑에 있는 흰색의 부분이 섬유세포가 있는 곳이다. 언어 지식을 표상하는 부분은 뇌의 표면인 회색질 부분에 있다. 뇌는 두 개의 반구체로 구성되어 있으며, 이 두 개의 반구는 뇌량(corpus collosum)으로 연결되어 있다. 좌반구는 신체의 오른쪽 기관을, 우반구는 신체의 왼쪽 기관의 감각과 운동을 관장한다. 뇌를 위에서 보았을 때 두 개의 반구가 분리되어 있음을 잘 볼 수 있다.

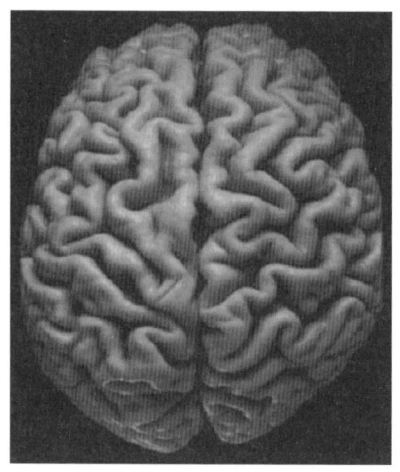

뇌를 위에서 본 모양

뇌 표면의 각 지역은 신체의 어떤 부분의 지각과 운동을 관장한다. 예를 들어, 안면 근육의 운동과 관련되는 부분과 시각적 자극을 처리하는 부분이 다르다. 언어도 뇌의 일정한 부분에서 담당한다.

언어를 뇌의 일정 부분에서 담당한다는 사실을 보여주는 한 가지 예가 윌리엄스 증후군이라는 장애가 있는 사람의 경우이다. 윌리엄스증후군 환자는 심장질환과 함께 정신지체를 가지고 있어 IQ가 정상인에 비해 낮다. 읽고 쓰는 것이 힘들고 간단한 수학 문제도 풀지 못하는데, 언어는 유창하게 구사하여 외국어를 잘할 수도 있다. 이것은 일반적인 추론이나 수학 능력을 담당하는 뇌의 부분과는 별도로 언어 능력을 담당하는 뇌의 부분이 있다는 것을 시사한다.

이제 구체적으로 뇌의 어떤 부분이 언어를 담당하는지 알아보자.

영화 ✚ 언어

영화 「레퀴엠」(Requiem for a Dream, 2000)은 마약이 인간을 파괴하는 모습을 생생하게 그리며 그것을 느끼게 해 준다. 영화는 사람이 마약을 흡입하는 순간 두뇌의 신경이 마비되어 환각 상태에 빠지는 과정을 인상적인 화면으로 보여 준다. 복잡한 신경망을 통해 마약의 효과가 빠르게 전달되는 모습이 그래픽을 통해 전개되는 동안 우리는 마약 사용자의 두뇌가 마비되어 가고 있음을 시각적으로 느끼게 된다. 두뇌의 마비는 느릿하고 의미 없는 언어로 이어지고, 종국에는 언어도 없고 의식도 없는 상태에 이르게 된다. 「트래픽」(Traffic, 2000) 등 마약이 나오는 대개의 영화가 마약 사용자의 외적 변화만을 보여 주어 관객은 관찰자의 역할밖에 할 수 없는데 비하여, 「레퀴엠」은 관객을 마약 사용자의 두뇌 속으로 들어가게 해 주고, 또 순간적인 화면의 명멸을 통하여 마약 사용자가 느끼는 환각을 일부 느끼게 해 준다.

2. 실어증

뇌 손상과 실어증

뇌의 언어 중추에 관한 최초의 발견은 1861년 브로카(P. Broca)에 의해 이루어졌다. 그는 왼쪽 뇌의 앞쪽에 손상을 입은 환자가 말을 할 때 장애를 가지는 것에 주목하여, 왼쪽 뇌의 앞부분을 언어 중추로 추정하였다. 브로카의 이름을 따서 뇌의 이 부분을 브로카 지역(Broca's area)라고 하고, 이 지역의 손상 때문에 말할 때 장애를 가지는 병(실어증 aphasia)을 브로카 실어증이라고 부른다.

약 10년 뒤인 1873년 베르니케(C. Wernicke)는 왼쪽 뇌의 뒷부분을 다친 환자가 브로카 실어증 환자와는 다른 종류의 언어 장애를 가짐을 발견하였다. 이 환자들은 브로카 실어증 환자들과는 달리 겉으로는 유창하게 말을 하는 듯이 보인다. 하지만 어휘 선정에 문제가 있고, 언어를 이해하는 데에도 어려움을 보인다. 이러한 환자들을 베르니케 실어증 환자라고 하며, 베르니케 실어증과 관련된, 왼쪽 뇌의 뒷부분을 베르니케 지역이라고 한다.

왼쪽 뇌의 브로카 지역과 베르니케 지역의 위치는 그림과 같다. 이 그림의 왼쪽이 앞(이마 부문)이고 오른쪽이 뒤이다.

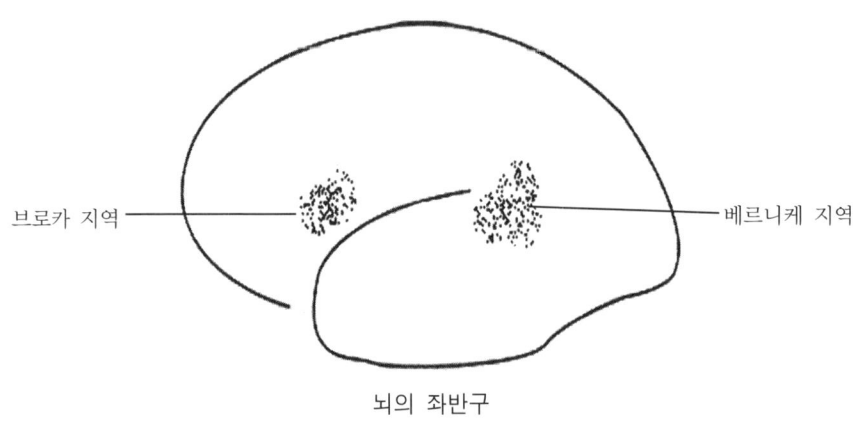

뇌의 좌반구

브로카와 베르니케의 발견은 뇌의 좌우 두 개의 반구가 같은 일을 하는 것이 아니라는 것을 드러냈다. 이후 계속된 실어증 연구로 밝혀진 사실은 다음과 같다. 오른손잡이의 경우는 대부분 왼쪽 뇌에 언어 중추가 있지만, 왼손잡이의 삼분의 일 가량은 오른쪽 뇌에 언어 중추가 있다. 왼손잡이가 오른손잡이에 비해 많지 않고, 또 왼손잡이들 중에도 왼쪽 뇌에 언어 중추가 있는 사람이 두 배로 많으므로, 대부분의 사람들의 언어 중추는 왼쪽 뇌이다.

일반적으로 언어의 손상 즉 실어증은 전반적인 인지 능력의 손상에 기인하는 것은 아니다. 실어증과 인지 능력의 손상이 같이 나타나는 경우도 있지만, 이 두 가지가 독립적으로 나타나는 경우도 많이 있다. 또한 언어의 소리를 내는 능력의 상실이 실어증과 직접 관련되지도 않는다. 수화를 사용하는 사람들의 경우에도 언어중추에 손상을 받으면 실어증 증상이 나타난다.

이제 앞에서 간략히 언급하였던 브로카 실어증과 베르니케 실어증을 포함하여 여러 가지 언어 장애에 대하여 알아보자.

실어증과 기타 언어 장애

브로카 실어증 환자는 무엇보다도 말을 할 때 어려움을 겪는다. 말하는 자체가 어려운 동시에, 어렵게 말을 하더라도 명사와 같은 실질어만을 단편적으로 말하고, 문장을 구성하는데 필요한 문법적 요소를 말하지 못한다. 문법적 요소란 영어의 경우 관사, 전치사 등을 말하고, 우리말의 경우 격조사 같은 것을 말한다. 문법적 요소를 말하지 못한다는 뜻으로 이러한 증상을 문법상실증(agrammatism)이라고 한다. 문법상실증을 보이는 외국인 브로카 환자의 다음 발화가 그 특징을 잘 보여준다(밀러 1998).

> "Yes – ah – Monday ah – Dad – and Dad – ah – Hospital – and ah – Wednesday – Wednesday – nine o'clock and ah Thursday – ten o'clock ah doctors – two – two – ah doctors – ah – teeth – yah. ..."

브로카 실어증 환자들의 문법상실증은 발화에서뿐 아니라 언어의 이해에서도 나타난다. 환자들은 다음의 (ㄱ)은 제대로 이해하지만 (ㄴ)은 잘 이해하지 못한다.

> (ㄱ) The ball was kicked by the boy.
> (ㄴ) The girl was kicked by the boy.

(ㄱ) 문장의 문법적 구조를 이해하지 못하더라도, 사람이 공을 찬다는 의미는 쉽게 파악된다. 공이 사람을 찰 수 없기 때문이다. 반면에 (ㄴ) 문장의 의미는 문장 구조를 이해해야 제대로 파악할 수 있다. 브로카 실어증 환자는 문법적 이해를 필요로 하는 (ㄴ) 문장을 제대로 이해하지 못한다.

베르니케 실어증 환자들의 말은 겉으로는 아주 유창한 것 같이 보인다. 다음과 같은 외국인 환자의 말을 살펴보자(밀러 1998).

> "I felt worse because I can no longer keep in mind from the mind of the minds to keep me from mind and up to the car which can be to find among ourselves."

　부분 부분 영어 표현이 별 문제가 없어 보이지만 전체적으로는 어떤 뜻을 전달하는 영어 문장이 아니다. 말을 유창하게 하는 것 같지만 필요한 단어를 찾아내지 못할 경우가 많다. 또한 실제로 존재하지 않고 자기만이 어떤 의미를 부여하는 형식을 말하는 경우도 있다.

　어떻게 보면 베르니케 실어증 환자의 말은 조리가 없이 말을 이러쿵저러쿵 하는 횡설수설로 들리기도 한다. 이와 관련하여, 미국의 럼스펠드 국방장관이 다음과 같은 말을 해서 영국의 민간단체 "영어 바로쓰기 운동"이 선정한 2003년의 횡설수설(Foot in Mouth) 상 수상자로 선정됐다는 보도가 있었다.

> "There are known knowns. There are things we know we know. We also know there are known unknowns. But there are also unknown unknowns – the ones we don't know we don't know."

　이 난삽한 말이 베르니케 실어증 환자의 말과 다른 점은, 비록 횡설수설처럼 보이지만 잘 따져 보면 그런 대로 문법적이고 의미를 짐작할 수 있다는 것이다. 신문 보도대로 이 말을 다음과 같이 의역할 수도 있겠다. "세상에는 주지의 사실임을 우리가 아는 것들이 있다. 우리가 알고 있음을 아는 경우다. 또 미지의 사실임을 우리가 알고 있는 경우도 있다. 그런데 미지의 사실임조차도 모르는 일도 있다. 모른다는 사실을 모르는 경우이다." 럼즈펠드 장관의 독특한 언어 구사법을 추종하는 팬클럽도 적지 않았다고 하니, 표면적인 유사성에도 불구하고, 그의 말이 베르니케 실어증 화자의 말과 다르기는 다르고 따라서 그는 베르니케 실어증 환자가 아니다.

　실어증 이외에도 다른 종류의 언어 장애가 있다. 심한 말더듬은 언어 장애의 일종이다. 2002년 독일의 바일러 박사는 의학 전문지에 발표한 논문에서 말더듬 환자 15명과 정상인 15명을 대상으로 뇌 조직 구조를 자기공명영상(MRI)으로 관찰한 결과를 발표하였다. 그는 말더듬은, 뇌 좌반구 조직의 구조 결함으로 언어를 관장하는 뇌 부위들 간의 신경 연결에 끊김이 발생하기 때문이라는 것을 밝혀냈다고 주장했다. 말더듬 환자는 언어의 기획을 관장하는 조직과 발음을 관장하는 조직을 서로 연결하는 섬유로에 결함이 있다는 것이다. 이 섬유로에 결함이 있으면 언어를 관장하는 뇌 조직 간의 신호 전달에 끊김이 발생해 말이 물 흐르듯 이어지지 못하게 된다.

어느 정도 말을 더듬는 것은 누구에게나 있을 수 있는 일이다. 병으로서의 심한 말더듬은 치료가 필요하지만 대부분은 살아가는데 별 문제가 없는 정도이다. 칭찬을 주제로 한 어떤 책의 표지에 나와 있던 말이 생각난다. 전 GE 사장 잭 웰치는 어린 시절 말을 많이 더듬어서 놀림감이 되곤 했는데, 그의 어머니는 "네가 말을 더듬는 것은 생각의 속도가 너무 빨라서 입이 그 속도를 따라주지 못하기 때문이란다. 걱정 말아라. 너는 커서 큰 인물이 될 것이다."라고 하면서 늘 격려해 주었다고 한다. 칭찬의 중요성을 느끼게 해 주는 일화이다.

난독증(dyslexia)도 중요한 언어 장애이다. 언어를 구사하고 이해하는 데에 문제가 없지만, 글을 읽는데 장애를 가지는 경우이다. 난독증은 뇌 전체의 정신적 문제가 아니라 읽기와 관련된 왼쪽 뇌의 신경 연결회로가 다른 사람들과 다르게 구성되어 일어나는 현상이다. 난독증은 방치하면 안 되고 치료해야 하는 문제이지만, 정신적 능력과는 상관이 없다. 오히려 난독증 때문에 오는 어려움을 이기기 위해 집중력과 끈기를 단련하여 나중에 훌륭하게 된 사람들이 많이 있다. 발명왕 에디슨, 인기 영화배우 톰 크루즈, 100여 권의 추리소설을 쓴 아가타 크리스티는 난독증을 가지고 태어난 사람들이라고 한다.

영화 ✚ 언어

영화 「레인맨」(Rain Man, 1988)은 두 형제의 이야기이다. 자폐증을 가진 형(더스틴 호프만)과 정상인인 동생(톰 크루즈)이 함께 여행을 하면서 서로에 대한 애정을 확인해 가는 과정이 감동적으로 진행된다. 자폐증 환자인 형은 비정상적인 생각과 행동을 하고, 말을 하는 데에도 완전히 정상적은 아니지만, 실어증과는 거리가 있다. 그러나 그는 계산하고 암기하는 데에는 놀라운 능력을 발휘한다. 소위 자폐성 석학(autistic savant)이다.

뇌의 문제로 인하여 말을 하는데 어려움이 있지만, 언어 능력의 상실인 실어증은 아닌 경우가 뇌성마비이다. 영화 「오아시스」(2002)에서 뇌성마비로 고통 받는 여자가 말을 하는 데 어려움을 느끼지만, 그것은 몸을 움직이는 것이 힘든 것처럼 소리를 내기가 힘들기 때문이다. 실어증에서 나타나는 언어 능력 손상이 아니다.

언어 능력이 다른 정신적인 문제와 독립적임을 수많은 사이코 영화들이 보여준다. 히치콕 감독의 「사이코」(Psycho, 1960)는 그런 종류의 영화의 고전이다. 영화 처음에 제목과 배우, 감독의 이름이 나오는 부분에서 철창 모양의 화면 제시에서부터, 베이츠 모텔의 음산한 집, 그리고 그 유명한 샤워 중의 살인 장면의 칼을 휘두르는 광경과 날카로운 효과음이 기억에 남는 영화이다. 영화 속의 정신분열증 환자는 언어의 면에서는 완전히 정상이다. 정신병이 뇌의 어떤 부분의 문제에 기인한다고 볼 때, 언어 중추가 손상되지 않은 정신병자가 있는 것이 당연하다.

3. 뇌 연구 방법

실험

언어의 신경학적 기반을 이해하기 위해 뇌를 연구하는 방법은 실어증 환자의 뇌의 손상을 관찰하는 것 이외에도 다양한 방법이 있다. 그중 하나는 양반구가 분리된 특수한 환자에 대한 연구이다. 보통 사람의 뇌는 두 개의 반구가 뇌량이라는 신경의 다발로 연결되어 있다. 심한 간질의 치료를 위해 뇌량을 절단하는 특수한 경우가 있다. 이러한 양반구 분리 환자에게 다음과 같은 언어 실험을 하였다. 환자의 눈을 가리고 왼쪽 손에는 사과를, 오른쪽 손에는 바나나를 쥐어 주었다. 그리고 손에 든 물건이 무엇인지를 물어보았을 때, 환자는 오른손에 있는 물건이 "바나나"라고 올바르게 말할 수 있었지만, 왼손에 있는 물건을 "사과"라고 말할 수 없었다. 이러한 실험 결과는 언어 중추가 왼쪽 뇌에 있다는 것을 뒷받침해 준다. 오른쪽 손의 물건에 대한 느낌이 왼쪽 뇌로 전달되어 그것이 바나나임을 파악하고, 왼쪽 뇌의 언어 중추에서는 이것을 단어로 소리 내어 말할 수 있게 해 준다. 그러나 왼손의 물건에 대한 느낌이 오른쪽 뇌로 전달되어 그것이 사과임을 알더라도, 언어 중추가 없는 오른쪽 뇌는 그것을 단어로 소리 내어 말할 수 있게 해 주지 못한다. 보통 사람들은 오른쪽 뇌로 들어온 정보가 뇌량을 통하여 왼쪽 뇌로 전달되기 때문에 왼손에 든 물건의 이름도 쉽게 말할 수 있지만, 뇌량이 절단된 환자의 경우 그러한 정보 전달이 불가능하기 때문에 오른쪽 뇌의 정보가 왼쪽 뇌로 갈 수 없고, 따라서 왼손에 든 물건의 이름을 언어로 표현할 수 없다.

일반적으로 왼쪽 뇌는 언어 기능 이외에 박자의 지각, 시간적 순서 인식, 수학적 사고를 담당하고, 오른쪽 뇌는 패턴 매칭, 사람 얼굴의 인식, 공간적 지각의 기능을 담당한다.

실어증이나 양반구 분리 환자와 같은 환자를 대상으로 하지 않고 정상인을 대상으로 언어와 뇌의 관계를 연구할 수도 있다. 피험자의 양쪽 귀에 다른 소리를 들려주고 들은 소리에 관해 질문하는 실험(dichotic listening)이 있다. 들려주는 소리가 언어일 경우 오른쪽 귀로 들려준 소리가 더 잘 인식된다. 예를 들어 왼쪽 귀에는 'boy'를, 오른쪽 귀에는 'girl'을 들려주고 들은 단어에 대해 조사하면 피험자는 'girl'을 더 잘 인식한다. 오른쪽 귀로 들어온 언어 정보가 왼쪽 뇌로 전달됨을 고려할 때 왼쪽 뇌가 언어를 담당함을 뒷받침하는 실험 결과이다. 양쪽 귀로 들려주는 소리가 기침 소리와 웃음소리 같은 비언어적 자극일 때는 반대로 왼쪽 귀로 들려 준 소리를 더 잘 인식한다.

영상기기: CT, MRI, PET

현대의 의료기기의 발전은 뇌를 직접 시각적으로 관찰하는 것을 가능하게 만들었다. 그것은 CT(computerized tomography), MRI(magnetic resonance imaging), PET(positron emission tomogrpahy)의 기술이다. CT(방사선 단층촬영)는 방사선을 이용하여, 그리고 MRI(자기공명영상)은 자기장을 이용하여 뇌 조직의 영상을 얻는 기술이다. 이러한 기술을 이용하면 뇌의 단면을 일정한 간격으로 관찰할 수 있다. 이러한 영상은 실어증 환자의 뇌 손상 부위를 정확히 관찰할 수 있게 해 준다. 뇌의 활성화 부위를 파악하기 위하여 혈류량에 민감한 MRI 영상을 얻는 기법을 특별히 fMRI(functional MRI)라고 한다. fMRI는 언어를 처리할 때 활성화되는 뇌의 부위 즉 언어처리와 관련된 뇌의 부위를 직접 보여준다.

PET(양전자 방출 단층 촬영)은 인체에 무해한 방사성 동위원소를 신체에 주입하여 혈류량을 측정하는 방법이다. 뇌에서의 혈류의 속도는 부위마다 다르므로 우선 기본적인 혈류량을 반영하는 영상을 얻는다. 다음 어떤 언어 과제를 수행하게 하면서 그 때의 혈류량의 영상을 얻는다. 두 영상의 차이가 나는 곳이 바로 언어 수행에 관계하는 뇌의 부분이다.

fMRI를 이용하여 외국어 습득과 뇌 메커니즘의 관련성을 포착한 재미있는 연구가 있다. 고려대 남기춘 교수는 한국어와 영어를 유창하게 하는 두 사람을 놓고 실험을 했다. 한 사람은 어려서 영어를 사용하는 나라에서 자라면서 마치 모국어를 배우듯 영어를 익힌 사람이고, 다른 사람은 한국에서 자란 뒤 영어를 배운 사람이다. 이 두 사람이 영어와 한국어를 할 때의 fMRI를 찍어서 뇌의 어느 부분이 활성화되는지 알아보았다.

그 결과는 외국에서 자란 사람은 한국어든 영어든 활성화 부위가 거의 같았는데, 한국에서 자란 사람은 영어를 할 때 활성화되는 부위들이 훨씬 더 많았고, 특히 한국어를 말할 때에는 별로 쓰이지 않는 오른쪽 뇌의 활동이 활발했다. 다음은 남 교수의 실험에서 나온, 뇌 활동 영상이다. 검게 보이는 부분이 활성화된 부분이다.

영어권 국가서 자란 사람의 뇌 활동   한국에서 영어를 배운 사람의 뇌 활동

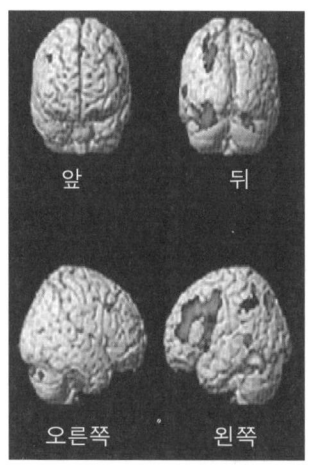 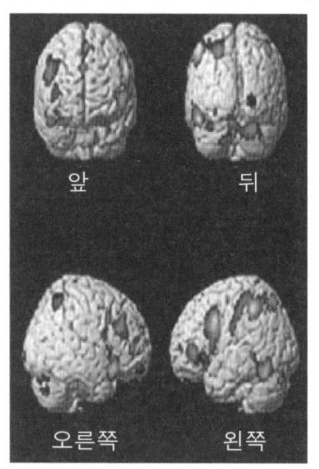

영어를 할 때의 뇌의 활성화 부위

이러한 실험 결과는 모국어를 배우는 메커니즘과 외국어를 배우는 메커니즘이 다르다는 것을 암시한다. 나이가 들어서 외국어를 배울 때에는, 자기가 이미 습득한 모국어를 바탕으로 학습을 하는 것이며, 이 때 뇌의 언어 중추(왼쪽 뇌)뿐 아니라 일반적인 학습과 관련된 부분(주로 오른쪽 뇌)이 활동하게 된다.

fMRI를 이용하여 언어와 두뇌의 관계를 연구한 외국의 연구는 남자와 여자의 차이를 보여 주기도 한다. 언어 작용을 할 때 활성화 부위를 보면, 남자는 왼쪽 뇌만 쓰는 것으로 나타나지만 여자는 왼쪽 뇌뿐 아니라 오른쪽 뇌도 사용하는 것으로 나타난다. 이것은 양쪽 뇌를 연결해 주는 뇌량이 남성보다 여성이 더 발달한 것과 관련이 있다. 이런 이유로 여성의 언어 능력이 남성보다 뛰어나다고 과학자들은 주장한다. 두뇌 간의 활발한 정보 교류의 면에서 여성이 뛰어나다면 과학적인 판단력과 추리력에서도 여성이 앞설 가능성이 있다. 그렇다면 흔히 여성의 두뇌는 감성적인 정보를 잘 처리하고 남성의 두뇌는 이성과 판단력이 앞서서 과학기술 연구에 남성이 더 적합하다고 하는 주장은 설득력을 잃게 될 것이다. 계속 연구가 필요한 부분이다.

영화 + 언어

오늘날 인간의 뇌를 보기 위해 CT, MRI, PET 등 첨단 장비를 사용한다. 감마나이프라는 장비를 사용하면 피를 흘리지 않고 뇌수술을 할 수도 있다. 그러나 어떤 영화 속에는 가장 원시적인 방법으로 인간의 뇌를 보는 엽기적인 등장인물이 있다. 「양들의 침묵」(The Silence of the Lambs, 1991)에서 FBI 요원과 치열한 두뇌 게임을 벌였던 살인마 한니발 렉터 박사는 10년 후 「한니발」(Hannibal, 2001)에서 더욱 엽기적인 모습으로 화면에 나타난다. 그가 행한 모든 잔인하고 엽기적인 행위 중에서도 어떤 사람의 뇌를 잘라 그에게 먹이는 장면은 상상을 넘어서는 끔찍함이다. CT, MRI 등 뇌를 보여 주는 첨단 장비들은 뇌의 그림자만을 보여 주는, 렉터 박사에게는 흥미를 끌지 못하는 장난감에 불과할 것이다. 한편, '엽기적인 렉터 박사'를 「엽기적인 그녀」(2001)의 그녀와 비교해 보면 둘 다 엽기적임에도 불구하고 비슷한 점은 별로 없다. 그녀가 살아있는 사람의 뇌를 직접 보고 싶어 하지는 않을 것이다.

4. 언어의 처리

심리언어학의 연구에서는 뇌를 직접적으로 관찰하지 않는 경우가 많다. 인간의 언어 처리 과정을 관찰과 실험을 통하여 기능적으로 밝히는 것이 심리언어학의 목적이다. 언어 처리가 상대방의 말을 이해하고 자기의 생각을 말로 표현하는 것이므로, 언어심리학은 이해(comprehension)와 산출(production)의 관점에서 연구되어 왔다.

이해의 관점에서 보자면, 화자가 어떤 문장의 발화를 할 때, 청자는 음성을 듣고 그것을 언어의 소리로 파악한 다음, 단어를 인식한다. 이때 뇌 속에 있는 어휘에 대한 기억, 즉 머릿속 사전(mental lexicon)을 참조하게 된다. 단어의 인식은 단어의 의미와 문법적 특성에 대한 정보를 찾는 것을 포함한다. 단어의 인식 후에는 단어들의 연속체를 적절한 통사적 구조로 분석해야 한다. 결국 청자는 단어의 의미와 통사적 구조를 바탕으로 문장의 의미를 파악하게 된다. 발화는 그 반대로 화자가 전달하고자 하는 어떤 생각을 표현하기 위해 머릿속 사전을 참조하여 적절한 단어를 골라서, 적절한 문장의 구조로 만들고, 그것을 음운론적 지식을 바탕으로 적절한 소리로 만드는 과정이다.

이상의 대략적인 이해와 산출의 과정 하나하나를 세밀하게 실험적으로 탐구하는 것이 심리언어학의 과제이다. 이해의 경우 음성인식과 관련된 많은 연구가 있고, 단어 처리와 관련된 연구도 많이 있다. 후자에 대해 좀 더 알아보자.

인간의 언어 처리에서 단어는 특별한 위치를 차지한다. 문자를 지각하고 인식하는 과제에서, 문자들로 어떤 단어들을 구성하여 제시할 경우에, 문자들을 아무렇게나 제시할 경우보다, 문자의 지각과 인식이 더 수월하다. 예를 들어 다음 두 경우에 (ㄱ)과 같이 제시하는 것이 (ㄴ)과 같이 제시하는 것보다 인식률이 더 높다(밀러 1998).

(ㄱ) FOG HAT NEW
(ㄴ) FONHGTAEW

이렇게 지각 작용이 단어일 경우 더욱 활성화되는 현상을 단어우선 효과(word superiority effect)라고 한다.

단어들 중에서도 어떤 것들은 다른 것들보다 빨리 인식된다. 어떤 단어를 많이 접할수록 더욱 친숙해 지고, 더 빨리 인식된다. 이러한 현상을 친숙성 효과(familiarity effect)라고 한다. 친숙성은 단어의 사용 빈도와 관련된다. 많이 사용되는 단어일수록 더욱 잘 그리고 빨리 인식된다.

지금까지 실시된 몇 차례의 우리말 사용 빈도의 조사 중 최근의 것으로 김흥규·강범모(2000)와 강범모·김흥규(2004, 2009)가 있다. 전자는 150만 어절의 형태분석 코퍼스에 기반을 둔 것인데, 여기에 나타난 우리말의 고빈도 단어들은 다음과 같다.

순위	일반명사	동사	형용사	부사	감탄사
1	사람	하다	없다	더	참
2	때	있다	그렇다	다시	그래
3	일	되다	같다	안	아
4	말	보다	어떻다	잘	뭐
5	사회	대하다	이렇다	가장	자
6	속	위하다	다르다	함께	아니
7	문제	말하다	크다	바로	예
8	문화	가다	많다	모두	응
9	집	받다	좋다	없이	글쎄
10	경우	보이다	이러하다	다	아아

우리말의 고빈도 사용 단어 (김흥규·강범모 2000)

강범모·김흥규(2004, 2009)는 각각 550만 어절과 1500만 어절의 형태의미분석 코퍼스에 기초한 것이다. 이것은 형태소 및 단어의 어휘적 중의성을 제거한 자료이다. 강범모·김흥규(2009)의 고빈도 단어를 제시하면 다음과 같다(단어 뒤 숫자는 의미 번호).

순위	일반명사	동사	형용사	부사	감탄사
1	사람	하다	없다	또	아니
2	때01	있다	같다	더	그래
3	말01	되다01	그렇다	다시	아
4	일01	보다01	크다	안	뭐
5	문제06	대하다02	많다	잘	네
6	속01	위하다01	좋다	함께	응
7	사회07	말하다	어떻다	가장	자
8	집01	가다	이렇다	다	야
9	경우03	받다01	이러하다	없이	예
10	자신01	알다	새롭다	바로	글쎄

우리말의 고빈도 사용 단어 (강범모·김흥규 2009)

단어우선 효과나 친숙성 효과가 개별 단어의 처리와 관련된 것이라면, 촉발효과(priming effect)는 단어들 사이의 연관성과 머릿속 사전의 관계를 보여준다. 촉발효과는 친숙성 효과와 마찬가지로 어휘결정과제(lexical decision task)를 통하여 드러난다. 어휘결정과제란 컴퓨터 화면에 글자의 연속체를 보여주고 그것이 단어인지 아닌지를 피험자가 결정하게 하는 실험이다. 촉발효과는 어휘결정과제의 대상이 되는 단어 앞에 다른 단어를 먼저 보여 주고 그것이 반응 시간에 어떤 영향을 주는지를 관찰할 때 나타날 수 있다. 즉, 전혀 관련이 없는 단어를 미리 보았을 때에는 실험 단어의 어휘결정과제에 영향을 미치지 않지만, 관련된 단어를 미리 보았을 때에는 실험 단어의 어휘결정과제에서 반응 시간이 빨라지는 촉발효과가 나타난다. 예를 들어, 다음과 같은 방식으로 실험을 한다고 하자.

(ㄱ) NURSE > DOCTOR
(ㄴ) UNCLE > DOCTOR

피험자에게 'NURSE'를 먼저 보여주고 그 다음 보여 주는 'DOCTOR'에 대해서 어휘결정과제를 수행하게 하거나(ㄱ), 혹은 피험자에게 'UNCLE'을 먼저 보여주고 그 다음 'DOCTOR'에 대하여 어휘결정과제를 수행하게 한다(ㄴ). 그러면 단어들 사이의 의미적 연관성이 있는 (ㄱ)의 경우에만 촉발효과가 나타난다. 이러한 실험 결과는 머릿속 사전이 의미를 중심으로 구성되어 있다는 것을 암시한다.

  이해의 과정에 대한 연구에 비해 산출의 과정에 대한 연구는 좀 더 어렵다. 실험적 환경을 만들기가 힘들기 때문이다. 자발적인 발화에서 나타나는 오류의 관찰과 분석이 주요 연구 방법이다. 원래 의도한 음성의 위치를 실수로 서로 바꾸는 스푸너리즘(Spoonerism)은 음소 단위의 심리적 실재를 보인다. 이 현상의 이름은 20세기 초 영국의 학자 스푸너(Spooner)가 이러한 종류의 발화 실수를 많이 했다는 일화에 기인한다. 스푸너리즘을 비롯한 발화 실수의 예는 다음과 같다.

	실제 발화	의도한 발화
(ㄱ)	hiss a mystery class	miss a history class
(ㄴ)	preach seduction	speech production
(ㄷ)	Covin Kestner	Kevin Costner
(ㄹ)	변제의 귀신	변신의 귀재
(ㅁ)	사이더스의 '쌀인의 추억'	싸이더스의 '살인의 추억'

앞의 말소리 [싸]의 영향을 받아 '살인'이 아닌 '쌀인'으로 발음된 (ㄹ)은 2003년의 영화상 시상식에서 작품상 발표에서 나온 발화이다. 이러한 예들은 분절음(음소)의 심리적 존재를 뒷받침한다.

  이상에서 언어의 이해와 산출 과정에 관한 연구의 극히 단편적인 한두 가지 사실을 언급하였다. 언어 처리의 심리적 기제에 관한 포괄적인 이해를 위해서는 언어심리학 서적을 참조해야 할 것이다. 언어심리학에서 다루는 내용이 어떤 것인지를 개괄적으로 조망하기 위해 조명한·이정모 외(2003)의 각 장의 제목을 제시하면 다음과 같다.

> 조명한·이정모 외 지음 「언어심리학」의 목차
> 말소리의 산출과 지각

표기 처리 과정
형태소 처리 과정
어휘 의미의 처리
통사 처리 과정
문장의 의미적인 처리
텍스트의 이해와 기억
기억기반의 담화 이해와 추리의 문제
텍스트를 통한 학습
언어 산출
언어와 사고
언어, 뇌, 진화
언어 습득과 언어 발달

    소리, 표기, 형태소, 통사, 어휘 의미와 문장 의미, 텍스트 처리 등 이해의 과정이 많은 부분을 차지함을 알 수 있다. 마지막에 나와 있는 언어 습득과 언어 발달 문제를 이제 다음 절에서 다루고자 한다.

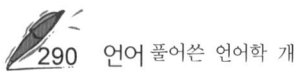

    「메멘토」(Memento, 2000)는 독특한 소재와 사건 제시 방법으로 기록과 사실의 문제에 대하여 생각하게 하는 영화이다. 사고로 머리를 다쳐 새로운 기억을 만들지 못하는 사람이 있다. 그는 10분 전의 일을 기억하지 못한다. 자신의 기억을 대신하기 위해 그는 사진을 찍고 간단하게 메모를 한다. 아주 중요한 것은 그의 몸에 문신으로 써 넣는다. 기억을 대신하는 일종의 기념물(memento)이다. 이런 단기기억 장애자의 일탈적 행동이 빚어내는 사건을 영화는 시간의 반대 순서로 단편 단편 보여 준다. 이러한 시간의 역순 제시는 「박하사탕」(2000)과 비슷하다.
    기억과 사실의 문제를 생각하게 하는 영화 「오! 수정」(2000)이 보여 주듯이, 사람의 기억은 불확실하다. 「메멘토」의 주인공은, 기억은 해석이라서 불확실하지만 기록은 사실이라고 하면서 자신이 이제 가질 수 없는 기억보다도 기록에 의존하여 행동하는 것의 정당성을 주장한다. 그러나 궁극적으로 밝혀진 바는 그 기록을 할 당시에 기록자는 해석을 하고 또 의도적 왜곡을 할 수도 있다는 것이다. 기록이 결국은 해석과 의도의 산물이며, 객관적 사실이 아닐 수 있음을 깨달을 때, 우리는 역사라고 부르는 우리 과거의 기록에 대해서 회의를 가지게 된다. 역사는 늘 승자의 입장에서 왜곡되고 과장된 기록일 뿐, 사실이 아닐 수 있다. 영화 「실미도」(2003)의 소재가 된 과거의 사건의

기록이 있다면 그것은 기록자의 실수 혹은 의도로 인하여 사실과 다를 수 있다.

영화의 주인공이 10분 전의 일은 기억하지 못하지만 사고 이전의 모든 기억들을 유지한다는 것은 이 사람의 문제가 기억상실증과 같이 장기기억(long term memory)의 손상이 아니라, 단기기억(short term memory)을 장기기억으로 만드는 과정의 문제라는 것을 의미한다. 머릿속 사전과 통사 규칙 등 언어 지식은 장기기억이기 때문에 그의 언어 사용에는 문제가 없다. 그래서 「메멘토」의 주인공은 유창한 영어를 사용한다. 그는 단지 10분 전에 자기가 무슨 말을 했는지, 혹은 무슨 말을 들었는지를 기억하지 못할 뿐이다. 어찌 생각하면 10분은 꽤 긴 시간이다. "10 minutes"라는 대중가요에서 노래하듯이, 10분은 한 여자가 자기 마음에 드는 남자를 유혹하기에 충분한 시간이다.

5. 언어 습득과 언어 이론

언어심리학의 중요한 하나의 분야는 어린아이의 언어 습득 연구이다. 어린아이들이 옹알이와 두 단어 발화 과정을 거쳐 점차 복잡한 문장을 말하는 능력을 습득해 가는 과정을 언어학뿐만 아니라 발달심리학의 관점에서 장기간에 걸쳐 관찰하는 연구들이 많이 있다. 여기서는 구체적인 언어 발달의 과정보다는 언어 습득이 언어 이론에 대하여 시사하는 바가 무엇인가 하는 관점에서 논의를 하고자 한다.

어린아이들은 만 4~5세까지 접촉하는 언어를 모국어로 습득한다. 짧은 기간이지만 이 기간에 어린아이가 습득하는 언어는 어른의 언어와 크게 다르지 않다. 여기서 플라톤이 제기했던 문제가 생긴다. 어린아이들은 그 짧은 기간에 제한적인 언어 경험을 가지고 어떻게 그 복잡한 언어 체계의 많은 것을 배울 수 있는가? 이 문제에 대한 촘스키의 대답은 인간은 언어에 대해서 이미 많은 것을 알고 태어난다는 것이다. 물론 아이가 태어나서 바로 한국어나 중국어를 말할 수 있는 것은 아니다. 아이가 언어를 가지고 태어난다는 것은 일정한 시기에 적절한 자극(주변의 언어)을 받으면 하나의 완전한 언어를 말할 수 있게끔 하는 언어 유전자가 인간에게 있다는 말이다. 인간이 두 발로 걸을 수 있는 능력을 타고나지만 태어나자마자 걷는 것은 아닌 것과 마찬가지이다. 이것은 또한 새가 날 수 있는 능력을 타고나지만 새가 알을 까고 나오자마자 날지 못하는 것과 마찬가지이다("새는 알을 까고 나온다. 알은 세계다. 태어나려는 자는 한 세계를 파괴해야만 한다", 헤르만 헤세,「데미안」).

단, 언어 능력과 걷는 능력이 완전히 같은 성질은 아니다. 새가 나는 것과 걷는 것은 태어나서 일정한 시기가 되면 자동적으로 발현되는 능력이지만, 언어의 경우 사람이 특정 시기에 주변의 언어에 노출되어 그 언어를 배우게 된다. 즉, 어느 정도의 학습 환경이 필요하다는 것이다. 과거 정글에서 늑대가 양육하던 아이가 발견되었을 때, 그 아이가 결국 인간의 제대로 언어를 배우지 못하고 죽은 일화나, 부모가 10년간 외부와의 접촉을 끊고 먹을 것만 주면서 길렀던 지니(Genie)라는 아이가, 발견될 당시 말을 전혀 하지 못했고 결국 언어를 배우지 못했던 일화는 언어 습득에서의 자극의 필요성을 말해 준다. 지니의 경우 인위적인 노력으로 어느 정도의 단어들을 배울 수 있었지만, 그것들을 형태, 통사적으로 적절하게 결합하는 문법적 능력을 기를 수가 없었다. "Man motorcycle have"와 같은 지니의 말은 문법상실증(agrammatism)을 보이는 브로카 실어증 환자의 말과 별반 다르지 않았던 것이다.

언어 자극이 필요하다는 것을 인정한다 하더라도 어린아이들의 언어 능력은 명시적인 학습을 통해 이루어진다고 보기 힘들만큼 정교하다. 아이들을 상대로 한 외국의 실험을 예로 들어 보자(이하 PBS (1995)의 실험 예임). 아이에게 두 장의 그림을 보여 주며 이야기를 해 준다. 하나는 어떤 소년이 나무에서 떨어지는 그림이며 이것을 보여 주면서 소년이 나무에서 떨어져서 다쳤다는 이야기를 해 준다. 다음 그림은 그 소년이 목욕을 하는 그림이다. 이것을 보여 주면서 소년이 저녁에 목욕을 하면서 낮에 나무에

나무와 소년

올라가다가 떨어져서 다쳤다는 말을 엄마에게 하고 있다고 이야기해 준다. 그리고 다음과 같은 질문을 한다.

▌(Q1) When did the boy say he hurt himself?

이 질문에 대해 아이들은 다음 두 가지 중 한 가지로 대답한다.

▌(ㄱ) When he climbed the tree.
▌(ㄴ) When he was in the bathtub.

즉, 언제(when)라는 질문은 소년이 말을 한 시점과 관련되기도 하고 소년이 다친 시점과 관련되기도 한다. 달리 말하자면, 'when'이 주절, 혹은 종속절과 관련이 된다. 그런데 아이들에게 다음과 같은 질문을 할 경우에는 사정이 다르다.

▌(Q2) When did the boy say how he hurt himself?

이 질문에 대하여 아이들은 (ㄴ)의 답만을 하고, (ㄱ)의 답을 하지 않는다. 나아가 (ㄱ)이 가능한 답이냐고 물으면 그렇지 않다는 반응을 보인다.

통사론의 용어를 빌자면, (Q2)에서 [how he hurt himself]는 Wh-섬(Wh-island)이다. 섬은 고립된 곳이다. 의문사가 오는 의문절인 이 절 내의 요소가 절 경계를 넘어서 밖의 요소와 관련될 수 없다는 Wh-섬 제약이 'when'과 'hurt himself'의 관련성을 불가능하게 하고, 오직 'when'과 'say'를 관련시키게 만든다.

어른들의 문법에 있는 이러한 섬제약(island constraint)을 어른들이 명시적으로 아이들에게 가르쳐 주지는 않는다. 언어학자들을 제외한 일반 사람들은 이러한 제약에 대해 생각하지도 않고 인지하지도 않는다. 그러니 자신들도 인식하지 못하는 이러한 제약을 아이에게 가르칠 리가 없다. 그럼에도 불구하고 아이들은 이 제약을 스스로 알고 적용하고 있는 셈이다. 혹은 달리 말해 이러한 제약에 대한 지식을 아이들이 타고나는 것이라고 할 수 있다.

이렇게 타고나는 언어의 특성은 특정 언어에 국한되지 않는 언어의 보편적 성질이다. 그러한 의미에서 보편문법(Universal Grammar, UG)이라는 말도 사용한다. 다시 말해 인간은 UG를 타고난다고 할 수 있다. 통사론의 중요한 목적은 이

UG를 찾아가는 일이다.

언어 습득은 문법의 습득(혹은 타고난 보편 문법의 발현)과 아울러, 단어의 습득을 포함한다. 언어는 문법으로만 구성되어 있지 않기 때문에, 문법만 알고 단어를 모른다면 문장을 만들 수 없다. 세상의 사물을 가리키는 명칭에서부터 시작하여 추상적인 의미를 갖는 단어들을 내재화하여야 제대로 된 문장을 말하고 이해할 수 있다. 그런데, 구체적인 사물의 이름을 익히는 과정에도 인간이 타고난 능력이 관여한다.

일찍이 철학자 콰인(W. Quine)이 "가바가이 문제"라고 명명했던 철학적 문제가 있다. 그가 가정하는 상황은 다음과 같다. 영어를 사용하는 백인이 어떤 섬에 도착하여 원주민을 만난다. 원주민의 언어는 영어와는 완전히 다른 언어이니 백인은 원주민의 말을 모른다. 원주민이 캥거루를 가리키며 "가바가이"(Gavagai)라고 소리칠 때 백인은 '가바가이'의 의미가 캥거루라고 생각한다. 그러나 사실, 원주민이 가리키는 것이 다른 것일 수도 있다. 캥거루의 귀나 눈을 가리킬 수도 있고, 캥거루의 털 혹은 털의 색을 가리킬 수도 있다. 그럼에도 불구하고 백인은 수많은 다른 가능성을 배제하고 '가바가이'가 동물 전체를 가리키는 것으로 이해한다. 이 같은 상황은 일반적으로 모든 사람들에게 적용된다. 내가 고양이 그림을 가리키며 그것이 무엇이냐고 물어보면 사람들은 대개 "고양이"라고 대답한다. "눈", "털", "갈색" 등으로 대답하는 사람은 별로 없을 것이다. 왜 그럴까? 대답은 인간이 그런 식으로 전체를 우선적으로 인지하도록 타고났다는 것이다. 이러한 인간의 선천적 성향이 없다면 우리는 단어의 습득에 상당한 어려움을 겪을 것이다. 가리키는 대상의 온갖 가능성을 고려한다면 새로운 단어의 습득이 불가능할 수도 있다. 언어 능력 자체는 아니지만 이러한 인간의 타고난 인지 성향도 언어 습득에 중요한 역할을 한다.

인간의 언어 습득 현상은 인간의 선천적인 언어 능력을 보여주는 근거이다. 인간이 보편문법을 가지고 태어난다는 주장의 근저에는 이 세상의 수천 종의 다양한 언어가 근본적으로는 동일하다는 입장이 있다. 물론 언어들은 다르다. 그래서 우리는 여러 언어를 말하지 못한다. 그러나 그 다른 점은 언어들 사이의 공통성에 비하면 아주 사소한 것이다. 늑대들은 그들의 세계에서 각자가 분명히 구별되는 다른 개체들이지만 인간의 눈에는 같은 것으로 인식된다. 마찬가지로 인간 하나하나가 다른 생김새를 가지고 다른 성품을 가진 별개의 존재들이지만 외계인의 관점에서는 인간 모두가 같은 모양을 하고 있다고 생각할 수도 있다. 인간의 언어가 다르지만 언어들의 공통성에 비하면 그 차이점은 아주 사소한 것이다. 사람이 어느 언어가 사용되는 지역에서 성장하느냐에 따라 어떤 언어든지 습득할 수 있다는 사실이 그러한 관점을 뒷받침해 준다.

이 장을 닫기 전에, 인간의 언어 습득을 가능하게 하는 언어 유전자에 대해 좀 더 알아보자(2장에서 아주 간단하게 언급되었던 내용이다). 일찍이 촘스키가 생득적 언어 능력이 들어 있는 언어 유전자의 존재를 상정하였지만, 실제로 그 모습이 드러나기 시작한 것은 21세기에 들어와서이다. 2001년 영국 옥스퍼드 대학의 과학자들이 언어에 문제가 있는 한 가계의 구성원들의 유전자를 조사하였다. 언어에 문제가 있는 사람들의 'FOXP2'라는 유전자에 있는 715개의 아미노산 중 한 개가 일반인과 다른 것을 발견하고, 그들은 이 유전자가 언어와 관련이 있다는 결론을 내렸다. 2002년에는 독일 막스플랑크 연구소의 과학자들이 침팬지와 인간의 FOXP2 유전자를 비교하였는데, 그 구성 아미노산 중 2개에 차이가 있음을 발견하였다. 그들은 이 작은 차이가 단백질의 모양을 변화시켜 얼굴과 음성기관의 움직임을 원활하게 통제하는 뇌의 부분을 형성하게 하여 인간만이 언어를 가지게 된 것으로 추정했다. FOXP2는 인간의 언어 능력과 관련된 것으로 밝혀진 첫 번째 유전자이다.

영화 ✚ 언어

영화 「넬」(Nell, 1994)은 숲속에서 발견된 이상한 말을 사용하는 여자에 관한 이야기이다. 그 여자는 세상과 떨어져 엄마와만 살고 있었는데, 엄마가 언어 장애를 가진 사람이어서 제대로 말을 배우지 못했다. 사람들은 넬에게 영어를 가르쳐 주기를 힘쓰지만 일이 잘 진척되지는 않는다. 하지만 결국 어느 정도 의사소통이 가능해지게 된다.

이 영화의 상황 설정은 마치 본문에서 언급한 지니의 경우를 연상케 한다. 하지만 실제 이야기의 전개는 지니의 경우와는 많이 다르다. 1970년 발견된 지니는 태어나면서부터 10여 년 간을 부모에 의해 감금된 생활을 하였고, 먹을 것을 주는 것 이외에는 거의 접촉을 하지 않았다. 언어적인 접촉은 물론 없었다. 지니가 발견된 후 많은 영어 단어를 학습하게 했고 그것은 어느 정도 성공적이었지만, 지니의 말은 오랜 학습 후에도 문법적으로 올바르지 않았다. Fromkin, et al.(2007)에 소개된 지니의 말은 다음과 같다.

> Man motorcycle have.
> Genie full stomach.
> Genie bad cold live father house.
> Want Curtiss play piano.
> Open door key.

문법적 요소가 결여된 이러한 문장들에서 보는 것처럼 언어 습득의 시기를 놓친 지니는 올바른 문법의 언어 능력을 가질 수가 없었다. 이것은 특정 시기에 언어 자극이 필요함을 시사한다.

넬의 경우는 왜곡된 형태라도 언어 접촉이 있었으므로 지니의 경우와는 다르다. 이미 나름대로의 문법적 능력을 가지고 있으므로, 그것에 기반을 두어 정상적 언어를 배우는 것이 불가능하지 않을 것이다. 마치 우리가 일반적으로 모국어의 언어 능력에 기대어 외국어를 배우는 것과 같은 이치이다. 반면에, 「와일드 차일드」(E'nfant sauvage, 1970)는 허구가 아닌 실화로서, 프랑스 숲에서 발견된 야생 소년에 관한 영화이다. 영화 속의 아이, 즉 실제 야생 소년은 정상적 언어를 습득할 수 없었다. 참고로, 이 영화의 감독인 트뤼포가 소년을 가르치는 선생(주인공)으로 직접 연기한다. 「400번의 구타」(Les 400 Coups, 1959)에서 불우했던 자신의 어린 시절을 표현했던, 그리고 자신이 배운 모든 것은 영화관에서였다고 말하는 트뤼포 감독이다.

이 장에서는 사람이 언어를 산출하고 이해하는 과정과 그 생물학적인 기반에 대하여 살펴보았다. 언어는 인간의 머릿속, 즉 뇌에 저장되어 있는 언어 지식을 뇌에서 적절히 처리하여 수행된다. 그래서 영화 제목을 빌려 이 장을 마무리하자면 ... "**내 머릿속의 언어**"(「내 머리속의 지우개」) 또는 "**그대 안의 언어**"(「그대 안의 블루」).

더 읽을거리와 유용한 사이트

강범모, 김흥규 (2009). 『한국어 사용 빈도』. 서울: 한국문화사.
김흥규, 강범모 (2000). 『한국어 형태소 및 어휘 사용 빈도의 분석 1』, 컴퓨터와 인문학 시리즈 4. 서울: 고려대학교 민족문화연구원.
조명한, 이정모 외 (2003). 『언어심리학』. 서울: 학지사.
조숙환, 김영주 외 (2000). 『인간은 언어를 어떻게 습득하는가』. 서울: 아카넷.
Fromkin, Victoria, Robert Rodman, and Nina M. Hyams (2007). *An Introduction to Language*, 8th edition, Boston: Tomson. [8~9장]
PBS (1995). "The Human Language Series", Vol. 2 (video).

뇌 지도(Whole Brain Atlas)   http://www.med.harvard.edu/AANLIB/home.html

연습과 생각

1. 브로카 실어증과 베르니케 실어증의 차이를 기술하시오.
2. CT, MRI/fMRI, PET 기술로 촬영한 뇌 영상을 인터넷에서 검색하여 살펴보시오.
3. 자기와 주변 사람의 말실수를 수집하여, 음운, 통사, 의미의 어떤 면에서 어떤 실수가 있었는지 분석하시오(힌트: 필요하면 방송 대화 전사).
4. 본문에 제시된 우리말 사용 빈도표 두 개를 비교하시오(힌트: 공통점과 차이점).
5. 주변에 5살 이하의 조카나 어린아이가 있으면, 이십 분 동안 관찰하여 어린아이가 말하는 것을 적고 그 언어를 분석하시오. 어른의 언어와 다른 점이 있는지 찾아보시오.

제11장
언어와 사회: 사회언어학

1. 지역방언과 사회방언

언어 변이와 지역방언

인간은 사회적 동물이다. 혼자서 살지 못하고 반드시 무리를 지어서 산다. 인간이 사회생활을 영위하기 위해서는 의사소통이 필요하고, 언어는 바로 의사소통을 위한 수단이다. 그런데 나이, 신분, 직업 등 다양한 환경에 처하여 살아가는 사람들의 언어 사용이 똑같을 수 없다. 물론 사회를 구성하는 사람들이 서로 뜻이 통하는 하나의 언어를 사용한다는 의미에서 그들의 언어는 같다. 단지 같은 언어라도 분명히 다른 점이 있다는 것이다.

하나의 가상적인 예를 들어 보자. 어떤 사람 김씨가 돼지의 머리 뼈 국물을 먹으면서 감탄하며 하는 말과, 다른 사람 박씨가 비슷한 상황에서 하는 다음과 같은 말을 비교해 보자.

> 김씨: 이 돼지 머리 뼈 국물 참 맛있네!
> 박씨: 이 돼지 대가리 뼈다귀 국물 쥑이네!

이러한 말을 듣고 우리는 대략 김씨와 박씨의 신분이나 직업의 차이를 예상할 수 있다. 다른 예를 들자면, 다음과 같이 말하면서 어떤 여자가 데이트를 신청한다고 하자.

> 혜숙: 가능하시면, 한 번 만나서 커피 한 잔 하고 싶습니다.

▎혜나: 혜나는 예쁜 데또를 원츄 해영. (「달콤한 나의 도시」, 정이현)

언어의 차이로부터, 혜나는 분명히 어린 여학생임을 알 수 있지만, 혜숙은 좀 나이가 많은 사람임을 짐작할 수 있다. 이렇게 동일한 내용을 다양한 형식으로 표현하는 것을 언어의 변이(variation) 현상이라고 한다. 앞의 예는 신분이나 직업에 따른 언어 변이의 예이다.

하나의 예를 더 들어 보자. 중학생 아이가 학교에서 집에 돌아와 보니 엄마가 무슨 좋은 일이 있었는지 빙그레 웃고 있었다. 그때 아이가 엄마에게 다음과 같이 말했다고 가정해 보자.

▎(중학생이 엄마에게) 엄마, 왜 쪼개고 있으세요? 좋은 일이 있어요?

'쪼개다'라는 속어가 쓰인 아이의 말은 이상하다. 친구 사이에는 쓰일 수도 있는 이 말이 아이와 엄마 사이의 적절한 언어 표현은 아니다.

언어 변이의 다른 이름은 방언(dialect)이다. 그리고 이 용어는 앞의 예들에서 보는 바와 같은 사회적 신분에 따른 언어 변이에 대하여 쓰이기도 하지만, 주로 지역적 차이에 따른 언어의 변이를 일컫는데 쓰인다. 어느 나라든지, 아주 조그만 도시국가가 아니라면, 한 언어를 사용한다고 하더라도 지역에 따라 언어의 차이 즉 방언이 존재한다. 우리말의 경우에도 남한만을 고려한다고 해도 적어도 서울/경기방언, 충청방언, 호남방언, 영남방언, 제주방언, 강원방언들이 있다. 영남방언이 부산/경남방언과 경북방언, 혹은 낙동강 동쪽의 방언과 서쪽의 방언 등으로 구분되듯이, 방언은 그 언어적 특징에 따라 더욱 세분될 수도 있다.

지역에 따라 방언이 다르면 다른 지역 사람들과의 의사소통에 문제가 생길 수 있다. 물론 한 언어의 방언들을 사용하는 이상, 의사소통이 전혀 안되는 것은 아니지만, 부분적으로 이해가 불완전할 수 있다. 더욱이 사람들은 일반적으로 자기와 동질적인 사람들과 어울리고 그렇지 않은 사람들에 대해 편견을 갖고 경계하게 되는데("유유상종", "Birds of a feather flock together"), 이런 의미에서 말의 차이가 사람들 사이의 벽을 만들기 쉽다. 따라서 한 나라에서 모든 사람이 공통으로 사용하는 말의 형식이 필요한데, 그 필요를 표준어를 지정함으로써 해결한다. 우리말의 경우 서울말이 표준어의 근간이 된다.

한 나라에 표준어가 있고 동시에 다양한 방언이 존재하는 것은 보편적인 현상이다. 영국도 소위 RP(received pronunciation)라고 부르는 표준 발음을 포함하는 표준 영어가 있다. 이것을 부르는 오늘날의 이름은 'the Queen's English'이다. 엘리자베스 여왕 사후 찰스 황태자가 (다 늙어서) 왕이 된다면 그때는 'the King's English'라고 부를 것이다. 표준 영어는 잉글랜드 남부의 교양인이 사용하는 영어이다. 영국을 여행하노라면, 표준 영어와 다른 방언의 영어 발음으로 인하여 당황할 때가 있다. 내가 버밍햄의 버밍햄 대학을 방문했을 때 학교 안의 가게에서 기념품을 사고 값을 물으니 점원이 "아잇 파운즈"라는 했는데 그것이 'eight pounds'를 말하는 것임을 깨닫는데 약간 시간이 걸렸던 적이 있었다.

표준어는 특별히 훌륭한 언어가 아니다. 언어적으로 동등한 자격을 가진 여러 방언들 중에서 정치, 경제, 문화적 요인에 의하여 선택된 어떤 하나의 방언일 뿐이다. 그래도 표준어는 특권을 가지고 있다. 공적인 자리에서 표준어를 사용해야 하고, 사회적으로 높은 지위에 오르려면 표준어를 사용해야 한다. 표준어가 아닌 방언들을 '사투리'라는 말로도 부르는데, 표준어보다 못한 언어라는 뉘앙스(말맛)를 주는 단어이다.

사회방언과 은어

앞에서 언급했듯이 언어 변이는 화자의 사회적 신분에 따라서도 나타난다. 이것을 사회방언이라고 부른다. 사회방언은 언어 사용자의 연령, 성, 신분과 계층, 직업에 따른 언어의 차이이다.

사회방언에 대한 고전적 연구로 1960년대에 라보브(Labov)가 미국 영어에서 모음 뒤의 'r'의 탈락 현상을 조사한 것이 있다. 예를 들어 'car', 'heart'의 'r'은 영국의 표준 영어에서는 발음되지 않지만, 미국의 공적인 영어에서는 그것이 유지된다. 과거에 우리나라 사람들이 미국 영어를 열심히 따라 하느라고, 단어 학습서로 유명했던 「Word Power」를 '월드 파워'라고 발음하여 'World Power'와 구별하지 못했던 시절이 있었다. 그런데 정작 미국 사람들 중에는 'r'을 탈락시켜 발음하지 않는 경우가 있다. 라보브는 이러한 'r' 탈락이 계층에 따른 사회방언의 차이를 반영하는지에 관심이 있었다. 즉, 계층에 따라 'r' 탈락률에 차이가 나는가 하는 것이 연구의 초점이다.

이 연구를 위해 생각할 수 있는 하나의 방법은 사회 계층에 따라 화자들을 선택하여 'car', 'heart' 등 모음 뒤에 'r'이 들어간 단어의 발음을 해 보라고 요청하여 관찰하는 방법일 것이다. 물론 이러한 방법은 적당하지 않다. 자연스럽지 않은 상황에서 화자는 의식적으로 'r'을 발음할 것이기 때문이다. 라보브는 자연스러운 발화를 유도하기 위하여 다음과 같은 실험 방법을 채택하였다. 그는 뉴욕의 백화점 세 곳, 색스 5가(Saks 5th Avenue), 메이시즈(Macy's), 에스클라인(S. Klein)에서 조사를 하였다. 이 세 곳은 각각 상류층, 중류층, 하류층의 사람들이 주로 이용하는 백화점이다. 서울에서도 소위 명품만을 파는 고급 백화점(에비뉴엘)과 재래 시장(남대문 시장)을 이용하는 사람들의 계층이 다르다는 것을 생각하면, 이러한 방식의 조사 장소 선택을 이해할 수 있다. 라보브는 백화점의 4층에서 무슨 물건을 파는지를 살펴보고, 백화점 직원들에게 그 물건을 몇 층에서 파는지를 물어보았다. 그러면 직원들은 "On the fourth floor"라고 대답하게 되어 있다. 백화점의 이용객의 계층의 언어를 직원들도 사용할 것이라는 가정 하에, 이 대답을 바탕으로 계층에 따른 발음의 차이를 추정할 수 있다. 실제로 'fourth'와 'floor'에 있는 모음 뒤 'r' 발음이 있는지 없는지를 조사한 결과, 'r'의 탈락 비율은 다음과 같았다.

색스5가 (상류)	30%
메이시즈 (중류)	41%
에스클라인 (하류)	82%

이 결과는 하층 계급의 사람들이 'r'을 탈락하여 발음하는 경우가 상대적으로 훨씬 많다는 것을 명시적으로 보여 준다. 발음 면에서 사회방언의 차이가 극명하게 드러난 셈이다. 재미있는 사실은, 모음 뒤 'r' 발음의 탈락은 영국 표준 영어의 특징이라는 것이다. 영국의 상층부와 미국의 하층부가 동일한 음성적 특성을 공

유한다는 사실은, 언어의 표현과 의미 사이의 자의성과 마찬가지로, 언어와 신분의 상관성이 자의적이라는 것을 보여준다.

사회방언은 어휘의 차이를 수반할 수 있다. 법률가들 사이에는 일반인들이 알아들을 수 없는 수많은 법률 용어가 일상어처럼 사용되며, 목수들 사이에는 문이나 장롱의 부품의 이름이 많이 언급될 것이다. 자동차 정비를 하는 사람들 사이에는 '머플러'보다는 '마후라'가 더 많이 쓰인다. 이러한 어휘의 차이의 극단이 은어(jargon)이다. 이것의 사전적 정의는 "어떤 계층이나 부류의 사람들이 다른 사람들이 알아듣지 못하도록 자기네 구성원들끼리만 빈번하게 사용하는 말"이다. 각 직업 집단의 특수한 말들이 아니더라도, 초등학생, 중고등학생, 대학생 등 연령에 따른 학생 집단에서 자기들끼리만 사용하고 알아듣는 은어가 있다. 통신을 사용하는 사람들끼리 통하는 다음의 사이버 은어들은 축약을 이용하여 만든 말들로서 비교적 이해하기 쉬운 것들이다.

> 셤(시험), 잼업(재미없다), 설녀(서울 여자), 토올(토요일), 글쵸(그렇지요), 잠수하다(말을 하지 않다), 멜(e메일), 즐팅(즐거운 채팅), 겜(게임), 번개(통신하다가 실제로 만남), 당근이다(당연하다), 알써(알았어)

근래 인터넷 통신상의 은어들은 점차 그 뜻을 짐작하기 어려운 수준으로 내려갔다는 인상이다. 10대들이 휴대폰이나 인터넷을 통하여 사용하는 은어는 숫자와 문자의 조합까지 포함하는데, 어떤 것들은 그들이 아니면 이해하기 힘든 형식이다. 몇 가지 예를 들어 보자.

> 0027(땡땡이 치자), 뽀린다(훔친다), 야리다(째려보다), 정줄놓(정신줄을 놓았구나), 솔까말(솔직히 까놓고 말해서), 넘사벽(넘을 수 없는 4차원의벽), 이뭐병(이거 뭐 병신도 아니고), 흠좀무(흠 이게 사실이라면 좀 무섭군요), 듣보잡(듣도보도 못한 잡것), 지못미(지켜주지 못해 미안해), 열폭(열등감 폭발), 크리(치명적인 상처: critical), KIN(즐: 즐겁다), OTL(좌절: 무릎 꿇은 모양), 조낸(매우: 비속어), 지대(제대로, 매우), 안습(안구에 습기: 눈물), 간지(느낌이 오다: 일본어에서 유래), 갑툭튀(갑자기 툭 튀어나오다)

문제는 이러한 은어들이 청소년의 일상 언어생활에서도 나타나 정상적인 언어 사용을 방해할 수도 있다는 것이다. 특히 글을 쓸 때 같이 표준적인 말을 사용해야 할 상황에서 이러한 말들을 사용하면 큰 문제이다. 다음은 TV의 청소년 드라마에서 한 학생을 여러 명이 구타하는 장면의 대사이다.

> "뜨아, 원빵하지 않고 졸라 짭시리…쯧쯧."
> "살까게 야리니까 그렇지."

10대가 아니라면, '뜨아'는 놀랄 때 하는 소리, '원빵'은 1대 1로 싸우는 것, '졸라'는 매우, '짭시리'는 조잡하고 구차하다는 뜻이고 '살까게'는 무섭게, '야리다'는 째려보다는 뜻인 것을 알아서 이 대사를 다음과 같이 이해하기는 힘들 것이다.

> "야! 1대 1로 싸우지 않고 집단구타를 하다니 조잡하고 한심하다"
> "무섭게 째려보니까 그렇지"

청소년들의 은어는 나름대로의 또래 의식을 주고, 말의 재미를 준다는 면에서 지나치게 우려할 필요는 없고, 오히려 긍정적인 기능이 있다고 본다. 그리고 대부분 청소년기의 은어는 취업이나 공적인 생활을 하는 단계에서는 자연적으로 사용하지 않게 된다. 하지만 은어가 지나치게 비속화하거나, 일상에서의 정상적 언어 발달을 방해하지 않도록 경계는 해야 할 것이다. 통신 언어의 문제는 제14장에서 좀 더 논의할 것이다.

존대법: 힘의 역학

언어는 사회에서 한 집단의 동질적인 사람들 사이에서만 사용되지는 않는다. 다른 사회 집단의 사람들 사이에서 언어가 사용되고, 한 집단 내에서도 나이와 직위에 따른 힘의 불균형 관계에 놓인 사람들 사이에서도 언어가 사용된다. 이때 언어에 힘의 역학이 반영될 수 있다. 즉, 말을 하는 사람, 말을 듣는 사람, 그리고 말이 기술하는 대상 사이의 힘의 관계에 따라 같은 내용을 표현하는 말의 양식이 달라진다. 이러한 현상을 문법에서 존대법이라는 이름으로 부른다.

언어마다 존대법을 나타내는 방식이 다르다. 어떤 언어는 어휘나 문법적 표현의 차이로 존대법을 나타내는 방식이 별로 발달하지 않았다. 영어가 대표적인데, 아이가 어른에게 하는 말과 어른이 아이에게 하는 말이, 말로서는 억양의 차이가 어느 정도 있지만, 글로 써 놓으면 별 차이가 없다. 선생님과 학생의 다음 대화는 자연스럽다.

> 선생: "I like you."
> 학생: "I like you, too."

우리말에서는 선생님과 학생 사이에 동일한 표현을 사용할 수 없다. 다음의 대화는 이상하다.

> 선생: "나는 너를 좋아한단다."
> 학생: "나도 너를 좋아한단다."

우리말은 존대법이 매우 세밀하게 발달한 언어이다. 대화 속에서 힘의 역학 관계에 따라 적절한 존대 표현을 사용하여야 자연스러운 대화를 유지해 갈 수 있다.

앞에서 말한 대로, 힘의 역학은 화자, 청자, 기술 대상의 세 주체 사이의 관계이다. 존대법은 화자의 입장에서 다른 주체와의 관계에 따라 적절한 문법 장치를 사용할 것을 요구한다. 먼저 화자와 청자의 관계에 대하여 살펴보자.

화자가 청자보다 연령이나 지위가 위라면 반말을 사용하지만, 그 반대라면 상대존대의 표현을 사용해야 한다. 우리말에서 상대존대는 동사나 형용사의 종결어미를 이용하여 상대편을 대우하는 문법적 방법이다. '해라체', '하게체', '하오체', '합쇼체', '해체', '해요체' 등이 있다. 비가 온다는 같은 내용도 화자와 청자가 누구냐에 따라 다르게 표현된다.

| 비가 옵니다.　(아이가 어른에게)
| 비가 온다.　(어른이 아이에게)
| 비가 와요.　(아이가 어른에게)
| 비가 와.　(친구 사이에)

　　화자와 청자의 역학 관계가 불분명한 공적인 대화 상황에서는 일반적으로 '-ㅂ니다'의 존대 표현을 사용한다. 그러나 존대 표현을 사용하다가도 힘의 역학 관계가 밝혀지면 표현 방식이 갑자기 바뀔 수 있다. 고등학교 일이년 선후배 관계임을 모르고 있다가 그것이 밝혀지는 순간 말이 바뀌는 상황의 경험이 가진 사람이 있을 것이다. 그런데, 선후배 관계가 10년 이상 차이가 나면 존대말이 그대로 유지될 수도 있다. 너무 동떨어진 선후배 관계는 힘의 역학 관계를 성립시키는데 부정적인 요인이기 때문이다. 이와 같이 상대존대의 방법을 결정하게 만드는 요인에는 나이, 직책, 친소 관계, 공적 혹은 사적 상황 등 여러 가지가 있어서 화자가 그것들을 적절히 고려하여 표현 방법을 정하는 일이 간단한 것은 아니다. 어떤 의미에서는 불확실한 힘의 역학 관계를 언어가 확실히 결정하여 드러내는 기능이 있으므로, 잘못된 방식의 언어를 사용하는 것은 화자와 청자 사이에 갈등을 야기할 소지가 있다.

　　때로 화자는 자기를 낮춤으로써 청자에 대한 존대를 표현할 수도 있다. '나' 대신에 '저', '우리' 대신 '저희'를 사용하는 것과 유사한 방식이다.

　　화자와 청자의 관계뿐 아니라 화자와 언어 기술 대상과의 관계가 존대법에 반영된다. 어떤 사람이 자기의 아버지에 대해 말을 할 때와 자기의 아들에 대하여 말을 할 때 표현 방법이 달라진다.

| 아버지께서 키가 크십니다.
| 아들이 키가 큽니다.

　　여기서 '-께서'와 '-시-'는 화자가 문장의 주어가 가리키는 자기 아버지를 존대하기 위하여 사용하는 문법적 요소이다. 자기 아들에 대하여 '아들께서 키가 크십니다'라고 말한다면 이상하다. 이렇게 문장의 주어, 다시 말하여 문장이 표현

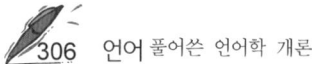

하는 사건의 주체를 화자가 높이는 방법을 주체존대라고 부른다. '-시-'는 주체존대를 표시하는 가장 일반적인 방법이다.

문장들 중에는 주어뿐 아니라 목적어가 있는 문장도 있다. 이 경우 주어와 목적어가 가리키는 인물들의 힘의 역학 관계가 표현에 영향을 미칠 수 있다. 주어가 가리키는 문장의 주체가 목적어(직접/간접)가 가리키는 객체보다 낮은 위치에 있을 때 특별히 쓰이는 단어들이 있다. 이것을 객체존대라고 한다. 다음 예를 보자.

> 선생님이 학생에게 선물을 주었다.
> 학생이 선생님께 선물을 드렸다.

여기에서 '-에게' 대신에 '-께', '주다' 대신에 '드리다'를 쓰는 것은 선생님과 학생의 관계를 고려한 것이다. '선생님이 학생께 선물을 드렸다'는 이상하다. '보다'와 '말하다'에 대신에 '뵙다'와 '여쭈다'를 쓰는 것도 객체존대이다.

상대존대가 동사의 종결어미를 통하여, 그리고 주체존대가 선어말어미 '-시-'를 통하여 보편적으로 표현될 수 있는데 반하여, 객체존대는 동사의 어미로써 표현되지는 않는다. 그 대신에 '드리다' 등 객체존대에 쓰이는 동사가 몇 개 있고, 간접목적어에 '-께'를 사용하는 방법이 있다.

존대법과 관련되는 것으로서 호칭의 문제가 있다. 한 사람이 다른 사람을 부를 때 쓰는 호칭과 청자를 지칭하는 이인칭 대명사도 힘의 역학 관계를 반영할 수 있다. 다음과 같은 경우를 살펴보자.

> 선생이 학생에게: "김군, 요즈음 자네 무슨 공부 하나?"
> 학생이 선생에게: "선생님, 요즈음 (   ) 무슨 일 하세요?"

선생은 학생을 이름으로 부를 수 있고, 이인칭 대명사로 '자네'를 사용할 수 있지만, 학생이 선생에게 그렇게 할 수는 없다. '자네' 혹은 '너' 대신에 이인칭 대명사로 들어갈 말은 선생을 '선생님'으로 부르는 방법 이외에는 적당한 것이 없다. 여러 이인칭 대명사를 사용한 다음의 말은 어색하다.

▎$^{??}$선생님, 요즈음 너/당신/그대 무슨 일 하세요?

영어의 경우 이인칭 대명사 'you'가 모든 경우에 쓰이므로 문제가 없으나, 우리말의 이인칭 대명사는 그 쓰이는 환경이 매우 제한을 받으므로 적절한 쓰임이 매우 어렵다. 우리말에서는 이인칭 대명사를 사용하지 않는 것이 오히려 자연스럽다. 단, 다음과 같이 청자를 지시하는 표현을 목적어로 할 경우에는 이인칭 대명사 목적어를 생략하는 것이 어색하고, 일반 명사를 이인칭 대명사처럼 사용하여야 한다. 다음 말을 어떤 학생이 김 아무개라는 이름의 선생님에게 한다고 가정하자.

▎$^{??}$그 학생이 그대를/너를/당신을 좋아한다고 했습니다.
▎$^{??}$그 학생이 좋아한다고 했습니다.
▎그 학생이 (김) 선생님을 좋아한다고 했습니다.

이상에서 개략적으로 살펴본 존대법과 호칭의 문제는 언어가 사회를 구성하는 사람들 사이에 일어나는 사회적 현상임을 잘 보여준다.

영화 ✚ 언어

영화 「마이 페어 레이디」(My Fair Lady, 1964)는 음성학자 히긴스 교수가 꽃 파는 아가씨 일라이자에게 음성 훈련을 시켜 표준 발음을 익히게 하여 그녀를 상류사회로 진출시킨다는 이야기이다. 영화 속에 나타나는 음성 훈련의 과정이 이 영화를 음성학적 관점에서 보게 한다. 동시에 이 영화는 사회언어학적 관점에서도 음미할 만하다. 그것은 방언(지방방언, 사회방언)과 표준어의 관계에 대한 문제이다. 표준어가 비록 언어학적 관점에서 다른 방언보다 우수한 것은 아니지만 사회적으로 특권을 지니고 있는 것은 부인할 수 없다. 표준어를 제대로 구사하여야 고위 공직에 나갈 수 있고, 일라이자의 경우처럼 숙녀 대접을 받을 수 있다. 표준어가 방언 사이의 의사소통을 원활하게 하며, 언어로 인한 집단 사이의 갈등을 막는 긍정적인 기능이 있음도 확실하다. 영화 말미의 다음과 같은 히긴스 교수의 독백은 그러한 관점에서 이해되어야 한다.

"It is meaningful to change a person into a different human being by creating a new speech. It's filling up the deepest gap that separates class from class and soul from soul."

언어의 차이가 계급을 분리하고, 언어를 교정하는 것이 새로운 인간을 만든다는 다소 과장된 표현이지만 언어의 사회성을 잘 요약한 말이다.

사회방언이 두드러지게 나타나는 다른 영화로 「금발이 너무해」(Legally Blonde, 2001)가 있다. 이 영화는 하버드 법대로 진학한 변심한 애인을 찾기 위해 뒤따라 하버드 법대에 진학한 금발의 여학생이 튀는 의상과 행동에도 불구하고 법조인으로도 성공한다는 줄거리의 코미디이다. 영화에 간간이 등장하는 법정에서의 어투와 단어 사용은 일상어와는 다르다. 법정에서 쓸 만한 말을 일상에서 사용하여 사람들을 어리둥절하게 만드는 내용도 나온다. 우리나라에서도 많은 법정 용어가 어려운 한문 용어이다. 법률가의 난해하고 고답적인 용어의 반대편에는 불량배의 세계의 거친 언어가 있다. 건달 세계의 언어를 여과 없이 보여 주는 「파이란」(2001) 등 많은 영화가 있다. 그리고 불량배를 상대하는 경찰관의 언어도 마찬가지로 거친 사회방언임을 「살인의 추억」(2003), 「강철중」(2008)에서 확인할 수 있다.

2. 한국인의 방언에 대한 태도

1980년대

오래 전의 이정민(1981) "한국어의 표준어 및 방언들 사이의 상호 접촉과 태도" 연구는 각 방언 사용자가 자기 방언에 대하여 가지는 느낌과 다른 방언에 대하여 가지는 느낌을 조사한 흥미로운 연구이다. 각 지역의 고등학생 344명을 대상으로 자기 방언에 대한 태도와 타 지역 방언에 대한 태도를 조사하였다. 그 결과는 다음과 같다. 표 내의 숫자는 제시된 방언에 대한 느낌(태도) 기술을 선택한 사람의 백분율(%)이다. 자기 방언 대해서는 남녀 모두 10% 이상의 답이 나온 것들이 제시된 것이고, 타도 방언에 대한 태도는 각 방언에 대한 긍정적인 인상과 부정적인 인상 표시 중 비율이 높은 것 하나씩(영남방언-'씩씩하다', '무뚝뚝하다'; 호남방언-'상냥하다', '간사하다'; 충청방언-'점잖다', '촌스럽다', 서울/경기방언-'상냥하다', '간사하다'), 그리고 '듣기 싫다'에 대한 답의 비율이다.

방언	태도	자기방언		타도 사람	방언	태도	자기방언		타도 사람
		남	여				남	여	
영남 방언	믿음직하다	70	52		충청 방언	점잖다	50	65	22
	씩씩하다	75	29	20		촌스럽다	30	70	25
	무뚝뚝하다	70	81	18		듣기 좋다	25	15	
	듣기 좋다	60	19			상냥하다	25	10	
	점잖다	20	19			믿음직하다	20	50	
	듣기 싫다			20		씩씩하다	15	10	
						듣기 싫다			17
호남 방언	믿음직하다	65	41		표준어 (서울/ 경기 방언)	듣기 좋다	92	92	75
	듣기 좋다	47	29			배움직하다	61	57	
	씩씩하다	41	23			상냥하다	52	38	47
	촌스럽다	24	53			점잖다	46	27	
	간사하다			33		부럽다	32	23	
	듣기 싫다			35		믿음직하다	24	23	
	상냥하다			8		간사하다			11

방언에 대한 태도(이정민 1981) (비율 %)

이 결과에서 알 수 있는 사실들은 다음과 같다.

첫째, 자기 방언에 대해서는 대개 긍정적인 느낌을 갖지만 타도 방언에 대해서는 그렇지 않다. 단, 표준어에 대해서는 타도 사람들도 '듣기 좋다'(75%) 혹은 '상냥하다'(47%)라는 긍정적인 느낌을 갖는다. 영남방언 사용자들은 자기 방언에 대하여 '믿음직하다'(남 70%, 여 52%), '씩씩하다'(남 75%, 여 29%)라고 생각하는 사람이 많지만, 많은 타도 사람들은 그런 느낌을 갖지 않는다. 호남방언에 대해서도 마찬가지 말을 할 수 있다('믿음직하다', '씩씩하다', '듣기 좋다'). 충청방언 사용자는 '점잖다'(남 50%, 여 65%)는 느낌을 가지는 동시에, '촌스럽다'(남 30%, 여 70%)는 부정적인 느낌도 갖고 있다.

둘째, 지방 방언의 경우 남자들이 여자들보다 더 자기 방언에 애착을 갖는다는 것이다. 영남방언의 '믿음직하다', '씩씩하다', '듣기 좋다'에 대하여 남자들의 반응이 60% 이상 긍정적인데 반하여 여자들의 긍정적인 반응은 현저하게 적다. 자기의 호남방언에 대해서 '믿음직하다', '듣기 좋다', '씩씩하다'라는 반응도 마찬가지로 남자와 여자가 차이가 난다. 또한 여자들은 남자들보다 자기 방언에 대해 부정적인 태도를 나타낸다. 영남방언에 대하여 '무뚝뚝하다'(남 70%, 여 81%), 호남방언에 대하여 '촌스럽다'(남 24%, 여 53%), 충청방언에 대하여 '촌스럽다'(남 30%, 여 70%)라고 한 사람은 여자가 남자보다 훨씬 많다. 단, 충청방언에 대하여 '믿음직하다'(남 20%, 여 50%)라고 생각하는 여자가 남자보다 훨씬 많은 것이 예외적이다.

셋째, 표준어(서울/경기방언)를 제외하면, 타 지역방언에 대하여 긍정적인 느낌이 별로 없는 것을 넘어서서 부정적인 느낌을 가지고 있는 사람들이 꽤 있다. 영남, 호남, 충청 방언 모두에 대하여 '듣기 싫다'라는 반응을 하는 다른 지역 사람들이 어느 정도 있다. 특히 호남방언에 대해서는 부정적 태도가 상대적으로 심하다.

2000년대

위 조사 결과는 1980년대 초에 사람들이 방언에 관하여 가지는 느낌을 보여 주지만, 20여년의 세월이 지난 2003년 말의 사정이 어떤지 궁금하여 간단한 조사를 해 보았다. 그 조사 결과(강범모 2005)의 일부를 요약하여 제시하면 다음과 같다.

우선, 조사 대상은 서울 및 지방 180명의 대학생들로, 현재의 거주지와 상관 없이 이들이 사용하는 방언을 기준으로 분류하였다. 조사 방법은, 자기 사용 방언을 포함한 각 방언에 대하여 14가지의 느낌(태도)의 기술마다 '매우 그렇다, 그렇다, 잘 모르겠다, 아니다, 전혀 아니다' 중 하나를 택하게 하였다.

자기 방언에 대한 조사 결과는 다음과 같다. 각 태도에 대하여 '그렇다'와 '매우 그렇다'로 답한 사람의 비율을 백분율로 표시하여 제시하되, 남녀 모두 10% 이상 경우만을 제시한다.

	서울/경기방언			영남방언			호남방언			충청방언		
	남	여	계	남	여	계	남	여	계	남	여	계
듣기 좋다	93	95	94	29	37	35	92	83	86	80	70	73
정겹다	17	16	17	71	79	77	92	67	76	80	80	80
상냥하다	61	74	69				46	50	49	60	60	60
귀엽다	22	16	19	14	11	12	62	25	38	40	30	33
점잖다	76	72	74				15	25	22	80	50	60
믿음직하다	39	41	40	71	26	38	54	25	35	40	30	33
씩씩하다	15	18	17	71	79	77	46	25	32	40	10	20
무뚝뚝하다	10	13	12	86	100	96						
차갑다	22	44	35									
답답하다										20	50	40
무미건조하다	17	43	32	14	16	15						
촌스럽다				57	26	35	23	13	16	40	40	40
간사하다	12	13	13									
듣기 싫다												

자기 방언에 대한 태도 (비율 %)

위 결과를 보면, 표준어 사용자들은 자기 방언을 '듣기 좋다, 상냥하다, 점잖다, 믿음직하다' 등 긍정적으로 보면서도 '차갑다, 무미건조하다'라는 부정적 면이 있다고 생각한다. 영남방언 사용자들은 다른 방언 사용자에 비하여 '듣기 좋다'라고 생각하는 비율이 낮다. 호남방언 사용자들은 '듣기 좋다, 정겹다, 상냥하다, 귀엽다, 믿음직하다, 씩씩하다' 등 자기 방언에 대하여 긍정적이다. 충청방언 사용자들도 비슷하지만, '답답하다, 촌스럽다' 등 부정적이 느낌도 가지고 있다.

타방언에 대한 태도 조사에는 북한말에 관한 태도도 포함시켰다. 남한의 학생들이 북한의 방송에서 문화어를 접하였다고 본다. 문화어는 북한에서 1966년 「조선말규범집」을 간행하면서 새로운 표준어로 규정한, '평양말을 중심으로 하여 노동자 계층에서 쓰는 말'을 말한다. 다음 표의 비율은 각 방언에 대한 타방언 사용자의 응답 비율을 먼저 구하고 그것을 평균한 것이다(10% 이상의 답만 제시).

	서울/경기방언			영남방언			호남방언			충청방언			북한말		
	남	여	계	남	여	계	남	여	계	남	여	계	남	여	계
듣기 좋다	76	73	74				22	28	27	28	29	29	30	18	22
정겹다				40	37	38	54	50	51	67	37	46	17	22	20
상냥하다	61	49	53				11	19	17	17	19	18	19	25	23
귀엽다	57	18	30	25	24	24	21	25	24	30	18	21	12	15	14
점잖다	59	57	57							24	21	21			
믿음직하다	15	27	23	28	20	23	21	14	17						
씩씩하다				44	67	59	19	25	23	13	11	12	44	53	50
무뚝뚝하다				65	66	66	27	31	29	15	15	15	36	38	37
차갑다	30	42	39	29	28	28							29	25	26
답답하다							22	26	25	48	59	56	30	26	27
무미건조하다	24	45	38	17	12	14							20	18	19
촌스럽다				46	24	31	45	44	44	61	37	45	30	46	41
간사하다	36	30	32				20	21	22				11	16	14
듣기 싫다				18	24	21	15	18	17				26	12	16

타방언에 대한 태도 (비율 %)

　표준어에 대해서는 70% 이상이 '듣기 좋다'라고 답하는 등, 대체로 표준어에 대하여 타방언 사용자가 호의적인 태도를 보이면서도, '차갑다, 무미건조하다, 간사하다' 등 부정적인 태도를 보이는 사람들도 많이 있음이 특이하다. 특히 눈에 띄는 것은 표준어에 대한 타방언 사용자의 태도의 남녀 비율이다. 긍정적 태도인 '듣기 좋다'(남 76%, 여 73%), '점잖다'(남 59%, 여 57%), 부정적 태도인 '간사하다'(남 36%, 여30%)가 남녀 비슷한 정도로 나타난다. 그리고 '상냥하다'(남 61%, 여 49%), '귀엽다'(남 57%, 여 18%) 등 긍정적 태도를 남자가 여자보다 많이 나타내며, '차갑다'(남 30%, 여 42%), '무미건조하다'(남 24%, 여 45%) 등 부정적 태도를 여자가 남자보다 많이 나타낸다. 이것은 일반적으로 여자가 표준어에 대해 더 긍정적인 태도를 가지고 있다는 속설을 부정하는 결과이다.
　위의 기본 자료들을 1980년대 결과와 비교하기 위하여, 하나의 표로 제시하면,

방언	태도	1981년 자기 방언		2003년 자기 방언		1981년 타도 사람	2003년 타도 사람
		남	여	남	여		
영남방언	믿음직하다	70	52	71	26		23
	씩씩하다	75	29	71	79	20	59
	무뚝뚝하다	70	81	86	100	18	66
	듣기 좋다	60	19	29	37		27
	점잖다	20	19	29	5		
	듣기 싫다					20	21
	*정겹다			71	79		18
	*촌스럽다			29	37		31
호남방언	믿음직하다	65	41	54	25		17
	듣기 좋다	47	29	92	83		29
	씩씩하다	41	23	46	25		23
	촌스럽다	24	53	23	13		44
	간사하다			8	21	33	22
	듣기 싫다					35	17
	상냥하다			46	50	8	17
	*정겹다			92	67		51
	*귀엽다			62	25		24
충청방언	점잖다	50	65	80	50	22	21
	촌스럽다	30	70	40	40	25	45
	듣기 좋다	25	15	80	70		22
	상냥하다	25	10	60	60		18
	믿음직하다	20	50	40	30		10
	씩씩하다	15	10	40	10		12
	듣기 싫다					17	11
	*정겹다			80	80		46
	*답답하다			20	50		56
	*귀엽다			40	30		21
표준어 (서울/경기방언)	듣기 좋다	92	92	93	95	75	74
	배움직하다	61	57				
	상냥하다	52	38	61	74	47	53
	점잖다	46	27	76	72		57
	부럽다	32	23				
	믿음직하다	24	23	39	41		23
	간사하다			12	13	11	32
	*차갑다			22	44		39
	*무미건조하다			17	43		38

방언에 대한 태도 변화

표 "방언에 대한 태도 변화"와 같다. '정겹다' 등 1981년의 조사에서는 나타나지 않았거나 10% 이상의 답이 없었던 것은 '*'로 표시하여 제시하였다. 타방언 사용자는 남/녀, 서울/지방을 구분하지 않았다. 이 표에 나타난, 1980년대 초의 젊은이(고등학생 및 대학생)의 방언에 대한 태도와 2003년의 대학생이 가지는 방언에 대한 태도의 차이를 살펴보면 다음과 같다.

첫째, 자기 방언에 대한 긍정적 느낌은 과거와 현재가 비슷한 양상을 보이지만 부분적으로는 그 정도가 좀 더 커졌다. 자기의 호남방언에 대하여 '듣기 좋다, 상냥하다'라는 답이 훨씬 많아졌고, 자기의 충청방언에 대하여도 마찬가지이다. 다만 영남방언 사용자들은 자기 방언에 대해 '듣기 좋다'라고 대답한 사람들이 현저히 적다.

둘째, 과거에 표준어 이외의 방언의 경우 여자가 남자보다 자기 방언에 대해 부정적으로 나타났다. 현재의 조사 결과는 그러한 경향이 많이 약화된 것을 보인다. 자기 방언에 대해 여전히 여자가 남자보다 더 부정적임을 보이는 태도들로 영남방언의 '믿음직하다, 무뚝뚝하다, 점잖다', 호남방언의 '믿음직하다, 씩씩하다, 간사하다, (정겹다, 귀엽다)', 충청방언의 '점잖다, 씩씩하다, (답답하다)' 등이 있다. 그러나 나머지 태도에 대해서는 남녀 차이가 별로 없거나(10% 이하), 오히려 여자가 더 긍정적인 반응을 보인다.

셋째, 과거에는 타 방언에 대한 '듣기 싫다'라는 무조건적인 부정적 태도가 호남방언에 대해 두드러지게 많았는데(약 40%), 현재는 영남, 호남, 충청방언들에 대하여 10~20% 정도로 모두 비슷한 정도로 나타난다.

예나 지금이나 자기 방언에 호감을 갖고 타 방언에 부정적 태도를 보이는 것이 공통적이지만, 오늘날 타 방언에 대한 부정적 태도의 심화가 나타나면서도 긍정적 태도 또한 증가한 것은 타 방언에 대한 감정적 반응이 강화된 것으로 보인다. 어떤 면에서는 타 지역방언에 대한 익숙함과 친근감의 표현인지도 모른다. 그렇다 하더라도 방언에 대해 부정적인 느낌을 갖는 것은 편견임을 지속적으로 교육해야 할 것이다. 서울/경기방언에 대해서는 예나 지금이나 자기 방언 사용자의 90% 이상, 타방언 사용자의 70% 이상이 '듣기 좋다'라고 답함으로써 표준어로서의 지위가 확고히 유지되고 있다.

북한말에 대한 태도를 다른 방언에 대한 타방언 사용자의 태도와 함께 비교하여 보면, 북한말에 대해서 '씩씩하다'라고 긍정적으로 생각하거나 '촌스럽다, 무뚝뚝하다, 답답하다'라고 부정적으로 생각하는 것은 다른 방언에 대한 생각과 많이 다르지는 않다. 다만 표준어는 말할 것도 없고, 영남, 호남, 충청방언에 대해서 '듣기 좋다'라고 답한 사람들이 20% 이상이지만 북한말에 대해서는 별로 없는 것이 역시 북한은 우리에게 어느 정도 거리가 있음을 보여 준다.

사실 젊은이들 중 북한말을 잘 아는 사람들은 별로 없을 것이고, 그저 인상적인 느낌을 표현했을 것이다. 반세기가 넘는 분단의 장벽은 상당한 남북한 언어의 이질화를 가져왔고, 따라서 북한말(문화어) 중에는 생소한 것이 많다. 몇 가지 예를 들면 다음과 같다.

> 군중가요(대중가요), 정보행진(사열), 이방치기(어림짐작), 돌아치다(바쁘다), 무리등(샹들리에), 가시아버지(장인), 인차(당장)

스포츠 용어는 우리가 외래어를 사용하는 데 반하여, 북한말에서는 이른바 주체식 표기를 많이 사용한다.

> 공격어김(오프사이드), 살짝치기(번트), 앞손치기(잽), 빨헤엄(자유형), 날치기(클레이사격)

북한말에 대해 구체적으로 알지 못하지만 북한 뉴스 혹은 남북 교류시 북한 관리의 말을 들은 적이 있으므로 북한의 문화어에 대한 인상적 느낌을 가지는 것이 어렵지 않을 것이다.

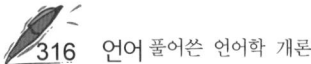
영화 ✚ 언어

「황산벌」(2003)은 언어가 중요하고 특별한 역할을 하는 흔치 않은 영화들 중의 하나이다. 그것은 이 영화가 서기 660년, 황산벌에서 백제의 계백 장군과 신라의 김유신 장군이 일전을 벌인 역사적 사건을 소재로 하면서, 백제인들이 호남방언을 사용하고 신라인들이 영남방언을 사용하는 것으로 연출하는 독특한 방법을 사용하였기 때문이다. 영화에 나타난 재미있는 방언의 사용에 대하여 살펴보자. 백제의 의자왕(오지명)과 계백(박중훈)과 군사들이 사용하는 호남방언에는 '잉(응), 했당께(했다니까), 야(예), 나가(내가), 니가(네가), 쪼께(조금)' 등의 표현이 있어 '문둥이(경상도 사람), 더버(더워), 억수로(매우), 몬하다(못하다)' 등의 표현이 있는, 김유신(정진영)과 신라 군사들이 사용하는 영남방언과 구별된다. 특히 의자왕과 계백이 사용하는 '거시기'는 방언적 차이뿐만 아니라(단, 현대 사전에는 표준어로 올라 있다) 사용 맥락을 알아야 그것이 가리키는 뜻을 이해할 수 있는 특징을 가진 대명사이다. 백제인과 맥락을 공유하지 않는 김유신과 신라군은 '거시기'의 뜻을 처음에 이해할 수 없었고 나중에 그것을 파악한 이후에야 백제군에 승리할 수 있었다. 이러한 표현상의 차이 이외에 영남방언에는 표준어와 호남방언에는 없는 성조(음의 높낮이)가 있다. 그리고 (일부) 영남방언의 특징인 쌍시옷 발음의 약화가 있다. 예를 들어, '쌀'을 '살'로 발음하고 '싸움'을 '사움'으로 발음하는 것이다. 영화에서 김유신이 군량미를 당군에게 보급하는 신라군의 임무를 자조적으로 일컫는 말의 발음은 '살배달'이다. 반면에 계백은 '쌀배달'이라고 쌍시옷을 분명하게 발음한다.

　영화 초반부에 백제 군사 두 명이 첩자로 신라군 속으로 들어가는 장면이 있다. 그들은 신분을 감추기 위하여 호남방언을 숨기고 영남방언을 사용하지만, 무의식중에 '거시기, 했당께' 등 호남방언을 사용함으로써 정체가 탄로된다. 언어가 신분을 드러낸 셈이다. 이와 관련하여, 성경의 구약 사사기에 'shibboleth'라는 말과 관련된 이야기가 나온다. 길르앗 사람들이 그들의 적인 에브라임 사람들을 색출하기 위해 사람들에게 이 단어의 발음을 시켜보고, 어두의 'sh' 발음('십볼렛')을 제대로 못하고 's'로 발음('씹볼렛')을 하면 에브라임 사람으로 간주하여 죽였다는 것이다. 오늘날 'shibboleth'라는 영어 단어는 국적, 계층, 소속 집단의 특징을 이루는 말투나 말버릇을 가리킨다. 영화에서 신라군 속의 백제군 첩자 혹은 백제군 속의 신라군 첩자는 '쌀'/'살'의 발음의 차이로 식별해 낼 수 있을 것이니 이 단어는 하나의 '십볼렛'이 될 것이다.

3. 언어와 성

성 차이와 언어

　언어는 언어를 사용하는 사람이 남자인가 여자인가, 그리고 언어 표현이 지시하는 대상이 남자인가 여자인가에 따라 다른 면이 있다. 언어와 성(gender)은 사회언어학의 중요한 주제이다. (이하 장소원 외(2002)를 참조함.)

　어떤 단어들은 그 의미상 남녀 성별에 따른 차이가 중요하다. '누나, 언니, 오빠, 형'과 같은 친족어는 남녀 관계에 기초하여 적절히 사용될 수 있다. 특정 사회방언에서는 일반적인 성별 차이와 다르게 이러한 단어를 사용할 수도 있는데, 대학생 사회에서 여자 후배가 남자 선배를 보고 '형'이라고 하는 것이 그러한 예이다. 어떤 단어들은 여자들에만 사용하는 경향이 있다. '미인, 홍일점, 아리땁다'와 같이 반드시 여자에게 사용하는 말, '화장, 얌전하다, 알뜰하다'와 같이 주로 여자에게 사용하는 말들이 있다. 반면에 '미남, 점잖다' 등 남자에게만 사용하는 말, 혹은 '나그네, 건장하다'와 같이 주로 남자에게만 사용하는 말들도 있다.

우리말에서, 여자가 화자일 경우 나타나는 여러 가지 언어 특징이 있다. 여성 발화어의 음운적 특징으로 '짝다', '쪼끔' 등 경음의 과도한 사용, '요걸로' 등의 표현에서 나타나는 ㄹ 첨가가 있다. 어휘적 특성으로는, '근데, 그치, 어쩜' 등 축약어를 많이 사용하고, '요것, 고기, 조것' 등 작고 귀여운 어감의 지시사 사용, 그리고 '어머나, 홍, 피이, 어쩜' 등 여성 특유의 감탄사 사용이 있다. 여성 발화어의 통사적 특징으로는, 망설이거나 주저하는 말투, 공손한 표현의 사용, 그리고 남성에 비해 '응, 그래, 맞아' 등의 표현을 사용하여 맞장구를 치면서 상대방의 대화를 지원하는 경향 등이 있다. 남자가 대화를 주도하는 반면 여자는 그렇지 않은 경향이 있다는 것은 외국의 말차례 가로채기 연구의 결과에서도 나타난다. 남자가 여자의 말을 가로챈 경우가 반대의 경우보다 훨씬 많다고 한다.

성차별적 표현

남녀 언어의 차이는 단순한 차이를 넘어서 차별적인 요소를 보이기도 한다. 즉 성의 차이를 이유로 사람을 차별하는 성차별(sexism)이 언어에 나타나기도 한다.

우선, 총칭에서 성차별이 나타난다. 우리나라의 헌법 제39조 1항에 "모든 국민은 법률이 정하는 바에 의하여 국방의 의무를 진다"라고 되어 있는데, 여기서 '모든 국민'이란 병역의 의무를 지는 남자를 말한다. 영어의 'man'은 남성을 나타낼 수도 있지만 남녀 구분 없이 인간을 가리킬 수도 있다. 총칭과 관련한 성차별은 직업 명칭에서도 나타난다. 오늘날 의사, 교수, 변호사, 사장은 남자일 수도 있고 여자일 수도 있다. 하지만 '여의사, 여교수, 여변호사, 여사장' 등 여자를 명시적으로 드러내는 말은 있지만 '남의사, 남교수, 남변호사, 남사장' 등의 말은 없다.

남자 교수는 그저 '교수'라고 부른다. 직업명이 남자 위주로 되어 있는 것은 영어와 다른 유럽 언어들에서도 마찬가지이다. 'lady doctor', 'woman doctor'라는 말이 있지만 'man doctor'라는 말은 없다. 문법적 성을 가지고 있는 프랑스어, 독일어 등 유럽어에서 직업 명칭은 대부분 남성 명사라고 하는 사실도 이러한 현상과 무관하지 않다. 이러한 직업명에서의 성차별은 근대 사회 이전에 직업을 갖는 것이 남자의 역할이었기 때문이라고 볼 수 있는데, 현대 사회와 같이 직업에 있어서 남녀 구별이 없어진 시대에도 언어는 옛 형태를 유지하고 있기 때문에 언어의 성차별이 발생한다.

직업명이 아니더라도 일상 언어에 성차별 요소가 있다. 영어의 'bachelor'와 'spinster'는 모두 결혼을 안 한 젊은이들을 가리키는데, 남자를 가리키는 전자의 단어가 미혼 생활을 즐기는 남자라는 느낌을 주는 반면, 후자는 불만족스러운 삶을 영위하는 여자라는 느낌을 준다. 우리말의 '놈'과 '년'은 모두 남자 혹은 여자를 낮잡아 이르는 말이지만 여자를 가리키는 '년'이 좀 더 상스럽게 들린다. 남자 아이를 보고 "그 놈 참 잘 생겼다"라고 말하는 것과, 여자 아이를 보고 "그 년 참 잘 생겼다"라고 하는 것이 같은 느낌을 주지는 않을 것이다. 또 근래 인터넷에서 유행했으며, 이후 종이책으로 출판되어 베스트셀러가 되었고 영화로도 제작된 소설의 제목 "그놈은 멋있었다"는 그런 대로 괜찮지만, "그년은 멋있었다"라는 제목의 영화가 나온다면 영상물 등급 위원회의 통과가 불가능할 수도 있다. 영화 광고에 나타난 "내 입술 부빈 눈, 책임져"라는 카피에 '년'이 아닌 '눈'이 쓰인 것을 이와 같은 맥락에서 이해할 수 있다. 아울러, '신사 숙녀, 소년 소녀, 신랑 신부, 장인 장모' 등의 말, 심지어는 '남녀'라는 말에서도 남자가 우선한다는 순서의 성차별이 있다. 반면에 부정적인 의미를 가지는 표현에서는 반대로 여자가 먼저 나온다. '연놈', '에미애비'와 같이 낮잡아 부르는 말, '암수'와 같이 동물을 지칭할 때에 그렇다.

우리 사회에서 성매매를 가리키는 '매춘'(賣春), '매색'(賣色), '매음'(賣淫)과 같은 단어들은 성을 파는 행위만을 규정하고 성을 사는 행위를 제외시킴으로서, 성을 파는 행위에만 도덕적 비난을 돌린다. '윤락'(淪落)이라는 말도 쓰이는데, 사전에 "여자가 타락하여 몸을 파는 처지에 빠짐"으로 정의되어 있다. 성매매가

성을 파는 사람이 아닌 성을 사는 사람의 필요에 의해 이루어짐에도 이러한 용어가 쓰이는 것은, 페미니스트의 관점에서가 아니더라도, 성차별이라고 볼 수밖에 없다.

직접적인 성차별이 우리나라의 속담에도 나타난다. 여성을 비하하는 속담으로서 다음과 같은 것이 있다.

▎여자 셋이 모이면 접시가 깨진다

특별히 우리나라만 언어적으로 여성을 더 차별하는 것은 아니다. 다음과 같은, 위와 같은 내용의, 다른 나라 속담의 예도 있다.

▎침묵하는 여자가 지껄이는 여자보다 훨씬 낫다 (이탈리아)
▎남자는 말을 하지만 여자는 쫑알거린다 (스페인)
▎여자의 입은 악담의 보금자리 (몽고)
▎여자의 입을 열게 하기 위해선 수천의 방법이 있지만, 여자의 입을 다물게
　 하는 방법은 전혀 없다 (프랑스)

이러한 속담이나 경구는 전근대적 유물이므로 심각히 생각할 필요는 없겠지만, 오늘날도 이러한 표현을 사용하는 사람이 있다면 그는 성차별주의자일 것이다. 혹은 위 속담들의 경우, 여성이 남성보다 언어적으로 뛰어나다는 사실이 반영된 결과라고 볼 수도 있다. 여성에 대한 은어나 욕이 남성에 대한 것보다 훨씬 많은 것, 예를 들어 욕에 아빠('애비')보다 엄마('에미')를 더 많이 들먹이는 것도 성차별적이라고 할 수 있다.

속담이나 욕과 같은 명시적인 성차별 언어는 아니지만 은연중에 성차별을 보이는, 근래 많이 쓰는 단어가 '아줌마'이다. 결혼 한 여자를 낮추어 부르는 이 말이 오늘날 여러 가지 부정적인 내포적 의미를 가지고 있다.

우선 이 말은 결혼한 여자에게 무조건 적용되지는 않는다. 결혼을 했지만 30대를 넘지 않고 외모도 처녀처럼 가꾸는 소위 미시족에게는 '아줌마'라는 말이 적당하지 않을 것이다. 아줌마는 어느 정도 나이가 들고, 외모도 여성적인 매력을

상실하고, 생각이나 행동에서 거리낌이 없는, 조금은 뻔뻔스러운 여자이다. 그러나 이러한 부정적 이미지의 암시적 의미를 '아줌마'라는 말에 부여한 것은 성차별적 현상이라고 볼 수 있다. '아저씨'라는 말이 부정적인 이미지가 없거나, 있다고 하더라도 그 정도가 약한 것과 대조된다. 한편, 요즈음에는 경제력을 갖추고 사회생활을 하는, 30~40대의 기혼 여성을 가리키는 '줌마렐라'('아줌마' + '신데렐라')가 그런 부정적 이미지를 거부한다.

　일상어에서의 성차별을 없애기 위한 노력이 산발적으로 있어 왔다. 영어에서 'chairman, congressman' 대신 'chairperson, congressperson' 등 남녀 공통어임이 드러나는 말을 쓰는 것과 같은 것이다. 우리나라에서는 2008년 국립국어원에서 성차별적 요소가 있는 단어 5000여 개를 발표하였다. 'S 라인' 등 근래 쓰기 시작한 말들이 모두 포함된다. 가능한 한 이런 말들을 쓰지 않고 다른 말로 대치하기를 권장하는 것이다.

　성경에 나타나는 일부 남성중심적인 표현을 중립적으로 바꾸려는 노력도 있었다. 외국의 성경 번역에서 이러한 노력이 있었고 우리나라의 성경 번역에도 주목할 만한 것들이 있다. 우리나라의 성경 번역의 역사에서 중요한 사건은 다음과 같다. (이하 내용은 대한성서공회 홈페이지를 참조함.)

> 1938 성경개역, 구약개역, 신약개역
> 1961 성경전서 개역한글판
> 1977 공동번역
> 1993 표준새번역

　1882년부터 부분적으로 우리말로 번역되기 시작한 성경은 1961년의 개역한글판이 나왔고 이것이 개신교에서 오늘날 가장 많이 사용되고 있다. 공동번역과 표준새번역은 후에 번역된 성경이다. 가장 나중에 번역된 표준새번역 성경이 이전의 개역한글판 성경과 다른 점은 현대어와 쉬운 말을 사용했다는 점 이외에도 다음과 같이 성차별 표현을 없앴다는 것이다.

　첫째, 여성 멸시 표현인 '계집', '어미' 같은 표현이 사라졌다. 열왕기 3장 16절의 표현을 비교해 보면 다음과 같다.

| (개역한글) 때에 창기 두 계집이 왕에게 와서 그 앞에 서며
| (표준새번역) 하루는 창녀 두 사람이 왕에게 와서, 그 앞에 섰다.

둘째, 여성을 남성에 끼워 넣는 표현, 예를 들면, '아들' 속에 의미적으로 '딸'을 끼워 넣는 것을 '자녀' 또는 '아들딸'로 번역하였다. 예를 들어 마태복음 5장 9절은 다음과 같다.

| (개역한글) 화평케 하는 자는 복이 있나니 저희가 하나님의 아들이라 일
| 컬음을 받을 것임이요
| (표준새번역) 평화를 이루는 사람은 복이 있다. 그들이 하나님의 자녀라고
| 불릴 것이다.

셋째, 개역한글 성경에서는 남성이 여성에게 반말을 쓰지만 표준새번역 성경에서는 서로 존대말을 쓰도록 하였다. 특히 룻기에서 룻과 보아스는 서로 존대말을 쓰도록 번역하였다.

성경에서의 성차별적 표현을 바꾸는 일은 일상 언어에 편재해 있는 성차별적 요소를 바꾸어 가는 일들 중의 하나이다. 이미 관습화한 언어를 인위적으로 교정하는 일이 그렇게 쉽지만은 않을 것이다.

영화 ✛ 언어

여자의 언어와 남자의 언어는 차이가 있다. 영화 속에서 남자와 여자가 하는 말의 차이는 우리가 일상적으로 대하는 것이기 때문에 별로 눈에 띄지 않는다. 그러나 남자가 여장을 하고 여자 흉내를 내는 것을 보여주는 영화들은 한 사람이 남자로서, 그리고 여자로서 다른 방식의 언어를 쓰는 것을 보여 준다. 「투씨」(Tootsie, 1982)와 「미세스 다웃파이어」(Mrs. Doubtfire, 1993)는 더스틴 호프만과 로빈 윌리엄스가 여장을 하고 나타나는 영화들이다. 여자로 보이기 위해 그들의 음성은 평상시와 달리 톤이 올라간다. 아울러, 귀여운 척 하는 말과 행동을 한다. 아내와 이혼하고 아이들을 만나기 위해서 가정부로 변장을 하는 것 같은 진지한 이유로 여장을 하고 여자 같은 말을 사용하지만, 그 말과 행동과 모습이 우스운 것은 어쩔 수 없다.

　남자가 여장을 한다는 점에서는 마찬가지이지만, 「사이코」(Psycho, 1960)와 「드레스투킬」(Dressed to Kill, 1980)에서의 여장 남자들은 귀엽다거나 우습다는 말과는 거리가 있다. 이들은 정신분열증 환자들이다. 히치콕 감독의 「사이코」에 나오는 모텔 주인은 이미 죽은 엄마의 역할을 하면서 샤워를 하고 있는 금발의 여자를 난도질한다. 브라이언 드팔머 감독의 「드레스투킬」은 심리상담사 남자가 정성들여 여장을 하고 사람을 죽이기 위해 나가는 모습을 보여 준다. 이들은 말보다는 행동(살인)을 하는 사람들이니, 여장을 하고 나서 말이 어떻게 바뀌는지는 영화에 별로 나타나지 않는다.

4. 금기어와 속어

　언어 표현은 세상의 사물 대신에 사용하는 표상(representation)이다. 언어 표현들 자체는 일정한 소리의 결합, 혹은 그것을 시각적으로 나타낸 글자의 결합으로서 모두가 동등한 자격을 갖지만, 그것들이 표상하는 세상의 사물은 인간에게 즐거움을 주는 것들도 있고 그렇지 않은 것들도 있다. 후자의 것들 중 대표적인 것이 인간과 동물의 배설물이다. 실제 세상에서 배설물은 깨끗하지 않고 냄새가 지독하므로 사람이 피하고 싶은 것이고, 이러한 사물을 표상하는 언어 표현도 사용하지 않으려는 경향이 있다. 이러한 단어들을 금기어(taboo word)라고 한다. 예를 들어 '똥'은 금기어이다. 그래도 이 말이 지시하는 대상은 우리 생활과 밀접한 관련이 있으므로 그저 무시하고 그것에 대해 말을 하지 않을 수는 없다(그리고 변비약 선전도 해야 한다). 그래서 그것을 달리 표현하는 말들을 대신 사용하는 경우가 많다. 일종의 완곡어법(euphemism)이다.

　예를 들어, '똥' 대신 '대변, 인분, 변' 등의 한자말이 좀 더 점잖게 인식되고 공적인 상황에서는 이 말들이 사용된다. 똥과 관련된, 우리 생활에서 아주 중요하고 친근한 장소인 변소도 그냥 변소라고 부르기에는 좀 껄끄러워 '화장실'이라는 점잖은 말로 부르는 일이 많다. 한컴 유의어 사전에서 '변소'의 유의어를 찾아보면 다음과 같은 많은 단어들이 있다.

변소(便所), 뒷간, 화장실(化粧室), 서각(西閣), 정방(淨房), 측간(廁間), 측실(廁室), 측청(廁圊), 혼측(溷廁), 회치장(灰治粧), 소변소(小便所), 요처(要處), 시뢰(豕牢); 작은집, 먼데; 정낭<방[함경]>, 드나깃간<방[함남]>, 정낭간<방[제주.전라.경상]>, 똥둑간<방[제주.전라.경상]>, 똥뒷간<방[제주.전라.경상]>, 똥간<방[제주.전라.경상]>, 똥경낭<방[제주.전라.경상]>, 통숫간<방[제주.전라.경상]>, 통시<방[제주.전라.경상]>, 동내<방[전북.충남]>, 동숫간<방[전북.충남]>, 둑간<방>; 진잿간<특[심마니]>

여기 나온 한자어들이 모두 우리말인지는 의심스럽다. 또 한 가지 의문이 생기는 것은 '똥둑간', '똥간'과 같이 그 장소를 가장 자연스럽게 표현하는 말들이 제주, 전라(호남), 경상(영남) 방언에만 있는 것으로 나와 있다는 것이다. 과연 서울 사람들은 원래부터 고상한 말만 사용했을까? 나는 인천에서 태어나 자랐는데, '똥투간'이라는 말이 아주 친숙하다.

변비약이나 유산균 식품광고에서 배설물은 직접 언급되거나 보여지지 않고 다른 영상을 통해 간접적으로 표현된다(변비약이나 유산균 식품 광고를 떠올려 보자). 언어의 완곡어법과 마찬가지로 영상의 완곡 표현이 있다.

배설물과 함께 사람들이 입에 올리기를 꺼리는 말은 성(性)행위 혹은 성기를 가리키는 말이다. 성기를 가리키는 고유어들을 일반적인 대화에서 말로 표현하는 것은 거의 불가능하다. 학술적인 담화 상황, 예를 들어 성교육 교과서나 신문이나 주간지의 성 상담 기사에서도 고유어로 성기를 가리키는 경우는 없다. 대신에 조금은 어려운 한자어로 돌려 말한다. (단, 연극 「버자이너 모놀로그」는 예외이다.)

금기어들은 일상적인 언어 사용 상황에서 사람들이 사용하기를 꺼리는 말들이다. 그런 만큼 이 말들은 상대방을 무시하고 당혹하게 하기 위한 욕설로 쓰이기에 적당하다. 그래서 우리말을 비롯하여 세계 어느 나라 말에서도 성과 배설물과 관련된 금기어는 전형적인 욕설의 재료이다. 욕설은 남을 저주하기 위해서도 사용되므로 성과 배설물 관련 단어 이외에 병, 죽음, 신체적 상해와 관련된 말도 사용된다. '염병할'이라는 욕은 과거 치명적인 전염병이었던 장티푸스를 의미하는 염병을 앓으라는 말이고, '육시랄'은 이미 죽은 사람의 목을 베는 형벌인 육시를 당하라는 말이다.

그런데, 욕설은 금기어 자체이어야 하지, 금기어가 가리키는 대상을 지칭하는 다른 말이어서는 안 된다. '죽어라'라는 말보다는 '뒈져라'가 심한 욕이며, 성과 배설물 관련 욕도 마찬가지이다. '똥물에 튀겨 죽일 놈'이라는 욕은 있지만 '분즙에 튀겨 사망시킬 놈'이라는 욕은 없다.

욕에서 사용하는 금기어는 저속한 말, 즉 비속어(slang)의 일종이다. 비속어는 욕을 포함하여 여러 가지 천한 느낌을 주는 말들이다. '먹는다'라는 보통의 표현에 대하여 '처먹는다'는 비속어이고, '죽다'에 대하여 '뒈지다'는 비속어이다. 또한 사람의 신체 기관을 가리키는 말들 중에 비속어가 많이 있다. 사람 머리를 '대가리'라고 부를 때 그것은 비속어이고, '입' 대신 쓰이는 '아가리'나 '주둥이'도 비속어이다. '눈깔, 누시깔, 볼따구니, 볼때기, 배때기, 등짝, 엉덩짝' 등의 비속어도 있다. '똥구멍'과 '밑구멍'도 속된 표현으로 그 사용이 제한적이다. 대신 '항문'이라는 말이 쓰인다. 속어는 천한 말이므로 일반적으로는 사용이 제한적이지만, 폭력배 사회와 같은 일부 사회 계층에서는 일상적으로 사용되기도 한다.

욕설은 언어 폭력의 수단으로 이용될 수도 있으므로 좋지 않은 것이다(욕설 없이도 언어 폭력은 가능하다). 그러나 욕에 지나친 살의와 악의가 없다면 제한적이나마 긍정적인 기능을 할 수도 있다. 즉, 서로 터놓고 지내는 사이임을 과시하는 사교의 기능을 욕이 할 수도 있다. 그런 관점에서 보면 욕 잘하는 욕쟁이가 반드시 나쁜 사람이 아니고, 욕 많이 먹는 사람도 반드시 나쁜 사람은 아닐 것이다.

금기어나 속어 표현 대신에 다른 말을 사용할 경우에도 그것이 가리키는 대상은 변하지 않는다. 따라서 어떤 완곡어가 점차 완곡어법으로서의 역할이 약화되어 다른 완곡한 표현으로 대치되기도 한다. 한 가지 예를 들어 보자. 치질은 일반적인 질환으로서 항문에 문제가 생기는 병이다. 치질을 전문적으로 치료하는 병원들은 그 병원에서 다루는 신체 부위가 무엇인지 표시하고자 하면서도 그것을 완곡히 표현하는 경우가 많다. 즉, '항문'이 '똥구멍'과 같은 속어 표현이 아니지만(즉, 일종의 완곡어라고 할 수 있지만), '항문외과'와 같이 표현하기보다는 다음과 같이 또 다른 여러 가지 완곡어법을 사용한다. (의료법에 따라 '항문' 등 신체 부위 명칭을 간판에 쓰고 싶어도 쓸 수 없다고도 한다.) 아래의 병원 이름들은 내가 길을 지나다니면서 유심히 관찰한 것들이거나 인터넷 검색 사이트에서 찾은 것들이다.

> 학문외과, 향문외과, 치항외과, 항美외과, 대항병원, 문항외과, 새항외과, 예항외과, 장문외과, 항외과, 항준외과, 항장외과, 굿모닝창문외과, 항운병원, 태항외과, 순항외과, 항도외과, 홍문외과, 창문외과, 늘시원항문외과, 항사랑대장항문클리닉, 굿모닝홍문외과

'항문'의 '항'자를 살리면서 변형한 표현이 가장 많고, 발음을 이용한 것('학문'), '항'자를 변형한 것('향문'), '항문'의 '문'자를 살리면서 관련되는 의미를 가지도록 한 것('장문', '창문')들이 있다. 어떤 이름들은 '항문' 혹은 그것의 변형을 피하고, 항문의 수술로 인한 좋은 결과를 암시하는 표현을 사용한다.

> 좋은아침외과, 상쾌한아침외과, 굿모닝외과, 시원외과, 상쾌한외과, 좋은하루외과

비속어나 금기어의 완곡어법은 아니지만, 직업명의 경우에도 그것이 가리키는 직업을 폄하하여 부르던 관습이 있거나, 명칭 자체에 거리낌이 있는 경우 다른 명칭으로 둘러 표현하는 완곡어법이 있다. 과거 '청소부'라고 하던 것을 '환경미화원', '식모'를 '가정부', '보험 외판원'을 '생활설계사'로 부르는 것과 같은 것이다. 외국에서도 'garbage worker'보다는 'sanitation worker'로 부르는 등 현대 사회에서 이러한 추세는 보편적이다.

영화 + 언어

비속어가 일상적으로 쓰이는 사회 집단, 즉 깡패나 범죄 집단을 소재로 한 영화에서는 거침없는 욕을 많이 들을 수 있다. 「재키브라운」(Jackie Brown, 1997), 「저수지의 개들」(Reservoir Dogs, 1996) 같은 타란티노 감독의 영화들은 수많은 욕설이 난무하는 저급 문화의 재미를 추구한다. 「좋은 친구들」(Goodfellas, 1990)의 범죄 집단, 그리고 「풀 몬티」(The Full Monty, 1997)의 하급 노동자들 사이에서도 'fuck'은 욕설이라기보다는 말과 말 사이를 이어 주는 어조사이다. 「비트」(1997), 「파이란」(2001), 「영화는 영화다」(2008), 「똥파리」(2009) 등의 우리나라 영화에서도 수많은 'ㅆ' 계열의 욕설이

쓰이고, 그것들은 영어의 'fuck'과 같이 어조사처럼 사용된다.

한국 영화 「비트」는 공부에는 취미가 없지만 주먹 하나는 잘 쓰는 청년과 부잣집 여자의 이야기이다. 조직 폭력배에 가담한 청년이 결국 폭력배에 맞아 죽게 되는, 청춘의 방황과 비극을 그린 이 영화는 오래 전의 영화, 신성일, 엄앵란 주연의 「맨발의 청춘」(1964)과 비교된다. 깡패 청년(정우성)과 부잣집 처녀(고소영)와의 비극적 사랑 이야기는 시대를 뛰어 넘어 「맨발의 청춘」과 공통점이 있다. 사회에서 버림받은, 청춘의 아름다움을 향유하지 못하는 불우한 청년, 그는 오직 치고받는 데에만 특기가 있다. 부잣집 처녀를 사랑하게 된 그는 의리에 살지만 결국은 죽음이라는 비극적 최후를 맞는다. 그러나 현대와 과거의 맨발의 청춘에는 많은 차이가 있다. 「맨발의 청춘」에서는 처음에 남자가 여자를 쫓아다니다가 여자도 남자를 좋아하게 된다. 「비트」에서는 처음부터 줄곧 여자가 남자를 리드한다. 「맨발의 청춘」에 나오는 여자는 순진 청순형으로서, 그녀는 깡패 청년과 같이 최후를 맞는다. 하지만 「비트」의 여자는 오만하며 타락형이다. 마지막에 남자와 같이 죽을 만큼 운명적인 사랑이 어울리지 않는다. 영화의 마지막은 청년의 죽음으로 동일하지만 「맨발의 청춘」의 장면이 더 여운을 남긴다. 거기서 청년의 주검은 거적에 덮여 리어카로 운반되며, 시체를 덮은 거적 밖으로 두 개의 맨발이 삐져나와 덜렁거린다. 그리고 「비트」에는 남자 아이들과 깡패들이 사용하는 상소리와 욕이 여과 없이 사용된다. '개새끼'는 점잖은 편이고 ㅆ팔, ㅆ발놈, ㅆㅂ탱이' 등 ㅆ-계 욕이 자연스럽게 터져 나온다. 과거 시대의 깡패들의 언어가 지금에 비하여 고상했기 때문이 아니라, 요즘 영화에서의 표현 방식이 좀 더 사실적, 직설적이 되었기 때문이다.

5. 언어의 접촉: 피진어와 크리올어

지구상의 인간들은 오랜 옛날부터 다른 지역의 사람들과 접촉을 해 왔다. 다른 언어를 사용하는 사람들과의 상업적 교류도 있었다. 여러 언어를 사용하는 사람들 사이의 의사소통을 위해서 어떤 한 언어가 공동의 언어로 사용될 때 이것을 링구아프랑카(lingua franca)라고 부른다. 이 말은 중세 시대 지중해의 항구에서 쓰이던 무역 언어 이름인, "Frankish language"를 의미하는 'Lingua Franca'에서 온 것이라고 한다. 이 언어는 오늘날의 이탈리아어 계통이다.

현대의 링구아프랑카는 단연 영어이다. 국제어로서의 영어의 위치는 현재 확고하고 미국이 강대국으로 버티고 있는 한 그 지위가 변하지 않을 것이다. 한때 프랑스어가 외교 분야의 링구아프랑카로 대접받던 시절이 있었다. 그러나 프랑스어의 영광은 이제 지나간 옛일이다. 아프리카 지역에서는 스와힐리어(Swahili)가 그 지역의 수많은 부족과 국가에서 통용되는 링구아프랑카이다. 서부 아프리카 지역에만 국한하자면 그곳에서는 하우사어(Hausa)가 링구아프랑카이다. 아시아로 눈을 돌리면, 1000 가지 이상의 언어들이 존재하는 인도에서는 영어와 힌디어(Hindi)가, 파키스탄에서는 우르두어(Urdu)가 링구아프랑카이다.

이상과 같이 어느 한 언어가 링구아프랑카로 통용되기도 하지만, 어떤 경우에는 언어들의 접촉 과정에서 한 언어가 아주 간략화된 형태로 변형되어 링구아프랑카로 사용되기도 한다. 이것을 피진어(pidgin)라고 한다. 피진어는 어휘 수가 작고, 복잡한 문법 규칙이 없는 기초적인 언어 형태로서 하나의 완전한 자연언어가 아니라 주변적 언어이다. 영어를 기반으로 만들어진 피진어 가운데 멜라네시아 피진 영어(Melanesian Pidgin English)인 톡 피진(Tok Pisin)이 유명하다.

피진어는 다른 언어를 모국어로 가지고 있는 사람들 사이에서 의사소통을 위하여 사용되는 아주 단순한 언어 시스템이다. 그런데 피진어가 사용되는 지역에서 태어나서 자란 사람들이 피진어를 모국어로 습득하게 될 때, 즉 피진어가 하나의 모국어로 기능할 때 이것을 크리올어(creole)라고 한다. 크리올어는 실제 모국어로 기능하기 때문에 피진어보다 더 많은 문법적 구분과 단어를 가지게 된 하나의 완전한 언어이다. 대표적인 예로, 카리브해 아이티의 아이티 크리올어(Haitian Creole), 미국 조지아 지역의 아프리카 노예들의 후손이 사용하는 굴라어(Gullah)가 있다.

피진어와 크리올어의 사회언어학적 연구는 언어의 접촉에서 발생하는 새로운 변형된 언어를 살펴봄으로써 인간 언어의 보편성과 한계에 대한 이해를 증진시킨다.

영화 + 언어

멜 깁슨이 제작과 감독을 한 영화 「패션 오브 크라이스」(The Passion of the Christ, 2004)는 고통 받는 예수 그리스도의 수난('Passion')을 사실적으로 묘사한다. 즉, 이 영화는 우리가 잘 알고 있는 사실을 시각적으로 정밀하게 보여준다. 시각적인 면에서

뿐 아니라 나아가 청각적인 면에서도 그 옛날의 그리스도의 수난의 현장을 우리에게 들려 준다. 즉, 이 영화에서 예수는 당시 팔레스타인 지역의 언어인 아람어를 사용한다.

　아람어는 셈어족에 속하는 언어로서 기원전 1000년 시리아와 메소포타미아 지역에서 번성한 아람인의 언어이다. 기원전 4세기까지 앗시리아, 바빌로니아, 페르시아 제국에서 아람어를 사용하였고 이후에도 아람어는 기원후 7세기까지 중동의 링구아프랑카로 사용되었다. 팔레스타인 지역의 유대인들도 고대 히브류어가 아닌 아람어를 사용하게 되었는데 구약성서의 일부와 탈무드도 아람어로 쓰였다. 7세기 이후에는 이슬람과 아랍어의 세력 신장으로 점차 사용 지역이 좁아져 지금은 이란, 시리아 등지에 몇 십만 명만이 이 언어를 사용한다.

　그리스도의 수난을 눈과 귀로 보고 들은 후에 부르는 부활절 찬송가의 "우리 죄를 지고 가는 어린 양 보라"라는 가사는 더욱 절실한 의미로 다가온다.

　이 장에서는 사람들 사이의 커뮤니케이션으로서 존재하는 언어, 즉 언어의 사회적 측면에 대하여 살펴보았다. 사람들마다 혹은 사람들의 집단마다 다른 언어의 양상인 지역방언과 사회방언, 남녀의 언어의 차이, 속어에 대해서도 알아보았다. 그래서 영화 제목을 빌려 이 장을 마무리하자면 … **언어와 사람 사이**(「냉정과 열정 사이」).

더 읽을거리와 유용한 사이트

이익섭 (1994).『사회언어학』. 서울: 민음사.
장소원, 남윤진, 이홍식, 이은경 (2002).『말의 세상 세상의 말』. 서울: 월인.
정경일, 최호철 외 (2000).『한국어의 탐구와 이해』. 서울: 박이정. [1~2장]
정해경 (2003).『섹시즘: 남자들에 갇힌 여자』. 서울: 휴머니스트.
Fromkin, Victoria, Robert Rodman, and Nina M. Hyams (2007). *An Introduction to Language*, 8th edition, Boston: Tomson. [10장]

대한성서공회　http://www.bskorea.or.kr

에스아이엘(SIL)   http://www.sil.org

연습과 생각

1. 본문에 나와 있지 않은 (최근의) 유행어와 그 뜻을 5개 이상 제시하시오.
2. 본문에 제시된, 2000년대 방언에 대한 태도의 항목을 고려하여, 자신의 방언 및 다른 지역의 방언에 대하여 가지는 자신의 태도를 기록하여 보시오. 그 결과를 본문의 결과와 비교하시오.
3. 표준어의 필요성 혹은 불필요성에 대하여 논의하시오.
4. 영화(「친절한 금자씨」) 대사에도 있는, "너나 잘 하세요"라는 말이 평범하지 않게 들리는 이유를 설명하시오.
5. 평소 자신이 사용하거나 주변에서 듣게 되는 단어와 표현 중 성차별적인 것이 있는지 생각해 보고, 개선 방안(대안)을 제시하시오.
6. 평소에 자주 사용하거나 듣게 되는 금기어(속어)를 조사하고, 사용해도 괜찮은 말과 그렇지 않은 말을 구분하시오. 사용해도 될 만한 말은 왜 그런지 설명하시오.
7. 한국에서 영어 공용화에 대한 자신의 생각을 피력하시오.

제12장
언어와 문학: 텍스트 장르와 문체

1. 시의 언어

운율

문학은 언어의 예술이다. 따라서 언어를 연구하는 언어학이 문학과 관련이 없을 수 없다. 고대의 문학 작품을 제대로 감상하고 분석하기 위해서는 우선 그 문자와 언어를 이해하여야 한다. 말하자면, 언어학적 이해가 문학적 이해의 전제조건이다. 현대의 문학 작품들도 언어 분석을 통하여 좀 더 깊이 이해할 수 있는 부분이 있다. 특히, 문학의 여러 가지 장르 중에서도 운율이 중요한 역할을 하는 운문, 즉 시는 언어의 형식과 밀접한 관련이 있다.

현대의 자유시나 산문시는 좀 성격이 다르지만, 고대로부터 시와 산문의 중요한 차이는 리듬(rhythm) 즉 운율의 유무이다. 반복적으로 어떤 언어 형식이 나타나는 리듬이 음악적 감흥을 불러일으킨다. 시에 나타나는 반복적인 언어 특성은 언어의 형식적(음성적) 특성을 반영하기 때문에 각 개별 언어의 음성적 특성에 따라 그 언어의 시의 형식에 제약이 있다. 한 시행의 운율 형식을 율격(meter)이라고 하는데, 언어에 따라 그 언어의 시에 적합한 율격이 다르다.

영어와 같이 강세가 중요한 언어에서는 강약에 따른 리듬이 시에 반영된다. 그리스어, 라틴어와 같이 음의 길이가 중요한 언어에서는 음장이 시의 율격을 결정한다. 중국어는 성조가 있는 언어로, 중국의 율시는 성조의 패턴으로 정형화된다.

강세나 음장이 두드러지지 않은 언어가 이런 음성적 특성들을 이용하여 리듬을 구현할 수는 없을 것이다. 프랑스어, 이탈리아어 등 로망스 제어, 일본어, 한국어가 이런 언어들인데, 이 언어들에서는 주로 고정된 음절 수를 이용한 율격이 시에 사용된다. 우리나라에서 고려 말 이후 생겨난 시조는 음절 수를 이용한 율격을 사용한다. 시조는 3장 6구 45자 안팎의 음절로 이루어지는데 가장 전형적으로는 초장 3, 4, 3(4), 4 음절, 중장 3, 4, 3(4), 4 음절, 종장 3, 5, 4, 3 음절로 이루어지며 어느 정도의 변형이 가능하다.

쉬어가는 의미에서 옛시조를 한 수 감상해 보자. 대한민국의 수도가 서울에서 다른 곳으로 바뀌었다고 상상해 보자(2004년 초에 장차 그렇게 될 가능성이 있었다). 시조에 나오는 '오백년 도읍지'는 개성을 말하지만 이것을 14세기 말 이래 600년 이상 한반도의 수도였던 서울로 대치해 생각해 보면 느낌이 색다를 것이다.

> 오백년 도읍지를 필마로 돌아드니
> 산천은 의구한데 인걸은 간데 없네
> 어즈버 태평연월이 꿈이런가 하노라

일본의 시 형식인 하이쿠도 음절 수를 바탕으로 한 정형시인데, 전체가 17음절로 되어 있고, 5, 7, 5 음절로 된 시행들로 이루어진다.

영시의 율격에 대하여 좀 더 살펴보자. 앞에서 말한 대로 영시는 강세가 중요한 영어의 특성을 반영하여 강세가 있고 없음, 즉 강약의 배열이 율격을 결정한다. 약강격(iambic), 강약격(trochee), 강약약격(dactyl) 등의 다양한 강약의 배열이 있다. 강약의 기본 단위가 음보(foot)인데, 하나의 시행에 몇 개의 음보가 있는가에 따라 이음보(diameter), 삼음보(trimeter), 사음보(tetrameter), 오음보(pentameter) 등이 있다.

언어의 형식이 율격의 형식에 영향을 미친다는 사실이 영시의 변천에서 잘 나타난다. 고대영어에서는 일반적으로 단어의 어두에 강세가 왔다. 당시의 영시는 이러한 언어적 특성을 반영하여 강약격의 율격이 지배적이었으며, 동시에 음절의 처음 부분의 자음의 반복을 말하는 두운(alliteration)이 많이 사용되었다. 두운법은 지금의 영시에 와서는 산문과 시 모두에서 부차적인 장식에 지나지 않지만 고대 게르만어 시나 켈트어 시, 웨일스어 시에서는 시형식을 이루는 원칙으로 여겨졌다. 이 언어들은 모두가 어두 강세를 가진 언어들이었다. 11세기 이후 프랑스인들이 영국을 점령하고 프랑스어가 지배계급의 언어가 된 후 영어는 프랑스어의 영향을 받아 어말에 강세가 있는 단어들을 많이 포함하게 되었다. 이 때부터 약강격의 율격이 많이 쓰이고, 각운이 중요하게 되었다.

각운 혹은 운(rime, rhyme)이란, 하나의 음절에서 모음 앞에 오는 음절 초 자음(들)을 뺀 부분으로, 모음 단독으로 혹은 모음과 그 뒤의 음절 말 자음(들)로 구성되는 단위이다.

대중가요의 운율

한시나 영시에서 많이 사용하는 각운이 현대의 대중가요에 반영되어 있는 경우도 있다. 다음은 오래 전에 유행하였던 "Love potion #9"이라는 팝송의 가사이다. 각 행의 끝부분에 유의하여 살펴보자.

Love potion #9 사랑의 미약(媚藥) 9번 (번역: 강범모)

I took my troubles down to Madame Ruth
You know that gypsy with the gold-capped tooth
She's got a pad down on Thirty-Fourth and Vine
Sellin' little bottles of Love Potion Number Nine

나는 골치 아픈 문제가 있어 마담 루스를 찾아갔어
당신도 금이빨을 한 그 집시를 알거야
그 여자는 34번가와 바인가가 만나는 지점의 마약굴에서
사랑의 미약 9번을 팔고 있어

I told her that I was a flop with chics
I've been this way since 1956
She looked at my palm and she made a magic sign
She said, now What you need is Love Potion Number Nine

> 나는 계집애들이랑 같이 자는 데 문제가 있다고 말했어
> 1956년 이래 그 모양이야
> 그 여자는 내 손 바닥을 보더니 마법을 걸 듯 행동하고
> "너에게 필요한 것은 미약 9번이야" 하고 말했어
> ...

이 노래의 가사의 내용은 그리 건전한 것이 아니지만, 경쾌한 리듬과 가락이 흥겨움을 주는 노래이다. 가사의 내용과 관계없이 형식적인 면에서 보면 시행 끝마다 다음과 같이 운이 맞는 것이 재미있고 흥이 나게 한다.

> [uθ]   Ruth – tooth
> [ain] Vine – nine, sign – nine
> [iks] chics – six

위에 제시한 우리말 번역은 물론 운이 맞지 않는다. 한편, 내가 어렸을 때, 당시 유행하던 이 노래의 시작 부분에 엉터리 우리말 가사를 붙여서 불렀던 기억이 있다. 그것은 다음과 같다.

> 영산강 다리 밑에 허장강
> 도끼로 사람 찍는 고재봉
> 정의에 불타는 강재구 소령
> 강재구가 난 좋아
> 똥 푸셔 나쁘 나이 ~ (No. 9)

허장강, 고재봉, 강재구를 모르는 사람을 위하여 친절을 베풀자면, 허장강은 주로 악역을 담당했던 왕년의 영화배우였고, 고재봉은 도끼를 사용해서 사람을 죽였던 흉악범이었으며, 강재구 소령은 수류탄 투척 훈련 도중 훈련병이 떨어뜨린 수류탄에 몸을 던져 살신성인을 실천했던 군인이었다. 위의 노래 가사 바꿔 부르기(속칭 '노가바') 형식에서 재미있는 것은 나름대로 운을 맞추려고 노력했다는 것이다. 처음 세 줄의 끝에 나오는 음절 '강, 봉, 령'은, 모음이 같지 않기 때문에,

엄격히 말하면 운이 같지는 않지만 마지막 자음은 모두 연구개 비음 [ŋ] 소리이다. 가사 첫줄의 '영산강'의 '강'과 '허장강'의 '강'은 운뿐 아니라 음절 전체가 일치하여 운율적 효과를 준다. 누가 이 가사를 만들었는지 모르지만 나름대로 원래 영어 가사의 운율적 효과를 우리말에서도 실현시키고자 노력한 문학적 감각이 가상하다.

'insomnia'(불명증)이라는 제목을 가진 최근의 외국곡의 가사와 그것을 번안한 우리말 가사도 재미있는 운율을 보여준다(영어 가사 번역 없음).

Insomnia 불면증

I never thought that I'd fall in love, love, love, love
But it grew from a simple crush, crush, crush, crush
Being without you girl, I was all messed up, up, up, up
When you walked out, said that you'd had enough-nough-nough-nough
...
Because I can't sleep til you're next to me...
No I can't live without you no more
Oh I stay up til you're next to me
Til this house feels like it did before
...

번안곡

내가 달리는 길은 Love Love Love Love
허나 그 길은 온통 덫 덫 덫 덫
피할 수 없는 함정은 마음의 겁 겁 겁 겁
...
너라는 곳을 향해 외로워도 가는 길 Love Love Love Love
몇 번을 넘어져도 일어서 갈테지 But But But But
잠마저 못 들도록 너를 보다 걸려든 병 병 병 병
...

우선, 영어 가사와 (불면증이라는 것 외에는 내용이 별로 같지 않은) 우리말 번안곡 가사에서 'love', 'crush', '덫' 등이 반복됨으로써 리듬이 확연하다. 영어 가사에서 'love', 'up', '(e)nough'은 완벽한 운을 보이지는 않지만 중설평순모음과 순음([v, p, f])의 결합인 한에서 운을 이룬다. 번안곡 가사 역시 같은(비슷한) 모음이 나옴으로써 운의 효과를 드러낸다('love', '덫', '겁', 'but', '병').

우리 대중가요 중에도 운을 꽤 살린 것들이 있다. "오빠"라는 노래의 가사에는 행마다 그리고 행 중간에 'ㅏ' 모음이 반복되는 부분이 있다.

> 오빠 나만 바라봐
> 바빠 그렇게 바빠
> 아파 마음이 아파
> 내 맘 왜 몰라줘
> 오빠 그녀는 왜 봐
> 거봐 그녀는 나빠
> ...

여기서 행 끝에 나오는 '바라봐, 바빠, 아파, 봐, 나빠' 등에서 마지막 음절의 동일한 어미 'ㅏ'의 반복 자체는 별로 특별할 것이 없지만, 자음을 보면 이것들 모두가 양순음이므로 재미있는 반복의 효과를 준다. 행 중간의 '오빠'도 그러한 반복의 효과에 일조한다.

영화 ✛ 언어

영화 「보니 앤 클라이드」(Bonnie and Clyde, 1967)는 미국의 대공황기에 미국 남부에서 은행 강도 행각을 벌였던 실제 남녀 인물들을 소재로 하였다. 이 영화의 다른 우리말 제목인 '우리에게 내일은 없다'가 암시하듯이, 미래가 불확실한 젊은이들의 강도 행각은 죽음이라는 비극적 결말로 막을 내린다. 불행한 젊은이 보니 파커는 권총을 든 여자 강도이면서도 나름대로 문학적 취향을 가지고 있어서 자작시를 신문사에 보내어 신문에 싣기도 하였다. 자신들의 죽음을 예견한 그녀의 시 "The Story of Bonnie and Clyde"(1934)의 끝은 다음과 같다.

Some day they'll go down together;

They'll bury them side by side;
To few it'll be grief—
To the law a relief—
But it's death for Bonnie and Clyde.

이 시는 2행과 5행, 3행과 4행의 운이 맞는다. 「영화마을 언어학교」에서 내가 운까지 고려하여 우리말로 번역해 본 것은 다음과 같다.

언젠가 그들은 함께 쓰러지겠지;
사람들은 그들을 묻을 것이다. 나란히 사뿐;
몇 안 되는 사람들에게 그것은 슬픔—
법을 지키는 자들에게 그것은 안도의 기쁨—
그러나 그것은 보니와 클라이드의 죽음일 뿐.

2. 은유

문학적 은유

우리가 "문학적이다"라고 간주하는 표현 중에는 하나의 사물을 다른 사물에 빗대어 표현하는 은유적인 표현이 많다. 은유(metaphor)는 두 사물 사이의 유사성을 기반으로 원래 산문적으로 사용되는 표현 대신 축자적으로는 적절하지 않은 다른 표현을 사용하여 표현의 참신성을 추구하는 현상이다.

영국이 인도와도 바꾸지 않겠다고 했던 언어의 마술사 셰익스피어의 「햄릿」의 한 대목의 독백을 예로 들어 보자.

"잔인한 운명의 투석기와 화살을 마음속으로 참는 일과
무기를 들고 고난의 바다에 분연히 맞서는 일 중에서
어느 쪽이 장한 일인가……"

(Whether 'tis nobler in the mind to suffer
The slings and arrows of outrageous fortune
Or to take arms against a sea of troubles……)

셰익스피어

운명이 주는 시련을 투석기(sling)와 화살(arrow)이라는 구체적 사물에 빗대었고, (바다에 비유한) 수많은 문제를 정면으로 대하는 것을 무기를 들고 맞서는 것으로 비유하였다. 이러한 비유는 논리에 근거하지는 않는다. 비약적인 감정과 사고의 유연성에 기인하여 참신한 은유적 표현이 생긴다.

우리말에서 은유의 대표적 경우로 자주 인용되는 '내 마음은 호수요'라는 표현으로 시작하는 시 "내마음"은 사모하는 임을 향한 나의 마음(정신)을 그대(그녀)가 다가올 수 있는 호수(구체물)에 비유한다. 전체의 시는 다음과 같은데(일부 생략), 나의 마음을 '호수, 촛불, 나그네, 낙엽'에 은유적으로 비유하였고, 그 각각의 은유에 따라 관련된 동작과 사건이 또한 은유적으로 표현된다(예를 들어, 촛불은 꺼지지 않고 타오르며, 그대에 대한 나의 사랑도 식지 않고 지속된다). 언어학 공부를 하고 있는 당신의, 임을 향한 마음은 무엇에 비유할(은유) 수 있는가?

> **내마음** (김동명 작시, 김동진 작곡)
>
> 내 마음은 호수요
> 그대 저어 오오.
> ......
> 옥같이 그대의 뱃전에 부서지리다.
>
> 내 마음은 촛불이요
> 그대 저 문을 닫아 주오
> ......
> 최후의 한 방울도 남김없이 타오리다.
>
> 내 마음은 나그네요
> 그대 피리를 불어 주오
> ......
> 나의 밤을 새오리다.
>
> 내 마음은 낙엽이요,
> 잠깐 그대의 뜰에 머무르게 하오.

> ……
> 외로이 그대를 떠나오리다.

다른 예를 보자. 다음은 박경리의 「토지」의 맨 처음이다.

> 1897년의 한가위.
> 까치들이 울타리 안 감나무에 와서 아침 인사를 하기도 전에, 무색 옷에 댕기 꼬리를 늘인 아이들은 송편을 입에 물고 마을길을 쏘다니며 기뻐서 날뛴다.

까치들이 와서 짖는 모습을 사람이 아침 인사를 하는 것에 비유한 것은 은유적 표현이다. 그런데 아침에 꽃이 활짝 피어있는 모습을 보고 "꽃들이 아침 인사를 한다"라고 한다면 이 은유적 표현은 상당히 우리에게 익숙한 것이라서 참신하지 않다. 그렇다 하더라도 그것이 비유적으로 사용되었다는 느낌을 느낄 수는 있다. 어떤 은유적 표현들은 그것이 처음 사용될 때의 참신성을 완전히 상실하고 그 비유적 특성도 잃어버릴 만큼 익숙해져 있다. 이런 것들을 사은유(dead metaphor)라고 한다. 예를 들어 영어의 꽃 이름 'daisy'는 "day's eye"(낮의 눈)이라는 시적 표현에서 출발하였지만 오늘날은 그냥 꽃 이름일 뿐이고, 컴퓨터를 사용할 때 손에 쥐는 'mouse'도 애초에 그 생긴 모습이 생쥐 같은 모양에 기초한 은유적인 표현이었지만 컴퓨터 마우스는 이제 그냥 컴퓨터 부품일 뿐이다. (컴퓨터 마우스를 잡으면서 쥐를 연상하고 섬뜩해 하는 사람은 없을 것이다.) 많은 신체어가 그것과 비슷한 모양과 기능을 갖는 사물에 은유적으로 사용되었다고 볼 수 있는데, 이제는 더 이상 비유적인 표현으로 인식되지 않는다. 다음과 같은 예들이 있다.

> 병의 목, 병의 주둥이, 책상 다리, 장롱의 발, 선풍기의 날개, 바늘귀
> neck of a bottle, leg of a desk, eye of a needle

영어와 한국어가 비슷한 표현을 사용하지만, 바늘에 관해서 우리말은 '귀' 영어는 'eye'(눈)을 사용하는 것이 이채롭다. 이미 관습화한 이 표현들은 더 이상 은유적 표현이 아니지만, 우리말로 '바늘의 눈'이라고 한다면 그것은 새로운 은유적

표현이라고 할 수 있다. 요즈음 책의 표지의 안쪽으로 접히는 부분을 책의 '날개'라고 하는데 이것은 새롭게 쓰이기 시작한 것이라 참신한 느낌을 주는 은유적 표현이라고 할 수 있지만, 머지않아 일상적인 죽은 은유의 표현으로 전락할 것이다. 위의 「토지」예문에서 나오는 '댕기꼬리'의 '꼬리'도 근원적으로는 은유적 표현이라고 할 수 있다.

일상 언어 속의 은유

우리는 일상적인 언어 생활에서 부지불식 간에 많은 은유적 표현을 사용한다. 대체로 추상적인 개념을 구체적인 사물로 환원하여 비유적으로 표현하는 경우가 많은데, 일상에서 너무 자주 쓰는 표현들이라서 '내 마음은 촛불이요' 같이 문학적 감흥을 일으키는 은유는 아니다. 사은유와 다른 점은, 사은유가 어떤 사물에 대한 하나의 특정 표현에 관련된 현상이라면(예 '바늘귀'), 이제 논의할 일상에서의 은유는 어떤 추상적인 개념이 구체적인 사물에 비견됨으로써 여러 가지 관련 표현들이 가능하다는 것이다.

하나의 예로서, "사랑"과 관련된 표현들에 대하여 살펴보자. 다음의 표현들은 사람들이 사랑을 물건을 담는 그릇이나 용기와 동일시함을 보여 주는 것들이다.

> 사랑에 빠지다
> 사랑에서 헤어나지 못하다
> fall in love

사랑은 또한 물건, 꽃 혹은 식물로도 비유된다.

> 사랑을 받다
> 사랑이 깨지다
> 사랑을 빼앗다
> 사랑을 나누다
> 사랑이 꽃피다
> 사랑이 싹트다

> 사랑을 가꾸다
> 사랑을 키우다
> TV는 사랑을 싣고

사랑은 여행임을 보여주는 예도 많이 있다. 남녀 사이의 대화에서 다음 말들이 사용될 경우를 생각해 보라(Lakoff and Johnson 1980).

> 우리는 지금 갈림길에 있어요.
> 이제는 돌아갈 수 없어요.
> 우리는 지금 어디에 있나요?
> 앞으로는 아주 힘든 길이 될 거예요.
> 우리는 지금 길에서 벗어났어요.
> This relationship is a dead-end street.
> Our marriage is on the rocks.
> Look how far we've come.

한편, 사람의 인생을 표현하는 다음과 같은 말들은 인생이 여행과 동일시됨을 직접적으로 보여 준다

> 인생의 전환점
> 인생의 항로
> 인생의 종착역
> 인생은 나그네 길

신약성경(디모데후서 4:7)에 나오는 다음의 바울의 고백도 인생이 싸움의 연속인 동시에 하나의 여행임을 보여 준다.

> 내가 선한 싸움을 싸우고 나의 달려갈 길을 마치고 믿음을 지켰으니

사랑과 인생 이외에도 수많은 추상적인 개념들이 구체적인 사물로 비유되어 일상 언어에서 표현된다. 인지언어학(cognitive linguistics)은 이러한 일상에서의

은유의 문제에 많은 관심을 가지고 있다.

　은유(metaphor)가 두 사물(영역) 사이의 유사성에 입각한 표현의 대치라면, 환유와 제유는 현실 세계에서 두 사물 사이의 연관성에 기인한 표현의 대치이다. 제유(synecdoche)는 일부로써 전체를, 혹은 특수한 것으로 일반적인 것을 나타내는 표현법이다. 영어의 'sail'(돛)이 'ship'(배)을 나타내는 따위이다. 환유(metonymy)는 부분-전체 관계 이외의 여러 가지 연상에 의해 어떤 표현이 다른 표현을 대치할 수 있는 경우이다. 영어의 'crown'(왕관)이 'king'(제왕의 자리)을 대신할 수 있는 따위이다. 우리말로도 '왕관을 버리다'라는 표현은 왕의 자리에서 물러난다는 뜻으로 쓰일 수 있다. 은유의 경우와 마찬가지로 환유나 제유에 의한 표현이 자주 사용되어 익숙해지면 비유로서의 힘이 사라진다. 우리말의 '감투'가 머리에 쓰는 의관이라는 일차적 의미와 함께 관직을 의미할 수 있는 것('감투를 쓰다', '감투를 벗다')은 이미 환유의 성격이 많이 약화되었다.

　환유는 특정 맥락에서 상당히 자유롭게 사용될 수 있다. 중국 음식점에서 자장면을 시켜 먹고 있는 손님이 물을 달라고 할 때, 종업원끼리 "저기 자장면한테 물 갖다 드려라"라고 할 때 '자장면'은 사람을 가리킨다. 깡패의 세계에서 '쌍칼'은 쌍칼을 무기로 사용하는 사람을 가리킬 수 있고, 보통 사람들의 세계에서도 파이프 담배를 자주 피우는 사람을 '파이프'라고 부를 수도 있다.

　지금까지 은유, 환유와 같은 비유의 기제는 문학 작품에만 나타나는 것이 아니라 일상적인 언어 사용에서도 흔히 나타나는 현상임을 보이고자 하였다. 이는 문학의 언어와 일상의 언어가 완전히 다른 것이 아니라는 점을 시사한다. 단, 문학의 시, 소설, 수필 등과 일상 대화는 다른 종류의 텍스트이다. 텍스트 산출의 목적 등 언어 사용 상황이 다른 여러 장르의 텍스트는 그 나름대로의 서로 다른 언어적 특성을 가지고 있다. 다음의 3절과 4절은 텍스트의 장르에 따른 언어적 특성에 관한 문제를 논의한다. 4절에서 한국어의 다양한 문어, 구어 텍스트 장르를 포괄적으로 논의하기 전에, 3장에서는 하나의 특별한 장르인 만화의 언어에 대하여 살펴본다.

영화 + 언어

문학과 일상에 수많은 은유가 숨어 있는 이상, 영화 속에도 은유가 존재한다. 「햄릿」(Hamlet), 「한여름 밤의 꿈」(A Midsummer Night's Dream) 등 수많은 셰익스피어의 작품들도 여러 번 반복하여 영화화 되었으니, 언어의 천재 셰익스피어의 은유적 표현들이 영화의 대사로 나올 것이다. 어떤 영화들은 영화 자체가 현실에 대한 은유이다. 영화 「도그빌」(Dogville, 2003)의 무대인 도그빌은 비열한 현실에 대한 은유이며, 영화 속의 등장인물들은 개에 비유된다. 사람을 개에 비유한 다른 영화들로 제목에 개가 나타나는 「저수지의 개들」(Reservoir Dogs, 1996), 「스트로 독스」(Straw Dogs, 1971) 같은 것들도 있다. 우리나라 영화 중에도 「똥개」(2003)가 있는데, 이 영화 속의 주인공이 실제 개는 아니고, 「똥파리」(2009)의 주인공도 실제 파리는 아니다. 또한 「박쥐」(2009)에 나오는, 사람의 피로 살아가야 하는 뱀파이어는 보통의 인간에 대한 은유이며, 영화 전체는 인간과 인생과 세계에 대한 은유이다. 영화 제목 '박쥐' 자체가 뱀파이어에 대한 은유이므로, 이 영화는 제목부터 내용까지 모두 은유로 가득 차 있고, 인생에 대해 숙고하게 하는, 품격이 있는 영화이다.

3. 만화의 언어

문학의 영역인 시, 소설, 희곡, 수필 등은, 언어의 사용 상황에 따른 다른 종류의 텍스트 장르이다. 별개의 텍스트 장르인 시와 소설은 서로 다른 언어 특성들을 가지고 있다. 만화도 하나의 텍스트 장르로서 고유한 언어 특성을 가지고 있다.

만화는 그림과 기호와 말로 구성된다. 만화는 칸과 칸의 연결을 통해 이야기를 만들어 가는데, 그 칸을 구성하는 것이 그림과 기호와 말이다. 그림은 사실적인 것도 있지만 대부분 단순화되고 과장된 것이 보통이다. 기호는 다음과 같이 몇 가지 정형화된 패턴이 있다. (이하 설명 부분은 장소원 외(2002)에 의존하였음.)

배경의 선 – 캐릭터의 움직임을 표현한다.
얼굴의 빗금 – 부끄러움을 표현한다.
나선형 모양의 눈 – 혼란스러움을 표현하다.
전구 – 기발한 착상을 표현한다.
머리 위에 피어나는 김 – 감정의 격앙을 표현한다.

그림과 기호와 함께 만화에는 언어가 있다. 만화의 말은 글로 표현되는데, 이 글은 말풍선 속에 배치된다. 단, 의성어나 감탄사가 말풍선 없이 제시되기도 한다. 만화의 언어는 정형화된 구어 형식으로 희곡이나 시나리오의 대사와 비슷한 성격을 갖는다. 실제 대화에서는 말실수가 많이 일어나고 '어, 에' 등 주저하는 말이 많이 쓰이지만, 정형화된 구어인 희곡과 시나리오 그리고 만화의 언어에서는 일반적으로 그러한 것들이 배제된다. 만화의 언어는 다양한 글자로 "보는" 말이다. 일상 언어의 경우 표현적 정보는 음량, 억양, 휴지와 같은 운율적 요소에 의해 전달되지만, 음성이 없는 만화에서 표현적 정보는 글자의 모양을 통하여 전달될 수밖에 없다. 일반적으로 큰 소리는 큰 글자로, 강한 어조는 굵은 글자로, 그리고 공포의 느낌은 흔들리는 듯한 자형으로 표현한다.

독자들은 말풍선을 통하여 등장인물들이 실제로 말을 하고 생각을 하는 것으로 받아들인다. 말풍선은 등장인물의 감정 표현에도 효과적으로 사용할 수 있다. 톱니 모양의 말풍선이 격양, 열광 등의 감정 표현을 할 수 있음을 볼 수 있다.

앞서 말한 대로 만화의 언어는 일정한 정형화를 거친 구어체 문어이다. 일상 언어에서처럼 불필요한 간투사('어, 음, 아')가 없고, 문장의 완결성도 높다. 그리고 맞춤법의 틀을 따른다. (단, 통신에서 유통되는 만화는 비정형적 표현을 그대로 사용하는 수도 있다.) 이 점에 있어 만화는 희곡, 시나리오와 유사하다. 대화, 독백, 방백, 해설 및 지문을 사용한다는 점에서도 유사한 면이 있다. 반면에 희곡과 시나리오가 연기를 통한 구어로의 실현을 전제로 하는 중간적 성격을 가지는 반면, 만화는 글로 적힌 상태 그대로 독자에게 전달되는 최종 매체이다. 희곡, 시나리오가 말하기 위해 씌어진(written to be spoken) 것인 반면 만화는 구어체이지만 소설과 마찬가지로 읽기 위해 씌어진(written to be read) 텍스트이다. 희곡, 시나리오와 달리 의성어와 의태어가 배경 부분에 많이 쓰인다.

이상에서 만화라는 텍스트 장르가 가지는 언어 특성에 대하여 간략히 살펴보았다. 하나의 중요한 사실은 만화의 구어가 일상 대화의 구어와 달리 희곡, 시나리오의 대사와 같은 정형화된 형식의 구어라는 것이다. 거시적인 관점에서 보면, 만화, 희곡, 시나리오, 일상 대화는 수많은 텍스트 장르 중 일부이다. 시와 소설 같은 문학 장르도 마찬가지로 여러 가지 텍스트 장르 중 일부이다. 다음 절에서는 한국어의 텍스트 장르 전반을 대상으로 포괄적인 논의를 하고자 한다.

영화 + 언어

영화 중에는 유명한 만화를 소재로 하여 만든 것들이 많이 있다. 「슈퍼맨」(Superman, 1978), 「배트맨」(Batman, 1989), 「엑스 맨」(X-men, 2000), 「스파이더맨」(Spider-Man, 2002), 「데어데블」(Daredevil, 2003), 「헐크」(Hulk, 2003) 등 미국 헐리우드 영화뿐 아니라(연도는 1편의 제작 연도임; 「다크 나이트」(Dark Knight, 2008), 「엑스맨 탄생」(2009) 등 최근까지도 만화 소재 영화가 블록버스터로 제작되고 있다), 「공포의 외인구단」(1983), 「비트」(1997), 「비천무」(2000), 「순정만화」(2008) 같은 우리나라 영화도 있다. 외국 만화 속의 주인공들은 초인적인 힘을 가진 경우가 많다. 하늘을 나는 슈퍼맨, 고층건물 사이를 거미줄에 의지하여 날아다니는 스파이더맨, 시각 장애가 있지만 다른 감각기관을 이용하여 주변을 인지하는 데어데블, 변신과 괴력의 돌연변이 인종인 엑스 맨의 초인적인 능력은 만화 속에서 지면 위의 선들로 표현된다. 이들이 화면 속에서 그들의 능력을 발휘하도록 하기 위해서 영화에서는 여러 가지 영상 기법이 이용된다. 작은 모형이 이용되기도 하고 화면의 합성과 컴퓨터 그래픽 등 다양한 영상 기술이 필요하다. 동류의 많은 영화들 중에서도 「헐크」(Hulk)는 만화적인 요소를 영화 속에 가장 인상적으로 실현한 영화이다. 수평, 수직의 화면 분할을 수시로 사용하여 실제 만화에서의 칸이 보여주는 것 같은 시각적 효과를 준다. 아울러, 만화에서 한 칸에 들어가는 말과 같이 짧고 간결한 대사를 사용하였다. 만화를 영상으로 실현하면서, 그러나 만화의 언어와 느낌을 최대한 살리려는 재미있는 시도이다.

기술의 발달이 이와 같은 꿈의 영상을 가능하게 만들었다(최근의 「아바타」(2009)는 그 극단이다). 뤼미에르 형제가 1895년 흑백의 무성 영화를 처음 상영했을 때, 화면 위에서의 열차의 움직임에 관객들은 그것이 진짜 열차가 아닌 줄 알면서도 마치 열차가 다가오는 듯한 느낌을 느끼고 반응을 보였다. 이 같은 영화적 효과는, 이후 눈부시게 발전한 영화 기술로 인하여 더욱 강해졌다. 1920년대의 「재즈 싱어」(The Jazz Singer, 1927) 이후 영화에 소리가 도입되고, 그 후 컬러, 와이드 스크린, 돌비 음향 시스템이 도입되면서 영화의 세계는 이제 현실보다도 더 현실감 있게 되었다. 컴퓨터 그래픽의 발전도 한몫을 했다. 이러한 영화 기술의 발달을 최대로 이용하는 것이 바로 초인적 주인공이 나오는 만화를 소재로 한 할리우드의 블록버스터 영화들이다.

우리나라의 영화가 많이 발전하기는 했지만 이렇게 첨단 기술의 극한을 이용하는 영화는 많이 만들지 못한다(예외: 「괴물」(2006), 「디-워」(2007), 「해운대」(2009) 등). 하지만 오늘날에도 「쉰들러 리스트」(Schindler's List, 1993), 「오! 수정」(2000) 같이 흑백으로 만든 좋은 영화가 있고, 「도그빌」(Dogville, 2003) 같이 연극 세트 같은 곳에서 촬영하여 첨단 기술과는 거리가 있는 좋은 영화도 있다. 다양한 영화의 세계이다.

4. 텍스트 장르와 언어 특성

레지스터, 장르, 문체

사람들이 언어를 사용하는 방법은 다양하다. 즉, 언어에는 변이(variation)가 있다. 이러한 변이성 및 다양성은 언어의 사용 상황의 차이에 따른 언어의 다양성을 지칭하는 레지스터(register, 사용역)와 언어를 사용하는 집단의 차이에 따르는 방언(dialect)으로 대별될 수 있다. 여기서 우리가 논의할 것은 레지스터이다.

레지스터와 관련되는 언어의 사용 상황은 여러 가지 요인을 포함한다. 언어를 사용하는 사람(남자, 여자, 아이, 어른 등), 언어 사용의 양식(구어, 문어), 매체(신문, 잡지, 전자출판물), 담화의 주제(인문, 사회, 자연, 일상생활), 그리고 언어 사용의 목적(정보 전달, 예술적 감흥) 등의 여러 가지 요인들이 그것들이다. 이와 같은 다양한 요인들은 상호 독립적이 아니라 서로 관련이 있다. 따라서 레지스터는 상황 요소의 모든 가능한 조합이 아니라 사회에서 반복적으로, 그리고 규칙적으로 발생하는 언어 사용 상황에 대응하는 언어 혹은 텍스트의 종류라고 할 수 있다. 텍스트 유형에 관하여 쓰이는 용어인 장르(genre)는 언어 사용의 목적과 좀 더 깊은 관계가 있다. 예를 들어, 소설, 시, 수필 등은 우리가 흔히 문학 장르라고 부르는 것들이다. 그러나 이 두 가지(레지스터, 장르)가 모두 언어 사용 상황의 다양성이라는 면과 관련된다는 점을 고려한다면, 레지스터와 장르의 명확한 차이를 두지 않아도 될 것이다. 여기서는 장르라는 용어를 일반적인 의미의 레지스터와 같은 것으로 사용하고자 한다. 즉, '장르'는 언어 사용의 상황적 요인에 따른 텍스트의 종류라는 일반적 의미를 갖는다.

텍스트에 나타나는 문법적 특성은 텍스트의 종류에 따라 다르게 나타난다. 예를 들어, 일인칭, 이인칭 대명사는 대화의 텍스트에 많이 나타나지만, 설명을 위주로 하는 학술논문에는 많이 나타나지 않는다. 또 과거 시제는 소설 등 서술적 텍스트에 많이 나타나지만 주장을 표현하는 신문 사설에서는 상대적으로 덜 나타난다. 따라서 텍스트에 나타나는 언어 특성만을 기준으로 여러 가지 텍스트 유형을 나눌 수 있다. 그러나 장르(레지스터)와 (좁은 의미의) 언어적 텍스트 유형이 전혀 별개의 독립적인 것은 아니다. 하나의 장르와 관련된 특정 상황에서 사용되는 말은 특정 언어 특성을 가질 가능성이 많기 때문이다.

그러나 장르와 언어적 텍스트 유형이 반드시 일대일 대응하는 것은 아니다. 장르는 사회적으로 인식되는 범주이지만, 텍스트 유형은 순전히 언어적 특성으로 정의되므로, 어떤 장르에 속하는 특정 텍스트가 그 장르의 텍스트들이 일반적으로 갖는 언어 특성을 가지고 있지 않을 수 있고 따라서 한 장르의 텍스트들이 상이한 텍스트 유형에 속할 수도 있는 것이다. 반대로, 상이한 장르에 속하는 텍스트들이 비슷한 언어 특성들을, 즉 비슷한 문체를 가지고 있어서 동일한 언어적 텍스트 유형에 속할 수도 있을 것이다. 장르에 따라서는 그 장르에 속하는 텍스트들의 언어적 특성이 균질적이어서 거의 모두가 동일한 언어적 텍스트 유형에 속할 수도 있지만, 어떤 장르의 텍스트들은 그렇지 않다. 예를 들어, 스포츠 중계 방송 텍스트들은 모두 비슷한 언어 특성을 가지고 있지만, 학술 문헌 텍스트들은 그렇지 않다.

장르, 문체 및 텍스트 유형의 연구는 질적인 연구와 양적인 연구의 두 방향에서 이루어져 왔다. 질적인 연구란 소량의 텍스트를 연구자가 정밀하게 분석하여 텍스트에 나타나는 언어적, 문체적 특성을 분석하는 것이다. 이러한 질적 연구는 그 나름대로의 의미가 있지만, 방법상의 제약으로 많은 양의 텍스트를 광범위하게 다룰 수는 없다. 많은 양의 텍스트를 기계적으로 처리하여 좀 더 넓은 시각에서 텍스트의 언어 특성을 연구하는 것이 양적 연구의 태도이다. 양적인 연구는 이전부터 있었지만, 컴퓨터의 발전이 양적 연구에 대한 전기를 마련해 주었다고 볼 수 있다. 컴퓨터에 텍스트를 입력하여 전자화한 경우, 반복되는 간단한 작업들이 자동적으로 신속히 수행됨으로써 이전에 할 수 없었던 많은 분석이 가능해진 것이다. 영어 텍스트의 장르와 문체 연구를 위해 바이버(Biber 1988)가 채택한 다변량/다차원 통계적 분석 방법은 이러한 맥락에서 가능해진 것이다.

이제부터 이 장의 나머지 부분에서 바이버의 연구 방법을 따라, 컴퓨터를 이용한 한국어의 텍스트 장르 연구를 시도했던 강범모(1999)와 강범모 외(2000)의 연구 방법과 결과를 간략히 소개한다. 단, 이 부분은 컴퓨터를 이용한 텍스트 장르와 문체 연구에 관심이 많지 않은 독자는 건너뛰어도 무방하다.

컴퓨터를 이용한 통계적 분석

강범모(1999)와 강범모 외(2000)의 연구는 대략 다음과 같이 진행되었다.

> 1) 텍스트 장르 분류 및 샘플 수집 계획 확정: 36개 장르를 설정하였다.
> 2) 텍스트 샘플 수집: 1000 어절의 텍스트 샘플을 한 장르에 대하여 10개 이상 확보하고자 하였다. 결과적으로 334개 텍스트 샘플의 37만 어절 정도의 코퍼스를 구성하였다.
> 3) 기본 태깅: 형태소 분석을 하고 품사를 형태소에 부착하였다.
> 4) 언어 특성 분석 정리: 82가지의 언어 특성을 정하였다.
> 5) 다변량 통계 분석: 텍스트 샘플에서 언어 특성의 빈도를 자동적으로 추출해 내고, 이것을 바탕으로 다변량 통계분석을 통하여 동일 텍스트에 함께 출현하는 경향이 있는 언어 특성들을 묶었다. 인자분석의 결과로 추출된 인자, 즉 차원들을 기능적 관점에서 언어학적으로 해석하였다.

이와 같은 과정은 언어 연구를 목적으로 빈도를 추출하기 위한 코퍼스 구축의 과정, 빈도 추출 및 빈도를 기반으로 하는 통계 분석의 절차를 보여 주는 예이다. 실제로 이 프로젝트에서의 구축된 고려대학교 한국어장르코퍼스(KGenre Corpus)는 다음과 같이 구성되어 있다.

고려대학교 한국어장르코퍼스(KGenre Corpus)의 구성

장르	텍스트 샘플 수	어절 수
1. 신문1: 종합/사회/경제/외신	10	12,200
2. 신문2: 문화/생활/과학	9	11,200
3. 신문3: 논설/칼럼	9	11,400
4. 서평: 기타 서평	10	10,600
5. 취미: 생활, 스크린, 스포츠	8	10,100
6. 대중잡지: 주간지, 여성지	4	4,700
7. 전기/기행: 체험기술	9	9,500
8. 수필/일기	13	14,500
9. 백과사전	9	10,800
10. 교양/학문-인문	8	8,100
11. 교양/학문-사회	8	7,600

12. 교양/학문-자연	5	6,200
13. 교양/학문-예술	11	12,500
14. 학술 논문(석박사 논문)	5	5,200
15. 동화	11	13,200
16. 학생작문	10	12,100
17. 법조문, 판결문	10	11,300
18. 절차적 텍스트	12	14,000
19. 개인편지	6	6,200
20. 소설(일반): 현대 소설, 보충 소설	15	18,700
21. 소설(역사)	12	14,000
22. 공문서	7	4,100
23. 책머리말	13	9,400
문어 전체	214	237,600
24. 대화(연극)	8	8,700
25. 대화(드라마/영화)	8	5,800
26. 방송대화	12	13,900
27. 인터뷰편집	11	16,200
28. 방송뉴스	11	18,200
29. 중계방송	5	5,900
30. 계획연설/강연	13	11,300
31. 전화대화(방송)	6	5,800
32. 만화	10	10,700
33. TV 다큐멘터리	6	6,100
34. 외국인을 위한 한국어 대화집	11	10,900
35. 대화(소설)	10	11,100
36. 대화(일상, 직접)	9	10,300
구어 전체	120	134,900
전체	334	372,500

통계적 분석이 기반이 되는 언어 특성 빈도의 추출은 각 인칭대명사, 시제(현재, 과거) 등 82가지 언어 특성을 기반으로 하였다.

82가지의 언어 특성 빈도를 텍스트 샘플별로 추출하여 언어 특성들 사이의 상관관계를 구하고 그것에 입각하여 인자분석(factor analysis)을 수행하면 몇 가지의 텍스트 차원(인자)이 추출된다. 통계에서 인자분석이란 변수(언어 특성)의 분포를 요약하는 과정이라고 할 수 있다. 가장 중요한 차원 두 개를 그 차원과 관련된 언어 특성들과 함께 제시하면 다음과 같다.

> 차원 1: 비형식적 상호교류 대 계획된 산출
>   이인칭 > 현재 > 의문 > 짧은 부정 > 감탄 > 명령 > 문두부사 > 청유 > 추측 > 강조 > 약속 > 연결-조건 > 심리형용사 > 일인칭
>
> 차원 2: 실시간 발화 대 정보 전달
>   접속사-이유/설명 > 대용용언 > 접속사-담화 > 담화확인표지 > 시간부사구절 > 연결-담화 > 축약-기타 > 존칭-동사 > 접속사-등위/부가 > 겸비어 > 주저어 > 과거완료 > 지시사

차원 1에서, 이인칭 대명사('너, 당신' 등)가 그 특성(비형식적 상호교류)을 가장 많이 반영하며, 어떤 텍스트에 이인칭 대명사와 현재 시제는 같이 나타나는 일이 많다는 것을 보인다. 차원 2에서는 이유, 설명을 나타내는 접속사('그래서' 등), 대용용언('그렇다')이 그 특성(실시간 발화)을 가장 잘 드러낸다.

이러한 인자 분석의 결과는 언어 사용의 상황에서 언어가 어떤 기능을 하게 되고 그러한 기능을 반영하는 언어 특성들이 있다는 가정을 기반으로 해석된 것이다. 하나의 중요한 발견은 제1 차원과 제2 차원이 모두 구어의 언어 사용 상황과 관련이 있지만, 상호적 상황(제1 차원)과 실시간 상황(제2 차원)이 분리되어 나타나며, 이것이 드라마의 대화 등 일종의 대화 모형과 실제 전사 자료를 구분하는 역할을 한다는 것이다. 실제로 제1 차원과 제2 차원의 특성을 많이 나타내는 순서로 장르들을 순서지우면 다음과 같다.

> 차원 1
>   대화-소설 > 대화-드라마 > 대화-연극 > 한국어 대화집 > 만화 > 일상대화 > 전화대화-방송 > 동화 > 소설-역사 ……
>
> 차원 2
>   방송대화 > 전화대화-방송 > 일상대화 > 중계방송 > 한국어대화집 > 대

화-드라마 > 대화-소설 > 강연/연설 > 대화-연극 > 만화 > ...

지금까지 텍스트의 장르와 언어 특성의 관계에 대하여 논의하였다. 시와 소설과 같은 문학적 장르는 언어 사용 상황에 따른 수많은 텍스트 장르의 일부이다. 언어 특성을 반영하는 문체에 대한 언어학적 논의는 문학적 텍스트에만 국한되는 것이 아니라는 것을 보이고자 하였다. 여기서 소개한 컴퓨터를 이용한 연구 방법은 다음의 제13장(언어와 컴퓨터)의 주제와도 자연스럽게 연결된다.

영화 + 언어

모든 영화에는 언어가 있다. 「공룡 백만년」(One Million Years B.C.,1966)과 같이 언어가 나오지 않는 영화도 '공룡백만년'이라는 제목을 가지고 있다(단, 「10,000 BC」(2008)에는 여러 언어가 나온다). 영화 제목은 영화의 내용을 압축하여 전달하면서도 사람들의 눈길을 끌어야 하므로 제작자들이 매우 신경을 쓰는 부분이다.

어떤 제목들은 실제 내용과는 반대의 느낌을 주는 표현이 사용됨으로써 반어법의 문학적 효과를 얻는다. 2003년의 흥행작 「살인의 추억」은 우리나라에서 과거에 실제로 일어났던 연쇄살인이라는 끔찍한 사건에 관한 것인데 '추억'이라는 긍정적인 말을 사용하여 반어적 효과를 보인다. '추억'은 옛날 일을 돌이켜 생각한다는 사전적인 뜻을 가지고 있는 말인데, 보통은 좋은 것을 가리킨다. 사람들은 여행의 추억과 학창시절의 추억을 말한다. 옛사랑의 추억은, 좋았지만 사라져버린 것에 대한 아쉬움이다. 2004년 많은 일본인들은 젊은 시절의 추억을 일깨워준 우리나라의 TV드라마 「겨울연가」(2001)에 빠져들었다. 그러나 누구에게도 연쇄살인의 기억이 좋은 것이거나, 없어져서 아쉬운 것이 될 수는 없다.

영화 「해피엔드」(1999)는 실직한 남편과 직장을 가진 아내의 이야기이다. 처음부터 그 상황이 '해피'와는 거리가 있다. 영화 속의 아내는 밖에서 옛 애인과의 만남을 의식적으로는 뿌리치려 하면서도 계속 그 부정한 만남에 탐닉해 들어간다. 남편은 보통의 주부가 하는 여러 가지 일—아기 돌보기, 시장 보기 등—을 하면서도, 완전한 "주부로서의 남편"은 되지 못한다. 완전한 주부가 될 수 없는 남편에게 이러한 상황은 지옥이고 그 지옥에서 벗어나는 길은 배신한 아내를 죽이는 것이다. 부차적으로, 그 죄를 그녀의 정부에게 덮어씌우는 길은, 그가 긴긴 하루의 시간을 보내기 위해 헌책방에서 탐독했던 추리소설에 나오는 방법을 사용하는 것이다. 결국 그는 그 일에 성공했다. 일반적 의미의 해피엔드와는 거리가 있다.

또한, 이탈리아 영화 「인생은 아름다워」(La Vita e Bella, 1997)에 나타나는 유태인 수용소의 생활 상황, 그리고 「아름다운 시절」(1998)이 그리는 한국 전쟁 시절이 '아름답다'의 일반적 의미에 맞지는 않을 것이다. 「달콤한 인생」(2005)의 남자(이병헌)가 겪는 삶과 죽음도 결코 일반적인 달콤함은 아닐 것이다. 흥미롭게도, 이 영화의 영어 제목은 'a bittersweet life'로서, 씁쓸하면서도 달콤한, 그리고 괴로우면서도 즐거운 인생을 직설적으로 표현했다.

이 장에서는 시와 같은 모든 문학적 장르는 언어에 의존하며 문학 장르를 포함하여 만화 등 다양한 텍스트 장르에 따라 언어의 차이가 나타난다는 사실에 대하여 살펴보았다. 특히 소설, 논설과 같은 문어와 사람들의 일상적 구어 사이의 언어에는 상당한 차이가 있다. 그리고 문학 텍스트뿐만 아니라 일상 언어 속에도 은유가 있다. 그래서 영화 제목을 빌려 이 장을 마무리하자면 … **"문학이 언어에 빠진 날"**(「돼지가 우물에 빠진 날」).

더 읽을거리와 유용한 사이트

강범모 (1999). 『한국어 텍스트의 장르와 언어특성』, 서울: 고려대학교 출판부.
강범모, 김흥규, 허명회 (2000). 『한국어의 텍스트 장르, 문체, 유형: 컴퓨터와 통계적 기법의 이용』, 서울: 태학사.
장소원, 남윤진, 이홍식, 이은경 (2002). 『말의 세상 세상의 말』, 서울: 월인. [6장]
Biber, D. (1988). *Variation across Speech and Writing*, Cambridge: Cambridge University Press.
Lakoff, G. and M. Johnson (1980). *Metaphors We Live By*, Chicago: The University of Chicago Press.

연습과 생각

1. 우리 대중가요의 가사 중에서 운이 잘 드러나는 것을 제시하고 그 운을 설명하

시오.
2. 외국 노래의 가사 중에서 운이 잘 드러나는 것을 제시하시오.
3. 문학 작품 속의 은유적 표현을 더 찾아보시오.
4. 자신의 사랑의 감정을 은유로 표현하시오(예: "내 마음은 호수요, 그대 저어 오오").
5. 일상 언어 속에서 다음의 개념적 은유로 설명할 수 있는 표현들을 제시하시오.
   (1) [사랑은 전쟁이다]
   (2) [감정은 그릇(용기)이다]
6. 일상생활에서 친구와의 대화와 방송의 뉴스를 언어적(문체적)으로 비교하시오. 또한 방송 뉴스와 신문 기사를 비교하시오.

제13장
언어와 컴퓨터: 전산언어학

1. 전산언어학이란?

전산언어학(computational linguistics)은 컴퓨터로 인간의 언어를 처리하기 위한 기초적, 응용적 연구이다. 언어의 처리는 컴퓨터가 언어를 이해하는 것과 컴퓨터가 언어를 산출하는 것을 말한다. 전산언어학은 언어학과 컴퓨터과학의 공통 영역으로, 언어학자와 컴퓨터과학자의 협력이 요구되는 분야이다. 컴퓨터의 언어처리에 언어학적 지식이 필요함을 보이기 위하여, 아주 간단한 하나의 문장을 예로 살펴보자.

> The exercise gives every boy a big challenge.

컴퓨터가 이 문장을 올바로 이해하거나 산출하기 위해서는 적어도 다음과 같은 지식이 필요하다.

- 각 단어의 의미에 대한 어휘의미 지식
- 'the'가 이전의 담화 맥락에서 'exercise'가 이미 언급되었다는 것을 나타낸다는 화용 지식
- 'the'의 발음의 모음이 [ə]가 아니라 [ɪ]라는 음성 지식
- 'give'가 아니라 'gives' 형식으로 일치가 일어난다는 문법 지식
- 'big challenge'의 'big'은 'big ship'에서 'big'의 의미와 달리 추상적이며, 따라서 'big'의 의미는 수식하는 명사에 의존한다는 의미 지식

사람은 이와 같은 언어 지식을 무의식 속에 내재하고 있어 문장을 이해하고 산출하는 데 어려움이 없지만, 컴퓨터로 언어를 처리하기 위해서는 각각의 언어 지식을 명시적으로 컴퓨터 프로그램 속에 구현하여야 한다. 언어학자가 컴퓨터 프로그램의 구현까지 할 수도 있지만, 일차적으로 언어학자의 임무는 명시적으로 언어 지식을 기술하며 전산학자와 협력하는 일이다. 그렇다면 결국 언어 지식을 탐구하는 언어학자는 원론적으로는 모두 전산언어학에 기여하고 있다고 볼 수 있다. 다만, 컴퓨터의 언어 처리를 염두에 두고 언어를 연구함으로써, 좀 더 엄격한 규칙을 세운다든지 혹은 때에 따라서 이론적 일관성보다는 책략에 의한 언어 처리의 가능성을 모색한다는 점에 차이가 있다.

컴퓨터로 하여금 언어를 이해하고 말하게 하는 것이 전산언어학의 목적이지만, 언어 연구를 위한 컴퓨터의 활용적인 측면을 강조하는 것도 넓은 의미의 전산언어학이다. 언어 자료를 효과적으로 처리하여 언어 연구의 효율성을 높이는 것에 주안점을 두는 이러한 관점을 언어자료처리(linguistic data processing)라고 구분하여 부르기도 한다. 이와 대조하여, 컴퓨터의 언어 처리에 중점을 두는 연구를 자연언어처리(natural language processing)라고 부른다. 이 장에서는 우선 전통적으로 자연언어처리의 부문이라고 간주되던 전산음성학/음운론, 전산형태론, 전산통사론, 전산의미론에 대하여 살펴보고, 그 다음 언어자료처리의 확장인 코퍼스언어학에 대하여 살펴본다. 그러나 오늘날 자연언어처리를 위해서 언어 자료를 이용하고, 언어자료처리가 자연언어처리의 기술을 사용하므로, 자연언어처리와 언어자료처리의 분야가 확연히 구별되는 것은 아니다. 오히려 두 세부 분야의 연구 방법과 내용이 중복되는 부분이 많다.

영화 ✚ 언어

전산언어학은 컴퓨터 과학에서는 인공지능(artificial intelligence)의 하위 분야로 분류되기도 한다. 인공지능은 언어, 기억, 추론 등 인간의 지능적 정신활동을 컴퓨터가 수행하게끔 하는 연구를 말한다. 사람과 닮은 로봇은 인공지능을 가지고 있어야 하며, 그 중에서도 언어 처리 능력이 가장 중요하다. 옛날부터 영화 속에 나오는 많은 로봇이 언어를 통하여 인간과 자유롭게 대화하는 하는 것으로 묘사되어 있지만 실제로 그런 로봇을 만드는 일은 요원하다.

영화 속의 가장 인간다운 로봇들은 사람과 구별되지 않는 외모와 완벽한 언어 처리 능력이 있다. 영화 속의 인공지의 원조는 「2001 스페이스 오디세이」(2001: Space Odyssey, 1968) 속의 HAL이다('HAL'이라는 이름은 컴퓨터 회사 IBM의 이름 각 철자의 바로 뒤에 오는 알파벳으로 만든 말이다). HAL은 인간의 모습을 하지 않았지만 인간의 말을 알아듣고 인간과 대화한다. HAL은 또한 인간처럼 인간을 속이기도 하는데, 그렇게 자체적으로 판단하여 인간을 조정하려고 하는 컴퓨터 시스템은 최근의 「월-E」(WALL-E, 2008), 「이글 아이」(Eagle Eye, 2008) 등에도 나타난다(컴퓨터의 전면에 나타나는 붉은 반구는 이 모든 영화에서 같은 모습이다 -- 오마주 이상으로 내용적으로도 유사하다). 디스토피아의 세계를 그린 「블레이드 러너」(Blade Runner, 1982)에서 인간이 만든 넥서스라는 로봇들은 인간에 버금가는 지적 능력을 가지고 있다. 노동자로 일하던 그들은 폭동을 일으키고, 특수경찰대의 남자는 그들을 사살하는 임무를 부여받는다. 그 일을 하는 과정에서 만난 아름다운 여인과 사랑에 빠지나 결국 그 여인도 로봇임이 밝혀진다. 그런 로봇은 인간과 구분이 되지 않는 외모와 언어와 감정을 가진 꿈의 로봇이다.

감정을 가진 로봇은 「A.I.」(2001)에도 나온다. 암울한 미래의 지구에서 인간을 위해 모든 일을 하는 로봇들은 많은 능력을 부여받지만 인간의 감정만은 주입되지 않는다. 그런데 자식이 필요한 부부들에게 로봇은 하나의 대안이었고 결국 감정을 가진 로봇이 탄생하게 된다. 그러나 인간을 사랑하는 로봇은 결국 인간에게 버림받게 된다. 이 영화의 로봇도 완벽한 언어를 구사한다. 언어에 관한 한, 1977년 이래의 「스타워즈」(Star Wars) 시리즈에 나오는 R2D2라는 로봇은 타의 추종을 불허한다. 이 로봇은 우주의 여러 외계어를 번역해 주는 능력이 있다. 「매트릭스」(The Matrix, 1999, 2003)의 컴퓨터 시스템 매트릭스는 로봇은 아니지만 인간보다 뛰어난 지능을 가진 인공지능이다. 인간이 만든, 인간의 지능을 초월하는 컴퓨터 시스템은 언어를 뛰어넘어 인간과 의사소통이 가능하다.

자동적인 언어 처리가 얼마나 어려운 일인지를 아는 사람들은, 「블레이드 러너」, 「A.I.」, 「터미네이터」 같은 영화들에 나오는, 완벽한 언어를 구사하는 로봇들이 현재로서는 그저 상상력을 동원한 동화 같은 이야기임을 알 것이다.

2. 자연언어처리

전산음성학/전산음운론

언어의 음성적인 면을 처리하는 전산언어학의 하위 분야가 전산음성학(computational phonetics)과 전산음운론(computational phonology)이다. 전산음성학은 인공적으로 음성을 만들어 내는 음성합성(speech synthesis)과 음파로부터 음성을 인식하는 음성인식(speech recognition)을 연구한다. 음성을 음소(음운) 층위의 추상적인 단위로 처리하는 방법을 연구하는 것이 전산음운론이다.

1939년 발명된 보코더(vocoder)라는, 인간의 음성을 합성하는 최초의 기계는 인간의 발음기관의 모양과 비슷한 형태의 물리적인 기구였다. 오늘날의 음성합성은 음향음성학적 지식을 바탕으로 컴퓨터를 이용하여 사람의 음성에 상당히 가까운 소리들을 만들어 낸다. 음성합성이나 음성인식은 음성의 음향적 특성의 이해에 바탕을 두고 있다. 이 책의 제3장에서 이미 음향음성학의 관점에서 음성의 물리적 특성에 대하여 상술하였으므로 여기서 그 내용을 반복하지 않는다. 다만, 모음을 발음할 때의 발음기관의 공명의 차이로 인하여 모음의 음향에는 에너지가 몰려 있는 여러 개의 포먼트 위치(공명 주파수)가 차이가 나고 그것들이 모음을 구별시켜준다는 것, 그리고 모음 주위의 자음들이 그 종류에 따라 모음의 포먼트에 다른 종류의 변형을 가져온다는 것 등의 중요한 사실을 기억하자.

분절음의 기본적인 음향적 속성 이외에도 실제 자연스러운 발화체를 합성해 내기 위해서는 소리 이상의 층위와 관련된 지식도 필요하다. 영어의 합성명사는 일반적으로 강세가 앞에 오는데, 여러 개의 명사가 합성될 경우 결합 방식에 따라 뜻과 소리가 달라진다. 그리고 영어에서 동일한 분절음의 연속이라도 강세의 위치가 품사에 따라 다른 것들이 많이 있다. 예를 들어 'perfect'를 발음할 때 앞에 강세를 주면 형용사이고, 뒤에 강세를 주면 동사이다. 음성합성을 이용하여 자연스러운 문장을 산출하기 위해서는 품사에 따른 발음의 차이를 반영해야만 한다.

실제 발화에서는 말을 할 때 상투적으로 삽입되는, 예를 들어 영어의 "I mean", "you know" 같은 표현들은 약하게 발음된다. 그리고 내용적으로 새로운 정보를 주는 부분은 음성적으로 두드러지게 된다. 다음 예를 살펴보자.

> A: What did Jane eat?
> B: Jane ate RICE.

> C: Who ate rice?
> D: JANE ate rice.

"Jane ate rice"라는 문장은 어떤 담화 맥락에서 발화되는가에 따라 그 음성적 실현 양상이 다르다. 위의 예에서 대문자로 표기된 'RICE'와 'JANE'이 소리가 크고 높은 것을 표시하는데, 새로운 정보를 주는 부분에서 소리가 더 커지고 높아지게 된다. 관련되는 것으로 대조적 주제(contrastive topic)이라는 현상이 있다. "Jane ate rice"라는 문장을 평범하게 발화하는 것과 'Jane' 다음을 약간 높이고 잠시 휴지를 두어서 발화하는 경우, 후자는 제인을 다른 사람과 대조시키는 의미를 나타낸다. 즉, 다른 사람은 그렇지 않은데, 제인은 어떻다는 의미이다. 우리말에서는 '-는'이라는 조사가 그러한 역할을 수행한다. 다음 문장은 기본적으로는 영수가 밥을 먹지 않았다는 것을 의미하지만, '밥'이 다른 음식과 대조됨으로써, 영수가 다른 것을 먹었다는 것을 암시한다.

> 영수가 밥은 안 먹었다.

음성합성은 이러한 담화 맥락과 관련된 정보를 소리를 통하여 자연스럽게 전달할 수 있어야 한다.

기본적인 음향적 성질과 음성 층위 이상의 정보는 음성합성뿐 아니라 음성인식에도 필요하다. 음파를 입력으로 받아 음성으로 분해하여 인식하는 음성인식은 음성합성에는 없는 어려움이 있다. 그것은 자연스러운 발화에서 단어 경계가 음파에 명확히 나타나지 않는다는 것이다. 우리는 보통 말할 때 단어의 경계에서 명확하게 휴지(pause)를 갖지 않는다. 또한 말 속에서 소리들은 생략되고 융합되는 일이 많다. 생략되거나 변형된 음을 추정해 내는 일이 사람에게는 쉽지만, 오늘날의 기술 수준에서 기계가 그 일을 하는 것이 쉽지 않다.

칵테일 파티 효과라는 것이 있다. 사람들이 많이 모인 파티에서 사람들이 이야기할 때에 주변에서 다른 사람들도 이야기를 하고 있기 때문에 매우 혼란스럽지만, 사람들은 상대방의 말을 잘 듣고 대화를 할 수 있다. 즉, 필요한 음성적 정보만을 선별적으로 처리하는 능력이 인간에게 있다. 하지만 실제 음파에서 소음을 걸러내고 필요한 음성적 정보를 골라내는 것이 쉬운 일이 아니다.

음성인식은 어려운 기술이지만, 꾸준히 연구의 성과가 축적되어 왔고 일부 실용적인 시스템에 쓰이기도 한다(다음 절 참조).

전산형태론/전산통사론/전산의미론

컴퓨터의 입력을 음성으로 하여 기계가 음성인식을 수행하는 것을 전제조건으로 하든, 혹은 컴퓨터의 입력을 문자로 하든 간에, 어절 단위의 문자 연속체를 단어의 구조로 분석하고, 나아가 단어의 연속체를 문장의 구조로 분석하여 문장의 의미를 추출하는 일이 필요하다. 그 방법을 연구하는 것이 전산형태론(computational morphology), 전산통사론(computational syntax), 전산의미론(computational semantics)으로서, 이론언어학의 형태론, 통사론, 의미론에 대응한다. 이것들 각각에 대하여 알아보자.

우선, 언어처리를 위해서는 어절 내의 언어 요소들을 형태소로 분리하는 과정이 필요하다. 어근과 접사를 정확히 파악해야 단어의 의미와 문장에서의 단어의 문법적 기능을 제대로 알 수 있기 때문이다. 이 단계가 잘 처리되어야 다음의 통사적 구문분석이 가능해 진다.

어절의 형태적 구조를 분석하기 위해 현재 전산형태론에서 사용하는 두 가지 방법은 어간분리법(stemming)과 이층위 형태론(two-level morphology)이다. 어간분리법은 어절의 앞과 뒤에서 접사들을 차례로 분리해 내는 방법이다. 예를 들어 다음과 같은 어절을 컴퓨터가 분석한다고 해 보자.

▎기다리었겠습니다

뒤에서부터 한 음절씩 띄어서 그것이 사전에 있는지 확인하는 방법을 통하여 우선 '-습니다'가 하나의 어미임을 찾아내고, 다시 '-겠-'과 '-었-' 문법형태소들을 찾아내고, 마지막에 남는 '기다리-'이 사전에 있으므로 다음과 같은 분석이 가능해진다.

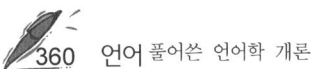

▌기다리-었-겠-습니다

경우에 따라서는 단순한 음절 단위의 처리가 불가능하다. '가뭅니다', '더우면' 같은 어절의 분석은 다음과 좀 더 복잡한 과정이 필요하다. 불규칙 활용까지 고려해야 하기 때문이다.

▌가뭅니다: 가물-ㅂ니다
▌더우면: 덥-으면

이층위 형태론 방법은 표면 층위와 기저(어휘) 층위의 대응성을 규칙으로 명시하고 유한상태변환기(finite-state-transducer)라는 기술을 사용하여 형태 분석을 한다. 예를 들어 영어의 'cries'는 다음과 같이 어휘 층위와 표면 층위가 대응된다.

▌cry + s   어휘 층위
▌ |
▌cries   표면 층위

유한상태변환기는 이러한 규칙을 바탕으로 표면 층위의 입력을 받아서 어휘 층위의 표상을 생성한다. 바로 이 어휘 층위가, 형태 구조가 명시적으로 분석되고 드러난 층위라고 할 수 있다. 실제 이러한 방법으로 구현한 최초의 형태소 분석기는, 처음으로 이 방법을 찾아내고 구현한 핀란드의 전산언어학자 키모 코스케니에미의 이름을 본뜬 키모(Kimmo)이다. 이 방법은 외국어의 형태소 분석기에 많이 사용되고 있다. 한국어의 형태소 분석은 주로 어간분리 방법을 사용한다.

전산통사론(computational syntax)은 통사 구조와 관련된다. 단어 혹은 어절의 선형적 연속체로부터 문장의 의미를 직접 얻을 수는 없다. 문장의 통사 구조를 먼저 얻어야 한다. 통사 규칙을 적용하여 문장의 구조를 만들어 내는 일을 파싱(parsing)이라고 부르며, 그러한 일을 하는 프로그램을 파서(parser)라고 한다. 파싱의 방법으로는 하향식(top-down) 방식과 상향식(bottom-up) 방식이 있다.

하향식 파싱 방법은 입력된 문자열이 하나의 문장이라는 가정으로부터 분석을 시작한다. 문장을 구성하는 가장 상위의 규칙이 "S → NP VP"이라고 할 때 이것을 먼저 적용하고, 다시 "NP → DET N"과 같은 규칙을 적용한다. 이 단계까지 구축된 통사 구조는 다음과 같다.

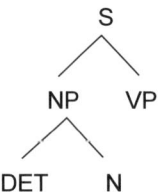

컴퓨터에 입력된 문장이 다음과 같다면 이 단계까지의 파싱은 맞는 것이다.

| The man ate an apple.

문장 앞 부분의 두 어절 'the'와 'man'이 각각 DET와 N 범주에 속하므로 문제가 없다. 그러나 입력문이 다음과 같다면 이 단계의 파싱은 맞지 않는다.

| John ate an apple.

문두의 'John'이 DET 범주가 아니기 때문에 예측된 구조와 어긋난다. 이 경우에는 "NP → DET N" 규칙이 잘못 적용된 것으로 간주하여 앞에서 예측한 구조를 포기하고, 그 대신 "NP → N" 규칙을 적용하여 다음과 같은 부분 구조를 만든다.

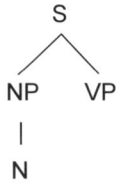

이런 식으로 문장의 처음부터 오른쪽으로 분석을 해 가면서 하향식 파싱이 진행된다.

상향식 파싱은 반대 방향으로 진행된다. 입력된 사전을 참조하여 각 어절 혹은 단어의 품사가 먼저 부여되고 그것을 바탕으로 왼쪽에서 오른쪽으로 통사 규칙으로 묶일 수 있는 것들을 먼저 (구성) 성분으로 묶고, 다시 상위 규칙을 적용하여 성분으로 묶고 하는 식으로 최상위의 S까지 가는 방법이다.

전산통사론은 파싱뿐 아니라 그 반대의 과정인 생성(generation)도 연구한다. 생성의 과정에는 파싱과는 다른 종류의 고려 사항들이 있다. 같은 의미라도 선택하는 단어에 따라 허용하는 통사 구조가 다르기 때문이다. 예를 들어 'give'와 'donate'는 비슷한 의미이지만 다음의 예에서 보는 것처럼 통사적 특성은 다르다.

> John gave a book to Mary.
> John gave Mary a book.
> John donated a book to Mary.
> *John donated Mary a book.

정확한 문장의 생성을 위해서는 정밀한 어휘부(사전)의 정보가 필요하다.

전산의미론(computational semantics), 즉 의미의 전산 처리를 위한 연구에서 두 가지 중요한 연구 주제는 의미 표상(representation) 문제와 추론(inference)의 문제이다. 전자는 통사적 구조를 가진 자연언어 표현의 의미를 어떤 방식으로 표상하여 컴퓨터에 구현할 것이며, 구조와 의미를 어떻게 자동적으로 연결시킬 수 있는가 하는 문제이다. 후자는 의미 표상을 이용하여 어떻게 인간이 하는 것과 같은 논리적 추론을 가능하게 할 것인가 하는 문제이다. 술어논리(predicate logic)를 이용하기도 하고 별도의 의미표상을 이용하기도 하는 등 여러 가지 방향이 모색되고 있다.

자연언어에서 나타나는 여러 가지 종류의 중의성의 표상과 그 해결도 중요한 연구 과제이다. 아울러, 화용론적 관점에서 언어 사용 맥락에서의 대화상의 함축(conversational implicature)을 컴퓨터로 구현하는 일도 필요하다.

영화 ✚ 언어

영화 「미션 임파서블」(Mission: Impossible, 1996, 2000, 2006)은 1960년대의 인기 TV 시리즈를 영화로 다시 만든 것이다. 미지의 인물로부터의 지령과 대원들의 일사불란한 작전 수행이 인상 깊었던 과거의 TV 외화(한국 제목 「제5전선」)는 현대의 영화로 재현되면서 상당한 변화를 수반했다. 과거와 같이 가면을 이용한 변장과 기만 전술이 쓰이면서, 현대의 변장술은 시각적인 면만이 아니라 청각적인 면에도 신경을 쓴다. 즉, 목소리도 똑같이 나게 하기 위하여 목의 성대 부분에 특수 장치를 부착한다. 사실 얼굴에 고무 가면을 써서 다른 사람과 완전히 똑같이 보이게 하는 일이 불가능한 것처럼, 성대 부근에 붙이는 장치가 완전히 똑같은 목소리를 만들어 주는 것도 현재로서는 불가능하다. 그러나 「페이스 오프」(Face/Off, 1997)에서처럼 사람의 얼굴을 통째로 바꿀 수 있다는 주장을 하는 과학자의 말을 외신으로 접하는 오늘날, 앞으로의 (전산) 음성 기술의 발전이 그러한 일을 가능하게 만들 날이 올 것이라고 예측할 수 있다.

3. 응용 시스템

음성인식과 음성합성

전산언어학은 이론적 연구를 바탕으로 실제 실용적인 시스템을 구현하는 것을 목표로 한다. 앞에서 언급한 음성인식의 경우, 실제 생활에서 쓰이는 시스템을 만들려는 노력이 통신회사를 비롯하여 여러 기관에서 시도되고 있다. 근래에 나는 어느 대학교의 교수에게 전화를 걸기 위해 그 학교의 대표 전화번호로 전화를 건 적이 있다. 전화를 걸었을 때 상대방으로부터 들려온 것은 녹음된 음성으로서 원하는 부서나 사람의 이름이 무엇이냐는 물음이었다. 나는 그 교수의 이름을 말했고 전화는 정확히 연결되었다. 이것은 음성인식 기술을 이용한 것이다. 물론 한정된 부서 이름과 교직원 이름의 목록이 있으므로 이 경우의 음성인식은 아주 제한적인 영역에서의 작용하는 것이다. 이것은 아무런 제한이 없이 사람의 말을 인식하는 것과 같은 수준의 음성인식은 아니다. 음성인식을 통해 휴대폰에 저장되어 있는 전화번호를 검색하는 것에 대해서도 마찬가지로 말할 수 있다. 역시 비슷한 것으로서, 전화로 여행지 정보를 제공하는 자동응답 시스템에서도 말로 여행지를 지목할 수 있게 되어 있다. 내가 실제로 이용해 본 경험으로는 아직 만족스러운 수준은 아니다.

   음성인식 기술은 외국어 교육과 의료기기, 자동차에도 이용된다. 영어 발음의 문제를 기계적으로 파악하여 올바른 발음과의 차이를 제시하는 상용 제품이 나와 있다. 사용자가 영어 단어를 발음하면 억양이나 악센트 등 요소별로 분석해 현지인의 발음과 비교, 진단해 준다.

   음성인식 내시경 기기와 로봇 수술 기계는 의사가 수술을 하면서, 간호사를 통하여 내시경의 위치나 방향을 조정하는 것이 아니라, 음성을 통한 의사의 직접적인 지시에 따라 내시경 기기가 작동하게 한다. 수술의 정확도가 높아지고 수술 시간이 단축된다.

   자동차 안에서 라디오, 텔레비전, 내비게이션, CD 플레이어, MP3, 인터넷, 텔레매틱스 시스템 등 20여 가지 기능을 말 한마디로 켰다 껐다 할 수 있는 통합 멀티미디어 시스템도 있다. '텔레매틱스'(telematics)는 'telecommunications'와 'informatics'가 합성된 단어이다. 운전자가 운전 중 외부 세계와 의사소통을 하여 지능적 판단을 내릴 수 있도록 도와주는 장치로서, 대표적인 것이 인공위성을 이용한 내비게이션 시스템이다. 운전을 하면서도 말로 지시하여 목적지의 교통상황 및 생활 정보를 시시각각으로 받을 수 있다. 이때 필요한 정보를 음성으로 들려주는 데에는 음성합성 기술이 필요하다. 자동차 산업에서 텔레매틱스는 운전자의 편의성과 안전성을 위한 획기적인 기술로 그 적용 가능성이 무궁무진한 것으로 평가받고 있다. 텔레매틱스 시스템에서 운전자와 기기의 의사소통을 위해 음성 처리 기술이 절대적으로 중요하다.

   음성인식과 음성합성 기술을 이용하여 제한적이나마 아이와 대화할 수 있는 장난감도 만들어진다. 이것보다 좀 더 발전된 형태가 사람과 대화를 나눌 수 있는 로봇이다.

   신뢰성 있는 정확도를 전제로, 음성인식을 통한 전자서명도 가능하다. 우리나라의 전자서명법에는 지문인식, 홍채인식과 더불어 음성인식으로 전자서명이 가능하도록 되어 있다.

   인식률이 높은 음성인식 기술의 발전은 귀가 안 들리는 장애인의 의사소통을 매우 편하게 해 줄 것이다. 또 말을 하면 글로 바꾸어 주는 음성타자는 손으로 하는 타자보다도 훨씬 빠르게 문서를 만들어 줄 것이다. 반대로 훌륭한 음성합성 기술은 TTS(text-to-speech) 시스템을 통하여 글을 말로 바꾸어 줌으로써 시각 장애인에게 많은 도움을 줄 것이다. 앞에서 언급한 대로 텔레매틱스 시스템에서도 자동차에 장착된 기기가 운전자에게 음성으로 정보를 주기 위해서 TTS 시스템이 필요하다.

기계번역

전산언어학의 가장 종합적인 응용시스템은 기계번역(machine translation) 시스템이다. 한 언어의 말(음성)을 다른 언어의 말로 통역하는 시스템을 만드는 데에는 음성인식과 음성합성 기술이 필요하다. 그리고 앞에서 언급하였던 전산형태론, 전산통사론, 전산의미론의 기술이 필요하다. 한 언어의 문자언어를 다른 언어의 문자언어로 자동으로 번역하는 시스템은 음성 처리의 기술이 필요하지 않겠지만, 형태, 통사, 의미 처리의 기술이 필요하다. 그리고 모든 기술은 분석의 방향과 생성의 방향 모두에서 필요하다.

기계번역은 쉬운 일이 아니다. 전산언어학의 요소 기술 하나하나가 만만한 일이 아닌 현재의 상황에서 그것을 종합적으로 구현하기는 더욱 어렵다. 다음은 2004년경 나의 홈페이지를 어떤 기계번역 사이트의 자동번역 시스템을 이용하여 영어로 번역한 것의 일부분이다. 원래의 한글 페이지의 해당 부분을 함께 제시한다.

한글 홈페이지   영어로 자동 번역한 페이지

'교수', '사진', '언어과학' 같은 단어는 제대로 번역하였으나, 고유명사의 번역 등 몇 가지 문제가 보인다. 나의 이름 '강범모'는 '강', '범', '모'를 각각 'river', 'offense', 'wool'로 번역을 하였고 '고려대학교'의 '고려'도 일반명사로 파악하여 '고려대학교'를 'consideration university'로 번역하였다. '서울시 성북구'의 번역도 'Seoul hour characteristic nothern Europe'으로 얼토당토 아니하다. 이것은 주로 고유명사의 번역에서 나타나는 문제점을 보여주는 하나의 예이다. 그래도 몇 년 사이에 기술이 발전하여, 2009년 몇 군데 기계번역 사이트에서 다시 시도해 보니 '고려대학교'는 'Korea University'로 번역되는 등 많이 발전하였다. 고유명사 '강범모'는 그대로 로마자로 표시해 주어야 하는데('Kang Beom Mo, Gang Bum Mo, Beom Mo Kang' 등) 아직 적절하게 처리하지 못했다. 기계번역 시스템이 범용으로 사용할 만한 정도는 아니지만 실제로 특수 분야에서 기계가 번역을 도와주는 시스템이 이용되고 있다.

영어와 한국어가 워낙 구조의 차이가 심하기 때문에 기계번역이 힘들고 아직 (거의) 완벽한 시스템이 개발되지 않았다고도 할 수 있다. 이에 비하여 문장 구조가 비슷한 우리말과 일본어 사이의 번역 시스템은 실용적으로 쓸만한 것들이 개발되어 일부 이용되고 있다. 유럽에서는 시스트랜(SYSTRAN)이란 다국어 기계번역 시스템이 개발되어 영어, 프랑스어, 독일어, 스페인어 등 주요 유럽 언어들 사이의 기계번역에 사용되고 있다. 대부분 동일한 어족에 속하는 언어들인 만큼, 한국어와 영어 사이의 번역보다는 쉽게 고품질의 번역을 얻을 수 있다. 시스트랜, 그리고 바벨피시, 구글 언어 도구 등 기계번역 시스템은 서양어뿐만 아니라, 불완전하게나마, 한국어와 다른 언어들 사이의 번역도 제공하고 있다.

어떤 기계번역 시스템이든지 모든 문서를 완전하게 번역할 수는 없다. 문학 작품의 기계번역은 애초부터 불가능한지도 모른다. 그러나 특정한 상황에서 사용되는 텍스트에 국한하여 실용적인 시스템을 개발하는 것은 가능하다. 그러한 텍스트에는 해당 언어의 모든 특성이 나타나지 않고 어휘와 구조가 제한되고 정형화되어 있다. 이러한 언어를 부언어(sublanguage)라고도 부르며, 부언어의 전산처리는 상대적으로 용이하다. 예를 들어, 영어와 프랑스어를 공용어로 사용하는 캐나다에서는 일기예보를 기계로 번역하는 시스템을 오래 전에 이미 개발하여 사용하고 있다. 일기예보의 언어는 하나의 부언어이다.

정보검색

넓은 의미의 정보검색(information retrieval)은 사용자가 요청하는 정보를 줄 수 있는 문서, 이미지, 영상, 음향 등을 찾아주는 기술이다. 오늘날 인터넷이 일상화되어 있는 환경에서 우리는 구글, 네이버, 야후 등 검색 사이트를 통하여 필요한 정보를 찾는다. 정보검색은 우리의 일상생활이다.

전산언어학과 밀접한 관련이 있는 것은 필요한 문서, 즉 텍스트를 찾아주는 검색이다. 문서 정보검색의 단순한 절차는 사용자가 제시한 검색어에 대하여 그 검색어가 들어 있는 문서들을 찾아주는 것이다. 이때 최소한 어간 혹은 어근을 분리하는 절차가 필요하다. 예를 들어 최근 1개월 사이의 신문 기사에 나타난 '언어' 문제를 살피고자 한다면 신문 기사 중 '언어'라는 어절이 들어간 것들뿐 아니라 '언어가, 언어를, 언어는' 등의 어절이 들어간 것들도 검색해 주어야 할 것이다.

언어학적 분석을 전혀 하지 않거나, 어간 분리(stemming) 혹은 간단한 형태소 분석만을 사용한 정보검색 시스템은 실제로 필요 이상의 검색 결과를 줄 수 있다. '감기'와 관련된 문서를 검색할 경우 '감기는 쉬어야 낫는다'가 들어 있는 문서를 제대로 찾아주기도 하지만 '실이 감기는 기계가 발명되었다'가 들어 있는 문서도 찾아줄 것이다. 초보적인 형태소 분석마저 안 될 경우 '수상소감기록'도 찾아 줄 것이다. 반대로 이러한 정보검색 시스템은 원하는 문서 모두를 찾아주지도 못한다. 예를 들어 '개'에 관심이 있어 그와 관련된 문서를 검색하고자 할 경우 '불독', '셰퍼드', '치와와' 등이 들어있는 문서를 찾아주지 못한다. 따라서 실제 효율적인 정보검색 시스템은 여러 가지 확률적, 언어학적 지식을 이용하여 사용자가 원하는 모든 문서들을, 그리고 원하는 문서들만을 찾아주는 것을 목표로 한다. 그 중 한 가지 방법은 단어들 사이의 관계망을 이용하는 것이다.

앞의 제7장(언어의 의미)에서 보았듯이 단어들은 여러 가지 의미적 관계로 연결되어 있다. 그 관계들 중 상하관계와 유의관계가 정보검색과 직접적으로 관련된다. 앞에서 언급한 예 중, '개'에 관한 검색에서 '불독'까지 찾게 하기 위해서는 '불독'이 '개'의 하의어라는 사실을 이용할 수 있다. 즉, 검색 과정에서 검색어의 모든 하의어까지 고려하는 것이다. 다른 예로서, 다시 '언어'에 관한 검색을 생각해 보자. 실제로 나는 어떤 일간지 사이트에서 언어와 관련된 기사를 검색하기 위해 '언어'를 검색어로 입력하였다. 그 결과로 제시된 것들 중 가장 최근 기사의 제목 15개는 다음과 같다(신문 제목에는 띄어쓰기가 제대로 되어 있지 않다).

1. '유럽의 빅뱅' EU가 바뀐다;<중>동진하는 유럽 경제권;공식언어 20개 서류번역에만 年 1조원 들듯
2. [독자칼럼];외래어 우리말 순화는 언론의 기본적 의무다
3. 中 2500년전 '천자馬車' 공개;洛陽 거마갱박물관 말 6필 유해도 생생
4. [총선 D-5];"한국교회, 예수님이 하지말란 일만 해" 유시민의원 2년前 발언 논란
5. 언어와 사물과의 만남 10일~내달 30일 평창동 영인문학관
6. 20년만에 새 시집 이근배씨;"보석같은 우리말 광맥 캐내니 행복"
7. 일산 '노래하는 분수대' 내달말 준공;한때 시민단체 반발로 갈등
8. 수능 언어영역 문제數 줄인다;2006학년부터 60→55문항 검토
9. [문화비전];말, 말, 말이 넘치는 시대
10. "주가 알려면 닛케이 보라";나스닥동조는 이젠 옛말
11. 언어의 다양성 되새기는 '세계 母語의 날'
12. '찾아가는 교통안전교육' 내달말까지 숯 노인정, 유치원 대상
13. [이규태코너];<6321>;이라크의 身體言語
14. 무언극 '스노우쇼';국경과 언어 뛰어넘는 감동의 눈보라가 분다
15. "말과 글이 대화의 수단으로 통하는 시대 열어야"

검색 결과로 제시된 기사들의 제목 중에는 '언어'가 들어간 것들뿐 아니라 '외래어 우리말 순화'(2), '말, 말, 말이 넘치는 시대'(9) 등 '말'이 들어간 것들도 있었다. '언어'와 '말'의 유의어 관계를 이용한 검색 방법이 실행된 것이다. 이런 방법이 단순히 '언어'라는 검색어만을 고려한 검색에 비해 훨씬 효과적임에 틀림이 없으나, 모든 문제가 해결된 것은 아니다. 위에 제시된 문서 중에는 동물 '말'(3)에 대한 기사와 '내달말 준공'(7, 12)의 시간을 뜻하는 '말'이 제목에 있는 기사도 있기 때문이다. 즉, 동음이의어까지 판별하여 원하는 정보만을 검색해 주는 시스템은 아닌 것이다.

정보검색과 관련된 것으로 정보추출(information extraction)이라는 것이 있다.

정보검색 시스템이 필요한 정보가 있는 문서를 찾아주는 것임에 비하여, 정보추출 시스템은 주어진 문서로부터 특정한 유형의 대상을 찾아준다. 주어진 문서에서 모든 사람의 이름들을 추출해 낸다든지, 신문기사로부터 언제, 어디서, 무슨 일이 일어났는지 등 사건의 핵심적인 내용을 추출해 내는 일이 정보추출에 해당한다. 정보추출은 정보가 구조화되어 있지 않은 텍스트로부터 구조화된 정보를 추출하여 데이터베이스를 구축하는 일에 쓰일 수 있다. 외국에서는, 병원에서 의사가 작성하는 수많은 진료기록과 처방일지로부터 환자와 병에 대한 자세한 데이터베이스를 자동적으로 구축하는 시스템이 개발되기도 하였다.

기타 응용 시스템

문서요약(text summarization)은 수없이 쏟아져 나오는 문서들을 자동적으로 요약하여 제시함으로써 사용자를 도와주는 시스템이다. 그 대체적인 절차는 주어진 문서로부터 그 문서의 내용을 적절히 반영하는 용어와 정보내용을 찾아내고, 그것들을 적절히 조합하여 자연스러운 언어표현으로 산출해 내는 것이다. 문서에 자주 등장하는 단어나 표현을 고려하고, 주변에 요약 표현이 있음을 암시하는 여러 가지 표현들 — 'to sum up', 'summing up', '요약하자면', '다시 말해서' 등 — 을 이용하고 적절한 생성 기술을 사용하여야 한다. 하나의 문서에 대한 요약뿐 아니라 여러 문서에 대한 요약도 시도할 수 있는데, 당연히 후자의 난이도가 높다.

전문용어(term)를 컴퓨터로 처리하는 기술도 개발되어 사용된다. 현대의 빠른 지적, 기술적 발달 속에서 각 전문분야는 끊임없이 새로운 용어를 만들어내고 사용한다. 이러한 전문용어들은 일반 사전에 없거나 사전에 있더라도 전문용어로서의 뜻으로 등재되어 있지 않다. 따라서 전문분야의 문서를 처리해야 하는 컴퓨터 시스템은 전문용어를 처리할 수 있는 기술을 갖추어야 한다. 크게 보아 두 가지 일이 있는데, 하나는 새로운 전문용어를 자동적으로 추출하는 것이고 다른 하나는 이미 알고 있는 전문용어를 문서 속에서 찾아내는 일이다. 이러한 일들은 문서의 자동 색인(indexing)에 직접적으로 이용된다.

텍스트 데이터마이닝(data mining)은 수많은 문서를 처리하여 숨겨진 의미 있

언어 풀어쓴 언어학 개론

는 정보를 찾아내거나, 전반적인 경향을 파악해 주는 시스템이다. 원래 데이터마이닝은 주어진 다용량 데이터베이스를 기반으로 이와 같은 일을 해 주는 기술을 말하지만, 텍스트를 기반으로 할 때에는 전산언어학 기술이 필요하다.

대화 시스템(dialogue system)도 전산언어학의 중요한 응용 분야이다. 대화란 여러 명이 참여하여 의사소통을 하는 상황이다. 컴퓨터는 방대한 지식을 데이터베이스로 저장할 수 있기 때문에 사람과 대화를 하면서 전문지식을 표함하여 필요한 정보를 줄 수도 있다. 대화의 매개는 특정 제약이 있는 단순한 언어 형식일 수도 있고 그러한 제약이 없는 일반 언어일 수도 있다. 나아가 컴퓨터와 대화 수단이 음성, 키보드, 몸짓 등일 수도 있다. 컴퓨터가 인간과의 대화를 통하여 정보 제공자의 역할을 할 수도 있고, 공부를 가르쳐 줄 수도 있고, 단순히 대화의 상대로서의 역할을 할 수도 있다. 단순한 대화의 기능도 노령화 사회에서는 매우 필요한 것이다.

영화 + 언어

영화 「화성침공」(Mars Attacks! 1996)은 화성인의 지구 침공을 그린 다소 황당한 느낌을 주는 영화이다. 그 영화에서 화성인들이 지구에 처음 왔을 때, 화성인의 말을 영어로 번역해 주는 기계가 등장한다. 일종의 기계번역(machine translation) 시스템이다. 보통 우리가 말하는 기계번역이란 컴퓨터를 이용하여 하나의 자연언어에서 다른 자연언어로 자동적으로 번역해 주는 것이다. 「화성침공」의 기계번역 시스템은 인간의 언어가 아닌 화성인의 언어를 번역한다는 점에서 훨씬 높은 차원의 번역 시스템이다. 인간의 언어가 아무리 다양해도 보편적인 특성을 가지고 있다는 점을 이 책의 여러 곳에서 언급하였다. 본질적으로 동일한 특성을 갖는 인간의 언어들 사이의 완벽한 기계번역이 가능하지 않은 지금의 상황에서 인간 언어의 제약이 없는 화성인의 통신수단을 처리하는 것은 현실에서는 꿈도 꿀 수 없는 일이다. 그래도 이런 기계가 등장할 수 있는 것이 영화 속의 상상의 세계이다. 지구인들에 비해 월등한 화력을 가지고 있는 화성인들이 지구의 문명을 완전히 파괴시키기 전에, 지구인의 아름다운 음악이 화성인들의 머리를 터뜨려 죽게 하는 일도 영화 속에서 가능하다. 머리가 터지면서 뿜어져 나오는 녹색의 피가 음악과 어우러져 원색의 향연을 펼친다.

4. 코퍼스언어학

언어와 컴퓨터를 이용한 언어 연구는 코퍼스언어학(corpus linguistics)의 관점에서 볼 수도 있다. 코퍼스언어학은 코퍼스를 구축하고 그것을 기반으로 언어에 관한 이론 연구와 응용 연구를 하는 학문 분야이다. 여기서 코퍼스란 텍스트, 즉 산출된 말 혹은 글의 집합을 말한다. 넓은 의미의 코퍼스는 어떤 방식으로든지 그리고 어떤 형태루든지 여러 텍스트를 모아놓은 것을 말하지만(예를 들어, 역사 서술, 설교, 편지, 시가 등 다양한 형식의 텍스트를 묶어 놓은 성경도 하나의 코퍼스이다), 현대의 코퍼스는, 예를 들어 근대 소설 연구 혹은 현대 국어 일반의 연구 등, 특정 목적을 가지고 균형성과 대표성을 고려해 텍스트들을 모아서 컴퓨터에 전자(비트) 형태로 저장한 것을 말한다. 따라서 코퍼스언어학은 컴퓨터 코퍼스 언어학이다. 컴퓨터 코퍼스는 연구자가 실제 언어 생활의 양상을 있는 그대로 관찰해 언어를 실증적으로 연구할 수 있는 방법을 언어학에 제시했을 뿐만 아니라, 정보사회에서 가장 중요한 정보처리의 대상인 언어정보의 처리 기술 발전에도 중요한 역할을 하고 있다.

최초의 컴퓨터 코퍼스는 1960년대 초 미국 브라운대학에서 만들어졌다. 이것은 1백만 어절 규모의 미국 영어 텍스트 자료인데 보통의 책 약 20권의 분량이다. 오늘날의 기준으로 보면 아주 작은 규모이지만 당시 컴퓨터 입력의 수단이 키펀치였던 것을 고려하면 엄청난 수고의 결과였다. 브라운 코퍼스를 기반으로 영어 단어의 사용 빈도가 실증적으로 측정돼 언어 교육 및 심리학에 도움을 주기는 했으나 코퍼스의 규모가 작았기 때문에 그 효용성은 제한적이었다. 코퍼스가 언어학에 큰 영향을 미친 사건은 1980년대에 영국 버밍햄대학이 콜린스 출판사와 손잡고 2천만 어절 규모의 코퍼스를 구축하고 이것에 기초한 코빌드(COBUILD) 영어 사전을 편찬한 것이었다. 이전까지의 언어 사전이 사전 편찬자의 직관에 의존하거나 수작업을 통한 제한적인 용례 수집에 의존하였던 것에 비해 코빌드 사전은 대용량의 컴퓨터 코퍼스에 기초하여 올림말을 결정하고, 단어 의미를 기술하며, 사람들이 많이 사용하는 자연스러운 용례를 찾아 사전에 수록할 수 있었다. 그 이후, 사전 편찬에서 코퍼스는 필수적인 수단으로 인식되었으며, 우리나라에서도 국립국어원에서 편찬한 「표준국어대사전」(1999) 등 모든 주요 사전 편찬 사업이 코퍼스에 의존하고 있다. 1990년대 이후 코퍼스의 크기는 1억 어절 이상이 일상적으로 되었으며, 영국 국가 코퍼스(British National Corpus, BNC)가 대표적인 대용량 코퍼스이다.

오늘날의 코퍼스는 이와 같이 양적인 면에서 성장하였을 뿐만 아니라, 언어의 형태, 통사, 의미적 분석을 한 결과를 기반으로 구축한 코퍼스 등 다양한 것들이 만들어져 언어 연구에 도움을 주고 있다. 국내의 경우 비교적 늦은 시기인 1980년대 후반부터 컴퓨터 코퍼스에 대한 관심이 싹터, 연세대학교, 한국과학기술원, 고려대학교를 중심으로 코퍼스 구축이 시도되기 시작했다. 이러한 일은 1998년부터 시작된 21세기세종계획으로 큰 전환기를 맞는다. 이것은 문화관광부 지원 사업으로 2007년까지 10년간 언어자원, 즉 한국어 코퍼스와 한국어 전자사전을 구축하고 그것을 학문 및 산업에서 이용할 수 있도록 보급하고 기초 연구를 수행하는 사업이다. 코퍼스 구축에 대해 말하자면, 2007년까지 총 10년의 과제 수행 후 대략 현대 국어 말뭉치(이 사업에서는 코퍼스를 '말뭉치'라고도 부른다) 1억 3천만 어절, 형태분석 말뭉치 1500만 어절, 형태의미분석 말뭉치 1250만 어절, 구어 말뭉치 4백만 어절이 구축됐다. 아울러 상당량의 북한어, 옛 문헌의 국어자료, 한국어-영어 및 한국어-일본어 병렬 말뭉치가 구축됐다.

코퍼스는 중요한 언어 자원이다. 이것은 이론적 언어 연구의 기반이 될 뿐만 아니라 사전 편찬과 언어 교육의 응용 분야에서 없어서는 안 될 중요한 자원이다. 사전 편찬에서 코퍼스의 효용성에 대해서는 앞서 이미 언급했다. 외국어를 교육할 경우, 가장 많이 쓰는 자연스러운 표현들을 중요시하여 먼저 학습시키는 것이 필요하다. 또한 외국어를 배우는 사람들의 언어를 수집한 코퍼스(학습자 코퍼스)는 언어 학습에서 범하기 쉬운 오류를 발견하게 해 효과적인 외국어 교육에 도움을 줄 수 있다. 코퍼스는 또한 문학, 역사 등 텍스트 기반의 전통적 인문학에 새로운 방법론을 제시할 수 있다. 그리고 신문 자료 코퍼스는 사회 변동 연구 등 사회과학적 연구에도 활용될 수 있다. 아울러 자연언어처리, 정보검색, 기계번역 등 컴퓨터의 언어 처리에서 코퍼스에 기초한 통계적 정보가 점점 더 중요시되고 있다. 두 언어의 문장들을 병치시켜 만든 병렬 코퍼스는 언어교육뿐 아니라 기계번역 시스템 개발에도 큰 도움을 줄 수 있다.

앞서 언급한 21세기 세종계획은 언어 자원의 구축과 더불어, 언어 자원을 교육과 연구, 그리고 산업에서 이용할 수 있도록 환경을 조성하는 데에도 역점을 두고 있다. 그리고 이러한 모든 활동을 '국어정보학'이라는 새로운 학문 이름으로 부른다. 국어정보학이란 바로 국어를 기반으로 하는, 국어와 관련된 코퍼스언어학이다. 단, '국어정보학'이란 말을 국어 정보 정책을 포함한 좀 더 광범위한 의미로 사용하기도 한다. 오늘날의 정보사회에서 점점 더 지식과 정보의 처리, 그 중에서도 언어 정보의 처리가 중요해 진다고 볼 때, 그 중요한 기반이 되는 언어 자원, 즉 코퍼스 구축과 활용의 중요성은 점점 더 커질 것이다.

영화 ✚ 언어

일본 영화 「철도원」(1999)은 조그만 홋카이도의 시골 종착역을 지키며 평생을 철도 승무원으로 살아온 남자의 이야기이다. 그는 시골 역을 지키며 "전방 요시, 후부 요시(OK)"를 외치느라고 결혼 17년 만에 얻은 딸의 죽음과 그 후의 아내의 죽음마저 지켜보지 못했다. 정년을 앞둔 그의 앞에 죽은 아이의 혼령이 나타나고, 결국 그는 눈 내린 플랫폼에서 빨간 수기를 들고 죽음을 맞는다. 이 영화는 450만의 관객을 동원한 1999년 일본 최고 흥행작이라고 하는데, 나로서는 영화에 비친, 자기 직업에 지나치게 투철한 한 남자의 모습이 과연 그렇게 아름다운 것인지 의심이 간다.

한편, 이 영화의 제목 '철도원'(鐵道員)이 우리말인지 불확실하다. 일본어에서 이 단어의 뜻은 아마도 철도 종사원 정도의 뜻일 것이다. 그러나 국어사전에 그러한 단어는 없고 다음과 같은 다른 뜻의 '철도원'(鐵道院)이 있을 뿐이다. 한글학회의 「우리말 큰사전」과 국립국어원의 「표준국어대사전」에서 제공되는 정의는 대략 다음과 같은 내용이다. "철도원(鐵道院)-서울과 인천, 서울과 부산 사이의 철도 업무를 맡아 보던 관청. 1900~1905년에 있었음."

이 두 사전에 따르면, 우리말에서 철도 업무에 종사하는 모든 사람들을 일컫는 '철도원'이라는 말은 없다. 기차 역사에서 근무하는 '역원' 또는 '역무원'과 열차에서 일하는 승무원인 '열차원' 그리고 '기관사'가 있을 뿐이다. 나는 처음에 '철도원'이라는 말을 들었을 때, 철도와 관련된 정원을 연상하였었다('과수원, 포도원, 농원'). 그런데, 마지막 확인을 위해 「연세한국어사전」을 펼쳤을 때, 나는 '철도원'이라는 말에 대한 최종적인 결론을 유보할 수밖에 없게 되었다. 그 사전에는 「표준국어대사전」과 「우리말 큰사전」에 있는 '철도원'(鐵道院)으로서의 뜻은 없고, '철도 업무에 종사하고 있는 사람'이라는 뜻만 풀이해 놓았다.

그렇다면 실제 언어 현실은 어떠한가? 나는 5천만 어절 정도 규모(보통의 책 약 1,000권 분량)의 카이스트(KAIST)의 국어정보베이스 코퍼스의 용례를 찾아보았다. 그 결과 24개의 용례를 찾을 수 있었고, 그 중 18개의 용례가 철도 종사자로서의 '철도원'의 예였다. 결국, '철도원'의 기원이 일본어였는지 알 수 없지만, 우리말에서 이미 사용되고 있었다는 결론에 다다르게 되었다.

5. 하이퍼텍스트

언어와 컴퓨터, 혹은 인문학과 컴퓨터와 관련된 중요한 개념으로 하이퍼텍스트(hypertext)가 있다. 인문학적 연구의 많은 부분이 텍스트를 중심으로 이루어진다는 점을 생각할 때, 전통적인 텍스트의 개념과는 사뭇 다른 하이퍼텍스트의 등장은 중요한 의미를 갖는다(이 절의 설명은 강범모(2011)에서 가져옴).

우리는 오늘날 이전까지 접해 왔던 문자로 이루어진 텍스트만이 아니라 하이퍼텍스트도 접하게 된다. 우리가 일상적으로 접하는 하이퍼텍스트로 윈도우 응용 프로그램들의 도움말을 생각할 수 있다. 주제 목록 중에서 원하는 주제를 클릭하면 내용이 제시되고, 그것을 읽다가 텍스트 내의 어떤 용어에 대하여 더 알기를 원하면 그것을 클릭하여 새로운 텍스트로 옮겨 간다. 즉, 하이퍼텍스트는 텍스트 내에, 다른 텍스트 혹은 같은 텍스트의 다른 부분으로의 링크가 있는 텍스트이다.

현재 우리 일상에 와 있는 하이퍼텍스트가 생긴 것은 기나긴 문자와 텍스트의 역사에 비추어 보면 극히 최근의 일이다. 하이퍼텍스트라는 용어조차 1960년대에 와서야 사용되기 시작하였다. 그 용어를 만든 테드 넬슨(Ted Nelson)은 하이퍼텍스트를 "비연속적 글, 즉 독자가 다른 독서의 길을 선택할 수 있게 해 주는, 가지를 쳐 나가는 텍스트"라고 정의하였다.

한편, 하이퍼텍스트라는 말과 유사한 용어로 '하이퍼미디어'(hypermedia)라는 말이 쓰이기도 한다. 한마디로 하자면, 하이퍼미디어는 멀티미디어와 결합한 하이퍼텍스트이다. 즉, 하이퍼텍스트가 텍스트뿐 아니라 그래픽과 음향 등 멀티미디어 자료를 포함하여, 그것을 컴퓨터 시스템에서 구현한 것이다. 이것은 오늘날의 컴퓨터 환경에서는 별로 신기하거나 특별한 것이 아니고 당연한 것이다. 따라서 하이퍼텍스트는 하이퍼미디어와 동일한 의미로 사용될 수 있다.

하이퍼텍스트를 이해하는 가장 좋은 방법은 그것을 전통적인 텍스트와 비교하여 보는 것이다. 우선 텍스트는 연속적인(sequential) 반면 하이퍼텍스트는 비연속적이다. 텍스트는 전형적으로 종이 위에 실현되지만, 하이퍼텍스트는 일반적으로 컴퓨터에서 사용된다. 우리는 텍스트를 '읽는다'라고 하지만, 하이퍼텍스트에 대해서는 그 말이 좀 어색하다. 영어로는 'browse' 또는 'navigate'라는 말을 쓰기도 하는데 그것을 번역하여 '훑어보다' 혹은 '항해하다'라는 말을 쓰는 것은 더 어색하다. 우리말로는 '보다'라는 말이 적당한 것 같다. 텍스트에는 '목차'(table of contents)가 달려 있지만, 하이퍼텍스트에는 '지도'(map)이라는 말을 사용하기도 한다. 텍스트는 문자(언어)와 이미지(그림, 사진)로 이루어지지만, 하이퍼텍스트(하이퍼미디어)는 문자, 이미지, 음향, 동영상 등을 포함할 수 있다.

이상의 차이들은 하이퍼텍스트가 새롭게 제공하는 여러 가지 편리함과 다양성을 보여 준다. 그러나 전통적인 텍스트가 유용한 점이 아직도 많이 있다. 텍스트는 문서나 책의 형태로 존재하므로 사용하기 편하고 가지고 다니기도 편하다. 심지어 화장실이나 침대의 이불 속에서도 책을 읽는 것은 불편하지 않다. 이와 대조적으로 하이퍼텍스트는 값비싼 컴퓨터 시스템, 특히 멀티미디어 시스템을 갖추어야만 사용할 수 있다. 물론 컴퓨터의 기술적 발전으로 PDA(휴대용 단말기), 핸드 PC 등 기기의 소형화가 진행되어 왔고, 나아가 종이와 같은 질감의 물질에 하이퍼텍스트를 구현하는 것도 불가능한 일은 아닐 것 같으니, 전통적 텍스트의 편리성이 그것만의 장점이 되지 않을 날이 머지않아 올 것이다.

하이퍼텍스트에는 노드(node)와 링크(link)가 있다. 이것들을 통하여 텍스트의 어떤 부분에서 같은 텍스트의 다른 부분 혹은 다른 텍스트 혹은 영상, 음향으로 옮겨갈 수 있다. 이러한 하이퍼텍스트의 전형적인 형태가 컴퓨터에 구현된 하이퍼미디어이기는 하지만, 노드와 링크로 구현되는 비연속적 특성을 가진 하이퍼텍스트의 원형이 컴퓨터의 등장 이전에도 존재하기는 했다. 몇 가지 예를 들어 보자. 우선, 책들을 가득 보관하고 있는 도서관을 하나의 하이퍼텍스트로 볼 수 있다. 어떤 책(텍스트)의 각주와 참고문헌 부분에는 다른 책이 언급되어 있고 이것을 하나의 링크로 생각할 수 있다. 그 링크를 따라가는 일은 사람이 직접 도서관의 다른 책을 찾아가는 일이다. 백과사전 같은 참고 서적의 항목의 설명에는 다른 항목을 참조하라는 것이 있다. 이것도 하나의 링크이며 따라서 백과사전 전체가 하이퍼텍스트를 구성한다. 관주 성경도 하나의 하이퍼텍스트이다. 성경 구절의 어떤 부분이 성경의 다른 부분과 상호 관련성이 있음이 관주로 표시되어 있다.

이상과 같은 컴퓨터 시대 이전의 하이퍼텍스트를 인정할 수 있지만, 오늘날 우리가 생각하는 하이퍼텍스트는 컴퓨터와 별개로 생각하기 힘들다. 이제 그러한 의미, 즉 컴퓨터에 저장되고 실제 컴퓨터에서 구현된 하이퍼텍스트의 역사를 간략히 살펴보자.

오늘날의 하이퍼텍스트 개념의 원형적인 형태가 최초로 표현된 것은 1945년 부시(Vannevar Bush)가 그의 논문 "As we may think"에서 보여 주었다. 그는 사람들의 기억을 도와주는 보조기구로서 미멕스(Memex)라는 장치를 제안하였는데, 그것은 기계 속에 정보를 저장하고 기계를 통하여 검색하는 초보적 형태의 장치였다.

그 후 1965년 넬슨(Ted Nelson)이 그의 저서 「Literary Machines」에서 하이퍼텍스트라는 말을 처음으로 사용하였다. 그는 "재나두"(Xanadu)라는, 정보를 팔고 사는 프랜차이즈 사업을 구상하였다(재나두는 실제로 구현되지는 않았다). 재나두와 연결된 검색기는 당시에 출판된 모든 정보를 모든 사람에게 제공할 수 있고, 저장된 문서들은 다른 문서와 링크되어 있다. 사람들이 그들이 사용하는(읽는) 바이트 수에 따라 돈을 지불하게끔 기록을 하는 기계도 있다. 이와 같은 넬슨의 상상 속에는 정보의 상업화와 연결된 하이퍼텍스트(hypertext)의 개념이 드러나 있다.

실제로 하이퍼텍스트 편집 시스템은 1967년 경 브라운 대학의 밴담(van Dam)에 의해 개발되었으며, 1987년 애플 컴퓨터사에서 매킨토시와 함께 제공한 하이퍼카드(HyperCard) 프로그램이 많은 사람들에게 하이퍼미디어를 만들고 편집할 수 있는 환경을 제공하였다.

그리고 1989년 버너스리(Tim Berners-Lee)가 월드와이드웹(World Wide Web)을 제안하고, 1993년 모자이크(Mosaic)라는 브라우저(나중의 넷스케이프로 발전)

가 발표됨으로써 드디어 WWW가 사용되기 시
작하였다. WWW에 대해서는 다음 절에서 좀 더
상세히 논의할 것이다. 1993년은 하이퍼미디어
백과사전(CD-ROM)이 인쇄 백과사전의 매출액
을 넘어선 해이기도 하다. 오늘날에는 CD-ROM
혹은 개인 컴퓨터에 설치된 하이퍼텍스트 사전
뿐 아니라 인터넷을 통한 사전의 사용도 보편화
되어 있다.

버너스리

참고로 "인터넷의 아버지"로 불리는 팀 버너스리는 자신이 고안한 WWW를 초
기에 세상에 공개함으로써, 천문학적인 돈을 버는 대신 인간을 위한 과학기술을
실천하는 과학자의 모범을 보였다. 그는 현재 의미가 부여된 링크를 기반으로 하
는 차세대 웹인 시맨틱 웹(semantic web) 개발에 진력하고 있다.

영화 ✚ 언어

영화 「마이너리티 리포트」(Minority Report, 2002)의 미래 사회는 이상한 방법으로 범
죄 예방을 하는 사회이다. 이 사회에서는 범죄를 예측하는 시스템에 따라 범죄를 저지
르게 예정된 사람을 찾아내고 그가 실제로 범행을 저지르기 전에 그를 체포한다. 범죄
를 예측할 수 있는 신비한 능력이 있는 세 여자의 환각 영상이 컴퓨터에 기록되고, 특
수 대원들이 그 영상을 검토하는 과정에서 특수한 하이퍼텍스트의 작동 모습이 나온
다. 손에 특수 장갑 기기를 끼고 공간 속의 화면 속의 일부를 손가락과 손으로 가리키
고 잡아당김으로써 좀 더 자세한 화면 혹은 새로운 화면으로 이동한다. 가상현실
(vitual reality)에 다가간 하이퍼텍스트이다.

6. 인터넷과 월드와이드웹

인터넷 개요

오늘날 초고속 통신망을 통하여 인터넷(internet)을 이용하는 것은 유치원생들
에게도 일상적인 일이 되었다. 인터넷을 통해 주고 받는 문서는 대부분 하이퍼텍

스트이며 따라서 인터넷은 하이퍼텍스트와 밀접한 관계에 있다. 여기서 인터넷 일반과 월드와이드웹(WWW)에 대하여 좀 더 자세히 알아보기로 하자(6절의 내용은 강범모(2011)에서 가져옴).

인터넷의 역사는 1960년대의 미국의 정부 통신망인 ARPANet에서 시작하였다. 1970년대와 1980년대에 많은 대학과 연구소들이 이 연결망에 접속하게 되면서 이것이 인터넷이란 이름을 얻었고 곧 전 세계의 대학과 연구소들의 컴퓨터들이 광범위하게 연결되었다. 그리고 1990년대 WWW 규약의 채택으로 인하여 인터넷은 일반인들도 쉽게 접속할 수 있을 정도로 광범위한 통신망으로 발전하였다.

그러면, 좀 더 구체적으로 인터넷이란 무엇인가? 인터넷이란 말은 프로토콜(protocol) 즉 통신 규약의 이름에서 온 것이다. 통신 규약이란 두 개의 기계(컴퓨터)가 자료를 주고받을 때의 약속을 말한다. 이것은 기계가 데이터를 전송하는 방법에 대한 약속과 함께 전송되는 데이터의 형식에 관한 약속을 포함한다. 즉, 약속된 형식의 자료를 약속된 방법으로 주고받게 함으로써 다양한 종류의 기계(컴퓨터)의 특성에 따른 한계를 극복하는 것이다. 이것은 언어가 다른 두 국가간에 직접 의사소통을 할 수 없지만, 약속된 의전(프로토콜)을 통하여 서로 이해할 수 있는 행사를 치르는 것과 마찬가지이다.

구체적으로 인터넷에서 채택하는 것은 IP(Internet Protocol)와 라우터(router)의 방법이다. IP는 다음과 같은 것을 기계에 명령하는 규칙들이다. 1) 전달하는 데이터의 형식; 2) 다른 기계와 연결을 하는 방법; 3) 데이터를 전달하는 방법; 4) 연결을 끊는 방법 등이다. IP는 모든 데이터를 '패킷'(packet)으로 나누어 보내도록 정한다. 패킷이란 32비트의 주소 정보에 싸여 있는 데이터의 한 덩어리를 말한다. 32비트의 주소는 데이터를 전달할 컴퓨터의 고유한 번호를 말하는데, 8비트씩 끊어서 점으로 구분하여 표시한다. 예를 들어 "163.152.6.2"은 고려대학교에 있는 메일 서버 컴퓨터의 고유한 번호이며 이것을 IP주소(IP address)라고 한다. 이러한 IP 주소는 기억하기가 어려우므로 사람들이 편하게 볼 수 있도록 하나의 IP 주소에 고유한 이름을 배정한 것이 도메인네임(domain name)이다. 예를 들어 위의 고려대학교 메일 서버는 "korea.ac.kr"이라는 도메인네임으로도 부를 수 있다. 하나의 IP 주소에 두 개 이상의 도메인네임이 부여될 수도 있는데, 어떠한 경우에도 도메인네임 자체는 인터넷 안에서 유일하여야 한다(고려대학교 메일 서버의 다른 이름은 "mail.korea.ac.kr"이다). 이러한 도메인네임에 해당하는 IP주소를 찾아주는 역할을 하는 컴퓨터가 반드시 있어야 하는데 그것을 DNS(domain name server)라고 한다.

일반적으로 도메인네임을 짓는 방법은 오른쪽에서부터 왼쪽으로 큰 도메인에서 작은 도메인으로 가게 된다. "mail.korea.ac.kr"은 대한민국(kr)의 학술연구기관(ac) 중 고려대학교(korea)의 한 서버(mail)를 나타낸다. 이화여자대학교의 WWW 서버 컴퓨터의 도메인네임이 www.ewha.ac.kr이고 한국 구글의 도메인네임이 www.google.co.kr인 것도 이해할 수 있다. 보통 co는 회사, go는 정부, or은 일반 기관 등을 나타낸다. 맨 뒤에 두 자리로 붙는 나라 이름은 우리나라의 kr, 일본의 jp, 영국의 uk, 프랑스의 fr, 독일의 de 등인데, 단 미국의 나라 이름은 도메인네임에 명시되지 않는다. 즉 나라가 명시되지 않은 주소는 미국에 있는 컴퓨터의 주소이다. 예를 들어 미국 브라운 대학교의 WWW 서버의 이름은 www.brown.edu이고 미국 야후의 주소는 www.yahoo.com이다. 인터넷은 미국의 기술로 구축하기 시작한 시스템이므로 이러한 불평등을 감수할 수밖에 없다.

한편, 하나의 컴퓨터는 데이터를 패킷으로 토막 내어 IP주소와 함께 라우터(router)로 보낸다. 라우터는 말 그대로 목표(IP주소)로의 길(route)를 찾아 주는 기능을 하는 기계이다. 인터넷은 복잡한 망이므로 목표로 가는 길은 하나가 아니다. 그 중에서 막히지 않는 가장 빠른 길을 라우터가 찾아준다. 그러다 보니 하나의 데이터를 구성하는 여러 개의 패킷들이 다른 경로로 목표에 전달될 수 있고, 그 전달되는 순서도 원래의 순서와 다를 수 있다. 이 부분에서 데이터 패킷을 원래의 순서대로 합해 주는 TCP(Transmission Control Protocol)가 필요하게 된다. IP와 TCP는 항상 같이 쓰여야 하므로 인터넷에서 쓰는 프로토콜을 TCP/IP로 통합하여 부르는 것이 보통이다.

사람들이 인터넷을 이용하여 통신을 할 때 경우에 따라서는 TCP/IP 이상의 프로그램이 필요하다. TCP/IP는 데이터의 전송을 보장해 주기는 하지만, 올바른 종류의 정보인지는 확인하지 않는다. 인터넷에서 보통 쓰는 ftp와 telnet은 적절한 종류의 정보를 주고받아야 작동한다. 그러한 것을 가능하게 해 주는 것이 서버

(server)와 클라이언트(client) 프로그램들이다. 사용자는 자신이 사용하는 컴퓨터에 클라이언트 프로그램을 설치해야 하고, 사용자가 ftp 혹은 telnet으로 접속하여 필요한 정보를 가져오고자 하는 상대 컴퓨터에는 서버 프로그램이 설치되어 있어야 한다. 인터넷에 연결된 큰 컴퓨터들에는 ftp와 telnet 서버 프로그램이 설치되어 있으므로 개인 사용자는 자신의 컴퓨터에 클라이언트 프로그램만 설치하면 되며, 마이크로소프트의 윈도우 운영체제에는 이미 그러한 프로그램들이 내재되어 있다.

월드와이드웹(WWW)

인터넷에서 많이 사용하는 것은 전자우편(mail), 파일전송(ftp: file transfer protocol), 원격로긴(telnet)이다. 이러한 기능들을 사용하기 위해 과거에는 각각에 고유한 명령어들을 사용하였고, 그것들이 지나치게 복잡하지는 않았지만 불편한 면도 없지 않았다. WWW은 인터넷의 여러 기능들을 통합적으로 관리하고 사용자에게 동일한 인터페이스를 제공함으로써 인터넷 사용의 새로운 장을 열었다.

월드와이드웹(WWW, W3, Web)은 물리적인 컴퓨터의 연결망을 가리키는 것이 아니다. 이것은 웹브라우저와 웹서버라고 불리는 기술로 가능하게 된 거미줄과 같은 수많은 링크의 총체, 또는 그것을 가능하게 하는 기술 혹은 규약을 말한다. 이 기술의 발전은 비교적 최근의 일이다. 앞에서 언급했듯이 1989년 CERN 연구소의 버너스리(Tim Berners-Lee)가 WWW를 구상한 이해 1993년 모자이크라는 브라우저가 만들어 짐으로써 실용적인 사용이 시작되었다. 그 후 모자이크는 넷스케이프 프로그램으로 발전하여 사용되었고, 현재는 마이크로소프트의 인터넷 익스플로러(Internet Explorer)가 웹브라우저로 많이 사용되고 있다.

구체적으로, WWW은 다음과 같은 특성을 가지고 있다.

> 첫째, 사용자 자신의 컴퓨터에 설치된 브라우저 소프트웨어(인터넷 익스플로러, 넷스케이프)를 사용하여 웹서버에 연결하여 정보를 주고받는다.
> 둘째, 브라우저가 웹서버와 통신할 때는 HTTP(hypertext transfer protocol) 규약을 준수한다.

셋째, 웹서버는 httpd(hypertext transfer protocol daemon)이라고도 불리며, 브라우저가 요구하는 HTML(hypertext markup language) 문서를 보내 준다.
넷째, 웹서버는 CGI(common gate interface) 프로그램을 운영하기도 한다. 이것은 서치엔진과 같은 것으로 사용자가 요구하는 조건을 만족하는 정보를 찾아서 보내준다.

HTTP의 규약 중에는 URL(uniform resource locator)라는 개념이 있다. 이것은 WWW에서 사용하는 컴퓨터 혹은 문서의 주소를 표시하는 방법이다. 예를 들어 다음과 같은 URL이 있다고 하자.

> http://riks.korea.ac.kr/bmkang/index.html

이 주소의 각 부분의 내용은 다음과 같다.

> http - 프로토콜을 나타낸다. 보통 웹브라우저는 웹서버 이외의 서버(ftp 등)와도 통신을 할 수 있다. 따라서 프로토콜을 지정해야 한다.
> riks.korea.ac.kr - 도메인네임. 고려대학교의 민족문화연구원에 있는 서버 컴퓨터의 고유한 이름이다.
> /bmkang/ - 경로. 이 경우 사용자의 계정.
> index.html - 문서의 이름.

홈페이지의 첫 페이지 파일은 'index.html' 혹은 'index.htm'이라는 파일로 저장하는 것이 일반적인 관행이므로, 웹서버는 'http://riks.korea.ac.kr/bmkang/'이라는 부분적인 주소만으로도 위의 문서를 찾아서 보내 준다. 가장 많이 사용하는 WWW 프로토콜이 http이므로 'http'를 생략하여 'riks.korea.ac.kr/bmkang/'이라고 주소를 지정해도 된다. 또 '/bmkang/'이라는 경로 아래의 다른 경로 '/movies/'에 'thirst.htm'이라는 파일이 있으면 그 문서의 주소는 'http://riks.korea.ac.kr/bmkang/movies/thirst.htm'이다.

HTML

WWW에서 사용되는 문서는 HTML(hypertext markup language)로 마크업이 된 HTML 문서이다. 마크업 언어는 텍스트의 요소와 모양을 명시적으로 표시하는 방법이고, 이 문서를 익스플로러 같은 브라우저는 보기 좋게 화면에 보여 준다. 우선 아주 간단한 HTML 문서와 그것이 브라우저 익스플로러에서 보이는 모양을 보도록 하자.

```
<html>
  <head>
    <title>샘플 HTML 문서</title>
  </head>
  <body>
    <h1>첫 번째 단계의 제목</h1>
    <p>새로운 문단을 시작하기 위해서는 문단 태그인 p를 사용한다.</p>
    <p>이것은 두 번째 문단이다.</p>
    <p>이것은 세 번째 문단이다. 그리고 <i>이탤릭체 부분</i>,
    <b>볼드체 부분</b>,<u>밑줄 친 부분</u>을 보일 수 있다.</p>

    <h2>두 번째 단계의 제목</h2>
    <p>다음은 순서가 없는 리스트이다.</p>
    <ul>
        <li>처음 항목</li>
        <li>둘째 항목</li>
    </ul>
    <p>다음은 순서가 있는 리스트이다.</p>
    <ol>
        <li>처음 항목</li>
        <li>둘째 항목</li>
        <li>셋째 항목</li>
    </ol>
    <p>다음은 수평선이다.</p>
    <hr>
    <address>
```

```
            강범모<br>
            고려대학교 언어과학과
        </address>
    </body>
</html>
```

　위에서 보는 것처럼, 모든 HTML 문서는 <html>이라는 시작 태그와 </html>이라는 끝 태그를 처음과 끝에 가지면서, 크게 두 부분으로 구성된다. 앞의 <head> 부분은 문서의 제목을 나타내는데, 이 부분은 실제로 브라우저로 볼 때에는 보이지 않는 부분이다. 그 다음의 <body> 부분이 실제 보이는 텍스트 부분이다. <body> 내에는 여러 가지의 약속된 태그가 쓰일 수 있는데, 위 예는 1단계 제목, 2단계 제목, 문단, 순서가 없는 리스트, 순서가 있는 리스트, 수평선 등의 문서 요소를 보여 준다. 아울러 이탤릭체, 볼드체, 밑줄 등 텍스트의 모양에 관한 지정도 일부 할 수 있음을 보여 준다. 이러한 HTML 문서를 익스플로러로 보면, 브라우저에 이미 정해져 있는 스타일로 문서 요소들이 보기 좋게 나타나는 것이다.

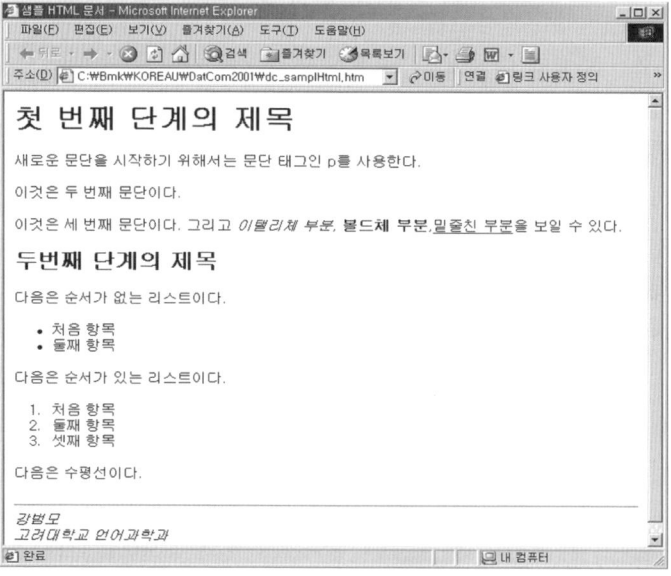

브라우저로 본 HTML 문서

WWW과 HTML은 그 명칭에서 나타나 있듯이 하이퍼텍스트 기능이 가장 큰 특징이다. 위의 예에 그것은 보이지 않았다. HTML 문서에 하이퍼텍스트 링크를 삽입하기 위해서는 앵커(닻, anchor)를 나타내는 <a>라는 태그를 사용한다. 이 태그를 사용하여 다른 문서 혹은 음향, 이미지 파일과 연결할 수도 있고, (같은 혹은 다른) 문서 내의 특정한 부분에도 연결할 수 있다.

먼저, 다른 문서에 링크할 경우에는 앞에서 언급한 URL을 사용한다. 그 형식은 '<a href="url">텍스트</a>'와 같다. 예를 들어, 영화배우 심은하에 대한 파일이 riks.korea.ac.kr 서버의 bmkang 경로에 'ehsim.htm'이라는 이름의 파일로 존재한다면 다음과 같이 링크를 만들 수 있다.

> 한국 영화계에서 중요한 역할을 한 주연 배우로서, 한석규,
> <a href="http://riks.korea.ac.kr/bmkang/ehsim.htm">심은하</a>가 있다.

만일 연결할 문서가 같은 컴퓨터의 같은 경로에 들어 있다면 '<a href="ehsim.htm">'와 같이 파일 이름만 지정해 주어도 된다.

문서의 특정한 부분으로 링크할 경우에는 '<a name="문자열">'로 목적 부분을 명시해 놓고, 앵커 부분에 '<a href="#문자열">'로 연결하면 된다. 다음과 같은 예가 가능하다.

> ...
> 여기서 <a name="반지논의시작">영화 반지의 제왕</a>에 대하여 논의를 시작하자.
> ...
> ...
> 우리가 이 영화의 논의를 <a href="#반지논의시작">시작한 부분</a>으로 돌아가 보자.
> ...

같은 파일 내의 부분이 아닌, 같은 컴퓨터의 동일 경로 내의 다른 파일일 경우에는 '<a href="파일이름#문자열">'과 같이 표시하면 된다. 다른 컴퓨터에 있는

파일의 경우를 포함하여 일반적으로는 '<a href="url#문자열">'의 형식이다.

WWW이 다른 인터넷 서비스에 대하여 갖는 강점 중의 하나는 그림, 사진 등 그래픽 이미지를 처리할 수 있다는 것이다. 그림을 html 문서에 넣기 위해서는 다음과 같이 <img> 태그를 사용한다.

> <img src="picture1.jpg" alt="[그림]" align=TOP>

여기서 src는 그림 파일의 (위치와) 이름을 명시해 주는 속성이다. alt는 그림이 보이지 않을 경우 나타날 텍스트 문자열, 그리고 align은 그림이 나타날 위치를 지정해 준다. 이 중에서 src만이 필수적이다. 브라우저로 볼 때에는 src로 지정된 파일의 그림이 보인다.

HTML 문서를 작성하기 위해서 나모 웹 에디터와 같은 HTML 전용 에디터를 사용할 경우 앞에서 말한 태그 이름이나 형식을 정확히 알고 있을 필요는 없다. 에디터가 알아서 이러한 태그를 삽입하기 때문이다. 그러나 일반적인 텍스트 에디터를 사용할 경우에는 사용자가 태그의 이름과 용법을 정확히 알고 있어야 한다. 전용 에디터를 사용할 경우에도, 다음에 정리하여 제시하는 기본적인 태그들을 알고 있으면 문서를 만드는데 매우 유용하다.

> 기본적인 HTML 태그들
>
> 기본문서구조   <html>
>   <head>
>   <title>문서의 제목</title>
>   </head>
>   <body>
>   문서의 내용
>   </body>
>   </html>
> 제목(h1 ... h6) <h1>제목</h1>
> 문단   <p>...</p>
> 줄바꿈

순서 리스트	\<ol\>
	\<li\>제1 항목\</li\>
	\<li\>제2 항목\</li\>
	\</ol\>
무순서 리스트	\<ul\>
	\<li\>제1 항목\</li\>
	\<li\>제2 항목\</li\>
	\</ul\>
강조	\<em\>강조할 텍스트\</em\>
주소	\<address\>주소 내용\</address\>
인용 블록	\<blockquote\>인용 부분\</blockquote\>
수평선	\<hr\>
볼드	\<b\>볼드체 텍스트\</b\>
이탤릭	\<i\>이탤릭체 텍스트\</i\>
밑줄	\<ul\>밑줄 친 텍스트\</ul\>
그림	\<img src="그림파일이름"\>
링크	\<a href="url"\>앵커 텍스트\</a\>

영화 ✚ 언어

영화 「두사부일체」(2001)는 두목 알기를 '군사부일체'의 '군(君)' 즉 임금과 같이 알라는 좌우명을 가진 깡패들이 좌충우돌하는 코미디이다. 영화 내용은 별반 특별한 것이 없지만, 인터넷 시대에 걸맞은 대화 장면이 기억에 남는다. 한 녀석이 "~~~@daum.net"이라는 이메일 주소를 불러주는데 "~~~ 골뱅이 다음 점 넷"이라고 하자 어떤 놈은 '~~~@.net'(골뱅이 다음에 점)으로 적고, 어떤 놈은 '~~~@....'(골뱅이 다음에 점이 네 개)로 적는다. 그래도 "골뱅이"를 제대로 알아듣고 '@'을 적는 것으로 보아 이들이 인터넷 시대의 깡패로서 최소한의 덕목을 갖추었다고 볼 수 있다.

    사실 '@' 기호는 여러 나라 말에서 부르는 이름이 가지각색이다. 영어에서는 이것을 'at sign'이라고 부르고 우리나라에서는 '골뱅이'라는 말로 부른다. 그 밖에 언어에 따른 '@'의 다양한 이름들은 다음과 같다(카렌 청 조사 1996, 링귀스트 리스트). '작은 쥐'(중국어), '코끼리 코'(덴마크어), '원숭이 꼬리'(네덜란드어), '달팽이'(프랑스어, 히브루어, 이탈리아어), '귀'(아랍어, 독일어, 터키어) 등 동물이나 신체부위 이름; '계피 빵'(스웨덴어), '둘둘 만 청어'(체코어, 슬로바키아어) 등 비슷한 모양의 음식 이름; '둥그렇게 말린 알파'(노르웨이어), '상업적인 a'(프랑스어, 이탈리아어, 러시아어), '미친 a'(세르비아어) 등 글자 별명들이다. 어떤 언어에서는 영어의 'at'을 직접 차용하거나(광둥어, 아이슬란드어), 그 언어로 번역하여 부르기도 한다(루마니아어, 그리스어).

이 장에서는 오늘날의 정보 사회에서 중요한 컴퓨터의 언어 처리에 대하여 살펴보았다. 컴퓨터가 자연언어를 처리하게 하기 위해서는 음성, 형태, 통사, 의미의 모든 층위에서 고려할 것들이 많이 있다. 음성인식과 정보검색 등 응용시스템이 이미 많이 이용되고 있다. 또한 인터넷과 하이퍼텍스트는 오늘날, 그리고 앞으로 우리의 언어 및 생활과 분리될 수 없을 것이다. 그래서 영화 제목을 빌려 이 장을 마무리하자면 ... **"컴퓨터는 언어의 미래다"**(「여자는 남자의 미래다」).

더 읽을거리와 유용한 사이트

강범모 (2011). 『언어, 컴퓨터, 코퍼스언어학(개정판)』. 서울: 고려대출판부.
김성도 (2003). 『디지털 언어와 인문학의 변형』. 부산: 경성대출판부. [3~4장]
서상규, 한영균 (1999). 『국어정보학 입문』. 서울: 태학사.
신효필 (2009). 『언어학과 통계모델』. 서울: 서울대학교출판문화원.
연규동, 박진호, 최운호 (2003). 『인문학을 위한 컴퓨터』. 서울: 태학사.
한정한, 남경완, 유혜원, 이동혁 (2007). 『한국어 정보 처리 입문』. 서울: 커뮤니케이션북스.
Lawler, John and Helen Aristar Dry (eds.) (1998). *Using Computers in Linguistics*, London: Routledge.
Mitokov, Rulan (ed.) (2003). *The Oxford Handbook of Computational Linguistics*, Oxford: Oxford University Press.

구글(Google) 언어도구 http://google.co.kr/language_tools
시스트랜(SYSTRAN) http://www.systransoft.co.kr
영국국가코퍼스(BNC) http://www.natcorp.ox.ac.uk
전산언어학 학회 http://www.aclweb.org
카이스트(KAIST) 국어정보베이스 http://kibs.kaist.ac.kr
한국언어정보학회 http://society.kordic.re.kr/~ksli
21세기세종계획 http://www.sejong.or.kr

연습과 생각

1. 자연언어처리 관련 인터넷 사이트를 방문하여 살펴보고, 개요, 소감 등 방문기를 작성하시오.
2. 음성언어처리 관련 인터넷 사이트를 방문하여 살펴보고, 개요, 소감 등 방문기를 작성하시오.
3. 코퍼스언어학 관련 인터넷 사이트를 방문하여 살펴보고 개요, 소감 등 방문기를 작성하시오.
4. SYSTRAN, 바벨피시, 구글 언어도구 기계번역 사이트에 들러 몇 개 문장의 한영, 영한 번역을 시도하고 그 결과들을 비교하시오.
5. 자신의 홈페이지가 될 만한, 간단한 html 문서를 작성하시오.
6. 네이버 검색과 구글 검색 결과의 차이점이 있는지 살펴보시오.

제14장
언어와 생활: 응용언어학

1. 응용언어학의 분야

언어의 연구는 언어에 대하여 더 많이 알고자 하는 호기심의 동기와 아울러 실생활에서의 편의성이라는 실용적 동기에서 수행되어 왔다. 응용언어학(applied linguistics)은 언어와 관련된 인간의 생활을 편리하게 하기 위한 연구와 응용이다. 앞 장의 전산언어학도 응용언어학의 한 분야라고 볼 수 있다. 그 밖에 응용언어학에서 다루는 문제들은 다음과 같다.

첫째, 언어 교육 문제. 고대로부터 언어 연구의 가장 중요한 목적 중의 하나는 언어, 특히 외국어의 교육이었다. 오늘날에도 외국어를 효과적으로 교수하기 위한 방법의 개발과 적용은 가장 실제적인 언어 연구 과제이다.

둘째, 문맹과 소수 언어 보존의 문제. 우리나라에서는 상대적으로 심각성이 덜하지만, 세상의 많은 사람들이 문자를 해독할 능력이 없다. 문맹 문제가 심각한 것은 이것이 빈곤과 직접적인 관련이 있기 때문이다. 문자가 없는 언어들도 있는데, 오늘날 그것들을 포함하여 세계의 많은 소수 언어들이 사라져갈 처지에 있다. 인류의 복지를 위하여 문맹과 소수 언어 문제를 연구해야 한다.

셋째, 어문 정책과 어문 규범의 문제. 사람들이 사회생활을 하면서 언어를 사용할 때 효과적인 의사소통을 위하여 정책적으로 권장되는 어문 규범이 어느 나라에나 있다. 언어학자가 아니더라도 한국 사람이라면 우리말의 어문 규범에 대한 지식이 어느 정도 필요하다.

넷째, 번역의 문제. 지구상에 수많은 언어가 존재하는 이상 번역은 생활의 일부이다. 올바르고 효과적인 번역을 위한 연구와 적용이 고대로부터 수행되어 왔다.

다섯째, 법 혹은 범죄와 관련된 문제. 법은 일상생활의 중요한 부분이다. 인간들 사이에서는 끊임없이 갈등이 발생하고 범죄도 일어난다. 법을 통한 문제 해결이 모든 문명사회의 존재 방식이다. 법은 언어로 규정되어 있다. 법정에서도 증언, 논고, 변론, 판결에 언어가 사용된다. 이렇게 법과 법정의 언어를 연구하는 것을 법언어학(forensic linguistics)이라고 한다. 법언어학은 범죄자의 음성과 말을 연구하는 것을 포함한다.

여섯째, 언어 치료의 문제. 앞의 제11장(언어와 심리)에서 논의하였던 실어증과 같은 심각한 질환이 아니더라도 크고 작은 언어 장애를 가지고 있는 사람들이 많이 있다. 언어 장애의 치료 방법을 연구하고 그것을 직접 치료하는 일을 하는 분야를 언어병리학(language pathology)이라고 한다.

다음 절부터 위에서 제시한 응용언어학의 각 분야에 대하여 좀 더 알아보자

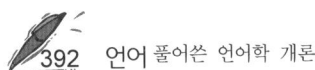

어릴 때의 모국어의 습득과 달리, 나이가 든 후의 외국어 습득은 쉬운 일이 아니다. 한국어와 완전히 다른 구조를 가지고 있는 영어를 정복하는 일의 지난함이 코미디 영화 「영어 완전 정복」(2003)의 주제이다. 동사무소에 찾아온 외국인의 영어를 피하기 위해 전전긍긍하다가 업무 마감 시간의 시계를 가리키며 "타임 아웃"을 외치는 여자 직원의 모습은 과장된 것이지만 대부분의 사람들이 영어를 껄끄럽게 느끼는 우리의 현실을 반영한다. 실제로, 영어를 정복하기 위해 강조된 효과적인 교육 방법은 시대에 따라 변해 왔다. 영화 속에서와 같이 독해를 강조했던 시대를 지내온 40대 아저씨는 어려운 영어 단어를 많이 알고 있어 주변의 탄성을 자아내지만 영어로 말하고 듣는 일은 너무 힘들다. 근래의 말하기 듣기 교육의 강화는 나름대로의 성과가 있지만, 대학에서의 원서 해독 능력의 저하를 가져왔다. 필요한 목적을 위한 효과적인 교육 방법이 필요한 것은 사실이지만, 결국 한국 사람이 영어를 완전하게 정복하기 힘든 것은 너무나도 다른 한국어와 영어의 구조 때문이다.

2. 언어 교육

언어 교육은 예나 지금이나 중요하다. 오늘날 우리나라에서는 초등학교부터 중

고등학교까지 교육 시간의 많은 부분을 국어와 영어 교육에 할애하고 있다. 대학 입학에 중요한 수학능력시험에서도 언어 영역과 외국어 영역이 필수적이다.

효율적인 언어의 교육은 언어의 정확한 기술과 이해에서 출발한다. 즉, 음성, 음운, 형태, 통사, 의미, 화용 등 언어의 여러 측면에 대한 연구인 이론언어학의 바탕 위에서 언어 교육의 이론과 방법이 개발된다. 다만, 이론언어학은 언어의 기술 자체를 목적으로 하는 것이기 때문에, 언어를 교육하는 교수법의 개발은 독자적인 연구 영역을 가지고 있다. 언어의 4대 기능인 듣기, 말하기, 읽기, 쓰기 중에서 어떤 것에 얼마나 중점을 두어서 어떤 방법으로 교육할 것인가가 언어 교수법에서 중요하다. 이러한 문제는 언어 교육의 목적과도 밀접한 관련이 있다. 국제화 시대에 외국인과의 만남을 통한 의사소통을 중시한다면 듣기와 말하기가 강조될 것이고, 학술적 목적으로 문헌을 통한 문물 교류를 중시한다면 읽기와 쓰기가 중요할 것이다. 근래에 대학교에 들어온 학생들이 과거의 학생들보다 영어 능력이 떨어진다는 말을 많이 듣는다. 그것은 대학생들의 영어 독해 능력을 말한다. 상대적으로 이들은 영어 청취에서는 과거의 학생들보다 낫다. 중고등학교에서 영어 교육의 목표가 과거보다 듣기 쪽에 비중을 두고 시험에서도 듣기 평가가 자리를 잡았기 때문에 이러한 결과가 나타난다. 이상적으로는 독해나 청취를 비롯한 모든 언어 능력이 균형적으로 발달할 수 있도록 해야 할 것이다.

이러한 의미에서 2002년 한국을 방문했던 응용언어학계의 대가인 위도슨(Henry Widowson) 런던대학교 명예교수의 말은 시사하는 바가 많다. 그는 "외국어 교육은 철저히 의사소통 능력을 키우는 데 초점을 맞추어야 한다"고 하며 "많은 교사들이 원어민과 똑같은 발음을 가르치려고 애를 쓰지만 그것은 시간 낭비"라고 했다. 그는 의사소통은 읽기, 쓰기, 말하기, 듣기 등 모든 측면을 포함하며, "쓰기나 읽기를 무시한 채 말하기 교육에만 치중하는 것은 잘못"이라고 지적했다. 학생들마다 영어를 배우는 목적이 다르며 교사들은 학생들의 욕구를 파악해 그에 맞는 영어 교육을 시켜야 한다는 조언도 하였다. 어린아이에게 영어의 'l' 발음과 'r' 발음을 잘 하게 하기 위해, 혀 아랫부분과 구강 바닥을 연결하는 끈(설소대)을 자르는 혀 수술까지 시키는 부모가 있다고 한다. 그들은 분명 잘못된 생각을 하고 있다.

우리나라와 같이 하나의 언어가 통용되는 사회에서 영어나 다른 외국어 교육은 국제적 교류의 목적을 위해서이다. 그러나 지구상의 많은 나라들은 두 개 이상의 언어가 사용되는 다언어(multilingual) 사회이다. 수치상으로 전 세계의 나라 수의 25배에서 30배나 많은 수의 언어들이 존재한다. 이것은 사실상 거의 모든 나라에서 어느 정도 이중 또는 다중의 언어 상황이 존재함을 의미한다. 다언어 사회에서 의사소통은 공용어에 의존하는데, 이러한 사회에서는 사회 통합의 차원에서도 공용어의 교육이 중요하다.

우리나라는 다언어사회는 아니지만 사회적으로 점차 다문화사회로 접어들고 있다. 2008년 현재, 등록 외국인 수 100만 명(전체 인구의 2%), 결혼하는 10쌍 중 한 쌍이 외국인과의 결혼이라는 통계가 그것을 잘 말해 준다. 다문화사회가 건전하고 행복한 사회가 되기 위해서는 열린 마음으로 외국인과 외국 문화를 바라보아야 할 것이다. 근래 외국인을 위한 다양한 한국어 교육 프로그램, 그리고 「러브 인 아시아」, 「미녀들의 수다」 같은 TV 프로그램도 외국 문화를 이해하는 일에 기여한다. 「미우나 고우나」(2007), 「황금신부」(2007) 등의 드라마에서 외국인의 중요한 역할도 한국 사회 속에서의 외국 문화 이해를 증진시킨다.

다언어 사회의 대표적인 경우가 인도이다. 인도 대륙에는 여러 민족이 침입하여 살게 됨으로써 오늘날 백인종, 황인종, 흑인종을 포함한 복잡한 인구 집단이 살고 있고, 따라서 언어 상황 역시 매우 복잡하다. 공식 집계로는 모두 1600여 종의 언어가 있는데, 실제로 일상에서 사용되는 것은 850개 정도라고 한다. 언어들이 이렇게 많은 상황에서 인도에서 인정하는 공용어는 아삼어, 벵골어 등 15개나 된다. 15개 주요 언어로 분류되지는 않지만 영어는 인도의 언어 생활에서 가장 중요한 역할을 한다. 영어는 남쪽의 드라비다어권과 북쪽의 힌디어권 모두에서 통용되는 유일한 언어이다. 1950년에 제정된 인도 헌법에서는 1965년까지 한시적으로 영어를 공용어로 사용하고 그 후 영어를 힌디어로 대치하도록 규정하였으나, 드라비다어권의 반대로 영어를 무기한 공용어로 사용하도록 법이 개정되었다. 현재 국가 공무원을 채용할 때에는 힌디어와 영어 모두를 알아야 하도록 규정하였다.

인도에서의 영어의 위상은 우리나라에서의 영어의 위상과는 다르다. 인도에서는 공용어로서의 영어를 습득하는 것이 공무원이 될 수 있는 필요조건이다. 우리나라에서도 영어 교육 열풍을 고려하여 아예 영어를 공용어로 하자는 주장도 있다. 그러나 우리나라와 같은 단일 언어 사회에서 인위적으로 영어를 공용어로 도입하는 것은 현실적으로 가능하지는 않을 것이다. 그런 상황을 애써 가정한다면 어느 때인가 우리말이 사라질 것이라는 예측을 하는 사람들도 있다(시정곤 외, 「한국어가 사라진다면」, 2003). 좀 더 현실적인 대안은 현재 실제로 추진되고 있는 영어 공용 아파트 단지와 같은 국지적이고 자발적인 영어 사용 환경의 조성일 것이다. 영어 공용 아파트란 단지 내에서 영어 강습을 받고, 상주하는 원어민과 영어로 대화를 나누는 등, 실생활에서 영어를 접할 수 있는 여러 가지 프로그램을 운영하는 아파트이다. 원어민 강사는 단지 안의 홈스테이 방식으로 상주하며 주민들이 자발적으로 만든 영어 동호회에 참여한다. 경비원도 캐나다, 호주, 뉴질랜드 등에서 워킹홀리데이 비자로 한국에 온 원어민을 채용한다. 워킹홀리데이 비자는 18세에서 25세까지의 젊은이들이 최장 1년간 체류하면서 합법적으로 일할 수 있게 해 주는 비자로서, 우리나라는 2008년 현재 캐나다, 호주, 뉴질랜드, 일본, 프랑스와 협정을 맺고 있다(미국, 독일, 아일랜드, 덴마크, 네델란드, 핀란드도 협정 추진중임 -- 외부부 보도자료(2008.10.20)). 아파트 경비원까지 외국인을 고용하면서까지 영어 공부에 매달려야 하나 하는 생각도 든다. 그래도 영어를 어느 정도 해야, 과장하여 말하자면, 'design'을 [데지근]으로 읽거나, 'danger'를 [단거]로 읽어서 독극물을 먹는 위험에 처하게 되는 일이 없을 것이다. 모든 나라에 '마데 전자'라는 회사가 있을 것이라는 생각도 국제화 시대를 살아가는 데 문제를 일으킬 것이다(참고: 'made in Korea', 'made in USA' 등).

영화 ✚ 언어

일본 영화 「냉정과 열정 사이」(2001)는 오랫동안 지속되는 사랑의 이야기이면서, 다언어 사용자의 언어 사용을 관찰하게 해 주는 영화이다. 10년 전 대학생으로서 도쿄에서 만나 사랑을 나누었던 준세이와 아오이. 오해 때문에 헤어지기 이전 그들은 하나의 약속을 맺었다. 10년 후 아오이의 생일에 피렌체의 두오모의 첨탑 위에서 만나자던 그 약속을 그들은 떨어져 사는 동안에도 소중히 간직했다. 그래서 연인들의 장소인 그곳 피렌체의 두오모에서 그들은 다시 만난다. 그러나 정작 그들이 서로 만났을 때,

약간의 혼란이 그들을 지배한다. 그들은 과거 그렇게 사랑했던 그때의 감정을 아직도 가지고 있는가? 혹은 10년의 세월이 그들을 이미 다른 사람들로 바꾸어 놓았는가? 서로에게 거리를 느끼는 순간 그들은 피렌체의 광장에서 서로 한 걸음씩 떨어져 상대방을 바라본다. 그리고 그들의 언어는 일본어에서 영어로 바뀐다. 하룻밤을 같이 지낸 다음 날 아오이는 다른 애인이 있는 것처럼 냉정을 가장하고 준세이에게 작별을 고한다. 밀라노로 떠난 아오이의 진짜 마음을 알게 된 준세이는 유로스타를 타고 아오이보다 먼저 밀라노에 도착하여 기차에서 내리는 아오이를 맞이한다. 프랑스 영화 「남과 여」(1966)의 마지막 장면의 그들처럼… 오래 지속된 사랑의 해피엔드, 그리고 더욱 오래 지속될 사랑의 새로운 시작이다.

과거의 도시 피렌체가 주 무대인 이 영화의 사랑 이야기는 그것 자체로 아름답고 잔잔한 감동을 주지만, 한 가지 흥미로운 것은 이 영화 속에는 일본어, 이탈리아어, 영어가 수시로 교체되면서 나온다는 것이다. 다언어(multilingual) 환경이다. 「냉정과 열정 사이」는 그러한 다양한 언어로 감상의 재미를 주는데, 특히 흥미로운 것은 주인공들의 영어와 일본어 사용이 그들 사이의 심리적 거리를 잘 표현한다는 것이다. 그들이 열정을 느끼고 가까운 연인으로서 대화할 때에는 일본어를 사용한다. 그러나 재회 후 잠시 그들 사이의 관계에 대한 회의가 들 때, 그리고 아오이가 준세이를 떠나려고 할 때 아오이의 언어는 영어이다. 그들이 영어와 일본어 모두를 잘 사용할 수 있다고 하지만 영어와 일본어 사이의 코드 스위칭(code switching)은 단순한 언어의 차이 이상이다. 일반적으로 코드 스위칭은 분위기의 반전을 가져오는 효과가 있다.

영화에서 냉정과 열정은 영어와 일본어로 상징된다. 언어학의 관점에서 일본어나 한국어 같은 언어는 뜨거운(hot) 언어이고, 영어는 찬(cold) 언어라고 부르기도 한다. 영어에서는 누구 혹은 무엇에 관하여 말할 때 반드시 명사나 대명사를 사용하여 언급해야 하지만, 우리말에서는 굳이 소리 내어 언급할 필요가 없다. "왔니?", "응", "재미있었어?" 등 서로 알 만한 것들을 언급하지 않아도 서로 알아차린다. 화자와 청자가 말의 빈칸을 적극적으로 찾아내야 하는 역동적인, 뜨거운 언어이다.

3. 소수 언어와 문맹

분류의 관점에 따라 수치에 차이가 있을 수 있으나, 네틀·로레인(2003)에 따르면 현재 지구상에는 5천개~6천7백 개의 언어가 존재한다. 이 중에는 중국어나 영어와 같이 많은 사람들이 모국어로 사용하는 언어가 있는가 하면, 몇 십 명의 화자만이 있어 곧 없어질 운명에 처한 언어들도 많이 있다. 한 통계에 따르면, 전

세계 인구의 4% 이하의 사람들이 사용하는 언어의 종류는 전 세계 언어 종류의 96%라고 한다. 수많은 언어가 소수의 화자가 사용하는 언어라는 말이다.

사실 역사상 지구상의 많은 언어들이 사라져 왔다. 소위 사어(dead language)는 소수어뿐 아니라, 나중에 프랑스어, 스페인어 등 다른 언어로 변한 라틴어와 같은 언어들을 포함한다. 오늘날 많은 언어가 사라져 가는 것을 보이는 몇 가지 예를 들어 보자(네틀·로레인 2003). 오스트레일리아에 있던, 원주민의 언어 250여 가지 중에서 현재 500명 이상이 쓰는 말은 18가지뿐이다. 북미 대륙에는 수많은 토착언어가 있었으나 지금은 거의 모두 사라졌다. 1492년 콜럼버스가 아메리카 대륙을 발견했을 때 미국에서는 3백 종의 언어가 사용되었다고 추정되나 1962년 조사에 따르면 북아메리카에 79종의 원주민 언어가 분포하고 대부분의 사용자는 50세를 넘긴 나이였다. 지금까지 최소한 50개 언어는 거의 사라졌고 나머지도 사멸이 임박하다. 21세기에는 세계 언어의 절반이 사라질 것이라는 전망도 있다.

사라져가는 언어들을 보존하고자 하는 노력들이 있다. 네틀·로레인(2003)은 많은 소수 언어들의 소멸이 지구 생태계의 붕괴와 관련된 문제라고 주장한다. 생태계는 문화를 포함하며, 언어의 소멸은 그 언어로 표현되던 모든 문화적 유산과의 단절을 의미하기 때문이다. 지구상에서 생물학적 종의 다양성이 풍부하게 나타나는 지역과 언어의 종류가 다양한 지역이 일치하는 것은 우연이 아니다. 생태계 붕괴로 인한 생물학적 종의 소멸과 언어의 소멸이 밀접한 관련이 있다는 주장이다. SIL은 소수 언어의 보존을 위해 노력을 하는 기관이다. 그 기관에서는 언어 보존뿐 아니라, 좀 더 현실적인 문제 즉 문맹의 퇴치를 위해 활동하고 있다.

여기서 문맹 문제를 좀 더 살펴보자. 우리나라는 문맹률이 극히 낮다. 그래서 문맹(illiteracy)의 문제가 심각하게 다가오지는 않는다. 그러나 실제로 전 세계적으로 보면 문자해독(literacy)이 하나의 중요한 문제이다. UNESCO 자료에 나타난 세계의 문맹의 상황을 보면 다음과 같은 통계적 사실을 알 수 있다.

> 세계 성인 인구의 26%인 10억 명이 문맹이다.
> 그 중, 여자가 2/3를 차지한다.
> 문맹인 중 98%가 비선진국에 살고 있다.

> 최후진국의 평균 문맹률은 49%이다.
> 모든 문맹인의 52%가 인도와 중국에 살고 있다.

글을 모르는 사람들이 세계 인구의 1/4이나 된다는 사실이 놀랍다. 그리고 문맹자의 대부분이 비선진국에 살고 있다는 사실은 빈곤과 문맹의 상관성을 보여 주는 동시에, 선진국과 비선진국의 격차를 줄이기 위해서 문맹의 퇴치가 매우 중요함을 알려 준다. 문맹을 줄이는 일, 나아가 문자가 없는 언어에 적절한 문자를 제공하는 일이 언어학자의 몫이 아닐 수 없다.

영화 ✛ 언어

영화 「중앙역」(Central Station/Central do Brasil, 1998)은 문맹자의 어려움을 보여 준다. 수많은 사람들이 오가는 열차 역에서 글자를 모르는 사람들의 편지를 대신 써 주는 할머니와, 어머니를 교통사고로 잃은 고아 소년이 함께 소년의 아버지를 찾아다니는 과정에서 서로의 닫혔던 마음을 열어 가는 이야기이다. 영화 속의 브라질 서민의 모습이 매우 고단하게 보인다. 다른 무엇보다도 많은 사람들이 문자를 알지 못하는 것이 그들을 고달프게 만든다. 문자를 모르는 이들은 편지를 대신 써주는 사람에게 자신의 내면을 털어놓아야 한다. 자신의 이야기를 제대로 적는지, 그리고 편지를 진짜로 부치는지도 알지 못하면서 문자를 아는 사람에게 모든 것을 의지한다.

4. 우리말 어문 생활

한글 맞춤법

언어는 언어학자의 연구 대상이기 이전에 보통 사람들의 생활의 일부이다. 한국어를 사용하는 우리나라 사람들의 언어 생활을 원활하게 만들기 위한 어문 규정들이 있다. 한글 맞춤법 및 표준어 규정, 외래어 표기법, 우리말의 로마자 표기법이 그것들이다.

우선, 표준어에 대한 규정은 다음과 같다.

> 표준어는 교양 있는 사람들이 두루 쓰는 현대 서울말로 정함을 원칙으로

한다.

표준말은 서울말이므로 '했당께' 같은 방언 표현은 표준말이 아니다. 현대의 말이므로 '뿌리'의 옛말인 '불휘'도 표준말이 아니다. 현대 서울말이라고 해도 교양 있는 사람들이 쓰는 말만이 표준어이다. 그래서 '담탱이, 범털, 고딩, 원빵, 든보잡' 같은 말들도 표준말이 아니다.

우리말을 한글로 적는 방법을 규정한 한글 맞춤법은 표준어를 기반으로 정의된다.

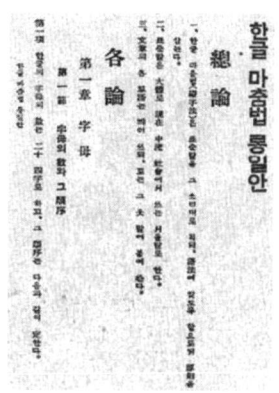

조선어학회의
한글 맞춤법 통일안(1933)

> 제1장 총 칙
> 제1항 한글 맞춤법은 표준어를 소리대로 적되, 어법에 맞도록 함을 원칙으로 한다.
> 제2항 문장의 각 단어는 띄어 씀을 원칙으로 한다.
> 제3항 외래어는 '외래어 표기법'에 따라 적는다.

소리 나는 대로 적으니 '작난감'이 아니라 '장난감'이고, '색갈'이 아니라 '색깔'이다. 단, 어법에 맞도록 적여야 하는데, 그것은 형태소를 밝혀서 적는다는 뜻이다. 예를 들어, '먹다'가 활용에 따라 [먹고, 머거, 멍는]과 같이 발음되지만 형태소 '먹-'을 밝혀서 '먹고, 먹어, 먹는'과 같이 적는다. 띄어쓰기는 단어를 기준으로 하는데, 단 조사는 단어로 인정하더라도 접미적 성격이 강하므로 앞 단어에 붙여 쓴다. 실제로 띄어쓰기는 실제 적용에서 많은 혼란을 야기하는 부분이고, 합성어 문제와 맞물려 언어 사용자에게 어려움을 준다. 예를 들어, 표준적 사전에 따르면, '우리 집'은 한 단어가 아니므로 띄어 써야 하지만 '우리나라'는 합성어로서 붙여 써야 한다.

맞춤법과 표준어는 동일한 의미의 표현을 하나의 방식으로 표기하고 사용하게 함으로써 원활한 국어 생활을 하게 한다. '몇일'(며칠), '번번히'(번번이), '화제거리'(화젯거리), '풍지박산'(풍비박산), '목이 메이는'(목이 메는), '티각태각'(티격

태격)과 같이 잘못된 표현들을 모아 설명한 400여 쪽의「우리말 오류사전」(2003)이 나올 정도로 흔히 잘못 쓰는 표현들이 많이 있다. 규범보다는 언중의 힘이 강하므로 규범 중에는 궁극적으로 고쳐야 할 것도 있을 것이다.

우리말의 로마자 표기

우리말을 외국 문자로 적어야 할 경우가 있다. 외국인에게 나의 이름을 알린다거나 외국인을 위해 표지판을 세울 때이다. 어렸을 때에는 우수한 문자 한글로 적은 이름으로 만족할 수 있지만, 나이가 들어 여권을 만들 때, 외국으로 가기 위해 항공편을 예약할 때, 유학이나 취직을 위해 토플 혹은 토익 시험을 치를 때에는 이름을 한글로 쓸 수 없다. 오늘날의 국제어는 영어이고 영어를 비롯하여 프랑스어, 스페인어, 독일어 등 주요 유럽어들이 로마자 즉 라틴 알파벳을 사용하므로, 우리말을 로마자로 적는 것이 필요하고, 그것을 어떻게 할 것인가가 문제이다.

로마자 표기법은 크게 보아 발음을 위주로 적는가 혹은 철자를 위주로 적는가에 따라 구별된다. 전자를 전사법, 후자를 전자법이라고 부른다. 예를 들어 '신라'를 발음대로 'silla'(혹은 'shilla')로 적든지 혹은 철자대로 'sinla'(혹은 'sinra')로 적든지 하는 방법의 차이를 말한다. 각각의 방법은 일장일단이 있다. 외국인이 소리를 예측하거나 소리를 낼 때에는 발음을 위주로 한 표기법이 좋을 것이다. 그러나 이러한 방법은 '석문'과 '성문'을 혼동시켜 많은 동명이인을 만들 것이다. 그리고 '선릉'과 같이 [선능]과 [선릉] 두 가지 발음이 존재하는 지명에 대해서는 한 가지 발음을 기준으로만 로마자 표기를 할 수밖에 없다. 이러한 문제는 우리말을 로마자로 적고 다시 로마자로부터 한글로 환원하는 것이 발음 위주의 표기법에서는 불가능하다는 것을 의미한다. 이러한 이유로 개인적으로 나는 철자 위주의 전자법을 선호한다. 실제로는 여러 번의 로마자 표기법 규정의 변경 과정에서 전자법과 전사법을 오가다가, 가장 최근의 규정(2000년)은 발음 위주의 전사법이 원칙이되 특수한 목적을 위해서는 전자법을 허용하는 것으로 결정되었다.

전사법이든 전자법이든, 로마자 표기의 문제는 우리말 혹은 한글의 체계와 로마자가 일대일 대응을 하지 않기 때문에 단순하지 않다. 한글의 'ㄱ, ㅋ, ㄲ' 세 자음은 연구개파열음으로 여기에 해당하는 로마자는 'g, k' 두 개이고, 따라서 단순한 1:1 대응이 불가능하다. 모음의 경우, 우리말의 단모음이 10개인데 반하여 로마자에는 'a, e, i, o, u'의 다섯 개의 모음 문자만이 있어 역시 단순 대응이 불가능하다. 여러 가지 방법이 가능하고, 이 때문에 여러 가지의 로마자 표기법이 제시되어 왔다. 2000년에 발표된 국어의 로마자 표기법은 다음과 같다.

ㅏ	ㅓ	ㅗ	ㅜ	ㅡ	ㅐ	ㅔ	ㅚ	ㅟ
a	eo	o	u	eu	ae	e	oe	wi

ㅑ	ㅕ	ㅛ	ㅠ	ㅒ	ㅖ	ㅘ	ㅙ	ㅝ	ㅞ	ㅢ
ya	yeo	yo	yu	yae	ye	wa	wae	wo	we	ui

ㄱ	ㄲ	ㅋ	ㄷ	ㄸ	ㅌ	ㅂ	ㅃ	ㅍ	ㅈ	ㅉ	ㅊ
g/k	kk	k	d/t	tt	t	b/p	pp	p	j	jj	ch

ㅅ	ㅆ	ㅎ	ㄴ	ㅁ	ㅇ (받침)
s	ss	h	n	m	ng

발음을 위주로 하기 때문에 'ㄱ'은 위치에 따라 'g'(가평 Gapyeong) 혹은 'k'(합덕 Hapdeok)로 표기된다. 즉 어말과 자음 앞의 'ㄱ'이 'k'로 표기된다.

그런데 이름을 로마자로 표기할 때에 이러한 원칙을 그대로 적용하기 힘들 수 있다. 나의 이름을 예로 들어 보자. 나의 성 '강'은 현행 로마자 표기법으로 표기할 경우 'gang'이다. 원래 고유명사는 그 자체로는 아무 뜻이 없지만 우리말 성과 이름을 로마자로 표기할 경우 우연히 영어 단어와 같은 철자가 되면 어쩔 수 없이 그 단어가 갖는 뜻이 연상된다. 따라서 '강'을 'gang'으로 표기하면 폭력단의 뜻이 떠오를 수밖에 없다. 사실 현행 이전의 로마자 표기법에 따르면 '강'은 'kang'이다. 이 경우 'kang'은 영어 단어가 아니므로 아무런 부정적인 느낌을 주지 않는다. 따라서 나는 국어 정책에 반발하는 반골이 아니지만 'gang'보다는 'kang'을 선호한다.

나의 이름의 첫 자 '범'은 현행 로마자 표기법으로 'beom'이다. 우리말의 단모음들을 로마자와 연결시키는 일이 쉽지 않은데, 특히 우리말에서 아주 많이 쓰이는 'ㅓ'를 어떤 영문자에 대응시키는가가 문제가 된다. 현행 로마자 표기법은 'ㅓ'를 'eo'에 대응시키지만, 사람들은 영어의 'bus'와 같은 단어의 발음을 생각하고 'ㅓ'를 'u'에 대응시켜 쓰기도 한다(예: 삼성 Samsung). 그럴 경우 나의 이름의 '범'은 'bum'이 된다. 우연히도 'bum'은 영어 단어이고 그것도 좋지 않은 뜻의 단어이다. 이 단어는 부랑자, 게으름뱅이를 뜻한다. 그러니 내가 'bum'이 아닌 'beom'을 고집할 수밖에 없다. 나의 이름의 수난은 여기서 끝나지 않는다. 이름의 마지막 글자 '모'는 로마자로 'mo'로 표기하며, 이 이외의 표기 방법은 없어 보인다. 그런데 이 'mo'도 미국 속어 단어로 호모(동성연애자)의 뜻을 갖는다.

결국 내 이름을 로마자로 'Gang Bum-mo'로 표기한다면 나는 "폭력단에 있는 부랑자 호모(동성연애자)"인 셈이다. 그래서 나는 그러한 뜻 전달을 피하기 위해 'Kang Beom-mo'를 사용하는데, 이름 부분은 2000년 이후의 현행 표기법에 맞지만 성은 맞지 않는 셈이다. 현행 표기법으로는 'Gang Beom-mo'이고 1984년 이래의 이전 표기법으로는 'Kang Bŏm-mo'이다. 그리고 외국의 언어학자들이 자주 사용하는 예일 표기법으로는 'Kang Pem-mo'이다.

다른 경우의 예를 더 들자면, 성씨 '신'의 규범에 맞는 표기법은 'sin'이겠지만 이것은 아무래도 피하고 싶은 영어 단어이기 때문에 'shin'을 선호하게 된다. '박'의 경우 현행 표기법에 따른 'bak'은 영어 단어가 아니어서 큰 문제가 없지만 '박'을 'pak'으로 표기한다면 이것은 파키스탄인을 경멸적으로 이르는 말이니 이것보다는 공원을 뜻하는 'park'를 선호하게 될 것이다. '손'을 'son'으로 표기한다면 그것은 부정적인 뜻은 없지만 영어로 의미가 있는 단어이다.

로마자 표기법이 간단한 것 같으면서도 실제로는 일관되게 지켜지지 않는 것은 영화 「태극기 휘날리며」(2004)의 영어 제목이 'Taegukgi'로 되어 있는 것에서도 볼 수 있다. 현행 표기법에 따르면 '태극기'는 'Taegeukgi'가 맞는다. 'Taegukgi'라고 굳이 표기한다면 그것은 '태국기' 즉, 타이(Thailand)의 국기일 것이다.

외래어 표기

외래어는 각 언어가 가진 특질을 고려해야 하므로 외래어 표기법을 한글맞춤법과 분리하여 따로 정한다. 외국어의 음운체계와 우리말의 음운체계가 다르기 때문에 외래어를 한글로 표기하는 일이 간단하지 않다.

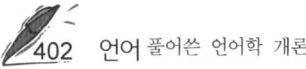

외래어 표기법의 기본 원칙은 다음과 같다.

> 제1항 외래어는 국어의 현용 24 자모만으로 적는다.
> 제2항 외래어의 1 음운은 원칙적으로 1 기호로 적는다.
> 제3항 받침에는 'ㄱ, ㄴ, ㄹ, ㅁ, ㅂ, ㅅ, ㅇ'만을 쓴다.
> 제4항 파열음 표기에는 된소리를 쓰지 않는 것을 원칙으로 한다.
> 제5항 이미 굳어진 외래어는 관용을 존중하되, 그 범위와 용례는 따로 정한다.

앞의 제4장 5절에서, 음운을 논의하는 과정에서 외래어 표기법에 대하여 자세히 설명하였으므로 반복하지는 않는다. 여기서는 '불란서'와 '프랑스', 혹은 '호주'와 '오스트레일리아', 혹은 '영국'과 '잉글랜드', 혹은 '태국'과 '타이'와 같은 한자어 나라 이름과 원음 이름에 관한 것 그리고 앞에서 설명하지 못한 일본과 중국의 인명과 지명 표기에 관한 것을 언급하고자 한다.

먼저 한자음 나라 이름과 원음 나라 이름에 대한 문제를 살펴보자. '불란서'와 '프랑스'는 같은 나라를 부르는 다른 방식이다. 전자는 한자로 표기하는 방식이고 후자는 원지음을 따르는 방식이다. 오늘날의 표준은 '프랑스'이고 사실 젊은 세대에서 '프랑스'가 아닌 '불란서'(佛蘭西)라고 쓰거나 말하는 사람은 별로 없다. '불란서'도 사실 그 이름의 시작은 원음을 따르는 방식이다. 일본 사람들이 자기들의 한자 발음으로 원지음에 가깝게 표기한 것이 '佛蘭西'이고 이것을 우리말 한자로 '불란서'라고 읽는 것이다. 중국에서는 '法蘭西'라고 한다는데 이것도 중국어의 한자음으로 원음에 가깝게 표시한 것이지만, 우리말 한자음으로 '법란서'라고 하면 원음과는 동떨어질 것이다.

'중국'(中國)과 '일본'(日本)은 원래부터 우리나라 한자음으로 부르던 나라 이름이다. 그 외에, 과거 개화기에 일본이나 중국을 통하여 우리말에 들어온 외국 이름이 많은데 이것들이 한자어로 된 외국 이름이다. '미국, 영국, 독일, 호주, 몽고, 인도, 태국, 희랍'과 같이 오늘날도 많이 쓰이는 것들뿐 아니라 '애급(이집트), 토이기(터키), 서반아(스페인), 이태리(이탈리아), 오지리(오스트리아), 포도아(포르투갈), 서전(스웨덴), 서서(스위스), 정말(덴마크)' 같은 것들이 쓰였다. '서반아'와 '이태리' 같은 말은 아직 부분적으로 사용되고 있고, '애급'은 성경에 많이 나오지만(출애굽기) 일상에서 쓰는 말은 아니다. 원지음을 따르는 것이 원칙이라도 관습을 무시할 수 없으므로 '미국', '영국', '독일' 등은 앞으로도 '아메리카'(혹은 '유나이티드 스테이츠 오브 아메리카'), '잉글랜드'(또는 '그레이트 브리튼'이나 '유나이티드 킹덤'), '도이칠란트'로 바뀔 가능성은 별로 없다. '불란서'의 경우에도 일상어에서 이것이 거의 사라졌지만 '불어', '불문학', '불문과', '한불사전', '불한사전', '주불대사관' 등 우리말 단어의 일부로 남아 있어 그 생명력이 아주 없어지지는 않을 것이다. (이상, 고종석(1999)을 참조함.)

혹자는 원음주의를 극단으로 밀고 가 프랑스의 수도는 '빠리'(Paris)이고 「잃어버린 시간을 찾아서」를 쓴 프랑스 소설가는 '푸루스뜨'(Proust)라고 써야 한다고 주장한다. 프랑스어의 'p'가 어두에서는 기(aspiration)가 없지만 'r' 앞에서는 기를 회복하기 때문에 그 발음을 정확히 표시해야 한다는 것이다. 이러한 과도한 원음주의는 프랑스 사람들도 이러한 음의 미세한 차이를 인식하지 못한다는 사실(즉, 이 두 음이 하나의 프랑스어 음소라는 사실), 그리고 언중은 그러한 미세한 음성학적 사실에 민감하지 않다는 사실을 간과한 것이다(고종석 1999). 어문 규정으로서의 외래어 표기법도 이러한 과도한 원음주의를 지향하지는 않는다. 외래어 표기법의 제2항은 명시적으로 "외래어의 1 음운은 원칙적으로 1 기호로 적는다"라고 못박고 있다. 그러나 이러한 과도한 원음주의가 아니더라도, 언중의 힘 즉 관습성이 규범을 누를 경우가 많이 있다. 특히 다음의 일본과 중국의 인명과 지명 표기 문제가 이와 관련이 있다.

외래어 표기법에 따라 원칙적으로 외국의 인명과 지명은 해당 언어의 원지음을 따른다. 그런데 일본과 중국의 인명과 지명은 그것들이 한자로 표기될 수 있고 따라서 우리말의 한자음이라는 문제가 개입한다. 이것에 관해서는 다음과 같은 규정이 있다.

> 제1항 중국 인명은 과거인과 현대인을 구분하여 과거인은 종전의 한자음대로 표기하고, 현대인은 원칙적으로 중국어 표기법에 따라 표기하되, 필요한 경우 한자를 병기한다.
> 제2항 중국의 역사 지명으로서 현재 쓰이지 않는 것은 우리 한자음대로 하

> 고, 현재 지명과 동일한 것은 중국어 표기법에 따라 표기하되, 필요
> 한 경우 한자를 병기한다.
> 제3항 일본의 인명과 지명은 과거와 현대의 구분 없이 일본어 표기법에 따
> 라 표기하는 것을 원칙으로 하되, 필요한 경우 한자를 병기한다.
> 제4항 중국 및 일본의 지명 가운데 한국 한자음으로 읽는 관용이 있는 것은
> 이를 허용한다. (예: 東京 도쿄, 동경; 京都 교토, 경도; 上海 상하이,
> 상해; 臺灣 타이완, 대만)

따라서 '공자, 맹자, 순자, 노자' 등 과거 인물의 이름은 우리말 한자음으로 쓰지만, 현대의 중국 정치가들은 '강택민'(江澤民)이 아니라 '장쩌민'이고, '호금도'(胡錦濤)가 아니고 '후진타오'이다.

위의 규정이 중국어와 일본어의 발음을 원칙으로 하되 한자의 병기를 허용하는 것은 많은 경우, 특히 중국 인명과 지명의 경우, 한자음이 더 익숙하기 때문이다. 오랫동안 '강택민'이라고 불러오다가 '장쩌민'이라고 표기할 때 오는 혼란을 막고, '이연걸', '성룡' 등에서 보는 것과 같이 대중이 한자음을 선호하는 경우가 아직 많다는 사실을 수용하기 위한 임시적 방편이다. 한자를 병기하는 것, 그리고 서양 인명이나 지명을 로마자로 병기하는 것 자체를 사대주의적 발상으로 보는 다음과 같은 시각도 있으나, 간헐적으로 제공되는 괄호 속의 한자나 로마자는 선택적으로 읽지 않아도 되는 것이니 굳이 배타적으로 볼 필요는 없다고 본다.

> "...아직도 자기 한자이름을 목숨처럼 여기는 이들이 있고, 일부 신문들조차
> 이를 부추겨 서양인 이름까지 로마자로 괄호에 넣어주는데, 과연 그런 분에
> 넘치는 친절로 뭘 하자는 것인지 우습다. ... 신문은 외래어사전이 아니다.
> 로마자든 한자든 아양을 떨어 사람들을 이중언어 생활로 몰아갈 일이겠는
> 가." (한겨레신문 2003-10-24)

통신 언어에 대하여

현대의 통신 환경은 언어 생활에도 새로운 변화를 가져왔다. 전화와 같이 음성을 통한 의사소통이 아니라 컴퓨터 혹은 핸드폰을 이용하여 문자를 주고받으며 실시간 혹은 어느 정도의 시차를 두고 대화를 하는 방식은 통신 언어라는 새로운

언어 양식의 발생을 초래했다. 통신 커뮤니티에서 쓰이는 다음과 같은 은어와 신조어는 어느 사회방언에도 생길 수 있는 일반적 현상인데, 축약을 이용한 것들이 포함된다. 단, 맞춤법 자체는 위반하지 않는다.

기깔나게	기막히게
강추	강력 추천
강퇴	강제 퇴장

소리나는 대로 적거나 심하게 축약을 하는, 혹은 소리 자체를 왜곡하는 다음과 같은 예들은 맞춤법을 위반한다.

조아	좋아
마니	많이
추카	축하
잼있다	재미있다
앤	애인
모냐	뭐냐
방가	반갑다
마넌	만원
알써	알았어

통신 환경에서만 사용할 수 있는 이모티콘은 'emotion'과 'icon'이 합성된 말이다. 컴퓨터 자판의 여러 가지 기호를 적절히 조합하여 사람의 표정이나 동작을 나타내 미세한 감정이나 의미를 전달한다.

-_-	무표정(당황)
^_^	웃음
ㅠ_ㅠ	슬픔
-_-;	당황
p(-_-)q	귀엽지
(@>—)	꽃

이모티콘이나 앞에서 제시한 정도의 통신 언어들은 이해하기 어렵지 않고 나름대로 제한된 환경에서나마 언어를 풍부하게 하는 순기능이 있다고 본다. 그러나 한때 어린아이들이 많이 썼던, 소위 외계어라고 부르는 제2세대 통신어는 외국 문자와 기호를 혼합하여 소수 집단 사이에서만 통용되고 보통 사람이 해독하기가 거의 불가능하다. 몇 가지 예를 보자(지금은 별로 쓰지 않는다).

羅ⓡⓖ孝	나 알지요
할末ㄷ읍돠	할 말이 없다
じドズノ金ばr쁩닊㉮	나 지금바쁘니까
⚘라궤할께헲	열심히 할께요

초기의 통신 언어가 통신 환경에서 자판을 두드리는 일을 간편히 하는 축약형을 씀으로써 경제성을 추구하면서 동시에 의사소통자들 사이의 유대성을 추구했다고 본다면, 외계어는 후자만이 강조된 형식이다. 주로 10대들이 사용하는 이러한 소통 방식은 배타적이므로 약간의 우려가 있을 수 있으나, 또래 사이의 유대감이 반드시 부정적일 필요는 없다고 본다. 단, 이러한 배타성이 국어 능력을 쌓아가는 청소년에게 부정적인 영향이 있을 수 있다는 점이 문제이다.

실제로 한 조사에 따르면, 2001년 학생들과 일반인 1000명을 대상으로 어문 규범 능력 검사를 실시한 결과 100점 만점에 30점이 나왔는데, 6년 전 같은 검사를 한 결과보다 40% 이상 점수가 떨어진 것이라고 한다(민현식 2002). 어법이 파괴된 통신 언어를 일상적으로 사용하다 보니 규범 언어를 경시하고 이런 생각이 학습 장애를 초래했다는 것이 하나의 설명이다. 통신에서의 언어 사용의 재미가 실생활에서의 적절히 품위 있는 언어 생활에 방해가 되지 않도록 신경을 써야 할 것이다.

영화 ✚ 언어

영화 「영웅」(2002)의 이야기는 진시황을 살해하고자 하는 검객들에 관한 전설 중의 하나이다. 꽃과 단풍의 폭풍 등 화려한 영상이 인상적인 이 영화는 「집으로 가는 길」(1999)을 감독한 중국의 장예모 감독의 영화이다. 이 영화의 주인공들은 「동방불패」

(1991)와 「포비든 킹덤」(2008)에 나온 이연걸, 「화양연화」(2000)와 「색, 계」(2007)에 나온 양조위, 「동사서독」(1994)과 「첨밀밀」(1996)에 나온 장만옥, 그리고 「와호장룡」(2000)과 「게이샤의 추억」(2006)에 나온 장쯔이 등이다. 그런데 영화의 자막에 나타난 이들의 이름 중, 현대 중국인 이름은 우리말 한자음이 아닌 원지음으로 표기한다는 외래어 표기법 규정을 지킨 것은 '장자이'(章子怡)라는 우리말 한자음을 사용하지 않은 '장쯔이'뿐이다.

실제로 우리에게 알려진 중국 감독이나 배우는 대부분 우리말 한자음의 이름으로 불린다. 장예모를 비롯하여 왕가위(「중경삼림」, 「화양연화」, 「마이 블루베리 나이츠」), 오우삼(「영웅본색」, 「페이스 오프」, 「미션 임파서블 2」, 「적벽대전」) 등의 감독들을 내가 알고, 앞에 언급한 배우 외에 몇 사람을 더 안다. 왕우(「외팔이 검객」), 이소룡(「당산대형」, 「정무문」, 「용쟁호투」), 성룡(「취권」, 「샹하이 눈」), 주윤발(「영웅본색」, 「와호장룡」), 장국영(「패왕별희」, 「아비정전」), 양자경(「예스마담」, 「와호장룡」), 임청하(「중경삼림」, 「동방불패」), 진혜림(「친니친니」, 「냉정과 열정사이」) 등이다. 모두가 한자음 이름이다. 어문 규정에 앞서는 언중의 힘이 느껴진다. 그래도 장자이가 아니라 장쯔이로 알려진 배우를 보면 앞으로는 원음이 통용될 지도 모르겠다. 호금도는 몰라도 후진타오를 아는 것도 그러한 방향으로의 변화일 것이다.

사실 나는 중국 영화를 많이 보지 않는 편이다. 그래서 내가 아는 몇 사람의 중국 감독과 배우를 나열할 수 있다. 내가 아는 한국 배우와 감독, 미국과 서구의 배우와 감독을 모두 나열할 수는 없다.

5. 번역

세상에는 수많은 언어가 있다. 세상 사람들이 서로 교류하기 위해서, 모두가 여러 언어를 자유자재로 구사하는 폴리글롯(polyglot)이 될 수 없는 이상, 통역과 번역이 필요하다. 번역은 간단한 일이 아니다. 대강의 뜻을 전달하는 것은 큰 어려움이 없을지 모르지만 세밀하고 정확한 번역이 쉽지 않다. 앞장에서 언급한 기계 번역은 애초부터 시나 소설 같은 문학 작품의 번역은 염두에 두지도 않지만 보통의 산문도 자동적으로 번역하는 일에는 가야할 길이 멀다. 문학 작품의 번역은 특히 새로운 창작의 면을 가지고 있다. "번역은 장미 밭에서 춤추기와 같은 고통 속의 쾌락"이라고 말했다는 어느 전문번역가는, 번역의 어려움과 제2의 창조 과정이 만들어 주는 기쁨을 표현한 것이다.

오늘날의 세계에서 번역이 정치와 일상의 중요한 일이 된 것을 보여주는 하나의 사건은 유럽 지역의 통합을 목표로 하는 EU(유럽연합)의 출현이다. EU는 유럽의 정치, 경제적 통합을 목표로 유럽 각국이 참여하여 여러 가지 제도적 장치를 마련해 가고 있으며, 이미 통합된 화폐인 유로화가 유럽의 여러 나라에서 통용되고 있다. 그러나 정치, 경제적 통합의 가능성과는 달리 언어는 인위적으로 통합할 수 없다. 2003년까지 EU 안의 공식 언어는 11개로서 그것들은 영어, 독일어 등, 회원국 15개국(프랑스, 독일, 이탈리아, 벨기에, 네덜란드, 룩셈부르크, 영국, 아일랜드, 덴마크, 그리스, 스페인, 포르투갈, 핀란드, 오스트리아, 스웨덴)에서 사용되는 언어들이었다. 2004년부터는 폴란드, 헝가리, 체코 등의 여러 나라가 새로 EU의 새로운 회원이 됨에 따라 2009년 현재 공식 언어가 23개이다. EC 홈페이지에 나온 언어 명칭을 알파벳 순으로 제시하면 다음과 같다(영어 공부를 위하여 영어로 언어명을 제시한다): Bulgarian, Czech, Danish(덴마크어), Dutch, English, Estonian(에스토니아어), Finnish, French, German, Greek, Hungarian, Irish, Italian, Latvian(라트비아어), Lithuanian(리투아니아어), Maltese(몰타어), Polish(폴란드어), Portuguese, Romanian, Slovak(슬로바키아어), Slovene(슬로베니아어), Spanish, Swedish. 이 23개의 공식 언어들 사이의 번역을 위한 모든 조합이 506개나(23×22) 되는 상황에서 통역과 번역은 간단한 일이 아니다. EU 집행위원회에서 수천 명의 번역요원이 연간 수백만 쪽의 서류를 번역하는데 굉장히 많은 비용이 필요하다고 한다. 경제성을 고려하여 공식 언어를 몇 가지 주요 언어로 한정하자는 제안도 있으나 이러한 시도는 성공하지 못했다. 언어 장벽으로 시민들의 EU 접근권을 제한할 경우 유럽 지역 공영의 EU 정신에 위배된다는 반론이 강하기 때문이다. 유럽 지역의 복잡한 언어 문제가 기계번역 등 언어 처리 기술에 대한 관심과 노력을 촉진하는 역할을 하고 있지만, 아직 언어의 기계적 처리에는 한계가 있다. 아주 세밀하고도 정확한 번역이 필요할 경우가 많기 때문이다.

부정확한 번역은 외교에서 문제를 일으킬 수 있다. 2003년 후반기에 한국의 이라크 파병 문제가 국제적 관심사일 당시 한-알제리 정상회담이 있었다. 회담 후 AFP 통신에서 알제리 대통령이 "한국 정부의 이라크 파병 계획을 지지했다"라고 보도하여 국제적 논란을 불러일으킨 일이 있었다. 실제로 이것은 알제리 대통령이 프랑스어로 "전적으로 이해한다"라고 말했고, 이것을 영어로 'understand'라고 번역해야 하는데 AFT가 지지한다는 뜻의 'back'이라는 단어를 쓰는 바람에 문제가 생긴 것이다. 자구 한자 한자의 정확한 번역이 중요함을 알려 준 사건이다.

부정확한 번역이 사회 문제를 일으킨 경우도 있다. 2008년, 당시 미국산 쇠고기의 전면 개방을 허용한 정부 정책을 비판하는 MBC의 시사 프로그램 PD수첩이 외국인과의 인터뷰에서 외국인이 발언한 영어를 정확하게 번역하지 않았다. PD수첩 제작진은 외국인 사망자의 어머니가 죽은 자식에 대하여 말한 것을 처음에는 "내 딸이 걸렸을 지도 모르는"(could possibly have)(광우병)이라고 제대로 번역했다가 나중에 "내 딸이 걸렸던"(광우병)이라고 고쳐서 방송을 하는 등, 여러 곳에서 정확한 번역을 제공하지 않았다고 한다(최초 번역자의 진술). 그로 인해 대중에게 광우병에 대한 공포를 과도하게 조장한 셈이다. 의도적이든 그렇지 않든 간에 부정확한 번역이 인간 사회에 큰 영향을 끼침을 보여주는 사례이다.

번역은 단순히 어려운 일이 아니라, 어떤 경우에는 불가능하다. 적어도 다음의 세 가지 경우, 번역이 매우 어렵거나 가능하지 않다.

첫째, 숙어의 번역은 단어의 번역에 의존할 수 없고 완전한 의역을 해야 한다. 숙어란 독립적인 의미를 갖는 단어들로 구성되어 있지만 전체로서는 구성 단어의 의미로 예측할 수 없는 뜻을 가지는 구이다. 다음과 같은, 숙어가 들어간 우리말 문장들을 영어로 번역한다고 생각해 보라.

▎ 그는 아침에 미역국을 먹고 시험을 치렀는데, 결국 미역국을 먹었다.

이 문장을 제대로 번역하려면 'seaweed soup'라는 표현을 두 번 사용해서는 안 될 것이다. 숙어의 경우 그 전체의 뜻을 고려하여 적절하게 의역을 할 수는 있으니, 번역이 불가능하지는 않다.

둘째, 지역방언이나 사회방언을 적절히 번역하는 것은 불가능하다. 영화「마이 페어 레이디」(My Fair Lady)에서 여자 주인공 일라이자가 사용하는 런던 하층민의 말은 표준어와는 다른 독특한 발음과 억양을 가지고 있다. 예를 들어 'rain'의 모음 [ei]는 [ai]로 발음되고, 'lovely'에는 표준어에는 없는 'r' 발음이 추가되어

'loverly'의 발음으로 소리가 난다. 이렇게 표준어와 다르게 발음되는 'rain'[라인]과 'lovely'[러벌리]를 단순히 '비', '사랑스러운'이라는 우리말로 번역하는 것은 완전한 번역이 아니다. 그렇다고 다른 좋은 번역 방법이 있는 것도 아니다. 방언과는 조금 다르지만, 우리말의 경어법도 번역이 불가능하다. 두 남자가 서로 존대말을 사용하다가 둘이 고등학교 선후배 관계임을 확인한 순간 한 사람이 반말을 사용하게 되는 상황에서 그 말의 차이를 영어로 정확히 번역할 수는 없다.

셋째, 언어의 중의성을 이용한 말놀이(pun)도 번역이 불가능하다. 이 책의 여러 부분에서 언급했던 다음과 같은 말놀이들을 외국어로 번역할 수 없다.

> 절 좋아하세요? ... 좋지, 해인사, 불국사 다 좋아.
> 안녕, 이제 나는 죽을 준비를 할 거예요. ... 나는 밥이 더 좋은데.
> 못 잊을 거예요. ... 잊어도 돼, 못 많아.
> 넌 더 이상 날 생각하지 마. 날개가 없잖아.
> 내 개그는 0.0000000001이야. 영~ 아니지.
> 내 개그는 체육고등학교야. 체고지(최고지).
> 내 개그는 민들레야. 꽃이지(꽃히지).

영어 말놀이도 우리말로의 번역이 불가능하다.

> Seven days without food makes one weak. (참고: week)
> Income tax is a capital punishment. (capital: "사형의", "자본주의의")
> I was a printer but never made good impression. (impression: "인상", "인쇄물")

이러한 말놀이에서 중요한 것은 의미와 함께 언어의 형식이다. 번역이란 의미를 유지하면서 두 언어의 표현들을 대응시키는 작업이므로, 형식을 맞추는 것은 불가능하다.

번역과 관련하여 우리 주변에서 일어나는 일 한 가지를 덧붙이자면, 영어 단어를 잘못된 그럴듯한 뜻으로 우리나라에서만 사용하는 말들이 있다. 예를 들어 '핸들'이라는 외래어는 영어의 'handle'이라는 단어의 차용이라고 볼 수 있는데, '핸들'이 자동차를 방향을 조정하는 장치를 가리키는데 반하여 영어의 'handle'에는 그런 뜻이 없다. 영어에서 그러한 장치를 가리키기 위해서는 'steering wheel' 이라는 단어를 사용한다. 이와 같은 것들을 거짓 친구라는 뜻의 'false friend'라고 부른다. 캠브리지 영어사전(Cambridge International Dictionary of English)에 올라 있는 "Korean false friends" 중 일부를 보이면 다음과 같다. 의도하는 의미에 해당하는 바른 영어 표현을 함께 제시한다.

잘못된 뜻으로 쓰이는 표현		올바른 영어 표현
all back [adj.]	올 백	straight hair style
back mirror [n.]	백미러	side mirror
cider [n.]	사이더	soda pop
cunning [n.]	커닝	cheating in an exam
driver [n.]	드라이버	screwdriver
eye shopping [n.]	아이쇼핑	window-shopping
name value [n.]	네임밸류	social reputation
over [adj.]	오버	overcoat
room salon [n.]	룸 살롱	hostess bar
second [adj.]	세컨드	mistress
sign [n.]	사인	signature
super [adj.]	수퍼	supermarket
talent [n.]	탤런트	TV actor

사실 '사이더, 커닝, 드라이버' 등 위 외래어들은, 원래의 영어 단어에는 없는 뜻을 가지고 있는 우리말의 일부이므로 사용에 문제는 없다. 다만 외래어로서의 우리말에 현혹되어 영어를 사용할 때 잘못을 범해서는 안 될 것이다.

영화 ✚ 언어

외국 영화를 우리나라에 들여올 때에는 번역이 필요하다. 물론 영화 속의 대사가 번역의 주 대상이지만, 영화 제목은 번역을 하기도 하고 그냥 외국어 제목의 발음을 한글로 적는 경우도 있다. 근래에는 특히 외국어 제목을 그대로 사용하는 경향이 있는데 그리 바람직한 것 같지는 않다. 외국어를 그대로 사용할 경우, 아주 쉬운 단어가 아닌 이상 그 뜻이 제대로 전달되기는 힘들다. '글래디에어터', '세렌디피티', '휴먼 스테인',

'포제션', '퀀텀 오브 솔러스', '트레인 스포팅' 같은 제목을 바로 이해할 수 있는 사람이 많지는 않을 것이다. 중국 영화의 제목들을 우리말 한자 발음으로 내세운 것들도 '영웅본색', '음식남녀' 같이 이해하기 쉬운 것들이 있기는 하지만, '화양연화', '와호장룡', '중경삼림', '첨밀밀' 등 이해하기 힘든 것들이 많다.

외국어 제목을 정확히 번역한 '라이언 일병 구하기', '나는 네가 지난 여름에 한 일을 알고 있다', '욕망의 모호한 대상' 같은 제목들은 이해하기 쉽다. 나아가 노인으로 태어나 어린아이로 죽게 되는 특별한 남자의 이야기인 「벤자민 버튼의 시간은 거꾸로 간다」(The Curious Case Of Benjamin Button, 2008)의 우리말 제목은 원제보다 영화 내용을 더 잘 반영하는 적절한 번역이다. 그런데 어떤 영화 제목들은 그 번역이 잘못되어 있어 혼돈을 주기도 한다. 「춤추는 대수사선」(1998)의 제목은 일본어 제목을 직역한 것인데, 이 경우의 '춤춘다'는 일본어에서 '오리무중' 혹은 '갈팡질팡하는' 정도의 뜻으로 쓰인 것이다. 이것을 그대로 우리말의 '춤추다'로 번역한 것은 문제가 있다. 미국 뉴욕 변두리 지역의 밑바닥 삶을 아름다운 음악("A Love Idea")과 함께 인상 깊게 그린 영화 「브루클린으로 가는 마지막 비상구」(Last Exit to Brooklyn, 1989)의 제목도 오해의 소지가 있다. '비상구'는 방이나 건물 등 밀폐된 공간에서 밖으로 통하는 문을 의미한다. 영어 제목의 'exit'는 고속도로에서의 출구를 말한다. 'last exit to Brooklyn'은 고속도로를 타고 가다가 브루클린으로 빠지는 여러 출구 중에서 마지막 출구라는 의미이다. 그 지역에 사는 건달과 창녀와 동성애 노동자 등 밑바닥 인생을 그리는 영화의 제목으로 적절하다. 영어 제목의 정확한 번역은 '브루클린으로 빠져나가는 마지막 출구'일 것이다.

마지막으로, 영화 「사랑도 통역이 되나요?」(Lost in Translation, 2003)도 제목이 썩 적절하게 번역되지 못한 경우이다. 영화 속에서, 50대 미국 남자와 20대 미국 여자가 동경에서 인생의 길을 잃은 자신들의 모습을 상대로부터 발견하고 서로 말동무가 되고 서로를 이해하게 된다. 그들의 상호 이해를 무엇이라고 불러야 할지는 영화의 마지막 부분에, 서로 헤어지면서 남자가 여자에게 건넨 귀엣말 속에 있을 것이다. 영화의 우리말 제목은 그것이 '사랑'이라고 암시하지만, 딱 맞는 것 같지는 않다. 그것은 오히려 길을 잃어버린 사람들 사이의 우정과 공감과 연민과 격려일 것이다. 영화 제목 'lost in translation'의 'lost'는 길을 잃는다는 뜻이다. 길을 잃은 아이가 'lost child'이고, 기독교에서 말하는 길을 잃은 양이 'lost sheep'이며, 인터넷의 공간을 돌아다니다가 어디서부터 시작했는지 그리고 왜 거기에 있는지를 모르는 상태인 'lost in hyperspace'도 있다. 'lost'에는 다른 뜻이 있는데, 그것도 'lost in translation'에 적용할 수 있다. 'lost territory'(실지), 'lost labor'(헛수고)의 표현에서와 같이 잃어버린 대상이나 물건을 뜻할 수 있는데 이런 식으로 해석하면 'lost in translation'은 통역의 과정에서 잃어버린 것들을 의미한다. 영화 속에서, 몇 분에 걸친 장황한 일본인의 말을 짤막한 한두 개의 영어 문장으로 통역하는 장면이 나온다. 분명히 통역의 과정에서 전달되지 않은 것, 잃어버린 것이 많이 있다. 만일 이 영화가 번역과 통역의 언어 문제를 다룬 영화라면 영화 제목을 이런 식으로 해석하는 것도 적절할 것이다. 그러나 이 영화는 통역이 주제인 영화가 아니다. 따라서 'lost in translation'은 인생에서 (잠시) 좌표를 잃은 두 사람을 의미한다. 그들은 (외부 세계와의 소통을 위해서는 통역이 필요한 동경에서) "(인생의) 길을 잃었다".

외국 영화의 제목은 나름대로 심혈을 기울여 만든 것이니, 그것을 자연스러운 우리말로 정확히 번역하여 제시할 수 있으면 그것이 제목을 붙이는 가장 좋은 방법이다. 물론 번역이 어렵거나 불가능한 제목들도 있다는 것을 인정해야 한다.

6. 법언어학과 언어병리학

법언어학

법언어학(forensic linguistics)은 언어와 법의 상호 관련성을 연구하는 분야이다. 구체적으로, 다음과 같은 것들을 연구 대상으로 삼는다.

> 법정에서의 담화 (증언, 논고, 변론, 판결)
> 법정에서의 통역과 번역
> 법률 문서의 가독성과 이해가능성
> 경찰이 피의자에게 말한 경고의 이해 가능성
> 재판과 관련한 어린아이와의 인터뷰
> 법정에서 사용되는 언어와 관련된 증거
> 문서의 작성자에 대한 추정
> 발화자의 추정

위의 마지막에 언급한, 문서와 말의 산출자에 대한 추정은 범죄와 관련이 있다. 연쇄살인범이 경찰을 비웃는 편지를 보내거나 어떤 회사에서 만든 식품에 독극물을 넣겠다는 협박 편지를 보낼 수 있다. 또한 폭탄 테러에 대한 예고를 편지로 보낼 수도 있다. 이때 범인의 언어를 분석하여 피의자의 범위를 좁힐 수도 있다. 이러한 종류의 협박 혹은 유괴 사건에서 돈을 요구할 때 전화를 사용할 수도 있다. 범인의 목소리를 분석하면 문서의 경우보다도 좀 더 범인을 파악할 수 있는 가능성이 높다. 사람마다 목소리가 다르므로 그 특징을 기계로 분석하면 손가락

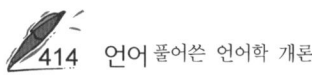

의 지문(fingerprint)에 비견할 수 있는 성문(voiceprint)을 얻을 수 있다. 단, 범인들은 다양한 방법으로 자신의 목소리를 숨기려하기 때문에 성문을 이용한 범인 색출이 간단한 일은 아니다. 예를 들어 입을 손수건으로 막고 말을 하거나, 높은 가성을 사용하거나, 아주 목소리를 낮추어 말을 하거나, 속삭이는 방법을 사용할 수도 있다. 이런 기만 전술을 뚫고 범인을 색출하는 것이 법언어학, 특히 법음성학(forensic phonetics)의 과제이다. 근래 활발히 연구되기 시작한 분야이다.

법언어학은 강력 범죄가 아닌 여러 가지 종류의 법률 문제에도 관련된다. 예를 들어 학생의 기말과제가 다른 것을 표절한 것인지의 판단 문제, 연구 논문의 표절 문제 혹은 연구자가 다른 연구자의 연구를 가로채서 논문을 썼는가 하는 문제 등은 대학 주변에서 흔히 일어날 수 있는 문제들이다. 법언어학은 언어학과 통계의 방법을 이용하여 이러한 문제에 답을 주고자 시도한다. 따라서 법언어학의 소비자는 주로 법률가(변호사, 검사)로서 그들은 의뢰인 혹은 피의자와 관련된 언어 문제에 대한 자문을 법언어학자에게 구하게 된다. 표절 문제에 대해서는 개인이나 대학이 직접 법언어학자를 찾을 수도 있다.

언어병리학

언어병리학(language pathology/speech-language pathology)은 여러 가지 종류의 의사소통 장애의 진단, 예방, 치료와 관련된 이론 및 임상에 대하여 연구하는 학문이다. 의사소통 장애란 유전적, 생리적, 심리적, 환경적 원인에 의하여 생각을 정상적으로 전달하지 못하는 것을 말한다. 의사소통 장애는 음성 장애(말장애, speech disorders)와 언어 장애(language disorders)로 대별할 수 있다. 음성 장애는 신경 혹은 발음기관의 문제로 인하여 말의 산출을 하는 뇌의 기능과 발음기관의 기능이 제대로 발휘되지 않음으로써 정상적인 말소리로 생각을 전달할 수 없는 것을 말한다. 언어 장애는 발음기관 등 신체적 장애가 없는 것으로 보이지만 의사소통이 제대로 이루어지지 않는 경우이다. 정신지체, 자폐, 청각장애에 언어 장애가 동반될 수 있고 그러한 이상 증상이 없이도 언어 장애가 있을 수 있다.

언어병리학을 현장에서 적용하여 말장애와 언어 장애를 가진 사람들을 치료하는 일을 하는 사람이 언어치료사이다. 이들은 음성, 언어, 청각과 관련된 다양한 지식을 바탕으로 환자를 진단하고 치료하는 일을 한다. 언어치료사가 되기 위해서는 음성, 언어, 청각과 관련된 기초적 지식을 교육받아야 하고, 임상실습을 통하여 언어 치료의 현장을 체험한 후 환자를 대할 수 있다. 실제로 대학에 언어치료사를 양성하는 프로그램이 있는 곳이 있다.

언어 치료의 대상이 되는 증상들은 음성 장애, 조음 장애, 유창성 장애(말더듬), 언어발달 장애, 그리고 실어증이다. 실어증에 관해서는 제10장(언어와 심리)에서 자세히 논의하였고, 거기서 말더듬의 원인에 관한 한 가지 학설을 간략히 소개하였다. 말더듬에 대해 부연하자면, 어린아이들이 말을 더듬을 때 모두가 치료 대상은 아니고 특정 유형의 말더듬만이 치료 대상이다. 아이들이 말을 배우면서 자연스럽게 나타나는 말더듬으로는 낱말을 통째로 더듬는 경우("엄마 엄마 엄마"), 말 사이에 '근데, 있잖아' 같은 말을 자주하는 경우, 그리고 '어, 응' 등 뜻 없는 말이 자주 삽입되는 경우이다. 이것들은 정도의 차이가 있겠지만 보통 사람들이 대화할 때에도 나타나는 현상이다. 어린아이가 이러한 방식으로 지나치게 말을 더듬는다고 하더라도 시간이 지나면 자연적으로 고쳐지는 경우가 많다. 반면에 한 음절이나 음소를 반복한다든지("어 어 어 엄마", "ㅂ ㅂ ㅂ 방"), 말을 하려고 입을 움직이지만 말소리가 바로 나오지 않고 막히는 현상이 몇 개월간 지속되면 언어 치료를 받아야 한다.

말더듬을 비롯하여 말과 언어의 장애는 여러 가지 요인이 있을 수 있다. 신경의 손상이나 뇌성마비, 청각장애, 정서적 요인, 구개 파열 등 발음기관의 구조적 문제 등이 원인이 될 수 있다.

언어 치료는 언어학, 특히 음성학의 기초지식과 함께 신경학, 의학, 심리학 등 관련 지식을 직접 우리 생활에 응용하는 일이다. 이 책의 첫 부분에 언급하였던 언어 연구의 두 가지 동기인 인간의 지적 호기심과 인간 생활의 편리성의 추구 중 후자의 전형적인 예이다. 그러나 언어 치료라는 실용적인 목적을 달성하기 위해서는 언어학 및 관련 분야의 기초적 지식이 전제가 되어야 하고, 이것은 실용 이전에 언어에 대한 지적 호기심으로 인한 언어 연구의 결과임을 잊어서는 안 될 것이다.

영화 + 언어

연쇄살인을 소재로 한 영화가 많이 있다. 「살인의 추억」(2003)은 우리나라의 화성에서 일어났던 사건이 소재이고, 「추격자」(2008)은 보다 최근의 연쇄살인 사건이 소재가 되었다. 외국 영화 중에는 「세븐」(Seven, 1995), 「양들의 침묵」(Silence of the Lambs, 1991), 「드레스투킬」(Dressed to Kill, 1980) 같은 것들이 대표적이다. 이 영화들 속에서는 여자가 연쇄살인의 대상이다. 그러나 여자들만이 연쇄살인의 대상이 되는 것은 아니다. 흔한 경우는 아니지만 남자도 살인의 공포로부터 자유로울 수 없다. 「원초적 본능」(Basic Instinct, 1992), 「텔미썸딩」(1999) 같은 영화들에서 살인의 대상은 남자이다.

연쇄살인범 중에는 자신의 범행을 예고하면서 자기를 잡으려는 경찰과의 게임을 즐기는 자들이 있다. 「다크나이트」(Dark Knight, 2008)에서 배트맨과 대결하는 조커도 그러한 인물이다. 「카피캣」(Copycat, 1995)에서 살인범은 범죄심리학자에게 이메일을 보내어 살인을 예고한다. 편지나 전화를 이용하는 살인자도 있다. 이런 경우 언어를 분석하여 살인자를 찾아내는 것이 법언어학에서 할 일의 하나이다. 아직 지문처럼 범죄 수사에 많이 이용되지는 않지만 언어 분석 기술이 더 발달한다면 법언어학적 분석 기법이 실제 수사와 영화 속에 자주 등장하게 될 것이다. 실제로 「그놈 목소리」(2007)에는 범인의 목소리를 기계로 분석하려고 시도하는 장면이 나온다.

이 장에서는 언어 연구의 응용적 측면에 대하여 살펴보았다. 모국어 및 외국어의 교육과 언어들 사이의 번역, 문맹과 언어 장애의 치료, 나아가 맞춤법과 외래어 표기법 등 우리의 일상생활과 언어학은 밀접한 관련이 있다. 그래서 영화 제목을 빌려 이 장을 마무리하자면 … **"언어 생활의 발견"**(「생활의 발견」).

더 읽을거리와 유용한 사이트

고종석 (1999). 『감염된 언어』. 서울: 개마고원.
국립국어연구원 (2001). 『한국 어문 규정집』, 서울: 국립국어연구원.
네틀, 로레인 (2003). 『사라져가는 목소리들』, 김정화 역. 서울: 이제이북스.
박유희, 이경수, 차재은, 최경봉 (2003). 『쓰면서도 헷갈리는 우리말 오류사전』, 서울: 경당.

시정곤, 정주리, 장영준, 박영준, 최경봉 (2003). 『한국어가 사라진다면』. 서울: 한겨레신문사.

Aronoff, Mark and Janie Rees-Miller (eds.) (2001). *The Handbook of Linguistics*, Oxford: Blackwell Publishers.

국립국어원　http://www.korean.go.kr
에스아이엘(SIL)　http://www.sil.org
웹스터 법언어학 홈페이지　http://web.bham.ac.uk/forensic/

연습과 생각

1. 최근 한 달 사이에 일간지에 나온 언어 관련 기사 중 흥미로운 것에 대하여 요약하여 소개하시오.
2. 본인의 영어 학습 경험과 영어 학습 책략을 소개하시오.
3. 자신이 사용하는 로마자 이름을 쓰고, 현행 로마자 표기법과 일치하는지 검토하시오. 아울러 우리나라 주요 성씨에 대한 로마자 표기법을 제안하시오(힌트: 로마자 표기법을 그대로 적용할 경우 문제가 되는 성씨가 있음).
4. 다음 우리말을 로마자로 표기하시오.

    (1) 고려대학교　　　(2) 언어학과
    (3) 독립문　　　　　(4) 개 / 게 / 계
    (5) 최근　　　　　　(6) 또랑

5. 다음 영어 단어를 외래어 표기법에 맞게 적으시오.

    (1) something　　　(2) shell
    (3) Spanish　　　　(4) church
    (5) show　　　　　 (6) cat

6. 번역이 불가능한 우리말 예를 몇 개 제시하시오 그 이유를 설명하시오(힌트: 말놀이 등).
7. 협박범의 전화와 편지로부터 추정할 수 있는 범인의 특성은 무엇인가?

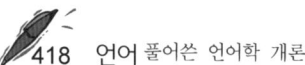

부록
언어와 논리: 형식의미론의 기초

1. 지시와 진리조건

의미를 지시(reference)의 관점에서 바라볼 수도 있고 심적 표상(mental representation)의 관점에서 바라볼 수도 있음을 제7장(언어의 의미)에서 설명하였다. 언어의 의미는 실제로 이러한 양면을 가지고 있지만, 의미 이론을 전개하는 데 있어서는 어느 한 쪽에 중심을 두게 된다. 지시의 관점에서 의미를 접근하는 방법은 철학과 논리학의 전통적 방법이다. 논리적 방법으로 언어 의미를 연구하는 것을 논리적 의미론 혹은 형식의미론(formal semantics)이라고 부른다. 여기서는 형식의미론의 기초적인 내용을 설명하면서, 언어의 논리적 특성을 살펴보고자 한다.

여기서 한 가지 독자에게 미리 알릴 것은 이 부분은 다른 장들에 비하여 수학과 논리학의 기호가 비교적 많이 나오며, 그 내용이 논리학에 익숙하지 않은 사람들에게는 다소 어려울 수 있다는 점이다. 언어학을 처음 접하는 사람들은 이 부분을 생략할 수도 있겠다. 이제 본격적인 논의를 시작해 보자.

논리적 의미 연구에서는 언어 표현의 지시체(referent)를 의미 기술의 출발점으로 삼는다. 이름과 같은 고유명사의 의미는 그 이름으로 불리는 세상의 사물이고, '자동차'와 같은 보통명사들은 그 말을 적용할 수 있는 사물들의 집합으로 파악한다. 그리고 문장의 의미는 진리치(truth value)라는 개념을 기반으로 파악한다.

진리치에 대하여 좀 더 생각해 보자. 문장이 세상의 어떤 물체(사물)를 가리킨다고 보기는 힘들지만, 우리가 어떤 문장의 의미를 안다면 그 문장이 세상의 모습에 비추어 참인지 거짓인지를 판단할 수 있다. 예를 들어 나는 '지금 날씨가 좋다'라는 한국어 문장의 의미를 알기 때문에 나는 나의 연구실 창밖에 비치는 햇살과 파란 하늘과 멀리 보이는 남산의 서울타워를 보고 이 문장이 참이라고 판단할 수 있다. 달리 말하자면 문장의 의미를 아는 것은 그것이 어떤 경우에 참인지 그리고 어떤 경우에 거짓인지를 아는 것을 포함한다. 따라서 문장의 의미를 기술할 때 가장 중요한 것이 그 진리조건(truth condition)의 기술이라는 것이 형식의미론의 입장이다. 이러한 의미에서 형식의미론을 진리조건적 의미론(truth conditional semantics)이라고 부르기도 한다.

진리조건은 문장 표현(혹은 문장 표현을 논리식으로 변환한 것)을 세상의 모습에 견주어 그것의 참과 거짓이 결정되게 하는 조건인데, 복잡다단한 실제 세상 자체를 놓고 그 조건을 제시할 수는 없다. 형식의미론에서는 세상 자체가 아닌 세상의 모형(model)을 도입하여 진리조건을 제시한다. 모형이란 언어 표현의 의미 기술, 즉 진리조건을 언급하기에 적합할 만큼 단순화, 추상화된 세상의 모습 혹은 형식적(수학적) 구조이다. 예를 들어 내가 나의 가족들에 관하여 말을 할 때, 수십억의 사람이 살고 있고 무수히 많은 일들이 일어나고 있는 세상 전부를 놓고 진리조건을 기술할 필요는 없다. 나를 비롯한 네 사람을 포함하고 이 네 사람에 관한 언어 기술(담화)과 관련된 사람들과 사물들만을 포함한 간략한 모형(model)으로 충분하다. 이런 의미에서 형식의미론은 모형이론적 의미론(model-theoretic semantics)이라고도 한다. 일반적으로, 그리고 여기서도, 다음과 같이 몇 가지 용어를 같은 것으로 이해한다.

▎형식의미론 = 논리적 의미론 = 진리조건적 의미론 = 모형이론적 의미론

형식의미론에서 논리 표현은 메타언어이다. 즉 사전과 같이 언어 표현의 의미를 그 언어로 제시하는 방법에서 필연적으로 발생하는 순환성을 극복하기 위해 도입되는 다른 종류의 언어이다. 그리고 논리를 메타언어로 채택하는 것의 장점은, 논리(논리학)가 고대로부터 연구되고 정련되어 옴으로써 지시를 기반으로 하는 논리식의 의미 해석에 관해 충분한 이해가 존재한다는 것이다. 고대 철학의 삼단논법에서부터 현대의 기호논리학까지 체계적인 사고를 위한 논리학의 연구

가 면면히 이어져 왔다.
　형식의미론에서 자연언어의 문장의 의미는 다음과 같은 단계로 분석된다.

> (1) 자연언어로부터 논리언어(논리표현)로의 번역
> (2) 수학적 모형의 수립과 제시
> (3) 논리표현과 모형의 대응을 확인하는 의미 해석 과정 명시

　형식의미론은 논리를 바탕으로 하고, 논리의 중심은 진리치이다. 논리식은 모형에 비추어 참이거나 거짓이다. 전제(presupposition) 문제를 다루는 방식에 따라 참과 거짓이 아닌 제3의 진리치를 인정하는 논리도 있지만 여기서는 참과 거짓만을 인정하는 논리에 대해서만 생각해 본다. 전제의 문제를 차치하고라도, 모든 문장이, 혹은 좀 더 세밀하게 말하자면 문장이 나타내는 명제가 참이 아니면 거짓이라는 가정은 어느 정도 문제점을 내포하고 있다. 우선 다음과 같은 비단언 문장은 참과 거짓을 논하기가 어렵다.

> 문을 열어라!
> 밥을 먹었습니까?

　직관적으로 명령문이나 의문문 같은 비단언 문장의 진리치가 무엇인지 알기 힘들지만, 현대의 형식의미론에서는 의문문의 의미를 그것에 대한 긍정적인 답변(단언문)과 관련시켜 제공하는 등 나름대로의 해결책을 가지고 있다.
　또 한 가지 문제가 될 만한 것은 전통적인 형식의미론에서는 어휘 의미의 모호성 때문에 진리치가 불분명한 문장들을 적절히 고려하지 않는다는 것이다. 다음 문장들을 살펴보자

> 현민이 키가 크다
> 그 발레리나가 아름답다

　키가 얼마나 되어야 크다고 할 수 있는지, 또 아름답다는 기준은 무엇인지에

따라 이 문장들의 진리치가 정해질 터인데, 그 판단이 어려울 수 있다. 형식의미론은 모형에서 모든 논리식은 어느 한 쪽으로 결정되어 참이거나 거짓이라는 입장인데, 실제 우리가 사용하는 '크다', '아름답다'의 의미의 모호성을 포착하지는 못한다. 형식의미론에서 어휘 의미가 별로 연구되지 못했지만, 근래에는 어휘 의미의 표상과 해석이 활발히 논의되고 있다. 6절에서 이 문제를 좀 더 논의할 것이다.

영화 ✚ 언어

영화 「아름다운 시절」(1998)은 한국 전쟁의 막바지 기간의 시골 마을의 모습을 보여준다. 미군을 따라다니면서 초콜릿을 얻어먹으려는 아이들의 모습, 그리고 생활고 때문에 미군에게 몸을 파는 엄마를 목격한 아이가 복수심에 미군을 살해하고 자신도 죽음을 당하게 되는 처절한 모습은 사실 보통 의미의 아름다움과 거리가 있다. 그러나 실은 보통 이해할 만한 뜻으로 쓰이는 '아름답다'라는 말 자체가 모호하다. '아름다운 소녀'는 외모가 아름답다는 것인가 혹은 마음씨가 아름답다는 것인가? 영어의 'beautiful dancer'는 아름답게 춤을 추는 사람을 말하는가 혹은 용모가 수려한 무용가를 말하는가? 혹은 영화 「킹콩」(2005)에서 거대한 고릴라가 여자에게 배우는 'beautiful'이라는 말은 그 동물에게 어떤 의미인가? 아름다움은 보통 시각적 이미지와 관련되지만 '아름다운 마음씨'와 '아름다운 추억'에서는 그렇지 않다. 다양한 의미를 가진 단어의 세계이다. 그리고 얼굴의 생김새라는 하나의 부분에 집중하더라도 어떻게 생겨야 아름답다는 말을 할 수 있는가? 결국 '아름답다'는 단어는 모호하다.

사실 언어가 모호한 것은 세상과 인생이 명쾌하지 않고 모호하기 때문인 것 같다. 영화 「질투는 나의 힘」(2002)에는 유부남인 잡지사 편집장과 여자 기자 그리고 남자 기자가 나온다. 편집장은 복잡한 여자관계를 가지지만 나름대로 인텔리이자 낭만주의자이다. "바람피우면서 아내에게 잘하는 남자가, 바람피우지 않고 아내에게 잘 못하는 남자보다 백배 낫다"라고 단언하는 편집장은 불확실성의 인생살이에서 명쾌한 나침반이다. 하숙집 처녀와의 결혼에 대해 고민하던 젊은이에게 편집장은 그녀를 사랑하는가를 묻는다. 머뭇거리는 젊은이에게 편집장은 그러면 결혼하지 말라는 명쾌한 지침을 내려준다.

편집장의 명쾌한 단언이 무엇인가 부조리하다는 느낌을 주는 것은 현실이 실제로는 그렇게 명쾌하지 않다는 것을 반증한다. 복잡한 여자관계에 대한 합리화와 상대방을 배려하지 않는 단순한 기준이 실제로 확실한 인생의 지침이 될 수는 없다. 어떻게 생각하면, 이 세상의 온갖 경구와 속담, 금언, 규칙은 복잡하고 불확실한 현실에 대한 명쾌하지만 과장된 단순화이다. 이러한 단순화를 통하여 인간은 불확실성 속에 매몰되지 않고 생존해 나가는지도 모른다. 결국 단순화는 생존을 위한 것이지만, 그 뒤에 숨은 상대성과 이중성의 진실이 없어지는 것은 아니다. 그저 일부러라도 눈을 감아 버릴 뿐이다.

2. 명제논리와 술어논리

명제논리

언어의 의미를 논리적인 방법으로 기술하기 위해서 도입할 수 있는 가장 단순한 형태는 명제논리(propositional logic)이다. 명제논리는 참과 거짓의 값을 갖는 기본 단위로서 명제(proposition)를 상정하고 그것에서 출발한다. 자연언어의 단순 문장에 대응하는 하나의 단순 명제는 그것이 세상의 모습과 일치하면 참, 그렇지 않으면 거짓이다. 그런데 자연언어는 단문들만으로 이루어져 있지 않으며 문장과 문장이 여러 가지 방식으로 결합한 복합문들도 많이 있다. 이러한 복합문의 진리치는 그것을 구성하는 단순문의 진리치에 따라 결정된다. 예를 들어,

(ㄱ) 현민이 똑똑하고 신애가 예쁘다.
(ㄴ) 현민이 똑똑하다.
(ㄷ) 신애가 예쁘다.

복합문 (ㄱ)은 그것을 구성하는 단문들 (ㄴ)과 (ㄷ) 모두가 참일 경우에 참이다. 이렇게 단문의 진리치를 바탕으로 복합문의 진리치가 결정되는 양상을 형식적으로 포착하는 논리가 명제논리이다. 그리고 명제논리의 원리에 맞게 그 형식과 의미 해석 절차가 주어지는 언어가 명제논리언어이다. 논리 언어는 일종의 언어로서, 그 언어에 속하는 올바른 표현 형식을 규정하는 통사부와 그 언어의 올바른 표현의 의미 해석 절차를 규정하는 의미부로 이루어져 있다. 마치 자연언어의 통사론과 의미론의 구분과 같은 것이다.

논리 언어의 통사부는 기본어휘와 형성규칙으로 구성된다. 자연언어의 어휘와 통사 규칙에 해당하는 것들이다. 형성규칙은 적형식(well-formed formula, 줄여서

wff)을 형성하는 규칙인데, 적형식은 자연언어의 (올바른) 문장에 해당하는 것으로서 그것을 의미적으로 해석하면 진리치를 얻는다. 구체적으로 어떤 명제논리언어 L1의 통사부는 다음과 같다.

> **명제논리언어 L1의 통사부**
> 기본어휘
>   (i) 명제 기호: p, q, r, ...
>   (ii) 논리적 연결어: ¬, ∧, ∨, →, ↔
> 형성규칙
>   (i) 명제 기호는 모두 적형식(wff)이다.
>   (ii) ф가 적형식이면 ¬ф도 적형식이다.
>   (iii) ф, ψ가 적형식이면 (ф∧ψ), (ф∨ψ), (ф→ψ), (ф↔ψ)도 적형식이다.
>   (iv) 위의 규칙들로 형성된 것 이외에는 적형식이 아니다.

형성규칙에서 '¬'는 부정(negation), '∧'는 연접(영어의 'and'에 해당), '∨'는 이접(영어의 'or'에 해당), '→'는 조건, '↔'는 쌍방향 조건을 나타낸다. 다음의 식(form)은 명제논리언어 L1의 통사부에서 생성할 수 있는 적형식들이다. 혼돈이 없을 경우 괄호는 생략할 수도 있다.

> p, q
> ¬p, ¬¬p, ¬¬¬p
> p∧q, ¬(p∧q)
> ¬(p∧q) → (p∨r)

예를 들어 적형식 '¬(p∧q)'은 자연언어의 다음 문장들에 대응한다. 혹은 달리 말하자면, 아래의 문장들을 이 적형식으로 번역할 수 있다.

> 하늘이 높고 바다가 깊은 것은 아니다.
> It is not the case that John likes Bill and Bill likes John.

영어 문장을 '¬(p∧q)'로 표현할 때, 'John likes Bill'이 'p', 'Bill likes John'이 'q'에 해당된다.

명제논리언어 L1의 각 적형식이 참 혹은 거짓임을 결정하기 위한 의미 해석 절차를 명시하는 의미부는 다음과 같다. 여기서 '~면-그리고-그때에만'이라는 것은 다소 어색한 우리말 표현인데, 논리학에서 사용하는 영어 표현 'if and only if'(줄여서 'iff')에 해당하는 말이다.

> **명제논리언어 L1의 의미부**
> (i) ¬φ는 φ가 거짓이면-그리고-그때에만 참이다.
> (ii) (φ∧ψ)는 φ, ψ 모두가 참이면-그리고-그때에만 참이다.
> (iii) (φ∨ψ)는 φ, ψ 둘 중 적어도 하나가 참이면-그리고-그때에만 참이다.
> (iv) (φ→ψ)는 φ가 참이고 ψ이 거짓이면 거짓이고, 다른 모든 경우에 참이다.
> (v) (φ↔ψ)는 φ, ψ 둘의 진리치가 같으면-그리고-그때에만 참이다.

이것을 다음과 같은 진리표(truth table)로 요약할 수 있다. 여기서 'T'는 참, 'F'는 거짓을 나타내는데, 'T' 대신 '1', 'F' 대신 '0'을 쓰기도 한다.

p	q	¬p	p∧q	p∨q	p→q	p↔q
T	T	F	T	T	T	T
T	F	F	F	T	F	F
F	T	T	F	T	T	F
F	F	T	F	F	T	T

자연언어와 관련하여 생각하면, (i)은 부정문의 진리조건이다. (ii)는 영어의 'and', 우리말의 '-고' 복합문의 경우이다. (iii)은 영어의 'or' 우리말의 '-거나' 구문에 대응한다. (iv)는 영어의 'if', 우리말의 '~면' 복합문에 대응한다. (v)는 수리논리적 정의에서 사용하는 'if and only if'(iff), 우리말의 '~면 그리고 그때에만'에 해당하는데, 이것들은 영어에서나 한국어에서나 일상적인 언어 표현은 아니다. (iv)와 관련된 자연언어 조건문의 예를 들면 다음과 같다.

> If it rains, it is cold.
> 비가 오면 춥다.

다음과 같이 명제논리언어로 번역이 가능하다.

> it rains ⇒ p
> it is cold ⇒ q
> If it rains, it is cold ⇒ p→q

술어논리

자연언어를 명제논리언어로 번역하여 의미를 기술하는 것은 자연언어의 의미 기술에 충분하지 않다. 단문들이 결합한 복합문의 의미를 명제논리의 부정, 연접, 이접, 조건(단방향, 양방향)의 진리조건을 이용하여 기술할 수 있지만 이 방법은 단문 자체의 의미에 대해서는 알려주는 바가 없다. 즉 하나의 단문을 명제논리언어의 명제 기호(p, q, r, …)에 대응시키는 것이, 자연언어의 문장(단문)의 의미가 그것을 구성하는 주어, 목적어, 술어 등 문장 성분들의 의미로부터 결정된다는 평범한 사실을 전혀 반영하지 못한다. 실제로 문장 성분의 의미로부터 문장의 의미가 결정되는 것을 보일 수 있는 논리적 방법이 술어논리(predicate logic)이다. 술어논리에서는 술어(predicate)와 논항(argument)이 구분되며, 이것들이 적절한 방식으로 결합한 형식을 (단순) 적형식으로 인정한다.

예를 들면, '몬태규는 남자이다'라는 문장을 술어논리로 표현해 보자.

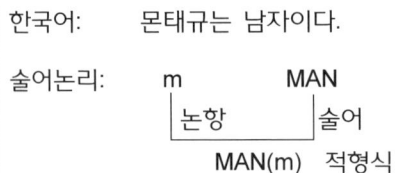

술어논리 표현 'MAN(m)'에서 'MAN'은 술어이고 'm'는 논항이다. 이것은 자연언어의 술어와 문장성분(주어)에 해당한다. 자연언어의 문장들 중에는 주어뿐 아니라 목적어가 있는 문장들도 있다. 술어논리에서도 두 개의 논항을 포함한 적형식이 가능하다.

> 한국어: 동우가 수애를 좋아한다.
> 술어논리: LIKE(d, s)

여기서 'd'는 동우, 's'은 수애에 대응하고 'LIKE'가 '좋아한다'에 대응한다.

술어논리는 단순 적형식들이 결합한 복합 적형식까지 포함하므로 명제논리에서 제시된 모든 형식이 가능하다. 따라서 다음과 같이 복잡한 자연언어의 표현도 술어논리로의 번역이 가능하다.

> 동우는 뛰지 않는다 ⇒ ¬RUN(d)
> 민수는 노래하고 동우는 춤춘다 ⇒ SING(m) ∧ DANCE(d)
> If James drinks, Susan gets angry ⇒ DRINK(j) → ANGRY(s)
> John loves Mary or Bill hates John ⇒ LOVE(j,m) ∨ HATE(b,j)

술어논리는 술어, 주어, 목적어 등 문장의 성분의 의미를 바탕으로 전체 문장의 의미가 결정되는 것을 포착해 줄 수 있을 뿐 아니라, 양화(quantification) 의미를 표상해 줄 있다는 장점도 있다. 이제 양화 현상에 대하여 알아보자.

우리는 어떤 하나의 개체가 어떻다고 진술할 수 있을 뿐 아니라 개체들에 관한 일반화된 진술을 할 수도 있다. 다음의 예들을 보자.

> 모든 사람이 죽는다.
> 어떤 학생이 노래하고 있다.
> Most students are happy.
> No boy is tall.

이러한 진술들은 어떤 특정한 개체에 관한 것이 아니다. 일종의 일반적인 진술이며, 내용적으로 양(quantity)과 관련이 되어 있다. 술어논리가 자연언어의 모든 양화 현상을 표상할 수는 없지만 그 일부를 적절히 다룰 수 있게 해 준다. 그것은 술어논리의 전칭양화사 '∀'와 특칭양화사 '∃'가 있어서 가능하다. 이 양화사들을 이용하여 다음과 같이 자연언어의 의미를 표상할 수 있다. 단, 임의의 개체를 가리킬 수 있는 'x, y' 등 변항의 사용도 필요하다.

(ㄱ) 모두가 죽는다 ⇒ ∀x[DIE(x)]
(ㄴ) 모든 여자가 예쁘다 ⇒ ∀x[WOMAN(x) → PRETTY(x)]
(ㄷ) 어떤 학생이 똑똑하다 (똑똑한 학생이 있다)
   ⇒ ∃x[STUDENT(x) ∧ CLEVER(x)]
(ㄹ) Bill likes a girl ⇒ ∃x[GIRL(x) ∧ LIKE(b,x)]

전칭양화사가 들어간 (ㄱ)의 논리식 '∀x[DIE(x)]'은 모든 개체가 죽는다는 것을, 그리고 (ㄴ)의 논리식은 모든 개체 각각에 대하여 만일 그것이 여자이면 그것은 예쁘다는 것을 표상한다. 특칭양화사 '∃'가 들어간 (ㄷ)의 논리식은 학생이면서 똑똑한 어떤 개체, 즉 똑똑한 학생이 (하나 이상) 존재한다는 것을, 그리고 (ㄹ)의 논리식은 소녀이며 빌이 좋아하는 대상인 어떤 개체가 존재한다는 것을 표상한다.

전칭양화사와 특칭양화사는 하나의 적형식 속에 같이 나타날 수도 있다. 이것은, 예를 들어, 다음과 같은 자연언어 표현을 논리식으로 표시할 때에 필요하다.

Everyone likes someone
(i) ⇒ ∀x∃y[LIKE(x,y)]
(ii) ⇒ ∃y∀x[LIKE(x,y)]

논리식에 양화사가 두 개 있을 때 그 순서에 따라 다른 의미로 해석된다. 즉 위의 (i)은 모든 사람이 각각 누군가를 좋아한다는 뜻이므로 모든 사람이 좋아하는 어떤 한 사람이 있을 필요는 없다. 반면에 (ii)는 모든 사람이 좋아하는 어떤 한 사람이 있다는 것을 의미한다. 말하자면 'Everyone likes someone'에서 나타나는 것과 같은 자연언어의 양화적 중의성을 술어논리에서 양화사의 순서를 통하여 명시적으로 드러낼 수 있다. 양화사들 사이의 순서는 그 작용역(scope)의 차이를 나타내므로 이것을 작용역 중의성(scope ambiguity)이라고도 한다.
　양화사와 부정(negation) 사이의 중의성도 양화사와 부정 기호 '⌐'의 순서, 즉 작용역의 차이로 명시적으로 표시할 수 있다.

> Everyone is not smart.
> (i)　⇒　∀x[⌐SMART(x)]
> (ii)　⇒　⌐∀x[SMART(x)]

즉, 술어논리의 표현이, 모든 사람 하나하나가 똑똑하지 않다(어리석다)는 전체부정의 뜻과 전부가 똑똑한 것은 아니라는 부분부정의 뜻 두 가지를 명시적으로 표상한다.
　술어논리언어의 통사부는 다음과 같이 정의된다(다른 방식으로 범주문법을 채택하기도 한다). 술어논리는 명제논리를 포함하므로, 앞에서 제시한 명제논리언어의 통사부가 포함된다.

> <u>술어논리언어 L2의 통사부</u>
> 기본어휘
> 　(i) 술어: MAN, SMART, TALL, SING, LIKE, HATE, GIVE ...
> 　(ii) 개체상항: m, j, s, d, ...
> 　(iii) 개체변항: x, y, z, ...
> 　(iv) 논리적 연결어: ⌐, ∧, ∨, →, ↔
> 　(v) 양화사: ∀, ∃
> 형성규칙
> 　(i) 술어 기호 α와 적절한 수의 개체항(상항, 변항) $t_1, t_2, ...t_n$이 결합한 $α(t_1, t_2, ...t_n)$은 적형식이다.
> 　(ii) φ가 적형식이면 ⌐φ도 적형식이다.
> 　(iii) φ, ψ가 적형식이면 (φ∧ψ), (φ∨ψ), (φ→ψ), (φ↔ψ)도 적형식이다.
> 　(iv) φ가 적형식이고 x가 변항이면 ∀x[φ], ∃x[φ]도 적형식이다.
> 　(v) 위의 규칙들로 형성된 것 이외에는 적형식이 아니다.

　형성규칙 (i)에 대하여 부연하자면, 이것은 자연언어의 단문에 해당하는 기본

적형식의 형식을 말하는데, 각 술어 기호는 그것과 결합할 수 있는 논항의 숫자가 정해져 있고 그것에 부합하는 술어와 논항의 결합만이 적형식이 된다는 것이다. 이것은 자연언어의 동사의 엄밀하위범주화에 해당한다. 예를 들어 위에 제시한 술어기호들이 'man, smart, tall, sing, like, hate, give'의 영어 표현과 대응하는 술어논리의 술어라고 가정한다면, 다음과 같은 적형식과 비적형식의 예들을 제시할 수 있다.

> 적형식: MAN(j), SMART(x), LIKE(d,y), GIVE(x,m,s)
> 비적형식: MAN(m,d), LIKE(s), GIVE(x,y,j,d)

앞에서, 논리적 의미론의 절차는 다음의 세 단계로 나누어 볼 수 있다고 하였다.

> (1) 자연언어로부터 논리언어(논리표현)로의 번역
> (2) 수학적 모형의 수립과 제시
> (3) 논리표현과 모형의 대응을 확인하는 의미 해석 과정 명시

지금까지 첫 번째 단계인 술어논리언어의 통사론과 자연언어에서 술어논리 표현으로의 번역 예를 제시하였다. 단, 논의를 단순화하기 위하여 번역의 결과만을 제시하였고, 번역하는 과정의 자세한 절차는 보이지 않았다. 이제 두 번째와 세 번째 단계인, 술어논리언어를 해석하기 위한 수학적 모형과 의미 해석의 절차에 관하여 살펴보자.

영화 ✚ 언어

수학자 존 내시에 관한 영화 「뷰티풀 마인드」(A Beautiful Mind, 2001)는 그가 정신분열증 속에서 고통 받는 모습과 함께 내시가 속한 수학자들의 세계를 살짝 보여 준다. 이 영화의 바탕이 된, 실비아 네이사가 쓴 존 내시의 전기는 그러한 고난과 극복의 과정 뿐 아니라 내시 주변의 수학자들의 세계를 훨씬 생생하고 세밀하게 보여 주었다. 추상적인 수와 기호의 세계에서 끊임없는 지적 탐구와 투쟁을 수행하는 그들은 아주 특별한 재능을 부여받은 사람들이다. 오늘날 언어의 의미를 논리적인 방법으로 기술하는 형식의미론은 프레게, 타르스키, 러셀, 비트겐슈타인, 몬태규 등 특별한 수학적 재능을 가진 사람들이 쌓아놓은 지적 탐구의 결실이다.

3. 모형과 의미 해석

어떤 술어논리언어의 의미부를 기술하기 위해서는 우선 그 언어의 기본 어휘(표현, 기호)와 관련된, 단순화하고 추상화한 세상의 모형(model)을 상정해야 한다. 구체적으로 모형은 담화에 관련된 개체들의 집합인 영역(domain of discourse) D와, 기본 표현(술어와 개체 상항)과 영역을 연결하는 표시의미 배당함수(denotation assignment function) F의 두 부분으로 구성되어 있다.

> 모형 M = <D, F>

영역 D는 술어논리의 표현으로써 언급하는 모든 개체의 집합이다. 표시의미 배당함수는 술어논리언어의 기본 술어와 개체상항이 영역과 어떻게 연결되는지를 보여주는 함수로서, 일반적으로 다음과 같은 제약이 있다.

> (i) 개체상항 δ는 영역 내의 어떤 개체에 연결된다. 즉, $F(\delta) \in D$.
> (ii) 술어 α는 이것이 일항술어일 경우 개체들의 집합, 이항술어일 경우 개체들의 순서쌍의 집합, 삼항술어일 경우 개체들의 3중순서쌍의 집합에 연결된다. 일반적으로 n-항 술어는 n-중순서쌍의 집합과 연결된다. 즉, 일항술어 α에 대하여 $F(\alpha) \subseteq D$, 이항술어 β에 대하여 $F(\beta) \subseteq D \times D$, 등.

여기서 D×D는 집합의 곱(Cartesian Product)을 나타내는데, 예를 들어 A={a, b}, B={1, 2, 3}일 경우, A×B={<a,1>, <a,2>, <a,3>, <b,1>, <b,2>, <b,3>}이다.

모형의 개념은 구체적인 대화 상황에서 사용되는 술어논리 표현과 관련하여 좀 더 쉽게 이해할 수 있다. 이제 우리는 1970년대를 풍미했던 전설적인 스웨덴의 팝 그룹 아바(ABBA)에 대하여 이야기해 보자. 아바는 Benny, Bjorn, Agnetha, Frida 네 명의 남녀 혼성 그룹으로 "Dancing Queen", "Waterloo", "Mamma Mia", "SOS", "Money, Money, Money", "Honey, Honey", "I have a Dream" 등 수많은 명곡을 불렀다.

아바에 대하여 말하기 위해 사용할 술어논리언어 L3를 정의해 보자. 술어논리언어 L3는 다음과 같은 개체상항과 술어를 가지고 있다. 나머지 부분은 L2의 통사부와 동일하다.

> **술어논리언어 L3의 통사부의 개체상항과 술어**
> 개체상항: b, j, a, f, m
> 술어: ABBA, FAN, SING, MAN, WOMAN, LIKE

이제 L3의 모형 M을 다음과 같이 상정할 수 있다. 대화의 영역에는 아바의 멤버들과 아바의 팬 Mo가 있다고 가정한다. 여기에 제시하는 모형은 실재 세계와 모든 면에서 일치하는 것은 아니다.

> **L3의 모형 M = <D, F>**
> D = {Benny, Bjorn, Agnetha, Frida, Mo}
> F(b) = Benny
> F(j) = Bjorn
> F(a) = Agnetha
> F(f) = Frida
> F(m) = Mo
> F(ABBA) = {Benny, Bjorn, Agnetha, Frida}
> F(FAN) = {Mo}
> F(SING) = {Agnetha, Frida}
> F(MAN) = {Benny, Bjorn}
> F(WOMAN) = {Agnetha, Frida}
> F(LIKE) = {<Benny, Agnetha>, <Bjorn, Frida>, <Frida, Benny>,
>   <Mo, Agnetha>, <Mo, Benny>, <Agnetha, Frida>}

이 모형은 아바의 멤버들 중 누가 남자이고 여자인지, 그리고 누가 노래를 하는지, 팬이 누구인지, 이 다섯 사람들 사이에서 누가 누구를 좋아하는지에 대한 설정이다. 이러한 모형을 바탕으로, 논리언어 L3의 적형식의 진리치를 판단할 수 있다. 일반적으로 술어논리의 의미론은 집합론을 기반으로 하므로, 진리 조건은 집합론적 개념을 사용하여 제시된다.

술어논리에서 적형식이 모형에 비추어 참인지 거짓인지를 결정하는 일반적인 절차는 다음과 같다. (어떤 표현 α의 의미(값)를 '$\|\alpha\|$'로 표시하도록 하자. 변항 및 양화 부분은 제외한 것이며, 이 논리 언어에 술어는 일항술어와 이항술어만 있다.)

> **술어논리언어 L3의 의미 해석 절차**
>
> **기본표현의 의미값**
>   개체상항 δ, 술어 α에 대하여, $\|\delta\| = F(\delta)$, $\|\alpha\| = F(\alpha)$.
>
> **의미규칙**
> (i) α가 일항술어이고 δ가 개체상항일 때, $\|\delta\| \in \|\alpha\|$이면-그리고-그때에만 $\|\alpha(\delta)\|$는 참이다.
> (ii) α가 이항술어이고 δ, κ가 개체상항일 때, $<\|\delta\|, \|\kappa\|> \in \|\alpha\|$이면-그리고-그때에만 $\|\alpha(\delta, \kappa)\|$는 참이다.
>
> (이하 명제논리 해석 절차와 같음)
> (iii) $\neg\phi$는 ϕ가 거짓이면-그리고-그때에만 참이다.
> (iv) $(\phi \land \psi)$는 ϕ, ψ 모두가 참이면-그리고-그때에만 참이다.
> (v) $(\phi \lor \psi)$는 ϕ, ψ 둘 중 적어도 하나가 참이면-그리고-그때에만 참이다.
> (vi) $(\phi \rightarrow \psi)$는 ϕ가 참이고 ψ이 거짓이면 거짓이고, 다른 모든 경우에 참이다.
> (vii) $(\phi \leftrightarrow \psi)$는 ϕ, ψ 둘의 진리치가 같으면-그리고-그때에만 참이다.

즉 일항술어와 개체상항이 결합한 적형식은 개체상항의 의미값인 개체가 일항술어의 의미값인 집합의 원소라는 것이 진리조건이고, 이항술어와 두 개의 개체상항이 결합한 적형식은 두 개체상항의 의미값인 두 개체들의 순서쌍이 이항술어의 의미값(집합)의 원소라는 것이 진리조건이다. 위 해석 절차에 양화 표현 해석 절차가 더 필요하나 생략하였다. 앞에서 이미 제시하였던 명제 논리를 반복하여 제시하였다.

이제 앞서 제시한 아바와 관련된 논리표현과 모형을 살펴보자. 다음과 같은 형식들은 L3의 통사규칙에 합당한 적형식들이다.

  (ㄱ) MAN(b)
  (ㄴ) WOMAN(j)
  (ㄷ) LIKE(a,f)
  (ㄹ) SING(a) ∧ FAN(f)

(ㄱ)의 의미값, 즉 진리치는 다음과 같이 얻는다.

‖MAN(b)‖는 ‖b‖ ∈ ‖MAN‖이면-그리고-그때에만 참이다. ‖b‖ = F(b) = Benny, ‖MAN‖ = F(MAN) = {Benny, Bjorn}이다. Benny ∈ {Benny, Bjorn}이므로 ‖b‖ ∈ ‖MAN‖. 따라서 ‖MAN(b)‖는 참이다.

(ㄴ)의 경우는 다음과 같다.

‖WOMAN(j)‖는 ‖j‖ ∈ ‖WOMAN‖이면-그리고-그때에만 참이다. ‖j‖ = F(j) = Bjorn, ‖WOMAN‖ = F(WOMAN) = {Agnetha, Frida}이다. Bjorn ∉ {Agnetha, Frida}이므로 ‖j‖ ∉ ‖WOMAN‖. 따라서 ‖WOMAN(j)‖는 참이 아니고 거짓이다.

(ㄷ)의 의미값은 다음과 같이 계산된다.

‖LIKE(a,f)‖는 <‖a‖, ‖f‖> ∈ ‖LIKE‖이면-그리고-그때에만 참이다. ‖a‖ = F(a) = Agnetha, ‖f‖ = F(f) = Frida, 그리고 ‖LIKE‖ = F(LIKE) = {<Benny, Agnetha>, <Bjorn, Frida>, <Frida, Benny>, <Mo, Agnetha>, <Mo, Benny>, <Agnetha, Frida>}이다. <Agnetha, Frida>가 실제 이 집합의 원소이므로 <‖a‖, ‖f‖> ∈ ‖LIKE‖. 따라서 ‖LIKE(a,f)‖는 참이다.

(ㄹ)은 연접된 두 단순문의 의미값 ‖SING(a)‖, ‖FAN(f)‖이 모두 참이어야 참이다. 각각을 같은 방법으로 계산하면 ‖SING(a)‖는 참, ‖FAN(f)‖는 거짓이다. 두 부

분이 모두 참인 경우가 아니므로 전체 ‖SING(a) ∧ FAN(f)‖는 거짓이다.

지금까지는 개체상항이 논항으로 있는 적형식들의 의미 해석에 대하여 설명하였다. 몇 개의 양화 표현에 대하여 살펴보자.

(ㅁ) MAN(x) ∧ SING(x)
(ㅂ) ∃x[MAN(x) ∧ SING(x)]
(ㅅ) ∀x[WOMAN(x) → SING(x)]

형식적인 술어논리체계에서 변항을 가진 표현들은 모형과 별도로 변항을 개체와 연결하는 변항배당함수 g에 의존한다. (ㅁ)에는 변항 x가 나오는데, 이것은 지시할당함수 F에 의해 값이 주어지지 않고 변항배당함수 g에 의해 주어진다. 그리고 양화표현은 이 배당함수 g를 기반으로 의미 해석이 정의된다. 본 개론서에서는 배당함수를 이용한 형식적 정의를 제공하지는 않지만 다음과 같이 대략적인 설명을 할 수 있다.

(ㅂ)은 ‖MAN(x)‖와 ‖SING(x)‖가 모두 참인 개체가 존재한다는 것을 표상한다. 모형에서 ‖MAN‖(={Benny, Bjorn}), ‖SING‖(={Agnetha, Frida}) 모두에 속하는 개체가 없으므로 (ㅂ)의 진리치는 거짓이다. (ㅅ)은 모든 개체에 대하여 그것이 ‖WOMAN‖에 속하면 ‖SING‖에도 속한다는 것이다. 모형에서 ‖WOMAN‖ 즉 {Agnetha, Frida}에 속하는 Agnetha와 Frida가 모두 ‖SING‖ 즉 {Agnetha, Frida}에 속하므로 (ㅅ)의 진리치는 참이다.

영화 + 언어

「트루먼 쇼」(The Truman Show, 1998)의 주인공 트루먼(짐 캐리)은 태어나면서부터 하나의 조작된, 작은, 세상의 모형(model) 속에 있다. 그는 그 작은 모형 속에서 성장하고 친구를 사귀고 결혼하고 직장에 다닌다. 이 모형은 24시간 TV를 통해 방송되는, 프로듀서가 만든 세계이다. 트루먼 이외의 모든 사람들, 심지어 트루먼의 부모와 아내까지도 모두가 배우들이다. 트루먼은 점차로 자신의 처지에 깨닫게 되고 결국 투쟁을 통하여, 안전이 보장되지만 자유가 없는 그 작은 모형의 세계에서 벗어나게 된다. 트루먼이 사는 세계는 실재 세계가 아니다. 실재 세계와 비슷한 모양으로 만든 작은 모형(model)이다. 형식의미론에서 언어학자가 세상의 모형을 설정하여 문장의 참과 거짓에 대해 말하듯이, 트루먼은 작은 모형의 세계에서 살아나가면서 역할을 수행한다. '트루먼은 부모를 존경한다'라는 말은 트루먼 쇼의 작은 모형 세계에서 참이지만, 바깥의 실재 세계에서는 참인지 거짓인지 알 수 없다.

4. 내포성

지금까지는 현재 혹은 어느 한 시점에서의 이 세상의 모습의 모형을 설정하고 그것에 비추어 논리식의 참과 거짓을 결정하였다. 이 방법은 다음과 같은 자연언어의 문장들을 논리식으로 번역하여 의미를 기술하는 것을 가능하게 한다.

> Benny is a man.
> Agnetha sings.
> Mo likes Frida.

그러나 실제 자연언어의 문장들의 의미를 기술하기 위해서 이러한 모형으로는 불충분하다. 우리가 언어로 현재의 이 세상에 대해서만 말하는 것이 아니기 때문이다. 어떤 언어 표현이 현재 이 세상에서 가리키는 지시체를 외연(extension), 그 이상의 의미를 내포(intension)라고 부르는 것을 고려하여 이러한 특성에 대해 내포성(intensionality)이라는 말을 사용한다. 자연언어 표현은 적어도 시제와 양상의 면에서 내포적이다. 우선 시제에 대하여 살펴보자.

시제와 시점

현재 일어나는 일만을 기술하는 언어는 없다. 과거에 일어난 일이나 미래에 일어날 일에 대해서도 사람들은 말을 한다.

> 동우가 웃었다.
> John laughed.

위 문장은 과거의 어느 시점에 문장으로 기술된 사건이 일어났다는 것을 의미한다. 즉, 지금 울고 있는 사람들이 누구인지 혹은 지금 누가 웃고 있는지를 아는 것은 이 문장들이 참인지 거짓인지를 판단하는데 도움이 되지 못한다. 과거의 어느 시점에서 웃는 사람들의 집합과 우는 사람들의 집합이 필요하다. 따라서 술어논리의 모형은 영역과 표시의미 배당함수와 더불어 시간의 고려가 필요하다. 시간을 고려한 논리를 시제논리(tense logic)라고 하며 모형에 시점(point of time)의 집합과 시점들의 순서가 추가된다. 혹은 시점 대신 시구간(interval)이 도입되기도 한다.

> 시제논리의 모형 M = <D, F, T, ≪>
> D: 개체들의 집합
> F: 표시의미 배당함수
> T: 시점의 집합
> ≪: 시점들 사이의 순서 (시점들의 순서쌍의 집합)

이 모형에서 표시의미 배당함수는 각 시점에서의 기본 표현의 외연을 제공한다. 술어논리에서는 과거를 표시하는 기호 P와 미래를 표시하는 기호 F가 적형식 앞에 쓰일 수 있다. 앞의 과거 시제 문장들은 다음과 같은 논리식으로 변역된다.

> 동우가 울었다 ⇒ P[CRY(d)]
> John laughed ⇒ P[LAUGH(j)]

여기서 과거 표지(운용소) P의 역할은, 이 표지를 뺀 나머지 부분의 논리식의 진리치가 참인 과거의 어떤 시점이 존재한다는 의미를 표상한다는 것이다. 이것은 다음과 같은 시제논리의 의미 해석 규칙으로 포착된다. 단, 시제논리의 식은 어떤 시점 t에서 해석되어야 하며 이것을 ‖ ‖^{t}로 표시한다.

> (과거) ‖Pφ‖^{t}는, ‖φ‖$^{t'}$이 참인, t에 앞서는 어떤 시점 t'이 있으면-그리고-그 때에만 참이다.

> (미래) $\|F\phi\|^t$는, $\|\phi\|^{t'}$이 참인, t보다 뒤에 오는 어떤 시점 t'이 있으면-그리고-그때에만 참이다.

예를 들어, 현재(발화) 시점 t에서 'P[LAUGH(j)]'의 진리치는 'LAUGH(j)'의 진리치가 참이 되는, t의 앞에 오는 어느 시점이 있는가 그렇지 않은가에 달려 있다.

양상과 가능세계

자연언어의 의미를 기술하기 위한 모형에 시점을 더한다고 해도 다음과 같은 가능성의 양상을 진술하는 문장의 의미를 기술할 수 없다.

> 동수가 가수가 되었을 수도 있다.
> 음수의 제곱은 반드시 양수이다.

이러한 문장들은 현재의 세계만 고려하여서는 그 참, 거짓을 논할 수 없다. 이 세계에서 동수가 가수가 아니더라도 그러한 상황이 있을 수 있다는 가능성을 표현할 수 있다. 즉 이 문장의 참과 거짓이 현 세계에서 동수가 가수인지 아닌지에 따라 결정되지 않는다.

또한 이 세계에서뿐 아니라 우리가 이해할 수 있는 모든 세계에서 필연적으로 음수의 제곱은 양수라고 말할 수도 있다. 이렇게 가능성 및 필연성을 언어로 표현하는 것이 양상이고, 양상을 논리에 반영한 것이 양상논리(modal logic)이다. 양상(modality) 표현이 들어간 문장들이 참인지 거짓인지 결정하기 위해서는 현실세계뿐 아니라 가능한 모든 세계를 고려해야 한다. 따라서 양상논리는 가능세계(possible world)를 도입한다. 이러한 의미에서 양상논리의 의미론은 가능세계의 미론이다.

시제논리가 시점들의 집합을 모형에 도입하는 것과 마찬가지로 양상논리는 가능세계의 집합을 모형에 도입하며, 표시의미 배당함수는 기본표현의 지시체를 각 세계에 따로따로 제공하여야 한다. 그리고 양상논리는 필연성을 나타내는 기호 '□'와 가능성을 나타내는 기호 '◇'을 도입한다. 자연언어 표현의 번역 예를 보이면 다음과 같다.

> Necessarily, John is smart ⇒ □[SMART(j)]
> Possibly, John is smart ⇒ ◇[SMART(j)]

논리식 '□[SMART(j)]'의 진리치는 양상기호 '□'을 제외한 나머지 부분이 모든 가능세계에서 참인지 아닌지에 따라 결정되고, 논리식 ◇[SMART(j)]의 진리치는 '◇'을 제외한 나머지 부분이 적어도 하나의 가능세계에서 참인지 그렇지 않은지에 따라 결정된다. 양상논리의 모형과 의미 해석규칙을 형식적으로 표현하자면 다음과 같다.

> 양상논리의 모형 M = <D, F, W>
>   D: 개체들의 집합
>   F: 표시의미 배당함수
>   W: 가능세계의 집합
>
> (i) $\|\Box\phi\|^W$ 는, W에 속하는 모든 세계 w'에 대하여 $\|\phi\|^{w'}$ 이 참이면-그리고-그때에만 참이다.
> (ii) $\|\Diamond\phi\|^W$ 는, $\|\phi\|^{w'}$ 이 참인, W에 속하는 세계 w'가 적어도 하나 있으면-그리고-그때에만 참이다.

달리 말하자면, 양상논리에서 필연성은 모든 가능세계에서의 참으로, 그리고 가능성은 적어도 하나의 가능세계에서의 참으로 환원된다.

자연언어에는 여러 가지 다양한 종류의 필연성과 가능성을 나타내는 표현들이 많이 있다. 앞에 제시한 것들을 빼고도 다음과 같은 것들이 있다.

> 틀림없이 신애가 갔을 것이다.
> 아마도 현민이 갔을 것이다.
> 동우가 갔겠다.
> 동우가 가야만 한다.

> 동우가 가도 된다.
> 사람은 부모를 공경해야 한다.

'부모를 공경해야 한다' 같은 표현은 도덕적인 관점에서의 필연성을 나타내는 의무적 양상(deontic modality)을 보인다. 의무적 필연성의 경우 모든 가능세계에서의 참을 나타내는 필연성이 아니라, 도덕적으로 바람직한 모든 가능세계의 참이라는 상대적 필연성으로 설명할 수 있다.

영화 + 언어

가능세계(possible world)를 우리는 늘 생각하고 언어로 표현한다. 어떤 영화들은 두 가지의 가능한 세계를 명시적으로 보여 준다. 「슬라이딩 도어스」(Sliding Doors, 1998)가 바로 그런 영화이다. 이 영화에서, 회사에서 해고당한 헬렌이 힘없이 집으로 향할 때 지하철의 문이 닫히려고 한다. 그녀가 닫히는 문을 비집고 지하철을 탈 경우와 반대의 경우를 영화는 번갈아 보여 준다. 지하철을 탔을 경우, 집에 일찍 온 헬렌은 남편의 부정을 목격하게 되고 지하철에서 만난 남자와의 새로운 사귐을 시작한다. 반대의 경우, 헬렌은 남편의 부정을 알지 못하게 되고 새로운 남자와의 사귐도 없다. 두 개의 가능세계들인 셈이다. 우리가 일상에서 매일 경험하는 지하철 문의 열림과 닫힘이 우리를 수많은 가능세계들 가운데 하나 속에 살게 함을 새삼 깨닫는다.

역사상의 사실을 반대로 가정하여("What if ...") 실재 세계와는 다른 가능세계를 그리는 영화들도 있다. 「2009 로스트 메모리즈」(2002)는 1909년, 안중근 의사의 이토히로부미 저격 실패, 그리고 그 후 이차 대전에서의 일본의 승리 등, 실제 역사적 사실에 대한 반대의 가정 속의 세계를 그린다. 일본과 조선의 합병 후 100년이 지난 2009년 한국은 존재하지 않는다. 그리고 그 사회의 언어는 일본어이지만, 조선계 사람들은 자신들끼리는 한국어를 사용하는 것으로 나온다.

세계의 역사를 보면, 지배자의 언어가 피지배자의 언어를 대치한 경우가 많다. 중남미를 정복했던 스페인과 포르투갈의 언어가 결국 오늘날 그 지역의 모국어로 굳어진 것이 대표적이다.

일본의 한국 점령의 기간은 36년으로 비교적 짧다. 그 정도의 기간 동안 아무리 강압적인 정책을 쓴다고 하더라도 하나의 언어를 말살시킬 수는 없다. 그러나 "만일에" 그 점령의 기간이 100년, 200년이 되어 간다면, 한국어가 점차 사라질 가능성도 있을 것이다. 스페인어가 몰아낸 잉카 제국의 언어들처럼, 그리고 역사에 나타나지 않는 수많은 패자들의 언어들처럼 말이다. 혹은 전쟁과 점령을 통한 강압적인 방법이 아니더라도, 「한국어가 사라진다면」(2003)의 저자들이 다소 과장되게 상상했듯이, 영어의 공용화가 한국어를 사라지게 할지도 모른다. 한국어가 사라진 가능세계가 있는 이상, "한국어가 사라질 수도 있다"라는 말은 참이다.

5. 양화

앞에서 제시하였던 술어논리는 좀 더 세밀하게 말하자면 제일차 술어논리(first order predicate logic)이다. 지시체의 가장 단순한 차원인 개체를 나타내는 변항을 사용하여 개체들에 관한 양화표현을 제공한다. 개체들의 집합을 나타내는 변항과 개체들의 집합들에 대한 양화표현을 제공한다면 그것은 제이차 술어논리이다. 일차술어논리든 이차술어논리든 술어논리는 전칭양화사와 특칭양화사 두 개만을 사용한다. 이것들을 사용하여 다음과 같은 문장의 작용역 중의성을 명시적으로 표시할 수 있게 만드는 장점이 있다는 것은 앞에서 언급하였다.

> Everyone likes someone.
> (i) ⇒ $\forall x \exists y[LIKE(x,y)]$
> (ii) ⇒ $\exists y \forall x[LIKE(x,y)]$

그러나 술어논리의 양화 표현은 한계가 있다. 자연언어에는 전칭양화사나 특칭양화사로 표상할 수 없는 양화표현들이 많이 있다.

> 많은 학생들이 똑똑하다.
> 열 명의 학생들이 찾아왔다.
> 적어도 열명의 학생들이 떠났다.

이러한 양화 표현들을 위해 새로운 양화사를 도입하여 해결할 방법이 있을 수도 있으나 다음과 같은 문장은 술어논리의 근본적 한계를 드러낸다.

> 대부분의 학생이 똑똑하다.
> Most students are smart.

'most'에 해당하는 'M'이라는 새로운 양화사를 도입하여 이 문장들을 술어논리 표현으로 번역한다고 가정해 보자. 다음과 같은 형식이 가능할 것이다.

> Mx[STUDENT(x) ? SMART(x)]

여기서 ?가 어떤 연결사인지가 문제이다. ? 대신에 술어논리에서 제공하는 모든 연결사를 넣어 보자.

> (ㄱ) Mx[STUDENT(x) ∧ SMART(x)]
> (ㄴ) Mx[STUDENT(x) ∨ SMART(x)]
> (ㄷ) Mx[STUDENT(x) → SMART(x)]
> (ㄹ) Mx[STUDENT(x) ↔ SMART(x)]

(ㄱ)은 대부분의 개체가 학생이고 똑똑하다는 뜻이고 (ㄴ)은 대부분의 개체가 학생이거나 똑똑하다는 뜻이니 둘 다 원래 문장이 의도하는 의미가 아니다. (ㄷ)은 대부분의 개체에 대하여 그것이 학생이면 그것은 똑똑하다는 뜻이다. 학생 수가 5명이고 전체 개체가 100개인 모델에서, 실제로 똑똑한 학생이 몇 명이든지 상관없이, (ㄷ)의 진리치는 참일 수밖에 없다. 5명을 제외한 95 개체 x에 대하여 STUDENT(x)가 거짓이니 [STUDENT(x) → SMART(x)]가 참다. 5명의 학생들 중 똑똑한 학생이 1명만 있거나 혹은 전혀 없어도 '대부분의 학생이 똑똑하다'가 참이라는 잘못된 의미이다. 따라서 (ㄷ)은 우리가 원하는 의미 표상이 아니다. (ㄹ)은 대부분의 개체에 대하여 그것이 학생이면서 똑똑하든지 혹은 학생이 아니면서 똑똑하지 않다는 뜻이다. 이것도 우리가 원하는 뜻은 아니다. 결론적으로 '대부분의' 혹은 'most'와 같은 양화 표현을 술어논리로 표시할 방법은 없다.

술어논리를 극복하여 자연언어의 다양한 양화 표현의 의미를 포착하기 위하여 제시된 논리적 방법이 일반양화사(generalized quantifier) 이론이다. 이 이론은 양화 의미를 두 개의 술어 의미 사이의 관계로 파악한다. 실제로 술어 의미는 개체들의 집합이므로 양화 의미는 집합들 사이의 관계이다. 예를 들어, '모든 학생이 똑똑하다'의 의미를 학생의 집합과 똑똑한 개체의 집합 사이의 관계로 파악하여

'EVERY(STUDENT)(SMART)'와 같이 표상하고 이것이 학생의 집합이 똑똑한 개체의 집합의 부분집합임을 나타낸다고 해석한다.

몇 가지 예를 들면 다음과 같다.

> Every student is smart. ⇒ EVERY(STUDENT)(SMART)
> Some students are smart. ⇒ SOME(STUDENT)(SMART)
> No student is smart. ⇒ NO(STUDENT)(SMART)
> Most students are smart. ⇒ MOST(STUDENT)(SMART)
> 정확히 열 명의 학생들이 똑똑하다. ⇒ 10(STUDENT)(SMART)

위의 각 양화사에 대한 의미 해석은 다음과 같다('참'이라는 말 대신 '1', '~면 -그리고-그때에만' 대신에 'iff'를 사용하였다).

> 아래 모두의 경우에 A = $\|\alpha\|$, B = $\|\beta\|$이다.
> (ㄱ) $\|EVERY(\alpha)(\beta)\|$ = 1 iff A ⊆ B
> (ㄴ) $\|SOME(\alpha)(\beta)\|$ = 1 iff A ∩ B ≠ ∅
> (ㄷ) $\|NO(\alpha)(\beta)\|$ = 1 iff A ∩ B = ∅
> (ㄹ) $\|MOST(\alpha)(\beta)\|$ = 1 iff |A ∩ B| > 1/2 × |A|,
>   단 |X|는 집합 X의 원소의 개수.
> (ㅁ) $\|10(\alpha)(\beta)\|$ = 1 iff |A ∩ B| = 10.

(ㄱ)은 두 집합이 부분집합의 관계에 있다는 것을 의미한다. (ㄴ)은 두 집합의 중첩 부분이 존재한다는 것을, (ㄷ)은 중첩 부분이 없다는 것을 의미한다. (ㄹ)은 집합 A의 원소들 중 반 이상이 동시에 집합 B의 원소들이라는 조건, 즉 중첩 부분이 A의 반 이상을 차지한다는 조건이다. (ㄹ)이 참이면 당연히 (ㄴ)도 참이다. (ㅁ)은 두 집합이 정확히 10개의 공유 원소를 가진다는 조건이다. (ㄱ)~(ㄹ)의 조건들을 그림으로 표시하면 다음과 같다.

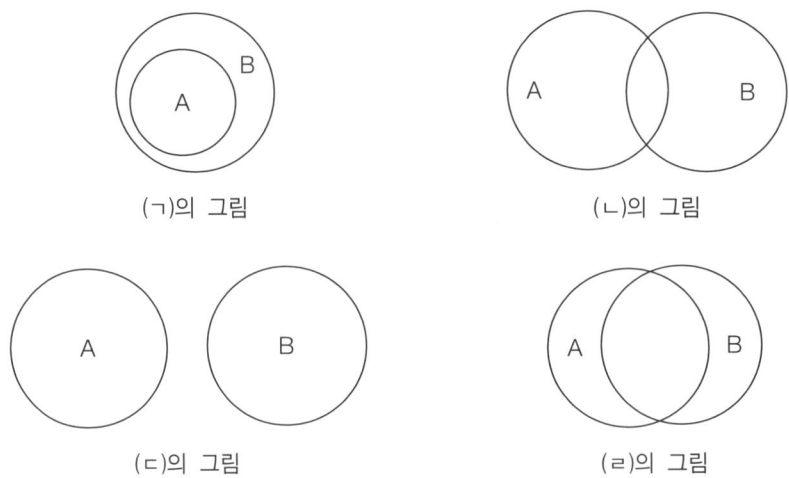

(ㄱ)의 그림   (ㄴ)의 그림

(ㄷ)의 그림   (ㄹ)의 그림

 (ㄱ), (ㄴ), (ㄷ)의 조건들은 술어논리에서 '∀'와 'ㅋ'을 이용하여 양화 의미를 표상하고 해석한 것과 일치한다. (ㄹ)은 술어논리에서 그 표상이 불가능하였던 양화 의미의 조건을 제시한 것이다.

영화 + 언어

 영화 「어디선가 누군가에 무슨 일이 생기면 틀림없이 나타난다, 홍반장」(2004)의 가장 인상적인 부분은 그 긴 제목이다. 그리고 이 제목은 의미론적으로 살펴볼 만한 것이다. 우선 '어디선가', '누군가에', '무슨 일이'는 모두가 특칭적(existential) 양화 표현으로, '모든 곳에서', '모든 사람에게', '모든 일이'와 같은 전칭적(universal) 양화 표현과 대립된다. 우리말에서 일반적으로 특칭적 표현은 의문 표현으로 쓰일 수도 있다. 예를 들어, '누구'는 '너 누구를 좋아하니?'라는 의문문에서는 의문사이고 '나 누구를 좋아해'에서는 특칭적 표현이다. 단, 의문문에서도 억양에 따라 특칭적으로 해석될 수 있는데, 'Who do you like?'의 의미가 아닌 'Do you like anybody?'의 뜻일 경우이다. '무슨 일이'도 '무슨 일이 일어났니?'에서 의문사와 특칭 양화 표현 두 가지로 쓰일 수 있고, '무슨 일이 일어났다'에서 특칭적으로 쓰일 수 있다. 그러나 '어디선가'와 '누군가에'와 같이 '인가/ㄴ가'가 붙으면 의문문에서도 특칭적인 해석만이 가능하다. 즉 '너 누군가를 좋아하니?'가 'Who do you like?'의 뜻일 수는 없다.
 또한 이 긴 영화 제목은 특칭 양화 표현이 조건문에 나타나면서 전칭적 의미로 해석되는 흥미로운 양화 의미 현상을 보여 준다. 좀 더 간단한 예로서, '영수는 누구인가 만났다'의 '누구인가'는 특칭적으로 해석된다. 즉 영수가 만난 사람이 있다는 뜻이다. 그런데 '영수는 누구인가 만나면, (반드시) 악수를 한다'라는 조건문은 영수가 만나는 모든 사람과 악수를 한다는 뜻으로 전칭적인 해석이다. 이러한 의미 현상에 대한 설명을 위한 여러 가지 의미 이론이 있으나 여기서 상술하지는 않는다.

결국 영화의 제목의 여러 가지 특칭 표현은 전칭적으로 해석되어, 제목을 다음과 같이 풀어서 표현할 수도 있다. "모든 곳에서, 모든 사람들에게 생기는 모든 일을 해결하기 위해 홍반장이 틀림없이 나타난다." 유비쿼터스(ubiquitous) 홍반장!

6. 단어의 의미

지금까지 논리적 방법을 이용한 의미 연구 방법인 형식의미론의 기초적인 내용에 대하여 설명하였다. 형식의미론은 의미를 지시의 관점에서 보며, 의미 기술 방법으로 모형을 설정하고 집합론에 입각하여 진리조건을 제시하는 연구 방법이다. 그런데, 이러한 방법이 단어의 의미를 기반으로 전체 문장의 의미가 결정되는 과정을 명시적으로 보여주지만, 정작 단어의 의미에 대해서는 많은 것을 말해 주지 않는다. 술어논리의 술어 표현들은 모형에서 개체의 집합으로 결정되어 있지만, 이 집합이 어떤 것인가에 대한 아무런 제약이 없다. 앞의 ABBA와 관련된 모형 M을 상기해 보자. 이 모형에서 술어 표현 'SING, MAN, WOMAN'은 다음과 같이 정의되어 있다(F는 표시의미 배당함수).

F(SING) = {Agnetha, Frida}
F(MAN) = {Benny, Bjorn}
F(WOMAN) = {Agnetha, Frida}

다음과 같이 표시의미 배당함수의 값을 달리하여 조금 다른 모형 M'을 설정한다고 해 보자.

F(SING) = {Agnetha, Frida}
F(MAN) = {Benny, Bjorn}
F(WOMAN) = {Agnetha, Frida, Benny}

모형의 유일한 변화는 술어 'WOMAN'의 지시체에 Benny를 더한 것이다. 이렇게 변형된 모형은 술어논리의 일반적 틀에 벗어나지 않는다. 술어가 실제로 모형에서 어떤 값을 갖는가에 대한 제약이 없기 때문이다. 우리의 의도가 영어의 'man'을 술어논리언어의 'MAN', 'woman'을 'WOMAN'에 대응시키는 것이라면 이러한 모델은 문제가 있다. 왜냐하면 Benny가 남자인 동시에 여자이기 때문이다. 어떤 사람이 남자라면 그는 여자일 수 없으며, 반대로 어떤 사람이 여자라면 그는 남자가 아니다. (단, 뮤지컬 영화 「록키 호러 픽쳐 쇼」(Rocky Horror Picture Show, 1975)의 양성 외계인은 논외로 하자.) 술어논리 표현 'MAN'과 'WOMAN'의 값이 이러한 영어 단어들 사이의 제약 관계를 반영하게 하는 것이 다음과 같은 의미공준(meaning postulate)이다.

▎ □∀x[MAN(x) → ¬WOMAN(x)]

　이것은 어떤 개체 x가 MAN이면 그것이 동시에 WOMAN일 수 없음을 진술한 것이다. 모든 가능한 세계에서 이 제약이 적용된다는 것이 필연 기호 □로 표시된다. 이러한 제약은 술어논리언어가 가질 수 있는 모형에 제약을 가한다. 앞에서 본 바와 같이 Benny가 MAN과 WOMAN의 값(집합)에 모두 속하는 모형은 위의 의미공준을 준수하는 모형이 아니다.

　다시 말하자면, 자연언어에서 단어 의미들 사이의 관계를 술어논리의 의미공준으로 포착할 수 있다. 영어의 단어들 'dog, animal, parent, child' 사이의 의미 관계, 혹은 우리말 단어들 '개'와 '동물', 그리고 '부모'와 '자식' 사이의 의미 관계를 술어논리에서 포착하는 것이 다음의 의미공준들이다.

▎ □∀x[DOG(x) → ANIMAL(x)]
　 □∀x∀y[[PARENT(x,y)) ↔ CHILD(y,x)]]

　의미공준이 어휘관계를 포착해 줌으로써 단어의 의미를 이해하고 기술하는데 기여를 하는 것은 확실하지만, 실제 자연언어의 다양하고 모호한 의미들을 기술하는 데에는 한계가 있다. 예를 들어 단어들 사이의 동의성을 의미공준으로 표현할 수 있다고 하지만, 실제 자연언어의 단어들은 미세한 차이들이 있는 유의적 관계에 있다고 볼 때, 그러한 세밀한 의미와 용법의 공통점과 차이점을 논리식과 의미공준으로 반영하는 데에는 한계가 있다.

아울러, '아름답다' 등 언어 표현의 모호성 때문에, 논리를 이용하여 참과 거짓을 명확하게 구분하여 제시하는 형식의미론에 취약한 부분이 있다는 것을 앞에서 언급하였다. 이러한 문제의 근저는 결국 단어의 의미 문제이다.

단어 의미는 때로 아주 미세하게 다의적일 수 있다. 예를 들어, 다음 두 문장에 쓰인 '문'의 지시체는 다르다.

> 사람이 문으로 들어갔다.
> 문은 파란 색이었다.

파란 색의 문은 색깔이 칠해져 있는 문짝을 가리키지만, 사람이 문으로 들어갈 때에 문짝을 뚫고 들어가지는 않으니 '문으로 들어갔다'의 '문'은 문틀 사이의 공간을 말한다.

또, 단어의 의미가 창조적으로 확장될 수도 있다.

> 현민이 그 책을 읽기 시작했다.
> 현민이 그 책을 시작했다.

보통 '시작하다'는 어떤 사건이 일어나게 하는 것을 말하므로 '그 책을 읽기 시작하다'와 같이 동사적 표현을 목적어로 취한다. 하지만 '그 책을 시작하다'와 같은 표현도 쓰일 수 있다. 이때 그 의미는 책을 읽기 시작한다는 의미가 강하지만, 만일 문장의 주체인 현민이 유명한 소설가라면 그 소설책을 쓰기 시작한다는 의미도 될 수 있다. '책'이라는 명사가 이것과 관련된 '책을 읽기' 혹은 '책을 쓰기'의 의미도 가질 수 있다는 것은 단어의 의미의 유연성과 창조성을 보여준다. 이제까지 의미 기술의 논리적 방법은 이러한 유연성과 창조성을 포착해 주지 못했으므로 논리적 방법의 한계라고 할 수 있다. 그러나 이 문제는 반드시 형식의미론만의 문제는 아닐 수도 있다. 근래의 생성어휘부(generative lexicon) 이론이 이러한 문제들을 다루는데, 그 연구 성과를 기대해 본다.

이 부록 부분에서는 언어 의미를 논리적, 형식적으로 분석하는 기초적인 방법을 살펴보았다. 명제논리와 술어논리가 기초가 되는 이러한 방법에서 가장 중요한 개념은 참과 거짓의 진리치이다. 논리적 방법은 양화, 양상 등 많은 언어 현상을 엄밀하고 명시적으로 설명하지만, 자연언어에는 논리적 방법이 쉽게 포착할 수 없는 모호성과 유연성이 있다. 그래서 영화 제목을 빌려 이 부분을 마무리하자면 … "(언어는) 논리의 모호한 대상"(「욕망의 모호한 대상」).

영화 ✚ 언어

형식의미론에서는 단어의 의미를 그것의 지시체로 환원함으로써, 언어의 의미를 언어로 정의하는 순환성에서 벗어났으나, 단어들의 미세한 의미 차이를 포착하지는 못한다. 영화제목에 나타나는 외래어와 유사한 우리말 단어들 중 어떤 것이 제목으로 가장 적절할까를 생각해 볼 때가 있다. 물론 영화의 내용을 충실히 반영하는 것을 고려하면서 말이다.

스파이가 나오는, '스파이'가 영화 제목에 나타나는 영화들이 있다. 「스파이 게임」(Spy Game, 2001)은 미국 CIA의 두 요원 사이의 30년 간에 걸친 협력과 결별의 여정을 베트남, 중동, 동유럽을 배경으로 보여 주는, 근래에는 별로 많지 않은 고전적인 스파이 영화이다. 사실 스파이 영화는 과거 냉전 시대 영화의 단골 소재였다. 「추운 나라에서 온 스파이」(The Spy Who Came From the Cold, 1965)에서 버버리 코트에 파묻힌 리처드 버튼의 모습, 「제3의 사나이」(The Third Man, 1949)의 마지막 장면에서 낙엽이 떨어지는 길에 서 있는 조셉 코튼의 곁을 냉정하게 지나쳐 지나가는 여인의 모습이 인상적이었다.

'스파이'(spy)의 우리말은 '간첩'이다. 그런데, '간첩'이나 '공작원' 같은 말은 남북 대치 상황의 우리나라에서 쓰이는 것이 자연스럽고, 같은 뜻의 '첩자'나 '밀정'은 사극에나 나올 법한 말인 것 같다. 그것들에 비해 스파이는 냉전 시대의 유럽을 배경으로 사용되는 것이 어울린다. 서로 비슷한 뜻의 단어들이 실제로는 그 사용 환경이 다르다는 것을 보여 준다. 고려 시대 배경의 사극에서 '공작원을 잡았습니다' 혹은 '스파이를 잡았습니다'라는 대사가 있다고 상상해 보라. '추운 나라에서 온 간첩'이라고 영화 제목을 바꾸면 이상하다. 완전히 대치가 자유로운 동의어는 거의 없다는 것을 보여 준다. 아울러 미세한 단어의 의미 차이를 다루지 못하는 형식의미론의 한계를 느끼게 한다.

더 읽을거리와 유용한 사이트

강범모 (2001). 『범주문법: 한국어의 형태론, 통사론, 타입논리적 의미론』. 서울: 고려대학교 민족문화연구원.

강범모, 남승호 외 (1999). 『형식의미론과 한국어 기술』. 서울: 한신문화사.

이익환 (2002). 『영어의미론』, 수정 재판(초판 2000). 서울: 한국문화사.

Dowty, David, Robert E. Wall, and S. Peters (1981). *Introduction to Montague Semantics*, D. Reidel, Dordrecht.

Partee, Barbara H., Alice ter Meulen, and Robert E. Wall (1990). *Mathematical Methods in Linguistics*, Kluwer Academic Publishers, Dordrecht.

의미론 아카이브 http://semanticsarchive.net/

참고 문헌

강명윤 외 (1999). 『최소주의 이론의 이해』. 서울: 아르케.
강범모 (1999). 『한국어 텍스트의 장르와 언어특성』. 서울: 고려대학교 출판부.
강범모 (2001). 『범주문법: 한국어의 형태론, 통사론, 타입논리적 의미론』. 서울: 고려대학교 민족문화연구원.
강범모 (2011). 『언어, 컴퓨터, 코퍼스언어학(개정판)』. 서울: 고려대학교 출판부.
강범모 (2003). 『영화마을 언어학교』. 서울: 동아시아.
강범모 (2005). 「한국인의 방언에 대한 태도의 추이: 1980년대와 2000년대」, 『이정민 교수 정년기념논문집』. 서울: 한국문화사.
강범모, 김홍규 (2004). 『한국어 형태소 및 어휘 사용 빈도의 분석 2』. 서울: 고려대학교 민족문화연구원.
강범모, 김홍규 (2009). 『한국어 사용 빈도』. 서울: 한국문화사.
강범모, 김홍규, 허명회 (2000). 『한국어의 텍스트 장르, 문체, 유형: 컴퓨터와 통계적 기법의 이용』. 서울: 태학사.
강범모, 남승호 외 (1999). 『형식의미론과 한국어 기술』. 서울: 한신문화사.
강옥미 (2009). 『언어여행』. 서울: 태학사.
고려대학교 민족문화연구원 (2009). 『고려대한국어대사전』. 서울: 고려대학교 민족문화연구원.
고영근, 구본관 (2008). 『우리말 문법론』. 서울: 집문당.
고종석 (1999). 『감염된 언어』. 서울: 개마고원.
국립국어연구원 (1999). 『표준국어대사전』. 서울: 두산동아.
국립국어연구원 (2001) 한국 어문 규정집, 서울: 국립국어연구원.
권재일 (1992). 『한국어 통사론』. 서울: 민음사.
권재일 (2013). 『세계 언어의 이모저모』. 서울: 박이정.
김방한 (1992). 『언어학의 이해』. 서울: 민음사.

김방한 (1998).『언어와 역사』. 서울: 서울대 출판부.
김성도 (2003).『디지털 언어와 인문학의 변형: 기호학, 인식론, 고고학』. 부산: 경성대학교 출판부.
김주원, 권재일, 고동호, 김윤신, 전순환 (2008).『사라져 가는 알타이언어를 찾아서』. 개정판, 서울: 태학사.
김진우 (2004).『언어: 그 이론과 응용』개정판(초판 1985). 서울: 탑출판사.
김흥규, 강범모 (2000).『한국어 형태소 및 어휘 사용 빈도의 분석 1』. 서울: 고려대학교 민족문화연구원.
남기심, 고영근 (1987).『표준 국어문법론』. 서울: 탑출판사.
남기심, 이정민, 이홍배 (1988).『언어학 개론』개정판(초판 1977). 서울: 탑출판사.
네틀, 로레인 (2003).『사라져 가는 목소리들: 그 많던 언어들은 모두 어디로 갔을까?』. 서울: 이제북스.
로빈스 (2007).『언어학의 역사』, 강범모 옮김, 원전 1997. 서울: 한국문화사.
민현식 (1999).『국어 정서법 연구』. 서울: 태학사.
민현식 (2002).「한국인의 국어 능력 실태」,『새국어생활』12-2, 15-31.
밀러 (1998).『언어의 과학』, 강범모, 김성도 역. 서울: 민음사.
박유희, 이경수, 차재은, 최경봉 (2003).『쓰면서도 헷갈리는 우리말 오류사전』. 서울: 경당.
배일한 (2003).『인터넷 다음은 로봇이다』. 서울: 동아시아.
보든, 해리스, 라파엘 (2000).『음성과학』, 김기호, 양병곤, 고도흥, 구희산 역. 서울: 한국문화사.
서상규, 한영균 (1999).『국어정보학 입문』. 서울: 태학사.
서정수 (1996).『국어 문법』. 서울: 한양대 출판부.
소쉬르 (2006).『일반언어학 강의』. 최승언 옮김, 신장판, 서울: 민음사. [원전: Cours de linguistique générale, 1916.]
송경안, 이기갑 외 (2008).『언어유형론』1~3. 서울: 월인.
시정곤, 정주리, 장영준, 박영준, 최경봉 (2003).『한국어가 사라진다면』. 서울: 한겨레신문사.
신지영, 차재은 (2003).『우리말 소리의 체계: 국어음운론 연구의 기초를 위하여』. 서울: 한국문화사.

신효필 (2009).『언어학과 통계모델』. 서울: 서울대학교 출판문화원.
심재기, 이기용, 이정민 (1984).『의미론 서설』. 서울: 집문당.
연규동, 박진호, 최운호 (2003).『인문학을 위한 컴퓨터』. 서울: 태학사.
연세대학교 언어정보개발연구원 (1998).『연세한국어사전』. 서울: 두산동아.
윤영은 (2002).『언어의 의미 현상』. 서울: 한국문화사.
이기문 (1972).『개정 국어사개설』(초판 1961). 서울: 탑출판사.
이익섭 (1994).『사회언어학』. 서울: 민음사.
이익환 (2002).『영어의미론』수정 재판(초판 2000). 서울: 한국문화사.
이정민 (1981).「한국어의 표준어 및 방언들 사이의 상호 접촉과 태도」,『한글』 173/ 174호, 559-584.
이현복 (1988).『우리말의 표준발음』. 서울: 탐구당.
장석진 (1987).『화용론 연구』. 서울: 탑출판사.
장소원, 남윤진, 이홍식, 이은경 (2002).『말의 세상 세상의 말』. 서울: 월인.
정경일, 최호철 외 (2000).『한국어의 탐구와 이해』. 서울: 박이정.
정해경 (2003).『섹시즘: 남자들에 갇힌 여자』. 서울: 휴머니스트.
조명한, 이정모 외 (2003).『언어심리학』. 서울: 학지사.
조숙환, 김영주 외 (2000).『인간은 언어를 어떻게 습득하는가』. 서울: 아카넷.
최기용 (2009).『한국어 격과 조사의 생성통사론』. 서울: 한국문화사.
최현배 (1971).『우리말본』4판(초판 1937). 서울: 정음사.
한글학회 (1992).『우리말 큰사전』. 서울: 어문각.
한정한, 남경완, 유혜원, 이동혁 (2007).『한국어 정보 처리 입문』. 서울: 커뮤니케이션북스.
허웅 (1965).『국어음운학』. 서울: 정음사.
허웅 (1995).『20세기 우리말 형태론』. 서울: 샘문화사.
홍종선 외 (2008).『세계 속의 한글』. 서울: 박이정.

Allan, Keith (2001). *Natural Language Semantics*, Oxford: Blackwell Publishers.
Aronoff, Mark and Janie Rees-Miller (eds.) (2001). *The Handbook of Linguistics*, Oxford: Blackwell Publishers.
Berlin, Brent and Paul Kay (1969). *Basic Color Terms: Their Universality and*

Revolution, Berkeley: University of California Press.

Biber, Douglas (1988). *Variation across Speech and Writing*, Cambridge: Cambridge University Press.

Borsley, Robert D. (1999). *Syntactic Theory: A Unified Approach*, 2nd ed. Arnold.

Cambridge (1995). *Cambridge International Dictionary of English*. Cambridge: Cambridge University Press.

Chierchia, Gennaro and Sally McConnel-Ginet (2000). *Meaning and Grammar*, 2nd edition, Cambridge: The MIT Press.

Chomsky, Noam (1981). *Lectures on Government and Binding*. Dordrecht: Foris.

Comrie, Bernard (1989). *Language Universals and Linguistic Typology*, 2nd ed., Chicago: University of Chicago Press.

Dowty, David, Robert E. Wall, and Stanley Peters (1981). *Introduction to Montague Semantics*. D. Reidel, Dordrecht.

Fellbaum, Christiane (ed.) (1998). *WordNet: An Electronic Lexical Database*. Cambridge, Mass: The MIT Press.

Fromkin, Victoria, Robert Rodman, and Nina M. Hyams (2007). *An Introduction to Language*, 8th edition. Boston: Tomson

Huang, Yan (2007). *Pragmatics*. Oxford: Oxford University Press.

Katamba, Francis (1989). *An Introduction to Phonology*. London: Longman.

Kearns, Kate (2011). *Semantics*, 2nd ed., New York: Palgrave MacMillan.

Ladefoged, Peter (2005). *A Course in Phonetics*, 5th Ed. Boston: Thomson Learning.

Lakoff, George and Mark Johnson (1980). *Metaphors We Live By*. Chicago: The University of Chicago Press.

Lawler, John and Helen Aristar Dry (eds.) (1998). *Using Computers in Linguistics*. London: Routledge.

Levinson, Stephen C. (1983). *Pragmatics*. Cambridge: Cambridge University Press.

Lyons, John (1977). *Semantics* 1, 2. Cambridge: Cambridge University Press.

Matthews, P. H. (1991). *Morphology*, 2nd ed., Cambridge: Cambridge University Press.

Mitokov, Rulan (ed.) (2003). *The Oxford Handbook of Computational Linguistics*.

Oxford: Oxford University Press.

O'Grady, William and John Archibald (eds.) (2000). *Contemporary Linguistic Analysis: An Introduction*, 4th ed., Toronto: Addison Wesley Longman.

Partee, Barbara H., Alice ter Meulen, and Robert E. Wall (1990). *Mathematical Methods in Linguistics*. Kluwer Academic Publishers, Dordrecht.

Radford, Adrew (1988). *Transformational Grammar*. Cambridge: Cambridge University Press.

Radford, Andrew (2009). *Analysing English Sentences: A Minimalist Approach*. Cambridge: Cambride University Press.

Robins, R. H. (1997). *A Short History of Linguistics*, 4th ed. (1st ed. 1967). London: Longman.[로빈스 (2007).『언어학의 역사』, 강범모 옮김. 서울: 한국문화사.]

Saeed, John I. (1997). *Semantics*, Oxford: Blackwell Publishers Ltd.

유용한 인터넷 사이트

강범모의 언어학 홈   http://riks.korea.ac.kr/bmkang
강범모의 영화와 언어   http://riks.korea.ac.kr/bmkang/home_hobby.htm
구글(Google) 언어도구 http://google.co.kr/language_tools
국립국어원   http://www.korean.go.kr
국제음성기구(IPA)   http://www.langsci.ucl.ac.uk/ipa/
뇌 지도(Whole Brain Atlas)   http://www.med.harvard.edu/AANLIB/home.html
대한성서공회   http://www.bskorea.or.kr
링귀스트(LINGUIST) 리스트   http://www.linguistlist.org
세계의 고대 문자(Ancient Scripts of the World)   http://www.ancientscripts.com/
세계 에스페란토 협회 (UEA : Universala Esperanto-Asocio)   http://www.uea.org
세계의 색채어 (The World Color Survey)   http://www.icsi.berkeley.edu/wcs
시스트랜(SYSTRAN)   http://www.systransoft.co.kr
에스아이엘(SIL)   http://www.sil.org
엘프어(Elvish)   http://www.elvish.org
영국국가코퍼스(BNC)   http://www.natcorp.ox.ac.uk
온라인 사전 웹사이트(A Web of On-line Dictionaries)   http://www.yourdictionary.com
워드넷   http://www.cogsci.princeton.edu/~wn/
웹스터 법언어학 홈페이지   http://web.bham.ac.uk/forensic/
의미론 아카이브   http://semanticsarchive.net/
에스페란토 문화원 (Seula Esperanto-Kulturcentro)   http://www.esperanto.co.kr
시스트랜(SYSTRAN)   http://www.systran-software.co.kr
전산언어학 학회   http://www.aclweb.org
카이스트(KAIST) 국어정보베이스   http://kibs.kaist.ac.kr

클링온 어학원(The Klingon Language Institute) http://www.kli.org
한글학회 http://www.hangeul.or.kr
21세기 세종계획 http://www.sejong.or.kr
The Linguistics Research Center (LRC), http://www.utexas.edu/cola/centers/lrc

찾아보기

가

가능성 438, 439
가능세계(possible world) 191, 192, 195, 438, 439, 440
가바가이(Gavagai) 문제 294
가지(branch) 146
가치 14
가타가나 225
간접 화행(indirect speech act) 216
감정적 기능 23
강세(stress) 73, 120, 358
개념(concept) 33, 197, 198, 199, 200, 201, 202
개념화 199, 204, 206
개모음 68, 69
개별 언어 2
개체 441

개체상항 431
객체존대 307
거짓 210, 213, 423
게르만어 238, 256
게르만어파 255, 257
격음 95
격음화 93
격조사 144
결속(binding) 170, 171
결속 이론 170
결합적(syntagmatic) 14
경구개음(palatal) 67
경로 382
경어법 411
경음 67, 81, 95
경음화 92
계승(inheritance) 202
계열적(paradimatic) 14

계층 구조   139, 140, 141
고구려어   266
고대영어   269, 332
고립어   10
고모음   69
고유명사   102, 129, 188, 189, 190, 191, 192, 367
고유어   324
고정지시어(rigid designator)   192
공명 주파수   55, 62
공시적(synchronic)   12, 14, 48
공용어   45, 394
과거   436, 437
관계망   368
관계문법(Relational Grammar)   168
관계절   157, 158, 166
관련성(relevance)   216
관사   114
관습성   4, 5
관습적   4, 5
광고   133, 136
광고 카피   133, 137
광둥어(Cantonese)   74, 263
교감적 기능   23, 24
교환성   42
구강   69
구개수음(uvular)   67
구개음화(palatalization)   90, 92
구구조규칙(phrase structure rule)   147, 149, 160

구구조문법   168
구어   21, 22, 344, 346, 350
구어성   22
구조   12, 13
구조적 중의성   142
구조주의   12, 13, 15, 17, 48
구표지(phrase marker)   147
국어정보학   374
국제음성기구(IPA)   62
국제음성기호(IPA)   62
굴라어   328
굴절(inflection)   114, 115, 116, 143, 144
굴절어   10, 116
굴절접사   114, 116, 117
권설음(retroflex)   67, 75
귀환(recursion)   29
귀환규칙   154
귀환성   30, 158, 160
귀환적(recursive)   32, 154, 157
귀환적 규칙   30, 33, 155
규칙   27
규칙 지배성   26, 27
규칙 지배적   34
그라이스(Grice)   214, 216
그리스 문자   226, 232, 235, 236
그리스 시대   3
그리스어   11, 34, 236, 238, 251, 260, 331
그리스어파   257
그림(Grimm)   255

그림문자(pictogram)   224
그림 법칙(Grimm's Law)   255, 256, 268
근접음(approximant)   66
글   35
금기어(taboo word)   323, 324
기(aspiration)   64, 80, 404
기계번역(machine translation)   366, 367, 371, 408
기능(function)   168
기능적 범주   153
기도(trachea)   58
기본 어휘   253
기본 주파수   54, 55, 60
기술 이론(description theory)   190
기술적 기능   23, 25
기식성   95
기음(aspirated sound)   64, 67, 81
기호(sign)   13, 180, 186, 198
기호논리학   420
기호학(semiotics)   180
긴장성   95
꿀벌의 춤   28, 33

 나

나무그림   145, 147
나비어(Na'vi)   47
나이제르콩고어족   261
난독증(dyslexia)   281
날숨   59

낱말   107
내성문법(speculative grammar)   8, 9
내용(substance)   35, 41
내파음(implosive)   59
내포(intension)   196, 436
내포문   29, 163, 172
내포성(intensionality)   436
넬슨(Nelson)   375, 377
노드(node)   376
논리적 의미론   419
논항(argument)   151, 152
뇌   275, 276, 277, 282, 285
뇌량(corpus collosum)   276, 282

 다

다문화사회   394
다변량 통계 분석   348
다시쓰기   156
다언어(multilingual) 사회   394
다의적   447
단기기억   290, 291
단모음   71
단어   33, 107, 108, 111, 114, 131, 140, 286, 294
단어 경계   359
단어문자(logogram)   224
단어우선 효과   287, 288
단어의 경계   33
단언(assertion)   210

찾아보기 461

단언문   213
대립   13
대명사   170, 171, 193, 209
대명어(pronominal)   170
대모음 추이(The Great Vowel Shift)   268, 269
대용어   169
대용용언   350
대조   359
대조적 주제   359
대중가요   227, 333, 336
대화   212, 214, 216, 305, 371
대화 시스템   371
대화상의 함축(conversational implicature)   213, 214, 216, 363
대화의 격률(maxims of conversation)   214
데바나가리문자   236
데이터마이닝(data mining)   370
도넬런(Donnellan)   191
도메인네임(domain name)   379, 380, 382
도상(icon)   41, 181
독일어   238, 253, 254, 255, 256
동물의 의사소통   28
동음성   133, 216, 217, 218
동음이의성(homonymy)   93, 134
동음이의어   218
동의   178
동의관계   203
동의어(synonym)   203
동일명사구삭제(equi-NP deletion)   163

동화현상   92
두운(alliteration)   332
두자어(acronym)   127
드라비다어족   261
들숨   59
디모틱 문자   232
디오니시우스 트락스   7
뜻   194
뜻풀이   184
띄어쓰기   108, 399

 라

라보브(Labov)   301, 302
라우터(router)   379, 380
라틴 알파벳(Latin alphabet)   236, 400
라틴어   9, 10, 11, 116, 128, 144, 251, 255, 256, 331
랑그(langue)   13, 16
러셀(Russell)   190, 210
러시아어   236
레지스터(register)   346
레퍼런스(reference)   194
로마 문자(Roman alphabet)   236
로마 시대   7
로마자   400, 401
로마자 표기법   398, 400, 401
로망스어파   257
로시(Rosch)   200
로제타스톤(Rosetta Stone)   232

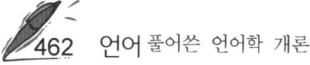

룬 문자　246
르네상스 시대　9
리듬　331, 336
링구아프랑카　327, 329
링크(link)　375, 376, 377, 385

마

마디(node)　146
마찰음(fricative)　63, 65
만주어　261
만화　343, 344
말　35
말놀이　122, 131, 132, 142, 216, 227, 411
말더듬　280, 281, 416
말레이폴리네시아어족　261
말뭉치　373
말실수　344
말풍선　344
매체(medium)　21, 23
맥락(context)　184, 186, 189, 208, 212, 216, 363
머릿속 사전(mental lexicon)　202, 286, 288, 289, 291
멀티미디어　375
메멕스(Memex)　377
메타언어(metalanguage)　185, 420
메타언어적 기능　23, 24, 42
멜라네시아 피진 영어　328

명제(proposition)　185, 423
명제논리　44, 423
명제논리언어　424, 425, 426
모리스(Morris)　186
모순(contradiction)　178
모아쓰기　241
모음　55, 68, 239
모음사각도　69, 70
모자이크(Mosaic)　377, 381
모형(model)　420, 421, 431, 432, 433, 437, 439, 446
모형이론적 의미론　420
모호성　182, 421, 422, 448
목적어　143, 150
몽고어　261, 265
무기음　68
무성음　63, 84
문맹　391, 397
문법　7
문법관계(grammatical relation)　143, 144
문법기능(grammatical function)　143
문법상실증(agrammatism)　279, 292
문법성(grammaticality)　38, 139
문법적　35, 38
문법적 요소　279
문서　368
문서 요소　384
문서요약(text summarization)　370
문어　21, 22, 346
문어성　22

문자   21, 223, 243
문자 코드   248
문장   35, 139, 140, 143, 185
문장 성분   143
문체   346, 347, 351
문학   331, 342
문학 장르   344, 346
문화어   316
미국 영어   70, 71, 301
미래   436
미스텍(Mixtec)   224
민간어원(folk etymology)   129
밀러(Miller)   204

바

바스크어   259
반개모음   69
반말   305
반모음   71
반의관계   203
반의어   204
반지의 제왕   46, 244
반폐모음   69
받침   101
발동부   58
발성부   60
발음기관(speech organs)   53, 55, 57, 239, 415
발트어파   257

발화(utterance)   185
발화 실수   289
방사선 단층촬영   283
방언   300, 301, 308, 309, 346, 411
방언에 대한 태도   309, 312, 313, 314
배설물   323, 324
백제어   266
버너스리(Tim Berners-Lee)   377, 378, 381
번역   391, 408, 409, 410, 411, 412, 430
범주   200
범주문법(Categorial Grammar)   168, 429
법언어학(forensic linguistics)   392, 414, 415, 417
베르너(Verner)   256
베르너의 법칙   256
베르니케(Wernicke)   277, 278
베르니케 실어증   278, 279, 280
베르니케 지역   278
베를린   205
베트남어   88
벨(Bell)   240
벨(M. Bell)   68
벵골어   263
변별적 자질(distinctive feature)   94, 95, 98, 167, 238, 240
변이(variation)   17, 300, 346
변이음(allophone)   80, 110
변항   428, 435
변항배당함수   435
변형(tranfromation)   160, 163, 167, 172

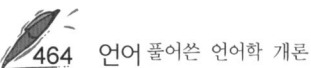

변형규칙   161, 163, 167
변형문법   161, 162, 168
병렬 코퍼스   373
보문   155, 156, 211
보문 동사   155
보문명사   166
보문소   156
보이는 음성(Visible Speech)   68, 240
보충법   110
보코더(vocoder)   358
보편문법(Universal Grammar, UG)   9, 15, 293, 294
복합명사구제약   166, 167
복합적 명사구   166
본동사   173
부가어(adjunct)   151, 152, 153
부분관계   202
부시(Vannevar Bush)   377
부언어(sublanguage)   367
부정(negation)   40, 171, 211, 424, 429
부정사   163, 164
부호체계   248, 249
북한말   312, 316
분절성   108, 109
분절음(segment)   41, 73, 94, 108, 226
불구동사   116
불연속성   41, 42
브라만 문자   236
브라우저   384
브라운 코퍼스   372

브로카(Broca)   277, 278
브로카 실어증   277, 279
브로카 지역   277
블룸필드(L. Bloomfield)   15
비교언어학(comparative linguistics)   11, 256
비기술적 기능   23
비모음   91, 98, 99
비문법성   36, 37, 38
비문법적   26, 36
비변형문법   168
비속어(slang)   325, 326
비유   37
비음(nasal)   65, 91
비음성   97
비음화(nasalization)   91, 92, 96, 97
비자음   98
비정상성   36
비조합성   120, 124
비지시적 표현   189
비특정적   193
비한정적 명사구   193
빈도   123, 287, 348, 349
파롤(parole)   13, 16

 사

사어(dead language)   397
사역(causation)   167, 171
사역형   150, 169

사은유(dead metaphor) 339, 340
사전 편찬 372, 373
사템(satem) 언어 257, 258
사투리 301
사피어(Sapir) 204
사피어-휘프 가설 204
사회방언 301, 302, 309
사회적 기능 25
산스크리트어(Sanskrit) 11, 251, 264
삼항술어 431
상(aspect) 171
상대존대 305, 307
상보적 분포 81, 83
상승이중모음 71
상의어(hypernym) 201
상징(symbol) 181
상하관계 201, 202, 368
상향식 파싱 363
상형문자(hyeroglyph) 225, 230, 232, 233
상호사 170
새로운 정보 358
색채어 108, 109, 205
생득적 33
생산성(productivity) 116, 117
생성(generation) 16, 363, 370
생성문법(generative grammar) 12, 15, 16, 169
생성어휘부(generative lexicon) 448
생성어휘부이론 167
생성음운론 98

생성의미론(Generative Semantics) 167
샹폴리옹(Champollion) 232
서버(server) 380
서울/경기방언 309, 311, 315
서울말 301, 399
선택제한(selectional restriction) 37, 39
선행사 170
선후 관계 146
설(Searle) 190
설정성 97
설측음(lateral) 66
설측음화 91
설형문자(cuneiform) 225, 230, 231, 232
섬유세포 276
섬제약(island constraint) 165, 166, 167, 293
성(gender) 144, 319
성(voice) 58, 60
성경 275, 321, 377
성대 54, 58, 60, 63, 64, 364
성대진동 개시시간(VOT) 64
성문(glottis) 58, 59, 60
성문 날숨소리 59
성문 들숨소리 59
성문음(glottal) 67
성문 파열음 67
성분(constituent) 141, 146
성분 구조 141
성분지배(c-command) 170
성조(tone) 73, 75

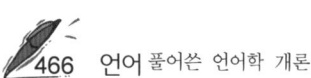

성차별(sexism)   318, 319, 320
세종대왕   239, 241, 242
세종대왕상   243
센스(sense)   194
셈어   226, 235, 236, 272
셈어족   329
소리   35
소수 언어   391
소쉬르(F. de Saussure)   12, 13
소장문법학파(neogrammarians)   11, 256
속담   123, 320
속성   386
속어   323, 325
수동 변형   161
수동문   161
수메르인   230, 232
수사   253
수사학   6
수행동사(performative verb)   213
수형도(tree diagram)   145, 146, 148
숙어   122, 123, 124, 125, 410
순서쌍   431
순치마찰음   84
순치음(labiodental)   66
술어   430, 445
술어논리(predicate logic)   44, 426, 427, 430, 433, 445
술어논리언어   429, 432
슐라이허(Schleicher)   10
슐레겔(Schlegel)   10

스와힐리어   328
스웨덴어   260
스토아학파   4, 6, 7, 9
스트로슨(Strawson)   210
스페인어   10, 45, 145, 254, 264
스펙트로그래프(spectrograph)   54
스펙트로그램   55
스푸너리즘(Spoonerism)   289
슬라브어파   257
슬로바키아어   130
시   331
시각적 이미지   197
시구간(interval)   437
시나리오   344
시니피앙(signifiant)   13, 38
시니피에(signifié)   13
시맨틱 웹(semantic web)   378
시스트랜(SYSTRAN)   367
시적 기능   23, 24
시점(point of view)   436, 437
시제(tense)   171, 436
시제논리(tense logic)   44, 437
시조   332
신경세포(neuron)   276
신경언어학(neurolinguistics)   275
신다린   47
신라어   266
신조어(neologism)   129, 406
실어증   277, 278, 280, 282, 283, 416
실질(substance)   14

심리언어학(psycholinguistics)　16, 275, 286
심성주의　199
심적 표상(mental representation)　197, 199, 200, 204, 419
심층구조(deep structure)　161, 162, 165
쌍방향 조건　424
쐐기문자　230

아

아람(Aramaic) 문자　236
아람어　256, 328
아랍 문자　236
아랍어　226, 271
아리스토텔레스　4, 6
아메리카인디언어족　261
알렉산드리아학파　7
알타이어　265, 267
알타이어족　261, 266
알파벳(alphabet)　227, 235, 238, 239
알파벳의 계보　237
암시적 의미　188
양(quantity)　427
양상(modality)　173, 438
양상논리(modal logic)　44, 438, 439
양순음(bilabial)　66
양순음화　92
양순파열음　79
양전자 방출 단층 촬영　283
양화(quantification)　427, 441

양화사(quantifier)　171, 428, 429, 442, 443
양화 의미　442, 444
양화적 중의성　428
양화 표현　441, 435
어간(stem)　116
어간분리법(stemming)　360
어근(root)　111, 114, 117, 118, 121
어문 규범　391
어문 정책　391
어미(ending)　116
어순　139, 140, 143, 262
어원　34
어절　108, 111
어족(language family)　11, 251, 252, 253
어파　257, 258
어휘결정과제　288
어휘관계　446
어휘기능문법(LFG)　168
어휘부　149, 363
어휘의미　421
어휘적 중의성　142
어휘해체(lexical decomposition)　167
어휘화　167, 201
억양(intonation)　73
언어　1, 2, 21
언어 교육　373, 391, 392, 393
언어 능력(competence)　13, 16
언어 보편소　9
언어 수행(performance)　13, 16

언어 습득   199, 291, 294, 295
언어 유전자   291, 295
언어 일반   1, 2
언어 자료   356
언어 자원   373
언어 장애   415
언어 중추   277, 282, 285
언어 지식   356
언어 처리   275, 286
언어 치료   392, 416
언어 특성   346, 349, 350
언어병리학(language pathology)   392, 415
언어상대주의(linguistic relativism)   204, 206
언어심리학   289
언어와 사고   206
언어자료처리   356
언어치료사   415
언어학   1, 2, 3
언어학자   1, 2, 3
엄밀하위범주화(strict subcategorization)   149, 150, 430
에스키모어   205
에스페란토(Esperanto)   45, 47
에코(Eco)   11
엘프어(Elvish)   46, 47
엘프어 문자   241, 245
여성 발화어   318
역사비교언어학   11, 48, 251

역성(back formation)   128
연결어미   119
연구개   58, 59
연구개 들숨소리   59
연구개음(velar)   67
연구개음화   92
연속성   42
연접   424
영국 국가 코퍼스(BNC)   373
영국 영어   70, 71
영남방언   268, 309, 310, 312, 315, 317
영시   332
영어   34, 45, 88, 121, 253, 255, 256, 258, 264, 327, 331, 394, 396
영어 교육   393, 395
영역(domain of discourse)   431, 432
영향권 중의성   171
영형 명사구   171
영형태   110
오스트로아시아어족   261
완곡어   325
완곡어법(euphemism)   323, 326
외계어   407
외래어   100, 101, 102, 402
외래어 표기법   85, 100, 101, 398, 402, 404, 408
외연(extension)   196, 436
왼쪽 뇌   282, 283, 285
요소   12
욕   320, 324, 325, 326

우랄어족　261
우르두어　328
우리말 큰사전　374
운(rime, rhyme)　333, 334, 336
운율(prosody)　73, 331, 333, 335
워드넷(WordNet)　204
원순모음　69
원시가나안 문자　235
원시인구어(proto Indo-European)　252, 256, 257
원어민　395
원음주의　404
원지음　102, 403, 408
원형(prototype)　200
월드와이드웹(World Wide Web, WWW)　377, 379, 381
웨일스어　258
윌리엄스 증후군　276
유로워드넷(EuroWordNet)　204
유성음　63, 84
유성음화　92
유음(liquid)　66, 83
유의어　203, 323, 369
유일형태소(unique morpheme)　112, 113
유전자　29
유한상태변환기(finite-state-transducer)　361
유형론(typology)　8, 10, 262
율격(meter)　331, 332
융합(blend)　126

은어(jargon)　301, 303, 304, 320, 406
은유(metaphor)　337, 338, 339, 340, 342
은유적　339
음보(foot)　332
음성(phone, speech sound)　21, 53, 54, 79, 80, 358
음성 장애　415
음성법칙　254, 256
음성상징(sound symbolism)　6
음성인식(speech recognition)　358, 359, 364, 365
음성학(phonetics)　48, 53
음성합성(speech synthesis)　358, 359, 365
음소(phoneme)　79, 80, 82, 83, 110, 226
음소문자　226, 238
음소 배열　89
음운　79, 82
음운 규칙　90, 96, 97
음운 대응　11, 254, 255, 256
음운론(phonology)　48, 79
음의 길이　74
음절(syllable)　87, 88, 225, 226
음절 구조　87, 88
음절문자(syllabary)　225, 226
음향음성학　53, 54
응용언어학(applied linguistics)　49, 391
의무적 양상(deontic modality)　440
의문사　165, 166
의미　17, 35, 37, 177, 179, 180

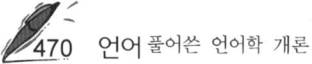

의미 관계　201, 446
의미 원소　167
의미 표상　363
의미값　433, 434
의미공준　446
의미론(semantics)　48, 177, 179, 183, 185, 186
의미부　425
의미적 직관　177, 182
의미하다　179
의사소통　13, 28, 40, 44, 45, 299, 300
의사소통 장애　415
의성어　5, 6, 8
의역　410
의존형태소　110, 111
이동 변형　165
이란어파　257
이론언어학(theoretical linguistics)　16, 49
이름　190, 191, 192, 401
이모티콘　406
이성주의　15
이음　80
이인칭 대명사　307, 350
이접　424
이중모음　71
이중성　41
이집트어　271
이층위 형태론(two-level morphology)　360, 361
이탈리아어　10, 144, 238, 260, 396

이탈리아어파　257
이항술어　431, 433
이형태　109, 110
인공언어　44, 45, 46
인공지능(artificial intelligence)　44, 356, 357
인과 이론(causal theory)　191
인구어족　252, 257
인구조어　259
인도아리아어파　257
인두음(pharyngeal)　67
인상(raising)　163
인자분석(factor analysis)　348, 349
인지　38, 206, 275
인지과학(cognitive science)　17
인지문법(cognitive Grammar)　168
인지심리학　15
인지언어학(cognitive linguistics)　38, 341
인지적　17
인터넷(internet)　378, 379, 380, 381
인터넷 익스플로러(Internet Explorer)　381
일반양화사(generalized quantifier)　442
일본어　10, 87, 88, 89, 126, 225, 261, 367, 396, 405
일항술어　431, 433
입술의 모양　68

자

자기공명영상　283

자동 색인　370
자립형태소　110, 111
자바어　263
자연언어　44, 46
자연언어처리　356, 357
자음　62, 239
자음동화　92
자의성　3, 5, 6, 35, 41
자질(feature)　94
작용역　441
장기기억　291
장르(genre)　346
재구(reconstruction)　11, 252
재귀사(reflexive)　169, 170, 171
재나두(Xanadu)　377
저모음　69
적정조건(felicity condition)　212
적형식(well-formed formula)　423, 424, 428, 434
전동음(trill)　65
전문용어(term)　370
전방성　97
전사법　400
전산언어학(computational linguistics)　17, 355, 356, 366
전산음성학　357
전산음운론　357
전산의미론　360, 363
전산통사론　360, 361, 363
전산형태론　360

전설모음　69
전위성　42
전자법　400
전제(presupposition)　172, 179, 210, 211, 421
전칭　445
전칭양화사　428, 441
접두사(prefix)　114, 115
접미사(suffix)　114, 115
접사(affix)　111, 114, 117, 360
접속(coordination)　155, 172
접속사　350
접요사(infix)　114
정보　370
정보검색(information retrieval)　368, 369
정보처리　17
정보추출(information extraction)　369
정서적 의미　270
정의(definition)　184
정지음(stop)　63, 65
제약　99
제유(synecdoche)　342
제이차 술어논리　441
제일차 술어논리　441
조건　424
조건문　444
조동사　173
조어(word-formation)　118, 126, 129, 131, 134, 135, 252
조음 방법(manner of articulation)　62, 64

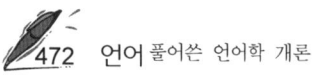

조음 위치(place of articulation)   62, 66
조음기관   64
조음부   62
조음음성학   53
조응어(anaphor)   170, 171
조정(accommodation)   212
조합성(compositionality)   122, 125, 183
조합성의 원리   122, 183
존대법   304, 305, 306, 307, 308
존스(William Jones)   11, 251
종(kind)   191
주어   143
주체존대   307
주파수(frequency)   54, 55, 60
준언어적(paralinguistic)   25
중국어   10, 73, 126, 254, 263, 265, 331, 405
중국티벳어족   261, 265
중복(reduplication)   126
중설모음   69
중세 시대   8
중세국어   266, 269
중세영어   268, 269
중의성(ambiguity)   93, 142, 178, 216, 363, 411, 441
지각   206
지배결속이론   170, 171
지배 관계   146
지배 범주(governing category)   170
지속성   97

지시(reference)   186, 188, 193, 194, 419
지시 표현   170
지시대명사   209
지시배당함   445
지시배당함수   431, 445
지시사   208
지시적 기능   23
지시적 의미론   194
지시적 표현   188, 192
지시체(referent)   188, 189, 191, 193, 194, 198, 419
지역방언   299
지표(index)   181
지표적   182
직관   38
직선형 A   226
직선형 B   226
직시(deixis)   208
직시적 표현   208
직업명   319
진동수   54
진리조건(truth condition)   212, 420
진리조건적 의미론   420
진리치(truth value)   177, 186, 419, 421
진리표(truth table)   425
진폭   54
집합   443
집합론   432

차

차용 252
차용어 254
참 210, 213, 423
창조성 26, 27, 32
철자법 89
첨가어 10
청자 212, 305, 306
청취음성학 53
체계 14
체코어 129
촉발효과 288
촘스키(Chomsky) 9, 13, 15, 27, 33, 38, 139, 291
최소대립쌍(minimal pair) 80, 82
최소주의(Minimalism) 168, 171
최적성이론(Optimality Theory) 99
추론 44, 363
추상성 39, 41
축약 165
축자적(literal) 의미 185, 208, 214, 215
충청방언 309, 310, 312, 315
치경경구개음(postalveolar) 67
치경음(alveolar) 66
치음(dental) 66
친근성 251, 254
친숙성 효과 287
친족관계 11, 251, 262
침팬지 29

카

컴퓨터 17, 347, 355, 356, 375, 376
컴퓨터 코퍼스 372
케이 205
켄툼(centum) 언어 257, 258
켈트어 258, 260
켈트어파 257, 258
코드(code) 248
코드 스위칭(code switching) 396
코크니(Cockney) 56
코퍼스(corpus) 348, 372, 373
코퍼스언어학 18, 356, 372
콥트어 271
콰인(Quine) 294
쿠심 점토판 230
퀘냐 47
크레올(creole) 327, 328
크립키(Kripke) 191, 192
클라이언트(client) 381
클링온(Klingon) 46
키르스 문자 246, 247
키릴 알파벳(Cyrillic alphabet) 236
키모(Kimmo) 361

타

탄설음(tap, flap) 65
태그 384, 386
터키어 10, 261

텍스트   347, 372, 375, 376
텍스트 유형   347
텍스트 장르   343, 344, 346, 347, 351
텔레매틱스 시스템   365
텡과르 문자   245, 246
톡피신   328
톨킨(Tolkien)   46, 241, 244, 247
통사론(syntax)   38, 49, 140, 169, 186
통사부   429
통사적 합성어   119
통시적(diachronic)   12, 14, 48
통신 규약   379
통신 언어   304, 405, 407
특정성(specificity)   193
특정적(specific)   193
특칭양화사   428, 441
티벳어   265

 파

파니니(Pāṇini)   3
파동(wave)   53, 54
파롤(parole)   13, 16
파생(derivation)   114, 116, 118, 128
파생접사   114, 115, 117
파서(parser)   361
파싱(parsing)   361, 362, 363
파열음(plosive)   63, 64
파장   54
파찰음(affricate)   66

파형   55
패킷(packet)   379, 380
퍼스(Peirce)   181
페니키아(Phenician) 문자   234, 235, 236
평순모음   69
평음   95
폐모음   68, 69
포르루아얄(Port Royal)   10
포르투갈어   264
포먼트(formant)   56, 358
폰 프리쉬(K. von Frisch)   28
폴란드어   130
폴리글롯(polyglot)   2, 3, 408
표면구조(surface structure)   161, 163, 165
표면구조만   168
표상   187
표상적 의미론   197
표시적 의미   188
표의문자(ideogram)   224
표의작용   198
표준 영어   301
표준 중국어(Mandarin)   73
표준국어대사전   373, 374
표준어   301, 308, 310, 311, 312, 313, 315, 398, 399
표준어 규정   398
표현적 기능   25
품사(part of speech)   6, 147
프랑스어   10, 126, 154, 254, 327
프레게(Frege)   190, 194

찾아보기   475

프로그램 언어　44, 45
프로토콜(protocol)　379, 382
플라톤　4, 6, 291
피동(수동, passive)　171
피진(pidgin)　327, 328
핀란드어　259
필연성　438, 439

하강이중모음　71
하우사어　328
하위범주화　147, 149
하의어(hyponym)　201, 368
하이쿠　332
하이퍼미디어(hypermedia)　375
하이퍼카드(HyperCard)　377
하이퍼텍스트(hypertext)　375, 376, 377, 378, 385
하향식 파싱　363
하향식 파싱 방법　361
학습자 코퍼스　373
한국어　10, 87, 126, 261, 264, 265
한국어의 기원　266, 267
한국어장르코퍼스　348
한글　100, 227, 238, 239, 241, 242, 243, 247, 248, 400
한글 맞춤법　398
한자　224, 227, 242
한자음　102, 403, 404, 408

한정기술(definite description)　211
한정사　158
한정사구　154
한정성(definiteness)　193
한정적 명사구　193
함셈어족　261
함수(function)　431
함어　272
함의(entailment)　178
합성(compounding)　118, 122
합성동사　119
합성명사　119
합성어　118, 119, 120, 126, 399
해석 절차　433
핵(head)　149, 154
핵말(head-final)　150
핵선행(head-initial)　149
허티즈　47
허파　58
헝가리어　259
헤이티 크레올　328
혀　58, 59
혀끝　58
혀몸(body)　58
혀뿌리(root)　58
혀의 위치　68
혀의 정점　69
혓날(blade)　58
형성규칙　424, 429
형식(form)　14, 35, 37, 38, 41

형식 문법   168
형식의미론(formal semantics)   185, 189, 419, 420, 445
형태(morph)   109
형태론(morphology)   49, 107
형태소(morpheme)   107, 108, 109, 110, 111, 112, 115, 399
호남방언   268, 309, 310, 312, 315, 317
호칭   307, 308
화용론(pragmatics)   48, 185, 186, 208
화자   209, 212, 305, 306
화행(speech act)   212, 213, 215
화행문   213
환기적 기능   23, 24
환유(metonymy)   342
후두(larynx)   58
후두개   59
후설모음   69
훈민정음   239, 242, 247, 268, 270
훔볼트(Humboldt)   10
훠프(Whorf)   204
휴지(pause)   33, 74, 142, 359
흔적(trace)   164, 165, 171
흡착음   59
희곡   344
히라가나   225
히브루(Hebrew) 문자   236
히브루어   226
힌디어   263, 264, 328, 394

 기타

21세기세종계획   373
@ 기호   387
CT   283
DNS(domain name server)   380
DP   154
fMRI   283, 284, 285
FOXP2   29, 295
HTML 문서   383, 384, 386
HTML(hypertext markup language)   382, 383
HTTP(hypertext transfer protocol)   381, 382
IP(Internet Protocol)   153, 379
IP주소(IP address)   379, 380
MRI   283
$\overline{N}$ 152, 153
PET   283
PRO   163, 171
RP(Received Pronunciation)   56, 301
SIL   397
TCP(Transmission Control Protocol)   380
TCP/IP   380
TTS(text-to-speech)   366
URL(uniform resource locator)   382, 385
wh-단어   165, 166
Wh-섬(Wh-island)   166, 293
Wh-섬제약   167
Wh-이동(Wh-movement)   164

WWW   379, 380, 382
$\bar{X}$ 158
$\bar{X}$ 이론   153
$\bar{X}$ 통사론   151, 153

언어: 풀어쓴 언어학 개론

1판 1쇄 · 2005년 1월 10일
2판 1쇄 · 2006년 8월 30일
3판 1쇄 · 2010년 2월 25일
3판 2쇄 · 2011년 3월 25일
3판 3쇄 · 2013년 8월 25일
3판 4쇄 · 2014년 8월 25일
3판 5쇄 · 2017년 2월 20일

저　자 · 강 범 모
펴낸이 · 김 진 수
발행처 · **한국문화사**
주　소 · 133-110 서울특별시 성동구 광나루로 130 서울숲IT캐슬 1310호
전　화 · 02-464-7708
팩시밀리 · 02-499-0846
등록번호 · 제2-1276호
등록일 · 1991년 11월 9일
홈페이지 · www.hankookmunhwasa.co.kr
이메일 · hkm7708@hanmail.net
가　격 · 17,000원

잘못된 책은 바꾸어 드립니다.
이 책의 내용은 저작권법에 따라 보호받고 있습니다.

ISBN 978-89-5726-749-3 93700